톰 홀랜드 Tom [barcode KB104697]

영국 솔즈베리어 [...]각목 최우등으로 졸업했고, 이후 옥[...]학 박사학위를 받았다. 영국에서 각광받는 작가로, 소설과 역사서 분야에서 많은 책을 집필했다. 다루는 주제 또한 뱀파이어에서 고대 제국사에 이르기까지 다양하다. 또한 헤로도토스, 호메로스, 베르길리우스 등의 작품을 각색해 BBC 라디오에서 방송하기도 했다.

대표작으로 *The Vampyre: Being the True Pilgrimage of George Gordon, Sixth Lord Byron*(1995), *Attis*(1995), *Deliver Us from Evil*(1997), *The Bone Hunter*(2002), *Millenium: The End of the World and the Forging of Christendom*(2008)과 국내에 번역된 《공화국의 몰락*Rubicon: The Last Years of the Roman Republic*》(2003), 《페르시아 전쟁*Persian Fire: The First World Empire and the Battle for the West*》(2006) 등이 있다.

《공화국의 몰락》으로 세계에서 가장 권위 있는 논픽션 분야 상인 새뮤얼 존슨 상Samuel Johnson Prize 최종 후보에 올랐고, 2004년에는 헤셀-틸먼 상Hessel-Tiltman Prize을 수상하였다. 2006년에 《페르시아 전쟁》으로 영국-그리스 연맹이 수여하는 런치먼 상Runciman Award을 수상했고, 2011년에는 BBC Four의 프로그램으로 화석이 신화에 미치는 영향을 다룬 〈공룡, 신화, 괴물들Dinosaurs, Myths and Monsters〉을 제안, 집필했다. 2012년 8월에는 영국 채널 4 방송국의 다큐멘터리 〈이슬람: 공개되지 않은 이야기Islam: The Untold Story〉를 제작, 1000여 명이 넘는 영국 무슬림들로부터 빗발치는 항의를 받은 끝에 신변 안전 문제로 재방송이 취소되는 사태를 겪기도 했다.

옮긴이 이순호

전문 번역가. 홍익대학교 영어교육과를 졸업하고 미국 뉴욕 주립대학에서 서양사로 석사학위를 받았다. 《1453 콘스탄티노플 최후의 날》, 《살라딘》, 《미국에 대하여 알아야 할 모든 것, 미국사》, 《인류의 미래사》, 《위대한 바다: 지중해 2만 년의 문명사》, 《발칸의 역사》, 《완전한 승리, 바다의 지배자: 최초의 해상 제국과 민주주의의 탄생》, 《로마제국과 유럽의 탄생: 세계의 중심이 이동한 천 년의 시간》, 《비잔티움: 어느 중세 제국의 경이로운 이야기》, 《현대 중동의 탄생》 등을 번역했다.

이슬람
제국의
탄생

이슬람
제국의
탄생

**하나의 신과 하나의 제국을 향한
투쟁의 역사**

IN THE SHADOW OF THE SWORD
The Birth of Islam and the Rise of the Global Arab Empire

톰 홀랜드 지음 · 이순호 옮김

cum libro
책과함께

일러두기

1. 이 책은 Tom Holland의 In The Shadow of the Sword(Little, Brown 2012)를 완역한 것이다.
2. 각국의 인명과 지명은 외래어 표기법을 따랐다. 다만 널리 알려져 익숙해진 표현이나 용례를 적용하기 어려운 경우에 예외를 두었다.

힐로스를 추모하며

──── 감사의 글 ────

이 책을 완성하기까지는 매우 오랜 시간이 걸렸다. 책의 모든 부분이 처음에는 생각지도 못했던 복잡하고 놀라운 영역이었던 까닭이다. 그런 만큼 신세진 분들이 적지 않다. 책의 편집을 맡아준 리처드 베스윅, 아인 헌터, 수전 드 수아송, 그리고 리틀 브라운 북 그룹의 임프린트 출판사인 리틀 브라운 직원들의 수고가 특히 컸다. 게리 하워드, 테레사 로웨-바너스, 프리츠 반 데르 메이에게도 고마움을 표한다. 저작권 분야의 최고봉인 콘빌 & 월시의 패트릭 월시와 그 밖의 직원들에게도 감사드린다. 거인들의 어깨 위에 선 난쟁이 혹은 범 무서운 줄 모르는 하룻강아지에 불과한 저자가, 그 어느 분야보다 지뢰가 흥미롭게 깔린 역사학 분야를 잘 헤쳐나갈 수 있도록 도와준 학자들에게도 각별히 고마움을 전하고 싶다. 원고 초본의 일부 혹은 전부를 읽고 끝없는 친절함과 관대함, 그리고 그 다양한 의견을 피력해준 레자 아슬란, 제임스 칼턴 패짓, 패트리셔 크론, 베스타 커티스, 제럴드 호팅, 로버트 어윈, 크리스토퍼 켈리, 휴 케네디, 댄 매디건, 지아우딘 사르다르, 구이 스트로움사, 브라이언 워드-퍼킨스에게도 사의를 표한다. 사적인 대화를 나누는 동안에도 선뜻 지혜를 빌려준 프레드 도너와 로버트 호이랜드, 난생처음 힘겨운 도전에 직면한 나에게 든든한 버팀목이 되어준 로빈 레인에게도 고마움을 전한다. 감히 범접할 수 없는 대역사가(에드워드 기번)의 말을 빌리면, 나 또한 '동양의 언어들에도 전적으로 무지했기 때문에 라틴어, 프랑스어, 영어에, 그들이 가진 학식을 주입해준 박식한 학자들에게도 의존할 수밖에 없었다.' 비범한 지식은 물론 끈기와 유능함까지 갖춘 살람 라시는 아랍어와 옛 시리아어 번역을 맡아주었고, 안드레아 울프는 언제나 그렇듯 빈약한 나의 독일어 실력을 훌륭하게 보완해주었다. 장장 5년 동안이나 헤프탈족, 칼케돈 지지자, 하와리즈파를 실성한 사람처럼 읊고 다니는 나를 묵묵히 참고 견뎌준 친구와 가족들도 소중한 조력자들이었다. 특히 제이미 뮤어는 지원과 격려, 조언을 아끼지 않았으며, 케빈 심은 원고 분석과 요점 파악에 탁월하여 우마이야 왕조 시대의 화폐에 대해 의문이 생길 때마다 무의식적으로 찾는 사람이 되었다. 마지막으로 사랑하는 나의 가족─사디, 케이티, 일라이자─의 지원 또한 없어서는 안 될 중요한 존재였다.

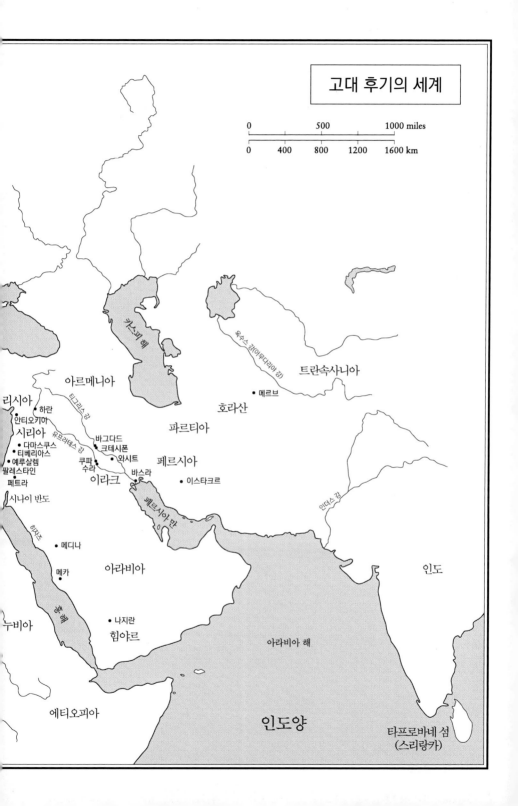

고대 후기의 세계

0   500   1000 miles

0   400   800   1200   1600 km

카스피 해

아르메니아

트란속사니아

옥수스 강(아무다리아 강)

메르브

호라산

리시아

하란

안티오키아

시리아

티그리스 강

파르티아

유프라테스 강

바그다드

크테시폰

다마스쿠스

티베리아스

쿠파

와시트

페르시아

예루살렘

수라

팔레스타인

바스라

페트라

이라크

이스타크르

인더스 강

시나이 반도

페르시아 만

헤자즈

메디나

메카

아라비아

인도

홍해

나지란

힘야르

아라비아 해

누비아

에티오피아

인도양

타프로바네 섬
(스리랑카)

적과 싸우려 들지 마라.
신께 평화와 안전을 간구하라.
그래도 적과 맞닥뜨린다면,
무던한 인내심을 갖고, 천국의 문이
검의 그늘 아래 있다는 점을 명심하라.

예언자 무함마드의 말씀

도입

내 글에는 우선 우리에게 이로운 내용, 그다음에는
후대에 이로운 내용만 포함시킬 것이다.

에우세비우스의 《교회사》 중에서

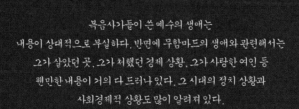

복음사가들이 쓴 예수의 생애는
내용이 상대적으로 부실하다. 반면에 무함마드의 생애와 관련해서는
그가 살았던 곳, 그가 처했던 경제 상황, 그가 사랑한 여인 등
웬만한 내용이 거의 다 드러나 있다. 그 시대의 정치 상황과
사회경제적 상황도 많이 알려져 있다.

살만 루슈디

1

알려지지 않은 사실

· 두 세계 사이에서 ·

긴 머리, 신앙심, 잔학함으로 유명한 아라비아의 왕 유수프 아사르 야타르(일명 두 누와스—옮긴이)가 악취 진동하는 전장을 뒤로한 채 피로 얼룩진 백마를 타고 홍해의 해안가로 내달렸다. 적군에 패해 도망치는 그의 등 뒤로는 승리한 기독교군이 재물을 강탈하고 왕비를 사로잡기 위해 왕궁 쪽으로 진격하고 있을 터였다. 정복자가 그에게 자비를 베풀 이유는 없었다. 유수프는 기독교도들에게 그 정도로 악명이 자자했다. 2년 전 아라비아 남서 지역을 그가 믿는 신앙의 근거지로 삼기 위해, 그 지역의 기독교 중심지 나지란을 점령한 뒤에 벌인 학살이 요인이었다. 유수프가 10년도 채 못 되는 기간을 단속적으로 지배한 홍해 연안의 힘야르 왕국—그 왕국의 경계를 한참 벗어난 지역의 기독교도들에게 그가 자행한 일은 가히 충격과 공포 그 자체였다. 주교와 신도들을 교회에 가둬놓고 밖에서 문을 걸어 잠근 채 불을 지른 것이다. 처녀들은 그 광경을 보고 "불에 타는 사제들의 살 냄새"[1]보다 그윽한 향내는 없다고 울부짖으며 불 속으로 황급히 몸을 던졌다. 또한 "일평생 문 밖에 얼굴을 내민 적이 없고, 따라서 대낮에 도시를 활보해본 적도 없는"[2] 한 여인은 얼굴을 싸매고 있던 베일을 과감히 벗어젖히며 왕을 책망했다. 이에 격분한 유수프는 여인의 면전에서 딸과 손녀를 죽이고 그들의 피를 그녀의 목구멍 안으로 쏟아 부었다. 그런 다음에야 그녀의 목을 베었다.

이들의 희생은 물론 기독교 교회에 의해 순교로 기려졌다. 하지만 유수프의 만행까지 용서되지는 않았다. 기독교 왕국 에티오피아(악숨)의 대군이 홍해를 건너와, 힘야르군을 궁지에 몰아넣은 뒤 교전 끝에 패주를 시킨 것이다. 유수프가 지금 홍해의 얕은 물살이 말발굽을 때리는 곳에서 오도 가도 못하는 막다른 길에 서 있는 것도 그 때문이다. 하느님의 선택된 예언자에게 부여된 율법에 복종한 것도 그를 파멸에서 구해주지는 못했다. 유수프가 천천히 말을 앞으로 몰아갔다. 그렇게 물살을 헤치며 나아가다가 육중한 갑옷 무게에 눌려 그는 수면 밑으로 가라앉았다. 아라비아를 지배한 최후의 유대인 왕 유수프 아사르 야타르는 이렇게 생을 마감했다.

엄밀히 말하면 525년 힘야르 왕국이 멸망한 것은 고대 역사를 수놓은 유명한 사건들 축에 끼지 못한다. 힘야르 왕국 자체도 유수프의 죽음으로 막을 내릴 때까지 거의 600년 동안 번성했다고는 하지만 바빌론, 아테네, 로마가 오늘날 누리고 있는 정도의 브랜드 인지도를 갖고 있지는 못하다. 그도 그럴 것이 예나 지금이나 아라비아 남부는 문명의 중심지와 동떨어진 변방이었기 때문이다. 정주민들로부터 "지상의 종족을 통틀어 가장 혐오스러운 종자들"[3]이라며 금수만도 못하다는 멸시를 받은 아랍인들마저도, 그곳에서 자행되었다고 알려진 만행을 삐딱하게 볼 정도였다. 아랍의 한 시인도 힘야르 왕국에서는 여인들이 할례를 받지 않고 "메뚜기도 구역질을 느끼지 않고 먹는다"[4]라고 대경실색한 투의 글을 남겼다. 그랬으니 도를 넘어선 인간들이라는 오명을 뒤집어쓸 만도 했을 것이다.

그렇다고 지리만이 힘야르 왕국의 존재감을 희미하게 만든 요인은 아니었다. 유수프가 죽은 시기도 존재감이 없기는 마찬가지였다. 6세기가 두 시대 사이에 낀, 이도 저도 아닌 시대였던 탓이다. 뒤에는 고전고대 문명권이 가로막고 있고 앞으로는 십자군 세계가 버티고 있는, 한마디로 어정쩡한 시대였다. 고대의 땅거미가 지고 중세가 곧 다가올 것만 같은 이 시기를 역사가들은 '고대 후기late antiquity'로 분류했다.

역사를 경계가 분명한 시대들의 연속으로 생각하는 데 익숙한 사람들에게는 이런 분류법이 다소 혼란스러울 수 있다. 그들의 시각으로는, 유전자가 돌연변이를 일으켜 곤충인간으로 변하고 마는 호러영화의 고전 〈플라이The Fly〉의 과학자들처럼, 고대 후기 세계도 기묘한 잡종으로 비칠 수 있기 때문이다. 힘야르 왕국의 경계를 훌쩍 벗어난 지역의, 장려한 고대의 토대 위에 세워진 제국들만 해도 몇백 년 동안 그래왔듯이 6세기 무렵에도 여전히 근동과 지중해를 지배하고 있었다. 하지만 그래 봐야 그들

시대는 지난날의 광휘를 두드러지게 하는 역할밖에 하지 못했다. 아라비아 북부, 오늘날 이라크로 불리는 지역이 대표적인 예다. 그곳 도시 문명의 발상지였던 진흙 벌에는 1000년 전부터 그래왔듯이 6세기에도 여전히 페르시아의 왕이 다스리는 제국이 존재하고 있었다. 지배 영역도 1000년 전에 존재한 페르시아제국과 다를 바 없이, 인도 국경 지대와 중앙아시아 대륙 깊숙한 곳까지 뻗어 있었다. 휘황찬란한 어전회의, 장려한 의전, 허랑방탕한 국왕의 비행 역시 바빌론 시대를 방불케 했다.

그러나 이라크인들은 이런 일들을 거의 기억하지 못했다. 도처에 기억상실증이 만연해 몇천 년 동안 지속되어온 일들이 뇌리에서 사라져버린 것이다. 심지어 페르시아인들조차 찬란한 제국적 유산에 자긍심을 느끼기는커녕 그 사실을 숨기고 왜곡하기 시작했다. 세계 지배를 꿈꾼 페르시아의 환상과 그 환상에 신빙성을 부여해준 숱한 영광에 보존되어, 명맥이 유지됐던 찬란한 이라크 역사의 유산은 이렇듯 본래 모습을 상실한 채 새로운 외양을 갖춰가기 시작했다.

이와 달리 과거를 경시하는 정도가 덜한 초강대국들도 있었다. 지중해 유역의 제국이 그랬다. 그곳의 거대 도시들은 (이라크인들이 좋아한 벽돌이 아닌) 석재와 대리석으로 지어진 탓에 부서져서 먼지로 변하는 정도가 덜했다. 그 도시들을 지배한 제국들 또한 (힘야르 왕국이 멸망한) 525년 무렵까지도 숭엄한 불멸성을 자랑했다. 로마인들의 제국은 페르시아인들에게도 근원적인 그 무엇으로 비쳤던 듯하다. 이를 부득부득 갈며 한 말이기는 하지만, "하느님이 전 세계를 두 눈, 다시 말해 현명한 군주를 가진 페르시아 왕국과 로마인들의 강력한 제국에 의해 처음부터 빛을 발하도록, 만물의 질서를 세우셨다"[5]라고 때때로 인정할 정도였다. 그러나 로마인들은 비록 이런 아부의 말이 싫지는 않았지만 그렇다고 현혹되지도 않았다. 그들의 제국이 태초부터 존재한 것이 아니며, 로마제국의 모든 위대성은 무에서 비롯해 발전해온 것임을 명확히 인지하고 있었던 것이다. 따라서 제국이 진화해온 과정을 더듬어가노라면 성공의 비결도 나타났다. 유수프가 홍해 속으로 모습을 감출 때도 로마의 수도에서는 제국의 방대한 법률유산을 영원토록 보존하기 위한 목적으로 도서관과 기록보관소를 샅샅이 뒤지는, 지난한 학문적 노력을 요하는 작업이 진행되고 있었다. 그것은 단순히 고서나 뒤적이는 따분한 일이 아니었다. 로마에서는 역사가 군대나 황금 못지않게 국가를 지탱하는 힘줄이었기 때문이다. 로마는 인간 질서의 본보기가 되고자 한 제국 본래의 취지가 훼손되지 않았다는 확신을, 역사를 통해 얻었다. 따라서 황제의 위광도 고대 로마의 위대성을 지속적으로 홍보해야만 유지될 수 있었다.

문제는 영광스러운 과거가 미래를 위한 믿음직한 지침까지 되지 못한다는 사실에 있었다. 이는 로마 정치 지도자들이 직면한 도전이었다. 로마제국이 거의 1000년 가까이 지상의 가장 막강한 초강대국이었던 것은 사실이다. 강력한 맞수였던 페르시아보다 인구도 많고 부유했으며, 서쪽 영역보다 언제나 부유했던 지중해 동부에 대한 지배력도 확고해 보였으니까. 발칸 산맥으로부터 이집트 사막에 이르기까지의 모든 지역이 로마 황제의 지배 아래 있었다. 그럼에도 525년 무렵에는 로마제국의 서쪽 절반이 더는 로마가 아니게 된 상황은 완곡하게 말해도 수치스러운 일이었다. 5세기를 지나는 동안 로마의 거대한 지배 영역이, 마치 밀물에 난타당해 허물어지는 모래성처럼 철저히 붕괴되고 만 것이다. 로마는 410년에 이미 브리튼(브리타니아)을 잃었고, 여타 속주들도 이후 몇십 년에 걸쳐 하나둘씩 상실했다. 5세기 말에는 이탈리아가 포함된 제국의 서쪽 절반이 완전히 사라져, 옛 제국의 경계지 너머 출신 군인 엘리트들이 지배하는 잡동사니 독립 왕국들이 숭엄한 제국적 질서를 대신하게 되었다. 브리튼 서부의 몇 곳만이 예외였을 뿐이다. 원주민과 이 새로운 '야만족' 간의 관계는 지역에 따라 편차가 있었다. 브리튼인들처럼 죽기 살기로 침략자에 맞서 싸운 민족이 있었는가 하면, 이탈리아인들처럼 야만족이 황제라도 되는 양 쌍수를 들어 환영한 사람들도 있었다. 그러나 어느 경우가 됐든 제국의 붕괴로 새로운 정체성과 새로운 가치가 생겨나고 새로운 이론이 만들어진 것은 같았다. 그 결과 서유럽에는 오랜 기간을 거치는 동안 예전과는 근본적으로 다른, 새로운 정치 질서가 수립되었다. 로마의 버려진 속주들이 두 번 다시 단일 지배자를 인정하지 않게 된 것만 해도 그랬다.

위대한 두 제국 페르시아와 로마도 종국에는 니네베(고대 아시리아의 수도)와 티레(고대 페니키아의 도시)의 전철을 밟아 흔적 없이 사라졌다. 그러나 서로마 속주들에 세워진 국가들의 경우는 그렇지 않았다(일부 국가들의 현대적 명칭에는 아직도 고대 후기 야만족 군대가 침략한 역사의 흔적이 남아 있다). 그 점에서 유럽 역사가들이 전통적으로 미래의 프랑스에 프랑크족이 출현하고 미래의 잉글랜드에 앵글족이 출현한 현상을, 로마 황제나 페르시아 왕보다 장기적으로는 한층 더 중요한 사건으로 간주한 것도 놀랄 일은 아니다. 당대인들은 몰랐겠지만 파괴는 두 제국을 계속 쫓아다녔다. 그리하여 힘야르 왕국이 붕괴한 지 1세기 뒤에는 두 초강대국이 (괴물의) 심연을 뚫어지게 바라보는 상태가 되었다(괴물의 심연을 오래도록 들여다보면 그 심연도 상대방을 들여다보게 된다는, 니체의 말을 인용한 것—옮긴이). 페르시아제국은 붕괴하고 로마제국도 본체를 난도질당해 '막다른 골목', '와상 환자',

'공룡'들로 칭한 전통적 역사 해석에 힘을 실어주는 상태가 된 것이다. 그랬으니 전통적 역사가들로서는 로마제국의 멸망을 노쇠에 따른 자연스러운 귀결이라고 말하고 싶기도 했을 것이다. 고대 후기에서 쇠망의 비참한 궤적만을 좇는 사람들에게, 고대 후기의 지연은 파티가 끝났는데도 외투를 찾아가지 않는 손님들의 속성처럼 보였을 테니 말이다.

그러나 알고 보면 그 시대 사람들이 세운 제국들은 속세에만 국한되어 있지 않았다. 비록 백성들에게 존엄한 존재였고 황궁과 성채도 범상치 않게 우뚝 솟아 있었으며 막강한 군대와 관료 집단을 거느리고 세금 징수원들을 수족처럼 부리기는 했지만, 황제는 여전히 하늘의 왕이 지배하는 우주의 한 인간일 따름이었다. 보편적 지배자는 하나뿐이었으니, 바로 신이었다. 이 가설이 유수프가 곤경에 처한 6세기 초에도 여전히 근동 전역에서 거부감 없이 통용되어, 그 지역 지정학의 거의 모든 측면에 영향을 끼쳤다. 같은 맥락에서 유수프 군대와 에티오피아 군대 사이의 충돌에도, 다투기 좋아하는 군 지도자들의 야망을 상회하는 문제가 걸려 있었다. 하늘의 이해관계와 밀접히 연관되어 있었다는 얘기다. 유대교의 대의를 위해 싸우는 측과 그리스도의 이름으로 싸우는 측 간의 차이는 화해가 불가능할 정도로 컸다. 두 왕국 모두 자신들이 숭배하는 신이 유일신(그리스어로는 모노스 테오스monos theos)이라 믿었고, 그것이 양측의 대립을 격화시켰다. 신을 특별하게 해석하는 이런 열정이 남부 아라비아는 물론 문명 세계 전역에서 수백만 사람들의 삶을 결정짓는 정서가 되었다. 때는 왕국들이 파도의 물거품처럼 부풀어 올랐다가 꺼져버리는 시대, 심지어 위대한 제국들조차 휘청거리는 시대였다. 이런 상황에서 지상의 권력이 신에게로 향하는 것과 같은 충성을 얻기는 불가능했다. 그러므로 정체성을 결정하는 요소도 지상의 왕국들이 아닌, 유일신을 나타내는 다양한 개념들, 곧 '일신교들'이었다.

이는 미래에 엄청난 중요성을 지니게 될 인간 사회의 변화를 예고하는 전조였다. 여러 이름을 가진 일신교들이 역사상 처음으로 국교로 채택된 것이 전 세계에 미친 파급력에 비하면, 고대에서 비롯된 현대 세계의 모든 다양한 특징들, 곧 알파벳, 민주주의, 검투사 영화 들조차 미미하기 그지없었다. 제3천년기의 초엽에 접어든 지금, 유수프의 죽음을 전후한 250년 사이에 현대적 모습을 얼추 갖추게 된 것으로 보이는 각종 종교를 믿는 사람들이 전 세계 인구의 절반이 넘는 35억 명에 달하는 것이 그것을 말해주는 증거다. 그렇다면 다른 시대에 비해서는 생경한 고대 후기도, 이와 많은 관련을 맺고 있는 것으로 볼 수 있다. 지역이 어디든 남녀들은 유일신이 특정한 방식으로 생각하고 행동한다는 믿음에 고취되는 순간, 그것의 영원한 힘을 드러내 보이려는 속성을 지니고 있기 때문이다. 이것이 가져온 혁명은 지금까지도 반향을 불러일으키고 있다.

이 같은 혁명의 기원과 발전 과정을 살펴보는 것이 내가 이 책에서 하려고 하는 일이다. 불과 몇 세기를 거치는 동안 인간의 사고방식이 그토록 철저하게 영속적으로 변하게 된 요인이 무엇인지를 밝혀보려는 것이다. 그런 만큼 책의 내용도 박진감 넘치는 드라마와 비범한 인물들, 그리고 때로는 화려한 색채가 가미된 인간적 이야기가 될 것이다. 또한 이 책은 물리적 경계를 넘어서는 내용이 많다는 점에서 역사가에게는 특별한 노력이 요구되기도 한다. 이 책에서는 왕과 천사, 군 지도자와 악마가 똑같이 주인공으로 다루어진다. 따라서 앞으로 전개될 일들도 단순히 물질적 이기심이나 정치적 계산의 관점으로만 설명되지 않는다. 때로는 천국의 밝은 빛과 천벌에 대한 두려움의 영역이, 적나라한 인간 세상을 압도하기 때문이다. 유수프의 몰락을 분석한 동시대인들도 물론 순진하지는 않았다. 그들도 유수프가 몰락한 이면에는 무역 정책과 같은 복잡한 문제와, 그곳에서 멀리 떨어진 두 초강대국의 경쟁이 개재되어 있다는 사실을 알고 있었다. 그렇기는 하지만 아라비아의 모래사막이 진정한 천상의 드라마가 펼쳐진 무대, 천국과 지옥의 힘들이 만나 부딪친 장소였다는 점에 대해서는 한 치의 의혹도 갖지 않았다. 유수프가 천사 편이었는지 악마 편이었는지에 대해서는 견해차가 있을지 모르나, 신 때문에 전쟁이 벌어졌다는 점에 대해서는 유대인과 기독교도의 의견이 일치했다. 그것이 그 시대의 핵심 가설이었다. 그러므로 그것에 합당한 경의를 표하지 않으면 고대 후기의 역사도 불완전한 것이 된다.

따라서 그 시대의 신앙들도 그에 걸맞은 진지함과 공감을 가지고 다룰 필요가 있다. 그렇다고 해서 그 신앙들의 주장을 액면 그대로 받아들이라는 말은 아니다. 4세기 초 팔레스타인에서 활동한 카이사레아 주교 에우세비우스(260~339 또는 265~340)가 좋은 예가 될 수 있다. 에우세비우스는 자신이 집필한 초기 《교회사》에서 신의 집게손가락으로 시간의 패턴을 더듬어가는 것으로 과거를 설명하는 역사 연구의 전통을 수립했다. 그러나 이 가설이 기독교도 저술가들을 넘어서는 폭넓은 영향을 미쳤음에도 서구에서는 이미 수 세기 전에 빛을 잃었다. 종교적 신념에 관계없이 지나간 과거사를 신의 섭리에 의한 작용으로 보지 않는 것이 현대 역사가들의 관행이다. 지금은 신앙을 포함하여 인간 세상의 모든 현상을 진화의 결과물로 받아들이고 있다. 그렇다고 이것이 전적으로 현대적인 관점인 것도 아니었다. 다윈보다 1500년 먼저 태어난 에우세비우스도 유해하고 특별히 위협적인 이단을 진화의 관점으로 인지하고 있었으니 말이다. 그로서는 자신이 믿는 종교의 적들이 전파시킨 개념보다 더 우려스러운 것도 없었다. 그는 그것이 느닷없이 튀어나와 거룩한 전통들을 왜곡한다고 보았다. 그가 역사서를, 교회의 교리나 제도의 변화를 탐구하는 것이 아닌 그것들의 불변성을 논증하는 데 목적을 두고 쓴 것도 그래서였다. 그렇다면 기독교는 어떻게 보았을까? 그는 기독교가 태초부터 존재했을 것으로 보았다. "근년에 그리스도의 말씀을 통해 모든 민족들에게 선포된 종교야말로, 종교들 중에서 가장 오래된 시원始原의 종교로 간주하는 것이 옳다."[6]

물론 네안데르탈인의 매장지와 크로마뇽인의 동굴 예술에 익숙한 현대인에게는 이 주장이 생뚱맞게 들릴 것이다. 그럼에도 그 저변에 깔린 가설, 다시 말해 종교에는 시간의 흐름과 무관한, 신비롭고 본질적인 요소가 내포되어 있다는 가설은 여전히 폭넓게 받아들여지고 있다. 많은 부분 에우세비우스와 그와 동류의 사람들 때문이다. 그 점에서 신앙과 교리의 체계가 아직 채 갖추어지지 않았을 때, 각각의 종교들이 개별적 틀을 짜서 그 형태를 완성한 점이야말로 고대 후기가 이룩한 위대한 혁신이라 할 만하다. 이를 성취하기까지의 이야기는 실로 매혹적이고 놀라운 바가 있다. 그 안에는 가장 높은 수준의 정치와 가장 심원한 인간 정서가 개입하고 있기 때문이다. 위대한 제국들의 충돌과 노예들의 참상, 반짝이는 모자이크와 페스트로 죽은 시신들이 묻힌 구덩이에서 나는 악취, 번잡한 도시들의 소음과 텅 빈 사막의 고요함, 이 모든 요소가 담겨 있는 것이다. 고대로 인식되는 세계에서 시작해 중세의 세계에서 끝이 나는 그 일이, 역사상의 그 어느 것과 비교해도 손색없는 중요한 혁신으로 간주되는 것도 그래서이다.

그러나 그 이야기를 하기는 여간 까다롭지 않다. 고대사의 전 기간을 통해 사료들 간의 차이가 크고 상충하는 내용이 많은 것도 일을 어렵게 만드는 요인이다. 유수프의 죽음만 해도, 말을 타고 바다로 뛰어들어 죽은 것이 아니라, 전투가 치열하게 전개되던 중에 전사했다고 기록된 사료들이 있기 때문이다. 더 심각한 것은 사료의 편중성이다. 지금까지 알려진 거의 모든 사료가 기독교도들이 남긴 기록인 것이다.* 게다가 몇몇 역사가들은 유수프의 사망 시기를 525년이 아닌 520년으로 기록하고 있어, 연표마저도 정확하지 않은 실정이다. 그러나 이것도 종교 관련 문제에 비하면 사소한 일에 지나지 않는다. 적대적인 일신교들의 발흥 과정을 다룬 역사가들 모두 '기독교도'와 '유대인'의 단어를 사용했지만, 유수프의 이야기에도 나타나듯, 고대 후기에는 이 말들이 오늘날과는 다른 의미로 쓰였을 수 있기 때문이다. 아라비아의 베일 쓴 기독교도 여인들을 유대인 왕이 박해하는 장면도 우리 시대와는 다소 동떨어진 감이 있다.

고대 후기를 다룬 이야기가 애초에 생각했던 것보다 생소하고 놀라운 까닭도 거기에 있다. 실제로 그 당시에는 없는 이야기를 지어내고 그것을 숨기는 능력이 매우 뛰어났기 때문에, 경악스러운 효과를 내고 못 내고는 순전히 글 쓰는 사람의 마음먹기에 달린 문제였다. 물론 현재를 위해 과거를 고쳐 쓰는 일은 어느 시대에나 있게 마련이다. 그러나 피나는 노력을 기울이거나 혹은 영속적인 효과를 거둘 만큼 노력을 기울인 면에서 고대 후기의 역사가들은 타의 추종을 불허한다. 그렇게 보면 유대교와 기독

---

* 반면에 간단하나마 지금까지 전해지는 3점의 동시대 비명들은 힘야르 왕국의 관점에서 작성된 것이어서, 현대판 테러리즘을 묘사한 것이라 해도 좋을 만큼 나지란의 기독교도들을 맹렬히 비난하는 내용이 담겨 있다.

교의 역사를 정교하게 다듬어 정통적이고 논리적으로 합당하게 만든 다음에 그것과 모순되는 내용은 가차 없이 제거한 것이야말로, 그 시대의 유대교와 기독교도 학자들이 거둔 최고의 성과라고 할 만하다. 모세가 실제로 어떤 인물이었는지, 심지어 실존 인물이었는지조차 불분명한 상황에서 현대의 유대인들이, 고대 후기 랍비들—다시 말해 수백 년의 세월을 오롯이 그들 시대와 아무리 동떨어져 있다 해도, 그 위대한 예언자 역시 자신들과 별반 다르지 않은 존재였음을 논증하는 데 바친 해박하고 영리한 사람들—이 한 말의 영향을 절대적으로 받게 된 것도 그래서이다. 같은 맥락에서 오늘날의 기독교도들 또한, 예수가 스스로를 어떻게 생각했는지와 관계없이 교회에서 배운 대로 그의 포교와 신성을 이해하고, 후기 로마 정치를 뒤흔든 격변, 다시 말해 하느님의 모든 백성을 하나로 결합할 수 있는 신조를 만들어내기 위해 총력을 기울인 주교와 황제들의 증언자가 되고 있다. 이것으로 알 수 있는 것은 두 종교의 궁극적 기원이 어디에 있든 간에, 유대교와 기독교의 기본 골격이 형성된 것은 고대 후기였다는 것이다.

그리고 이렇게 형성된 두 종교의 중심에 있는 것이 바로, 유대인이 하느님의 선민인지, 예수가 진짜 부활했는지 등의 중요한 질문들에 궁극적으로 답할 수 있는 것은 신앙—혹은 신앙의 결핍—뿐이라는 것이다. 유일신에 대한 유대인의 믿음이 애초에 어떻게, 그리고 왜 생겨났는지와 초기 교회에 얼마나 많은 교리가 존재했는지에 대한 질문도 마찬가지다. 그러다 보니 역사가가 할 수 있는 것도 제한적이어서 유대교와 기독교를 실행하는 데 불을 붙인 몇몇 불똥만 희미하게 감지할 수 있을 뿐, 그 이상은 알 수 없게 되었다. 나머지 요소들은 희뿌연 유리—대개는 이 책의 남녀 주인공이 만든—를 통해서나 알아볼 수 있다.

게다가 고대에는 시원始原에 대한 경의가, 진실의 왜곡이나 혹은 심할 경우 흔적을 없애버리는 결과로 나타나기 일쑤였다. 신전은 수수한데 거기에다 거대 건축물을 세워 경건함을 과시하는 부유층 후견인이 많았던 것이 좋은 예다. 그에 반해 고대 후기의 유대교와 기독교 학자들은 순전한 노동력만으로 영속적인 혁신의 과업을 이루는 데 성공했다. 그 점에서 그들이 숭배한 다양한 일신교뿐 아니라 종교 자체에 대한 해석을 갈고 다듬어, 오늘날 전 세계 수십억 명의 사람들이 신은 이승에서의 행위뿐 아니라 인간 영혼의 영원한 운명에도 막대한 영향을 미친다는 사실을 믿게 만든 것이야말로 그들이 거둔 궁극적인 성과라 할 만하다. 고대 후기의 기록물들을 면밀히 검토하여 실제로 일어났을 만한 일들에 대한 증거를 찾는 작업이, 민감하면서도 매혹적인 까닭이 거기에 있다.

그런 만큼 이런 작업은 신중하게 진행할 필요가 있다. 사료가 복잡하고 모호하다고 해서, 이 책의 주제가 되는 이야기를, 왜 그렇게 해야 하는지에 대한 적절한 설명 없이 특정한 방식으로 서술하는 일은 없어야 한다.

내가 그 일을 본격적으로 시작하기 전에, 본 궤도를 한참 벗어난 이야기의 구성에 대해 잔소리를 늘어놓은 것도 그래서이다.

· 가장 위대한 이야기 ·

승리는 하느님의 총애를 받는 쪽이 차지했다. 유죄 선고를 받고 나무 십자가에 못 박혀 죽은 신을 믿는 기독교도들도 이 가설에는 기꺼이 승복했을 것이다. 에우세비우스도 이를 당연하게 여겼다. 수백 년 동안 기독교도들이 흘린 핏자국으로 얼룩진 로마가 마침내 교회의 보루가 되는 기적의 광경을 지켜본 사람이었으니 어찌 그러지 않을 수 있었겠는가. 같은 맥락에서 그리스도 앞에 처음으로 머리를 조아린 로마 황제도 적절한 보상을 받기 위해 굳이 죽음을 기다릴 필요는 없었다. 직관적 논쟁의 귀재인 데다 영웅 숭배의 기질 또한 강했던 에우세비우스는 황제(콘스탄티누스 1세—옮긴이)의 전기까지 집필하여 그 점을 되풀이해서 강조했다. "황제는 하느님의 지극한 사랑을 받고 은총을 입으며 신앙심도 깊고 자신이 행한 모든 일에 행운이 따랐던지라, 그를 앞서간 그 누구보다 많은 민족들에 미치는 권위도 가장 손쉽게 획득했으며 생명이 끝날 때까지 권력도 보유했노라."[7]

그러나 그리스도를 믿으면 속세의 광영도 얻을 수 있으리라는 이 신조는 이후 몇 세기를 거치는 동안 수차례 타격을 입었다. 기독교를 믿는 로마인들이 많아질수록 제국의 국경이 줄어드는 당혹스러운 일이 벌어진 것만 해도 그랬다. 신학자들은 그 난처한 상황에 대한 답이 될 수 있는 갖가지 구실을 만들어냈다. 기독교도들이 할 일은 복음서를 연구하여 속세와 교만함에 대한 예수의 가르침을 배우는 것이라고 설파하여, 효과 만점의 결과를 얻어낸 것도 그중의 하나다. 반면에 신을 기쁘게 하면 세속적으로도 위대해질 수 있다고 에우세비우스가 공들여 설정해놓은 (신앙과 보상 사이의) 핵심적 등식까지 간단히 무시해버리기에는 너무도 그럴싸해 보였다. 하지만 로마가 생존투쟁에 몸부림칠수록 어정뱅이에 지나지 않는 제국의 사람들에게 잃는 땅은 갈수록 늘어만 갔다. 로마인들이 특히 충격을 받은 것은 그들의 정체성, 즉 제국의 가장 부유한 속주들을 강탈했을 뿐 아니라 페르시아마저도 무자비하게 짓밟은 정복자의 정체성이었다. 따라서 그들에게는 이렇게 돌발적이고 가공할 만한 사건이 초자연적 현상으로밖에 보이지 않았다. 가장 야만적이고 후진적이라고 멸시했던 종족, 아랍인의 세계 정복을 신의 손길에 의한 것이 아니라면 다른 그 무엇으로 설명할 수 있었겠는가.

그런데 에우세비우스 시대로부터 500년이 흐른 9세기 초에도 경건함과 세속적 힘 사이를 오락가락한 학자들이 용의주도하게 고안해낸 해법은 여전히 눈부신 영향력을 발휘했다. 기독교도들은 그 관점에 다소 불편함을 느꼈을 수 있지만, 아랍인들은 자신들이 거둔 그 모든 놀라운 승리가 신의 가호 덕이라 믿었고, 그 사실에 기쁨을 감추지 못했다. 2세기 전 하느님이 그들 조상에게 초자연적 계시들을 줄줄이 내려주셨다고 믿었으니 그럴 만도 했을 것이다. 유대인과 기독교도에게 내린 계시를 능가했을 뿐 아니라, 계시에 복종하자 세계 제국으로 가는 길까지 열어주었으니 말이다. 그리하여 그리스도가 탄생한 지 800년 뒤에는 대다수 아랍인들이 스스로를 '신에게 복종한 사람들'을 뜻하는 무슬림으로 간주하게 되었다. 대서양 연안에서 중국의 주변부까지 뻗어나간, 그들 조상의 검이 쟁취한 거대한 땅 덩어리가 신이 요구한 아랍인 복종의 궁극적 금자탑 역할을 했고, 그 결과 9세기 초에는 복종을 뜻하는 말인 '이슬람'이 하나의 온전한 문명을 이루게 되었다.

이슬람의 출현은 아랍인에게 전대미문의 긍지를 심어주는 데 그치지 않고, 아랍어에도 이내 새로운 품격을 선사해주었다. 아랍인의 믿음에 따르면, 신이 인간에게 드높고 영구한 자신의 목적을 드러낼 때 사용한 언어도 아랍어였다. 그리고 물론 전능자에게 훌륭한 것은 인간에게도 훌륭한 것이었다. 그리하여 800년 무렵에는 아랍어가 멸시받던 대상에서 일약 말소리는 힘을 나타내는 음악이 되고, 그것의 흘림 서체는 서예가들의 솜씨로 완벽한 세련미까지 갖춘 순수한 아름다움의 표상이 되는 경지에 이르렀다. 아랍어 문자의 마니아가 된 아랍인도 적지 않았다. 어떤 학자는 822년에 트렁크 600개 분량의 책을 남기고 죽었는가 하면, 술에 취해 곤드레만드레가 된 상태에서, 산더미 같은 책들이 무너져 내려 그 밑에 깔려 죽은 또 다른 학자에 대한 이야기가 전해지기도 한다. 당시에는 충분히 일어날 수 있는 일이었다. 아랍 역사책 한 권의 분량이 자그마치 8만 쪽에 달했다고 하니, 무게가 상당히 나갔을 것이기 때문이다. 그렇다면 아랍인들 스스로도 신바람이 나서 지적했듯이, 그렇게 엄청난 학문적 노력을 기울인 사람들이 야만족이라고 멸시받던 시대로부터 멀리 떨어진 시대의 사람들이었을 것은 분명하다.

아랍인들이 지난 시대를 연구해야 한다는 강박증에 시달린 것도 그렇게 보면 놀랄 일이 아니다. 자신들에게 느닷없이 대운이 뻗치게 된 이유, 그것의 진행 과정, 그리고 그것으로 드러난 신의 특성을 밝히고 싶어 안달이 났을 것이기 때문이다. 500년 전 에우세비우스가 그와 유사한 의문점들에 대한 답을 찾아 로마 황제의 전기를 썼듯이, 이라크 출신으로 9세기 초 이집트에 정착해 살았던 학자 이븐 히샴도 그래서 신의 목적을 헤아리기 위해 예언자의 전기(《신의 사도의 전기*Sira Rasul Allah*》—옮긴이)를 썼다. 그는 그것을 '본보기가 되는 행동'을 뜻하는 '시라*Sira*'로 이름 붙였다. 전기의 주체가 한 일보다는 그가 행한 방식이 주된 관심사였음을 나타내는 말이다. 거기에는 그럴 만한 절실한 이유가 있었다. 무슬림들에 따르면 전기의 영웅을 본보기 중의 본보기, 다시 말해 궁극의 본보기로 제시하기 위해서였다. 요컨대 히샴은 전기의 주체를, 신이 지상에서 자신을 대변하도록 선택한 사람으로 그리려고 했던 것이다. 따라서 자비로운 분이 아랍인들에게 소망을 드러내는 것과, 히샴의 시대보다 2세기 먼저 사막을 뛰쳐나와 세계의 초강대국들을 산산조각 내도록 아랍인들을 고취시키는 계시를 내리는 것도 당연히 그를 통해서 했다. "우리는 신의 일꾼이고 예언자의 조력자다. 그러므로 사람들이 신을 믿는 그날까지 그들과 싸울 것이다. 신과 신의 예언자를 믿는 사람들은 생명과 재산을 보호해줄 것이요, 그렇지 않은 사람과는 부단히 싸울 것이다. 그런 사람을 죽이는 것이 우리에게는 일도 아니다."[8] 히샴에 따르면 세계 정복에 나서기 전에 아랍 전사들은 이런 기고만장한 선언문을 발표했다고 한다.

그렇다면 이 '예언자'는 누구였을까? 그 해답을 제시하는 것이 히샴의 목적이었다. 새것으로 대체되어 이제는 잊힌 이집트 문명의 폐허에 둘러싸여 지내던 그에게 《신의 사도의 전기》는 단순한 전기가 아닌, 역사상 가장 중요한 혁명의 기록물이었다. 전기의 주체는 로마와 페르시아제국의 와해가 시작되기 불과 2년 전(634년부터 로마와 페르시아에 대한 아랍인의 침략이 시작되었다—옮긴이)에 죽은 무함마드(570경~632)라는 사람이었다. 이븐 히샴의 말을 믿을 수 있다면, 평범한 상인의 이력을 지닌 무함마드는 마흔 살 무렵에 역사상 가장 획기적인 중년의 위기를 겪었다. 안절부절 마음의 평정을 잃은 그는 고향 도시 외곽에 펼쳐진 황야를 배회하기 시작했다. 그렇게 쏘다니는데 "길가의 돌과 나무들이, '그대에게 평화 있으라, 하느님의 예언자여'라고 말하는 소리가 들렸다."[9] 무함마드는 그 소리를 듣고 혼란에 빠졌다. 수행을 위해 홀로 방황 길에 나선 곳에서 좀처럼 들을 수 없는 소리였기 때문이다. 곁에 위치한 도시 메카는 아라비아 사막 깊숙한 곳, 작열하는 태양에 땅이 시커멓게 타들어가고 바람이 휘몰아치는 황량한 대지 위로 우뚝 솟은 산들에 둘러싸여 있었다. 그런데 밤이 되어 무함마드가 그 산들의 하나, 경사진 곳의 동굴 안에 누워 있는데 경천동지할 소리가 들렸다. 처음에는 무시무시한 초자연적 존재가 그를 움켜잡듯이, 사악한 무언가가 그의 몸을 조여왔다. 그러더니 '복창하라 Recite!'고 명령하는 소리가 들렸다.* 그 소리에 무함마드는 거친 숨을 몰아쉬듯 한 줄 한 줄 글귀를 따라 읽기 시작했다.

> 복창하라! 만물을 창조하신
> 주님의 이름으로.
> 그분은 (한 방울의 정액이) 응혈이 되게 하여 인간을 창조하셨노라.
> 복창하라! 주님은 가장 은혜로운 분으로
> 연필로 쓰는 법을 가르쳐주셨으며
> 인간이 알지 못하는 것도 가르쳐주셨노라.[10]

무함마드는 분명 말을 하고 있었다. 하지만 그것은 그의 말이 아니었다. 그렇다면 누구의 것이었을까. 전해지기로 무함마드도 처음에는 그것을, 사막과 바람의 정령인 진니들의 행위로 여겼다고 한다. 이븐 히샴에 따르면 당시에 메카는 마녀가 득시글거리고 귀신이 출몰하는 곳이었다고 하니, 그럴 만도 했을 것이다. 도시 중앙에는 아라비아 반도 전역에서 사람들이 몰려와 경의를 표하는 무시무시한 신과 사악한 힘을 가진 토템들이

---

* 이븐 히샴에 따르면 글자가 적힌 브로케이드 덮개가 무함마드 앞에 나타났다고 하니, 어쩌면 그 소리는 '읽으라 Read!'였을 수도 있다.

깃든, 돌과 진흙으로 지어진 정육면체 모양의 카바 신전도 있었다. 일반 가정집들도 집 안에 우상을 모셔놓고 먼 길 떠나기 전에 그것을 어루만지며 행운을 비는 풍습이 있었다. 심지어 둥근 돌에도 제물을 바칠 만큼 메카 사람들의 우상 숭배는 뿌리 깊었다. 카바 신전에서 겁도 없이 성행위를 하다가 그 즉시 돌로 굳었다는 한 쌍의 연인도 그 돌들 중의 하나다. 그렇게 피와 마법의 향내가 진동하는 섬뜩한 도시였으니, 진니들에게 사로잡힌 투시력 가진 존재들이 좁은 골목길의 흙 속을 굴러다니고 계시를 토해놓는 것이 일상사가 된 것도 무리는 아니었을 것이다. 무함마드가 두려움에 떤 것도 그래서였다. 어찌나 겁에 질렸는지 그는 목숨을 끊을 생각까지 할 정도로 극심한 운명의 고통에 시달렸다. 동굴을 빠져 나와 밤늦도록 비척대며 허둥지둥 산 위를 향해 올라간 것도, 산꼭대기에서 아래쪽 바위로 몸을 던져 죽기 위해서였다.

그때 예전의 목소리가 다시 들렸다. "무함마드여! 그대는 신의 사도요, 나는 가브리엘이다." 이것이 정녕 가능한 일이란 말인가? 가브리엘이 누구던가? 그는 유대인과 기독교도가 믿는 하느님의 사자이자 대천사가 아니던가. 고대에는 예언자 다니엘 앞에 환영으로 나타났고, 성모 마리아에게 예수를 수태하게 될 것이라고 일러주었거나 혹은 일러주었다고 전해지는 거룩한 천사 말이다. 무함마드가 하늘을 쳐다보니 그가 "수평선 양쪽에 다리를 걸치고 있었다."[11] 그렇다면 가브리엘이 분명했다. 그는 떨리는 마음으로 산을 내려왔다. 아내를 보니 떨리는 마음이 겨우 진정되어 그때부터 그는 자신에게 일어난 몸서리치는 일들을 찬찬히 되새겨보기 시작했다. 그러고는 언감생심 어쩌면 그 소리가 진실일 수도 있겠다는 생각을 했다. 그 후 2년 동안은 아무 소리가 들리지 않았다. 하지만 결국 가브리엘이 돌아옴으로써 침묵은 깨졌고, 무함마드도 마침내 그 소리가 천사의 입을 통해 자신에게 전해진 하느님의 말씀으로 확신하게 되었다. 그것도 보통 하느님이 아닌 불가분의 하나뿐인 하느님, 참 하느님이었다. "그분 외에는 신이 없으니, 그분께서 만물을 창조하셨노라."[12]

　세상에는 단 한 분의 신만 존재한다는 이 단호한 주장이 놀랍도록 새로운 우주관으로 이끄는 열쇠가 되었다. 계시가 줄줄이 이어질 때마다 신의 유일성에 대한 무함마드의 깨달음—더불어 그에 발맞춰 신을 위해 그가 해야 할 일에 대한 깨달음도—이 일취월장으로 발전한 것이다. 아라비아인들은 그때까지도 여전히 돌, 나무, 냄새 고약한 버터와 대추야자를 섞어 만든 우상을 모셔놓고, 하늘과 땅이 각종 신들로 가득 차 있다고 말하는 인류 최대의 망상을 앵무새처럼 읊조리고 있었다. 무함마드는 그런 사람들에게 신의 목소리가 내려준 명령을 "큰 소리로 선포했다."[13] 신의 계시로 설교를 시작한 것이다. 무함마드는 인류가 용서받지 못할 죄를 지었다는 점을 누이 경고했다. 알라(신)를, 다른 신들과 연합시키는 시르크shirk가 그것(죄)이었다. 그런데도 신은 자비롭기 때문에 "온 우주의 주님"[14]께서는 인간들이 어리석음을 깨달아 본래의 진실된 길을 되찾을 수 있도록 예언자들을 여러 번 보내셨다는 것이다. 하느님께 순종하라는 요구, 이 하나의 메시지만을 설파한 노아, 아브라함, 모세, 예수가 그들이었다. 그런데 이제 길이와 숫자가 무한정으로 늘어난 하느님의 계시가 무함마드에게 떨어졌으니, 예수 탄생 600년 만에 드디어 "예언자들의 봉인Seal of Prophets"[15]으로서 새로운 예언자가 등장한 것이 분명했다. 이를 보여주듯 하느님은 세월이 감에 따라 무함마드를 통해 말씀을 계속 내리셨고, 그러자 무함마드와 수효가 불어난 그의 추종자들도 무함마드가 최종적 계시, 다시 말해 하느님의 궁극의 계시를 받은 예언자임을 깨닫게 되었다.

그렇다고 모든 사람들이 이에 공감한 것은 아니었다. 이븐 히샴이 현자인 체 이렇게 말한 것에서도 그 점이 드러난다. "사람들은 예언자를 성가신 부담으로 여겼다. 따라서 단호하고 힘 있는 사자만이 신의 가호와 은총을 입어, 신의 계시를 전하는 과정에서 마주치게 될 사람들의 저항을 이겨낼 수 있었다."[16] 온건하게 말한 것이 이 정도였을 만큼 상황은 자못 심각했다. 무함마드의 고향 도시인 메카 시민들만 해도 처음에는 견제만 하던 것이 이윽고 도발로 이어지고, 그러다 결국에는 치명적 위협을 가하는 단계로 발전했다.

특히 오랜 세월 아라비아에 산재한 여러 부족들의 각별한 존경을 받았던 씨족들의 연합으로, 무함마드의 씨족(하심 가문)이 속해 있기도 한 쿠라이시 부족의 반발이 심했다.[17] 그들은 '하느님의 사람들'이라는 명성에 기대어, 카바 신전과 그 안에 모셔진 우상들의 지킴이 역할을 하며 순례객들로부터 막대한 수입을 올리고 있었다. 그런데 무함마드가 부르짖는 유일신 사상으로 인해 그 역할에 타격을 입게 생긴 것이다.* 결국 메카는 점점 예언자와 그의 추종자들이 머물기에는 위험한 곳으로 변해갔다. 그가 하늘의 계시를 최초로 받은 지 12년째 되는 해인 622년에는 급기야 예언자와 그의 추종자들이 생명의 위협까지 받는 지경이 되었다. 그러던 어느 날 밤에 가브리엘이 예언자에게 나타나서, 쿠라이시족이 잠든 틈을 타 그를 암살할 음모를 꾸미고 있다는 말을 해주었다. 떠날 때가 된 것이다. 그

---

* 카바 신전의 지킴이였던 쿠라이시족의 수익 사업이 무함마드의 종교로 인해 타격을 받았다는 내용은 무슬림의 전승 어디에도 명시되어 있지 않다. 서구에서 발간된 예언자의 전기들만 그 사실을 거의 기정사실화하고 있을 뿐이다.

리하여 대다수가 이미 메카를 등진 추종자들 뒤를 좇아, 무함마드도 도시를 빠져나와 어둠 속으로 모습을 감추었다. 하지만 알고 보면 이는 오래전부터 예견되었던 일이 실행으로 옮겨진 것이었다. 요컨대 예언자가 행한 일은 황량한 사막으로 대책 없이 도망친 것이 아니라 주도면밀한 계획에 따라 진행된 이주, 다시 말해 헤지라였다는 말이다.

세월이 어느 정도 흐른 뒤에는 그 일이 시간의 질서까지 바꿔놓은 대사건으로 인식되어, 무슬림들은 헤지라가 일어난 해를 이슬람력의 원년으로 삼았다. 연대도 '헤지라 기원으로'의 뜻을 가진 라틴어 'Anno Hegirae'의 머리글자인 AH로 표시했다. 이븐 히샴도 무함마드가 처음 계시를 받은 사건보다 메카에서 메디나로 도주한 사건을 그의 생애의 요체가 되는 것으로 파악했다. 헤지라를, 예언자가 단순한 설교자의 위치를 벗어나 눈부신 위업을 이루고 그리하여 이윽고 새로운 정치 질서의 지도자로 부상하게 되는 사건으로 본 것이다.

무함마드의 행선지였던 메카 북쪽의 오아시스 도시 야스리브도 때마침 지도자를 절실히 필요로 하고 있었다. 유대인 부족과 아랍인 부족들이 적대적 관계 속에 불안한 동거를 하면서 오랫동안 피 터지는 주도권 다툼을 벌이는 와중에 폭력의 강도가 통제 불능으로 치달아가자 유혈 참사의 장기화에 대한 우려의 목소리가 높아졌고, 그리하여 조정자를 찾아야 한다는 요구가 비등했던 것이다. 그에 덧붙여 만일 가능하다면 ─ 그저 가능하다면 ─ 중립적이고 믿을 수 있으며 권위를 가진 인물, 신과 직접적으로 선이 닿을 수 있는 조정자라면 금상첨화일 터였다. 그리하여 피난처가 필요한 무함마드와, 예언자가 필요한 야스리브의 이해관계가 맞아떨어졌다. 이븐 히샴도 짝을 맺어주고 싶어했을 정도의 찰떡궁합이었다.

결국 무함마드가 그곳에서 거둔 궁극적 업적으로 야스리브는 지도에서 영영 모습을 감추게 되었다. 그것이 예언자에게 피난처를 제공해준 오아시스 도시의 운명이었다. 이후 야스리브는 '예언자의 도시'Madinat an Nabi'(약칭 메디나)로 개칭되었다. 무함마드도 여생을 그곳에서 보내며, 장차 무슬림의 모범이 될 공동체 수립에 매진했다. 난폭한 사막의 생리에 따라 살아가는 사람들을 준엄하게 꾸짖고, '오만하게' 재물을 사랑하는 행위,[18] 고아의 돈을 빼앗고 그들의 유산을 탕진하는 행위나 쓸모없는 딸자식을 모래 속에 생매장하는 행위도 지옥의 불로 떨어질 죄악으로 질타했다. "실로 비난받을 자는 지상에서 백성들을 박해하고 의롭지 못하게 죄를 지은 자들이니, 그들에게는 고통스러운 벌이 있을 뿐이리라"[19]는 점도 주지시켰다. 이렇듯 심판대에 앉으신 하느님의 경이로운 무한성 앞에서는, 제아무리 오만한 부족장이나 사나운 부족장도 티끌에 지나지 않았다. 사소한 다툼에 열을 올리던 야스리브의 부족들도 밀물처럼 다가오는 무함마드의 계시에 압도되어, 예전에 가졌던 적대감과 충성들마저 숭고하고 절박한 그의 메시지 안에서 눈 녹듯 사라지는 것을 느꼈다.

그러나 무함마드도, 그들이 배외주의가 주는 전통적 기쁨에 탐닉하는 것은 막으려 했지만 그들의 공동체 의식까지 죄다 거부하지는 않았다. 오히려 그 반대였다. 오아시스 도시에 평화를 가져다주었으니 조정자로 왔던 소기의 목적은 달성했지만, 거기에 만족하지 않고 그것을 훨씬 상회하는 그 무엇을 야스리브 사람들에게 제공해준 것이다. 흩어져 부유하는 부족적 질서의 티끌들을 그러모아서 단일 공동체(민족)로서의 새로운 정체성, 다시 말해 초민족적 움마Ummah 구성원으로서의 새로운 정체성을 부여해준 것이다.

무함마드는 또 '예언자들의 봉인'이기는 했지만, 세속적 국가의 기초를 세우는 것도 무가치하게 보지 않았다. 하느님도 말씀을 계속 내리셨고, 무함마드의 자기 확신도 수그러들지 않았다. 그는 앞길을 가로막는 장애물은 쓸어버리거나 짓밟아버렸다. 극도로 혐오하는 빈부 격차가 줄어들지 않자 고리대금업을 법으로 금지시키고 공평한 납세 제도를 수립한 것이나, 고향 도시가 '예언자의 도시'로 변하는 것에 좌절하여 그에 적대하는 책략을 쓴 야스리브의 유대인들을 추방하거나 노예로 삼거나 학살한 것이 대표적인 예다.

쿠라이시족도 무함마드가 그들의 대상隊商 하나를 습격하려 한다는 것을 알고, 사막으로 호위부대를 보냈다가 혼쭐이 났다. 바드르라 불린 우물 곁에서 예언자가 지휘하는 소수의 습격대를 만나 굴욕적인 참패를 당한 것이다. 바드르 전투에서는 천사들도 전장 위 하늘에서 명멸하듯 "뒤로 흰색 터번을 늘어뜨린 채"[20] 획획 검을 휘두르며 쿠라이시족의 머리를 날렸다.

그러나 무함마드가 신의 가호를 받고 있음을 보여준 가장 눈부시고 명백한 증거는 역시 불과 10년이라는 짧은 기간 동안 도피자 신분에서 일약 아라비아의 유력 지배자로 탈바꿈한 것이었다. 이븐 히샴에 따르면 그가 지휘한 원정만 해도 총 27차례에 달했다. 게다가 전투에서 몇 차례 패하기도 하고 천사들 또한 바드르 전투 때와 달리 전투에 직접 가담하지 않고 대개는 예비군으로 간접적 지원에 머물렀다니, 그의 궁극적 승리는 더욱 놀라울 수밖에 없다. 그리하여 무함마드가 죽은 632년 무렵에는 아라비아 전역에서 이교가 자취를 감추게 되었다.

그중에서도 가장 짜릿했던 순간은 무함마드가 죽기 2년 전에 메카를 정복한 것이었다. 말을 타고 고향 도시에 들어간 그는 카바 신전에 있던 우상들을 죄다 밖으로 꺼내놓고 거대한 화톳불을 피워 그것들을 화형시켰다. 악마가 주변으로 자손들을 불러 비통하게 울부짖는 소리가 들렸다. "이날 부로 무함마드의 공동체가 시르크로 돌아가리라는 희망은 모두 버려라!"²¹ 다신교의 빛나는 보루인 장엄한 신전이 이슬람에 굴복했으니 악마로서는 비통해할 만도 했을 것이다. 그러나 메카를 유일신에게 봉헌하는 의식은 혁신과 거리가 멀었다. 신전을 본래의 상태로 환원시키라는 것이 무함마드가 부하들에게 내린 계시였으니 말이다. "메카는 하느님이 천지를 창조한 날에 신성한 곳이 되었으니, 부활의 날(심판의 날)까지도 가장 신성한 곳으로 남게 될 것이다."²²

이 확신이 신자들에게는 큰 위안이 되었다. 2년 뒤 무함마드 사후에 찾아온 암담한 시절에도 그러한 믿음으로 버틸 수 있었다. 그 안에는 하느님이 그들을 버리지 않았다는 암시가 내포되어 있었기 때문이다. 아라비아가 예언자를 잃고도, 신성함에 의해 거룩해진 곳으로 계속 남을 수 있었던 것도 그래서이다. 그렇다고 메카만 '최고의 신성함'을 유지했던 것은 아니고, 움마도 예언자의 가르침에 더 큰 영광을 부여해주며 최고의 신성함을 유지했다. 이어진 몇 년, 몇십 년, 몇백 년을 거치는 동안 무슬림들이 전 세계를 카바로 만들기 위해 정복하고, 정화하고, 신성화하는 작업에 매진한 것도 그것을 말해준다.

그리하여 이븐 히샴이 무함마드의 전기를 집필할 무렵에는 아랍인들만 기도할 때 메카를 향하는 것이 아니라, 서고트족, 베르베르족, 소그디아나인, 파르티아인 등 예언자로서는 듣도 보도 못했을 이방인들까지도 아라비아의 모래사막을 거쳐 카바로 순례 여행을 하는 상황이 되었다. 예언자가 죽은 뒤 아라비아의 경계를 훌쩍 벗어난 지역에서 아랍인들이 행한 정복담은 이븐 히샴이 쓴 시라에는 언급되어 있지 않지만, 다른 학자들의 글에서는 얼마든지 찾아볼 수 있다. 아랍인들이 그것에 그처럼 열광적으로 반응한 것도 무리는 아니었다. 이교가 난무하던 시절 영웅적 무공을 세웠다느니, 소름 끼치는 산적질을 했다느니, 적대자를 굴복시켰다느니 하는 자랑을 늘어놓는 것보다 더 신나는 일은 없었을 것이기 때문이다. 그런데 아랍인들의 그런 자화자찬이 이제는 하느님을 향하게 된 것이다. 바드르 전투로부터 세상의 종말에 이르기까지, 이슬람 관련 이야기가 하나같이 모두 혁혁한 군사적 승리로 묘사되는 것도 그래서이다. 메카보다 무한대로 큰 도시들이 아랍인들에게 점령되고 쿠라이시족보다 무한대로 강한 사람들이 그들에게 항복했다. 물론 그들은 예언자가 주장한 것의 사실 여부를 궁금해할 사람들을 위해 고대 제국들 및 숭엄한 종교들과 싸워 이긴 승리의 규모를 입증해줄 증거도 갖춰놓았다. 어떤 아랍인이 의기양양하게 한 말을 빌리면 "하느님께서 우리를 사랑하사, 그러므로 우리의 믿음, 다시 말해 모든 민족과 종교들을 지배할 권한을 우리에게 부여해주셨다고 믿는 우리의 확신을 하느님이 좋아하시는 것이야말로 그것을 보여주는 징표였다."[23]

그런데 웬일인지 무슬림들은 그러는 동안에도 내내 불안감을 느꼈다. 무함마드로서는 상상조차 하지 못했을 부와 찬란한 대제국을 이룬 와중에도 쇠퇴에 대한 근심을 떨치지 못했다. 이븐 히샴이 무함마드의 전기를 완성하고 아랍인 학자가 책 더미에 깔려 죽은 지 한 세대 뒤에, 알자히즈(781~868/869)라는 뛰어난 박식가가 이슬람 역사에 나타난 승리의 전 과정을 멸망의 전조에 지나지 않는 것으로 간주한 것만 해도 그랬다. 그는 이슬람 역사를 통틀어 황금기는 예언자가 살았던 시대뿐이었다고 믿었다. 예언자가 말하는 것을 직접 듣고 그의 옆에서 말을 달리며 그를 섬긴 '교우들Sahabah'만이, '진정한 일신교'를 실행하고 따라서 놀라운 승리를 거둔 것으로 간주될 수 있다는 말이었다. 같은 맥락에서 이슬람의 세계 정복사업을 최초로 시작하고 특히 그것을 성취한 사람들 역시 예언자를 땅에 묻은 지 얼마 안 되는 그들 세대였다.

요컨대 그 영광스러운 승리를 일궈낸 사람들, 곧 '칼리프' 혹은 예언자의 '후계자'로 불리는 일련의 지도자들은 모두 무함마드의 친구들이었다는 것이다. (제1대 칼리프였던) 반백의 노장 아부 바크르(573~634)만 해도 무함마드가 메디나로 위험한 도주를 할 때 그와 동행했을 뿐 아니라 무함마드가 총애한 부인의 아버지였으며, 제2대 칼리프인 우마르 또한 무함마드의 처남이었고(다른 자료들에는 우마르가 무함마드의 또 다른 부인의 아버지였던 것으로 기록되어 있다—옮긴이), 제3대 칼리프 우스만은 무함마드의 사위였다. 그리고 물론 최고의 혈통을 가진 제4대 칼리프 알리 이븐 아비 탈리브(일명 알리)를 빼놓을 수 없다. 아홉 살의 어린 나이에 이슬람으로 개종한 최초의 남자였던 그는 예언자의 사촌이었다가 나중에는 그의 딸 파티마와 결혼해, 예언자의 사위까지 된 인물이었다.*

이 네 인물이 통치한 기간이래야 모두 합해 30년에 지나지 않았다. 그런데도 알자히즈가 글을 쓸 무렵에는 대다수 무슬림들이 이들을 '정통 칼리프,' 다시 말해 라시둔ar-Rashidun으로 숭앙하게 되었다. 물론 무함마드가 살았던 메디나 시대에 비하면 이들 시대의 권력은 미미했지만, 그래도 예

---

* 몇몇 전승에는 그가, 모세와 그의 형 아론처럼 예언자의 형제로 묘사되어 있다.

언자 시대 다음의 황금시대는 될 만했다. 알자히즈가 관조하듯 한 말을 빌리면 "그 시기에는 범법 행위나 명예롭지 못한 혁신이라 할 만한 것도 일어나지 않았고, 불복종, 시기, 적의, 적대감도 없던 시대"[24]였다. 이슬람이 이슬람 본연의 모습을 갖추고 있었다는 얘기다.

그러나 여름이 있으면 겨울이 있듯이 황금시대가 있으면 철의 시대도 있게 마련이다. 661년 라시둔의 시대는 결국 피비린내 나는 비극적 종말을 맞고 말았다. 이해에 알리가 살해되고, 그로부터 20년 뒤에는 알리의 아들마저 전장의 이슬로 사라졌다. 정복자는 예언자에게 입맞춤했던 사람들의 입에 모욕적으로 막대기를 찔러 넣었다. 그 무렵에는 쿠라이시족 폭군들이 세운 우마이야 왕조가 이미 경건한 신도들의 분개에도 아랑곳하지 않고 발톱을 깊숙이 박아두었던 칼리프직을 자신들의 것으로 만든 뒤였다. 우마이야 왕조의 칼리프들은 술을 마시고 애완용 원숭이를 기르며, 예언자의 후계자가 아닌 '하느님의 대리인' 행세를 했다. 이렇게 극악무도한 행위를 일삼다 결국 신의 노여움을 사고 말았다. 750년에 우마이야 왕조가 타도된 것이다. 줄행랑을 친 일족들도 복수심에 불타는 암살단의 추적에 시달렸다. 그럼에도 우마이야 왕조가 1세기 가까이 지배하며 남겨놓은 오점과 핏자국은 간단히 제거되지 않았다. 우마이야에 이어 두 번째 칼리프조가 된 아바스 왕조가 제아무리 예언자 숙부의 자손임을 주장해도 라시둔의 황금시대는 복원되지 않았다. 복원은커녕 예언자가 출현하기 이전의 암흑시대를 방불케 하는 새로운 현상과 분열이 극성을 부렸다. 적대적 종파들이 만연했고, 대립하는 칼리프들도 생겨났다. 한편 예언자의 후계자들이 비단옷을 입고 금 식기로 진수성찬을 즐기는 왕궁 너머에서는, 가난한 사람들이 권세 있고 부유하고 잔인한 인물들의 유례없는 억압에 시달리고 있었다. 대체 무엇이 잘못되었던 걸까? 아니 어떻게 해야 그것을 바로잡을 수 있을까? 이런 질문이 꼬리에 꼬리를 물고 일어날 법했다.

헤지라가 일어난 지 어언 2세기가 지나고, 예언자의 살아생전 모습을 본 마지막 인물이 세상을 떠난 지도 오래전 일이 되었다. 그런데도 시대의 분열에 직면한 대다수 무슬림들은 여전히 경애하는 예언자의 승인이 없으면 그 어느 것도 문제에 대한 진정한 해답이 될 수 없다고 믿었다. "너희에게 하느님께서 보내신 사자의 훌륭한 본보기가 있었거늘"[25]이라고, 전능자가 신자들에게 직접 내리신 말씀 때문이었다. 사정이 이렇다 보니 예언자의 삶을 기록하기만 하면 그것이 곧장 궁극적 전범, 곧 모든 인류에 영원히 통용될 수 있는 행동 규범이 되었다. 그 결과로 내용이 한층 세분화된 예언자의 전기가 봇물처럼 쏟아져 나오자, 예언자에 대한 경외도 하늘 높은 줄 모르고 치솟아 올랐다. 무함마드가 태어날 때 하늘에 이상한 별들이 떴다느니 진니들이 투시력 가진 존재들 귀에 새로운 시대가 도래할 것임을 속삭였다느니 하는 기적담들은 이븐 히샴에게도 더는 새삼스러울 게 없었으나, 문제는 시간이 가면서 이런 기적담이 계속 부풀려진다는 데 있었다. 무함마드가 미래를 예측하고 낙타, 야자수, 고깃덩어리가 전하는 말을 들을 수 있는 능력을 가졌으며 주운 병사의 눈알을 다시 끼워 시력이 더 좋아지게 했다는 식의, 초기 전기 작가들이라면 생각하지도 못했을 기적담이 보태진 것이다. 게다가 이런 식으로 기적의 내용이 계속 부풀려지다 보니, 예언자 시대에서 멀어질수록 전기의 내용은 더욱 풍성해졌다.

그렇다고 무함마드의 생애가 주는 교훈만으로 책 전체를 꾸밀 필요는 없었다. 하나의 일화, 하나의 말씀만으로도 책을 꾸미기에는 충분했다. 실제로 이븐 히샴의 시대로부터 불과 1세기가 지났을 뿐인데 그 같은 전기적 일화와 어록의 조각들은 수만, 수십만 개로 불어나 하디스^{Hadith}라는 책으로 편찬되기에 이르렀다. 하디스는 방대한 전승이 수록되었는데도 주제별로 일목요연하게 정리되어 있어 원하는 부분을 목록에서 쉽게 찾을 수 있었다. 또한 모든 주제에 무함마드의 견해가 반영되어 있어, 가령 악마와 결혼해도 좋은지, 지옥의 망령들은 왜 거지반 여자인지, 생식할 때 느끼는 오르가슴이 태어날 아기의 외모에 어떤 영향을 미치는지 등등 일반인들이 가질 법한 모든 궁금증에 대한 해답도 얻을 수 있었다. 단순히 전기의 조각들을 모아놓는 데 그치지 않고, 후대인들을 계도할 목적과 삶을 바라보는 예언자의 전반적 태도를 보여주기 위한 목적으로 편찬된 기록물이었던 탓이다. 따라서 무슬림들에게는 이보다 더 소중한 책도 없었다. 하디스가 인용문을 엮어놓은 명문집 수준을 넘어 무한대로 중요한 책, 규제되지 않는 것이 없고 (나쁜 일이 일어날) 여지도 두지 않는, 인간 실존의 모든 양상을 아우른 훌륭한 법이 된 것이다. 학자들은 그것을 '순나^{sunna}'라 불렀다. 그런 만큼 이 또한 무슬림 민족들이 누리는 또 다른 광영이 될 만했다. 세속적 관습이나 인간 발명의 웅덩이에서 퍼올린 법이 아닌, 하늘이 직접 내려준 법으로 자랑할 만한 것이었기 때문이다.

순나에는 가난한 사람들에 대한 의무 사항, 기도하는 법, 순례를 가야 할 장소, 먹어도 되는 것과 먹지 말아야 할 것, 단식을 행해야 하는 시기가 꼼꼼하게 적혀 있었다. 무슬림들이 그나마 지난날의 야만적 사회의 본능을 억누르고, 문명화된 인간 공동체가 되는 기쁨을 느낄 수 있었던 것도 이 순나 덕분이었다. 이를 지키며 산 사람들이 순나를 기적의 완성으로 간주하여, 그것의 기원이 하늘에 있음을 결코 의심하지 않았던 것도 그래서이다. 한 저명한 하디스 대가의 현란한 논리에 따르면 "그것을 예언자에게 전해준 이는 가브리엘이고, 가브리엘은 하느님이 보내준 천사"[26]였다.

그리하여 9세기에서 10세기 무렵에는 무함마드 삶의 일화들이 무슬림의 삶과 불가분의 관계를 맺게 되었다. 예언자와 그의 동료들의 시대가 잊히지 않고 기억된 것이다. 세대에서 세대로 그 기억을 보존하기 위해 노력한 사람들은 자신들이 수행하는 일의 혁명적 중요성을 결코 의심하지 않았다. 따라서 신자들에게 법규나 행동 규범을 제공해주는 것만으로는 부족하고, 사회 정의의 명령을 보란 듯 무시하는 부유층, 권세 있는 자, 잘 먹어 살찐 자들의 욕구도 억누를 필요가 있다고 보았다. 그런 행동은 예언자의 화를 돋우기 때문에 더더욱 묵과할 수 없었다. "굶주리는 이웃을 곁에 두고 자기 배만 채우는 자는, 신자가 될 자격이 없다."[27] 부정행위로 부를 축적한 제국의 상류층을 좌불안석하게 만들었을 이런 금언이 하디스에 수두룩하게 실린 것도 그래서였다. 실제로 억압과 탄압을 일삼던 엘리트들은 예언자의 언행록에 수록된, 인간 사회의 불평등에 대해 무함마드가 보인 분개에 간담이 서늘해지는 것을 느꼈다. 칼리프조의 학자들이 그들 지배자의 야망과 탐욕에 의심을 품고 하디스의 신빙성 확보를 위해 진력한 까닭도 거기에 있다. 그것이 아무리 어려운 일일지라도 하디스가 진짜라는 확신을 무슬림들에게 심어줄 필요가 있었던 것이다. 그러다 보니 법학자, 전기 작가, 역사가, 이슬람 종교학자 들에게 그 일은 또 다른 엄청난 부담으로 작용했다. 누구나 납득할 수 있도록 튼튼한 고리로, 그들 시대와 예언자 시대를 연결시켜주어야 했기 때문이다.

당연히 그에 따르는 위험 부담도 컸다. 과거를 현재와 유기적으로 연결시켜 하디스에 거짓이 없음을 입증해야 했던 탓이다. 그러자면 수 세기가 지나도 끄떡없을 튼튼한 지주柱(아랍어로는 '이스나드isnad')가 필요했다. 출전을 캐들어 가다 보면 종국에 무함마드의 말에 도달하게 되는 전거의 연속이 필요했던 것인데, 다행히 그런 연결고리는 부족함이 없었고, 그리하여 이스나드의 유효성도 입증되었다. 무슬림 학자 대부분이, 자신들이 기울인 노력 덕에 무함마드가 죽은 지 500년이 지난 뒤에도 인간 삶의 양상치고 하디스와 굳건히 결속되지 않은 것이 없다고 주장할 정도가 된 것이다. 그리하여 신도들도 이제는 예언자의 본보기를 시야에서 놓칠 위험이 없어졌다. 놓치기는커녕 과거와 현재는 그 어느 때보다 튼튼하게 매듭지어져 있었다. 시간 위에 걸쳐진 가는 실 세공처럼 이스나드도 언제까지고 계속 이어질 것만 같았다. 무함마드의 삶은 이렇듯 무슬림들로부터 멀어지기는커녕 그들 속으로 더욱 깊숙이 그리고 세밀하게 파고 들어갔다.

예언자가 남긴 유산에도 한계가 없었다. 전기 작가들이 무함마드의 기적을 얼마나 부풀려놓았든, 무슬림들 마음 깊숙한 곳에는 언제나 하나의 초월적 기적만 자리 잡고 있었기 때문이다. 신이 무함마드에게 내린 말씀, "(하느님이) 이 성서를 그대에게 계시하사 이로 하여 모든 것을 설명하라"[28]가 그것이다. 여기 나오는 '성서Book'는 물론 무함마드의 살아생전 하느님이 내린 계시의 총합을 말하는 것으로, 그의 추종자들이 기록해둔 것을 예언자가 죽은 뒤 '암송문recitation,' 곧 꾸란(코란)으로 엮은 것을 말한다. 누가, 그리고 어떻게 이 방대한 기념사업을 수행할 수 있었는지에 대해서는 이후 많은 논란이 이어졌다. 그러나 시간이 감에 따라 차츰 제3대 칼리프 우스만 시대에 완성되었다는 쪽으로 의견이 모아졌다. 오래전 메카 외곽의 동굴에서 예언자가 처음으로 숨 가쁘게 따라 읽은 하느님의 말씀은 이렇게 인류에 영원토록 이로운 문자의 형태로 보존되었다. "(실로 그 안에는) 믿는 사람들을 위한 은혜와 교훈이 있노라."[29] 무슬림에게 이 '암송문'은 비할 바 없이 소중했다. 그것의 말씀 하나, 문자 하나, 하느님의 불이 닿지 않은 것이 없었다. 흐릿하지 않고 흐릿할 수도 없는 꾸란은 지상에 존재하는 모든 사람들에게 가없이 값진 어떤 것, 찬란한 하늘의 광휘, 그 일면과도 같은 어떤 것을 부여해주었다.

또한 그것이 그렇게 값진 것이면 시공간의 영역을 초월한 자존적自存的 존재였을 것이 분명했다. 그게 아니면 하느님은 하느님의 말씀과 동떨어져 있는 것이 되고, 그렇게 생각하는 것 자체가 이미 치명적인 시르크의 죄를 범하는 것이 되기 때문이다. 문제는 무함마드가 수년 동안 하느님의 계시를 받았다는 움직일 수 없는 사실과 그것(창조된 존재가 아니라는 사실)이 양립하는 것이었고, 그것을 위해 양자를 조화롭게 하려면 수많은 논의와 세밀한 검토가 필요하다는 것이었다. 그것이 흡족할 만한 수준으로 정리되기까지 수백 년이 걸린 것도 그래서였다. 일평생 경건하고 지혜롭고 학식 깊은 인물로 인정받은 무슬림만이 심해에 발을 담그는 것과 같은 난해한 작업을 수행할 수 있었기 때문이다. 그랬던 만큼 꾸란을 해석하는 학문, 다시 말해 '타프시르tafsir'(주석서)는 가장 명예로운 일로 평가받았으나, 그 못지않게 위험도 많이 따르는 일이었다. 꾸란에 "하느님의 길을 방해하는" 사람들에게는 "(하느님이 그들이 저지른 해악으로 말미암아) 벌을 더하여주리라"[30]는 경고의 말이 적혀 있었던 것이다. 그러다 보니 주석 하나하나를 달 때마다 그들은 침이 마르는 긴장감을 느꼈다. 자칫 실수라도 했다가는 치명적 결과로 이어질 수 있었기 때문이다.

그래도 수백 년의 세월이 흐르자 그 어려움도 마침내 극복되었다. 그것도 아주 영광스럽게. 꾸란이라는 빛나는 기둥에 화려한 수사로 가득 찬 주석의 얼개를 씌우게 된 것이다. 그들이 거둔 수많은 업적 중에서 특히 중요한 것은, 예언자가 하느님의 말씀을 듣는 과정을 단계별로 세분화한 것이었다. 그것은 실로 지난한 작업이었을 텐데 말이다. 하느님의 목적이 무함마드의 전기 작가들 좋으라고 실마리를 주는 데 있지 않고 인류에 메시지를 전하는 데 있다 보니, 꾸란에 묘사된 예언자의 삶이 불가해할 정도로 모호한 색채를 띠고 있었던 탓이다. 무함마드의 이름이 언급된 것도 네 차례에 지나지 않았고,[31] 예언자와 관련된 지명들도 알쏭달쏭했으며, 심지어 그의 생애를 수놓은 가장 드라마틱한 사건들—쿠라이시 부족에 맞서 싸운 것, 메디나로 도주한 것, 카바 신전을 정화한 것—조차 확실하게 언급되어 있지 않았다. 간단히 말해 꾸란은 너무도 치밀하고 너무도 아리송하게 묘사되어, 예언자 삶의 로드맵이 되기는커녕 오히려 그것을 위한 별도의 로드맵이 필요했던 것이다. 다행히 무슬림들에게는 타프시르가 줄 수 있는 정도의 로드맵이면 충분했다.

그리하여 무슬림들은 이제 주석서가 없었으면 영영 알지 못했을, 꾸란에 나타난 무함마드 삶의 궤적을 더듬어볼 수 있게 되었다. 무함마드가 메카에서 받은 계시와 메디나에서 받은 계시의 차이, 바드르 전투 뒤에 작성되었다는 꾸란의 내용, 헤지라를 진행하는 도중 예언자가 동굴에서 숨어 지냈음을 나타내는 암시, 그의 악랄한 삼촌(아부 라합), 예언자 부인들의 가정사 등, 주석서 없이는 이해가 불가능했을 것들을 이제는 알 수 있게 된 것이다. 또한 무슬림 학문의 결과물이 으레 그렇듯 이번 타프시르도 흠잡을 데 없는 증거들로 신빙성이 보장되었다. 무함마드가 계시를 암송했던 시절까지, 이스나드가 빠짐없이 연결되어 있었던 것이다. 증거는 모든 곳에 넘쳐났다. 꾸란은 만들어지지 않은 영원성의 존재이지만, 인간 역사라는 기초에도 단단히 뿌리박고 있었기 때문이다. 무함마드도 결국 하느님의 말씀을 들은 이승의 사람이었으니 말이다. 이슬람이 불멸인 동시에 특정 순간, 특정 장소, 특정 예언자에게서 생겨난 것으로 간주되는 것도 그래서이다.

"하느님을 믿는 자들에게 은혜를 베푸사 그들에게 사자를 보내어 하느님의 말씀을 낭송하고, 그들을 세제洗除하며, 성서와 지혜를 가르쳐주시었노라. 실로 그들은 분명히 방황하고 있었더라."³² 꾸란의 이 구절에는 무슬림들이 그들 종교의 기원을 어떻게 바라보는지의 핵심이 잘 드러나 있다. 요컨대 그들은 이슬람의 기원을 역사 기록의 문제로만 보지 않고, 하느님이 형성하는 손을 가지셨다는, 논박할 수 없는 증거로도 파악을 한 것이다.

· 공허한 무 ·

무슬림 학자들이 순나를 완성하는 데 오랜 기간이 걸린 것은 당연하다. 그 정도로 그것은 지난한 노력을 요했다. 예언자의 것으로 간주된 어록의 양은 실로 미미하기 짝이 없어 무함마드가 죽은 지 400년이 지난 11세기에 들어서야 법학자들은 겨우 순나의 자루를 채워 넣을 수 있었다. 자루를 채운 뒤에도 긴장을 풀지 못했다. 하느님이 예언자를 통해 무슬림들에게 전해주려고 한 것이 정확히 무엇이었는지를 밝혀야 하는 더 큰 난제가 기다리고 있었기 때문이다. 그리고 물론 전능하고 전지하신 하느님의 목적을 헤아리기는 쉽지 않았다. 9세기의 어느 학자도 "상상력으로는 하느님에 도달할 수 없고, 생각으로도 하느님을 이해할 수 없다"[33]라고 두려움 섞인 어조로 말했을 정도다.

결국 신랄하고 때로는 살인적인 600년의 기나긴 논쟁을 거친 뒤에야 순나는 신을 단순히 반영한 것에 그친 것이 아닌, 만들어지지 않고 영원하며 신성한 특징을 지닌 꾸란의 본질에 부합하는 형태로 만들어졌다. 그 일을 성급하게 진행하기에는 너무도 중대하고, 너무도 미묘하며, 너무도 곤란한 문제들이 개재되어 있었던 것이다.

그렇다고 무슬림 신학자들이 이런 문제와 씨름한 최초의 사람들은 아니었다. 기독교도들도 하느님의 말씀이 무함마드의 입을 통해 전해지기 오래전부터, 시공간을 초월하는 신이 하늘에서 지상으로 어떻게 강림하셨는지를 설명하기 위해 고투를 벌였다. 신성의 인간계로의 진입이 이슬람과 달리, 책(성서)이 아닌 인간으로 이루어졌다는 주장도 그 어려움을 덜어주지는 못했다. 실제로 기독교 학자들이 그리스도의 성격을 논하는 데 걸린 기간은 무슬림 학자들이 꾸란의 성격을 논하는 데 걸린 기간 못지않게 길었다. 그럼에도 기독교가 도입된 초기에는 뭇 국가들의 정사에 혼란을 가져다줄 정도로 논쟁이 심각하게 전개되지는 않았다.

그러나 고대 후기에 들어 황제와 왕들이 그 문제와 씨름하기 시작하면서 상황이 달라졌다. 제국 전역이 그 논쟁에 담긴 비의祕意로 변모되기 시작한 것이다. 기독교계도 종국에는, 훗날 이슬람 문명이 철학자들의 오랜 사유로 변모된 것과 같은 길을 걷게 된 것이다. 그리하여 동과 서의 대부분 지역은 고대 후기의 가장 놀라운 발견이라 해도 좋을 것, 즉 하느님이 현시한 방법에 대한 사유가 모든 사람들의 언행을 변모시키는 데 어떤 역할을 할 수 있는지를 지켜보는 곳이 되었다.

그러나 같은 문제에 직면했을망정 무슬림과 기독교도들이 그것을 해결한 방식은 확연히 달랐다. 이슬람의 경우 꾸란이 하느님의 말씀과 동일시되었으므로 그 말씀(꾸란)을 합리적으로 분석하는 것 자체가 허용되지 않았다. 그런 생각을 하는 것이 이미 불경이었다. 그러므로 독실한 기독교도들이 손과 발에 구멍이 난 인간 유골을 찾아 예루살렘을 헤매 다니던 것처럼, 무슬림이 꾸란의 기원에 의혹을 가질 개연성은 전무했다. 이슬람에서 '예언자의 계시들'과 가장 유사한 의미를 갖는 것이, 기독교에서는 성서가 아닌 신의 아들, 곧 예수였다. 따라서 그리스도의 생애를 기록한 책이 아무리 기독교 신앙의 중심에 있다 해도, 그리스도 본인이 아니므로 그것은 신성하게 간주되지 않았다. 물론 기독교도들은 그 기록을 하느님의 말씀으로 믿었다. 하지만 그것이 오류에 빠지기 쉬운 인간의 조정에 따른 결과물이라는 것 또한 엄연한 사실이었다. 그리스도의 생애와 관련된 네 개의 서로 다른 이야기(마태오, 마르코, 루가, 요한의 4복음서─옮긴이)가 성서에 수록된 것이나, 오랜 기간에 걸쳐 집필된 까닭에 면밀한 조사와 비교 고찰이 필요한 다수의 다른 책들이 포함되어 있는 것만 해도 그랬다. 그러다 보니 성서학자들에게는 고대의 책들을 맥락화하는 일이 기독교도의 머릿속에 그것을 주입시키는 데 필요한 솜씨, 제2의 천성이 되다시피 했다.

문제는 시간이 가면서 머릿속으로 주입되는 것이 기독교적인 것과 거리가 멀게 되었다는 점이다. 18세기 무렵에는 교회가 이미 오래전에 성서에 대한 학문적 연구의 독점권을 상실한 상태였다. 지난날 에우세비우스가, 하느님의 계획이 행해지심을 더듬어 올라가는 것으로 세워놓은 역사 모델도 허물어지기 시작했다. 영국 역사가 에드워드 기번이 그의 방대한 저작《로마제국 쇠망사》에서, 고대 후기의 가장 고결한 저술의 일부에 병리학자의 메스를 갖다 댄 것이 대표적인 예다. "이 유쾌한 글의 유일한 결점은, 진실과 상식이 결여되어 있다는 것이다."[34] 이런 식으로 기번은 자신의 전매특허인 점잖게 비꼬는 투로 위대한 성인의 글을 간단히 무시했다. 그러나 알고 보면 그의 빈정대는 어투도, 그보다 한층 적나라한 회의주의의 도래를 예고하는 전조일 뿐이었다. 19세기부터 기독교 신앙의 거의 모든 교의가 처참하게 난도질당하기 시작한 것이다. 독실한 유럽 대중들은 큰 충격을 받았다. 1863년에는 믿음을 상실한 에르네스트 르낭(1823~1892)이라는 한 종교사가가 신이 아닌 보통 사람과 다를 바 없는 인간으로 묘사한 예수의 생애를 집필하여, 비평가로부터 "우리 주를 십자가에 두 번 못 박는 행위"[35]라는 몰매를 맞기도 했다. 그런데도 책은 출간되자마자 유례없는 베스트셀러가 되었다. 유럽 대중들도 분개하기는 했지만, 그런 상황이 전적으로 싫지는 않았던 모양이다.

그렇다고 사람들이 예수의 생애에만 현미경을 들이댄 것도 아니었다. 르낭의 방대한 책이 출간되기 4년 전에 찰스 다윈(1809~1882)도 신기원을 이룬 작품《종의 기원On the Origin of Species》을 발표한 것이다. 성서의 창조 관련 이야기에도 틀림없는 진실이 내포되어 있을 수 있다는 관점에 파괴적 영향을 끼칠 수 있는 책이었다. 이렇듯 회의주의의 진니들이 이제 병 속을 나와 활개치고 있었다. 기독교적 서구에서 수천 년 동안 신성불가침의 하느님 말씀으로 간주되어오던 것을 과학적 연구 대상으로 삼게 된 이상, 그것을 되돌리기는 불가능했다. 시대가 그것을 말해주었다. 학자들은 19세기 내내 독일 대학 신학부의 어두침침한 도서관에서 성서의 낱장들에 코를 들이박은 채 흰개미들처럼 신성한 책을 갉아먹고 있었다. 모세 오경 혹은 토라로 불리는 구약성서의 첫 다섯 편(창세기, 출애굽기, 레위기, 민수기, 신명기─옮긴이)만 해도 전통적으로 모세가 집필했다고 알려진 것과 달리, 다수의 전거를 짜깁기했다는 것이 그들의 주장이었다.* 게다가 그 전거들조차 글 속에 나오는 사건들이 일어난 지 몇백 년이 지난 뒤에야 기록되었다는 것이다. 그렇다면 모세는 그가 역사적 실존 인물이었다는 가정하에, 자기 입으로는 결코 소리 내어 읽은 적이 없는 율법의 대변자 역할을 했다는 말이 된다. 성서의 실타래를 푸는 일은 이토록 파괴적 요소가 강하여, 일부 학자들도 그 파급력을 생각하고 괴로워할 정도였다. 독일의 한 신학자가 흥분해서 한 말을 빌리면 "유대인 역사의 시작이, 모세의 멋들어진 창작품이 아닌, 공허한 무로 인해 멈추어 서게 되었다."[36]

한편 유럽 학자들이 그들 조상이 만든 성서의 막강한 구조물을 쑤석거리며 괴롭히고 있는 동안 이슬람권의 학자들은 전에 없이 득의양양한 만족감에 젖어 있었다. 에드워드 기번이 《로마제국 쇠망사》를 집필하기 시작했을 무렵인 18세기, 무슬림 법학자들이 마침내 예언자의 본보기에서 조금씩 힘겹게 수집한 교훈에 대한 연구를 마치고, '해석의 문'[37]이 닫혔다는 결론에 도달한 것이다. 골수 회의론자인 기번마저도 무함마드 전기 작가가 활용했을 것으로 보이는 방대한 양의 증거 자료에 혀를 내두를 정도였다. 기번과 유럽 학자들은 이슬람의 기원을 다룬 무슬림 저술의 깊이와 내용에 신선한 충격을 받았다. 무함마드의 이력과 특성의 진정성에 대해서도 의심하지 않았다. 에드워드 기번은 이렇게 썼다. "무함마드 종교가 우리를 감탄케 하는 것은 그것의 확산 때문이 아닌 불변성 때문이다.

---

* 모세가 구약성서의 첫 다섯 편을 집필한 저자가 아닐 수도 있는 개연성을 최초로 개진한 인물은, 11세기 에스파냐의 무슬림 궁정에 고용되어 일하던 유대인 의사였다.

그가 메카와 메디나에서 (사람들에게) 각인시킨 순수하고도 완전한 인상이 12세기 동안의 변혁이 있은 뒤에도 꾸란으로 개종한 인도, 아프리카, 터키 사람들에게 잘 보존되어 있으니 말이다."[38] 성서의 위대한 인물들과 비교하면 무함마드는 철옹성처럼 견고해 보였다. 기독교도들 사이에 분란을 일으키지 않을 때는 근면한 아랍 학자였던 에르네스트 르낭의 유명한 말을 빌리면 "이슬람은 다른 종교들 기원의 요람이 된 신비주의에서 생겨난 것이 아니라, 역사라는 충만한 빛 속에서 생겨난 것이었다."[39] 이는 이븐 히샴도 하지 못했을 찬사의 말이다.

그러나 이런 이슬람에도 문제의 징후, 그것도 성가신 문제의 징후가 엿보였다. 건식 부패에 나타나는 조그만 반점처럼 즉시 눈에 띄지 않았을 뿐이다. 반점을 본 사람들도 대개는 모른 체하기 일쑤였다. 에드워드 기번도 무함마드의 전기와 관련해 자신이 참조한 역사가들 중에 '헤지라력의 1세기' 때 저자는 없었다는 점을 민망한 듯 각주에서 인정했을 뿐,[40] 자신의 그 놀라운 고백이 갖는 중요성에 대해서는 더 이상 캐고 들어가지 않았다. 일부 학자들이 이슬람에도 기원과 관련한 나름의 문제가 있을지도 모른다는 생각을 하게 된 것은 그로부터 100년이 지난 뒤, 다시 말해 유대교와 기독교의 기원에 그 모든 혹독한 비판이 가해진 뒤였다. 그들의 관심이 특히 집중되었던 곳이, 순나의 토대가 된 지주들의 거대한 망과, 무슬림 대다수가 예언자에 대해 알고 있던 지식, 곧 하디스였다. 그 이상은 하려고 해도 관심을 기울일 수 없었을 것이다. 때는 유대교와 기독교 학자들이 두 종교의 가장 본질적인 교리에만 의문을 제기하던 시대였고, 따라서 무함마드가 죽은 뒤 그의 것으로 인정되었다는 어록의 양만 보고도 이슬람 연구 학자들은 두 눈이 휘둥그레졌을 것이기 때문이다. 그러므로 그들이 제기한 문제도 단순했으나, 단순한 것에 비해서는 파괴력이 적지 않았다. 하디스가 과연 진짜인가, 이것이 그들이 제기한 문제였다.

공교롭게도 그것은 내로라하는 무슬림 학자들도 1000년 동안이나 머리를 싸매고 고민한 문제였다. 따라서 연구의 과정도 힘들고, 결론을 내는 것은 더더욱 힘들었다. 그들도 무수하게 많은 하디스가 날조되었다는 것, 요컨대 칼리프, 법률가, 이단자 들이 자신들의 목적에 맞게 이야기를 멋대로 지어냈는가 하면 적잖은 내용이 모순된다는 점을 스스럼없이 인정했다. 하지만 그럼에도 그 불순물 속에는 황금, 말할 수 없이 귀중한 황금이 섞여 있었다는 것이 그들의 주장이다. 따라서 예언자의 말씀 중 어느 것을 금으로 보관하고 어느 것을 쓰레기로 버릴지를 가리기 위해 각지의 움마들을 돌아다니며 하디스를 모으고, 그런 다음에는 철저한 검증 과정을 거쳤다는 것이었다. 하디스 편찬자들 가운데 가장 유명한 알부하리(810~870)만 해도 예언자의 말씀으로 추정된 하디스 60만 개를 수집했으나, 엄격한 선별 과정을 거쳐 7225개만 건졌고 나머지는 전부 폐기처분했다는 것이다. 거기다 다섯 명의 다른 걸출한 학자들이 모은 하디스들을 보태 엮은 것이 다름 아닌 순나였다. 그러므로 그것의 가치에 이의를 제기하는 것은 이슬람 율법의 토대에 이의를 제기하는 것이 되고, 궁극적으로는 예언자에 대한 묘사의 진정성 여부에도 이의를 제기하는 것이 되었다. 이의를 제기하려면 이단이 되는 위험을 감수해야 했다. 이런 상황이었으니 무슬림 대다수가 두려움에 떨며 그처럼 수치스럽고 그처럼 불경스러운 일을 저지르지 않았을 것은 불을 보듯 뻔하다.*

하지만 물론 그것이 근대 서구의 엄격한 회의주의의 기세를 꺾을 이유는 되지 못했다. 1890년을 시작으로 오늘날까지도 서구 학자들은 무함마드의 진정한 언행록으로 간주된 하디스의 신뢰성에 강력한 연타를 날렸고, 그리하여 최고의 하디스 편찬자인 알부하리조차 탐지하지 못한 수수께끼의 실마리를 찾아냈던 것이다. 불순물 속에서 진짜 금을 가려내기 위해 무슬림 학자들이 기울인 초인적 노력을 헛수고로 만든 것이다. 날조된 것을 가려내는 능력은 감정적, 시간적으로 어느 정도의 거리감이 있어야 생기는 법이다. 알부하리는 알지 못했지만, 가장 확실해 보이는 하디스조차 종종 금빛을 띤 황동광일 수 있음을 현대 학자들이 알아챌 수 있었던 것도 그래서이다. 하디스가 무함마드의 견해를 입증하는 증거가 되지 못하고 헤지라 이후 꼬박 2세기 동안 무슬림계를 휩쓴 논쟁의 움직일 수 없는 상징이 된 것도 그것을 말해준다. 예언자는 되풀이하여, 적대적이고 때로는 완전히 대립되는 전통들의 대변자 역할을 했다. 그것들 대부분이 무함마드에게서 나온 것이 아닌 것은 물론이고 심할 경우에는 아랍인도 아닌, 이단자들의 법률, 관습 혹은 미신에서 비롯된 것이었다. 그 점에서 "인간 사유의 역사상 아마도 전무후무할 이야기"[41]를 꾸며낸 초기 칼리프조의 법학자들이야말로 뛰어난 창의력과 놀라운 담력으로 속임수를 쓴 사람들이라고도 할 수 있다. 신생 제국을 위해 완전히 새로운 법체계를 조합해놓고, 그것을 자신들의 주도나 판단에 의한 것이 아닌 최종적 권위자, 다시 말해 예언자의 것으로 포장해놓았으니 말이다. 그리하여 그것이 비범한 학자들의 습성이 되자 날조의 건식 부패는 이윽고 순나의 풍토병으

---

* 그렇다고 모든 무슬림들이 방만한 수집물인 순나를 진짜로 받아들였던 것은 아니다. 지난날에도 이를 일축한 사람들이 있었고, 지금도 일부 사람들은 그들만의 순나 모음집을 가지고 있다. 9세기에 이미 현대의 서구 학자들이 하듯, 하디스의 모든 부분이 날조되었다고 주장하면서 그것을 믿지 않은 사람들이 있었다.

로 자리매김했다.

독일의 엄격한 원문 비평의 전통 속에서 공부했고, 1950년도에는 하디스 수집물이 어떻게 날조되었는지를 밝힌 혁명적 저서(《무함마드 법체계의 기원*Origins of Muhammadan Jurisprudence*》—옮긴이)를 펴내기도 한 요제프 샤흐트(1902~1969)도 "예언자 시대로 거슬러 올라가는 확실한 정보의 핵이 존재할 것이라는 근거 없는 가설은 버려야 한다"[42]고 주장했다. 달리 표현하면 이슬람의 기원에 대한 자료로서의 하디스는 없느니만 못하다는 말이다.

그렇다면 그처럼 주도면밀하게 예언자 어록의 연결고리로 삼은 '지주', 곧 이스나드는 어떻게 되는 것일까? 이스나드야말로 검증된 전달의 고리, 몇 세기에 걸친 혼란과 격변의 세월을 이어준 갈고랑쇠, 하디스를 예언자 생애에 고정시켜준 닻이 되어, 하디스의 진실성을 보증해준 존재였는데 말이다. 그러나 하디스가 날조되었다면 이스나드도 날조된 것이 분명했다. 더 나쁜 것은 설사 하디스가 무함마드 시대의 것이라 해도, 자칭 예언자의 전기 작가에게는 그것이 별 의미를 갖지 못했다는 사실이다. 그에게는 맥락이 전부였다. 예언자를 인용한 무슬림 학자나 법학자들도 무함마드가 진정으로 말했을 법한 것을 찾아 본래의 의미를 확실히 하는 것 따위는 안중에도 두지 않았다. 하디스를 과시하는 것이 당연시되었고, 그러다 보니 예언자가 말한 원문에 전문가의 견해를 보태는 것이 시대를 초월한 보편적 현상이 되었던 탓이다. 결과적으로 칼리프조가 전성기를 이루었을 때는 무함마드로서는 상상도 하지 못했을 일이 벌어졌다. 노골적으로 날조된 것을 숨기기 위해 이스나드가 사용되지 않은 부분에서는 예언자의 말씀이 있었던 배경에 대한 기억마저 지워버렸다. 알리바이가 완벽한 용의자가 나중에는 살인범으로 드러나는 애거사 크리스티의 추리소설처럼, 하디스 학문 분야도 사소한 부분까지 꼼꼼하게 신경 쓴 것이 도리어 날조나 왜곡의 증거를 제공하는 화근이 되었다. 샤흐트가 명탐정 에르퀼 푸아로처럼 자신도 알 만큼은 안다는 투로 한 말을 빌리면, "이스나드가 완벽할수록 더 최근에 만들어진 전승이었다"[43]는 얘기다. 이렇듯 예언자의 말씀을 인용하면서 그 효과를 극대화하기 위해 유명인의 이름을 들먹인 행위는 오히려 신뢰감을 높이기보다는 떨어뜨리는 역할을 했다.

당연히 이슬람의 기원과 관련해 무슬림 전통이 말해온 것을 철석같이 믿었던 사람들에게는 그것이 불안한 개연성으로 다가올 수밖에 없었다. 샤흐트의 혁신적 작품이 출간된 지 10년 후 저명한 이슬람 학자 파즈룰 라흐만(1919~1988)은 이런 반응을 나타냈다. "하디스가 아무것도 아니라면, 우리와 예언자 사이에는 14세기라는 기나긴 간극만 존재한다는 것인가?"[44] 그로서는 그렇게 울분을 토할 만도 했을 것이다. 하지만 그런 그도 초기 칼리프 시대에는 법학자뿐 아니라 역사가들마저 이스나드를 마구잡이로 배치하는 방법으로 "그들 시대와 무함마드 시대의 기나긴 간극을" 이으려 했다는 점은 인정했다. 천사들이 무함마드의 바드르 전투를 승리로 이끌었다는 일화를 기록한 이븐 히샴만 해도, 그 이야기를 최초로 쓴 사람이 아니었다. 그 점은 히샴 자신도 수긍을 했다. 그는 자신의 책이 그보다 반세기 전, 그러니까 예언자 세대 손자들의 자식인 이븐 이스하크(704경~767)가 쓴 전기를 개작한 것임을 인정하면서, 표절을 자랑으로 여기기까지 했다. 하지만 그래봐야 그것은 그렇다면 "이븐 이스하크는 예언자에 대한 정보를 어디서 구했을까?"라는 또 다른 의문만을 낳을 뿐이다.

꾸란에는 이런 글이 적혀 있다. "너희가 주님께 구원할 때 그분께서

1000명의 천사들로 너희에게 응답했던 때를 상기하라."[45] 무슬림 학자들은 이를 바드르 전투를 암시하는 것으로 해석했다. 이븐 히샴의 전기에 수록된, 이븐 이스하크 책에 나오는 목격자들도 그 해석을 옳은 것으로 확인했다. 그들 중 한 명은 당시를 이렇게 추억했던 것으로 적혀 있다. "나는 바드르에서 천사가 나타났던 계곡을 마치 오늘 본 것처럼 당신들에게 말해줄 수도 있어요. 그 점에 있어 나는 한 점의 의혹도 갖고 있지 않습니다."[46] 이 정도라면 가장 냉혹한 회의주의자라도 흡족해하지 않았을까? 하지만 문제는 두 증거 모두 이스나드에 토대를 두고 있다는 것이었다. 꾸란 구절이 바드르 전투의 승리에 대한 암시라는 것을 확인해준 것도 이스나드였고, 퇴역병의 증언을 확인해준 것도 이스나드였다는 말이다. 따라서 이스나드를 제거하면 증거도 없어지게 된다. 이렇게 보면 파즈룰 라흐만이 '기나긴 간극'에 대한 두려움으로, 서구의 냉혹하고 광포한 회의주의가 그의 신앙 앞에 펼쳐진 것으로 본 것도 무리는 아니었다. "이 간극의 공백은 비단 꾸란만 우리의 손가락 사이로 빠져나가게 하지 않고, (……) 꾸란의 존재와 완전무결함은 물론이고 예언자의 실존마저도 보증되지 않은 신화로 만든다."[47]

그로서는 그런 불길한 예감을 가질 만했다. 지난 40년 동안 무슬림 역사 전통에 나타난 이슬람의 기원에 대해 무차별적 공격을 하더니, 이제는 급기야 다수의 역사가들이 그것에 일말의 가치라도 있는지를 의심하는 상황이 되었기 때문이다. 물론 개중에는 무함마드의 전략을 분석하고 그가 지휘한 군대 규모를 추정하며 그가 구사한 전술을 화살표로 지도에 표시까지 해가며, 바드르 전투를 마치 워털루 전투나 되는 것처럼 역사적 유래가 있는 전투로 이야기한 사람들도 있었다.[48] 하지만 그것 역시 많은 사람들이 보기에는 증거를 터무니없이 오독하고, 역사를 사뭇 다른 어떤 것, 이를테면 문학과 혼동한 것으로 비쳤다. '피보호 관계, 충성, 약탈, 추격, 도전, 일대일 대결의 사례'[49] 등 이븐 히샴이 바드르 전투의 주제로 삼은 것들만 해도 고대 그리스 시인 호메로스가 1500년 전에 쓴 전쟁 대서사시 《일리아스》에서 다룬 주제와 흡사했다. 전자는 천사, 후자는 신을 주인공으로 삼은 것이 다를 뿐이었다. 상황이 이러할진대, 예언자가 거둔 최초의 승리 이야기가 트로이 전쟁의 전설보다 신빙성이 높다고 볼 이유가 있겠는가.

따지고 보면 9세기 이전에 작성된, 현존하는 바드르 전투 관련 기록이 하나밖에 없다는 것부터가 놀라운 일이다. 이븐 이스하크가 쓴 무함마드 전기만 해도 원본은 없고 수정본과 개작본만 전해지고 있을 뿐이다. 이븐 이스하크가 사용한 연구 자료 또한 오래전에 사라지고 없다. 그 뒤의 세기들은 말할 것도 없고 9세기의 아랍 역사가들이 소리 높여 외친 승리의 찬가와 비교하면, 그 이전의 정적은 너무도 조용해 귀가 멀 지경이고 당혹스럽기까지 하다. 알다시피 아랍인들은 과묵함과는 거리가 멀고, 종교적 확신이라는 소모적 의식에 의해 동기부여가 되는 민족이다. 그런 민족이 200년 가까이 세계 정복 전쟁을 벌였으면서도, 승리에 대한 단 한 줄의 기록도 남기지 않은 것이다. 비슷한 시기에 가장 미개한 문명의 변두리 지역에 속했던 브리튼, 심지어 잉글랜드 북부에서도 역사책이 집필되고, 복사되며, 보관되었는데도 말이다. 야만적이라는 노섬브리아인들도 가경자 비드(672/673~735, 《영국인 교회사》를 쓴 앵글로색슨인 신학자—옮긴이)와 같은 학자들의 작품을 보존한 마당에, 무슬림들은 무함마드 시대의 기록물조차 갖고 있지 않은 것이다. 예언자가 죽은 지 거의 200년 동안이나 그의 생애, 그의 부하들이 수행한 정복, 그의 종교가 전개된 과정에 대한 단 하나의 기록도 없는 까닭은 무엇일까?

이 규칙을 벗어난 유일한 예외인 팔레스타인에서 발견된 740년경의 것으로 추정되는 조그만 파피루스 조각도 문제를 더욱 복잡하게 만들 뿐이다.[50] 그 조각을 읽는 것은 마치 중국인의 옮겨 말하기 게임을 엿듣는 것과 같다. 고작 여덟 줄에 지나지 않는 그 글의 내용은 황당하기 그지없다. 바드르 전투가 신성한 라마단 달에는 일어나지 않았던 것으로 기록되어 있는 것이다. 이것이 황당한 이유는, 훗날 무슬림 학자들이 박식함을 자랑하며 꾸란에 달아놓은 주석에는 "두 군대가 격돌한 일자"[51]가 라마단 기간에 속하는 것으로 나오기 때문이다. 아리송하게 남겨두어도 될 것을 굳이 보란 듯이 밝혀놓은 것이다. 학자들의 오류로 볼 수도 있겠지만 그럴 경우 다른 부분에서는 왜 그런 실수를 저지르지 않았을까라는 의문이 남는다. 그렇다면 혹시 바드르 전투의 승리담 전체가 꾸란에 언급된 불가해한 내용을 이해시키기 위해 그럴싸하게 꾸며놓은 드라마틱한 허구는 아닐까? 꾸란에는 계곡 언저리에서 벌어진 전투에서 난관을 극복하고 승리를 거둔 것, 천사들이 이단자들의 목을 덮친 것, 패주하는 대상들을 약탈한 것을 포함해 모든 내용이 암시되어 있다. 하지만 단순한 이름 조회를 떠나, 바드르라는 이름은 결코 언급되어 있지 않다.[52] 꾸란에서는 이븐 히샴이 묘사한 것과 같은 대규모 전투가 바드르에서 벌어졌다고 확인할 방법이 없는 것이다. 이것이 바로 꾸란이 역사책이 되지 못하는 이유다. 놀라운 사실은 꾸란의 모호함을 덜어주기 위해 달아놓은 그 모든 주석, 그 모든 예언자 전기, 현전하는 것 중 헤지라력 3세기 초 이전에 작성된 것이 없는 방만한 하디스 모음집이 없으면, 꾸란과 무함마드를 연계시킬 하등의 이유조차 없어진다는 것이다.

이슬람의 도래가 세계 역사상 최고의 혁명 중 하나인 것은 분명하다. 800년 이전에 작성된 기록 증거물이 쥐꼬리만 한 조각이나 혹은 신기루처럼 가물가물한 정보뿐이라는 사실이 더욱 치명적인 까닭도 거기에 있다.[53] 정적 속에서 발흥하는 제국은 없다. 그런데 칼리프 왕조의 수립에 대해 알려진 것이라고는, 최소한의 음향과 분노, 그 수 세기 뒤에 만들어진 이야기, 따라서 별 의미 없는 이야기들뿐인 것이다. 고대 제국인 페르시아와 로마를 와해시킨 아랍 전사들, 그 아들과 손자들—딸과 손녀들은 말할 필요도 없고—은 이렇듯 철저히, 그리고 영원히 침묵당했다. 행여 작성되었을지 모를 서한이나 담화, 일지 중 어느 것 하나 남아 있는 것이 없고, 그러다 보니 칼리프조의 수립을 지켜본 사람들이 생각하거나 느끼거나 믿은 것이 무엇인지도 알 도리가 없다. 이는 서구의 종교개혁, 프랑스혁명, 두 번의 세계대전을 지켜본 사람의 기록이 없는 것과 다를 바 없다. 어떤 이름난 역사가가 9~10세기가 되어서야 무슬림들이 자신들의 과거사를 정립하고 글로벌 세력으로 부상하게 된 내력을 제시할 수 있었던 이슬람 역사를 개관하면서, "이슬람 전통의 초기 층들이 부재한 것"[54]을 애석해한 것도 그렇게 보면 놀랄 일이 아니다. 상황이 그러하니 이슬람이 역사의 충만한 빛 속에서 탄생하기는 고사하고 꿰뚫어보는 것이 거의 불가능한 어둠의 장막 속에서 탄생했다고 믿는 학자들이 많아지는 것은 당연했다.

극소수이기는 하지만 예언자의 존재 자체를 부정한 학자들도 있다.[55] 그러나 무함마드라는 이름을 가진 누군가가 그와 거의 동시대 사람들의 의식 속으로 파고들었던 것은 분명해 보인다. 팔레스타인 침략 때 사라센군을 지휘한 사람이 "거짓 예언자"[56]였다고 기록된 기독교 측 사료가 있는 것도 그 점을 뒷받침한다. 전통적으로 무함마드가 죽은 해로 알려진 632년보다 2년 늦은 634년에 작성된 기록물이었다. 그 6년 뒤에 쓰인 또 다른 기록물은 예언자를 이름으로 언급해놓았다. 그 후 몇십 년 동안에도 일련의 기독교 사제와 수도사들은 '장군', '지도자', 아랍인들의 '왕' 등으로 부르며 예언자를 정체 모를 인물로 그려놓았다. 하지만 이 모든 것을 작성한 사람들은 이교도였다는 사실과 더불어, 그런 수수께끼 같은 암시도 결국은 무함마드에 대한 초기 무슬림 자료의 빈곤성을 극대화하는 역할밖에 하지 못한다. 칼리프가 공공 기념물에 예언자의 이름을 새겨 넣은 것이 690년대였고, 민간인 비명에 그에 대한 말이 모호하게 등장하기 시작한 것도 그로부터 몇십 년 뒤였다.[57]

전기 작가들은 세월이 한참 흐른 뒤인 800년 무렵에야 무슬림들이 애지중지 보관하게 될 무함마드의 전기를 집필했다. 따라서 무함마드 전기의 초기 버전들에 어떤 일이 벌어졌을지 우리로서는 짐작할 수도 없다. 그런데 그것을 알 수 있는 하나의 가능성을 강하게 시사한 인물이 바로 이븐 히샴이다. 그가 예언자에 관련된 이전 세대의 기록물 대부분이 엉터리거나, 부적절하거나 신성모독적이라는 준엄한 평가를 내린 것이다. "남부끄러워 논의할 수도 없는 일들, 특정 사람들이 고통스러워할 내용, 그런 소문들을 나는 신뢰할 만한 것으로 받아들일 수 없다. 그래서 이 모든 것들을 전기에서 뺐다."[58] 왜 아니겠는가. 그로서는 그렇게 하고 싶었을 것이다. 이븐 히샴의 경건한 생각으로는 평판 좋은 역사가로서의 위치나 무슬림으로서의 명성도 중요하지만 그보다는 자기 영혼의 운명이 한층 중요했을 테니까.

어쨌거나 이곳은 지상인 것이다. 이를 고려하면 그를 이해 못할 바는 아니다. 9세기 초에는 대다수 사람들이 200년 전에 있었던 무함마드의 언행을 천당으로 직행하는 로드맵으로 인식했기 때문이다. 인간사를 좌우하는 통제권을 하느님이 쥐고 있었다는 얘기다. 세계가 새로운 경로로 접어든 것이다. 그것을 의심하면 지옥의 불로 떨어질 위험을 감수해야 했다.

이런 관점으로 보면 일반적 역사나 일대기를 쓰고자 하는 야망이, 무함마드 삶의 본보기에서 전능자의 소망이나 목적을 밝히는 무한대로 절박한 의무에 비하면 아주 하찮은 것이었다고 해도 놀랄 것이 없다. 이븐 히샴을 뒤로한 채 불확실성과 억측이 난무하는 초기 이슬람 역사의 요동치는 바다로 과감하게 몸을 던진 오늘날의 역사가들이, 신빙성 있는 자료를 찾는 데 그토록 애를 먹는 까닭도 거기에 있다. 어스레한 망망대해에서 육지를 발견할 개연성은 애당초 없었다. 물론 꾸란은 언제나 그곳에 있었다. 그러나 그조차 그것을 덮어씌운 그 모든 외장, 9세기부터 열과 성을 다해 그것을 감쌌던 주석의 얼개를 벗겨내면, 어두운 바다에서 길을 잃고 헤매는 항해자의 상실감만 더해줄 뿐 도움이 되지 않는다. 한 학자의 말을 빌리면, "어떻게, 그리고 왜 그 물의 사막에 출현하게 되었는지를 알게 해줄 특징 하나 없이 황량한 바다에서 불쑥 튀어 나온 거대한 바위처럼 홀로 서 있는 존재"[59]이기 때문이다. 아니 그보다는 언제 출현했는지를 알수 없다는 것이 더 치명적이었다.

이렇듯 거대한 무슬림 전통의 전 구조물의 진실성 여부가 이스나드의 신빙성에 달려 있는데, 그것을 믿을 수 없다면 꾸란이 무함마드 시대의 것임을 무슨 근거로 확신할 수 있을까? 이스나드에 대한 믿음이 없는데 꾸란을 편찬한 인물, 꾸란 집필에 이용된 자료, 편찬의 동기를 어떻게 알 수 있을까? 심지어 꾸란의 기원이 아라비아에 있다는 것이 맞기는 할까? 이렇게 캐묻다 보면 이슬람의 태동과 관련한 모든 것에 의문이 생긴다.

학문도 자연과 마찬가지로 공백을 혐오한다. 지난 40여 년간 다수의 역사가들이 이슬람의 기원을 감싸도는 듯한 으스스한 침묵에 때로는 혼란스럽고 과격하게 이슬람의 기원을 다시 쓰는 방식으로 맞서온 것도 그래서였다. 꾸란의 기원이 아라비아가 아닌 이라크에 있고, 꾸란의 집필에 사용된 언어도 처음에는 아랍어가 아닌, 당시 근동의 공통어였던 시리아어였으며, '무함마드'도 본래 예수를 가리키는 명칭이었다는 것이 그들의 주장이다.[60] 세계적인 주요 종교의 기원을 이렇게 무지막지하게 고쳐 썼으니, 책 표지도 성전 기사단이나 성배의 그림 정도는 되어야 어울렸을 법하다. 그러나 획기적인 주장을 했다고 해서 내용까지 획기적인 것은 아니었다. 이슬람의 기원에 대한 글을 쓴 학자들 대부분이 댄 브라운(《다빈치 코드》, 《천사와 악마》 등을 쓴 미국 소설가―옮긴이)을 모방하기보다는, 지극히 모호한 언어와 그보다 더 모호한 언어를 사용하여 뭐가 뭔지 도통 알 수 없는 내용으로 만들어버린 탓이다. 따라서 대중의 의식에 미치는 그것의 영향도 미미하여 지난 10여 년간 이슬람에 대한 서구의 관심이 하늘 높이 치솟아 오른 것에 비해서는, 이슬람의 기원과 관련한 학문적 연구를 휘감아 돈 위기감은 거의 표출되지 않았다. 어스름한 바다 괴물처럼 수면 위로는 좀처럼 모습을 드러내지 않고 심해에 잠복해 있었던 것이다.

그렇다고 이슬람의 기원이라는, 그것에 내재된 고유의 복잡성만이 일을 그렇게 만든 유일한 요인은 아니었다. 찰스 다윈이 친구와 가족들이 자신의 진화론을 어떻게 받아들일지에 대해 몸이 상할 정도로 고심했던 것처럼, 오늘날의 학자들도 전 생애를 이슬람에 의거해 사는 사람들의 반감을 살 수도 있는 점을 우려했다. 믿지 않는 사람이 꾸란의 기원이 아라비아 밖에 있다는 둥, 그것이 기독교 찬송가에서 비롯되었다는 둥, 꾸란은 시리아어로 쓰였다는 둥의 주장을 하는 것은, 무슬림이 예수의 신성을 부정하는 것만큼이나 무슬림들에게는 충격적일 수 있기 때문이다.

19세기 유럽에서는 환멸에 빠진 신학도와 루터주의자들이 그들 조상의 종교의 기원에 역사 연구의 날카로운 칼날을 들이대는 일에 앞장설 수 있었다. 하지만 당대의 이슬람권에서는 그런 선례를 따를 기미가 보이지 않았다. 이슬람권에서는 기독교도들을 분개시킨 것처럼 무슬림 신도들을 화나게 하고 흥분시킬 만한 르낭 같은 인물이 나타나지 않은 것이다. 꾸란의 권위에 의문을 제기하는 환멸에 빠진 이맘의 후예들도 없었다. 물론 소수이기는 하지만 19세기 유럽 학자들이 세워놓은 선례를 따른 무슬림들이 있기는 했다. 하지만 그들도 익명으로 책을 내거나, 그렇지 않으면 자기가 한 행동의 결과를 감수해야 했다. 요컨대 아랍권에서 이슬람의 기원을 다룬 전통적 기록에 의문을 제기하려면 암살 위협에 노출되거나, 배교자로 낙인찍히거나, 심할 경우 창밖에 내던져지는 일을 당할 각오를 해야 했다.[61]

그리하여 부득불 그리고 유감스럽게도 이슬람의 기원과 관련한 전통 서술에 의문을 제기하는 것은 언제나 그랬듯 서구 학자들의 전유물이 되었다. 서구 학자들 중에도 물론 무슬림이 있기는 했다. 그들 가운데 한 명인 뮌스터 대학의 교수는 독일의 엄격한 학문적 전통을 이어받은 후예임을 입증하듯, 급진적 성향을 지닌 몇몇 이교도 동료들처럼 무함마드를 신화적 인물로까지 주장했다.[62] 그러나 아쉽게도 그들 중의 어느 누구도 이슬람의 거룩한 전통을 면밀히 조사하는 행위는 (이스라엘의 정보기관인) 모사드, 바티칸, 혹은 미국 복음주의자들의 사악한 음모일 수도 있다고 보는 무슬림들의 의심을 덜어주지는 못했다. 꾸란을 역사적 문맥으로 파악하는 이들의 방식이 애당초 성서에 적용했던 방식이라는 사실도 그것에 영향을 주지는 못했다. 한 무슬림 학자는 경악스럽다는 어투로 '십자군'의 광포함도 현대 학계의 '반전통적 공격'[63]에 비하면 아무것도 아니라고 주장했다. 이들이 서구 학자들에게 이처럼 분개하는 태도의 이면에는, 믿지 않는 사람들은 이슬람의 기원에 대해 이러쿵저러쿵 말할 자격이 없다는 의미가 내포되어 있었다. 사우디아라비아의 한 대학 교수도 이렇게 단호한 입장을 나타냈다. "우리가 관심을 갖는 것은 이슬람교도의 저작물뿐이다."[64]

물론 이것은 유피테르 숭배자만 로마에 대한 글을 쓸 수 있고, (북유럽 신화의 주신인) 오딘을 숭배하는 사람만 바이킹에 대한 글을 쓸 수 있다고 주장하는 것과 다를 바 없는 억지 논리다. 하지만 이슬람교도가 쓴 이슬람의 기원이 겉으로 드러난 것 못지않게 드러나지 않은 부분도 많다는 논제의 심각한 불합리성을 밝히자고 굳이 사우디아라비아 신학자나 무슬림이 될 필요는 없을 것이다. 이슬람 고유의 전통이 진실이냐의 여부는 무슬림에게만 중요한 문제가 아니라, 다수의 비무슬림 역사가들에게도 중요한 문제이기 때문이다. 몇백 년 연구에 상응하는 결과물인 이슬람 관련 학문이 초기 이슬람 자료는 신뢰할 만하다는 추정 위에 수립되었고, 대중적으로 읽히는 무함마드 전기 형태로든 혹은 학문적 이론서의 형태로든 지금도 이 자료가 계속 활용되고 있기 때문이다.[65] 이슬람의 기원에 관한 글을 쓰는 한, 이용 가능한 자료는 그것뿐이라는 사실이 여전히 당연시되고 있는 것이다. 지난 세기, 특히 지난 몇십 년 동안 초기 이슬람을 연구한 다수의 학자들이, 그 자료가 무용지물이 되지 않도록 공격적으로 저항 행위를 한 것도 그리 보면 놀랄 일이 아니다. 그 시대 역사가들 사이에 "이슬람의 기원에 대해 많은 것을 알기는 극히 어렵다"[66]는 인식이 팽배해 있었음에도, 그 토대를 떠받치려는 시도는 계속되었던 것이다. 이븐 히샴과 그의 후계자들이 다져놓은 토대는 이처럼 아직 포기되지 않은 채 남아 있었다.

그러나 역설적이게도 무슬림 전통의 거대한 구조물이 입은 상처를 복구하려는 그런 공격적 시도는 전면적인 패러다임의 변화를 두드러지게 만들어, 오히려 해를 입히는 결과를 초래했다. 가령 두 명의 학자가 전 생애를 바쳐 같은 언어와 자료를 연구하여 정반대의 결론에 도달했다면 이슬람의 탄생과 관련한 그 어느 사실도 자명하다고 추정할 근거가 없어지는 것이다. 40년 전만 해도 이슬람의 기원에 대해 무슬림 전통이 가르쳐준 것에 의문을 품으면, 쓸데없이 분란을 일으키는 것으로 치부되었다. 셰익스피어 희곡의 원작자가 철학자 프랜시스 베이컨이나 제17대 옥스퍼드 백작(에드워드 드 비어. 영국의 서정시인 겸 극작가—옮긴이)이라는 주장이라도 펴면 중량급 전문가들이 벌떼처럼 달려들었지만, 이슬람의 기원과 관련한 문제에는 별 반응을 보이지 않은 것이다. 그랬던 것이 지금은 그 어느 역사 분야보다 초기 이슬람 역사를 둘러싼 논쟁이 치열하게 벌어지는 상황이 되었다. 세계 유수의 꾸란 학자들 중 한 명은 심지어 비통한 어조로, 예언자의 진정한 어록인지 혹은 다양한 자료들을 취합하여 짜깁기한 명문집인지를 둘러싼 "꾸란에 대한 논쟁"이 "꾸란학의 전 분야에 침투해 있다"[67]며 '분열'을 말하는 지경이 되었다. 그러나 기실 '분열'도 가벼운 표현으로 여겨질 만큼 현실은 그보다 더 어수선했다. 문제 자체의 복잡성이나 민감성은 물론이고 증거마저 단편적이다 보니, 이슬람의 기원에 대한 글을 쓴 저자 수만큼이나 해석도 가지각색으로 나올 때가 많았기 때

문이다.[68]

　그 글들 모두 비전문가에게는, 이를테면 거울의 방에서 눈속임을 연구하는 사람을 괴롭히기에 좋은 현기증만 유발시켰다. 상황이 이렇다 보니 그 문제가 아예 존재하지 않는 것처럼 두 눈을 질끈 감고 모른 체하는 사람도 생겨났다. 전통적인 무슬림 자료를 개작하여 저항을 최소화하는 길을 택한 것이다. 그러나 저명한 어느 하디스 학자가 '이스나드 논쟁'은 '장황하다' 못해 '지루하기'까지 하다는 점을 인정하면서도, 소심한 사람들에게 이 말을 다시 상기시킨 것에서도 드러나듯 역사는 신앙과 달리 모래 위에는 지어질 수가 없다. "이슬람의 기원을 연구하는 학자들은 그 문제(이스나드 논쟁)에 당연히 참여해야 한다. 그보다 더 중요하고 복잡한 문제를 처리해야 한다는 이유로 그것을 소홀히 다루는 일은 없어야 한다."[69]

　그렇다면 주춧돌은 어디서 찾아야 할까? 이 책의 집필을 시작할 때만 해도 나는 이것이 그렇게 큰 문제가 될 줄은 생각하지 못했다. 다수의 예언자 전기를 읽고 그것을 토대로 그의 생전에 기록된 자료를 어렵지 않게 구할 수 있을 것으로 막연히 생각했던 것이 나의 첫 불찰이었다. 한 역사가의 명언을 빌리면, 알고 보니 그 자료는 "과거의 보존이 아닌 파괴의 금자탑"[70]이었다. 그 사실을 깨달았을 때는 마치 둔기로 한 대 얻어맞은 기분이었다. 지난 40년 동안 초기 이슬람을 연구하는 학자들을 괴롭힌 문제가 이제는 나를 빤히 쳐다보고 있었다. 무슬림 전통의 토대가 이렇게 불안정한데, 이슬람의 기원에 대한 글을 쓰는 것이 과연 가능하기나 할까? 이스나드와 그것에 의거하여 쓴 다수의 글들을 믿을 수 없다면, 위대한 세계 문명의 하나인 이슬람의 탄생을 무슨 수로 설명할 수 있을까? 역사의 부재가 유일한 이야깃거리인 경우도 있을까?

다행인 것은 그 모든 혼란과 모호함의 와중에도 하나의 사실, 이슬람이 완전한 무에서 생겨난 것은 아니라는 사실만은 분명하다는 것이다. 무함마드가 경쟁하는 초강대국들 및 강력한 일신교들(기독교와 유대교)이 버티고 있는 세계에서 탄생한 것은 확실하다는 얘기다. 그리하여 칼리프국에서 발전해나간 이슬람 제국을 보편적 국가를 자임한 페르시아, 로마와 비교하거나 혹은 꾸란에서 유대교와 기독교 기록의 흔적을 찾다 보면, 또한 여러모로 볼 때 이슬람이 과거사의 종결이 아닌 과거사의 절정이었음도 알게 된다. 이슬람 교리가 고대 근동의 심토에 깊이 뿌리박고 있었음은, 예언자에게 하느님의 계시를 전해준 매개자가 인간이 아닌 천사였다고 믿는 무슬림들의 오랜 확신으로도 알 수 있다. 그렇다면 무함마드가 동굴 안에서 두려움에 떨며 처음 가브리엘과 조우한 전통은 어디에서 비롯되었을까? 꾸란에는 이에 대한 언급이 없기 때문이다. 그뿐만 아니라 꾸란에는 무함마드가 계시를 받고 빠져들었다는 최초의 번민에 대한 말도 없고, 심지어 초자연적 목소리를 들은 것조차 언급되어 있지 않다. 그런데도 아랍인들에 의해 정복된 지역들에서는, 하느님의 은혜가 특별히 미치는 곳에 천사들이 나타났고 그 경험은 때로 고통스러웠다는 점이 오래도록 당연시되고 있었다. 그것은 우연이었을까? 아니 그럴 개연성은 희박하다. 그보다는 아랍인들이 페르시아와 로마가 다져놓은 토대 위에 그들 고유의 것으로 구축한 세계—유일신의 목적을 헤아리려는 열망이 널리 퍼져나간 끝에 가브리엘이 모든 사람들의 입에 오르내리는 이름이 된—에 조성된 독특한 상황으로 보는 것이 옳다.

숭엄한 두 제국(로마와 페르시아)으로 분리되어 있던 근동이 종국에는 무슬림 지역이 된 내력을 파헤치려는 사람에게 이 모든 일들은 흥미진진하고 시사적인 탐구의 출발점이 된다. 이슬람이 고대 문명의 주류 밖에서 탄생하지 않고, 유대교와 기독교라는 거대한 전통, 다시 말해 고대 후기의 정수가 되는 요소에서 나와 성장했다고 보는 것은 과연 가능할까?

· 종파적 환경 ·

꾸란에 가브리엘(아랍어로는 지브릴)이 전혀 언급되지 않은 것은 아니다. 하느님의 선택된 사자에게 계시(꾸란)를 내리는 매개자로 나오는 구절도 있고, 두 번째 구절에는 다소 진부하지만 예언자와 두 아내 사이에 일어난 사소한 언쟁에 가브리엘이 끼어드는 장면도 나온다.[71] 이로 미루어보면 꾸란이 언제 어디서 작성되었는지는 모르겠지만, 성서에서 가장 유명한 천사를 잘 아는 사람들을 목표로 했을 것은 분명하다. 기독교도들이 예나 지금이나 궁극의 영보領報로 간주하는, 가브리엘이 성모 마리아를 찾아가 예수 그리스도를 잉태할 것임을 알려주는 내용이 꾸란에 기록되어 있는 것이 결정적 증거다. 한 차례도 아닌 두 차례나 되풀이 언급될 만큼 꾸란에서 주요 사건으로 취급되어 있다. 마리아가 예언자의 마음속에서 중요한 위치를 점하고 있었던 것은 무함마드의 계시에 이름으로 언급된 유일한 여자라는 것과, 수태고지가 아닌 전반적 사건들에서도 비중 있게 다루어지는 것으로도 알 수 있다. 신약성서에는 기록되지 않은 내용들도 꾸란에서는 당당한 위치를 점하고 있다. 마리아가 야자나무 아래서 진통을 하자, 뱃속에 있는 아기가 대추야자로 요기할 것을 권하며 기운을 북돋아주었다는 이야기도 그중의 하나다. 무슬림들은 이를 근거로 기독교

성서를 경멸하면서, 예수의 생애에 대해서라면 자신들이, 어리석음과 미혹함으로 예수를 신으로 믿는 사람들보다 훨씬 아는 것이 많다고 믿었다.

그렇다면 예언자가 그 많은 일화를 어떻게 알게 되었을까라는 의문이 제기되지만, 무슬림들은 이 역시 일고의 가치도 없는 문제로 치부했다. 무함마드는 하느님의 방문을 받은 분이었던 것이다. 기독교도들이 마리아가 낳은 아들을 로고스, 다시 말해 (성육신한) "말씀"[72]으로 믿었던 것처럼, 무함마드의 신봉자들 또한 "그의 이마에서 떨어지는 땀방울"[73]로 토해낸 예언자의 계시를 하느님의 참된 말씀으로 믿었다. 기독교도들이 마리아의 동정녀 여부를 따지지 않았듯이, 무슬림들도 예언자가 다른 종교들이 쓴 글의 영향을 받았을 개연성에 대해서는 묻지 않았다. 그들은 그저 성서에 언급된 예언자들 모두가 이슬람 신봉자였는데도 완고한 유대인과 편협한 기독교도들은 그 사실을 깨닫지 못한 것으로만 여겼다. 아담에서 예수에 이르기까지 그 많은 예언자들이 꾸란에서 주연급 대접을 받는 것도 그 때문이라고 생각했다. 성모 마리아도 그 점에서는 마찬가지였다. 성모 마리아가 친절한 야자나무 덕에 몸을 추스를 수 있었다는 이야기도 본래는 이교도 나라인 그리스의 전설에서 비롯된 것으로, 수 세기 동안 기독교권에 전해진 전통이라는 사실 또한 간단히 무시되었다.[74] 어느 무슬림 학자가 감히 예언자가 이교도의 일화를 도둑질했다는 주장을 받아들일 수 있었겠는가? 그리하여 꾸란은 외부 자료 없이 하느님의 계시로만 이루어진 것이 되었고, 무슬림들에 따르면 성서를 개악하여 왜곡된 중고품으로 만든 것은 오히려 유대인과 기독교도들이었다. 그들이 보기에 하느님 계시의 순수성이 온전히 보존된 것은 꾸란뿐이었다. 꾸란에 적힌 마지막 말씀 하나하나, 마지막 음절 하나하나, 마지막 글자 하나하나는 하느님, 비할 바 없는 하느님으로부터 곧장 나온 것이었다.

이 논리대로라면, 꾸란의 지극히 모호한 증언에도 불구하고 전통으로 전해 내려오던 것이 어느덧 정설로 굳어진 내용, 즉 무함마드가 무학자였다는 설을 그대로 믿을 수밖에 없게 된다.* 설사 예언자가 이교도 서적 한두 권을 가지고 있었다 해도 해독하지는 못했을 거라는 말이다. 이 정도면 무슬림들에게 보증수표가 될 만했으나, 이것으로도 꾸란이 하느님이 직접 내려준 것임을 입증하기에는 미흡하다고 느꼈는지, 무슬림들은 무함마드가 자라난 환경을 가장 확실한 징표로 제시했다. 예언자가 태어나 성장한 메카가 유대인이나 기독교도가 아닌 이교도의 거주지였고, 게다가 그곳은 거대한 사막의 한가운데 위치해 있었다는 것이다. 메카는 4000년 넘게 문명의 전란 터가 되었던 근동의 고대 수도들—갖가지 종교를 가진 사람들로 넘쳐나고, 신전, 유대교 회당, 교회 들이 밀집해 있던—로부터 까마득히 멀리 떨어져 있었다는 것이다. 아브라함이 묘지를 짓고, 솔로몬이 세력을 떨치며, 예수가 십자가형을 받았던 팔레스타인 경계지에서도 1300킬로미터나 떨어진 곳이었다. 그러므로 그런 지역들과 동떨어진 곳에서 나고 자란 예언자가 그곳들의 전통, 교의, 기록물을 접하는 것은 애당초 불가능했다는 것이 무슬림들의 논리다. 그들에 따르면 메카를 둘러싼 거대한 사막, 외부인의 접근을 허락하지 않는 그곳의 지형이야말로 꾸란이 하느님이 직접 내려준 것임을 나타내는 명백한 증거였다. 기독

---

* 무함마드가 무학자였음을 입증하는 증거로 제시되는 것이 꾸란 7장 157절과 29장 48절이다. 7장 157절에는 무함마드가, 전통적으로 '무학자(unlettered)'로 번역된 '움미(ummi)'로 언급되어 있다. 하지만 '움미'는 유대인도 기독교도도 아니라는 의미에서 '성서도 없는'을 뜻하는 말일 수도 있었다. 꾸란이 왕왕 책(book)을 뜻하는 '키탑(kitab)'으로 언급되고, 꾸란 25장 4~6절에 무함마드가 읽는 능력이 있었음을 강하게 시사하는 내용이 나오는 것도 불확실성을 더해주는 요소다. 이븐 히샴의 글에도 무함마드는 읽기 능력은 물론이고 쓰기 능력도 가지고 있었음을 암시하는 내용이 나온다.

교도들이 동정녀 마리아의 자궁 속 피와 근육을 하느님 세계가 출현할 수 있게 해준 자양분으로 믿었듯이, 무슬림들도 아라비아 사막의 모래를 하느님 말씀이 장기간 전달되는 과정에서도 순수하게 보존될 수 있게 해준 보물로 여겼다.

그 점에서 이슬람이 탄생한 공백은, 물리적인 것을 넘어 영적인 그 무엇이었다. 무슬림 학자들은 이 이슬람 이전 시대를 '무지의 시대'[75]를 뜻하는 자힐리야Jahiliyyah로 불렀다. 이 말에는 그 시대가 술 마시고 도둑질하고 싸움질하고 원치 않는 아이를 모래 속에 파묻고 입에 담지도 못할 혐오스러운 성적 행위를 하고 끝없이 반목을 일삼는, 한마디로 하느님의 존재를 알지 못했던 캄캄한 암흑시대였다는, 이슬람 시대 이후 사람들의 관점이 내포되어 있다. 그런 식으로 예언자의 출현을 광채 나는 눈부신 새벽이 되게 하여, 이슬람 이전 시대와 이후 시대를 한밤중과 한낮처럼 뚜렷이 대비되게 만들었다. 그렇다고 아라비아만 암흑 속에 갇혀 있었던 것도 아니다. 전 세계가 '무지jahl'의 어둠 속에서 허우적거렸다. 그러나 하느님은 위대했기에 구질서를 명예롭게 와해시키고 칼리프국을 수립했고, 그로써 모든 것이 달라졌다. 이슬람의 백색 광휘가 아라비아의 경계 너머, 지상의 한계까지 빛을 내뿜으며 모든 인류에 광명의 새 시대를 열어준 것이었다.

이는 놀랍도록 과격한 역사 다시 쓰기 방식이다. 지난 역사가 이토록 모멸적으로 취급된 적은 없었다. 기독교도들도 그리스도 탄생으로 되찾은 시간의 순환을 메시아 도래 이전의 준비 과정으로 믿었을 뿐인데, 무슬림들은 예언자의 계시 이전에 존재했던 그 모든 다양하고 찬란한 업적을 이슬람과는 무관하게 시르크에 시달린 황무지, 환영으로 간단히 치부한 것이다. 결과적으로 이 가설은 헤아릴 수 없이 큰 영향을 끼쳤다. 오늘날에는 심지어 서구에서도 이것을 이슬람 역사를 해석하고 이해하는 척도로 쓰고 있을 정도다. 서적, 박물관, 대학의 역사학과를 가릴 것 없이 모든 분야가 무함마드의 도래로 고대 세계가 끝난 것으로 간주한다. 고대 세계를 이루고 있던 모든 요소가 600년 무렵에 느닷없이 끝나버린 형국이었다. 이를 받아들이기에는 무리가 있다는 입장은 거의 고려되지 않았다. 위대한 문명이 과거와 무관하게 뜬금없이 출현하여 눈 깜짝할 새에 인간 행동을 변화시킬 개연성에 많은 역사가들이 의문을 갖는 시대에, 이슬람은 여전히 마른하늘의 번개 같은 예외적 존재로 묘사되었다.

또한 꾸란이 이렇게 하늘에서 직접 내려온 것이라면, 성모 마리아에 관련된 내용에 기독교 민간 전승과 고대 신화의 요소가 포함된 것을 설명하기도 수월했다. 하느님에게는 모든 것이 가능하다는 논리면 다 통할 수 있었기 때문이다. 그러나 아무리 이슬람이 말하는 것이 옳고 천사가 이슬람의 산파 역할을 했다 해도, 이슬람 정복의 무대가 고작 한 세대 만에 《천일야화》의 무대로 뚝딱 변한 것에는 무리가 있었다. 무함마드 사후 200년 뒤 독실한 무슬림이 쓴 역사서에 그렇게 쓰여 있다고 해서, 그것이 반드시 옳다는 의미는 아닌 것이다. 칼리프의 세력과 영화가 절정에 달했을 때의 근동은 200년 전 칼리프조가 처음 수립되었을 때와는 딴판이었다. 그런 식으로 달리 생각하면 아랍 정복에 앞서 일어난 모든 것들의 목에 기요틴을 떨어뜨리는 것이 되어, 아랍 정복에 대한 관점이 달라지는 것은 물론이고 역사적 사실로서의 가짜 전통마저 위험해진다. 이슬람의 기원을 이해하고 그것이 현재와 같은 방식으로 전개될 수밖에 없었던 이유를 밝히기 위해, 이븐 히샴의 시대 이후를 바라봐야 하는 것도 그래서이다. 이슬람의 기원을 파헤치려면 제국들과 고대 후기 종교들을 반드시 검토할 필요가 있다는 얘기다.

그리하여 그것들을 검토하면, 초기 아랍 정복자들이 활동한 곳과 한때 로마제국에 속했던 여타 지역(서쪽)과의 차이가 크지 않음을 알게 된다. 초강대국의 붕괴로 극심한 충격을 받고, 속주민들이 새로운 삶에 적응하고 안전을 확보하기 위해 고투하며, 생소한 언어를 말하고 야릇한 신앙을 믿는 외국 침략자들의 약탈에 시달린 공통된 특징을 지니고 있는 것이다. 팔레스타인 및 시리아 등의 옛 로마 속주에 대한 아랍 정복이 말해주는 것은 로마제국의 서쪽 절반을 사라지게 한 상승 기류가 이제는 동쪽을 향하고 있다는 것뿐이었다.

"헤라클레오폴리스의 그대들에게 우리가 빼앗은 것은 양 65두뿐이다. 거듭 말하건대, 65두 이상은 빼앗지 않았다. 그것을 확인하는 의미에서 수령증을 만들어주겠다."[76] 고작 2년 전 일인데도 로마의 이집트 속주 도시였던 때가 언제였나 싶게 초라한 시골로 전락한 헤라클레오폴리스의 원로들에게 아랍 군대가 642년에 수령증을 건네주며 한 말이다. 북아프리카, 에스파냐, 이탈리아, 갈리아 등 버려진 옛 로마 속주의 엘리트들에게는 강탈과 관료 행위가 융합된 이런 일들이 비일비재하게 일어났다. 로마제국의 안전이 영원히 사라진 시대, 로마가 쇠락함에 따라 야만족 지배자와의 타협이 생존의 조건이 된 시대로 접어든 것이었다.

그렇기는 하지만 헤라클레오폴리스로 뽐내며 들어온 아랍인들의 행동이 평균 이상으로 침착했던 것은 사실이다. 도시 원로들과의 거래 일자를 꼼꼼히 기록해둔 것만 해도 그랬다. 그들은 그리스어로 "제1 인딕티오(고대 로마의 회계연도)의 파르무티 30일"로 적은 것도 모자라, 아랍어로도 "이슬람력 22년"이라는 기록을 남겼다. 그런데 우리의 눈을 번쩍 뜨이게 하는 것이 바로 이런 종류의 기록이다. 시골 구석의 하찮은 정보가 중대한 사료로 되살아나, 자칫 이슬람력의 연도로 끝나버렸을지 모를 기록이 시일 추정이 가능한 현존하는 최초의 문서가 된 경우이기 때문이다. 아랍인들이 헤라클레오폴리스로 들어온 목적이 단순히 양고기를 얻는 데 있지 않았다는 것은 이것으로도 충분히 알 수 있다. 그렇다면 다른 목적은 무엇이었을까? 거기에는 분명 새로운 시작, 새로운 질서의 수립을 알리려는 의도가 있었을 것이다.

그렇다고 해서 그들의 신앙과 야망이 오늘날 우리가 이슬람으로 알고 있는 것과 동일하다고는 확신할 수 없다. 수령증 뒷면에 적힌 정복자들의 명칭이 무슬림이 아닌 정체불명의 '마가리타이Magaritai'로 묘사되어 있는 것도 그렇게 볼 수 있는 요인이 된다. 이것이 무슨 의미인지, 신참자(아랍인)가 사용한 새로운 연대 체계와 어떤 연관이 있는지, 신을 새롭게 이해하는 것과 관련된 표현인지 등을 짐작하게 하는 실마리가 문서에는 나타나 있지 않은 것이다. 그보다 문서에 뚜렷이 드러나는 것은 가축을 빼앗긴 헤라클레오폴리스 원로들의 동기, 현상 유지를 하려면 불청객과 그럭저럭 잘 지낼 수밖에 없다는 동기다. 과거의 기득권을 버리면 그만큼 얻는 것도 있었을 것이므로. 2세기 전 로마제국 서쪽 지역에 야만족의 왕국들이 수립된 뒤에도 사라진 로마 질서의 유령이 계속 출몰했듯이, 제국의 동쪽 지역에서도 이렇게 비록 영토는 신참자에게 빼앗겼을망정 구질서는 하루아침에 사라지지 않았던 것이다. 구질서의 전설은 계속되고 있었다.

그렇다고 7세기에 수립된 아랍의 지배 영역에 로마의 유령만 출몰한 것도 아니었다. 메소포타미아의 저지대와 이란의 고지대에는 페르시아제국 왕들의 유령도 나타났다. 페르시아제국은 그보다 더 고색창연한 왕국들,

햇볕에 구워진 퇴적물 위에 세워진 국가였다. 동방의 제국주의는 이렇듯 시간의 여명으로까지 거슬러 올라가는 장구한 역사를 지니고 있었다. 유대교와 기독교의 성서에도 그 점이 어렴풋이나마 드러나 있다. 유프라테스 강 기슭에 파라오와 거대한 탑 모양의 물체들이 하늘 높이 치솟아 올랐다는 내용이 기록되어 있는 것이다. 그렇기는 하지만 유대인과 기독교도들이 그것에 위축되었다는 느낌은 들지 않는다. 이집트와 메소포타미아가 헤아릴 수 없는 긴 역사를 지닌 곳이었던 것만큼 동방에는 또 미래를 뚜렷이 응시하는 관습이 있었기 때문이다. 유대인과 기독교도들의 경우에는 그리스도의 재림을 기다렸고, 그들 이외의 사람들도 하느님의 손가락으로 인간사의 양상을 더듬어 올라가는, 요컨대 그 시대 공통의 가설이 된 것을 공유하고 있었다. 세계를 선과 악으로 구분한 페르시아 예언자 조로아스터(자라투스트라)의 신봉자, 하느님 외에는 다른 신이 없다는 신조를 강력히 주장한 사마리아 종파, 선택된 인간들이 천사를 매개로 신의 계시를 받는 것이 가능하다는 관점을 지닌 그노시스파(영지주의자)가 그들이었다. 그 밖에 오래전 근동에서 자연발생적으로 생겨난 듯한 이교도, 광신적 종교집단, 종파주의자 들도 적지 않았다. 이렇듯 동방에서 솟아난 제국들은, 그 땅에서 솟아난 제국들도 신들의 수로는 절반에도 못 미칠 만큼 온갖 신들로 북적거렸다. 그런데 바로 이곳에서 칼리프조의 기둥들은, 보편적 국가 겸 하늘의 목적을 위한 도구로 싹을 틔울 운명이었다.

이슬람의 출현을 이슬람 하나만으로 설명할 수 없다는 점은 위의 사실로도 분명히 드러난다. 꾸란과 순나의 기원이 사막 한가운데 있는 이교도 도시에서 나고 자란 무학자에 있다고 본 무슬림 전통은, 문제가 되면 되었지 답이 되지는 못한다는 얘기다. 그것을 받아들이면 설사 예언자의 계시가 다른 시대와 장소에서 일어났다 해도, 끝에서 끝으로 글자가 통하게 새겨진 막대 사탕처럼 고대 후기의 가설이 그 계시를 뚫고 들어가는 것도 순수한 기적으로밖에 보이지 않게 된다. 같은 맥락에서 메카와, 그 북쪽에 위치한 로마제국 및 페르시아제국 간의 거리도 지도 제작자가 아프리카와 남아메리카 지도를 그리던 중 대서양의 동서 연안이 퍼즐의 두 조각처럼 딱 들어맞는 것을 알고는 혼란에 빠지는 것과 같은 종류의 미스터리가 되고 만다. 대륙은 고정되어 있어 움직일 수 없다고 알고 있었으니 지도 제작자로서는 대륙 이동 가능성을 일고의 가치도 없다고 여겼을 것이기 때문이다. 하지만 1960년대에 판구조론으로 대륙 이동설의 실상이 밝혀졌으니 놀라운 우연은 결국 우연이 아니었던 것이다.

훗날 이슬람이 된 종교와 고대 후기 근동에서 들끓은 용광로 간의 밀접성도 같은 관점으로 이해할 수 있다. 헤지라 이후 아랍인들이 새로운 질서를 수립한 것은 의심할 여지가 없는 사실이다. 그렇기는 하지만 독창성 하나만으로 모든 것을 설명할 수는 없다. 독창성이 헤지라 이후에 들어선 모든 이슬람 제국들의 본보기가 된 것은 맞지만 7세기에 수립된 칼리프조는 그것을 훨씬 상회하는 그 무엇, 고대 후기에 마지막으로 정점을 찍은 가장 영속적인 제국이기도 했던 것이다. 이 책에서 내가 규명하려고 하는 것이 바로 그 점이다. 그러나 그것은 힘겨운 작업이 될 것이라는 점 또한 인정할 수밖에 없다. 모든 범주의 문제가 추측만 가능할 뿐 확실한 것이 없기 때문이다.

이 점에서 이슬람의 기원이라는 수수께끼는, 물리학 법칙이 통하지 않는 시공간의 왜곡, 다시 말해 거대한 힘들이 소용돌이처럼 빨려 들어갔다가 분출될 때는 전혀 다른 형태를 띠는 블랙홀 중심의 '특이점'과 유사한 관점으로 볼 수 있을 것이다. 전통적으로 중동 역사의 핵을 이루는 무함마드의 이력이, 이 책에서는 로마와 페르시아제국이 붕괴되는 이야기의 정점이 되는 동시에 그것이 산산조각 나는 지점으로도 다루어지기 때문이다. 꾸란은 진정 예언자의 생전에 작성되었을까? 메카가 아니라면 무함마드는 어디에서 살았을까? 초기 칼리프 시대의 예언자 관련 기록이 그처럼 빈약하고, 그처럼 모호하고, 그처럼 더디게 나온 까닭은 무엇일까?

부끄럽지만 이 의문점들에 대해서는 나의 답변도 가정적일 수밖에 없다. 복잡다단한 자료들을 선별 취합해 그 안에 내재한 무수한 간극과 모순들을 정리하고, 그런 다음 이야기 형태로 조합하는 과정에서 초래되는 불가피한 결과다. 그렇다고 해서 내용까지 기존의 책들처럼 무함마드 사후 몇백 년 뒤에 작성된 무슬림 저작물들을 바탕으로 한 것은 아니고, 예언자가 태어난 세계, 다시 말해 제국의 그늘 아래 있었고, 신이 출현한 고대 후기 세계를 살았던 이들의 저작물에 토대를 두었다.

무슬림 역사가들의 역사서에는 그 시대 특유의 선명한 색채, 다양성, 복잡성의 기미가 거의 나타나지 않는다. 가물에 콩 나듯 등장하는 이교도들만 해도 아랍인처럼 말하고 행동하며,[77] 로마 황제는 칼리프의 반대 이미지, 유대인 학자와 기독교 성인들은 얼굴도 없는 허수아비로 묘사되기 일쑤다.* 다행인 것은 이슬람 전개 과정의 배경이 되는, 제국과 종교적 전통들로 들끓는 용광로에 대한 우리의 이해가 전적으로 무슬림 역사서에만 의존하고 있지는 않다는 사실이다. 아니 상황은 오히려 그 반대다. 7세기의 사료는 전무할 정도로 빈약하지만 그 200년 전의 사료는 스스로를 위

---

* 공정하게 말하면 기독교 역사가들도 편파적이기는 마찬가지였다. 무슬림 역사서에 이교도가 투명인간처럼 그려졌듯이, 기독교도가 쓴 4~5세기의 역사서들에도 이교도는 투명인간처럼 묘사되어 있다.

대한 고대 그리스 역사가들의 마지막 후예로 여긴 사람들이 쓴 저작물, 서한, 법률 요람, 연설 모음집, 상인이 작성한 지명사전, 야만족이 쓴 인류학적 기록물, 교회 역사서에서 힘겹게 고행을 한 성자들의 전기에 이르기까지 무수히 많은 기독교 관련 서적 등이 풍부하게 남아 있다. 실제로 고대사의 다른 시대 기준으로 보면 그 시대는 다이아몬드 광산에 떼 지어 몰려든 사람들처럼, 고대 역사가들이 탐욕스럽게 확보한, 거의 기적에 가까운 분량의 자료가 전해지고 있다. 그 결과 지난 몇십 년간의 고대 후기 연구도 획기적인 발전을 이루어 이전에는 힘이 고갈되고 단조롭고 쇠퇴한 문명으로 결론지어졌던 것도 광범위하게 복원되어, 학자들도 이제는 그 문명의 노쇠함보다는 그 안에 담긴 에너지, 충만함, 창의력을 강조하게 되었다.

그 시대를 전문 분야로 다루는 저명한 역사가 중 한 명의 말을 빌리면 "고대 후기는 수많은 실험과 새로운 방식이 시도되고, 새로운 조정이 이루어진 시대였다."[78] 무함마드 이후 세기에 등장한, 이슬람이라 불리는 종교도 이 '수많은 실험들'이 가져온 다수의 결과 중 하나였을 뿐이다. 그리고 그중에서 가장 중요한 것이, 무함마드 시대에는 얼추 지금과 같은 꼴을 갖추었으나 그 이전의 미정형 단계일 때는 칼리프 제국이 수립된 첫 세기에 아랍인들이 겪은 것 못지않게 신앙과 교리의 소용돌이에 휘말려 들었던 유대교와 기독교였다. 이것이 말해주듯 이슬람이 형성되고 그것의 역사가 만들어진 과정은, 그보다 훨씬 광범위한 맥락의 일부, 다시 말해 유대인, 기독교도, 무슬림 들이 궁극적으로 종교를 어떻게 이해했는지와 관련된 것이었다. 인간 사유에 일어난 혁명 가운데 이보다 더 크게 세계를 변화시킨 것도 없을 것이다. 그래서 더더욱 이 혁명을 올바른 문맥에 넣고 파악해야 하는 것이다.

이슬람의 기원과 관련한 역사서를 유대교 및 기독교에 대한 참조 없이 쓸 수 없는 이유도 거기에 있다. 마찬가지로 유대교와 기독교의 기원과 관련한 역사서 또한 두 종교를 배양한 세계를 참조하지 않고서는 쓸 수 없다. 랍비와 주교들이 지정한 하느님의 모습이나 무함마드의 추종자들이 계승한 하느님의 모습 모두가 밑도 끝도 없이 불쑥 솟아난 존재는 아니기 때문이다. 종국에는 대서양에서 중앙아시아에 이르는 지역들에서 국교로 수립될 이 일신교들은, 고대에 뿌리를 두었을 뿐 아니라 어쩌면 뜻밖의 유래를 지니고 있을 개연성도 있다. 그러므로 그 종교들의 유래를 더듬어가는 과정도 고대 후기의 전 문명에 탐조등을 비추는 것이 될 수밖에 없다. 조로아스터교 사제들의 치아 위생 상태에서부터 로마 전략가들이 시행한 국경 정책, 알렉산드로스 대왕에 대한 시리아의 전설에서부터 이라크에 묻혔다는 마법의 책 이야기, 그리스도를 메시아로 여긴 유대인에서부터 유대인처럼 살았던 기독교도들에 이르기까지, 모든 요소를 그림 맞추기 퍼즐의 조각들로 다루어야 하는 것이다. 무슬림 예언자의 계시로 시작해 칼리프조의 수립으로 절정에 달한 혁명의 과정을 추적하는 것이 별 의미가 없는 것은 이로써도 분명히 드러난다. 내가 메카도 예루살렘도 아닌, 헤아릴 수 없이 비옥한 두 신념의 원천이었던 곳, 인간의 제국이 전 세계에 미치고 선한 신의 힘이 보편적이기도 했던 그곳에서 이야기를 시작하려는 것도 그래서이다.

페르시아를 책의 출발점으로 삼으려는 것이다.

II

자힐리야

예언자 혹은 진리의
전도자가 가르쳐준 종교만이
위대하고 강력한 제국 건널의
토대가 될 수 있다.

이븐 할둔의《세계사 *Universal History***》중에서**

2

이란샤르

· 샤 ·

페르시아 왕들은 세상에서 가장 혜택 받은 민족을 통치하고 있는지에 대해 의구심이 들 때면 으레 턱수염을 쓰다듬곤 했다. 우주의 창조자가 형언할 수 없는 지혜로움으로 미개한 지역 주민들에게 부여해준 곱슬머리나 직모가 아닌, 페르시아인들에게만 선사해준 "적당한 형태의"[1] 수염을 쓰다듬고는 한 것이다. 페르시아인들이 타민족에 비해 자신들을 한층 월등한 존재로 여기며 그 증거로 제시한 것이 바로 용모상에 나타난 그런 의젓함이었다. 그들은 이런 말도 즐겨 했다. "우리 땅은 다른 지역들 한가

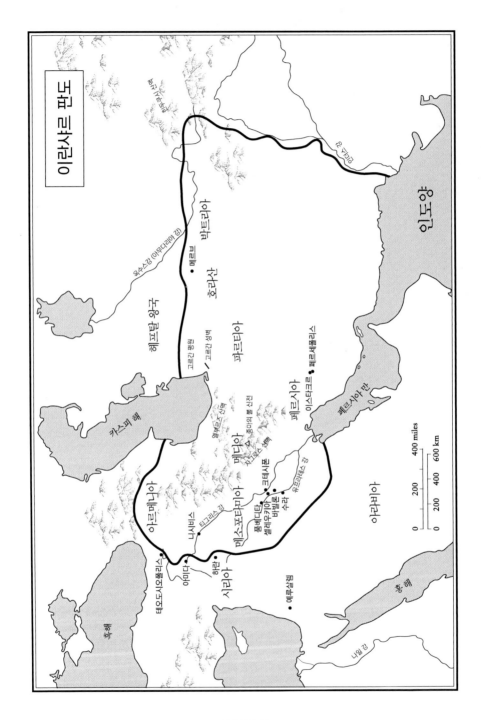

이란사산 왕조

인도양

옥수스강 (아무다리아 강)

힌두쿠시 산맥

메르브 •

고르간 평원

고르간 성벽

파르티아

호라산 산

바크트리아

헤프탈 왕국

카스피 해

아르메니아

엘부르즈 산맥

메디아

페르시스

이스타크르
•페르세폴리스

페르시아 만

크테시폰 •
테즈폰 •종마루불 산전
니시비스

바빌론
수라
폼베디타
셀레우키아

메소포타미아

테오도시오폴리스

흑해

아미다
하란

시리아

• 예루살렘

아라비아

티그리스 강

유프라테스 강

홍해

나일 강

400 miles

600 km

400

400

200

200

0

0

운데 위치해 있고, 페르시아인은 가장 고결하고 뛰어난 민족이다."[2] 이렇
듯 수염 외에도 그들을 위대하게 해준 속성과 특질은 다양했으며, 페르시
아인들도 그런 최선의 가능한 세계(참고로 이는 라이프니츠 철학에 나오는 용
어다—옮긴이)를 즐기는 듯했다.

그런 민족이었으니 기원후 몇 세기 동안 그들이 일구어낸 국가도 당연
히 눈부셨다. 페르시아의 지배 영역은 서쪽의 시리아 변경지와 동쪽의 힌
두쿠시 산맥, 남쪽의 아라비아 사막과 북쪽의 아르메니아 산맥에 이르러,
페르시아의 경계를 훌쩍 벗어나 있었다. 하지만 이런 부와 영광은 페르시
아의 자긍심만 높여준 것이 아니라 불안의 요인이기도 했다. 호화로운 연
회에 파리가 꼬이고 옥수수 밭에 메뚜기가 날아들듯, 야만족들이 금은보
화에 눈독을 들였던 탓이다. 페르시아인들은 평판에 부끄럽지 않게 "전
투 당일에는 용기, 담력, 기술"[3]을 보여주었다. 그래서인지 미개한 침략
자들을 같잖게 보고, 이따금씩 본때를 보이는 데 그쳤다.

이랬던 상황이 4세기를 지나면서부터 달라지기 시작했다. 머나먼 변경
지에서 날아드는 전쟁 소문에 페르시아의 중심지 분위기가 무겁게 가라
앉은 것이다. 물론 전투에서는 페르시아가 연전연승을 거두었다. 하지만
적은 나날이 포악해졌고, 그에 따라 강국 페르시아의 보루를 때리는 파도
도 해가 갈수록 거세어졌다. 모든 부족민, 모든 민족들이 움직이고 있었
다. 시간이 조금 지나자 더욱 침울한 소식이 들렸다. 야만족이 유목민이라
는 사실만으로도 불안을 조성하기에 충분했는데, 정착의 기미까지 보인다
는 것이었다. 이것이 페르시아를 안절부절못하게 만들었다. 5세기 무렵에
는 급기야 페르시아가 위협적인 적의 새로운 질서와 얼굴을 맞대는 상황
이 되었다. 페르시아 북동쪽 측면에 기마 전사들의 왕국이 수립된 것이다.

그 야만족, 헤프탈족(에프탈족)은 누구이고, 어디에서 왔을까? 이에 대해서는 누구도 확실히 알지 못했다. 축복받은 고향 땅을 오래도록 터전으로 삼고 살던 페르시아인 같은 민족마저도 제국 북쪽에 펼쳐진 황량한 지역이 그 종족의 근거지가 아니었을까 추측하는 정도였으니, 그곳을 휘젓고 다니고 그곳 초원에 돌풍을 일으킨 그들의 유래는 페르시아에도 답 없는 미스터리였을 개연성이 크다.

널리 알려진 한 가지 이론은, 그 정체 모를 종족이 초원 지대의 부족민들을 통틀어 가장 사납고 무시무시했던 훈족이라는 것이다. 반면에 기묘하게 가늘고 긴 두개골, 앞과 옆은 짧고 뒤는 길게 늘어뜨린 볼썽사나운 머리 모양, 페르시아인과 다른 형태의 수염을 가졌는데도, 헤프탈족을 "거의 매력적이랄 수 있는 용모를 지녔다"[4]고 말한 또 다른 설도 있었다. 훈족과 같은 누르스름한 황색이 아니라, 페르시아인과 같이 매혹적으로 창백한 피부색을 지녔다는 이유로 그들을 '백훈족'으로 부른 사람들도 있었다. 이는 그들이 혼혈이었음을 나타내는 것으로, 만일 이 설이 맞다면 페르시아인들이 안절부절못하고 초조해한 것에 대한 설명이 될 수도 있다. 게다가 그들은 야만족임에도 왕국과 수도를 세우고, 심지어 법률까지 보유하고 있었다. 따라서 문명의 그런 부속물을 보유한 것에 오랫동안 자긍심을 느꼈던 페르시아로서는 간단히 무시하고 넘길 문제가 아니었다. 본분을 잊은 유목민에게는 그것을 일깨워줄 필요, 그것도 신속히 일깨워줄 필요가 있었다. 페르시아가 문제의 심각성을 인식하고, 동부 국경 지대의 순찰 임무를 하급부대에 맡기는 관행을 깨기로 결정한 것도 그래서였다. 그만큼 상황이 급박했던 것이다. 바야흐로 왕중왕인 페르시아 국왕 샤한샤Shahanshah가 헤프탈족을 직접 손볼 때가 된 것이다.

고르간(구르간) 평원을 가로지르는 페르시아 대군의 원정은 484년에 시작되었다. 카스피 해 남단의 동쪽으로 뻗어나간 불안정한 국경 지대로, 갈수록 페르시아의 힘이 미치는 한계점이 되어가고 있던 곳이었다.[5] 들판, (굽는) 가마, 운하와 같은 문명의 특징들로 수놓아진 풍경 너머에는, 그곳에서 풍기는 위협적 분위기에 걸맞게 사람들이 '늑대 왕국'이라 부른 텅 빈 불모지가 숨어 있었다. 엘부르즈 산맥의 울창한 숲 벽이 서서히 뒤로 물러가자 야생 보리, 귀리, 옥수수 밭의 거대한 물결이 페르시아 기동부대 앞에 마치 지구의 경계처럼 끝없이 펼쳐져 있었다. 초원이 시작된 것이다. 이렇다 할 문명의 특징 하나 없는 그런 풍경이 자칭 정복자들의 의욕을 되풀이 꺾어놓았다.

하지만 인간, 말, 코끼리의 거대 무리가 초원을 쿵쿵 밟고 지나가는 광경을 본 사람이라면, 적어도 이번만큼은 침략군의 전망이 그들 손에 들린 육중한 창머리만큼이나 전도양양하게 빛난다고 여겼을 것이다. 완전군장을 갖춘 페르시아군의 위용은 그처럼 대단했다. 그 광경에 압도된 누군가의 말을 빌리면, "시야가 미치는 모든 곳이 번쩍이는 무기로 가득했다. 온 평원과 언덕이 갑옷 입은 기병들로 뒤덮여 있었다."[6] 페르시아 전사가 진정으로 아끼는 한 가지가 있었다면 그것은 현란한 기치였으므로, 당연히 그곳은 기치로도 뒤덮여 있었다. 페르시아의 기병대치고 별, 사자, 수퇘지 모양의 현란한 문장이 그려진 대형 휘장을 가로대에 걸치지 않은 부대가 없었다. 그리고 그중에서도 가장 화려한 기는 물론 크기도 가장 크고 문양도 가장 화려한 왕의 기치였다. 금, 은, 보석이 수놓아진 그 장대한 깃발이 햇빛에 번쩍이며 미풍에 펄럭이는 모습을 본 사람이라면 헤프탈 왕국으로 가는 원정대의 지휘관이 누구인지 대번에 알아볼 만했다.

왕중왕은 그를 앞서간 모든 선조들과 마찬가지로, 문자 그대로 초자연적 신비함을 보유하고 있었다. 페르시아인치고 그것을 모르는 사람은 없었다. 그것이 그들에게 가져다준 것이 무엇인지도 알았다. 그것은 제국과 더불어 그들에게 자유를 부여해주었다. 2세기 반 전 그들의 조상이 외국 지배자의 노예였을 때 하늘의 위임을 받은 위대한 영웅, 아르다시르라 불리는 귀족이 독립의 기치를 들어올린 것이었다. 페르시아를 통틀어 그보다 더 신들의 각별한 총애를 받은 사람은 없었다. 아르다시르의 조상인 사산이 이스타크르에 있던 거룩하고 숭엄한 사원의 고위 사제를 지낸 것으로도 그것을 알 수 있었다. 페르시아는 고대부터 자신들에게 정복당한 적의 수급을 '굳세고 순결한' 전사 여신 아나히타에게 바치는 풍습이 있었다. 아르다시르도 224년에 국외자의 지배로부터 페르시아인들을 해방시키고, 다수의 피지배민을 거느린 지배 민족이 되게 함으로써(이해에 사산 왕조가 수립되었다―옮긴이) 잔혹한 신에 걸맞은 부관임을 입증해 보였다. 따라서 그런 엄청난 위업을 이룬 그에게 동포들이 인간을 넘어서는 번쩍이는 아우라를 씌워준 것도 놀랄 일은 아니다. 페르시아인들은 그것을 신의 은총을 받았음을 뜻하는 파르^{farr}로 불렀다. 파르가, 아르다시르가 수립한 제국 못지않게 조상 전래의 귀중한 가보가 된 것은 그때부터였다. 실제로 한 해 두 해 세월이 가고 사산 가문이 페르시아 왕위를 대대손손 계승함에 따라 신임 왕의 주위로는 파르가 계속 어른거렸다. 때로는 숫양의 모습을 띠기도 하고, 금빛 광선이나 혹은 거울에는 상이 비치지 않고 순식간에 휙 스쳐가는 인간의 형상으로 나타날 때도 있었다. 그리고 이 모든 신비함은 당연히 왕에 대한 경외감을 높이는 데 일조했다. 그들의 거드름에 진저리를 치는 사산 왕조의 적들마저도 그들 앞에 머리를 조아리지 않기가 어려울 정도였다. 한 외국인 관찰자도 참회의 두려움이 담긴 어조로 사산 왕조를 이렇게 묘사했다. "당당하고 가공할 힘을 지닌 왕조, 오래되고 세상의 모든 사람들을 주눅 들게 하는 위협적인 왕조다."[7]

페르시아 대군을 지휘하여 고르간 평원으로 들어간 페로즈(?~484)도 이런 전임자들과 다를 바 없는 사산의 자손이었다. 실제로 그는 여러모로 사산 왕조의 전형이었다. 페르시아인들이 왕에게 기대하는 압도적 풍모를 지녔고, 조상들의 기준에 비춰봐도 탁월한 멋쟁이 기질을 지닌 훤칠하고 잘생긴 인물이었다. 왕의 천막 위에서 나부끼는 장식물이 호화롭게 수놓인 거대한 깃발처럼 그의 몸도 장신구로 번쩍거렸다. 온갖 보석을 착용한 것에 더해 "엄청난 크기로 볼 때 값어치도 대단했을 백색 진주"[8]를 귀에 박고 다니는 습관도 있었다. 외국인이라면 그런 치장을 사내답지 못한 짓이라고 손가락질했겠지만, 페르시아인들은 다르게 바라보았다. 거만하면서도 세련된 태도, 엉덩이를 흔들며 점잖게 걷는 걸음새, "생리 현상의 부름에 응답해 옆으로 슬쩍 비켜서듯" 못마땅한 기색을 내비치는 행위가 페르시아에서는 대담하고 씩씩한 전사의 특질로 받아들여졌다.[9] 돈푼깨나 있는 사람은 공작새처럼 뒤뚱뒤뚱 의젓하게 걸을 것이 요구되었다. 페르시아인들은 복장에도 유난을 떨었다. 실제로 그들은 요란하게 옷 입기로 정평이 나 있었다. 페르시아 상류층에 대해서는 이런 말까지 전해지고 있다. "모두가 색상이 어찌나 현란한지 장옷의 앞면과 옆면이 트여 바람결에 자락이 펄럭이는데도 머리끝에서 발끝까지 온몸이 천으로 가려진 듯 착시를 일으키는 옷을 입었다."[10] 그러나 페로즈의 패션 감각이 아무리 뛰어났다고 해도, 그것만이 그를 나타내는 유일한 특징은 아니었다. 페르시아인들이 보기에 그는 백성들의 안녕에 대해서도 지대한 관심을 기울이는 듯했다. 허세만 심했던 것이 아니라, 조상들의 숭고한 전통을 이어받아 혼란과 싸우고 질서를 바로잡으며 정의를 전파하려는 결의도 강한 인물로 보였다는 것이다. 그랬다면 다행이었다. 곤경과 그것을 헤쳐나가기 위해 기울인 그의 노력이야말로 즉위 첫날부터 25년 동안 계속된 그의 치세의 특징이었기 때문이다.

곤경의 시작은 가뭄이었다. 페로즈가 즉위한 시점에도 기근이 계속되자 젊은 왕은 힘, 패기, 비전으로 그 난관을 헤쳐나갔다. 세금을 대폭 낮추고, 빈곤층에 국가 보조금을 넉넉히 풀어 지급해주며, 귀족들을 압박해 비축해둔 식량을 가난하고 절망에 빠진 백성들에게 나눠주도록 했다. "제국을 통틀어 배고파 죽은 사람은 (……) 단 한 사람뿐이었다."[11] 수 세기가 지난 뒤에도 페로즈의 개혁정책은 이런 찬사를 받았다. 물론 이 말이 문자 그대로의 사실은 아니었겠지만 기아 구호의 본보기였음을 나타내는 증거는 될 수 있다.

페로즈가 직면한 두 번째 곤경은 헤프탈족이었다. 북동부 국경 지대에서 헤프탈족의 위협이 날로 심해지고 있었던 것이다. 페로즈는 이번에도 결단력 있게 그들과 맞서 싸울 결의를 다졌다. 앞선 사산 왕조의 어느 누구보다 그 일에 매진하여, 나라의 재원을 중앙아시아 부족 간 경쟁의 상호작용인 그 거대한 게임에 몽땅 쏟아 부었다. 페르시아 북동 국경 지대를 지배할 만한 잠재력을 지닌 곳으로, 힌두쿠시 산맥과 카스피 해 사이의 중간쯤에 위치한 고대 도시 메르브를 강력한 요새로 구축한 것이 그것을 보여주는 상징적인 증거였다. 구운 벽돌로 쌓은 탑들이 꼭대기에 설치되고 요소요소에 화살 구멍이 뚫린 육중한 성벽이 원형의 거대한 성채 주위를 둘러싸고 있었다. 페로즈는 국경 지대 근처 전략적 위치에 세워진 다른 요새들도 허물고 새로 지었다. 이런 식으로 돈을 물 쓰듯 하여 요새, 수비대, 보급창 들을 설치했다.[12] 고르간 평원을 가로질러 240킬로미터를 구불구불 뻗어나간 붉은 벽돌 성벽만 해도 근동에서 가장 큰 방벽이었다.[13] 이렇게 4반세기 동안 심혈을 기울인 끝에, 드디어 붉은 벽돌 성벽 문을 지나 스텝 지역으로 나아가는 페로즈의 모습은 '담대하고 호전적인 인물',[14] 가공할 명성을 지닌 장군을 방불케 했다.

그러나 페로즈의 이력에는 화려함 못지않게 어두운 면도 있었다. "우리나라 왕들은 반역 행위로 비난받아본 적이 없다"[15]라고 페르시아인들은 자랑처럼 떠벌렸지만, 그 말에도 다소 과장된 측면이 있었다. 페로즈는 심지어 백훈족을 상대할 때도 가끔 이적 행위를 했던 것으로 알려져 있다. 차남인 그가 왕이 된 것도 무엇보다 헤프탈족의 지원이 있었기에 가능했다. 그러나 이보다 더 페로즈의 명예를 손상시킨 것은, 백훈족의 지배지였던 스텝 지역 동쪽의 박트리아를 침범했다가 숲이 우거진 계곡에서 그들의 매복에 걸려 포위된 끝에 항복을 강요당한 것이었다. 더구나 항복 조건도 굴욕적이고 페르시아의 국력을 약화시키는 내용이었다. 다수의 요새를 양도하고, 막대한 배상금을 지불하며, 사람들 가운데 신인 샤한샤를 헤프탈족 칸의 군화 앞에 엎드리게 한 것이다.

이것으로 짐작할 수 있듯이, 페로즈가 헤프탈족을 상대로 두 번째 원정을 실시한 이면에는 지정학적 요구라는 원대한 필요성도 있지만 1차 정벌 때 당한 굴욕을 복수하려는 동기도 작용하고 있었다. 상처받은 존엄이 그로 하여금 왕중왕에 어울리는 그 모든 장려함을 갖추고 원정을 실시하게 만든 것이다. 주방장, 요리사, 하인, 분장사, 의복 담당, 은화 금고를 소지한 재무 담당 관리는 물론, 심지어 왕녀들까지 한두 명 대동한 채 이름

모를 광활한 초원 지대로 원정을 떠난 것이다. 미개한 헤프탈족을 길들이는 것과 더불어 그들을 압도하는 것이 이번 원정의 목표였다.

　그러나 그에게는 헤프탈족 말고도 다른 골칫거리가 있었다. 페로즈는 스텝 지역 변경지의 북쪽뿐만 아니라 남쪽으로부터도 도전을 받고 있었다. 페르시아와 헤프탈 왕국 사이에 펼쳐진 광활한 지역의 지배 군주들 또한 샤한샤의 그것에 뒤지지 않는 찬란한 유산의 권리를 주장할 위치에 있었던 것이 도전을 받게 된 요인이었다. 아르다시르가 혁명을 일으켜 사산 왕조를 수립하기 전, 그곳에 세워져 있던 기존 제국(파르티아)을 지배한 이들이 바로 그들의 조상인 파르티아인들이었고, 그래서 그들은 여전히 페르시아인과 여타 종족들을 지배한 황금기에 대한 기억을 소중히 간직하고 있었다. 파르티아 최고 가문들의 힘이 완전히 꺾이지 않은 것도 문제였다. 물론 224년 아르다시르가 파르티아 왕(아르타바누스 5세)에게 저 유명한 승리를 거둔 뒤, 파르티아 왕족들은 이런저런 방식으로 몰살되거나 추방되었다. 하지만 그들 중에는 정권 교체의 역경을 손쉽게 헤쳐나온 전사 귀족들도 있었다. 그 무렵 파르티아 7대 귀족 왕조만 해도 사산인을 제외한 어느 누구도 자신들보다 우월하게 여기지 않을 만큼 큰 힘을 보유하고 있었다.[16] 게다가 그들이 지닌 우월감은 수 세기를 거치는 동안 ‘고대의 관습’에 의해서 토대가 굳건히 다져졌다.[17]

　7대 왕조의 수장격인 카렌(카린)가*만 해도, 그들 조상 중의 한 명이 악마 왕을 타도한 무용의 역사, 시원으로까지 거슬러 올라가는 영웅적 무용의 역사를 지니고 있었다. 점쟁이 다하그(자하크)─얼마나 악독했으면 독사 두 마리가 그의 어깨에서 자라 나오자마자 갓난아기들의 뇌를 우적우적 씹어 먹었다는 그 다하그─가 1000년 넘게 세계를 지배하고 있을 때,

카렌가의 조상인 대장장이 카바가 그 폭군에 맞서 반란을 일으켰다는 것이다. 이 정도면 파르티아 지배자들이 막대한 부와 인력의 후원을 받고 있다는 허세를 부리기에 충분한 혈통이었다. 사산 왕조의 왕들도 그래서인지, (제국을 수립한 뒤에도) 서쪽 절반 지역에만 힘과 관심을 기울였을 뿐, 동쪽 절반은 모른 체 회피하는 정책을 취했다. 샤한샤들은 인정하지 않았겠지만, 파르티아의 많은 지역에서 사산 왕조의 권위는 이렇듯 눈 가리고 아웅 하는 식으로밖에 미치지 못했다. 따라서 카렌가를 비롯한 파르티아 귀족 왕조의 왕들도 페르시아의 봉신으로서가 아닌, 관계가 다소 불편할 때도 있는 연맹의 일원으로 자신들의 봉토를 다스렸다. 그들 중의 한 사람이 동료 왕들에게 언젠가 이런 말을 한 것에서도 그 점이 드러난다. "여러분은 여러분 소유의 땅을 가진 지배자이고, 그러므로 큰 힘을 보유하고 있습니다."[18] 이렇듯 페르시아는 제국이되, 동쪽 지역은 여전히 파르티아 제국이기도 한 어정쩡한 제국이었다.[19]

이것이 바로 헤프탈족과의 전쟁에 전력투구해야 하는 샤한샤가 처한 딜레마였다. 기존 도시들을 보강하든지 새로운 도시들을 세우든지 간에, 북동쪽 국경 지대 근처의 방비를 긴급히 강화해야 할 필요와 파르티아의 심기를 건드려서는 안 된다는 전통적 정책을 양립하기가 어려웠던 것이다. 페로즈가 겉으로는 큰소리치면서도 그 문제에 극도로 민감하게 군 것도 그래서였다. 그가 왕이 될 때도 헤프탈족의 도움이 물론 유용했지만, 그보다는 파르티아 장군이었던 미흐란가의 라함이 더 결정적인 역할을 했다. 페로즈의 형을 패배시키고 사로잡아 처형한 뒤 페로즈를 부하 자격으로 왕위에 앉힌 사람이 라함이었기 때문이다.[20] 그런데 그로부터 25년이 지난 뒤에도 페르시아 왕의 야망은 여전히 파르티아 왕들의 지원 여하에 달린 문제가 되었다. 그들의 지원 없이는 족보도 없는 얼치기 헤프탈 왕국을 물리칠 가망이 없었고, 페로즈의 군대와 노동자 부대가 파르티아 영토를 횡단하지 않으면 궁극적인 승리를 거둘 전망이 없었다. 페로즈는 이렇듯 이러지도 저러지도 못하는 궁지에 몰려 있었다.

그러나 불가능은 없는 법. 페로즈는 대담할 뿐만 아니라 두뇌 회전도 빨랐다. 따라서 칼과 펜을 동시에 휘둘러야 할 때가 있다는 것도 알았다. 심지어 그는 전사와 공병들을 소집하여 방어물을 세우는 와중에도 음유시인과 필경사들을 바삐 불러 모았다. 사산 가문을 페르시아인의 순혈 혈통이라고 자랑해도 좋은 시대는 끝났다는 인식하에, 단순하지만 뻔뻔스러운 편법을 쓰기로 한 것이다. 사산 왕조의 역사를 다시 쓰는 것이었다.

페로즈는 파르티아의 정서에 부합하는 좀 더 포괄적이고 다문화적인 새로운 족보를 만들라고 명령했다. 그리하여 왕의 요구에 따라 페르시아에서는 사산 왕조의 족보를 업그레이드하는 어용학자들의 포괄적인 작업이 시작되었다. 다행히 고대 문헌과 사제 및 시인들의 머릿속에는 가물가물 기억이 되살아나기를 기다리는 완벽한 조상들이 보존되어 있었다. 카야니아 왕조(카이스 왕조, 카야니드 왕조로도 불린다―옮긴이) 사람들만 해도 (카렌가의 조상인 대장장이 카바처럼) 말하는 새, 공중을 날아다니는 전차, 악마들이 세운 요새, 그 밖에 기상천외한 일이 난무하는 전설적 시대의 영웅들이었다. 대장장이에 불과한 카바와 달리 카야니아 왕조 사람들은 파르의 영예도 입고 있었다. 왕조의 명칭 카야니아가, '왕King'을 뜻하는 '카이Kai'에서 비롯된 것도 그 왕조의 완벽함을 나타내는 상징이었다. 그렇다고 해서 이것이 페로즈가 느닷없이 카야니아 왕조를 그의 조상으로 둔갑시키려 한 주된 이유는 아니었다. 그 왕국이 페르시아가 아닌 파르티아,

곧 북쪽의 고르간 평원에 위치했던 것이 카야니아로 그의 마음이 기울어진 결정적 요인이었다. 정력적인 백성의 보호자였던 카야니아 왕조의 왕들이, 왕국과 파르 두 가지 모두를 도둑질하려는 사악한 야망을 지닌 미개한 적들에 맞서 영웅적으로 싸운 곳이 바로 그곳 파르티아였던 것이다. 파르티아에서 헤프탈족이 있는 북쪽으로 진군하는 페로즈는 그래서 더더욱, 카야니아 왕조의 후계자를 자임하며 자신의 궁극적 뿌리가 있는 그곳을 지키러 온 왕임을 명확히 하려고 했다.

고대에는 그곳이 '아리아인들의 땅'을 뜻하는 '아이란Airan'으로 불렸다. 페르시아인들은 이렇듯 시원의 그 북동부 왕국으로까지 자신들의 기원을 더듬어 올라갔고, 그것을 근거로 스스로를 파르티아인에 뒤지지 않는 아리아인으로 간주하면서 아리아인이라는 호칭에 강한 집착을 보였다. 페로즈의 시대가 시작되기 오래전부터 사산 왕조의 비문, 명칭, 그 밖의 자랑거리에 그 이름이 뻔질나게 쓰였던 것도 그 점을 말해준다. 오죽하면 제국의 명칭마저 '아리아인들의 지배지'를 뜻하는 이란샤르Iranshahr라고 불렀을까. 그런 그들이 이제는 페로즈의 주도 아래, 사산 왕조와 가공의 카야니아 왕국을 결합시키는 날조에 집착하고 있는 것이다. 위험하고 불확실한 미래에 직면한 왕이 지난날의 계통화 작업을 공식적으로 보증하는 원흉이 되어, 그것(미래)에 힘을 미치려 하고 있는 것이다. 노골적인 날조로 영원한 신성을 얻은 아르다시르처럼, 페로즈도 카야니아 왕조의 후예가 되어 위험하고 불확실한 미래를 벗어나려고 안간힘을 썼다. 그럭저럭하는 사이 날조를 그럴싸하게 보이게 하기 위한 수백 년 역사 지우기 작업도 간단히 마무리되어, 시대의 절박한 요구에 완벽히 부합하는 새로운 족보가 만들어졌다. 북동쪽 간선도로 변에 쌓아놓은 무기 더미나 엘부르즈 산맥 너머 붉은 벽돌 성벽에 지어진 신축 요새 못지않게, 위기와 그 위기를 돌파하고자 하는 결의가 반영된 족보였다.

그 점에서 샤한샤도 전투로 단련된 실용주의자이자 자칭 악마에 맞서 싸운 고대 왕들의 후계자라는 이중 자격으로 전쟁에 나선 것이었다. 페로 즈가 고대 명칭 '카이'를 부활시키고, 그의 맏아들 이름을 카야니아 왕조의 시조 이름을 따서 '카바드Kavad'로 지으며, 그 전설적인 왕조를 연상시키는 주화를 만든 것은 한가로운 취미활동을 한 것이 아니라, 그가 지닌 목적 의 진지함을 나타내는 강력한 표상이었다. 요컨대 그는 헤프탈족은 철권 으로 다루되, 파르티아인들로부터는 심장과 마음을 얻는다는 이중 전략 을 구사한 것이었다. 그리고 과연 그 전략은 계획대로 되는 듯했다. 중대 한 모험이 시작되어 페로즈와 페르시아군이 거대한 붉은 성벽 문들을 지 나 스텝 지역으로 들어간 뒤, 그곳에서 가장 가까운 국경 지대 건너편의 헤프탈족 요새에 도착해보니, 그곳은 이미 버려진 상태였다.[21] 왕의 명칭 만으로도 공포에 질려 싸울 엄두도 못 내고 도망친 것이 분명했다. 페로 즈는 헤프탈족의 정주지를 철저히 파괴하도록 명령했다. 그런 와중에도 파르티아는 아무 일도 없는 듯 잠잠하기만 했다. 그렇다면 페로즈에게 남 은 일은 적군 뒤를 쫓아 그들을 구석에 몰아넣은 뒤 흔적 없이 쓸어버리 는 것이었다.

때마침 샤한샤가 고대하던 소식도 들려왔다. 헤프탈족이 페르시아군 앞에 있으며, 선발대를 발견했으니 주력부대도 곧 따라잡을 수 있으리라 는 것이었다. 페로즈는 재빨리 이란샤르 최고의 전사들에게 소집 명령을 내렸다. 왕의 명령이 떨어지자 막사에서는 와자지껄 전투 준비가 시작되 었다. 활에 기름칠을 하고 시험 발사를 하는 궁수, 코끼리에 전투 망루를 끌어 올리는 조종 병사, 고리버들 방패에서 먼지를 털어내는 보병 등 모두가 분주하게 움직였다. 그러나 전투 준비 중에서도 가장 긴급을 요했던 것은 역시 원정대 궁극의 킬러, 세계 최강의 공격 부대가 군장을 갖추는 것이었다. "사람 얼굴 모습과 똑같이 만든 정교한"[22] 원피스 헬멧, 판갑옷, 정강이 받이와 장갑, 혁대에 찬 채찍과 갈고리 달린 철퇴, 말의 옆구리에 매달아놓지 않으면 다루지도 못할 만큼 길고 무거운 창, 이 모든 것들이 샤한샤의 기병들이 착용하는 장비였다. 그러다 보니 완전무장을 끝낸 전사의 모습은 마치 "망치로 쇠를 두드려 만든 움직이는 조상彫像"[23]을 방불케 했다. 이런 군장 차림으로 종자의 어깨를 밟고 말의 안장에 오른 뒤 역시 쇠미늘과 철판으로 둘러싸인 군마를 탄 채 부대 앞 열에 도열한 이란샤르의 중기병대 모습은 그들 조상의 후계자, 강철의 영웅들이었던 카야니아 왕조의 후계자가 되기에 손색이 없어 보였다.

그들 뒤에는 전투에 나가기 전 페르시아의 모든 샤한샤들이 그랬듯, 그들의 왕이 조금 높은 곳에 위치해 있는 것이 보였다. 그것이야말로 그들이 카야니아 왕조의 계승자임을 확실히 보증해주는 궁극적 징표였다. 페로즈도 이번에는 그 어느 때보다 서사적 인물이 되기 위해 공을 들였다. 어마만 해도 가장 훤칠하고 잘생긴 놈으로 정성껏 골랐으며, 히힝거리며 울거나 오줌을 싸는 등 영웅적 기풍이 떨어지는 행동을 하지 못하도록 말 옆에 종자들도 배치해두었다. 그의 외양 또한 평상시보다 한층 호화로운 보석으로 멋지게 치장을 했다. 그의 뒤쪽에도 앞 열의 모든 병사들이 볼 수 있도록, 왕의 거대한 기, '카바의 기Derafsh Kaviani'를 설치하여 바람에 펄럭이게 했다. 사산 왕조의 힘을 상징하는 동시에 믿을 만하고 영웅적인 범이란의 표현이기도 한 기였다. 기의 명칭이 카렌 왕조의 전설적인 조상의 이름인 것도 우연은 아니었다. 보석과 술로 장식되기 전에는 악마를 죽인 대장장이의 가죽 무릎 덮개에 지나지 않던 것이었다. 그래서 페로즈도 이번에 카바의 공적에 필적하는 성과를 올릴 심산이었다. 그런 목적으로 그는 악마의 군대를 요절내기 위해 기병대에 진격 명령을 내렸다.

마침내 페르시아 기병대의 진군이 시작되었다. 속보로 걷던 군마들이 박차를 가하자 우레 같은 소리를 내며 전력으로 질주하기 시작했다. 중무장 기병들의 창은 경무장 헤프탈족을 겨누고 있었다. 말들이 일으키는 뽀얀 먼지구름 틈으로 적군이 겁에 질린 듯 지리멸렬, 한데 엉겨붙는 듯한 모습이 보였다. 그런데 그때 돌연 헤프탈족이 무리를 흐트러뜨리며 방향을 돌리더니 평원의 중심을 향해 되돌아가는 것이었다. 그것을 보고 페르시아 기병대가 승리의 함성을 지르며 퇴각하는 적을 포위하기 위해 즉시 부채꼴 산개 작전을 폈다. 하지만 전속력으로 돌진하느라 먼지가 더욱 자욱해졌다. 화살을 쏘면 쉬익 먼지구름을 뚫고 날아가 아군의 갑옷에 맞고 튕겨져 바닥으로 우두둑 떨어졌다. 그러나 이란샤르의 기병대가 움찔하는 것보다 더 수치스러운 일은 없었다. 머리끝에서 발끝까지 온몸이 "화살 세례에도 끄떡없고 상처를 입지 않게 해주는 확실한 호신물"[24] 철갑으로 둘러싸여 있었으니 말이다. 따라서 하찮은 유목민의 화살 따위로는 그들을 감히 해칠 수 없었다. 이렇듯 페르시아 기병대는 어느 모로 보나 난공불락이었고, 그러므로 승리는 따놓은 당상이었다.

그런데 그 순간 기병이 타고 있는 말들이 갑자기 발굽을 꺾으며 허우적거리기 시작했다. 그 바람에 말 위에 있던 기병들은 앞쪽으로 날아가 먼지, 화살이 뒤범벅이 된 안개 속을 뚫고 커다란 도랑에 처박혔다. 페르시아의 공격에 대비해 헤프탈족이 잔꾀를 부린 사실을 기병대 앞줄에 있던 병사들은 그제야 깨달았다. 평원 일대에 기다란 도랑을 파놓고 그 위에 갈대와 흙을 살짝 덮어둔 것이었다. 자신들이 퇴각할 때 이용할 가운데 지역을 제외한 나머지 모든 곳에 도랑을 파놓았고, 페르시아군은 그것도 모른 채 죽음의 함정으로 뛰어든 것이었다. "선봉대의 후위에 있던 기병들도 적군을 쫓는 데 정신이 팔려 앞줄의 기병들이 당한 재난을 알아채지 못했다. 그런 식으로 기병들은 말, 창과 한 무더기가 되어 도랑으로 떨어지면서 아군 병사들을 밟아 뭉갠 것이다. 페르시아군은 이렇게 전멸했으며, 그 안에는 페로즈도 포함되어 있었다."[25]

샤한샤의 최후에 대해서는 여러 가지 설이 전해지고 있다. 헤프탈족의 도랑으로 처박힐 때 귀가 뜯겨 나가자 야만족이 자신의 그 유명한 진주에 대한 권리를 주장하지 못하도록 손으로 그것을 꽉 움켜쥐고 있었다는 기록도 있고, 바닥의 갈라진 틈에 끼어 있다가 굶어 죽었다는 기록도 있다. 킬링필드에서는 기어 나왔으나 "야생 동물의 밥이 되었다"[26]는 기록도 있다.

그 이야기들이 사실인지는 알 수 없다. 그러나 페로즈의 시신과 대형 진주가 발견되지 않았다는 것과 파르도 끝내 그를 저버렸다는 것, 두 가지는 분명하다.

· 불의 접화자 ·

고르간의 킬링필드에서 살아남은 병사들은 소수에 지나지 않았다. 이들이 먼지 범벅에 만신창이가 된 채 엎어지고 넘어지며 간신히 돌아와 고국에 패전 소식을 전해주었다. 말할 수 없이 불길한 암시가 담긴 소식이었다. 헤프탈족의 도랑을 가득 채운 피는 이란샤르의 생혈과도 같았다. 어느 왕국도 재물과 병력 없이 오래 버틸 재간이 없는 법인데, 사산제국은 헤프탈족에 대량 학살을 당했으니 그 두 가지 모두를 잃은 것이다. 세금 징수원들이 총력을 기울여서 간신히 실시할 수 있었던 원정에서 제국 기병대의 꽃이 분쇄되었으니, 헤프탈족의 낫을 무디게 할 방도도 이제는 사라져버렸다. 국경은 활짝 열렸으며, 페로즈가 애써 축조한 방어물 또한 돌보는 사람 없이 방치되었다. 확실한 소문으로 강화된 공포의 속삭임이 이란샤르의 동쪽 지역을 어둡게 물들이기 시작했다. 과거 한때 카야니아 왕조가 지배한 모든 영역이 헤프탈족에 의해 피와 재의 아수라장으로 변했다는 속삭임이었다.[27]

아리아인들의 고대 중심지를 탈취한 그것이야말로 전 사산제국의 실질적 기능을 위태롭게 한 도전, 제국의 신망과 과세 기반을 치명적 위협에 빠져들게 한 도전이었다. 하지만 그것도 아직은 최악이 아니었다. 헤프탈족의 불길은 들판과 도시들을 불태우는 데 그치지 않고 그것을 세운 사람들에게는 신성함의 원천으로 간주되던 구조물들마저 불살라버렸다. 그러나 불은 악한 자들의 손에서는 파괴의 도구로 쓰이지만 고결한 사람들의 손에서는 하늘을 거룩하게 하는 데 쓰일 수도 있었다. 이란샤르 전역에 산재한 사원들에, 조상彫像은 없이 "영원히 타오르도록 사제들이 관리하고 안에 다량의 재가 있는 불의 재단만 경내 한가운데"[28] 설치되어 있던 것도 그것을 말해주는 증거였다. 페르시아인들은 제단의 신성을 모독하면 우주의 질서가 위태로워진다고 믿었다. 페로즈의 '압도적 참패'[29] 뒤 파르티아 북부 지역에 산재한 불의 사원들이 헤프탈족에 의해 파괴되고 있을 때, 다수의 이란샤르 백성들이 제국군의 전멸을 단순한 군사적 참패가 아닌 매우 심각하고 불길한 그 무엇, 우주 자체의 불길함으로 받아들인 것도 그래서였다.

그래도 아직은 희망이 남아 있었다. 페르시아에서 최고로 신성한 불의 사원, 가장 광채 나고 권능으로 충만한 사원 세 곳이 아직 손상되지 않은 채 남아 있었던 것이다. 그중 하나인 '종마種馬의 불'은 페르시아 북부의 산악 지대인 메디아의 구릉 꼭대기에 우뚝 솟은 요새들의 고리들 안에 모셔져 있었고, 두 번째인 '파르의 불'은 페르시아 내에 안전하게 세워져 있었으며, 마지막으로 '위대한 미흐르의 불Adur Burzen-Mihr'만 파르티아 전선과 가깝고 북쪽의 스텝 지역과 직통으로 연결된 고대의 간선도로 부근에 세워져 있었다.[30] 따라서 셋 중 잠재적으로 헤프탈족에게 해코지당할 우려가 있는 것은 '위대한 미흐르의 불'뿐이었다. 그러나 이란샤르의 경건한 신자들에게는 세 불 모두가 중요했다. 그중의 하나라도 약탈당하고 재가 흩뿌려지며 불꽃이 꺼지면 신성모독으로 여겼다. 그런 일이 벌어지리라고 상상하는 것 자체가, 우주가 중병에 걸리리라고 생각하는 것과 같았다.

그렇게 중요했던 만큼 세 불은 당연히 인간의 손으로 점화되지 않았다. 불멸이고 광채 나며 최고로 지혜로운 선한 신 오르마즈드(아후라 마즈다)가, 마치 "세상을 지켜보는 세 개의 등불인 양"[31] 붙인 불이었다. 세상도 지켜봐주기를 절실히 원했다. 문제는 선하고 순수하고 정의로운 모든 것의 원천인 오르마즈드만이, 유일한 창조주 신이 아니었다는 데 있었다. 고대의 시구에도 "투쟁하는 존재로 유명한 쌍둥이 영靈이 있었나니, 그 둘은 실로 생각과 말과 행동이 최고와 최악인 한 쌍이었다"[32]라는 구절이 나오듯, 진리와 질서를 의미하는 선한 영 아샤를 낳은 오르마즈드 외에도 이 세상에는 어둠을 토해놓고 뱀의 머리를 가진, 아샤와 정반대의 악한 영 '거짓Druj(드루즈)'을 낳은 오르마즈드의 그림자 아흐리만도 있었던 것이다. 악의 무리는 도처에 깔려 있었다. 헤프탈족과 같은 유목민으로부터 아흐리만이 만들어낸 것들 중 가장 악독한 개구리에 이르기까지 전 방위에 걸쳐 있었다. 하지만 그런 적과 만성적 투쟁을 벌이는 과정에서도 정의와 빛의 길을 택한 인간들은, 오르마즈드가 보내준 도움을 오래도록 소중히 간직하고 있었다. 저 시원의 시대에 필요한 곳이면 어디든 날아가 지표면을 휩쓴 위대한 불들이 그것이었다. 그중의 하나는 어깨에 뱀을 기른 점쟁이 다하그를 무찌르는 데 도움을 주었고, 다른 하나는 우상 파괴에 특별히 힘쓴 카야니아 왕조의 왕을 도와주었다. 그러므로 설사 그때 이후로 불길이 멈추었다고 해서 신성한 힘을 가진 불꽃마저 사라진 것은 아니었다. 그 불들은 세계의 질서를 바로 세우는 확실한 보호자의 모습을 언제까지고 유지하고 있었다.

　그러나 인간이 맡아야 할 역할도 있었다. 이 세상 모든 남녀들 또한 살아 있는 한 줄기 불꽃이 되는 삶을 영위함으로써 빛의 대의에 헌신해야 했던 것이다. 다행스럽게도 그런 삶을 어떻게 살 수 있는지를 알려줄, 우주의 주가 내려준 본보기도 있었다. 수백 년 전에 태어나 오르마즈드의 환상을 본 조로아스터가 그였다. 강물에 몸을 담그는 의식을 치르고 밖으로 나온 그는, 돌연 봄의 새벽처럼 영롱한 순수함 속에서 그보다 무한대로 순수한 오르마즈드의 빛이 몸 전체를 감싸는 듯한 느낌을 받았다. 머릿속에서는 하느님의 말씀이 들렸다. 최고신 오르마즈드가 인간에게 처음으로 모든 선의 원천인 자신의 참모습을 드러낸 순간이었다. 이어진 몇 년 동안에도 오르마즈드의 환상은 조로아스터 앞에 여러 차례 나타나 우주의 본질을 알려주고, 그와 여타 인간들이 지켜야 할 의식도 가르쳐주었다. 하지만 그때부터 시작된 조로아스터의 전도는 동족인 이란인들 사이에서도 배척되어, 결국 그는 낯선 땅으로 추방되었다. 개종자도 그곳에서 얻었다. 신생 조로아스터교가 살아남고 번성할 수 있었던 것은 결국 이 새로운 신도들, 자신들을 짓밟으려 한 이웃 부족들의 온갖 노력을 물리치고 전쟁에서 승리를 거둔 이 신도들 덕이었다. 오르마즈드의 계시를 이상적으로 굴절시킨 조로아스터도 이후 내내 하늘과 땅을 잇는 거룩한 연결고리로, 신성한 불의 인간적 등가물로 추앙받았다. 추종자들의 견해에 따르면 그것이야말로 '하느님 말씀의 소유자', 예언자(마트란mathran)의 참모습이었다.

(조로아스터교 경전인 《아베스타》에도) 오르마즈드가 "조로아스터만이 우리의 명을 들었고, 그만이 우리의 생각을 이해했다"[33]고 말한 것으로 적혀 있다. 참으로 감동적인 찬사의 말이자 조로아스터의 가르침을 따르는 사제들에게는 적부的否의 중요성을 철저하게 각인시키는 말이었다. 사제들이 신성한 불을 지키며 이루 말할 수 없이 복잡한 의식을 꼬박꼬박 정례적으로 치른 것도, 그 의식을 행할 때마다 우주의 질서가 지켜진다는 믿음 때문이었다. 그렇다고 사제들만 아흐리만에 맞서 싸울 수는 없었다. 다른 사람들도 강철같이 굳센 마음으로 우주적 싸움에 동참할 필요가 있었다. 심지어 최하층 노예들에게도 할 일은 있었다. 조로아스터가 신도들에게 요구한 하루 다섯 차례의 기도를 올리는 것에 더해, 치아를 청결하게 유지하는 것만으로도 거짓을 물리치는 데 도움이 될 수 있었다. 이란샤르의 사제들이 페르시아인들의 신앙과 행동을 구속하려 한 것도 그렇게 보면 놀랄 일이 아니다. "페르시아에서는 사제의 승인을 받지 않으면, 그 어

느 것도 적법하거나 옳은 것이 되지 못했다"[34]라고 한 외국인 논평가가 말한 것처럼, 그런 규율 없이는 거대한 우주 전쟁에서 이길 가망이 없었던 것이다.

그렇기는 하지만 영적인 차원에서도 세속적 영역과 다를 바 없이, 궁극적으로는 주인공인 샤한샤가 가장 중요했다. 그만이 신과의 접촉을 주장할 수 있었다. 모르면 몰라도 샤한샤 없이는 오르마즈드의 최고선인 아샤마저도 유지될 수 없었을 것이다. 사제의 특권과 권리도 마찬가지였다. 교활하고 악랄한 아흐리만은 이제나저제나 이단과 악마 숭배를 부추길 틈만 노렸다. 조로아스터 가르침의 빛도 아직은 이란샤르 구석구석에 미치지 못했다. 이란의 고대 신들도 아나히타(물, 다산, 출산의 여신)와 같은 몇몇만이 조로아스터교 사제들에 의해 오르마즈드의 충실한 부관으로 인정받았을 뿐, 나머지는 조로아스터가 경고했듯이 신이 아닌 악마에 지나지 않았다. 따라서 그에 대한 숭배, 그것을 나타내는 우상, 그것을 신봉하는 사람은 분쇄의 대상이었고, 그 일을 최종적으로 판단해 실행에 옮길 수 있는 사람도 샤한샤뿐이었다. 사제들의 판단에 따르면 오르마즈드가 창시한 조로아스터교가 인류 보호를 위해 존재했다면, '종교 보호'[35]에 힘쓰는 것이 왕의 역할이었다.

하지만 지난 세월 사산 왕조의 왕들은 단속적으로만 그 역할을 수행했을 뿐이다. 조로아스터교를 경건하게 믿은 왕도 있었지만, 위선적으로 믿은 왕도 있었다. 왕과 사제들 간에 아샤에 대한 이해도 매번 일치하지는 않았다. 사산 왕조의 왕들은 종교가 왕권의 지지를 위해 존재한다고 믿었다. 그러다 보니 조로아스터교 지도부가 정치적 지렛대를 갖는 것은 고사하고, 심지어 왕의 통제권을 벗어나 개인적 정체성을 갖는 것조차 용납되지 않았다. 왕들은 사제를 전투견으로 빈번히 이용할 뿐 목줄을 풀어주지 않았다. 목줄을 빠져나가려는 기미가 보이면 개집으로 단호하게 밀어 넣었다. 사제들을 다독거리고 어리광 부리게는 해줄망정 채찍을 쥔 사람이 누구인지 잊을 정도로 풀어주는 법은 없었다.

그런데 이런 상황이 시대의 참화와 격변의 소용돌이 속에서 변하기 시작했다. 헤프탈족의 맹공에 난타당한 사산 왕조가 기득권을 지키기 위해 사력을 다해 호기를 부리자, 조로아스터교 지도부가 이를 놓치지 않고 부여잡은 것이다. 따지고 보면 사제들도 페로즈에게 카야니아 조상을 제공해주었으니, 그에 대한 응분의 대가를 요구할 자격이 있었다. 하지만 그렇다고 그들이 왕의 이익만을 위해 전력투구한 것도 아니었다. 사제들은 페르시아의 역사 쓰기를 다시 하면서, 자나 깨나 꿈꿔왔던 것, 다시 말해 샤한샤의 쌍둥이가 되어 왕과 동등한 역할을 맡기 위한 일에도 힘을 쏟았다. "하나의 자궁에서 태어나 언제까지고 분리되는 일 없이 결합되어 있기"[36]를 원한 것이다. 사산 왕조의 초기 왕들이라면 그런 행동을 가소롭게 여겨 벌을 내렸을 테지만, 페로즈는 그러지 못했다. 절망적 상황에 내몰린 그로서는 그러고 싶어도 그럴 수가 없었다. 그래서 궁리해낸 것이 사제들의 요구를 무조건 내치기보다는 그들의 말을 들어주고, 그 대신 그들로부터 쥐어짜낼 수 있는 것을 얻자는 것이었다. 결혼을 안 하는 것보다는 그래도 정략결혼이라도 하는 게 나았으니까.

이렇게 해서 왕과 사제들은 양측 간에 팽팽한 긴장감이 감도는 가운데서도 그럭저럭 같은 목적을 공유하게 되었다. 카야니아 왕조의 고대 질서를 위태로운 사산 왕조에 이식시키려 한 페로즈의 야망과, 사산 왕조보다 한층 윗길인 오르마즈드의 질서를 이란샤르 내에 수립하려는 사제들의 야망이 맞아떨어진 것이었다. 하지만 그것은 불굴의 노력을 기울여야만 얻을 수 있었다. 오랫동안 소홀히 취급했거나 일관성 없이 적용한 법률도 강화할 필요가 있었고, 빛과 진리의 수호자들 또한 "우상이 안치된 사원 그리고 사탄과 악마들에서 비롯된 불복종을 물리치고 타도할"[37] 준비를 갖추어야 했다. 물론 이 모든 것들에 대한 궁극적 책임은 여전히 샤한샤가 졌다. 그러나 조로아스터교 사제들도 왕의 통제권을 벗어나기 시작한 만큼 이제는 어느 정도 자신들만의 영역을 보유하고 있었다. 고위 사제, 곧 모베드mobad(mobed 또는 mowbed로도 표기된다—옮긴이)의 권한이, 지방 총독의 권한에 필적하거나 때로는 능가하기도 했던 것이 그것을 말해준다. 물론 공식적으로 사제들은 여전히 샤한샤에게, 자신들이 행한 일에 대한 답을 할 수 있어야 했다. 그러나 페로즈의 부왕 치세 때부터 이미 기미를 보이기 시작한 새로운 지휘계통이 수립된 것은 확실했다. '사제 중의 사제', 곧 대사제를 의미하는 '모다반 모베드modaban mobad'가 당시에 처음으로 언급된 것도 그것을 보여주는 증거다. 그것이야말로 10년마다 더 깊이 뿌리내린 끝에 아샤가 구현되었다고 주장할 만한 제도였기 때문이다. 그런데 그것을 가장 확실히 나타내는 말은 정작 페르시아어가 아닌 그리스어였다. 사제들이 만들어낸 것은 결국 에클레시아ecclesia, 곧 '교회'였던 것이다.

그렇다면 이 눈부신 교회, 조로아스터교가 품었던 야망은 무엇일까. 시간을 통해 앞뒤쪽으로 모두 도달 가능한 진정한 우주적 질서를 수립하는 것이 조로아스터교가 가진 야망이었다. 우주에 가장 위협적인 요소는 혼돈이 아닌 속임수였고, 조로아스터의 시대 및 그의 삶에 관련된 참된 진실을 체계화하는 작업이 절실히 필요한 것도 그래서였다. 다만 거기에는 문제가 있었다. 위대한 예언자의 시대가 지나치게 멀다 보니 그가 내린 계시의 말이 오래전에 사어가 되어, 학식 있는 사람들의 언어로는 잘 보존되었으나 수백 년 동안 기록물 없이 전승으로만 전해져 내려온 것이다. 이 점이 조로아스터 교회 지도자들의 불안을 가중시켰다. 기억만으로 시대의 부식 효과를 막을 수 있는지에 대한 확신이 없었기 때문이다. 기억이 부식 효과를 막는 든든한 보루가 되지 못하면 조로아스터교 신도들과 전 세계는 파멸할 것이 분명했다. 그리하여 기록물이 고안되었다.[38] 조로아스터의 계시들이 처음으로 책의 형태를 띠게 된 것이다.

하지만 이것으로도 사제들의 할 일은 끝나지 않았다. 하느님의 말씀인 마트라^{mathra}를 옮겨 적는 과정에서 조로아스터가 하느님의 말씀을 언제, 어디서 들었는지를 명확히 밝혀야 하는 문제가 생겨났기 때문이다. 게다가 그것은 간단히 해결될 문제가 아니었다. 어느 시점에 이르러서는 이란샤르 거의 전역이 예언자의 탄생지가 되는 영광을 차지하려고 아우성을 쳤기 때문이다. 페르시아인 조상이 스텝 지역의 유목민이었던 시절로까지 역사를 거슬러 올라가는 가장 오래된 소문에, 조로아스터의 탄생지가 헤프탈 왕국에 속하는 지역으로 나타난 것도 곤혹스러웠다. 조로아스터 교회의 지도자들이 그 전승을 인지하고 있었는지는 알 수 없다. 그러나 알았든 몰랐든 그것을 받아들일 수는 없었다. 그렇게 해서 매우 색다른 조로아스터 일대기, 고위 사제들이 커져가는 자신감과 자기주장으로 조장한 조로아스터의 새로운 일대기가 만들어졌다. 조로아스터가 카야니아 왕국 시대였던 1000년 전 메디아에서 탄생했다고 가르친 것이다.* 추방된 조로아스터에게 피난처를 제공하여, 발생기에 있던 조로아스터교의 "팔과 부목" 역할을 한 것도 다름 아닌 "창을 꽂듯 강대하고 군주다운 풍모를 지닌"[39] 카야니아 왕이었다. 요컨대 그는 군주가 행해야 할 완벽한 전범을 보였다. 카야니아 왕조의 일원이 될 필요성을 느낀 페로즈가 그 미끼를 덥석 문 것도 그래서였다. 같은 맥락에서 그는 카야니아 왕조의 계승자라는 일반적 명분뿐 아니라 예언자의 첫 번째 후원자라는 그보다 더 구체적인 명분을 내세워 전쟁에 나선 것이었다. 그렇게 해서 교회와 국가는 쌍둥이가 되었고, 그리하여 사제와 왕 모두는 승자가 된 듯했다.

그런데 그만 페로즈가 죽고 만 것이다. 따라서 백성들이 단순한 불운 이상의 재앙으로 여기고 속을 태운 것도 무리는 아니었다. "그런 엄청난 인명 손실과 재난을 가져다줄 수 있는 것은 아리아인들의 신밖에 없다"[40]는 소문이 이란샤르 전역으로 퍼져나가며, 사산 왕조의 미래를 암울하게 만들 조짐을 보였다. 비난을 받은 것은 비단 왕이 사용한 전술만이 아니었다. 그보다는 오히려 고르간 평원으로 진격할 때 미흐르 신의 본거지였던 눈 덮인 엘부르즈 산맥을 지나친 것이 더 큰 비난을 받았다. 미흐르 신을 화나게 하는 것이야말로 진정 어리석은 일이었기 때문이다. 조로아스터교 사제들도 미흐르를 아나히타와 더불어 오르마즈드의 최고 부관들 중 하나, "잠도 자지 않고 늘 깨어 있으면서, 움직이는 이 모든 세상을 건사하고 살피는 백마 탄 전사"[41]로 간주했다. 게다가 미흐르가 특별히 감시의

---

* 학자들은 수 세대가 걸려서야 거미줄처럼 복잡한 이 그릇된 정보의 엉킨 실타래를 풀 수 있었다. 한동안은 조로아스터가 사산 왕조의 사제들이 주장한 때, 다시 말해 '알렉산드로스 대왕보다 258년 앞서' 살았다는 설, 따라서 지금의 연대 체계로 계산하면 기원전 6세기 초에 태어났다는 설이 광범위하게 받아들여지기도 했다. 그러다 근래 들어 경전을 면밀히 분석한 뒤에야 조로아스터가 탄생했을 개연성이 가장 높은 시기를 기원전 10세기에서 7세기 사이의 어느 무렵으로 늦춰 잡게 되었다. 예언자의 탄생지가 메디아였다는 설도 신빙성 없는 것으로 평가 절하되었다. 고대 경전들에는 서부 이란이라는 말조차 언급되어 있지 않다. 조로아스터에 대해 말한 전승이 사실인지의 여부 또한 알 수 없다. "그중 하나를 고르는 것은 옳고 그르고를 가리는 것이 아니라 마치 내기를 하는 것과 같다."(Kellens, p. 3)

눈초리를 게을리 하지 않은 부분이, 바로 거짓을 말한다고 여겨진 맹약의 파괴자들이었다. 또한 '천 개의 귀'[42]를 가졌으니 미흐르야말로 진정 그 일에 제격이었다. 따라서 페로즈가 헤프탈족의 매복에 걸려 포로로 사로잡힌 뒤 헤프탈족 칸의 군화 앞에 엎드려야 했던 첫 번째 원정에 대해서도 미흐르 신은 조사를 해보았을 게 분명했다. 그리하여 페로즈가 교활하게도 신도들이 기도하는 시간인 일출을 기해 그 일을 행한 사실을 알아냈을 것이다. 그보다 더 음험한 행동, 곧 페로즈가 헤프탈족의 강요로 국경을 두 번 다시 넘지 않겠다고 엄숙히 맹세하는 조약을 맺어놓고는 그것을 보기 좋게 위반한 사실도 알아냈을 것이다. 결과적으로 페로즈와 그의 군대는 분노한 하늘의 심판을 받아 패한 것이었다. "오, 미흐르여, 거짓을 말하는 자들에게 공포를 내려주소서. 그들에게서 팔의 힘을 빼앗고, 발의 신속함을 거두어주소서."[43]

왕중왕은 진리의 수호자거나 아무것도 아니거나, 둘 중 하나였다. 그러나 페로즈가 죽은 뒤 비참함이 이란샤르를 압도한 것을 보면 사산 왕조가 거짓의 대리인이라는 소문은 사실인 듯했다. 그의 죽음 뒤 제국에 출몰한 것은 비단 가난과 잔인함의 유령만이 아니었다. 가뭄도 찾아들어 헤프탈족에게 당한 불행을 가중시켰다. 백성들이 주린 배를 움켜쥐고 시든 잡초와 뿌리를 찾아 메마른 들판을 헤적일수록 하늘의 심판관이 페로즈에게 평결을 내렸다고 믿는 사람들은 더욱 많아졌다. "미흐르 신의 약속을 저버린 악한이 모든 지역에 죽음을 불러왔다"[44]는 것이었다. "페르시아의 곳간이 비고 훈족에게 영토를 유린"[45]당하자 페로즈 계승자들의 파르도 더는 번쩍이지 않게 되었다.

고르간 평원의 재앙이 있고 난 뒤 4년 동안 사산 왕조에는, 페로즈의 형제 중 한 명은 왕 사칭자로 처형되고, 또 다른 형제는 폐위된 뒤 장님이 되는 일이 벌어졌다. 이 쿠데타로 제위에 오른 페로즈의 장남 카바드 (1세) 또한, 즉위할 때 나이가 고작 (페르시아의 상류층 관습에 따르면 징 박힌 벨트를 부여받고 성년의 남자가 되는 연령인) 15세에 지나지 않았다.[46] 그러므로 그의 치세도 당연히 순조롭게 시작되지 못했다.

그가 직면한 도전의 규모가 어느 정도인지는 시력 잃은 숙부의 눈이 잘 대변해준다. 위협은 국내뿐 아니라 국외에서도 증대되었다. 페로즈의 참패로 이란샤르의 모든 사람이 비참한 지경에 빠져들지는 않았던 것이다. 파르티아 지배자들에게는 페르시아 왕국을 휩쓴 재앙이 위험인 동시에 기회였다. 실제로 카바드 1세(1차 재위: 488~496. 2차 재위: 498~531)가 사산 왕조의 왕으로 즉위할 무렵, 파르티아 지배자들 중 한 명은 호기롭게 사실상의 왕을 자임하고 나섰다. 그의 조상들 기준으로 봐도 카렌가의 수장 수크라Sukhra는 확실히 거들먹거리는 면이 있었다. 그는 전쟁도 그만의 탁월한 방식으로 즐겼다. 사기가 떨어진 극소수 페르시아 병사들이 그의 지휘 아래 고르간 평원에서 탈출한 것은 사실이었다. 그런데 수크라는 그것을 엄청난 성과인 양 떠벌린 것도 모자라, 스스로를 '페로즈의 복수자'[47]로까지 선전을 하고 다녔다. 자신만이 깜깜한 암흑 속에서 확실한 성공의 아우라를 가지고 있음을 알고 그것을 철저히 이용한 것이었다. 수크라는 여기에 그치지 않고 왕의 돈궤로 들어가야 할 세금을 착복했으며, 고르간 평원에서 데리고 온 전사들도 자신의 지휘권 아래 확고히 묶어두었다. 사정이 이렇다 보니 카바드는 겉으로만 '아리아인들의 군주'였을 뿐, 속 빈 강정이었다.

페르시아 국왕과 파르티아 지배자 사이, 사산 왕조와 카렌 왕조 그리고 미흐란 사이에는 언제나 유령들이 끼어들었다. 왕궁의 거대한 말굽형 아치 밑으로 장려하게 말을 타고 지나가는 수크라의 모습도, 인간이라기보다는 오히려 아르다시르의 시대보다 오래된 것은 물론 심지어 조로아스터의 시대보다도 더 오래된 시대의 유령들처럼 보이는 전사들의 우두머리를 방불케 했다. 그들이 입은 외투, 그들이 손에 든 기, 그들이 탄 군마의 장식 모두 페로즈에 대한 분노를 참지 못해 이란샤르의 들판을 다갈색으로 변모시킨 미흐르의 색, 녹색이었다.[48] 노여움만 진정되면 미흐르에게는 이란샤르의 들판을 다시금 비옥하게 만들 힘이 있었다. 수크라가 그렇게 휘황찬란한 행렬을 벌이며 그 믿음을 환기시킨 것도, 사산 왕조를 우롱하기 위해서뿐 아니라 파르티아인들이 소중히 여기는 고대 전통에 대한 권리를 주장하기 위해서였다. 불의 명칭이 '위대한 미흐르의 불'인 것도 나름의 이유가 있었다. 이란샤르의 동단 지역은 한때 아리아인들이 일편단심으로 미흐르를 숭배하던 지역이었다. 따라서 평원과 산악 지대를 막론하고 파르티아 전역에서 그 신을 모시는 의식이 열광적으로 수행되어, 오르마즈드에 대한 것은 생각할 겨를조차 없었다.[49] 그 점에서 녹색 제복 차림의 수크라 사병 부대가 사산 왕조 이전 시대를 떠올리게 했던 것처럼, 신성한 미흐르의 불은 그보다 더 극악스럽게 조로아스터 이전 시대의 신앙을 상기시키는 역할을 한 것으로 볼 수 있다. 조로아스터교의 고위 사제들이 그 불의 명성을 깎아내리기 위해 온 힘을 기울인 것도 그렇게 보면 놀랄 일이 아니다. 다만 미흐르의 유구함을 고려하여 완전히 깎아내리지는 않고 지위를 강등시키는 수준에 그쳤다. 미흐르를 목자, 농부, 소작농과 같은 서민에게나 어울리는 불로 선언한 것이다. 그보다 더 멋들어진 책략은 나머지 두 개의 불, 조로아스터교의 심장 지대 안에 안전하게 모셔진 두 불만이 진정한 혈통을 가진 불이라고 주장한 것이었다. 그 것은 진실과 거리가 멀다는 점—페르시아의 불 사원만 해도 아르다시르 시대에 지어진 것이고, 메디아에 있는 것은 그보다 더 늦은 페로즈 치세 에 지어졌으므로— 은 간단히 무시되었다.[50] 왕의 경청 대상이 되고, 갈수 록 세력이 커지는 교회의 재원을 소유하며, 책을 쓴 사람들은 결국 고위 사제들이었던 것이다. 그런 차제에 카렌가의 수장은 보란 듯이 예언자보 다 더 오래된 신앙이 있고, 게다가 죽지 않고 살아 있음을 과시하기 위해 가는 곳마다 녹색 제복 차림의 기병들을 대동하고 다닌 것이다.

물론 그렇다고 해서 미흐르의 대리인 행세를 한 수크라의 행위가 파르 티아의 모든 사람들을 납득시킬 수 있었던 것은 아니다. 파르티아 군주들 이 페르시아의 지배에 오랫동안 분개했던 것은 사실이다. 하지만 알고 보 면 그보다는 자기들끼리의 불신이 더 심했다. 카바드 1세도 그런 분열의 틈으로 어렴풋이나마 희망의 빛을 식별해냈다. 위압적인 카렌가의 위대 성에 모욕당한 것은 비단 샤한샤만이 아니었던 것이다. 수십 년 전 페로 즈가 왕이 되도록 도와주었고 따라서 자신들에게는 여전히 마음대로 권 력을 휘두를 수 있는, 신이 부여한 권리가 있다고 여긴 파르티아의 또 다 른 귀족 가문, 미흐란가도 카렌가의 숨 막힐 듯한 위대성에 모멸감을 느 꼈다. 미흐란이라는 호칭이 말해주듯이 그들은 스스로를 미흐르 신의 총 아라고도 믿었다. 또한 카렌가와 마찬가지로 그들 역시 세금을 거두고 사병을 거느렸다. 자신의 허약함을 절감하게 된 카바드 1가 그들의 지원 을 받는 것이 상책이라는 결론을 내린 것도 그래서였다. 물론 그것은 왕 의 체통에 어울리지 않는 비굴한 행위였으나, 그로서는 '아리아인들의 군 주' 따위를 신경 쓸 계제가 아니었다. 결국 그가 쓴 이 책략으로 페르시아인들은 여태껏 당한 그 모든 비참함에 더해 내전까지 겪게 되었다. 미흐란가가 숙적에 대해 공공연한 공격을 표방하며 수크라를 향해 진격하자, 헤프탈족과의 전쟁 때도 불타지 않았던 이란샤르의 여타 지역들마저 파르티아 귀족 가문들에 의해 짓뭉개졌다. 절정으로 치닫던 전투는 막판에 결국 카렌가의 패배로 끝이 났다. 수크라도 포로로 사로잡히고 전 재산을 몰수당했다. 위대한 전쟁 지도자는 왕에게 인도된 뒤 처형되었다.

하지만 결과적으로 그 어느 것도 카바드의 입지를 개선해주지는 못했다. 수 세기가 지나자 속담이 되어버린 표현 "수크라의 바람이 잦아들자 이번에는 미흐란의 바람이 불기 시작했기"[51] 때문이다. 그러나 그 바람은 왕의 귀에는 통렬하게 들렸을지 몰라도 검게 변한 왕국의 들판, 잡초 우거진 도로, 버려진 마을 들에는 가혹하게 들리지 않았다. 전쟁과 기아로 농촌 지역이 텅 비어버린 탓이었다. 시절이 좋을 때도 농부들은 가렴주구에 시달렸다. 샤한샤의 호화 왕궁들, 지배자들의 성채, 고위 사제들의 준마에 처들인 그 모든 부, 비단옷, 보석, 상다리가 휘어지게 차려진 산해진미, 무희, 악사, 재주 부리는 원숭이 등 귀족과 부유층이 누린 거의 모든 것이 가난한 사람들을 착취해 얻은 것이었다. 그 점에서 도망치는 농부들은 오랫동안 페르시아 엘리트들의 불안 요인이었고, 그러다 보니 떠돌이들은 붙잡히기만 하면 얼굴에 오르마즈드를 거역한 사람으로 낙인찍힐 것으로 예상되었던 것도 놀랄 일은 아니다. 그러나 비참함이 더해지고 길가로 나서는 사람이 폭발적으로 늘자 당국이 오히려 이들에게 압도당했다. 수많은 뿌리 없는 농부들이 도시로 향했다. 무리 지어 몽둥이와 빌훅(원형 낫)을 휘두르며 도로로 뛰쳐나와 약탈자가 된 사람은 그보다도 더 많았다. 이들은 처음에는 인근 부락들을 약탈하는 데 그쳤으나 얼마 지나지 않아 공로의 여행자들까지 공격하기 시작했으며, 그러다 세가 불고 자신감이 붙자 행동 수위를 점점 높여갔다. 결국에는 고관대작들의 회의에 거의 믿을 수 없는 소식이 의제로 올라오는 상황이 되었다. 멸시받던 농부들이 "살판 난 악마들처럼"[52] 귀족들의 곡물 창고와 재산을 노리기 시작했다는 것이었다. 궁전들로 난입해 강탈한 재물을 "가난하고 비천하며 힘없는 사람들"끼리 나눠 가졌다는 소리도 들렸다. 가장 충격적인 소식은 "비천한 서민들"이 궁전에서 사로잡은 여인들, 그것도 향내 나는 귀부인들을 윤간했다는 것, 그리하여 귀부인들이 땅도 없는 농민들의 흙과 땀으로 얼룩졌다는 소식이었다.[54] 질서의 궁극적 모습이 혼돈으로 빠져든 형국이었다.

세상이 뒤집힌 이 현상은 무엇을 나타내려는 전조였을까? 두말할 것 없이 시간의 종말을 알려주는 경고였다. 조로아스터교 신자들은 오래전부터 영원히 지속되는 것은 없고, 그러므로 오르마즈드와 아흐리만의 대투쟁도 최후의 결정적 한 방으로 귀착될 것이라 믿었다. 조로아스터 이전에는 누구도 인류가 세대에서 세대로 끝없는 번식을 하지 않고 정해진 종말을 향해 치닫고 있다는 것, 선과 악의 치명적 충돌이 가까워졌다는 것, 전 우주가 위기에 처해 심판을 받을 수도 있다는 생각을 하지 못했다. 이런 생각은 힘겨운 시기에나 할 수 있는 것이었다. 그렇다고 무정부상태로 치달아간 이란샤르의 붕괴가, 카바드의 치세 때 불안과 기대가 유례없이 높아지게 된 유일한 이유는 아니었다. 근래 학자들에 따르면 현전現前 1000년이라는 조로아스터의 탄생 시기도 그 못지않게 중요한 요인으로 작용했다. 사람들이 참으로 불길한 그 무엇, 1000년의 그늘 속에 살고 있다고 느꼈기 때문이라는 것이다. 지난 수십 년간 새로운 예언자—자신의 추종자들에게 평등, 정의, 평화가 구현된 황금기를 가져다줄 새로운 궁극의 예언자—가 출현할 것[55]이라는 섬뜩한 소문이 일어나게 한 것도 다름 아닌 그 이유였다. 사람들은 불행한 시대의 한가운데 있었고, 따라서 조로아스터교 지도부가 그 소문을 막는 데는 한계가 있었다. 그리하여 소문은 더욱 확산되었고, 소문은 또 다른 변종 소문을 낳으며 계속 진화해갔다. 빈곤층에게는 그 소문이 특히 정의롭고 행복한 미래로 연결되는 로드맵처럼 여겨졌다. 이것은 빼앗긴 자들로 구성된 초라한 군대가 부자들의 재산을 강탈한 이면에는 단순한 증오나 배고픔 이상의 동기가 작용하고 있었음을 말해주는 것이다. 고위 사제들이 사물의 전통적 질서를 유지하도록 오르마즈드로부터 위임받았다고 굳게 믿었던 것처럼, 빈농들도 그것을 깨부수라는 하늘의 위임을 받았다고 굳게 믿었던 것이다. 그들은 인간이 평등하게 창조되었음을 부르짖으면서, 음식, 토지, 여자 등 모든 좋은 것들을 공동으로 소유해야 한다고 주장했다. 귀족의 특권과 사제 집단의 권리도 철폐되어야 했다. 그것이 자칭 '정의의 신봉자들'의 요구 사항, 세계 최초의 공산주의 선언문이었다.

세계에서 가장 위협적인 왕국 내에서 어떻게 이런 놀라운 운동이 일어날 수 있었을까? 아마도 이란샤르 전역으로 퍼져나간 그 숱한 다양한 신앙 풍조, 조로아스터 교회를 성가시게 한 이교 및 이단과 마찬가지로, 전 시대의 악과 불의가 쌓이고 쌓인 끝에 혁명 정신이 고취되었기 때문일 것이다. 그러나 이후의 전통으로 보면 정의의 신봉자들의 전례 없는 분출은, 한때는 조로아스터교 사제이기도 했던 인물로 오래전 오르마즈드의 전령으로 예견되었던 단 하나의 예언자, 곧 마즈다크의 가르침에 따른 것이기도 했다. 그로부터 400년이 지난 뒤에도 역사가들은 여전히 "하느님이 내려준 것이면 공평하게 분배해야 하거늘 인간들은 끼리끼리 부정을 저질러, 그 법칙을 악용한 사실을" 그가 "공표한" 것을 기리고 있었다.[56] 하지만 아쉽게도 다수의 예언자들 삶에 드리운 장막은 우리의 시야만 가리는 데 그치지 않고 마즈다크마저 덮어버렸다. 그의 사후 100여 년 뒤에 집필된 역사서에만 마즈다크가 위대한 인물로 묘사될 뿐 동시대에는 그에 대한 언급이 전혀 없었다. 그러다 보니 오늘날 그의 이력을 정리하려 해도 답보다는 의문점이 더 많이 생겨난다. 그의 교의가 실제로 그의 것인지, 수십 년 혹은 수백 년 전에 만들어진 교의를 단순히 이용한 것인지도 분명치 않고, 그의 전기에 수록된 내용의 진위 여부 또한 알 수가 없다. 심지어 그가 실존 인물인지조차 불분명하다.[57]

그러나 이 모든 불확실성에도 불구하고 두 가지 요소는 확실하다. 카바드 1세 치세 때 이란샤르가 전면적인 사회 혁명이 일어날 위기에 처해 있었고, 기회주의자 카바드가 그 상황을 극단으로 밀어붙였다는 것이다. 군주는 본래 웬만해서는 계급투쟁을 조장하지 않는 법이지만, "교활함과 정력에서 타의 추종을 불허했던"[58] 카바드로서는 어떻게든 미지의 물살을 헤쳐나가야 했기에 그것을 이용한 것이었다. 그는 두 가지 목적으로 혁명주의자들을 지지했다. 자신의 재산을 지키려는 것이 하나였고, 또 하나는 그들로 하여금 파르티아 귀족 가문들의 재산을 공격하게 하려는 것이었다. 반면에 그 전략에는 냉정한 계산을 넘어서는 요소가 작용했을 개연성도 있다. 빈곤층의 비참함과 그들의 요구에 카바드가 진정으로 공명했을 수도 있다는 얘기다. 전하는 바에 따르면 카바드는 마즈다크를 알현한 자리에서 그의 종교로 개종했다고 하는데 이는 충분히 있을 수 있는 일이고, 그렇다면 카바드가 귀족의 무력화를 시도한 것이야말로 마즈다크가 실존 인물이라는 가장 강력한 증거가 된다. 사산 왕조 사람이 신의 목적을 수행한다는 진정한 내적 확신 없이 농민 반란군과 제휴하는 것은 상상할 수도 없는 일이기 때문이다. 이렇게 보면 카바드를 마즈다크 교도로 만든 것은 결국 냉소와 신앙심의 결합이었다는 말이 된다.

하지만 그의 개종은 필연적으로 큰 분란을 야기했다. 상황도 매우 급박하게 돌아갔다. 496년에 카바드는 결국 귀족 및 고위 사제의 연합 세력에 의해 양위를 강요당하고 그의 어린 동생 자마스프가 샤한샤로 선포되었다. 카바드는 사산제국에서 가장 공포스러운 감옥, 이름도 그에 걸맞은 '망각의 성'인 감옥에 유폐되었다. "지하 감옥에 던져진 사람의 이름을 언급하는 것조차 금지되고 그것을 발설한 사람은 사형에 처해질"[59] 만큼 무시무시한 감옥이었다. 그러나 공산주의와도 손잡을 만큼 용의주도했던 카바드에게는 지하 감옥도 장애물이 되지 못했다. 아니나 다를까, 머지않아 그는 여성 정장 한 벌을 구하여 부인으로 변장한 채 옥리들을 따돌리고 유유히 헤프탈 왕국으로 달아났다. 그리고 그곳에서 40년 전 그의 부왕이 했던 것처럼 칸의 지원을 얻어 그가 제공해준 군대를 이끌고 이란샤르로 돌아왔다. 마즈다크의 밀물에 휩쓸리지 않으려고 허우적대던 파르티아 지배자들도 결국에는 샤한샤의 호칭을 지닐 힘이 없다는 것을 깨달았다. 자마스프는 전투 한 번 변변히 치르지 못하고 자리에서 쫓겨나 펄펄 끓는 올리브유 혹은 철 바늘에 의해 장님이 된 채 망각 속으로 유폐되었다.

그리하여 498년에 카바드는 다시금 페르시아의 샤한샤가 되었다. 그러나 왕국의 절망적 상황으로 볼 때, 샤한샤의 호칭이 거짓에 넘어갈 우려는 여전히 상존해 있었다. 종교 논쟁, 사회 격변, 왕가의 분란이 제국을 계속 고통에 빠뜨리고 있었다. 제국의 재정도 파산 상태였다. 그렇다면 카바드가 헤프탈족에게 지원의 대가를 지불할 방법도 요원할 터였다. 아무리 난다 긴다 하는 그였지만 그 문제를 풀기는 쉽지 않았을 테니까.

그러나 언제나 그렇듯 그는 주눅 드는 기색이 조금도 없었다. 제국이 폭발 직전에 있었는데도 버젓이 다른 지역을 공략하기 위해 나선 것이다. 카바드는 해가 지는 쪽을 바라보며, 서쪽 국경을 넘어 그곳에서 자신이 필요로 하는 금을 찾으려고 했다.

사산제국에 필적하는 세계 유일의 제국과 전쟁을 벌이려는 것이었다.

· 세계의 쌍둥이 눈 ·

사산 왕조 이전 시대의 왕들은 한때 지중해 유역까지 지배권이 미칠 만큼 광대한 영토를 보유하고 있었다. 이집트와 시리아뿐 아니라 유럽의 일부도 페르시아에 속해 있을 정도였다. 이제는 물론 그 황금기에 대한 기억이 가물가물해졌지만, 페르시아에는 여전히 정체 모를 무덤과 절벽에 새겨진 수염 기른 왕의 부조 등 그때를 상기시키는 기념물들이 남아 있었다. 그중에서도 특히 잊을 수 없는 것이 이스타크르에서 남쪽으로 8킬로미터가량 떨어진 곳에 위치한 거대한 원기둥들의 황무지, '백 개의 기둥 터'였다. 그 폐허의 한가운데에 사제들은 비문을 새겼고, 전설적 시대에 그것들을 세운 고대 왕들의 영혼에 귀족들은 제물을 바쳤던 것이다.

페르시아인들의 대다수는 그 불가사의한 조상이 카야니아 왕조의 왕들일 것이라고 믿었다. 페로즈의 주도 아래 진행된 역사 다시 쓰기도 그 믿음을 확고히 하는 데 일조했다. 반면에 이와는 사뭇 다른, 또 다른 이야기도 전해져 내려오고 있었다. 카야니아 왕조로서는 금시초문인 민족, 이란샤르에서 멀리 떨어진 서쪽의 그리스인들이, 키루스라 불린 페르시아의 왕을 기억하고 있었던 것이다. 그리스 역사가들에 따르면 키루스는 세계 정복을 시도한 첫 인물, '모든 지배자들의 으뜸'[60]이었다. 기원전 6세기에 죽었는데도 그는 그리스인들 사이에 여전히 보편적 군주의 전범으로 기려지고 있었다. 그리스인들은 그와 그의 계승자들을, 그들을 앞서간 어느 왕조보다 인상적으로 권력을 휘두른 사람들로 보았다. 어떤 왕은 심지어 유럽과 아시아를 잇는 배다리를 만들어 그리스를 정복하려고까지 했다. 물론 그 일은 실패로 돌아갔지만 그래도 세계 지배의 야망을 드러냈다는 점에서는 충분히 기억할 만한 원정이었다. 최초의 세계 제국 건설자가 누구인지에 대해서는 이렇듯 페르시아인들보다는 오히려 그리스인들이 더 잘 알고 있었다. '백 개의 기둥 터'를 건설한 주인공도 카야니아 왕조가 아닌 키루스의 계승자들이었다. 그리스 역사가들은 그 폐허의 이름도 갖고 있었다. '페르시아인들의 도시'를 뜻하는 페르세폴리스(페르시아어로는 파르사—옮긴이)가 그것이었다.

그런데 정작 페르시아인들은 이 대체 역사를 몰랐다니, 믿을 수 없는 일이다.* 조상의 영광에 관련된 것이었으니 당연히 그들의 상상력을 자극했을 텐데 말이다. 그러나 또 카야니아 왕조의 우화에, 그리스인들이 키루스와 그의 자손들에 대해 기록해놓은 내용—그들 통치에 나타나는 당당

---

* 사산 왕조가 키루스 대왕과 그의 후계자들에 대해 얼마나 알고 있었는지에 대해서는 학계에서도 논란이 뜨겁다. 만일 무지했던 게 사실이라면, 주로 5세기에 진행된 이란의 역사 다시 쓰기로 인해 사산인들의 인식이 시간이 갈수록 낮아져 그렇게 되었을 개연성이 크다. '백 개의 기둥 터'도 페르세폴리스에 붙여졌던 여러 명칭들 중 하나인 듯하다는 것에도 그 점이 드러난다.

함, 그들 제국의 광대함, 심지어 그들의 이름마저도―이 이따금씩 왜곡되어 있는 것을 보면 그것도 이해 못할 바는 아니다. 하지만 궁극적으로 보면 역시 이란샤르의 과거사 기록을 책임지고 있던 조로아스터교 사제들이, 그리스인들이 이해한 것과 같은 역사를 중시하지 않은 것이 더 큰 요인이었다. 그보다 더 큰 문제, 더 중대한 힘들이 작용하고 있었던 것이다. 사제들이 보기에 세속적 제국들의 흥망은 그보다 무한대로 우주적인 어떤 것, 진실과 거짓이 벌이는 투쟁의 그림자놀이에 지나지 않았고, 백 개의 기둥 터야말로 그 투쟁이 수백 년 동안 격렬하게 울려 퍼진 것을 말해주는 가장 명백한 사례였다. 카바드 1세 치세에 이르면 그것을 세운 사람이 누군지에 대한 합의도 이루어졌다. 전설적인 고대 전통에 모든 시대를 통틀어 가장 위대한 왕으로 나오는 인물, 오르마즈드가 선택한 왕, 날아다니는 옥좌의 소유자, 전 인류를 죽음에서 구해주었을 만큼 강력한 파르를 지닌 세계의 지배자 잠시드^{Jamshid}가 그 주인공이었다.* 그런 왕이었던 만큼 그는 통치 기간도 1000년에 달했다. 세계 지배를 끝낸 다음에는 신이 되기를 열망했으나 그로 인해 파르를 단번에 잃었고, 그리하여 궁지에 몰린 끝에 그는 결국 점쟁이 다하그에게 난도질당해 죽었다. 페르세폴리스가 왕이나 그의 치세에 관련된 그 숱한 영광은 어느 것 하나 보존되지 않고 돌기둥의 도시로 남게 된 것도 잠시드의 죽음으로 어둠과 악이 만연하게 된 때문이었다.

　사람들은 그곳을 '잠시드의 옥좌'를 뜻하는 타크테 잠시드^{Takht-e Jamshid}로

---

* 잠시드 혹은 그의 본래 명칭인 위마(Yima)에 관련된 이야기는, 수백 년 아니 어쩌면 수천 년에 걸쳐 형성되었다. 조로아스터가 태어나기 오래전부터 그는 이미 이란인과 인도인들 사이에 최초의 인간으로 기려지고 있었다. 심지어 그 원시 신화에서 잠시드는 죽은 뒤에도 지하세계의 왕이 되는 것으로 나온다.

불렀다.* 그러나 제아무리 그 도시가 파괴된 책임을 뇌 먹는 악마에게 씌워도, 그곳을 실제로 파괴한 사람의 이름은 독실한 조로아스터교도들의 피를 계속 얼어붙게 만들었다. 페르세폴리스를 불태운 것은 악마가 아닌 속세의 장군이라는, 그리스 역사가들이 당연시했던 사실을 오르마즈드의 사제들이 아무리 오랫동안 잊고 살았다 하더라도 기억상실증이 완전할 수는 없었던 것이다. 페르시아인치고 술에 취해 왕궁을 잿더미로 만든 (기원전 330년—옮긴이) 정복자의 이름을 모르는 사람은 거의 없었다. 800년이 지난 뒤에도 알렉산드로스 대왕의 명성은 꺼지지 않은 채 타오르고 있었던 것이다. 약관의 나이에 한때는 후진적이었던 그리스 왕국의 왕이 되고, 그 5년 뒤에는 키루스 대왕이 건설한 제국의 지배자가 되며, 그다음엔 세계의 끝을 향해 진군하다 서른세 살에 요절한 알렉산드로스는, 비단 서구뿐 아니라 전 세계 수많은 사람들에게 비할 바 없이 매혹적인 인물로 남아 있었다. 영광에 찬 삶이 뿜어내는 그의 매력은 심지어 영토를 정복당한 페르시아인들마저도 무장해제시켰다. 궁중에서는 다소 엉뚱하게 그 영웅이 페르시아 왕의 아들로 등장하는 이야기까지 만들어졌다. 물론 이란샤르에는 그 이야기에 열광하지 않는 사람도 많았다.

조로아스터교 사제들은 특히 페르시아를 정복한 인물을 영웅시하는 것을 파문당할 행위 혹은 이단적 행위로 간주했다. 사제들은 알렉산드로스의 고위 사제들에 의해 보존된 기억도 범죄적이고 파괴적이며 저주받아 마땅한 끔찍한 것으로 치부했다. "그자는 이란샤르에 가공할 폭력, 전쟁, 고문을 가지고 들어와 왕을 죽이고, 궁전과 전 왕국을 초토화시킨 인물"[61]

---

* 이란에서 현재 페르세폴리스를 부르는 명칭.

이라는 것이 그들의 생각이었다. 악마까지는 몰라도 악마 같은 인물인 것은 분명했다. 사제들은 심지어 고대 조로아스터교의 민간 전승집이 존재하지 않는 것마저 경전에 필요한 기록물밖에 마련하지 못한 자신들의 무능함을 탓하기보다는 알렉산드로스의 상상 속에 있던, 도서관 불태우는 취미에 그 탓을 돌렸다. 그런 악마였던 만큼 그가 누릴 수 있는 유일한 자비는 '지옥에 떨어지는 것'[62]뿐이었다.

하지만 알렉산드로스가 끼친 악은 그의 죽음 뒤에도 면면히 살아남아, 이란샤르는 이후 수백 년 동안 허약함과 수치스러움 속에서 허우적거렸다. 오르마즈드의 총아라는 자명한 위치를 보유하고 있던 아르다시르 1세와 그의 후계자들마저, "페르시아인들에게 사라진 제국을 완벽하게 복원시켜주겠다"[63]고 천명한 자신들의 약속을 지키지 못했다. 알렉산드로스는 오래전에 죽고 없지만, 지난날 페르시아의 영토였던 서쪽 지방들로 가는 길은 여전히 봉쇄되어 있었기 때문이다. 이란샤르 못지않게 허세가 심했던 또 다른 초강대국이 과거 한때 키루스가 지배한 지중해 유역을 점유하고 있었던 탓이다. 하지만 그것은 알렉산드로스의 제국이 아니었다. 알렉산드로스의 제국이기는 고사하고 그리스인들의 제국도 아니었다. 그리스보다 훨씬 서쪽의, 로마라는 강건한 도시에 연원을 둔 사람들이 세운 제국이었다. 그 로마인들이 알렉산드로스에게 세계 정복의 맛을 최초로 느끼게 해준 지역들—그리스, 소아시아, 시리아, 이집트—을 강탈해간 지도 어언 500년 이상이 흘렀다. 따라서 그것만으로도 화를 돋우기에는 충분했는데, 그보다 더 페르시아를 견딜 수 없게 한 것은 동쪽으로의 세력 확대를 꾀한 알렉산드로스의 취향을 로마인들이 고스란히 물려받은 것 같다는 점이었다. 이를 보여주듯 카이사르로 알려진 룸Rum(무슬림들이 부른 동로마의 다른 호칭―옮긴이)의 황제들은 페르시아 영역을 정복하려는 시도를 되풀이했고, 페르시아도 그에 질세라 "그들의 침략을 번번이 좌절시켰다."[64]

그렇다면 카바드 1세도 자신을 미더워하지 않는 불운한 백성들에게 그가 지닌 파르의 힘을 과시할 수 있는 영웅적 공훈을 찾기 위해 굳이 먼 곳을 바라볼 필요는 없었다. 그 어느 것, 심지어 헤프탈족의 대량 학살도 카이사르의 콧대를 꺾는 것에서 오는 영광에는 미치지 못할 터였다. 로마에 대해 뽐낼 권리를 갖는 것이야말로 샤한샤가 궁극적으로 자존심을 되찾는 길이었다. 사산 왕조는 애당초 그 권리를 갖고 있었고, 그것을 나타내는 증거도 있었다. 페르세폴리스에서 서쪽으로 16킬로미터 떨어진 지역, 고대 페르시아 왕들의 무덤이 조성된 곳의 바위 표면에 새겨진 찬란한 부조가 그것이었다 그 바위에는 왕관을 쓰고 군마를 탄 오만한 샤푸르 1세(아르다시르 1세의 아들) 앞에 두 명의 카이사르가, 한 사람은 무릎을 꿇고 또 한 사람은 손을 쳐들어 굴복하는 시늉을 하며 자비를 구하는 모습이 새겨져 있었다. 그 암각화에는 거만함 이상의 의미가 담겨 있었다. 로마를 이긴 것은 알렉산드로스의 계승자들을 이긴 것이고, 그러므로 선이 악을 이긴 것이며, 궁극적으로는 진리의 빛이 거짓의 어둠을 물리쳤다는 의미였다. 이단을 자인한 카바드 같은 왕에게는 그래서 더더욱 그것이 매력적인 기회가 될 수 있었다. 알렉산드로스를 계승한 로마에 장려한 승리를 거둠으로써 성마르고 의심 많은 조로아스터 교회에, 하늘의 총아는 바로 자신임을 당당히 과시할 천재일우의 기회가 될 수도 있었다는 얘기다.

게다가 승리를 거두면 영광과 더불어 전리품도 얻을 수 있었다. 다른 것은 몰라도 카바드는 그 점만큼은 확신을 했다. 룸이 깜짝 놀랄 만큼 부유한 곳이라는 사실은 온 천하가 다 알았다. 샤한샤도 공개적으로는 그 사실을 인정하지 않았겠지만, 서쪽 지역을 공격하기로 결심한 것이 이미 룸의 부유함을 시기하고 있었음을 나타낸다. 로마는 오래도록 페르시아의 호적수, 아니 궁극적 적수였지만, 그 못지않게 모종의 경쟁적 상승 이동의식도 고취시킨 나라였다. 로마 황제들의 전 계승권을 혼란에 빠뜨리고 (발레리아누스 황제가 포로로 사로잡힌 뒤 반란이 일어나는 등 로마가 혼란에 빠져든 상황을 말한다―옮긴이) 수많은 포로들을 획득한 샤푸르 1세가, 그렇게 사로잡은 포로들의 노하우를 이용해 용상이 놓인 방의 벽화를 그리고 거대한 댐을 건설하며 이란의 오지에 도시들을 건설하는 등, 자신의 신생 제국에 로마의 때깔을 입힌 것이 그것을 말해주는 증거였다. 서쪽의 그 나라와 우열을 다투고자 하는 사산 왕조의 야망은 그로부터 2세기가 지난 뒤에도 그대로 남아 있었다. 그것이 특히 허세적으로 드러난 부분이 카바드의 목욕 애호였다. 다수의 페르시아인들, 그중에서도 특히 고위 사제들은 그것을 완전한 충격, 로마인 티를 내는 충격으로 간주했지만, 카바드에게는 바로 그 점이 중요했다. 그의 목욕 애호에는 개인위생을 넘어서는 문제가 걸려 있었던 것이다. 그에게 로마를 모방하는 행위는 로마를 능가하는 것을 의미했다. 따라서 부유해지려면 로마의 위대성에 내포된 모든 교훈을 배울 필요가 있었다. 그렇게 보면 이란샤르가 위기에 빠졌을망정, 그의 목욕 애호는 백성들에게 샤한샤가 미래를 뚜렷이 응시하고 있는 징표로 비쳐질 만다.

반면에 로마로부터 모방할 수 없는 것은 빼앗아서라도 가져야 했다. 실제로 서쪽의 이웃나라로부터 협박 수당을 빼앗는 것은 1세기 넘게 사산 왕조 외교정책의 기조를 이루었다. 페르시아가 전쟁의 수단으로 로마의 침략을 격퇴하던 시대는 오래전에 가고 없었다. 제 딴에는 알렉산드로스가 되어보려고 시도했으나 정작 본인이 전사하는 참패를 당해 후임 황제가 페르시아와 굴욕적 평화조약을 맺는 것으로 끝이 난, 363년 율리아누스 황제의 원정이 그것의 마지막이었다. 그때부터 로마 지도부는 페르시아를 물리치는 것은 불가능하다는 것과, 그 교훈을 무시하면 피와 금의 끝없는 출혈만 이어지리라는 고통스럽고 혼란스러운 진실을 받아들이게 되었다. 길게 보면 공존이 싸게 먹히는 장사임을 깨달았던 것이다. 사산 왕조가, 자신들은 쾌재를 부르며 '공물'로 명명하고 로마도 제법 까다롭게 굴며 '보조금'으로 부른 것을 받기 시작한 것이 그때부터였다. 그렇게 보면 페로즈가 북부 지역의 국경 변에 방어시설을 세울 수 있게 도와준 것도 로마 황제, 그의 몸값 지불을 지원해준 것도 로마 황제, 그의 마지막 원정에 자금을 제공한 것도 결국은 로마 황제였다는 말이 된다. 그러나 물론 서쪽 이웃나라의 궁정도 페로즈의 군대가 전멸한 것과 그에 따라 제국이 비참한 지경에 빠져든 사실을 모르지 않았다. 501년 지원 대가를 지불하라는 헤프탈족의 독촉에 시달리던 카바드가 완곡하게 '대부금'이라 부른 것을 요구하는 서한을 동로마에 보내자, 구두쇠로 악명 높았던 관료 출신의 아나스타시우스 1세 황제가 퇴짜를 놓은 것도 그래서였다. 카바드에게 황제의 거부가 불길한 조짐이었던 것은, 그것이 이란샤르가 부러진 갈대가 되었다는 조언가들의 판단에 따른 결정임이 분명했기 때문이다. 사산 왕조는 1세기 넘게 페르시아 군대가 지닌 가공할 명성으로 막대한 이득을 챙겼다. 그런 차제에 카바드가 만일 먹물 든 로마 회계관의 건방 떠는 행위를 묵과한다면, 헤프탈족에게 진 빚을 갚을 길이 요원해질 뿐 아니라, 그의 위신과 나아가 사산제국의 명성마저 훼손될 우려가 있었다.

물론 샤한샤는 위기가 준 기회를 낭비할 사람이 아니었다. 위기는 전화위복의 계기가 될 수 있다는 것이 그의 지론이었다. 헤프탈족도 용병으로 쓸 수 있고, 서로 간에 물고 뜯고 왕의 꽁무니나 따라다니는 귀족 계급의 에너지도 공동의 대의로 돌릴 수 있을 터였다. 로마 응징이라는 대의 앞에서는 사산제국을 들끓게 한 그 모든 종교적 대립도 해소될 수 있었다. 비록 피투성이가 되었을망정 이란샤르는 예나 지금이나 전쟁에 나서기에 적합한 강력한 상태를 유지하고 있었다. 헤프탈족에게 당한 오만가지 굴욕도 카바드가 페르시아의 전쟁기계에 대해 갖고 있던 확신을 감소시키지는 못했다. 역설적이게도 페르시아군은 가난한 유목민보다는 부유한 세계 제국 로마를 상대하기에 한층 적합한 군대였고, 카바드도 이 점을 잘 알고 있었던 것이다. 무엇보다 로마는 문명국이라는 점이 중요했다. 따라서 포위공격을 할 수 있는 도시들이 있었고, 때가 되면 군대도 진압될 수밖에 없었다. 무엇보다 중요한 것은 로마가 제국의 권위가 가장 미약하게 미친 지역 너머에 잠복해 있던 헤프탈족과 달리, 샤한샤의 궁극적 권력 기반이기도 하고 초강대국으로서의 이란샤르의 입지를 확실하게 보장해주는 곳 가까이, 카바드가 원하는 지점에 위치해 있었다는 점이다.

'이란의 심장부'가 그곳 명칭이었다. 그런데도 그곳은 페르시아가 아니었고, 심장부 이외의 지역에도 아리아인들은 살지 않았다. 제국 동단에 위치한 호라산 지방 저편에서 뻗어나간 간선도로를 따라가다 파르티아와 메디아를 관통해 이란 고원의 서쪽 방벽을 이루는 거대한 자그로스 산맥에 이르면 내리막길이 시작되는데, 거기서 다시 수많은 꼬부랑길을 거치면 전혀 색다른 풍경을 마주치게 되는 곳이 바로 페르시아인들은 '평지 Eragh'라 부른, 따라서 제국의 고지대와는 천양지차를 느끼게 하는 이란의 심장부였다. 왕들이 건설한 도시들이 기껏 염류 평원이나 사막 혹은 산지의 거대한 공백을 강조하는 역할밖에 하지 못한 이란과 달리, 그곳 저지대는 농작물과 벽돌 일색이었다. 드넓게 펼쳐진 보리밭, 수평선에 어른거리는 흐릿한 갈색 연기, 방만하게 뻗어나간 도시들 모두 세계의 어느 곳에도 뒤지지 않게 개발이 철저히 이루어졌음을 보여주는 징표였다. 따라서 페르시아에게는 그곳이 제국 금고 안에 든 금은보화보다도 값진 왕관의 진정한 보석이었다. 그곳은 그처럼 옥토로 충만했다. 고대 그리스어로 '강들 사이의 땅'을 뜻하는 메소포타미아 서쪽은 모래사막뿐이었지만, 두 거대 하천, 유속이 빠른 티그리스 강과 유속이 다소 느린 유프라테스 강 덕에 그 가운데 지역은 불타는 사막의 꽃이 되는 길을 피할 수 있었던 것이다.

그러나 물론 두 강의 힘만으로 그렇게 된 것은 아니었다. 인간의 노동력도 태초 이래 줄곧 그 진흙 벌에 투입되었다. 하지만 그곳 관개 사업을 가장 열성적으로 후원한 주체는 역시 사산 왕조였다. 페르시아의 왕권이 일관성 있게 미치지 못한 이란샤르의 동쪽 지역과 달리 서쪽 지역에는 왕권이 언제나 강력하게 미쳤고, 그러다 보니 메소포타미아에도 제국의 중앙정부가 자금을 직접 조달하고 통제하는 대규모 노동력이 투입되어 수백 년 동안 개발이 최대한으로 이루어질 수 있었다. 운하가 침니로 막히지 않게 하고 강들이 범람하지 않게 하며 들판과 공장들이 늪지로 변하지 않게 하는 것과 같은 단순한 일에도 막대한 노동력이 요구되었지만, 사산 왕조는 그런 노력이 헛되지 않게 진흙과 윙윙대는 모기를 막는 것 이상의 성과를 거두었다. 운하망을 크게 확충한 것만 해도 그랬다. 물론 운하 대부분은 들판에 조성된 사각형의 관개수로에 지나지 않았지만, 그중에는 그래도 폭과 깊이 면에서 유프라테스 강에 버금가는 규모를 자랑하는 것들도 있었다. 카바드가 지은 운하만 해도 메소포타미아에서 최대 규모였다. 국가가 위기에 처하고 재정이 파탄 날망정 토목공사에는 아낌없이 돈을 투자했고, 그렇게 하다 보면 돈 들인 만큼의 값어치를 하는 것들도 생겨나게 마련이었다. 운하도 일단 완공만 되면 메소포타미아의 새로운 지역에 민물을 제공해주어 척박한 땅이 비옥해질 수 있었고, 토질이 좋아지면 인구가 늘며, 인구가 늘면 도시가 우후죽순으로 생겨나 발전하는 결과로 이어질 수 있었다. 그리고 그렇게 되면 사산 왕조가 저지대를 정복한 이후 내내 그랬던 것처럼 경제적 호황도 누릴 수 있게 되는 것이었다.[65]

결국 사산 왕조가 메소포타미아에서 추구한 것은 돈이었다. 페르시아의 샤한샤치고 메소포타미아의 진흙 벌에서 장엄한 기운을 느끼지 않은 사람은 드물었다. 226년에 메소포타미아를 정복한 아르다시르 1세마저도 사산 왕조의 숭엄한 고향 도시인 이스타크르에서 그곳을 통치할 생각을 일찌감치 단념했을 정도다. 그의 치세가 시작된 이래 이란샤르의 수도 역할을 한 것은 그곳이 아닌 티그리스 강안에 위치한 크테시폰이었다. 한때는 견고한 성벽들에 둘러싸이고 웅대한 아치형 궁전이 굽어보는 도시와 마을들이 거대한 군집을 이룬 곳이었으니, 왕국의 수도로서는 확실히 낯설지 않은 곳이었다. 사산 왕조가 그곳을 수도로 삼아 이전 정부들의 돌무더기 속에 자신들의 기를 지속적으로 꽂은 것도 그래서였다. 알렉산드로스의 부관 이름을 따서 명명된 도시 셀레우키아도 크테시폰 맞은편 티그리스 강 동안에 위치해 있었다. 하지만 오만한 그리스의 힘과 자신감의 전형이었던 그곳 거리와 궁전들도 이제는 모래 속으로 자취를 감춘 지 오래되어 당시에 남은 것은 성벽 위에 세워진 교수대뿐이었다. 크테시폰은 아르다시르에게 점령될 무렵에도 파르티아 제국의 수도였다. 그런 찬란한 계보에 사산 왕조의 끝멋진 건물들이 더해지고 인구가 폭증했으니, 그곳은 진정 아시아의 수도가 되기에 손색없는 도시였다. 로마가 제국의 묘지에 보낼 수 있기를 간절히 바라며 북서쪽으로 500킬로미터 떨어진 곳에서 호시탐탐 그곳을 노리며 표적으로 삼았던 것도 놀랄 일이 아니다. 하지만 로마의 표적이었던 것 못지않게 그곳은 난공불락에 가까웠다. 그것을 보여주듯 로마 황제 카루스(재위 282~283)도 페르시아를 침공한 283년, 사산 왕조의 그 수도를 점령하자마자 벼락에 맞아 죽었다. 오르마즈드가 분노했음을 나타내는 명백한 증거였다. 크테시폰을 지켜준 것은 비단 하늘만이 아니었다. 크테시폰을 둘러싼 성벽 너머에 설치되어 있던 거대한 관개시설도 끝없이 이어진 도시의 해자 역할을 했다. 363년에 로마 최후의 크테시폰 공격이 진행되고 있을 때는 심지어 모기도 도시 방어에 일조를 했다. 페르시아군이 일부러 파놓은 도랑들에 모기가 들끓어 "낮에는 태양 빛, 밤에는 별빛마저 가려놓으며"[66] 율리아누스 황제 군대의 진군을 가로막은 것이었다.

카바드는 그런 장애물을 거의 마주치지 않았다. 동서 제국의 경계 역할을 할 만한 자연적인 국경, 강, 산맥이 없었던 탓이다. 모래사막에 그어진 줄이 국경이었다. 국경 양쪽에 사는 사람들 또한 같은 언어를 사용하고, 같은 생활방식을 공유하여, 로마의 어느 논평가가 불만을 토하듯 한 말을 빌리면 "서로를 두려워하며 살기보다는 오히려 혼인 관계로 맺어져 같은 시장에 농산물을 내다 파는 것은 물론 농사일도 함께 할"[67] 정도였다. 하기야 페르시아나 로마 당국 모두가 적을 위협하는 것만큼이나 두 나라 백성 단속하는 것에도 신경을 많이 썼다고 하니 상황을 짐작할 만하다. 60

년 전 평화조약(299년)을 체결할 때는, 국경 주변에 요새 신축을 금지하는 조항까지 두었을 정도다. 그러나 알고 보면 비군사화는 페르시아 승리의 다른 명칭에 지나지 않았다. 로마 황제와 달리 샤한샤가 국경 지대 코앞에 위치한 대도시를 장악한 것만 해도 그랬다. 한때는 동방에 대한 로마 방어 체계의 요체였으나, 363년에 율리아누스의 크테시폰 공격이 실패로 돌아간 뒤 페르시아에 빼앗긴 니시비스(지금의 터키 누사이빈)가 그곳이었다. 그런데 그로부터 거의 1세기 반이 지난 뒤에도 로마는 여전히 페르시아의 침략에 맞서 통합된 대응을 할 수 있는, 그에 필적할 만한 거점을 갖고 있지 못했다. 수십 년 동안 두 나라의 평화조약이 유지되고 있을 때는 그래도 큰 문젯거리가 아니었다. 하지만 헤프탈족 용병부대가 불시에 로마 영토로 넘어오고, 그들의 발굽소리가 마치 북소리처럼 국경에서 수백 킬로미터 떨어진 곳에까지 공포를 야기하는 상황이 되자 문제가 달라졌다.

카바드의 야망은 로마의 농촌 지역을 약탈하는 데 있지 않았다. 금, 산업, 노예 등 부가 몰려 있는 대도시 한두 곳을 탈취하려는 것이 그의 목적이었다. 따라서 원정로도 농촌 난민들이 이미 쏟아져 나오고 있던 저지대 도로들이 아닌 북쪽의 아르메니아 산지를 관통하는 길을 택했다. 그리하여 애당초 목표로 한 도시 테오도시오폴리스(지금의 터키 동부에 위치한 에르주룸―옮긴이)를 기습으로 간단히 점령하고, 남쪽으로 방향을 돌려 그보다 더 큰 도시 아미다(지금의 터키 남동부 티그리스 강 우안에 자리한 디야르바키르―옮긴이) 공략에 나섰다.

아미다는 국경에서 130킬로미터 떨어진 강력한 요새 도시로, 예전에도 페르시아가 여러 차례 점령을 시도했으나 티그리스 강 상류 쪽에 세워진 완강한 현무암 성벽에 가로막혀 뜻을 이루지 못한 곳이었다. 그랬던 그곳이 지금도 카바드에게 손쉽게 넘어갈 기미를 보이지 않았다. 카바드가 침략하기 전 아미다에 "메뚜기 떼가 출몰하고, 태양 빛이 흐려지며, 지진, 기근, 역병이 발생하는"[68] 전례 없이 불길한 전조들이 나타나자 놀란 도시 총독이 방어를 강화한 탓이었다. 따라서 아미다는 테오도시오폴리스 공격 때와 같은 술수를 쓰거나, 기습으로 점령할 가망이 없었다. 5만 명에 달하는 그 지역 일대의 주민들이, 헤프탈족 기병대의 접근에 대비해 도시 안으로 피신한 상태여서 그곳의 인구도 곱절이나 불어 있었다. 그로 인해 생활 조건이 열악해지기는 하겠지만, 성벽 방어에는 그만큼 유리하게 작용할 수 있었다. 실제로 시간이 갈수록 아미다의 방어는 감동적 전설의 소재가 될 기미를 보였다. 쇠뇌의 굵은 화살, 보통 화살, 바윗덩이, 끓는 기름 등 아미다의 병기고에 든 온갖 것들이 포위공격 중인 페르시아군의 머리 위로 비 오듯 쏟아졌다. 심지어 아녀자들까지 성벽으로 기어 올라가 돌을 던졌고, 매춘부들도 샤한샤에게 욕설을 퍼부으며 그가 눈에 띄기만 하면 음부를 노출시켰다.

그러나 그로부터 석 달 뒤 마지막으로 웃은 사람은 결국 카바드였다. 페르시아군의 한 분견대가 성벽 밑을 흐르는 하수구로 들어가 성벽 안쪽의 망루를 확보한 것이 승패의 분수령이 되었다. 성벽 기저에서 그 모습을 보고 있던 카바드가 칼을 빼들고 공격을 독려하자, 페르시아 병사들이 사다리를 놓고 도시 안으로 쇄도해 들어갔다. 이어 승리와 탐욕에 취한 페르시아 병사들의 약탈이 시작되었다. 주민들 대다수는 노예가 되고, 요직에 있던 사람들은 붙잡혀 인질이 되었으며, 많은 사람들이 살해되었다. 도시의 거리들이 피의 도랑을 이루었다. 마침내 살해가 끝났을 때 도시 성벽 너머로 던져진 시신만도 수만 구에 달했다. 피로 얼룩지고 수세미처럼 뒤엉켜 산더미처럼 쌓인 시신들 무더기가 페르시아 승리의 규모를 짐작케 했다. 그때의 끔찍했던 살육 장면은 수십 년이 지난 뒤까지도 로마의 동쪽 국경 변에 사는 사람들의 뇌리를 떠나지 않았다.

그것이 바로 카바드가 원한 바였다. 전쟁은 머지않아 교착상태에 빠져들고 아미다도 로마에 의해 다시 포위공격을 받는 처지가 되어 상당한 배상금을 받고 돌려주기는 했지만, 그래도 그 정도면 목표 이상을 달성했다고 주장할 만했기 때문이다. 두려움의 표식을 확실히 심어놓았으니 말이다. 오랜 세월 패배와 침체를 겪은 뒤 이란샤르의 군주가 마침내 그의 백성과 여타 세상 사람들에게, 사산 왕조의 쇠퇴라는 악순환이 끝났음을 당당히 과시할 수 있게 된 것이다. 폭풍우를 헤쳐나왔으니 사산 왕조가 붕괴되는 일은 이제 없을 터였다. 하지만 카바드는 그것으로도 만족하지 않았다. 숱한 위난으로부터 페르시아를 구하는 것뿐 아니라, 제국을 전보다 더욱 굳건한 토대 위에 올려놓는 것이야말로 과감하고 야심 찬 카바드가 예나 지금이나 이루고자 하는 목표였다. 그리고 그 목표를 달성하려면, 모든 지역의 적을 무력하게 만들어 그들의 위치를 깨닫게 할 필요가 있었다. 506년에 카바드는 황제에게 다시 배상금을 물리고 로마와 조약을 체결했다. 따라서 테오도시오폴리스와 아미다에서 얻은 전리품을 합치면 헤프탈족에게도 빚을 갚을 수 있게 되었다.

그런 참에 헤프탈족의 전선에서 희소식이 들려왔다. 스텝 지역의 머나먼 경계지에서 온 나그네들이 가져온 소식에 따르면 색다른 종류의 야만족이 그곳에서 두각을 나타내고 있다는 것이었다. 여태껏 들어본 적 없는 투르크족이 그들이었다. 그렇다면 헤프탈족도 그들 고유의 유목민 문제를 겪고 있을 것이 분명했다. 오르마즈드의 은총은 실로 다방면으로 나타나는 듯했다.

　카바드는 이란샤르 내에서도 또 다른 위협 세력을 제거하는 일에 착수
했다. 애당초 그가 실각한 것은 이단 때문이었다. 그런데 예상과 달리 카
바드는 왕위를 되찾은 뒤에도 마즈다크교에 대한 지지를 완화할 기미를
보이지 않았다. 오히려 그 반대였다. 확신이었는지 냉소였는지, 아니면
그 둘의 결합이었는지는 모르겠지만, 아무튼 카바드는 힘센 자들의 콧대
를 꺾어놓아야 하고 귀족과 성직자의 재산을 몰수해야 하며 특권이 정의
에 굴복하게 만들어야 한다고 주장한 공산주의 예언자의 강력한 지지자
로 남아 있었다. 대대적 개혁을 요구하는 내용들이었는데도 말이다. 의도
적 눈감기였을 수도 있지만 카바드의 비범성은, 왕권도 보호하고 사회 혁
명도 지지하는, 얼핏 보기에는 상충되는 두 정책을 오래도록 밀고 나간 점
에 있었다. 카바드의 치세 초기, 이란샤르 전역을 어둠 속에 묻어버리려고
하다 되레 된서리를 맞았던 카렌가의 운명이야말로 그 정책의 장점을 보
여주는 가장 눈부신 사례였다. 마즈다크 교도들의 전면적 공세로 그 오만
한 왕가의 권력 기반이 산산조각 났으니 말이다. 카렌가의 메디아 본거지
도 철저히 파괴되어, 카바드가 승리의 여세를 몰아 왕권의 중심지에서 멀
리 떨어진 그들의 남아 있던 봉토로 쫓아내는데도 그들은 저항 한 번 변변
히 하지 못했다.

　그럼에도 왕의 권력 행사에는 여전히 한계가 있었다. 카렌가도 몰락했
을망정 생채기를 안은 채 살아 있었고, 미흐란가도 언제나 그렇듯 사산
왕조에 대신과 장군들을 공급하며 지속적으로 영향을 미쳤다. 파르티아
의 다른 왕가들도 카바드의 지배 아래 번영을 누렸다. 그중에서도 로마인
들에게 아스페베데스로 알려진 걸출한 장군은 특히 아미다 포위공격 때

큰 공을 세운 것에 그치지 않고, 누이를 카바드와 동침시키는 데도 성공하여 그보다 더 수지맞는 쾌거를 이루었다.[69] 두 사람은 열렬한 사랑에 빠져 결혼을 했다. 카바드는 다른 부인들이 낳은 자식들이 있는데도 유독 "아스페베데스의 누이가 낳은" 셋째 아들 호스로우를 "애지중지했다."[70] 호스로우도 카바드의 기대에 부응하듯 유능하고, 냉혹하고, 담대한 인물로 자랐다. 그렇게 보면 카바드가 막내아들의 얼굴에서 제왕적 면모를 보았음이 분명하다. 그럼에도 호스로우가 성년이 되자 왕의 노골적 편애는 페르시아에 헌정적 위기를 초래할 징후를 보였다. 샤한샤는 장자가 왕위를 계승하는 관례를 무시하고, 사랑하는 아들 호스로우를 전폭적으로 밀어주었다. 그것도 모자라 동로마 황제 아나스타시우스에게 뇌물까지 주며 그를 지지하도록 만들었다. 그런데 전에 카바드에게 타격을 입었으니 그에 대한 보복으로 그 결정에 반발할 것으로 예상되었던 기존 보수층이 뜻밖에 호스로우를 전폭적으로 지지하고 나섰다. 호스로우가 마즈다크교 신봉자인 형과 달리 조로아스터교 신자였기에, 카바드의 마즈다크교 지지로 오랫동안 위축되어 있던 조로아스터교 사제들이 호스로우의 대의를 위해 결집한 것이었다. 반면에 마즈다크교 신봉자들은 왕실 후원자의 희망에 반하게, 합법적 계승자인 카부스를 지지하는 쪽으로 방향을 돌렸다.

카바드 치세에 찾아온 결정적 위기 국면은 그렇게 조성되었다. 528년에는 노령의 샤한샤가 급기야 신앙과 왕권의 미래를 위한 희망 사이에서, 양단간 결정을 내려야 하는 궁지에 몰렸다. 장자인 카부스를 후계자로 지명하면 이란샤르에서 마즈다크교의 입지가 탄탄해질 것이고, 호스로우를 지명하면 왕권을 강화할 수 있는 최적의 인물에게 양위하는 것이므로 번민이 클 수밖에 없었다. 카바드는 결국 총애하는 아들에게 전권을 주는

편을 택했다. 왕의 승인이 떨어지자 호스로우도 즉각 행동에 나섰다. 고소
해하며 작성한 듯한 조로아스터교 사제들의 기록에 따르면, 크테시폰에
서 열린 형식적 토의에서는 마즈다크 본인이 불려나와 뭇매를 두들겨 맞
았다. 공개재판이 끝난 뒤에는 호스로우가 얼치기 예언자의 교리를 정식
으로 규탄했고, 이어 제국 전역에서는 마즈다크교에 대한 박해의 회오리
바람이 몰아쳤다. 학살과 재산 몰수가 마즈다크교 신자들을 신속히 지하
로 내몰았다. 전해지기로 호스로우는 크테시폰의 왕립 정원에 구덩이를
파서, 사로잡은 마즈다크교 신자들을 거꾸로 파묻어 다리만 드러나게 해
놓고는 마즈다크를 불러 화단을 산책하며 그곳에 심어진 것들을 보게 했
다고 한다. 공포에 질린 마즈다크는 비명을 지르며 그 자리에서 푹 쓰러
졌다. 의식을 차린 뒤에는 나무에 매달려 호스로우 궁수들의 과녁으로 이
용되었다.

　이 소름 끼치는 이야기의 진위 여부는 알 수 없다. 그러나 카바드의 마
즈다크교 포기 의지가 근동 역사의 주요 전기가 되었던 것은 확실하다.
그렇다고 마즈다크교가 제공한 변화의 동력까지 사라진 것은 아니었다.
카바드 치세의 특징이었던 격변의 과정에서도 뚜렷이 드러났듯, 제국 정
부와 계시―특히 그것이 하늘이 보낸 예언자의 계시로 믿어졌을 경우에
는―가 손을 잡으면 이루지 못할 것이 거의 없었다. 그러나 이란샤르의
미래는 마즈다크교에 있지 않았다. 531년에 카바드가 죽자 카부스는 자
신의 권력 기반인 제국 북부에서 왕권을 찬탈하려다 동생에게 신속히 패
해 사로잡힌 뒤 처형되었다. 질서가 회복되자 호스로우는 "새로운 관습과
새로운 방식"[71]의 종지, 요컨대 "종교, 이성, 국가"[72]에 반기를 들었던 것의
종지를 선언했다.

그러나 기실 샤한샤는 두 가지 중 어느 것도 놓치려 하지 않았다. 전통도 고수하고, 부왕이 성취한 것도 버리려고 하지 않은 것이다. 오래전부터 내려오는 계급 제도는 유지하되 이란샤르 전역에 수백 명의 감찰관을 풀어, 왕들을 포함해 요주의 인물들을 사찰하게 한 것만 해도 그랬다. 조로아스터교 사제들의 기존 권리와 특권을 인정해주면서도 마즈다크교가 갖는 호소력에 맞서기 위해, 가난하고 비참한 사람들의 요구를 들어주는 데 초점을 맞춘 또 다른 직책을 조로아스터교 내에 신설했다. 카렌가를 포함한 파르티아의 4대 가문에 제국 변경 네 곳의 방어 임무를 맡기면서도 제국 역사상 처음으로 왕에게만 충성을 바치는 상비군을 창설, 유지시키는 조치도 취했다. 호스로우가 아무리 침착하고 냉혹했다지만 그런 줄다리기 정책을 취하기는 쉽지 않았을 것이다. 사산 왕조의 미래뿐 아니라 이란샤르의 장래가 그의 일거수일투족에 달려 있었을 테니 말이다.

왕을 알현하는 특권을 누린 사람치고 호스로우가 성공에 필요한 자질을 갖추었다는 것을 의심한 이는 없었다. 왕의 발언이 끝나면 으레 '영생하소서!'가 울려 퍼졌다. 옥좌에 앉은 샤한샤의 장엄한 모습에서도 신의 분위기가 느껴졌다. 용포에서는 보석들이 명멸하고, 수염에서는 금가루가 반짝이며, 얼굴에도 화장을 해놓아 마치 고대의 우상을 방불케 했다. 그중에서도 단연 압권은 파르의 상징인 왕관이었다. 호스로우 치세에 이르러서는 왕관을 머리에 쓰지 않고 왕이 앉는 옥좌의 머리 위 천장에 사슬로 매달아놓았다. 예전보다 더 커지고 금과 보석 장식물도 더 많이 장식하다 보니 머리에 쓰면 목이 꺾일 위험이 있었기 때문이다.

이렇듯 페르시아에서는 장려한 힘의 과시에도 위협이 잠복해 있었다.

화단과 분수가 대량 학살에는 어울리지 않는 장소였을지 모른다. 그러나 만일 마즈다크와 그의 추종자들이 처형된 게 사실이라면, 그들이 마지막으로 운명을 맞은 곳이야말로 왕권을 주장하기에는 기묘하게 적합한 장소였다. 모래바람이 휘몰아치고 혹독한 노동력으로만 들판의 사막화를 막을 수 있었던 메소포타미아 같은 지역에서, 손질 잘된 담장 안 정원은 왕만이 누릴 수 있는 가장 호사스러운 특권이었기 때문이다. 페르시아의 고대 왕들은 그런 정원을 '낙원paradise'을 뜻하는 '파라다이다paradaida'로 불렀다. 그리고 보면 호스로우가 "과실나무, 덩굴식물, 푸른 삼나무 들이 어우러져 상쾌한 공기를 뿜어내는"[73] 정자에서 한가로이 시간을 보내거나, 방목장을 어슬렁거리며 "타조, 영양, 야생 당나귀, 공작, 꿩 들이 헤아릴 수 없이 많은"[74] 것에 흡족해하거나, 궁정 대신 및 귀부인들을 대동한 채 사냥터를 달리며 "거구의 사자와 호랑이"[75]를 쫓는 취미 생활을 즐긴 것 모두, 그가 알고 있던 것보다 훨씬 더 고대의 전통을 많이 따른 행위였다.

실제로 페르시아 백성들 중에는 그곳 원예 전통의 역사를 태초에서 찾는 사람들이 있었다. 꽃내음도 향기로운 왕궁 정원을 둘러싼 담장 너머, 티그리스 강변으로 수 킬로미터 뻗어나간 거대한 정주지에, 천지창조 직후 크테시폰의 모든 지역은 물론 그곳을 넘어서는 곳까지 낙원이었다고 믿은 사람들이 살았다는 것이다. 그들의 경전에 "그리고 주 하느님이 동방의 에덴에 동산을 세우셨다"[76]는 내용이 기록되어 있는 것이 그것을 말해주는 증거였다. 그에 앞서 하느님이, 티그리스 강에서 피어오르는 것과 같은 안개가 땅에서 올라오자 진흙으로 벽돌도 아니고 도시도 아닌 사람을 지으셨으니, 그가 바로 첫 남자, 그 말을 전해준 사람들의 언어로는 '땅'을 뜻하는 '아담'이었다.

그러나 유대인은 메소포타미아의 원주민이 아니었다. 그들의 명칭과 기원 모두 메소포타미아에서 서쪽으로 800킬로미터 떨어진, 지중해 내륙에 위치해 있던 사라진 왕국에 뿌리를 두고 있었다. 따라서 상당히 멀게 느껴지는 곳이었고, 직행로가 있었다고는 하지만 뙤약볕이 내리쬐고 통행이 거의 불가능한 사막을 가로지르는 길이어서 실제로는 그보다도 더 멀었다. 반면에 광활한 사막을 가로지르지 않고, 물이 있는 초승달 지역의 만곡부를 따라가는—다시 말해 메소포타미아의 북쪽으로 가서 곡선을 따라 남쪽으로 내려오는—조금 우회하는 길을 택하면, 티그리스 강에서 일련의 도시들을 거쳐 몇 달 만에 유다 왕국에 닿을 수 있었다. 실제로 호스로우 시대로부터 계산해 1100년 전에는 그 우회로가 소왕국의 독립 정도는 너끈히 빼앗을 수 있는 거리로 판명되었다. 기원전 586년 메소포타미아의 (바빌로니아) 대군이 산 위에 성전이 세워져 있던 유다 왕국의 수도 예루살렘을 급습하여 도시를 불태우고 왕국의 유력 인사들을 바빌론으로 끌고 갔던 것이다. 유대인들에게 선민의식을 심어주고 그들로 하여금 자신을 우주의 창조자로 믿게 만든 그들의 신은 이렇듯 그들을 영영 버린 듯했다.

그러나 그로부터 1000년 뒤 메소포타미아에서 사라진 것은 유대인들이 아닌, 그들을 사슬에 묶어 끌고 갔던 정복자들에 대한 기억이었다. 기원전 586년에 바빌론으로 잡혀간 포로들 중에는 선지자 다니엘도 있었는데, 그가 기록한 구약성서의 〈다니엘서〉에도 그 내용이 나온다. 다니엘이 폭풍우 치는 바다에서 '큰 짐승 넷'[77]이 나오는 꿈을 꾸었고, 천사들이

해몽한 바에 따르면 그 짐승들은 세상의 종말에 "지극히 높으신 자의 성도들이 나라를 얻으리니 그 누림이 영원하고 영원하고 영원해질"[78] 때까지 땅을 계승할 운명을 지닌 네 나라였다는 것이다. 만일 다니엘의 꿈이 사실이고 역사의 흐름이 정녕 선행 제국이 하나둘씩 망각 속으로 사라지는 대제국들의 연속으로 해석된다면, 메소포타미아는 지구상에서 그 어느 곳보다 그 현상이 뚜렷이 나타난 곳이었다. 메소포타미아 전역이 버려진 수도들의 묘지를 이루고 있었으니 말이다. 그곳의 두 강(유프라테스 강과 티그리스 강) 역시 기슭 안쪽으로 얌전히 흐르지 않고, 똬리를 풀고 격렬히 요동치는 뱀들처럼 요란스레 흘러, 도시들이 바짝 마르거나 물에 잠겼다가 진흙 벌로 변하기 일쑤였다. 그렇다면 크테시폰의 유대인들도 분명 티그리스 강변을 거닐다가, 흙탕물에 허물어진 건물들의 잔해를 볼 수 있었을 것이다. 사산 왕조가 세운 최초의 수도로 완벽한 원형 설계에 따라 지어졌으나 강의 흐름이 느닷없이 바뀌는 바람에 둘로 갈라진 베흐-아르다시르 Veh-Ardashir(셀레우키아의 옛 이름—옮긴이)의 잔재 말이다. 베흐-아르다시르 너머에도 침니와 갈대로 항구가 막혀버린, 셀레우키아의 모래투성이 폐허가 어렴풋이 보였을 것이다. 그리고 그 폐허 너머 60킬로미터에 걸친 진흙 벌에는, 오래전 한때는 세계 최대의 도시를 이루었으나 이제는 "흙무덤, 돌무더기, 쇠퇴의 흔적만" 남았을 뿐인,[79] 따라서 셀레우키아보다 더 인간의 허영심이 심하게 난타당한 유적이 있었다. 유프라테스 강에 의해 허물어지고, 주민들도 사라지며, 벽돌 건물들조차 파괴되어 사람들의 입에도 오르내리지 않게 된 곳이었다. 그러나 유대인들은 그곳에 대해 말했다. 사라진 도시도 잊지 않았고, 그곳의 아름다움, 그곳에서 벌어진 끔찍한 일들도 잊지 않았다. 유대인들은 바빌론을 기억하고 있었던 것이다.

그들로서는 그럴 만한 이유가 있었다. 그들의 도시를 불태우고, 그들의 조상을 노예로 삼으며, 그들에게 전 인류를 지배하려는 기묘하고 섬뜩한 욕망의 중독성을 처음으로 드러낸 인물이 바로 바빌론의 왕이었던 탓이다. "(바빌론은 여호와 수중의 온 세계로 취하게 하는 금잔이라) 열국이 그 포도주를 마시고 인하여 미쳤도다."[80] 그러나 정작 바빌론의 폐허에서 확신을 얻은 것은 유대인이었다. 속세의 제국이 제아무리 위대하고 오만하다 한들 종국에는 거룩한 유대인의 신에 의해 결딴난다는 믿음을 그들은 바빌론의 폐허를 보며 얻게 되었던 것이다. 유대인이 믿는 유일신의 목적만 예외일 뿐, 이런저런 나라들에 세계의 지배권을 번갈아 쥐어준 요동치는 역사의 흐름도 최후의 심판에서는 결국 아무 역할도 하지 못했다. "황폐한 무더기가 되어 시랑[豺狼]의 거처와 놀람과 치솟거리가 되고 거민[居民]이 없게"[81] 된 바빌론의 그 모든 사원들과 달리, 유대인들이 메소포타미아의 핵심지에서 거룩한 예배의 습성을 계속 유지할 수 있었던 것도 그래서였다.

그러나 메소포타미아의 단 한 곳, 로마의 국경 지대 너머 비옥한 초승달 지역 만곡부 최상부의, 한때는 바빌로니아에 속했던 곳 가장자리에 위치한 도시 하란에서는 여전히 '고대 신앙'[82]의 불빛이 깜박였다. 그곳에서는 고대 신들이 계속 숭배되고 있었다. 하란의 성벽 너머 지역에는 우상들이 가득했다. 산악 도로 위 암석의 갈라진 틈바구니에 쑤셔 박혀 기묘하게 보존된 동물과 인간의 사체들도 있었고, 사막 호수들 가에 보초병처럼 서 있던, 공작 깃털과 초승달들로 테를 두른 섬뜩한 형상들도 있었다. 하지만 그 모든 신들 중에서도 가장 강력하고 도시의 영광을 상징하는 신은 역시 하란의 수호신이었던 달의 신[月神], 신[Sin](수메르어로는 난나—옮긴이)의 거대한 신상이었다. 하란에서는 숭배자들이 그 신상을 어깨에 둘러메고, 신의 사원을 시작으로 온 도시를 도는 행진을 벌인 뒤 배의 성소에 도로 갖다놓는 연례의식이 치러졌다. 아키투akitu라 불린 이 축제는 한때는 메소포타미아 전역에서 시행되었을 만큼 유서 깊은 (수메르 시대—옮긴이) 고대 풍습이었다. 따라서 의식의 엄숙한 주재자였던 사제들도 그 신을 결코 잊는 법이 없었다.[83] 그러나 기실 고대 의식에 집착한 하란인들의 이런 완고함은, 그들의 변덕스러움을 강조하는 역할밖에 하지 못했다. 메소포타미아에서는 오래전부터 이미 달, 해, 별을 신으로 보는 모든 관점이 쇠퇴하는 상황이었기 때문이다. 그런 맥락에서 보면 하란의 우상들—악마와 같은 존재였지만 이따금씩 소심하게 찾아들기도 했던—도 결국은 물이 빠질 때 뭍으로 떠밀려온 잡동사니에 지나지 않았다. 유대인들에게는 그것이 특히, 오래전 그들의 예언자가 그들 신을 제외한 다른 모든 신들은 파멸할 것이라고 했던 예언이 적중하는 것처럼 보였다. "그것들에게 입혀놓은 자주색 옷과 아마포가 썩는 것으로 보아 그들은 신이 아니고, 그러므로 마침내 삭아 없어져 그 나라의 수치가 될 것이었다."[84]

하지만 아이러니하게도 메소포타미아의 원시적 전통들에 그 모든 경멸과 두려움 섞인 질시를 보내면서도 유대인들은 정작 그것들에 끝없이 매혹되었다. 최초의 남녀에게 지상낙원이 되어준 메소포타미아가 인류에게도, 그렇지 않으면 사라졌을 세계의 값진 유산, 곧 학문의 원천이 되었던 탓이다. 티그리스 강이 베흐-아르다시르의 웅대함을 진흙 벌로 만들어버렸듯, 대홍수는 온 세상을 물에 잠기게 하여 (아담과 이브가 살았던) 에덴동산의 흔적마저 사라지게 했다. 노아가 재앙이 닥치리라는 사전 경고를 받고 큰 배를 만들었기에 망정이지 그렇지 않았다면 생명마저 소멸되었을 것이다. 하지만 그렇다고 해서 대홍수 이전 세계의 모든 흔적이 사라진 것은 아니었다. 노아의 후손들이 메소포타미아의 진흙 구덩이를 파다가, 그곳에서 묻힌 서적들을 발견한 것이다.[85] 해독해보니 그것들은 대홍수 이전에 살았던 점쟁이들, 다시 말해 첫 세대 인간들의 지혜가 담긴 책이었다. 메소포타미아가 이후 유대인들뿐 아니라 전 세계 모든 사람들에게 '점술 占術이 처음 등장한'[86] 곳으로 알려지는 계기가 된 발견이었다.

이 이야기에는 바빌로니아학에 으레 따라붙는 왠지 모를 음산한 분위기뿐 아니라, 그것의 계승권을 주장하려는 유대인 학자들의 의도도 반영되어 있다. 메소포타미아의 유대인들은, 첫 추방이 있은 뒤 1000년 넘게 그곳을 제2의 고향으로 여기고 살았다. 따라서 고국에 대한 향수를 결코 완전히 극복하지 못했다. 그들에게 신이 부여해준 고향 도시 예루살렘은 언제나 지상에서 가장 신성한 곳이었다. 그럼에도 그들의 궁극적 기원은 성지가 아닌 유프라테스 강변에 있다는 것이 그들의 오랜 확신이었다. 이를 뒷받침하는 증거도 있었다. 유대교 경전(기독교의 구약)인 《타나크 Tanakh》 첫 권에 아담과 노아에 대한 이야기에 이어 하느님이 노아의 10대 손인 아브람에게 말하는 내용이 기록되어 있는데, 거기에 아브람이 우르 태생으로 나오는 것이다. 이 불가사의한 도시 우르의 정확한 위치에 대해서는 지금도 논란이 뜨겁다. 하지만 두 강 사이의 땅 어디일 것이라는 점에 대해서는 학자들의 의견이 일치하고 있다.[87]

그러나 아브람은 태어난 곳에 머물러 살지 않았다. 그의 나이 일흔다섯 살 때 하느님의 부름을 받은 탓이었다. "(여호와께서 아브람에게 이르시되) 너는 너의 본토, 친척, 아비 집을 떠나 내가 네게 지시할 땅으로 가라. 내가 너로 큰 민족을 이루고 네게 복을 주어 네 이름을 창대케 하리니 너는 복의 근원이 될지라."[88] 이것은 확실히 솔깃한 제안이었고, 아브람도 당연히 이주를 했다. 그에 대한 보상도 신속히 뒤따랐다. 아브람이 가나안에 도착하기 무섭게 하느님이 가나안을 '영원한 기업'으로 그의 후손에게 물려주겠다는 약속을 하신 것이다.[89] 더불어 그에 걸맞은 새로운 이름도 부여해주셨다. "(이제 후로는 네 이름을 아브람이라 하지 아니하고) 아브라함이라 하리니 이는 내가 너로 많은 민족(열국)의 아비가 되게 함이니라."[90] 이 말대로 아브라함은 과연 유대인의 으뜸가는 조상으로 여러 민족의 아버지가 되었다. 많은 것의 기원이 된 영광스러운 혈통의 시조가 된 것이다. 이렇게 보면 유대인에게 선민의식을 물려준 것도 결국은 아브라함이었다. 그것이 전부가 아니었다. 아브라함은 유대인들에게 약속의 땅, 가나안에 대한 권리증도 물려주었다.

그것이야말로 전능하신 하느님이 내려준 영원한 선물, 두 강 사이에 사는 50여만 명의 유대인들 가슴에 희망을 불어넣어준 보증수표였다. 크테시폰 북쪽의 대운하들에 접한 들에서 힘겹게 농사를 짓든, 시장 좌판에 쭈그리고 앉아 물건을 팔든, 짐말에 물건을 싣고 거대 도시의 좁고 꼬불꼬불한 길을 헤쳐나가든, 메소포타미아에 사는 수백만 다른 민족과 달리 유대인들은 보호받는 민족이라는 자부심을 가질 수 있었던 것이다. 하느님이 내려주신 조국이 있었으므로. 그렇다고 그들이 실제로 약속의 땅에 가서 살고 싶어한 것은 아니었다. 유대인 현자들이 말했듯, 유대인들 중에는 대맥*※ 꿈을 꾸는 즉시 그곳으로 이주하려는 사람도 물론 있었겠지만,* 대다수 유대인들은 여전히 이주가 실현되기보다는 생각으로 머물러 있기를 바랐다. 실제로 수 세기가 지난 뒤에 땅도 비옥하고 코스모폴리탄적이며 부유한 메소포타미아에 살기를 원했던 바람이, 유대인들이 타향살이에 종지부를 찍지 못하는 유일한 이유였다.

바빌론 유수도 오래가지는 못했다. 예루살렘을 약탈한 지 고작 40년 뒤인 기원전 539년에 이번에는 바빌론이 함락되었던 것이다. 바빌론 정복자는 다름 아닌 세계 지배의 창도자 페르시아의 키루스 대왕이었다. 유대인들도 그의 바빌론 정복을 열광적으로 환영했다. 매춘부의 도시 바빌론의 콧대를 꺾어놓았을 뿐 아니라, 그들의 예루살렘 귀환과 부서진 성전 재건을 허용해주었으니 당연한 반응이었다.

그러나 메소포타미아에는 페르시아 왕의 제안을 고맙게 받아들인 유대인 못지않게 그렇지 않은 유대인도 많았다. 결국 그들은 고향으로 돌아가지 않고 메소포타미아의 기름진 땅에 대대손손 뿌리를 내렸다. 1000년 넘게 근동에 휘몰아친 거대한 권력정치의 돌풍 속에서도 그들은 꿋꿋이 살아남았다. 수백 년이 지나는 동안 여러 차례 재앙을 당한 쪽은 오히려 성지로 돌아간 유대인의 자손들이었다. 그러므로 3세기 초 아르다시르 1세가 (파르티아의 수도) 크테시폰에 입성했을 때 유대인의 핵심지가 된 곳도 당연히 예루살렘과 그 주변 지역이 아닌 티그리스 강과 유프라테스 강변이었다.

메소포타미아의 다른 이주민들이 자신들의 혈통을 기억한 기간이래야 고작 두 세대에 지나지 않았던 것을 고려하면, 이는 거의 기적에 가까운 일이었다. 메소포타미아는 오래도록 인종의 용광로가 되었다. 부의 원

---

* 대맥 꿈을 꾼 즉시 이주했다고 증언한 인물은 (3세대 유대인) 랍비 자이라였다. 이와 관련된 또 다른 이야기도 전해진다. (퓨림절) 축연 때 동료 랍비가 만취하여 자이라의 목을 베놓고 이튿날 "기도로 되살려놓았다." 그러고는 이듬해에 그가 "나와 함께 다시 연회를 즐겨줄 수 있겠나?"라고 묻자, 자이라가 "기적이 매번 일어나는 것은 아니라"고 응수했다는 것이다.

천이다 보니 그렇게 된 것이다. 땅도 비옥하고 지중해와 인도양 사이, 그리고 중앙아시아의 스텝 지역과 아라비아 사막의 중간 지대에 위치해 있어 최적의 물류 집합소가 된 것이, 메소포타미아가 부의 원천이 된 요인이었다. 페르시아 지배자들도 "이곳에 존재하는 모든 것들은 그곳으로 실려 가고, 음식, 약재, 향수 모든 것이 우리의 향락을 위해 존재한다"[91]라고 자랑스럽게 말했다. 그 결과는 크테시폰의 거리를 다녀보면 손쉽게 접할 수 있었다. 인파로 북적이는 시장, 짐마차와 가축이 다닐 수 있는 몇 안 되는 대로, 보행자만 통행할 수 있는 좁은 골목길 등 그 거대 도시의 어디를 가든 하늘 아래의 모든 언어를 들을 수 있었다. 째진 눈을 가진 황인종, 볏짚 색 머리털을 가진 백인종, 납작코를 가진 흑인종들이 재잘거리는 요상한 소리에는 공기 중에 떠도는 악취마저 중화되는 듯했다. 하지만 그런 것들도 시간이 지나면 결국 누룩이 되었다. 바퀴 자국에 파여 거리가 너덜너덜해지고 늘어나는 시궁창에 버려지는 가옥들이 많아지게 되면 구역 전체를 허물고 재개발을 했듯이, 크테시폰의 인간 구성원들 사이에도 지속적으로 재순환이 이루어졌다는 의미에서다. 그곳에서는 기억도 벽돌과 마찬가지로 오래가지 못했다. 그런데도 유대인들은 마치 화강암으로 만든 경계석처럼 자신들의 정체성을 견고히 지켰던 것이다.

어떻게 그럴 수 있었을까? 하느님이 약속한 머나먼 고국에 대한 애착이 아무리 강했다 한들, 그것만으로 유대인이 메소포타미아의 심연 속으로 녹아드는 것을 막기에는 부족했을 텐데 말이다. 그 해답은 다행스럽게도 하느님이 오래전 아브라함에게 가나안을 부여해주실 때 그 위험도 미리 예측한 점에 있었다. "(하느님이 또 아브라함에게 이르시되) 그런즉 너는 이 언약을 지키고 네 후손도 대대로 지키라. 너희 중 남자는 다 할례를 받으

라. (이것이 나와 너희와 너희 후손 사이에 지킬 내 언약이니라.)"[92] 하느님의 말씀
은 거기서 그치지 않았다.《타나크》의 기록에 따르면 하느님은 후속 세대
에도 아브라함의 자손임을 나타내는 또 다른 징표를 부여해주었다. 돼지
고기를 먹어서도 안 되고, 다른 동물의 고기를 먹을 때는 피를 완전히 제
거한 뒤에 먹을 것이며, "(너를 위해) 새긴 우상을 만들지 말고",[93] 내용이 바
뀌거나 보태질 일이 없는 그 밖의 율법, 금지 사항, 규범도 어겨서는 안 된
다는 준엄한 명령을 내리신 것이다. 이 경외스러운 율법이 바로 '가르침'
을 뜻하는 토라였다. 그것이 바빌론 유수가 일어난 지 수백 년 뒤에도 메
소포타미아의 유대인들이 그들의 특별한 정체성을 유지하는 비결이 되었
다. 요컨대 그들은 토라를 왕도 아니고 현자도 아닌, 하느님이 직접 계시
한 율법이라는 인식을 갖고 있었다. 특권을 부여받지 못한 다른 민족들과
달리, 인간이 되는 것의 본질을 통찰하도록 하느님의 인도를 받은 것이었
다. 유대인들에 따르면, 인간이 되는 것의 본질은 제국, 자유, 명예에 대한
갈망이 아닌, 율법에 복종하는 데 있었다.

　이란샤르의 유대인들도 그 점에서는 마찬가지였다. 그러나 사산 왕조
도 선동을 좋아하지 않았으니 어차피 피장파장이었다. 그러므로 페르시
아 왕들이 유대인들의 배타성을 용인해주려 한 이면에도 당연히 그것이
왕들의 권위를 위협하기보다는 오히려 득이 된다는 판단이 깔려 있었다.
크테시폰과 같이 풍요롭지만 불안정한 도시에서 유대인들의 튀는 차별
성은 제국의 관료들에게 도리어 안심이 되는 요소였다. 튀는 만큼 통제
와 색출이 수월하기 때문이었다. 따라서 그들이 할 일은 그 독특한 민족
이 본분을 잊지 않고 세금을 착실히 납부하도록 그들 중의 한 명을 '족장
exilarch'으로 임명하는 것뿐이었다. 실제로 그것은 샤푸르 1세 치세 이래 사

산 왕조의 정책으로 굳어졌고, 미온적이기는 하지만 유대인을 편애한 왕들이 있었을 만큼 차질 없이 진행되기도 했다. 사산 왕조의 한 샤한샤는 심지어 유대인 족장의 딸과 결혼하여 정식 왕비로 삼기까지 했다. 유대인들이 사산 왕조의 지배자들을 다른 이교도보다 한 수 위로 간주한 것도 그래서였다. "공공연히 소변보는 행위"[94]에 질색한 것으로 유명한 페르시아인들의 태도도 다른 사람들은 아니꼽다고 손가락질했으나, 유대인 도덕가들은 열렬히 찬양했다. 그런 민족이었으니 복종을 하는 것은 당연했다. "어찌됐든 그들은 유대인들을 보호해주었으니"[95] 말이다.

하지만 이런 결속감도 이란샤르의 다른 수많은 요소들과 마찬가지로 페로즈의 치세에 접어들어 허물어지기 시작했다. 페르시아의 모든 사람들이 왕의 오만한 관대함을 그대로 흉내 내려고 하지는 않았던 것이다. 조로아스터교 사제들은 특히 오르마즈드의 명백한 진리를 결단코 인정하지 않으려는 유대인들의 고집을 오랫동안 지속적 도발로 간주하고 있었다. 그러면서 어깨에 뱀을 기르고 뇌를 먹는 악마, 다하그의 자식들이 아니고서는 그럴 리가 없다고 그들을 맹비난했다. (페르시아의 전설에 따르면) "유대교 경전을 쓰기 시작한 장본인도 다하그(유대인 전설에 나오는 아자젤 Azazel을 말하는 듯―옮긴이)였고, 유대인들의 고위 사제로 아브라함에게 가르침을 전해준 인물도 다하그였다"[96]는 것이다. 그러나 또 알고 보면 당시 조로아스터교 사제들은 왕의 통제권을 벗어나기 위해 안간힘을 쓰고 있었다. 그래서 이참에 눈에 거슬리는 악마적 소수파도 함께 제거해버리려 한 것이었다. 사제들은, 페로즈의 부왕 치세 때부터 이미 알렉산드로스에게 빼앗긴 고대 제국을 되찾을 수 있는 확실한 길이라며 반유대인 정책을 위한 로비를 벌였다. "제국의 모든 민족과 종족이 하나의 종교로 개종하면, 그리스인들의 땅도 필경 폐하의 지배를 받게 될 것입니다."[97] 그런데 이에 대해 열띤 반응을 보인 사람은 정작 페로즈의 아버지가 아닌, 지푸라기라도 잡아야 할 절박한 상황에 있던 페로즈였다.[98] 467년에 그는 결국 족장을 포함해 유대인 상류층 인사들에 대한 처형을 재가했다. 이듬해에는 유대교 경전 교습과 율법의 시행을 금지시켰으며, 470년에는 족장의 직책마저 폐지했다.[99] 유서 깊은 왕조의 정책을 손바닥 뒤집듯 하루아침에 뒤집어엎은 무지막지한 조치였다. 그 결과 메소포타미아의 유대인들은 1000년에 달하는 기나긴 역사상 처음으로 심한 박해를 당하게 되었다. 그보다 더 나빴던 것은, 그들에게 주어진 색다른 민족에 대한 대우마저 사라진 것이었다.

하지만 그 '사악한 페로즈'[100]는 신속하고 확실하게 죽임을 당했다. 앞에도 나왔듯 그와 그의 군대가 헤프탈족과의 전투에서 전멸을 당한 것이다. 유대인들이 차가운 자기만족감으로 회고한 바에 따르면, 이란샤르가 당한 고통은 하늘을 진노케 하여 받은 벌이었다. 다른 사람들도 이와 비슷한 결론에 도달했다. 카바드도 그중의 하나였다. 조로아스터교 고위 사제들 눈치 보느라 실추된 정책을 그대로 밀고 나가는 것은 신임 샤한샤의 스타일이 아니었던 것이다. 결국 유대교 율법의 교습을 금지했던 조치는 유야무야 없던 일이 되었고,[101] 유대인들도 그에 대한 고마움의 표시로 카바드의 대의를 위해 결집했다. 머지않아 그들은 카바드의 군대에서 눈부신 역할까지 하게 되었고, 카바드도 그런 그들을 배려해 유대교 축일에는 적에게 임시 휴전을 요청했던 것으로 알려져 있다. 그리하여 모든 것은 다시금 정상으로 돌아온 듯했다. 지배자들에 대한 복종과 간섭받지 않으려는 열망 사이의 균형, 메소포타미아의 유대인들이 언제나 원했던 평형

상태가 복원된 것 같았다.

문제가 있다면 박해의 상흔이 쉽사리 가시지 않은 것이었다. 유대교 경전과 율법 연구를 금지당한 것은 장소에 관계없이 모든 유대인들에게 엄청난 타격이었다. 그러니 예전부터 줄곧 그래 왔듯이 스스로를 '성서의 백성People of the Book'이라 여기고, 그들의 학문도 비할 바 없이 찬연한 아우라에 둘러싸였다고 믿고 있던 메소포타미아의 유대인들에게는 더 말할 나위가 없었다. 따라서 그들은 박해도 특별한 보복 행위로 받아들였다. 하느님의 말씀에 대한 메소포타미아 유대인들의 믿음은, 그곳이 대홍수 이전에 활약한 거인들로까지 역사를 거슬러 올라가는, 고대의 지혜로 이름난 곳이라는 자부심과 단단히 결합되어 있었다. 아브라함의 태생지에 살았던 유대인 현자들도 그것을 근거로 그들 조상이 편애를 받은 것은 하느님의 사람이었을 뿐 아니라 "지혜의 면에서도 다른 모든 이들을 압도하는"[102] 박식가였기 때문이라는 점을 당연시했다. 그러니 아르다시르가 크테시폰을 장악했을 때, 메소포타미아의 두 지역이 도처의 유대인들에 의해 세계의 2대 학문 중심지로 손꼽히게 된 것도 당연한 일이었다. 그 두 곳 수라와 품베디타(품페디타)는 거리상으로는 수백 킬로미터나 떨어져 있었는데도 쌍둥이처럼 닮은꼴이었다. 유프라테스 강 서안에 위치해 있던 것이나, 주민들 대부분이 유대인이었고, 세계를 바꾸려는 야심을 지닌 '예시바yeshiva', 곧 학교를 보유한 것에 자부심을 갖고 있었던 것 등등이 그랬다.

그랬던 만큼 두 학교는 하늘의 양상을 지상에 그대로 재현해놓는다는 특별하고 대담한 사명감을 지니고 있었다. 토라를 올바로 이해하는 것은 하느님의 가장 심오하고 내밀한 목적을 헤아리는 것이라는, 토라를 가르친 현자들의 주장과 일맥상통하는 임무를 스스로에게 부여했다. 그러므로 하느님이 그들 조상에게 부여한 법률도 변경되어서는 안 되었다. 그렇다면 교육받지 못한 사람이 알 수 없는 것은 어쩔 것인가의 문제가 제기되었을 텐데, 수라와 품베디타 현자들의 답변이 걸작이었다. 기록된 토라 외에 수백 년에 걸쳐 예언자에서 예언자, 랍비에서 랍비로 구전된 또 다른 비밀 토라가 있는데, 유프라테스 강변의 두 학교가 바로 그것을 물려받아 보존할 임무를 부여받았다는 것이었다. 게다가 그것은 하느님이 천지창조에 나서기 전에 반드시 숙독하도록 했고, 천사들도 부단히 연구했으며, 인간들도 배움만 충분하면 악마들을 지배하고 기후를 변화시키며 죽은 사람과 의사소통을 하는 데 이용할 수 있는 것과 똑같은 종류의 토라라는 것이었다. 그렇게 경외스러운 율법에 대한 권리를 지니고 있었으니 현자들이 예시바 학생들에게 '선생'을 뜻하는 랍비로 불린 것은 당연했다. 같은 맥락에서 메소포타미아 현자들이, 페로즈에게 충격을 받은 뒤로 예시바가 바람 앞의 등불이며, 따라서 손쉽게 폐쇄될 수 있음을 깨달았던 것 또한 놀랄 일이 아니다. 몇몇 현자들이, 구전된 토라와 같은 소중한 지식을 랍비들의 기억에만 맡겨두는 것이 안전한가에 대해 의문을 갖기 시작한 것이 그때부터였다.

유대교의 랍비들만 기억에 전적으로 의존하는 것이 옳은지에 대해 고민했던 것은 아니다. 조로아스터교의 고위 사제들도 그와 유사한 불안을 느껴 조로아스터 어록을 문자화했으니 말이다. 그러나 페로즈가 죽은 지 20여 년 뒤에 메소포타미아의 랍비들이 착수한 학문적 계획은 그보다 한층 힘겨운 과업이었다.[103] 머릿속에 든 하느님의 계시를 글로 옮기는 작업은 결코 쉽지 않았다. 기록된 토라와 구전된 토라 모두가 일상생활의 모든 측면에 속속들이 적용될 수 있다는 점을 유대인들에게 논증해 보여야 했기 때문이다. 거위에게는 교미하지 못하게 하고, 과체중인 사람을 비웃어서도 안 되며, 편두통에는 수탉의 피를 머리가죽에 들이붓는 것이 직방이라는 등, 수라와 품베디타의 대학자들이 다년간 머리를 싸매고 연구한 결과물에는 일상에서 일어날 만한 모든 양상이 포함되었다.

그렇기는 하지만 그것들과, 그와 같은 모든 무리의 가르침은 기존의 하느님 율법의 추가분이 아니라, 율법의 뜻을 풀이한 것에 지나지 않는다는 것이 랍비들의 주장이었다. 율법의 해석문을 토라에 편입시킨 것뿐이라는 말이었다. 판결 하나도, 세목 하나도 놓치지 않고 반드시 기록되어야 했다. 랍비들의 학식으로 만들어진 해석문 탈무드는 이렇게 일견 난해해 보이는 진리의 증언이 되었다. 랍비들이 하느님 말씀으로 여기고, 저 태곳적에 유대인들에게 처음 계시되었다고 주장한 토라에도 랍비들의 주석이 일부 포함되었다. 주석으로도 모자랐는지 그들은 필요하면 자신들 음경의 크기까지도 언급할 가치가 있다고 여겼다. 랍비 학문의 엄격한 규율에 익숙지 않은 사람에게는 그것이 헛소리로 들리겠지만, 하느님 율법의 오묘함은 인간의 논리로는 설명할 수 없는 것이었다. 그러므로 자격 요건을 갖춘 랍비가 한 일이라면 토라에 대한 색다른 해석도 당연히 하느님이 내린 계시, 요컨대 기록된 토라 그 이상도 이하도 아닌 것으로 간주되었다.

탈무드를 완성하는 일은, 메소포타미아 랍비들이 전 생애를 바친 지난한 작업이었다. 그런 것은 서둘러서 되는 일이 아니었다. 수라와 품베디타의 먼지 자욱한 거리를 오가면서도 현자들의 시선은 늘 영원의 차원에 머물러 있었다. 창조의 전 과정이 그들 연구의 대상이었다. 하느님의 뜻을 헤아릴 수 있는 사람은 박식한 학자인 그들뿐이었고, 그러므로 과거와 미래도 자신들만 통찰할 수 있다고 믿었다. 당연히 자신들과 같은 사람이 존재하지 않은 때도 있었으리라는 생각을 하지 못했고, 그러다 보니 《타나크》에 나오는 예언자와 천사들은 물론 심지어 하느님까지도 포함하여 모든 등장인물을 그들의 이미지 속에서 랍비로 재현시켰다. 같은 맥락에서 영웅적 노력을 기울여 토라의 적용 가능성을 확인하고 결정하는 일을 하면서도 그들은 자신들이 앞으로 다가올 미래의 질서를 세우고 있다고 믿었다. 랍비들은 요새와 같은 예시바 속에 고립되어 있으면서도 예시바 너머의 무너져가는 세계의 공포를 뼈저리게 인식하고 있었다. 연구에 몸바친 사람들답게 악의 회피가 아닌, 다가올 황금기를 위해 악을 제거하는 것이 그들의 목적이었다. 하느님은 유대인들에게 "폐허가 된 모든 도시가 재건되고", "암소와 곰이 함께 먹으며", "세상에서 죽음이 끝나는"[104] 행복한 새 시대가 올 것이라는 확신을 심어주셨다. 하지만 행복한 순간이 도래하기 전에 도처의 유대인들은 먼저 토라를 제대로 이해할 필요가 있었다. "너희들이 자격을 갖추면 나도 서두를 것이요, 그렇지 못하면 때가 될 때까지 기다릴 것이니라."[105] 랍비들에 따르면, 그것이 하느님이 그의 백성들에게 제시한 거래 조건이었다. 세계의 미래가 그들 손에 달린 셈이었다.

그러나 정의와 자비가 넘치는 시대를 열망하다 종국에는 세속적 권력까지 낚아채려 한 조로아스터교 고위 사제들 및 마즈다크 교도들과 마찬가지로, 랍비들도 생각과는 달리 그리 탈속적이지는 못해 권력의 고삐를 붙잡으려고 했다. 시간은 확실히 더디게 갔다. 하지만 하느님이 선택된 민족에게 구원자를 보내주겠다고 약속한 것은 모든 유대인이 알고 있었다. '기름 부음을 받은 자', 곧 메시아Messiah 혹은 마시아흐Mashiach가 구원자였다. 따라서 그가 유대인의 왕이 되면 하느님이 약속하신 대로 고통으로부터 세계가 구원될 것이고, 현 시대의 요동치는 격변이 바로 그것의 임박을 알리는 예고편이었다. (탈무드에도) 왕국들이 다투는 것이 보이거든 "메시아의 발을 찾으라"[106]는 말이 적혀 있지 않던가. 다만 아직은 메시아의 발톱조차 보이지 않는 상황이므로 유대인들로서는 은총을 베풀어줄 대안적 지도자, 다시 말해 하느님이 요구한 복종을 지시하여, 메시아의 도래를 촉진할 수 있는 지도자가 절실히 필요했다.

게다가 그런 지도자가 곁에 있다면 그야말로 금상첨화였을 것이다. 하지만 어느 저명한 랍비도 한때 "한 민족을 가르치는 일과 지배하는 일은 결코 동시에 일어나지 않는다"[107]고 단언했듯이, 랍비가 지도자를 겸직하는 일 또한 기대하기 힘들었다. 하지만 뜻밖에도 그의 후계 랍비들이 그 예상을 보란 듯이 깨고 가르치는 일과 지배하는 일을 동시에 추구하고 나섰다. 다년간 격렬한 대립을 이어가던 랍비와 족장 간의 투쟁이 족장들의 무대 퇴장으로 종결되자, 수라와 품베디타의 랍비들이 기다렸다는 듯 족장의 대역을 맡고 나선 것이다. 그들은 탈무드 기록 작업에 매진하면서도 놀라운 자신감을 드러내며 동향인들에게 그것을 명령하는 일까지 떠맡으려고 했다. 최고위층으로부터 최하층, 지주에서부터 노동자에 이르기까지 모든 유대인의 삶을 탈무드로 규정하고 통제하려고 한 것이다. 문제는 그런 변혁을 차질 없이 추진하려면, 조로아스터교 고위 사제들처럼 왕의 후원을 받거나 마즈다크처럼 무장 봉기를 일으킬 힘이 필요했는데, 랍비들에게는 둘 다 결여되어 있었다는 것이다. 유대인 사회에서 지배권을 가지려면 랍비의 역할을 법정 관리나 제국 관료들과의 연락 업무로 국한시켜야 했지만 그 또한 불가능했다. 하느님의 명령만으로 행사할 수 있을 것으로 여겼던 힘이 현실의 편의성과 부딪쳤던 것이다. 이것이 말해주듯 랍비들이 유대인을 지배할 수 있는 길은 하나뿐이었다. 공무원이나 심판관이 아닌, 살아 있는 신성의 본보기가 되는 것이었다.

"현자들의 가르침을 행한 사람은 가히 성인으로 불릴 만하다."[108] 학문의 전당으로 존중받았던 메소포타미아 같은 곳에서도 한때는 이런 격언이 다수의 유대인들로부터 상아탑의 환상으로 치부된 적이 있었다. 그러나 예시바 지도자들이 내적 확신과 외적 저항감을 표출하며 시대의 격동에 적절히 대처하자 그 기류에도 변화가 생겨 그들을 우러러보는 사람이 날로 늘어났다. 칼, 비단, 철갑으로 둘러싸인 말은 없었지만 그들에게도 힘이 있음을 나타내는 특유의 표시물이 있었던 것이다. 임산부들이, 수라와 품베디타의 경계지에 출몰하는 거룩함과 박식함의 혼령이 곧 태어날 아들에게 가득 차기를 바라는 마음에서 랍비를 찾았던 것도 그래서였다. 랍비들에게는, 가령 눈먼 랍비가 조롱받으면 그것을 행한 사람에게 시선 한 번 돌리는 것으로 그를 '뼈 무더기'로 변하게 할 수 있는 능력이 있다는 믿음이 널리 퍼져 있었다.[109] 메소포타미아의 유대인들에게는 특히 비등하는 랍비들의 권리를 당연시하는 풍토가 사회 전반에 스며들어 있었다. 하느님의 뜻을 알기 위해서는 랍비들의 프리즘을 반드시 통과해야 했다. 토라가 마침내 감사함을 아는 민족에게 지금까지는 알지 못했던 복잡함과 세밀함을 드러내며, (유대인의 마지막 한 사람까지 랍비의 형상이 되게 하는) 본연의 임무를 시작할 수 있게 된 것이다.

그렇다면 오랫동안 바라던 일도 곧 달성이 될 터였다. 메시아도 올 것이고, 포도나무들도 "서른 말의 포도주"[110]를 생산할 것이며, 여자들도 "하루 단위로 아이를 출산하게"[111] 될 터였다. 그러나 기실 메소포타미아 랍비들이 행복한 시대가 도래하기 전에 유대인의 마음을 그처럼 신속히 얻을 수 있었던 데에는 또 다른 요인이 숨어 있었다. 탈무드에도 나오듯 태초에 하느님은 세상의 모든 민족에게 말씀을 내리면서 토라를 제공했다. "하지만 그들 모두 받기를 거부하"[112]고, 유대인의 조상만 그 값진 선물을 받아들였다. 그리하여 인류는 멸망을 피할 수 있게 되었다. 토라가 보존되었기에 망정이지 그렇지 않았다면 천지창조의 목적도 실패로 돌아갔을 것이기 때문이다. 같은 맥락에서 하느님의 율법에 규정된 것을 깊이 이해할 수 있게 해준 것이 랍비들이었으니, 그들도 세계의 안정에 기여한 셈이고, 그렇게 보면 유대인이 유대인다워지는 것이 결국 모든 사람에게 이롭다는 말이었다. 메소포타미아 랍비들이 유대인의 마음을 신속히 얻을 수 있었던 요인이 거기에 있었다.

그런데 만일 이와 정반대의 현상이 벌어졌다면 어땠을까? 만일 선택된 민족이 위험하고 그럴싸한 우상 숭배의 유혹에 빠져 그들의 정체성을 상실했다면 어땠을까? 수라와 품베디타에 학교가 세워지기 전 수 세기 동안이나 바빌론의 그 숱한 거짓 신들의 유혹에도 넘어가지 않음으로써 유대인의 정체성을 지키는 데 굳이 랍비들이 필요하지는 않다는 점을 보여주었던 메소포타미아의 유대인들 앞에, 시간이 지나자 예전의 거짓 신들보다도 한층 위험하고 그럴싸한 유혹, 화장한 매춘부처럼 《타나크》의 미관으로 한껏 멋을 부린 달콤한 목소리의 이단이 새롭게 등장했기에 하는 말이다. 랍비의 가르침을 가장 유해하게 모방한 듯한 그 신앙의 추종자들은, 메소포타미아의 부락, 소도시, 대도시 가릴 것 없이 유대인들이 거주하는 모든 곳에 존재해 있었다. 게다가 (탈무드 용어로) 이단을 뜻하는 미님minim들은 숨겨진 토라 같은 것은 없다고 주장한 것도 모자라 그것을 랍비들이 위조한 것이라고까지 주장했다. 메시아도 이미 도래해 있으므로, 메시아 출현을 위해 따로 준비할 것이 없다고도 했다. 미님들이 말하는 메시아는

500년 전에 태어나 로마인들에 의해 십자가에 못 박혀 죽은 뒤에 부활한 예수 그리스도였다. 그러나 물론 이는 사실이 아니었다.

메소포타미아의 랍비들이 폭로한 사실에 따르면 예수는 '매춘부의 아들',[113] 성적으로 문란한 행위를 일삼은 벌로 랍비에게 퇴교당하자 홧김에 '벽돌을 숭배하게 된 인물이었다. 따라서 하늘에 군림해 있다고 한 미님들의 가당치 않은 주장과 달리, 그는 지옥에 떨어져 펄펄 끓는 욕조의 똥물 속에서 나머지 영겁의 시간을 보내고 있을 게 분명했다.[114] 가없는 지혜로움을 가지신 하느님도 예수가 그의 선민에게 위협을 가하리라는 점을 진즉에 예견하고 계셨다. 기록된 토라와 더불어 숨겨진 토라를 유대인들에게 부여한 것이 그것을 말해주는 증거였다. 구전된 토라에는 실체가 없으니, 미님들이 불결한 손을 얹어 "선민이라고 주장할"[115] 수 있는 방도가 없었기 때문이다.

그럼에도 예수의 숭배자들이 제기한 위험은 유대인의 기나긴 역사기 동안 한 번도 접해본 적 없는 불길하고 위압적인 문제로 남아 있었다. 불길했던 것은 그 종교가 유대교와 아주 흡사하게, 심지어 일부 랍비들까지 포함된 다수의 유대인들에게 은밀하고 두려운 파급력을 미쳤기 때문이고, 위압적이었던 것은 전 세계 곳곳에 그 종교가 퍼져나간 것으로 보였기 때문이다. 메소포타미아의 광대한 지역과 페르시아는 물론 심지어 이란샤르의 동쪽 지역까지 그 종교로 감염되었으니 말이다.

하지만 그 모든 현상 중에서도 유대인들을 가장 불안하게 했던 것은 역시 서구에서 나타난 그 종교의 발전 양상이었다. 샤한샤의 유대인 백성들도 인정했다시피 서구에는 세계 최강의 왕국, 500년 넘게 예루살렘과 약속의 땅을 지배했고 그 과정에서 다수의 민족, 특히 유대인들에게 고통을

천사 가브리엘이 무함마드에게 이야기하는 모습. 무슬림 전통은 예언자가 신에게 부여받은 계시의 총합을 그의 사후에 모아 정리한 것을 '암송문', 곧 꾸란이라고 말한다. 그러나 꾸란이 언제, 어디서, 그리고 어떻게 편찬되었는지는 지금도 학계의 뜨거운 논쟁거리가 되고 있다.

642년 아랍 군대가 나일 강 유역의 한 도시 관리들에게 양 65두를 받고 발행해준 수령증. 그리스어와 아랍어로 적혀 있을 뿐 아니라 '이슬람력 22년'이라는 시기도 명기된, 따라서 이슬람력이 언급된 현존하는 최고最古의 문서다.

진주 세 개짜리 귀고리를 착용한 페로즈 왕의 주화. 현란한 옷차림, 동물 살해는 페르시아의 왕중왕이 갖추어야 할 이상적 덕목이었다. (Wikimedia Commons)

북부 이란 산지의 '종마의 불' 신전이 있던 곳. 이 신전은 페로즈 치세에 지어진 것이 분명한데도, 조로아스터교도들은 그로부터 불과 몇 세대 뒤 이것을 태곳적부터 있던 것이라고 주장했다. (사진 제공: Paul Rudkin)

크테시폰 왕궁의 알현실 전경. 한때는 이란샤르 대수도였던 곳에 남아 있는 유일한 잔존물이다. (Wikimedia Commons)

득의양양한 이란샤르. 로마 황제 한 명(필리푸스)이 말 위에 있는 샤푸르 1세 앞에 무릎을 꿇고 있고, 또 다른 황제는 포로가 되어 손이 묶인 모습이다. 사산 왕조는 로마제국에 거둔 승리를 언제나 제국의 힘을 나타내는 최고의 척도로 삼았다. (사진 제공: 톰 홀랜드)

로마의 팔레스타인 속주에 6세기 무렵에 지어진 시나고그에 보관된 계약궤의 모습. 그러나 가장 유명한 유대교의 율법 학파는 정작 성지인 이곳이 아닌 메소포타미아에 있었다. (브리지먼 예술 도서관 소장)

금각만 너머, 고대에 그리스 도시 비잔티움으로 불렸던 곳의 전경. 324년에 콘스탄티누스 대제가 새로운 수도를 건설하기 시작하여, 공사가 끝나자 일말의 망설임도 없이 '콘스탄티누스의 도시'를 뜻하는 콘스탄티노플로 명명한 곳이다. 당시에는 바닷물이 도시를 '마치 꽃목걸이처럼' 에워싸고 있었다고 한다. (사진 제공: 톰 홀랜드)

도시 창건을 기념하여 콘스탄티누스 대제가 세운 기둥. 본래는 기둥 꼭대기에 마치 일곱 광선을 뿜어내는 태양의 왕관을 쓴 듯 황제의 조각상이 놓여 있었고, 기둥의 토대 밑에도 트로이에 있던 것을 로마로, 로마에 있던 것을 다시 콘스탄티노플로 옮겨왔다고 전해지는 팔라디움 여신상이 묻혀 있었다. (사진 제공: 톰 홀랜드)

콘스탄티노플 대궁전 단지의 유적. 지금은 초라한 모습이지만, 단지 내에 수많은 홀, 연회장, 정원이 갖춰진 곳이었다. 이곳을 출입할 수 있는 특권을 가졌던 사람들은 '또 다른 천국'이라며 감탄을 연발했을 만큼, 이곳은 수 세기 동안 제국의 힘을 나타내는 중심이었다. (사진 제공: 톰 홀랜드)

유스티니아누스 대제. 그는 '하느님으로부터 전 로마제국을 돌보되 가능하면 개조까지 하라'는 임무를 부여받은 황제였다. 6세기의 비잔티움 유파 제작. (Wikimedia Commons)

히포드롬의 황제와 관중들. 전차 경주에 대한 열광은 때로 폭력적일 수 있었고, 실제로 532년 1월에는 그것이 약탈과 방화가 수반된 폭동으로 비화되어, 잠시지만 유스티니아누스의 권력을 위협하기도 했다. (사진 제공: 톰 홀랜드)

로마의 카타콤에 있는 선한 목자상. 2세기 말 혹은 3세기 초에 그린 것인데 성서의 복음서에서 끌어낸 형상에, 민숭민숭한 얼굴과 몸에 딱 붙는 튜닉을 입은 그리스 신을 합치시킨 모습이다. (Wikimedia Commons)

예수가 세례 받는 모습의 모자이크화. 성부가 성자의 우위에 있다고 주장하여 325년 콘스탄티누스 대제가 소집한 니케아 공의회에서 이단으로 정죄된 아리우스파 신도의 후원으로 제작되었다. 성부 하느님과 성자 그리스도의 관계를 정립하는 문제는 수 세기 동안 기독교계를 요동치게 한 주요 논쟁거리였다. (Wikimedia Commons)

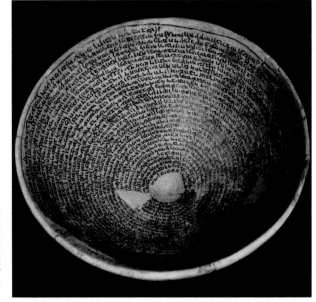

명문이 새겨진 주문呪文 그릇. 양쪽의 눈치를 보지 않으려고 유대교의 '나는 스스로 있는 자'와 기독교의 삼위일체를 동시에 불러낸 기도문이 적혀 있다. 이것으로도 알 수 있듯 근동에서는 유대교와 기독교 지도자들이 인지했던 것보다는 훨씬 더 서로 간의 신앙에 익숙해 있었다.

콘스탄티노플의 지하 수조에 거꾸로 놓인 이교도 조각상. 이것이야 말로 콘스탄티누스 대제의 기독교 개종으로 세상이 뒤집어진 것과, 로마의 옛 종교 질서가 새로운 것으로 대치되었음을 보여주는 상징 이다. (사진 제공: 톰 홀랜드)

유스티니아누스 대제의 황후 테오도라. 개심한 매춘부, 기독교 단성론자 성인이었다. (Wikimedia Commons)

유스티니아누스 대제가 재건한 하기아 소피아(신성한 지혜의 대성 당). 사흘 동안의 폭동으로 폐허가 되었으나, 마치 잿더미에서 되살아 난 불사조처럼 연기가 피어오르는 잔해를 뚫고 다시 일어섰다. '공중이 하늘을 떠받치고 있는 듯한' 거대한 돔의 모습에 동시대인들마저 경외 감을 느꼈다.

콘스탄티노플의 쌍둥이 창건자. 성모 마리아를 중심으로 왼편에는 콘스탄티누스 대제, 오른편에는 하기아 소피아를 손에 든 유스티니아누스가 서 있다. (사진 제공: 톰 홀랜드)

유대 사막의 동굴들. 기독교 수도사들이 은거한 단골 장소였다. (사진 제공: 톰 홀랜드)

카타리나 수도원의 모자이크화. 4세기 때 수도사들이 모세가 십계명을 받은 시나이 산으로 확인한 산의 발치에 세워진 수도원에 있는 것으로, 왼쪽에 선 모세가 유대인 선지자가 아닌 기독교 선지자로 그려져 있다. (사진 제공: 톰 홀랜드)

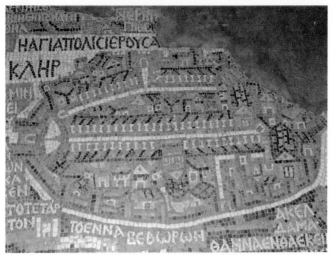

마다바 모자이크 지도에 묘사된 기독교 도시 예루살렘. 사해 동쪽 마다바에 있는, 어느 교회의 바닥을 형성한 모자이크의 일부다. (사진 제공: 톰 홀랜드)

게리짐 산. 사마리아인들에게 세상에서 가장 거룩한 곳이었다. (Wikimedia Commons)

마므레의 모습. 위의 마다바 모자이크 지도에도 나타나듯 아브라함이 앉았던 상수리나무 왼편에 콘스탄티누스 대제가 지은 교회가 보인다. (사진 제공: 톰 홀랜드)

안겨준 '로마인들의 왕국'이 있었던 것이다.[116] 그런데 예수 탄생 500년 뒤 유대인들은 다시금 로마의 능력과 힘을 두려워해야 하는 이유를 갖게 된 것이다. 로마 황제들도 한때는 바빌론의 왕들처럼 무수히 많은 악마들의 신전을 보유하고 있었다. 그러다 이후 그것들을 폐쇄하는가 했는데, 알고 보니 그보다 더 고약한 종교로 대체된 것일 뿐이었다. 게다가 로마인들이 택한 숭배의 대상은 모든 우상을 통틀어 가장 위협적인 가짜 우상, 그리스어로 '크리스토스 christos(그리스도)'로 불린 '메시아'였다.

맞다. 황제의 궁전에서 숭배된 것은 다른 누구도 아닌 예수였다. 그러므로 유대인들도 이제는 유일신을 믿는 유일한 선민이 아니었다. 페르시아의 지배 영역보다 한층 부유하고 위협적인 영역을 지배하는 로마 지배자들도 근래에 예수야말로 하늘의 지배자라는 믿음을 제국의 고동치는 심장으로 받아들이기 시작했기 때문이다. 그러나 믿기 시작한 것은 최근이지만 그 믿음의 기원은, 기록된 탈무드뿐 아니라 심지어 예수보다도 역사가 길 만큼 오래되었다. 달리 표현하면 로마가 기독교로 개종한 것은 맞지만, 세계 여타 지역으로 퍼져나간 기독교에도 로마적 색채가 짙게 배어 있었다는 말이다.

하나의 제국에 하나의 신. 제국의 1000년 역사에 이보다 더 어울리는 조합도 없었다.

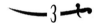

3

새로운 로마

· 폐허 지탱하기 ·

로마인들은 결코 겸손한 민족이 아니었다. 그럼에도 로마의 위대성이 초자연적 영역에 기인한다는 점은 분명히 인식했다. 그 많은 업적을 이루었으니 그렇게 생각하는 것도 무리는 아니었을 것이다. 로마가 세계 제국으로 비약해간 포물선에는 언제나 초자연적 요소가 함께 드리워져 있었다. 그리스도가 탄생하기 750년 전에 도시가 처음 형성되었을 때만 해도 로마는 이탈리아의 외진 구석, 일곱 구릉에 산만하게 흩어져 있던 농부와 소도둑들의 주거지에 지나지 않았다. 그랬던 로마가 그 1000년 뒤 사산

브리튼

갈리아

라인강

밀라노

라벤나

이탈리아

로마

에스파냐

시칠리아

카르타고

아프리카

로마제국 판도

──── 400년 무렵의 로마제국

▨ 500년 무렵 로마제국의 영향권을 벗어난 속주들

──── 이란샤르

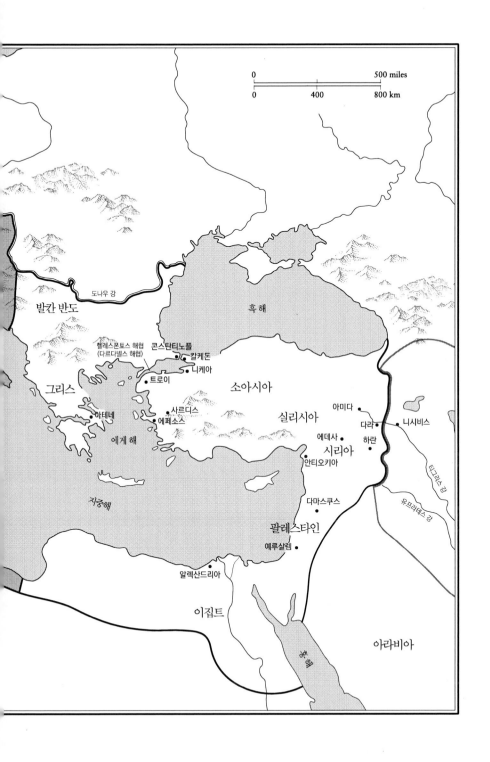

왕조가 세계 제국이 되기 위한 첫걸음을 내딛었을 무렵에는, 저 북쪽의 얼음 덮인 북양에서 아프리카의 모래사막까지로 지배 영역이 확대되어 있었다. 일개 도시에 불과했던 곳이 세계의 여왕으로 군림하는 믿지 못할 일이 벌어진 것이다. 어떻게 그런 일이 벌어질 수 있었을까? 하지만 로마인들은 역사기 거의 내내 그 점에 한 점 의혹을 갖지 않았다. 하늘의 호의를 받았기 때문이고, 호의를 받을 수 있었던 것은 신을 가장 두려워하는 민족이기 때문이라는 것이었다. "우리는 무력 못지않게 신앙심도 강하다."[1]

그러나 이렇게 신들의 지원을 받고 있으면서도 로마인들은 웬일인지 희미한 열등의식에서 헤어나지 못했다. 에스파냐, 갈리아, 브리튼과 같은 제국의 서쪽 지역에서는 정복지의 부족민들을 야만족으로 치부하고 지배자로 군림하는 것이 가능했다. 그런데 동방에서는 그것이 불가능했던 것이다. 한때 키루스와 알렉산드로스가 지배했던 동방에는 로마인들로 하여금 근본도 없는 어정뱅이라는 자괴감을 갖게 하는 문명들이 존재해 있었다. 로마인들을 특히 주눅 들게 한 민족이—고대 그리스의 기둥 양식 중 하나인 도리아식과 철학 및 요리책을 창안한, 따라서 세련미의 극치로 간주되던—그리스인들이었다. 그래서인지 로마인들은 그리스 문화를 비굴하게 추종하면서도 행여 촌티가 겉으로 드러날까 저어하여, 그 사실을 떳떳이 밝히지는 못했다. 그들이 누구던가, 그리스를 정복한 민족이 아니던가. 따라서 차마 그럴 수는 없었던 것이다. 로마인들이 문학과 대화에서 플라톤의 이름을 숱하게 들먹이면서도, 로마가 위대해질 수 있었던 요인을 그들 조상의 의식과 관습에서 찾으면서 그 점을 결코 잊지 않았던 것도 그래서였다. 그리스인들도 로마의 성공 비결을 논하면서 그 점에는 수긍했다.

그리스도 탄생 50년 전에 타계한 박식한 그리스 철학자로 "로마는 인력 뿐 아니라 로마 특유의 전통적인 일 수행 방식으로도 수립되었다"[2]고 단언한 포세이도니오스(기원전 135경~기원전 51경)가 대표적인 예다. 게다가 그 전통의 몇몇은 입에 올리는 것조차 꺼려질 정도로 강력한 힘을 지니고 있었다. 그만큼 중요한 것이 걸려 있었다. 로마가 물에 잠기지 않도록 막아주는 일을 관장한 신이나 여신의 이름을 함부로 누설했다가는 도시 전체가 재앙을 당할 우려가 있었던 것만 해도 그랬다. 실제로 그것을 겁 없이 입에 담았다가 그 즉시 '비참한 종말'[3]을 맞은 사람도 있었다.

그러나 아무리 국가 기밀에 속하는 것이라 해도, 전적으로 로마적 전통에만 의존하기에는 무리가 있었다. 로마인들이 당연시한 것처럼, 만일 효과 만점인 전통들이 가장 오래된 것이기도 하다면 로마의 피지배민들 가운데 가장 뛰어난 그리스인들이 최고라는 점 또한 부정할 수 없게 되기 때문이다. 그리스인들의 주장에 따르면 로마가 창건되기 수 세기 전, 아시아와 유럽을 가르는 헬레스폰토스 해협(지금의 다르다넬스 해협)의 아시아 쪽 해안가에는 트로이라 불리는 도시가 있었다. 그리고 그 도시를 둘러싼 성벽 안에는 가장 강력한 부적이 모셔져 있었는데, 저 태곳적 하늘에서 떨어진 처녀신, 곧 팔라스 아테나를 묘사하여 만든 팔라디움 여신상이 그것이었다. 그렇게 강력한 부적이었던 만큼 그것을 안전하게 보관하는 한 트로이는 정복되지 않는다고 했고, 그리스가 10년 동안 포위공격을 하면서도 트로이 성벽을 뚫지 못했던 것도 그래서였다. 하지만 결국에는 그리스 첩자들이 팔라디움을 탈취함으로써 트로이는 함락되어 초토화되었다는 것이다.

그렇다면 팔라디움은 어떻게 되었을까? 팔라디움이 맞은 운명에 대해서는 여러 가지 설이 난무했다. 그리스에서도 여신상의 마지막 안식처를 주장하고 나선 도시들이 적지 않았다. 팔라디움이 귀중한 신분의 상징인 데다 궁극적인 안전의 보장책이었으니 그럴 만도 했을 것이다. 그러나 시간이 많은 것을 말해주었듯, 가공할 부적의 힘을 부여받았다는 주장을 설득력 있게 펼 수 있는 도시는 한 곳뿐이었다. 정복자가 피정복자의 영토와 더불어 과거까지 훔치는 것이 당시의 관행이었던 만큼, 떠오르는 신흥 세력 로마가 그리스 세력권을 잠식해 들어감에 따라 정복자의 권리를 누리게 되었기 때문이다. 그리하여 로마인들은 이제 자신들의 뿌리까지 이탈리아가 아닌 동방의 트로이에서 찾게 되었다.[4]

그들에 따르면 늑대 젖을 먹고 자란 로마의 건국자 겸 초대 왕 로물루스도, 신들의 도움을 받아 이탈리아로 피신해 새 출발을 한 트로이 전쟁의 영웅 아이네아스의 후손이었다. 그것이 전부가 아니었다. 팔라디움도 그동안의 행적이야 어찌 됐든 간에 그 무렵에는 로마에 와 있었다. 그리하여 지금은 유서 깊은 기념물이 되었지만 당시에는 로마의 중심지답게 인파로 북적이던 공공장소 포룸에 모셔졌던 여신상이 그곳에 안전하게 머물러 있는 한 제국의 미래는 걱정할 일이 없게 되었다. 팔라디움이야말로 로마보다 무한대로 광막하고 고색창연한 과거와 연결되어 있는 것은 물론 그것을 훌쩍 뛰어넘는 어떤 것, "제국은 결코 무너지지 않으리라는 운명의 여신이 해준 약속"[5] 그 자체였기 때문이다.

사산 왕조가 이란샤르에 지배권을 확립한 지 20여 년 뒤인 248년에 로마는 도시 건설 1000주년을 경축했다. 로물루스가 자신의 이름을 따 로마로 부른 도시를 건립한 지도 어언 1000년의 세월이 흐른 것이다. 그 무렵에는 로마에 거주하는 사람들뿐 아니라 36년 전 시민권을 부여받은 다른 지역의 자유민들도 '로마인'이라는 이름에 자부심을 느낄 정도로 상황이 변해 있었다. 물론 시민권 부여는 보는 사람의 관점에 따라, 세금을 늘리기 위한 비열한 꼼수로 볼 수도 있었고, 칭찬받아 마땅한 행위로 볼 수도 있었다. 그러나 로마인들은 위대함을 얻는 과정에서 무자비하고 탐욕스러운 속성을 드러내기는 했지만 마음 한켠으로는 언제나 그들이 행한 정복이 세계의 이익을 위해서였다는 막연하면서도 흡족한 믿음을 갖고 있었다.

로마인들 중에서도 그 점을 가장 감동적으로 표현한 인물이 바로 시인 베르길리우스(기원전 70~기원전 19)였다. 로마의 세계 지배가 처음 기치를 올리고 있을 때 "평화를 가져다줄 수 있는 일과 방법을 제시하고, 전쟁이라는 수단을 통해 오만한 자들을 이겨 타도하라"[6]는, 신이 부여한 임무를 로마인들은 결코 잊어서는 안 된다는 훈계조의 장대한 서사시 《아이네이스 *Aeneid*》를 집필했으니 말이다. 하지만 또한 훈계를 담고 있었다는 점에서 보면 그것은 로마인들에게 기쁨을 주는 동시에 또 다른 울림을 가진 사명 선언문이라고도 할 수 있었다.

제목이 말해주듯 《아이네이스》는 트로이의 왕자 아이네아스의 이야기를 다룬 대서사시다. 따라서 아이네아스 후손들이 세계를 지배하는 시대를 고대하는 내용과, 그가 동방에서 물려받은 유산을 되짚어보는 내용이 함께 담겨 있다. 그렇다고 살육과 착취를 통해 승리한 제국이 인류의 형제애도 구현할 수 있다는, 일견 실현 불가능해 보이는 말을 믿은 것이 비단 로마 시인들뿐만은 아니었다. 그리스 철학자들도 그 점에서는 다를 바 없었다. 베르길리우스와 거의 동시대인이었던 포세이도니오스만 해도 로마의 지배를 우주의 질서가 지상에 반영된 것으로 본 다수의 그리스인 중 첫 번째 인물이었다. 로마 건국 1000년 무렵에는 이 관점이 거의 보편화되어 있었다. 로마가 2세기 가까이 '평화를 가져다줄 수 있는 일과 방법'을 제시한 것은 사실이었다. 역사상 그 많은 사람들이 그토록 오래도록 전쟁을 겪지 않고 살았던 예가 없었으니 말이다. 그리고 그렇게 보면 먼 곳의 속주민들까지 '로마인'이 된 것에 자부심을 느끼고, 세계의 수도에 고마움을 나타낸 것도 놀랄 일이 아니다. "로마 시민은 장소에 관계없이 모두, 가장 훌륭하고 세련되며 강력한 인물로 간주되었다. (……) 온 세계가 로마에 의해 열락 정원으로 꾸며졌다."[7]

그러나 로마 건국 1000년 무렵에는 열락 정원에 꽃뿐 아니라 잡초와 관목도 늘어났다. 그곳을 화사하게 꾸며주던 오래된 질서가 파괴된 탓이었다. 꽃이 만발한 정원은 그 이전 반세기 동안 병사들의 군화에 되풀이 짓밟혔다. 로마 건국 1000년 이전 10년 동안에는 라이벌 장군들이 끔찍한 야만성을 드러내며 서로를 살벌하게 도륙하는 등(3세기의 군인황제 시대를 말하는 것—옮긴이) 그 양상이 더욱 난폭해졌다. 건국 1000년의 문턱에 선 로마인들이 두려움에 전율을 느낄 만한 상황이었다. 그들이 보기에 그것은 혼령들이 분기하여 벌이는 일임이 분명했다. 로마는 과거로부터 질서를 부여하는 능력뿐 아니라, 유혈 낭자한 내전의 유산도 함께 물려받았다. 로물루스가 쌍둥이 형제 레무스를 죽인 것이나, 그를 계승한 역대 왕들이 쿠데타로 종말을 맞은 것만 해도 그랬다. 이로써 로마 왕정이 폐지되고 공화정이 수립되었으나, 왕정 때부터 계속되어온 세계 정복사업을 이어가던 공화정도 수립된 지 450년 뒤에 살인이 난무하는 폭력 속에 결국 붕괴되고 말았다. 장군(임페라토르imperator)들의 야망이 전 세계를 피로 물들였다. 그러다 보니 그 무렵에는 로마의 운이 다했다고 보는 사람이 적지 않았다. 실제로 카이사르라는 이름(본명은 가이우스 옥타비우스이나, 율리우스 카이사르의 양자가 된 뒤에 갖게 된 이름—옮긴이)을 가진 냉혹한 '임페라토르'가 시신들이 널브러진 공화정의 잔재에 독재권력의 기를 꽂고 두 번째 왕정을 수립하지 않았다면 로마의 운이 다했을 수도 있다. 그는 스스로를 '축복받은 사람'을 뜻하는 아우구스투스라 칭했다. 따라서 무례해 보일 수도 있는 호칭이었으나, 그렇게 불릴 만한 자격이 있었다. 임페라토르가 아우구스투스의 치세기에 '장군'의 의미를 넘어 지금 우리가 알고 있는 것과 같이 본래의 라틴어 뜻에 가까운 '황제'의 의미를 갖게 된 것도 그가 거둔 성공에 기인한다.

베르길리우스도 전부는 아니지만 적어도 부분적으로는 아우구스투스의 격려를 받아 집필한 웅대한 서사시 《아이네이스》에서, 자신을 후원해준 카이사르를 "황금시대를 되돌릴"8 운명을 지닌 사람으로 칭송했다. 아닌 게 아니라 세계가 얼마간 황금시대를 누린 것은 사실이었다. 물론 아우구스투스 사후 50년 뒤에, 어머니를 죽이고 환관과 결혼하며 로마 시의 절반을 불태운 끔찍한 인물로 로마인들에게 각인된 네로(37~68) 같은 미치광이 황제가 뜬금없이 나타나기는 했지만 말이다. 그러나 네로의 자살에 이어 벌어진 내전도 고작 1년여 지속되었을 뿐, 로마제국은 그의 사후에도 150년 동안이나 황금기를 누렸다. 그런데 황제 지망생들의 권력 쟁탈전이 전개되는 와중에 로마는 건국 1000년을 맞게 된 것이고, 그래서 로마인들은 더더욱 (지난날을 황금시대, 은시대, 동시대, 철시대로 분류했던 고대 그리스인들처럼—옮긴이) 황금시대가 행여 철시대로 퇴보하여 진화가 역행하지나 않을까 두려워했다. 이 경우 철시대로의 퇴보란 황제들이 예전의 군벌 수준으로 전락하는 것이었다.

로마 건국 1000년을 어둡게 한 그림자는 이뿐만이 아니었다. 국내 정세만 어지러웠던 것이 아니라, 제국의 국경 너머에서도 소란스러운 일이 벌어지고 있었다. 로마의 전략가들도 익히 알고 있었듯이 베르길리우스가 그의 서사시에서 '한계 없는 영토'[9]를 약속한 것이 무색할 만큼 로마는 모든 곳에서 한계에 부딪히고 있었다. 이란샤르 방벽 너머에 유목민이 활개치는 거대한 초원 지대가 펼쳐져 있었던 것처럼, 로마제국의 북쪽 국경 너머에도 야만족이 들끓기 좋은 습지와 숲의 황무지가 있었고, 그러다 보니 이들을 소탕하는 문제가 수 세기 동안 로마 지도부의 골칫거리가 되었다. 그들은 본격적으로 정복에 나서기에는 지나치게 미개하고, 그렇다고 미처 날뛰도록 내버려두기에는 지나치게 위협적이었다. 야만족은 이렇듯 능란한 대처가 요구되는 난제였으며, 로마 당국도 이 점을 고려하여 차별적인 국경 정책을 시행했다. 군단들이 주의 깊게 방어 활동을 하다 한 차례씩 기습 소탕 작전을 벌인다든가, 말 잘 듣는 종족에게는 보조금을 지급하고 반항적인 종족에게는 파괴와 살육으로 보복하는 식이었다. 야만족이 특별히 호전적일 때는 그것을 역으로 이용해, 로마 군단의 포이데라티^{foederati}(보조군)로 편입시키기도 했다. 이렇듯 정책은 다양하지만, 로마가 추구한 목표는 일정했다. 야만족을 제압하는 것이 목적이었고, 실제로 로마는 아우구스투스에 의해 시작된 로마의 평화(팍스 로마나)가 오래도록 계속되는 거의 내내 그 면에서 상당한 성공을 거두기도 했다.

그런데 시간이 감에 따라 제국 북쪽의 국경 변에서 힘의 균형이 바뀔 수 있는 불길한 조짐이 나타났다. 라인 강 국경 지대만 해도 수십 년 전부터 야만족의 습격에 시달리고 있었고, 근래에는 고트족이라 불리는 야만족이 동쪽의 도나우 강변에서 한층 더 폭력적인 침략을 감행하여, 로마 건국 1000년이 되는 해에는 급기야 발칸 전역을 불태우는 일까지 벌어졌다. 로마 당국에도 이 모든 일이 충격이었다. 그렇다고 제국 코앞에 있는 야만족의 군사 지도자들에게 그런 대규모 초토화 작전을 계획, 지휘, 수행할 능력이 있을 리는 만무했지만, 아무튼 뿔뿔이 흩어져 활동하던 부족민들이 응집력을 보이기 시작한 것은 분명했다. 부족민 지도자들은 로마가 준 보조금과 약탈품을 지배 영역을 확대하는 데 사용한 모양이었다. 돈이 많으면 영향력도 그만큼 커지게 마련이었다. 그렇다면 전사 집단의 규모도 수백 명 규모에서 수천 명으로 늘어났을 것이 분명했다. 아직은 제국을 위협할 수준이 아니었지만, 그래도 야만족 왕들의 힘이 강해지고 있음을 나타내는 징표는 될 수 있었다. 요컨대 무시하지 못할 정도로 조금 더 로마화가 진행되었다는 말이다.

하지만 그렇다고 야만족을 얕잡아본 로마의 태도에 변화가 있었던 것은 아니다. 변화시키기는커녕 제국의 핵심지로 깊숙이 침투해 들어오는 고트족의 허튼 수작은 오히려 야만족에 대한 로마의 경멸감을 확인해주는 역할만 했을 뿐이다.

로마의 자기만족을 강타한 진정한 그리고 궁극적인 충격은 제국의 북쪽이 아닌 동쪽에서 왔다. 로마는 건국 1000년을 기념하는 시점에서도 여전히 페르시아를 자국과 동등한 세력으로 인정할 준비가 되어 있지 않았다. 그러나 로마가 인정하든 인정하지 않든 아르다시르의 즉위 20년 뒤 그 전조는 이미 나타나고 있었다. 아르다시르의 아들 샤푸르 1세가 메소포타미아에서 로마 세력을 영원히 몰아낸 것이다. 그러자 로마 지휘부는 라인 강과 도나우 강변의 병력을 빼서 그곳으로 보내, 동방의 남은 속주라도 지키려고 안간힘을 썼다. 그러던 중 244년에 (고르디아누스 3세) 황제가 동방 원정을 수행하던 중에 군사 쿠데타가 일어나 살해되는 일이 벌어졌다. 그리하여 황제가 된 (근위대장) 필리푸스 아라부스(재위 244~249)는 자신의 지위를 강화하는 데 혈안이 된 나머지 로마로 돌아갈 생각에만 급급했고, 그렇게 서둘러 전쟁을 끝내려다 보니 페르시아에 화평을 간청할 수밖에 없었다. 그 결과 간청 사실을 만천하에 알리자는 샤푸르 1세의 요구를 받아들인 터무니없는 휴전조약이 체결되었다. 페르세폴리스 서쪽 바위에 새겨진 암각화에서 굴복하는 시늉을 하며 자비를 구하는 인물이 바로 필리푸스였다. 그로부터 4년이 지난 248년에 4월에 필리푸스는 로마 시 건설 1000주년을 경축하는 의식을 주재하는 최고의 영광을 누렸다.

하지만 필리푸스도 몇 달 뒤인 249년에 라이벌 황제 데키우스와 벌인 전투에서 살해되었고, 데키우스도 그 2년 뒤 도나우 강을 건너 제국 영토로 침범해 들어온 고트족에게 난자당해 죽었다. 그로부터 10년 뒤에는 발레리아누스 황제가 샤푸르 1세에게 포로로 사로잡혀, 그의 말 오름판으로 이용되는 수모를 당했다. 살아 숨 쉬는 로마 황제가 페르시아에는 최상의 전리품이었던 만큼 그의 굴욕적인 모습도 당연히 절벽 바위에 필리푸스와 나란히 새겨졌다. 발레리아누스의 수모는 죽음으로도 끝나지 않았다. 샤푸르가 그의 시신 가죽을 벗겨 무두질하고 붉게 염색한 다음, 사산 왕조 최고의 전승 기념물 중 하나로 사원에 보관한 것이다.[10]

하지만 그것도 아직 최악은 아니었다. 그 무렵에는 로마 황제의 위엄마저 바닥으로 추락했다. 사태는 통제 불능으로 치달아갔다. 정세가 불안할수록 라이벌 장군들의 제위 쟁탈전은 가열되었고, 제위 쟁탈전이 가열될수록 동방 속주들은 무방비로 노출되었다. 그리하여 로마 지도부가 페르시아 국경 지대를 안정시키기 위해 동방으로 군대를 차출하면, 이번에는 북부 국경 지대의 방어가 취약해진 틈을 타고 고트족과 여타 야만족들이 풍요롭고 따스한 국경 이남으로 처들어왔다. 이것이 제국 상황을 더욱 불안하게 만들었다. 이 악순환의 고리를 어떻게 끊는다? 아무래도 로마는 죽음의 소용돌이에 휘말려든 듯했다.

그러나 로마는 결국 위기에서 벗어났다. 새로운 세대의 황제들이 각고의 노력을 기울인 끝에 역경을 딛고 마침내 제국을 벼랑 끝에서 구해낸 것이었다. 냉혹하고 무자비했던 그들은 아우구스투스가 행한 것에 버금갈 정도의 전면적인 쇄신을 백성들에게 부과했다. "세금은 국가의 체력이다"[11]라는 로마의 오래된 격언대로 세금을 올리려 한 것도 그중의 하나다. 하지만 시대가 고통의 한가운데 있었던 만큼 그 체력도 이제는 예전 같지 않아 눈에 띄게 쇠약했다. 전쟁과 무정부상태로 증세가 어려워졌고, 그러자 당국은 궁여지책으로 통화 가치를 떨어뜨리는 극약처방까지 써보았으나, 그것도 극심한 인플레이션만 유발했을 뿐이다. 로마는 이렇듯 군사와 재정 양면으로 파멸의 위기에 처해 있었다.

하지만 궁하면 통하는 법, 수술 요법을 취한 것이 결국 위력을 발휘했다. 제국을 지배하고 있던 장군들이 국경을 안정시키기 위해서는 군대 기구와 재무 기구를 동시에 확대 개편하는 것이 필요하다고 인식하고 대대적인 개혁을 단행했던 것이다. 그리하여 향후 수십 년 동안 제국에는 병력과 관료 수가 엄청나게 늘어났다. 내정 개혁을 통해 새로 태어난 로마가 지중해 역사상 유례없는 막강한 정부 조직을 가진 나라가 된 것이다. 그렇게 복잡하고 권위적인 관료제는 일찍이 없었고, 그처럼 막대한 재정에 기반을 둔 군대 또한 일찍이 없었다. 아우구스투스에 의해 확립된 관대한 독재정이 (300여 년 뒤에는) 무한대로 억압적인 그 무엇으로 변질된 것이었다. 물론 아직은 로마의 이름으로 된 정부 형태를 보유하고 있었지만, 그 안에 혁명적 변화가 내포되었던 것은 분명했다. 새 정부가 제2의 로마를 창건한 것이야말로 그것을 보여주는 확실한 징표였다.

본래는 비잔티움으로 불렸던 새 수도는, 그곳에서 남서쪽으로 160킬로미터 떨어진 헬레스폰토스 해협과 마찬가지로 유럽과 아시아를 가르는 좁은 보스포루스 해협의 서쪽 연안에 자리해 있었다. 수 세기 전 고대 그리스인들이 건설한 곳으로 한쪽은 바다에 둘러싸이고 또 다른 쪽은 금각만(골든혼)이라는 내포 內浦로 둘러싸여 있어 방어에 최적의 조건을 갖춘 곳의 끝단에 위치해 있었다. 그런데도 그곳의 성장이 내내 가로막혔던 것은 아마도 식수 부족 때문이었을 것이다. 하지만 그것도 로마 군주의 의욕을 꺾기에는 부족했다. 324년에 '또 다른 로마'[12]의 창건 결의에 차 있던 황제가 드디어 비잔티움에 모습을 드러냈다. 새로운 제국 질서의 화신으로 우뚝 선 콘스탄티누스(재위 306~337)가 그 주인공이었다. 발칸(모이시아의 나이수스)에서 태어난 그는 브리튼에서 황제를 선포한 뒤 제국을 종횡으로 누비며 라이벌 황제들을 조직적으로 추적, 제거하면서 찢어진 나라를 하나로 봉합하는 데 일생을 바쳤다. 그러나 로마 외곽(312년의 밀비우스 다리 전투―옮긴이)에서 결정적 승리를 거두고 단독 황제(콘스탄티누스 1세 혹은 대제)가 되었는데도 고대 도시 로마에 대해서 이렇다 할 유대감을 느끼지 못했다. 제국 동부와 북부 전선 간 통합의 절실함이 어느 정도인지, 다시 말해 제국의 방어 상황을 정확히 진단하는 것이 그에게는 중요했기 때문이다. 그리하여 그는 유프라테스 강과 라인 강 사이 중간 지점에 위치한 비잔티움을 그 목적에 부합하는 이상적인 곳으로 택했다. 이어 그곳을 새로운 수도로 개조하기 위한 전면적인 도시 건설 계획이 수립되었다. 곳으로 이어진 통로의 서쪽 지역만 해도 기념물, 광장, 거리 들이 그리드식으로 광범위하게 조성되어, 도시의 본래 모습은 온데간데없이 사라졌다. 도시의 명칭마저 삼켜버릴 정도의 큰 변화였다. 그렇다고 사람까지 바뀐 것은 아니어서 주민들은 이후에도 자신들을 계속 비잔티움인으로 부르며 살았지만, 비잔티움의 존재가 사라진 것은 분명했다. 330년 5월 11일에는 그 도시의 창건자 콘스탄티누스가 마침내 후안무치의 절정 속에, '콘스탄티누스의 도시'를 뜻하는 콘스탄티노플을 개창했다.

이에 대해 본래의 로마 주민들은 어떤 반응을 보였을까? 두말할 나위 없이 처음에는 그 야심가의 허세를 가소롭게 보았다. 누구나 다 아는 사실이듯 고대의 혈통을 물려받지 않은 도시는 도시로도 간주되지 않았기 때문이다. 하지만 뜻밖에도 콘스탄티노플의 인구는 급속히 팽창했다. 창건자의 예상마저 뛰어넘을 정도여서 몇십 년 뒤에는 그가 세운 육지 성벽이 미어터질 지경이 되었다. 그럼에도 그곳 사람들에게서는 왠지 급조된 도시의 졸부 냄새가 났다. 그래서 이번에는 또 그것을 제거하기 위한 갖가지 조치가 취해졌다. 콘스탄티누스는 없는 유산을 도둑질해서라도 새 도시의 위상을 높이려는 의지가 강했다. 그런 마음으로 그곳에 있던 위대한 그리스 보물들을 깨끗이 치우고, 그 자리를 전승 기념물과 '정교한 솜씨로 만든 황동' 조각상들로 꾸며놓았다.[13] 콘스탄티노플의 공공장소들을 세계 최대의 박물관이라는 평가를 받게 만들어놓았다.

황제는 그래도 성이 안 찼는지 그곳을 로마에 필적하는 도시로 만들려는 궁극의 도전에 나섰다. 창의력 넘치는 지형 전문가들에게 로마의 일곱 구릉을 콘스탄티노플에 그대로 본떠 만들게 했고, 건축가들에게는 궁전, 포룸, 욕장 등 최첨단 도시에 어울리는 온갖 부속물을 설계하게 했다. 기술자들에게도 로마에 버금가는 도시에 걸맞게 주민들에게 식수와 양식을 공급하는 데 필요한 수도교와 항구들을 세우도록 했다. 그러나 콘스탄티누스가 행한 업적 중에 가장 두드러지는 것은 역시 로마의 전매특허나 다름없던 위대한 의회, 원로원을 창설한 것이었다. 그리하여 아우구스투스 치세와 그의 독재정이 시작되기도 전인 먼 옛날 로마의 세계 지배를 선도한 기관이었던 원로원이 창설되고 원로원 건물이 세워지자, 콘스탄티노플에서도 희미하게나마 오래전에 사라졌던 공화국의 기미가 느껴지게 되었다. 뼈대뿐이던 제2의 로마라는 주장에 살을 붙일 수 있게 된 것이다.

그렇게 시간이 가고, 그에 따라 도시의 규모와 자신감이 함께 높아지자 콘스탄티노플은 그보다 더욱 획기적인 조상^{祖上}마저 도용하게 되었다. 도시 창건 200년 뒤에는 콘스탄티누스가 애초에 새 수도의 입지로 택한 곳은 비잔티움이 아닌 트로이였다는 믿음이 광범위하게 퍼진 상황이 되었다.[14] 콘스탄티노플도 당연히 로마보다 유구한 역사를 가진 곳과 동일시되었다. 도시가 (트로이에) 세워지지 않았는데도, 트로이의 이름에 내포된 고색창연함에 대한 권리를 콘스탄티노플이 주장하는 것 또한 막지 못했다. 비잔티움 사람들에 따르면, 콘스탄티누스가 세운 원형 광장 중앙의 반암 기둥에는 그 증거물도 있었다. 마치 일곱 광선을 뿜어내는 태양의 왕관을 쓴 듯 꼭대기에 콘스탄티누스의 조각상이 놓인 반암 기둥도 알고 보면 콘스탄티누스가 트로이에서 가져온 돌로 세워졌다는 것이었다.[15] 하지만 트로이의 희미한 과거로부터 되살려낸 그것, 콘스탄티노플의 미래가 창창할 것임을 나타내는 길조로서 가장 값진 유물은 너무도 고귀하기에 공공장소에도 노출되지 않았다. 팔라디움 목상은 반암 기둥의 토대 밑 깊숙한 곳에 묻혀 있었던 것이다. 전해지기로 "그것을 로마에서 몰래 들여와 원형 광장에 묻은 사람도 콘스탄티누스였다"[16]고 한다. 가히 고대 수도의 속물근성을 여지없이 보여준 궁극의 날조라 할 만하다.

그러나 콘스탄티노플이 재건된 지 2세기가 지나자 비잔티움 사람들에게도 로마의 평가 따위는 중요하지 않았다. 그 무렵에는 단순한 우월감을 맛보는 것보다 콘스탄티누스의 원주圓柱 아래 팔라디움이 묻혀 있다는 사실이 더 중요했다. 이란샤르가 헤프탈족에게 고통을 받고 있을 때, 로마의 서쪽 절반, 곧 서로마제국은 그보다 더 심한 야만족의 침탈에 시달리고 있었다. 다른 곳도 아닌 로마, 그토록 오랫동안 하늘의 총애를 받았던 로마 시가 야만족에게 사정없이 짓밟히고 있었던 것이다. 그 결과로 이탈리아 전역은 고트족 왕(동고트족의 테오도리쿠스 대왕―옮긴이)의 지배를 받게 되었다. 아프리카에서 갈리아에 이르는 제국의 다른 속주들도, 로마 군단의 보조군(포이데라티)이던 야만족 군대가 만신창이가 된 서로마 지역을 휘젓고 다님에 따라 제국의 통제권에서 벗어나기 시작했다. 이렇듯 서로마가 붕괴의 곤두박질을 치고 있는 와중에도, 콘스탄티노플을 수도로 삼은 제국의 동쪽 절반은 온전한 상태를 유지하고 있었던 것이다. 두 수도 가운데 하나였던 로마가 야만족 군사 지도자의 지배를 받는 지방 도시로 전락하는 굴욕을 당했으니, 이제 남은 것은 하나뿐이었다. 그렇다면 로마 세계 안주인으로서 콘스탄티노플의 권리도 논쟁의 여지가 없게 되었다. 이 모든 일이 로마에 있던 팔라디움을 콘스탄티노플로 옮겨다 놓아 벌어진 일로 보지 않을 이유 또한 없을 터였다.

물론 동로마에도 불운이 닥칠 것으로 보는 사람이 적지 않았다. 비관주의자들의 눈에는 특히 제국의 동쪽 절반이 극단적으로 "이울고, 야만화되며, 황폐화된"[17] 것처럼 보였다. 그러나 절망의 울부짖음이 높아진 것과 달리 동로마의 실상은 몰락과 거리가 멀었다. 콘스탄티누스가 시행한 수술 요법이 서로마의 황제권을 지키는 데는 부적합한 것으로 결론 났지만, 동로마 황제들의 권위는 장엄하게 지켜주었던 것이다. 크테시폰의 출중한 왕들조차 그들과 경쟁하는 황제들의 힘이 꺾이지 않았다는 점을 부정하지 못했다. 제국의 동쪽 국경을 유린하고 협박 수당을 갱신해서까지 받아챙긴 카바드의 그 모든 성공에도 불구하고, 로마 또한 나름의 실속을 차리고 있던 것도 그렇게 볼 만한 이유였다.

504년에도 그런 일이 있었다. 메소포타미아로 깊숙이 침투해 들어간 로마군의 한 부대가 약탈과 포로 사냥을 끝내자, 특별 채용한 또 다른 암살 특공대가 집 한 채 남기지 않고 그곳을 쑥대밭으로 만들어 아미다 점령에 대한 분풀이를 조금이나마 한 것이다. 동로마는 페르시아와의 교전 기간을 이용해 그동안 부족했던 제국의 전방 기지를 확충하는 더욱 효과적인 방책도 수립했다. 505년 아나스타시우스 1세(재위 491~518) 황제가 페르시아의 주요 국경 도시 니시비스에서 불과 16킬로미터 떨어진 곳에 위치한 조그만 영토 다라^{Dara}를 획득한 다음, 1년여 공사를 벌인 끝에 페르시아와 휴전조약을 체결할 무렵에는 애초에 부락만 하나 덩그마니 세워져 있던 지역을 높다란 성벽과 감시탑까지 갖춘 거대한 요새로 탈바꿈시킨 것이다. 크테시폰에서 불평불만의 소리라도 터져 나오면, 페르시아 전략가들의 간담을 서늘하게 하기에 족한 요새로 만들어놓은 것이다.

동로마는 그런 식으로 그곳의 전체적인 힘의 균형을 변화시켰다. 국경 지대의 무장 상태도 다시금 견고해져, 카바드도 치세 말에는 그 사실을 인정하게 되었다. 522년에는 그 노련한 군사 지도자가 급기야 니시비스에서 동로마 황제(유스티누스 1세)에게 친서를 보내는 상황으로까지 발전했다. 게다가 거기에는 "페르시아 왕을 계승할 나의 아들 호스로우를 양자로 삼아달라"[18]는 뜻밖의 내용이 담겨 있었다. 이는 이란샤르에서 이미 조짐을 보이고 있던 왕위 계승 문제에 콘스탄티노플이 간섭하지 못하게 선수를 치는 동시에, 로마의 위상이 다시금 높아졌음을 반증하는 징표가 될 만했다. 아니나 다를까, 그로부터 몇 달 뒤 페르시아는 동로마와 항구적 평화조약을 맺기 위한 협상 사절단을 콘스탄티노플에 파견했다. 페르시아의 샤한샤치고 나약해 보이는 적에게 긴장 완화를 제안하는 일은 결코 없었음을 감안하면 팔라디움의 마법 또한 여전히 작동하고 있었던 것 같다.

거의 초자연적으로 보이는 콘스탄티노플의 장엄함도 페르시아 사절단을 감동시키는 데 한몫했다. 크테시폰처럼 화려하고 규모가 큰 도시에 익숙한 그들에게도 세계 최고의 도시 풍광을 지닌 콘스탄티노플의 모습은 과연 압도적이었던 듯, 도시가 가까워질수록 그들의 입에서 감탄사가 절로 새어나왔다. 콘스탄티노플의 도도함에는 보스포루스 해협의 아시아 쪽에 붙은 고대 도시 칼케돈마저 기를 펴지 못한 채 도시의 관문 역할에 머물렀다. 그 칼케돈 항에서 배를 타고 마치 "꽃목걸이처럼"[19] 콘스탄티노플을 에워싼 물길을 헤쳐나가자 이번에는 거대한 집합 도시가 사절단의 눈앞에 나타났다. 유럽 쪽 해안가를 따라 띠 모양으로 조성된 집합 도시는 이미 오래전에 바깥쪽 성벽(콘스탄티노플 성벽은 삼중 성벽이었다―옮긴이)을 뚫고 나갔을 만큼 방대한 규모를 자랑했다. 그러나 무엇보다 페르시아 사절단의 눈길을 사로잡은 것은 거대한 성벽 내의 모습, 인간의 노력과 창의력이 그렇지 않아도 이미 멋졌던 곳을 최상으로 향상시켜놓은 곳이었다. 한때는 황량한 진흙과 갈대밭에 지나지 않았던 해안 지구만 해도 그 무렵에는 6킬로미터 거리에

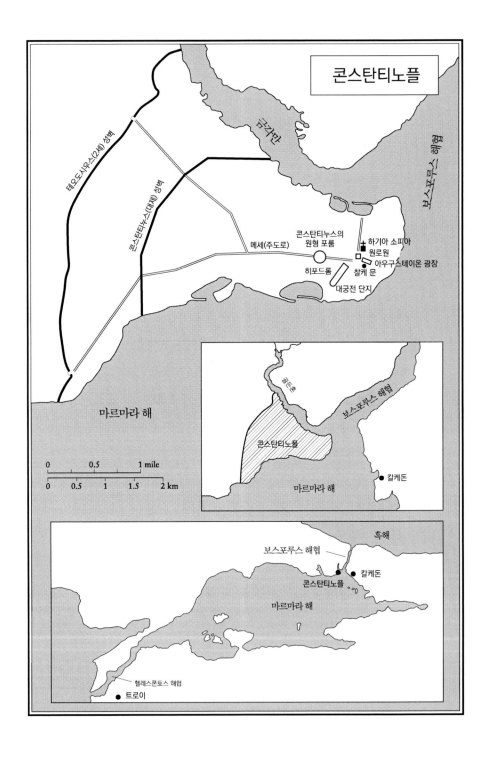

콘스탄티노플

테오도시우스(2세) 성벽

금각만

보스포루스 해협

콘스탄티누스(대제) 성벽

메세(주도로)

콘스탄티누스의 원형 포룸

하기아 소피아

원로원

아우구스테이온 광장

찰케 문

히포드롬

대궁전 단지

마르마라 해

0   0.5   1 mile
0   0.5   1   1.5   2 km

금각만

보스포루스 해협

콘스탄티노플

마르마라 해

칼케돈

흑해

보스포루스 해협

칼케돈

콘스탄티노플

마르마라 해

헬레스폰토스 해협

트로이

항구, 창고, 곡물 저장고, 부두 등이 즐비하게 늘어서, 수도 콘스탄티노플의 탐욕스러운 욕망을 그대로 반영하고 있었다. 그 너머에도 50만 명의 콘스탄티노플 주민이 거주하는 가옥들이 빼곡히 들어차 있어 방문객들은 "인파와 동물들에 치여 발도 못 뗄"[20] 정도였다. 크테시폰보다도 인구 밀도가 높았으니 그럴 수밖에. 그런데도 시시각각 눈앞에 다가오는 도시의 스카이라인에서 느껴지는 인상은 소란스러움이 아닌 질서, 기념비성, 공간성이었다. 곳의 등뼈를 따라 늘어선 수많은 화덕과 노爐들이 뿜어내는 연무가 거대한 집합 도시의 하층부에 장막을 드리웠고, 바닷바람에 어느덧 안개가 걷히면 그 사이로 콘스탄티누스가 오기 전에는 비잔티움의 상층부를 구성하고 있었으나 이제는 콘스탄티노플의 강력한 중심지로 새로운 로마, 아니 로마제국의 상징이 된 구릉들이 선명하게 모습을 드러냈다.

그런 다음 금각만에서 배를 내려 구릉들을 향해 올라가면 이번에는 열주가 늘어선 호화로운 대로, 곧 '중앙의 주도로'를 뜻하는 메세mese가 나타났다. 메세 앞에는 장대한 아치와 문들이 설치된 대리석 재질의 포룸(광장)들이 줄줄이 조성되어 있었고, 이들 가운데 첫 번째 포룸, 로마의 승전 모습이 선명하게 묘사된 원주의 발치에서 사절단은 공식적으로 도시에 들어온 환영 인사를 받았다. 팔라디움이 묻혔던 것으로 추정된 콘스탄티누스의 원형 포룸은 두 번째에 위치해 있었다.

그러나 콘스탄티노플의 자부심이 가장 장엄하게 구현된 곳은, 두 번째 광장이 아닌 세 번째, 다시 말해 아우구스테이온 광장이었다. 광장의 동쪽 측면에는 원로원 건물이 있고,* 남쪽에는 콘스탄티노플에서 가장 세련된 고대 조각상들이 장식된 거대한 욕장이 있으며, 서쪽에는 메세의 끝단임을 알려주는 황금 이정표—벽돌과 대리석을 섞어 만든 돔과 쌓아치로 구성된 구조물—가 세워져 있었다. 해, 달, 별들이 지구 둘레를 돌듯 콘스탄티노플 주위로도 모든 왕국들이 돈다고 믿었던 로마인들답게, 제국의 지도 제작자들이 알려진 모든 곳들과 그곳과의 거리를 측정해 만든 이정표였다. 확신에 찬 그들의 견해에 따르면 콘스탄티노플은 세계의 축 위에 서 있었다. 한마디로 콘스탄티노플이 '도시들의 여왕'이라는 얘기였다.

평화 협상의 목적을 가지고 온 페르시아 사절단의 임무가 실패로 끝나리라는 것은 그것으로도 능히 짐작할 수 있었다. 로마가 허약해진 낌새가 보이면 그 즉시 공격을 재개한 사산 왕조와 마찬가지로, 제국의 황제들 또한 비록 수많은 참화를 당했을지라도 그들의 지배가 전 세계에 미친다는 공공연한 사실을 결코 철회할 생각이 없었던 것이다. 영원한 승리는 이렇듯 그 무렵에도 여전히 베르길리우스가 표현한 대로 황제들의 운명이자 당연한 권리였다. 그런 주장을 펴기에는 오금이 저렸을 끔찍한 위난의 시기에도 그들의 오만한 확신은 꺾이지 않았다. 그들에게 아우구스투스 황제와 콘스탄티누스 대제의 후계자로 제국을 지배한다는 것은 곧 하늘의 위임을 받아 속세를 지배하는 것과 같았다. 물론 로마의 패권을 인정하지 않는 왕국들도 있었다. 그러나 콘스탄티노플 같은 도시에서 황제가 되면 그런 적나라한 사실조차 간단히 무시되었다. 그들에게 콘스탄티노플은 언제나 세계 정세의 진정한 중심이었기 때문이다.

제국의 국내 상황도 그 가설을 부추기는 역할을 했다. 아우구스테이온

---

* 콘스탄티노플에는 본래 콘스탄티누스의 원형 광장에 하나, 아우구스테이온 광장에 하나, 이렇게 두 개의 원로원 건물이 있었다. 하지만 시간이 감에 따라 나중에 세워진 아우구스테이온 광장의 건물이 앞의 것을 압도하게 되었다.

광장 남동쪽의 원로원 건물과 다수의 대리석 조각상들 사이로 들어가면 '찰케Chalke'라 불린 청동문들이 있는데, 그 너머에는 그곳을 통과해본 특권을 가진 사람들의 말을 빌리면 입이 떡 벌어질 정도로 규모가 큰 '또 다른 천국'²¹으로 불릴 만한 대궁전 단지가 있었다. 그것을 지은 황제의 진지한 목적에 맞게 처음에는 사각형의 군부대 설계에 맞춰 병영식으로 지은 궁전이었는데, 세월이 가면서 그렇게 변한 것이다. 또한 콘스탄티누스가 새로운 로마에 들여온 군인풍의 흔적이, 하다못해 하급 관료들까지도 착용한 검대劍帶라든가 로마군의 우수성을 나타내는 상징이던 금색, 자주색, 붉은색으로 권력의 회랑에 여전히 남아 있었다. 그러나 제국 관료들이 군인 복장을 한다고 해서 군인이 되는 것은 아니었다. 실제로 그들이 문관이 될 때 등재된 군단은 존재하지도 않았다. 그와 마찬가지로 콘스탄티누스가 지은 궁전의 날카로운 각도도 증축에 증축을 거듭하면서 둥글어진 지 오래였고, 신축 건물이 들어서면 구건물이 낡아 허물어져도 모를 정도로 궁전의 규모 또한 방대했다. 제국 관료들이 외부인들로서는 도저히 이해할 수 없는 복잡한 언어와 의전을 사용했듯이, 대궁전도 익숙해지려면 평생은 족히 걸렸을 것으로 생각될 만큼 미로처럼 복잡했다. 정원, 사법재판소, 파빌리언, 리셉션 홀, 연회장, 사무처는 물론 심지어 실내 승마 양성소도 갖춰져 있었다. 그뿐만이 아니었다. 궁전의 벽돌 기둥들 위에는 저아래 부서지는 파도를 관망할 수 있도록 얼룩덜룩 햇볕 드는 테라스가 조성되어 있었고, 지하 깊숙한 곳에는 저장실, 조리장, 수조 들이 열 지어 설치되어 있었다. 대궁전은 이렇듯 그 자체로 하나의 세계를 이룰 만큼 규모가 컸다. 그런 궁전에 거주한 황제들이었으니 이 세상에 자신이 이루지 못할 것은 없다고 느끼는 것은 당연했을 것이다.

그렇다면 로마인들 제국의 최고 권력자가 민간인의 외관을 띠게 된 것도 충분히 이해가 가는 일이다. 황제가 검에 살고 검에 죽었던 콘스탄티누스의 시대는 오래전에 가고 없었다. 격변으로 소용돌이 치던 지난날에는 성공을 가늠하는 가장 확실한 척도가 군인이었으나, 이제는 관료가 성공을 나타내는 척도가 되었다. 이를 달리 표현하면 로마인들의 제국에는 이란샤르의 전사 왕들에 필적할 만한 황제가 더는 없다는 말이었다. 전사 왕은 고사하고 출정하는 황제조차 보기 드물게 되었다. 황제가 가진 제국의 강력한 지배권은 군대 수장이 아닌 회의실 수장으로서의 지배권이었다. 실제로 동로마에서는 관료로 시작하여 황제 자리에까지 오르는 일도 있었다. 자린고비처럼 행동하여 카바드의 반감을 샀던 아나스타시우스 1세 황제만 해도, 제국 서기부의 고위 관료 출신이었다. 그런 황제를 영웅적으로 떠받든 사람들은 그를 칭송하다 못해 "이마가 은처럼 반짝인다"[22]며 그의 대머리마저도 열렬히 찬양했다. 아나스타시우스도 거기에 부응하듯 518년에 전장에서 거둔 그 어떤 승리에도 뒤지지 않을 값어치를 지닌 32만 파운드에 달하는 금을 축적해놓고 죽었다.

　그러나 그 어떤 법칙에도 예외가 있음을 보여주듯, 아나스타시우스를 계승하여 동로마 황제가 된 인물은 전혀 뜻밖의 배경을 지니고 있었다. 유스티누스 황제(재위 518~427)가 그 주인공이었다. 그는 발칸의 농부 출신으로 콘스탄티노플에 와서 군인이 된 뒤 황실 근위대에서 복무하다 일약 근위대 대장으로 승진하여 개천에서 용 났다는 비아냥거림과 찬사를 동시에 들었다. 그렇게 비천한 신분을 지녔으니 관료들이야 물론 마지못해 그에게 굽실거리는 시늉을 했겠지만, 그런 배경을 지니고도 황제가 된 그를 시골 촌놈도 로마 세계의 정상에 우뚝 설 수 있는 현저한 사례로 본 사람들도 있었다. 물론 유스티누스도 펜이 칼보다 무한정으로 강한 그곳에서, 자신처럼 무식한 사람이 유식한 사람의 도움을 받지 않고 나라를 지배할 수 있을 것으로 믿을 만큼 순진하지는 않았다. 다행히 그에게는 교양이 풍부한 후보자도 곁에 있었다. 황제의 조카였다가 나중에 양자가 된 유스티니아누스가 그 주인공이었다. 그리하여 황제의 조력자가 된 유스티니아누스는 권력과 관련한 모든 사안을 직접 챙기려는 강한 의지로 "거의 모든 것을 스스로 처리하는"[23] 완벽주의자의 면모를 보여 황제의 무지함을 깔보던 관료들을 오싹하게 만들었다. 잠도 안 자고 정열적으로 일했다니 그럴 만도 했을 것이다. 그의 넘치는 에너지에 필적할 만한 것은 그의 끝없는 야망뿐이었다. 유스티니아누스는 그를 앞서간 그 누구보다도 진정으로 가공할 기회는 대궁전에 중심을 둔 막강한 국가 통제 기구에 있다는 사실을 명확히 인지하고 있었다. 그런 생각으로 황제 계승권만 일단 확보되면 "로마인들의 제국을 지키는 것은 물론이고, 가능하면 그것을 넘어 국가를 개조하려는"[24] 목표까지 세웠다. 그는 관료제가 세계를 변화시키는 메커니즘이 될 것으로 전망했다.

호스로우를 양자로 삼아달라는 페르시아 사절단의 제안에 유스티누스가 시큰둥한 반응을 보인 것도 그렇게 보면 놀랄 일이 아니다. 협상 결렬에 대한 책임은 말할 것도 없이 관료가 뒤집어썼다. 하지만 일이 그렇게 되도록 뒤에서 조종한 인물이 누군지는 보나마나 뻔했다. 최고 지위를 노리는 유스티니아누스로서는 그 누구도 자신의 형제로 받아줄 마음이 없었고, 그런 판이었으니 호스로우 같은 야만인이야 두말할 나위가 없었다. 그는 유스티누스의 계승자로 그에 걸맞은 존엄을 지키는 것이 자신의 권리이자 의무라고 여겼다. 실제로 527년에 유스티누스가 죽고 제위에 오르자, 그는 일말의 망설임도 없이 보통 사람에서 비범한 일을 행하도록 하늘이 직접 임명한 인물로 자신의 신분을 격상시켰다. 그러므로 예전의 로마에 주어졌던 공경과 경외감도 당연히 받을 자격이 있다고 여겼다. 그리하여 숭엄한 공화정 전통의 살아 있는 화신이었던 원로원도 이제는 가능한 한 눈에 띄고 현란한 방식으로 황제에게 복종을 표시할 것이 요구되었다. 전에는 의원이 황제를 알현할 때 무릎만 구부리면 되었으나, 이제는 유스티니아누스가 정한 좀 더 엄격한 궁중 예법에 따라 사지를 뻗어 엎드린 채 황제의 신발에 황송한 듯 입까지 맞추어야 했다.[25] 그런 정권이었으니 '시민'이 된 것에 자부심을 느끼던 로마인 고유의 습성이 사라지는 것 또한 당연했다. 유스티니아누스가 그들을 부를 때 사용한, 명예가 실추된 그들의 호칭 '백성'이 그것을 보여주는 확실한 징표였다.

물론 사고방식이 좀 더 자유로웠던 로마의 엘리트들 사이에서는 불만의 소리가 터져 나왔다. 자주색 어의를 입은 황제의 등 뒤에서 권력의 남용이 극에 달했다고 수군거리는 소리도 심심찮게 들렸다. 한 혹평가의 신중한 판단에 따르면 "마치 그것은 조물주가 인류의 사악한 기질을 몽땅 빼내 그의 영혼에 심어놓은 것 같았다."[26] 그러나 유스티니아누스는 편집증적 증상을 보인 사람치고 사람들의 수군거림에 그다지 민감한 반응을 보이지 않았다. 그는 자신이 거대한 도전에 직면해 있고, 그에 맞서 싸울 역량이 있음을 확신했다. 따라서 주위의 시선에 아랑곳없이 자신의 스타일을 꿋꿋이 밀고 나갔다. 유스티니아누스는 콘스탄티누스 대제 이래 그 누구보다 세계를 구원할 사명을 지닌 황제라는 믿음이 강했다. 혹평가들은 그런 그의 의식을 비열한 위선으로 보았다. 하지만 그런 그들도 유스티니아누스에게 "본심을 숨기는 재주가 탁월하고, 따라서 기쁘고 슬프고

에 관계없이 필요하면 언제라도 눈물을 짜낼 수 있는"[27] 천부적 배우 기질
이 있다는 점만큼은 인정했다.

반면에 유스티니아누스를 박하게 평가하지 않은 사람들도 있었다. 관
료주의가 미치는 제국 전역에, 황제의 야망에 기가 눌려서가 아니라 자발
적으로 의욕을 느껴서 그의 목적과 자신들의 목적을 동일시한 사람들이
많았다는 얘기다. 그들도 황제와 마찬가지로 주변 상황을 둘러보고, 질서
가 붕괴되어 개선이 시급하다고 느꼈던 것이다. 그랬던 만큼 "백성은 짐
의 끝없는 보살핌을 받는다"[28]라고 유스티니아누스가 엄숙하게 선언한 말
도 곧이곧대로 믿었다. 그들은 황제가 밤 새워 글쓰기에 열중한다는 소문
이 들리면, 그의 일필휘지에 세계가 금방이라도 개조될 것처럼 오만가지
상상의 나래를 펴며 그를 흠모했다.

"지금 우리는 혼란의 소용돌이 속에 있다. 이런 때일수록 법이 정한 통
제된 지혜가 필요하다."[29] 조로아스터교의 사제와 유대교 랍비들도 동의
했을 법한 이 말은 로마법의 개정 칙령에 나오는 문구다. 기록된 언어가
전 국민의 세계관을 변화시킬 수도 있다는 관점은 신속히 시대의 지침이
되어가고 있었다. 물론 책이 권위의 가장 유용한 원천이라고 믿은 것이
비단 유스티니아누스 혼자만은 아니었다. 그러나 그는 로마인이자 황제
였다. 따라서 이란샤르의 학자들에 비해 이용할 수 있는 자료가 훨씬 많
았던 것이 사실이다. 황실 공문서 보관소에만도 문서가 빼곡히 들어차 있
었으니 말이다. 은색 잉크로 기록되고 우아하게 상아 장정이 된 것이든,
거친 양피지와 목판에 휘갈겨 쓴 것이든, 그 모두가 1000년 역사를 자랑
하는 성문법의 증거물이었다. 로마인들은 공화정 초기부터 자신들의 법
체계에 상당한 자부심을 갖고 있었다. 그에 비하면 다른 민족의 법들은

엉성하기 그지없었다.[30] 로마 '법^{Ius}'은 수백 년에 걸친 인간 노력의 결과물이었다. 그러므로 그리스인들처럼 법의 유래를 밝히기 위해 일평생 입에 거품을 물고 황당무계한 입법자들의 이야기를 애써 지어낼 필요가 없었다. 로마의 법들은 원로원의 포고령이든, 법학자의 판결문이든, 역대 황제들이 반포한 법전이든, 로마인들에게 비할 바 없는 과거와 연결되어 있다는 생생한 일체감을 심어주었다. 로마에서는 제국의 존재와 마찬가지로 법률의 존재가 장엄한 시간의 활동을 말해주는 증거물이었다.

그러나 로마법은 해결책이었던 것 못지않게 골칫거리이기도 했다. 따라서 "의술이 질병을 고치기 위해 존재하듯, 법률도 공적인 일을 위해 존재한다"[31]고 유스티니아누스가 신칙령에서 선언한 것에도 드러나듯, 병든 세상에 황제의 처방전을 내리려면 먼저 문제점들을 바로잡을 필요가 있었다. 로마법은 규모가 방대하고 역사도 유구했다. 그렇게 차곡차곡 쌓이다 보니 부득불 모순되고 시대착오적인 내용이 많았다. 물론 그것을 바로잡는 일은 쉽지 않았다. 하지만 유스티니아누스는 그런 도전을 회피할 사람이 아니었다. 그것을 보여주듯 황제로 즉위한 지 불과 몇 달 만에 첫 조치로, 역대 황제들이 공포한 잡다한 법률집들을 시대에 맞게 개작하기 위한 위원회를 설치했다. 1년 반 뒤에는 로마 법학자들의 방대한 저술을 대조하고 확인하는 고난도 임무를 맡게 될 두 번째 위원회를 설치했다. 그리하여 역대 황제들이 공포한 칙법들을 수정하고, 2000권에 가까운 서적들을 수집하여 낱낱이 조사하며, 초록 수만 개를 작성하는 피나는 작업을 거친 뒤 기록적으로 짧은 시간 내에 마침내 인간의 작품이라고는 도저히 믿기지 않는 방대한 법전을 완성시켰다. 유스티니아누스는 그것을 자랑스레 구법의 복원으로 제시했지만, 거기에는 변혁의 기미 또한 내포되어 있었다. "우리는 구법이라는 수단으로 형편을 좋게 만드는 데 그치지 않고 신법도 공포했노라."[32] 사실 황제는 그것을 굳이 숨길 필요조차 없었다. 스스로를 '살아 있는 법nomos empsychos'으로 인식했으니 말이다.

그런 식으로 그는 자기 홍보를 통해 역대 황제들이 기를 쓰고 얻으려고 한 극치에 도달했고, 호화로운 성채에서 즉위한 황제가 로마인들이 살아가며 지켜야 할 법규의 원천이 된 것도 이때부터였다.[33] 그 점에서 유스티니아누스가 수백 년 역사를 지닌 로마의 법률적 체계를 집대성하는 데 그치지 않고, 그것이 교습되어야 할 장소와 방법도 함께 제시한 것은 놀랄 일이 아니다. 사설 법률학교를 금지시키고, 교사도 국가가 발급한 공인 자격증 없이는 활동할 수 없게 만든 것이다. 그리하여 세계는 유례없는 중앙 통치, 콘스탄티노플 황궁의 지배를 받게 되었다.

하지만 그런다고 모든 것이 잘 굴러갈 수 있었을까? 제국 정부의 조직이 아무리 강하다 한들 그것이 미치는 범위와 효력에는 한계가 있었을 것이기 때문이다. 법의 존재가 법의 준수까지 보장해주지는 못했을 거라는 말이다. 콘스탄티노플만 넘어가도 혼란스러운 역외 지역이 무한대로 펼쳐져 있었으며, 수도 콘스탄티노플도 말이 좋아 '찬란한 금빛 도시'[34]일 뿐 황제가 받아들이기 힘든 수준으로 그리 화려하지도 않았고 그의 의지에 고분고분 따를 기미 또한 보이지 않았다. 유스티니아누스야 물론 거대한 청동 문들의 안쪽 궁궐 깊숙한 곳에 틀어박혀 지냈으니, 대리석이 번쩍이는 대수도의 주도로들 너머 음침하고 불결한 빈민굴—역대 어느 황제도 그곳 진흙으로 자신의 비단 신발이 더럽혀지기를 원하지 않았을—에서 무엇이 곪아터지고 있는지에 대해서는 알지 못했을 것이다.

대중을 악취 나고 다루기 힘든 존재로 여겨 권력의 원천으로부터 멀찌감치 떨어뜨려놓는 것은 제국 엘리트들의 오랜 관행이었다. 그러므로 콘스탄티노플에서도 1세기 전에 이미 대대적인 도시 정비 계획이 수립되어 대리석과 값비싼 재질로 지어진 것들만 남겨두고 그 외의 허접한 것들은 황궁 부근에서 모조리 치워버렸다. 테오도시우스 2세의 포고령에서도 그 점을 확인할 수 있다. "황궁은 황족의 필요와 국가 통치를 위해 선택된 사람들이 거주할 곳이므로, 세속에서 동떨어진 광대한 지역에 위치할 필요가 있다."[35]

그러나 500년 동안이나 독재정치를 펴고도 '공화국res publica'을 칭한 로마인들의 제국답게, 유스티니아누스의 제국에도 모든 사람들이 시민으로 간주되던 사라진 시대의 기념물이 한 가지 남아 있었다. 전차 경주가 그것이었다. 고대 로마에서는 전차 경주가 운동 경기인 것 못지않게 정치 행위이기도 했다. 그것을 말해주듯 로마 최대, 최고最古의 타원형 전차 경주장이었던 키르쿠스 막시무스(기원전 600년에 처음 지어진 뒤 재건과 증축의 과정을 거쳤다—옮긴이)의 군중이 내지르는 아우성과 욕설에는 가장 막강하다는 황제들조차 움찔했다고 전해진다. 콘스탄티노플도 새로운 로마였던 만큼 당연히 그에 걸맞은 전차 경주장 히포드롬이 있었다. 콘스탄티누스가 비잔티움을 완전히 갈아엎고 새로 지은 건조물들 가운데 살아남은 것으로 가장 유서 깊은 기념물인 그것은, 고대 조각상과 오벨리스크들로 장식되어 외관도 장려했지만 구릉 전역에 이를 정도로 규모 또한 방대했다. 게다가 경기장 남쪽 면 전체가 거대한 벽돌 버팀목으로 지탱되고 관람석도 40개 층이나 되었다고 하니, 히포드롬은 과연 콘스탄티노플에서는 대적할 것이 없는 꿈의 극장이었을 것이다. 그런 만큼 운동 경기 이상의 장소가 되는 것 또한 당연했다. 제국 정부도 히포드롬을 이따금씩 정책 홍보의 장으로 이용했다. 전투에서 패한 야만족 왕을 짓밟거나, 찬탈자의 수급을 과시하거나, 조세 대장을 불태우는 일 모두 히포드롬의 구경거리로 만들었다.

유스티니아누스의 황제 즉위식도 히포드롬에서 거행되었다. 궁전 아래로 연결된 나선형 계단을 따라 내려가 경주장에 마련된 대리석 재질의 널찍한 옥외 특별석에 황제가 모습을 드러내면 6만 명의 백성이 환호성을 올리며 그를 맞았다. 마치 일진광풍이 황제의 얼굴을 때리고 지나가는 듯한 환호성이었다. 그러나 황제가 군중 앞에 직접 모습을 드러내는 그런 방식에는 이점도 많았지만 위험도 내포되어 있었다. 히포드롬이 일으키는 열정은 폭력적이었고 때로는 그것이 문자 그대로 폭력이 되기도 했기 때문이다. 비잔티움 시민들은 오래전부터 파벌을 지어 전차 경주 팀(청색팀과 녹색 팀)을 응원하는 관습이 있었다. 그러다 응원이 과열되면 거리로 뛰쳐나가 무고한 보행자들을 위협하며 도시 전체를 위험에 빠뜨리는 일이 잦았다. 황궁의 뒷마당이자 제국 정부의 문턱에서 그런 일이 벌어졌던 것이고, 황제의 대규모 법률 개혁 프로그램이 해결하려고 한 것이 바로 그런 위기 상황이었다.

유스티니아누스도 물론 그 상황을 잘 알고 있었다. 황제로 즉위하기 몇 년 전 히포드롬과 연계된 그 무뢰배들을 자신의 목적에 이용한 당사자가 바로 그였으니 말이다. 유스티누스의 계승자였던 시절에 그는, 험상궂은 몽골의 헤프탈족을 흉내 내어 앞머리를 밀고 "뒷머리를 추저분하게 늘어뜨린"[36] 폭력배를 후원하고 준군사조직으로 만들어 콘스탄티노플 거리 곳곳에 배치했던 것이다. 그러나 즉위를 하고 보니 맥가이버 머리를 한 폭력배들을 계속 이용하는 것이 황제의 체통에 맞지 않는 것으로 여겨졌고,

그래서 그 일도 그만두었다. 히포드롬에서의 패거리 싸움도 이때부터 엄격히 금지시켰다. 당연히 두 파벌 사이에서 중립적 태도를 취하는 척해주기도 했다. 그러나 엘리트 중에는 여전히 폭력배를 적극 후원하는 사람이 많았고, 특히 원로원 의원들은 황제의 개혁정책에 공개적으로 맞서지만 않았을 뿐 그의 등뒤에서 보란 듯 혼란을 조장했다. 사정이 이렇다 보니 유스티니아누스가 기울인 그 모든 노력에도 불구하고 히포드롬은 계속 불씨로 남게 되었다.

532년 1월 14일에 그 불씨가 기어코 폭발을 일으켰다. 황제의 법률 위원들이 연구에 매진하고 있는 황궁 바로 옆에서 그런 일이 터진 것이다. 사흘 전 녹색당과 청색당의 두 단원을 교수형에 처하던 중에 기계 고장으로 처형이 중단된 것이 사건의 발단이었다. 그 상태에서 황제가 형집행 정지를 거부하자 두 파벌은 오월동주격으로 느닷없이 힘을 합쳐 동료들을 탈옥시켰다. 그런 다음 자신들의 용기에 도취되고 아마도 원로원 의원들의 은밀한 부추김도 받아, 그 길로 폭동(니카 반란)을 일으켰다. 폭도들은 세계에서 가장 고급스러운 지역으로 퍼져나가 눈에 띄는 모든 것을 파괴하고 건축물들에 불을 질렀다. 미려하고 숭엄한 기념물들의 다수가 잿더미로 변하는 등 며칠 동안 콘스탄티노플은 어마어마한 손상을 당했다. 아우구스테이온 광장에서 콘스탄티누스의 원형 광장에 이르는 주도로(메세)도 완전히 파괴되어 부서진 대리석 조각들 위로 연기만 피어올랐다. 황궁으로 몸을 피한 유스티니아누스는 임시방편으로 급한 불부터 끄기로 하고 부패가 심한 관리 몇 명을 해임하고, 두 파벌의 지도자들도 매수했다. 그런 다음 마침내 피를 쏟아 부어—그것도 양동이로—무질서의 불길을 진화하려는 결의를 다졌다. 이윽고 진압부대가 연기 나는 도시의 잔해를 뚫고 히포드롬의 반대편 끝, 감정만 격앙되어 있을 뿐 무장은 보잘 것없던 폭도들이 황제의 폐위를 외치고 있는 곳으로 진군해갔다. 그러고 는 공격 명령이 떨어지기 무섭게 비무장 폭도들을 조직적으로 학살하고 발로 짓밟기 시작했다. 전투라기보다 계획적 학살을 방불케 한 진압이 모 두 끝났을 때 경기장에는 시체가 산을 이루었다. 이때 죽은 사람은 무려 5 만 명에 달했던 것으로 전해진다.[37] 이게 사실이라면 하루에 콘스탄티노 폴 인구의 10분의 1이 사라진 것이었다.

그리하여 반란은 진압되고 유스티니아누스도 안전해졌다. 결과적으로 보면 그 위기 덕분에 그는 황제의 지위를 끝까지 보전할 수 있었다. 그로 부터 2년도 채 지나지 않은 533년 12월에는, 폭동 당시에 학자들이 매진 하고 있던 작업, 따라서 하마터면 무산될 뻔했던 작업이 완료되어 《학설 휘찬*Digesta*》이라는 학설집으로 편찬되었다. 당연히 그것에 이의를 제기하 는 사람은 아무도 없었다. 히포드롬의 학살이 사람들의 입을 얼어붙게 만 든 것이다. 그러나 기실 유스티니아누스가 백성들에게 제시한 살육의 본 보기는, 로마제국의 본래 속성이었다. 로마를 건국한 로물루스야말로 도 시(로마)의 미완성 성벽을 뛰어넘는, 용서할 수 없는 죄를 범했다는 이유 로 자신의 쌍둥이 형제를 죽여 그 본보기를 최초로 제시한 인물이었으니 말이다. 로마인들은 이렇듯 피로 물든 그들의 기나긴 역사기 내내, 폭력의 재가를 받지 못한 힘은 힘으로 간주되지 못한다는 교훈의 진실성을 거듭 입증해 보였다.

그러나 유스티니아누스도 무자비한 학살을 자행한 황제치고는 황궁 너 머에서 벌어지는 적나라한 현실에 과도하게 집착하지는 않았다. 그보다 는 지난날 로마의 힘이 가장 향기를 뿜었던 시절, 로마가 제국으로 성장할 수 있었던 공을 군단들의 검과 더불어 신들의 호의에도 돌렸던 베르길리우스처럼, 세계를 개선시키기 위해 그 모든 노력을 경주하는 와중에도 자신에게 힘과 더불어 정의로움도 있다는 사실을 보여주는 일이 중요하다고 믿었다. 다행히 폭동의 뒤끝이라 그 목적을 이룰 수 있는 완벽한 무대도 조성되어 있었다. 콘스탄티노플 도심이 파괴된 채로 남아 있었던 것이다. "거무죽죽하고 황폐화된 구릉들로 변한 것이 도시의 몰골은 마치 먼지, 연기, 잿더미로 변한 건축물 잔해들이 내뿜는 악취로 사람이 살 수 없게 된 화산지대를 방불케 했다."[38] 폭동 때 불타 없어진 보물들 속에는, 원로원 건물과 콘스탄티누스가 지은 욕장을 꾸며준 고대의 조각상들도 있었다. 먼 과거와의 소중한 연결고리들이 사라진 것이었다. 그러나 유스티니아누스는 사실 그것들이 소실된 것을 기뻐했다. 원로원 건물만 해도 그가 지은 아우구스테이온 광장을 압도하는 듯하여 볼 때마다 신경이 쓰였던 것이다. 그래서 이참에 원로원 건물도 먼젓번보다 훨씬 작게 지으려고 했다. 욕장의 조각상들 또한 위대한 예술품이었음에도 유스티니아누스의 눈에는 신이 아닌 악마를 표현한 작품으로 보였기에 사라졌다 하여 아쉬울 것이 없었다. 유스티니아누스의 치세에 들어서는 이렇듯 고대 로마에서는 당연시되던 것들이 위험한 미신으로 치부되었다. 베르길리우스가 칭송한 초자연적 사물의 질서에 대한 관념도 악마적 환상으로 치부되어 쓰레기통에 처박힌 지 오래였다. 심지어 콘스탄티누스의 원주 아래 고이 모셔졌던 팔라디움 여신상마저 이제는 부적이 아닌 마술적 물체로 기억하는 사람들이 많아짐에 따라 대체로 잊힌 존재가 되었다.

유스티니아누스는 지난날의 폐허 위에 로마의 전통적 신들이 아닌, 그것과 사뭇 다른 어떤 것, 전능한 유일신의 영광을 드높일 수 있는 기념물을 건립하려고 했다. 세계 통치든, "법을 만드는 힘"[39]이든, 모든 것의 원천이라고 그가 주장했던 신, 하늘에 영원히 군림해 있으면서, 아우구스투스 치세 때는 인간으로도 태어나 로마의 십자가에 못 박혀 죽은 신의 영광을 드높이려는 것이었다.

콘스탄티노플에 기독교 수도의 영원한 흔적을 남기는 것이 도시 재건을 앞둔 유스티니아누스의 목적이었다.

· 쌍둥이 형제 ·

대건축물에는 위대함이 따라붙었다. 로마 황제들도 언제나 그 점을 의식했다. 로마인들이 황제에게 바라는 것 중에는 야만족의 콧대를 꺾거나, 자주색 어의를 입거나, 법률을 반포하는 것 못지않게 장엄한 기념물을 축조하는 것도 큰 부분을 차지했다. 유스티니아누스도 물론 백성들의 기대를 저버릴 마음이 없었다. 그가 콘스탄티노플이 파괴되어 자신의 고상한 취미에 걸맞게 도시를 재건할 수 있는 완벽한 기회가 오기도 전에, 건축적 허장성세가 심했던 제국의 전통에 관심이 많다는 것을 보여주려 한 것도 그래서였다. 다만 그곳은 콘스탄티노플이 아닌 머나먼 동부 국경 지대였다.

530년에 페르시아는 동로마와의 평화 회담이 결렬되자 그들의 전통 수법인 전쟁을 벌여 영토를 빼앗으려고 했다. 이번에는 페르시아 최고 지휘부에게 골칫거리였던 다라를 탈취하는 것을 목표로 삼았다. 그리하여 원정을 실시했으나 요새 성벽 앞에서 벌인 전투에서 유능한 젊은 장수 벨리사리우스가 지휘하는 동로마군에게 패퇴하고 말았다. 역사가에 따르면

"그것은 보기 드문 명승부"[40]였으나 아슬아슬한 승리였다. 포위공격으로 난타당하지 않았기에 망정이지, 만일 그랬다면 와르르 무너지고 말았을 만큼 다라의 요새는 단기간에 날림으로 지어졌기 때문이다. 유스티니아누스 황제가 다라 요새의 대대적 개축을 지시한 것도 그래서였다.[41] 요컨대 그는 "페르시아가, 그들 세력권 안에 있어 자신들에게 위협이 되는 전초기지가 그곳에 계속 서 있는 것을 두고 볼 리 없으므로, 전력을 다해 그곳을 공략할 것이라는 것을 알고 있었다."[42] 그리하여 다라는 물샐 틈 없이, 겉보기에도 난공불락의 요새로 개축되었다. 지나가는 야만족이 그 모습에 지레 겁을 먹을 만한 위용이었다. 황제는 그 점을 더욱 분명히 하려는 듯, 다라에 '유스티니아누스의 신도시'라는 새로운 이름까지 부여했다. 그 점에서 다라의 성벽이 만들어내는 실루엣이야말로 세계를 장악한 지배자의 현시라 할 만했다.

아니 그것은 유스티니아누스의 바람이었을 것이다. 실제로 국경 지대의 무장화가 주는 메시지는 그가 바랐을 법한 것보다는 모호한 점이 많았다. 메소포타미아와 같이 평탄한 지형에서 니시비스와 다라가 서로를 노려보며 대결하는 시늉을 해봤자, 양측 모두에게 헛고생이 될 뿐이었기 때문이다. 구약에도 "열방列邦은 통의 한 방울 물 같고, 저울의 작은 티끌 같으며"[43]라고 쓰여 있듯이, 국제 정세에 관해서는 제국을 한 번도 가져본 적이 없는 유대인들이 오히려 탁견을 지니고 있었다. 세계의 대제국들이 제아무리 뻐기고 잘난 척을 해봐야, 하느님은 "그들을 없는 것같이, 빈 것같이"[44] 여길 것임을 유대인들은 잘 알고 있었던 것이다. 유대인들에 따르면, 세계를 가르는 진정한 선은 로마와 야만족 사이에 가로놓인 다라의 성벽이 아닌, 그와 사뭇 다른 것, 신이 정해준 방식대로 사는 사람과 그렇지 않은 사람을 가르는 선이었다.

그게 사실이라면, 유대인들이 조상의 땅에서 멀리 떨어진 곳에 흩어져 살게 된 것도 하느님의 뜻에 따른 것이 아니었다고 볼 이유 또한 없을 터였다. 구약에도 "(네가 이렇게 내 말을 들었기 때문에) 세상 만민이 네 후손의 덕을 입을 것이리니"[45]라고, 하느님이 아브라함에게 말하는 내용이 나와 있지 않던가. 다수의 유대인들이 오랫동안 그들과 약속의 땅 사이에 먼 거리가 존재하는 것을 곱씹으면서 대담한 결론을 내릴 수 있었던 것도, 그런 확신 때문이었다. 콘스탄티누스 대제 시대의 어느 랍비가 자신 있게 한 말을 빌리면 "거룩하신 분, 복되신 그분이 민족들 사이에 우리를 내쫓으신 것은 개종자를 만들어 우리 구성원들을 늘리기 위해서였다."[46] 개종자를 만든다고 했으니 생각하기에 따라서는 아브라함 혈통의 중요성을 강조한 하느님의 말씀과 배치되는 것으로도 볼 수 있겠으나, 최종적으로는 혈통이 아닌 토라의 요구에 대한 복종이 '유대인성'을 결정짓는 주요 요소임을 주지시킨 것으로 보는 편이 옳을 것이다. 그렇다면 유대인들이 세계 곳곳으로 퍼져나간 것도 결국은 세계를 개조하기 위해서이고, 메소포타미아 또한 유대인들에게 유일한 제2의 고향이 아닌 것이 된다. 실제로 유대인은 세계 곳곳에 흩어져 있었고, 따라서 어찌 보면 제국들보다도 그들이 오히려 더 보편적 존재였다. 유대인도 그리스인처럼 하나의 민족으로서뿐 아니라, 세계를 알고 해석하고 개조해가는 전반적 방식, 곧 문화의 동인動因으로도 간주되었다는 점에서 그렇다는 얘기다. 요구가 많은 유대인 신이 가진 가공할 힘, 그들의 율법이 가진 고색창연함, 많은 사람들에게 신앙이라기보다 오히려 회원제 클럽으로 보일 만큼 매혹적인 그들의 종교, 이 모든 점이 유대인과 어울려 살았던 사람들에게 환상을 심어주는 요소로 작용했다. 그렇다면 그런 요소를 찬양하던 사람들이 '유대교로 개종'[47]하는 전통이 생겨난 것도 놀랄 일은 아니다.

그것을 보여주듯 로마에서는 공화정 시대부터 이미 유대교 개종에 제국 당국이 신경을 곤두세웠고, 역대 황제들도 유대교를 명백하고 중대하는 위협으로 여기고 통제할 길을 모색했다. 콘스탄티누스 대제가 등장하기 1세기 반 전에는, 개종자의 할례를 거세와 동등한 것으로 선언하는 지경에까지 이르렀다. 이는 무인도로의 추방도 가능한 중범죄로 다루겠다는 의미였다. 유대인들에게는 별 위안이 안 되었겠지만, 유대교의 호소력이 얼마나 컸는지는 로마 엘리트들이 피정복민들이 믿는 미신에는 유대교와 같은 정도의 심한 적대감을 보이지 않은 것으로도 알 수 있다. 하지만 경의의 형태가 아닌 한, 세계의 지배자들이 분개하든 분노하든 유대인들에게는 별 의미가 없었다.

그렇다면 유대인은 어떻게 규정되었을까? 아르다시르가 통치하던 시절 메소포타미아 랍비들이 수라와 품베디타에 그 유명한 예시바(학교)를 건립하고 탈무드의 완성으로 절정에 달한 위대한 연구에 착수한 것이 그에 대한 답이 될 수 있었을까? 아니 답이 되지 못했다. 메소포타미아는 하나의 지역이었을 뿐 세계가 아니었던 것이다. 랍비들이야 어떻게 생각했든 간에 유대인들의 대다수는 그들의 존재를 몰랐다. 랍비들이 예시바 건립 후 첫 몇 세기 동안 세계적 영향력을 수립하는 일에 힘을 기울이지 않고, 자신들의 좁은 울타리를 견고히 다지는 일에 힘을 쏟다 보니 그렇게 된 것이다. 그로 인해 로마권에 속한 이란샤르 동쪽 지역과 두 제국 너머에 위치한 사막과 산악 지대에 랍비들이 부족해졌고, 그리하여 그곳들에서는 랍비들이 아닌, 훗날 '시나고그'로 알려지게 될 유대교 회당 지도자들이 권위를 행사하게 되었다. 토라의 학습과 토론도 자연히 공동체 예배당이었던 시나고그에서 진행되었다. 그러나 유대인성(그리스어로는 이우다이스모스ioudaismos)은 거의 주입되지 않았으며, 그러다 보니 상이한 공동체와 상이한 개인들이 자신들의 취향에 따라 유대인성을 규정하는 일이 잦았다. 스스로를 유대인으로 말하면 유대인이 되는 일이 비일비재했다. 유대인과 젠타일gentile(유대인이 아닌 사람의 총칭)을 구분 짓는 경계는 모호하기 그지없었다. 그런 와중에 대로를 타고 페르시아의 수도 페르세폴리스에 가서 조로아스터교 신전의 상인방에 유대교로의 개종을 권유하는 글을 새겨 넣는 사람,[48] 외국 여성의 신비한 매력에 빠져들었다가 아브라함 혈통의 순수성을 훼손할 것이 걱정되어, 그것을 피하려는 일념으로 비유대인이 되는 길을 엿보는 사람 등 별의별 사람들이 다 생겨났다. 유대인의 자격에 대해서 그들 민족을 타 민족과 엄격히 구분 지으려는 강렬한 열망을 지녔던 랍비들마저도 의견의 일치를 보지 못했다. 유대교로 개종하면 유대인이 되는 것이라고 말하는 쪽과 개종자도 "상처와 다를 바 없이 해로운 존재"[49]라고 주장하는 쪽으로 의견이 갈려, 명확한 판단 기준을 내놓지 못했다. 랍비들에게는 의견이 다르다는 것을 인정하는 것 외에는 다른 선택의 여지가 없는 듯했다.*

그러나 물론 다른 선택의 여지도 있었다. 메소포타미아에 예시바가 세워지기 오래전 '랍비'라는 명칭도 아직은 생소했던 이 시대에 일군의 소규모 유대인들이, 십자가형을 당한 뒤 죽은 자 가운데서 살아났다고 소문

---

* 랍비들이 의견의 일치를 본 부분은 (이스라엘 민족을 괴롭혀) 하느님이 직접 멸망의 선고를 내린 아말렉족의 유대교 개종을 불허한 것뿐이었다. 그러나 이 결정이 공식화되었을 무렵에는 아말렉족의 소재지는 물론이고, 그들의 존재 자체에도 확신이 없는 상태였다.

난 예수라는 이름의 악명 높은 괴수가 바로 '그리스도'라는 폭탄선언을 한 것이 그것과 관련 있었다. 게다가 그 예수라는 자는 모종의 불가사의한 방식으로 하느님의 아들이기도 했다는 것이다. 그러나 머지않아 기독교도들로 불리게 된 그 유대인은, 놀라운 신앙을 가졌다고 해서 처음부터 유대인임을 부정하지 않았고, 하느님이 선민에게 부여해준 비길 데 없는 삶의 지침 토라도 불필요하다고 보지도 않았다. 그들 중의 일부만이 자신들이 믿는 새로운 신앙의 의미를 극단으로 밀어붙이고, 그 못지않게 극단적인 결론에 도달했을 뿐이다.

예수의 십자가형이 있은 지 몇십 년 후 일군의 소아시아 기독교도들이 불미스러운 내용으로 가득한 서신 한 통을 받았다. 토라를 연구하는 학자였다가 규범적 유대교 교육제도가 배출한 가장 눈부신 반항아로 변신한 바울로(파울로스, 사도 바울. 10?~67?)가 쓴 그 서신에는 이런 내용이 적혀 있었다. "너희는 유대인이나 헬라인이나, 종이나 자유자나, 남자나 여자나다, 그리스도 예수 안에서 하나이니라."[50] 유대교 학자들이 언제나 궁극의 고르디우스 매듭으로 여기던 것을 단칼에 잘라버린 혁명적 발언이었다. 바울로는 이렇게 말한 다음 그러므로 그 문제는 더 이상 거론할 필요가 없게 되었다고 호기롭게 선언했다. 선택받은 민족이 하느님의 목적에 다가갈 수 있는 지침이었던 토라도 그리스도의 출현으로 그 필요성이 사라졌으며, 유대인에게 이로운 것이 무엇인지에 대한 전반적 물음도 불필요해졌다. 더불어 토라의 가르침을 따를 의무도, 토라가 주는 구속에도 더는 얽매일 필요가 없었다. 같은 맥락에서 토라의 끝없는 비난도 더는 들을 일이 없게 되었다. "믿음이 온 후로는 우리가 몽학선생 아래 있지 아니하도다. 너희가 다 믿음으로 말미암아 그리스도 예수 안에서 하느님이 아들이 되었기"[51] 때문이었다. 바울로는 그러므로 젠타일(비유대인)도 하느님이 아브라함에게 해준 약속의 계승자라고 결론지었다. 차후에는 혈통이나 율법의 준수가 아닌 그리스도에 대한 이해와 사랑이, 선민을 결정짓는 요소가 된다는 말이었다. 그러므로 어느 곳에 있든 도처의 민족들은 아브라함의 자손으로 간주될 수 있고, 따라서 필요한 것은 전 세계인들이 기독교도가 되는 것뿐이었다.

참으로 흠잡을 데 없는 대담한 사명 선언문이었다. 바울로의 야망은 이렇듯 글로벌한 면과 개척적인 면을 동시에 지니고 있었다. 때는 이교와 그 이교가 찬양하는 신들이 특정 장소와 특정 사람들에게 고착되어 지방색이 강한 시대였다. 따라서 종교가 지역적 차원을 넘어 보편적일 수 있다는 그 어떤 제안도 대다수 사람들에게는 불쾌하거나 어이없거나 혹은 그 두 가지 모두로 받아들여질 개연성이 컸다. 그러나 바울로는 분명 시대정신을 호흡하고 있었다. 인간의 형제애를 희구하는 열정의 기운이 점차 강해지고 있었던 것이다. 바울로보다 1세기 먼저 태어난 그리스 철학자 포세이도니오스도 이미 로마 지배의 결과로 인간의 형제애가 출현할 것임을 예견한 바 있었다. 그렇다면 보편 제국을 자임한 나라의 지배를 받는 세계에서, 보편 신앙을 자임한 종교의 추종자들이 생겨나지 말라는 법도 없었을 것이다. 예수가 십자가형을 당한 후 수십, 수백 년 동안 젠타일을 상대로 한 기독교 포교가 왕성해진 것도 그것을 보여주는 증거다. 수도원이나 수녀원만 해도 바울로 시대에 세워진 것들이 착실히 재건·복제되는 데 그치지 않고, 페르시아권 영토와 로마권 영토 일대에 새롭게 지어지고 발전하며 지속적으로 퍼져나갔다. 수도사와 수녀들 또한 배경은 제각각이었지만 근엄하고 자애로운 하느님의 눈길 앞에서는 인종과 계급에 관계없이 모두가 평등하게 만났다. 원로원 의원이나 가정부나, 그리스인이나 브리튼인이나, 철학자나 매춘부나 질척이는 죄악의 수렁으로 빠져들 수 있다는 점에서는 같았고, 십자가형을 당한 그리스도의 죽음으로 구원받았다는 점에서도 똑같은 인간이었던 것이다. 개인의 책임에 급진적이고 민주주의적이며 잠재적으로 광범위한 호소력을 갖게 될 내용이 담긴 점에서 이는 전례 없는 메시지였다. 이에 따라 기독교의 본질을 규명하기 위해 노력하던 기독교 학자들도 이제는 시대에 걸맞은 비실제적 연구에 종사하게 되었다. 그 어느 때보다 글로벌화된 세계에서 신의 목적을 가늠하는 것이 그것이었다.

이 점에서는 기독교 학자들도 메소포타미아의 랍비들과 크게 다르지 않았다. 연구 방법 또한 그들과 유사했다. 기독교 학자들도 유대교 경전의 유산에서 궁극적 영감을 받았기 때문이다. 양측의 차이라면 랍비들이 토라를 영구불변의 존재로 본 반면, 기독교 학자들은 토라―그리고 전반적으로는《타나크》―를 영원한 빛인 예수 그리스도를 흐릿하게 일별한 것에 지나지 않는 '구약성서'로 간주했다는 것뿐이다. 그렇다면 당연히 '신약성서'는 어떻게 작성되어야 하는가라는 문제도 제기되었을 것이다.[52] 실제로 그리스도가 십자가형을 당한 지 얼마 되지 않았을 때부터 기독교 학자들은 이미 그 답이 될 수 있는 글들을 편찬하기 시작했다. 바울로의 서신을 시작으로 그리스도의 일대기를 수록한 복음서(그리스어로는 유앙겔리아 euangelia, 단수형은 유앙겔리온euangelion)가 차례로 편찬된 것이다. 이 모음집을 작성한 기독교 학자들 또한 자신들이 수라와 품베디타의 랍비들과 다를 바 없이, 인류 역사를 흔들 정도의 중차대한 과업을 수행한다고 믿었다. 타락한 세상에 신이 개입하는, 곧 삼라만상의 모든 질서가 그것을 중심으로 돌아가는 거대한 우주관을 고찰하는 일을 한다고 믿은 것이다. 다만 신의 개입으로 얻은 결과는 랍비들이 믿었던 것과 달랐다. 율법이 아니라, 예수야말로 진정한 주 하느님이라는, 신자들의 마음속에 깃든 인식이 그것이었다. "(예수께서 가라사대) 내가 곧 길이요, 진리요, 생명이니, 나로 말미암지 않고는 아버지께로 올 자가 없느니라."[53]

참으로 감동적인 말이었다. 그러나 이 말에는 감동적인 것 못지않게 모호한 면도 없지 않았다. 기독교도들 중에는 바울로처럼 환상 속에서 부활한 그리스도를 보았다고 주장할 만한 사람이 거의 없었고, 따라서 그런 직접적 교섭이 없는 신자들로서는 '길'이 무엇인지 당최 알 수가 없었던 것이다. "그러므로 너희는 가서 모든 족속으로 제자를 삼아 아버지와 아들과 성령의 이름으로 세례를 주라"[54]고 예수가 제자들에게 내린 지시도 문제를 더욱 복잡하게 만들 뿐이었다. '성령'이 누군지 혹은 무엇인지 알 도리가 없었기 때문이다. 기독교 현자들도 세대에서 세대를 이어가며 머리를 싸매고 이 문제를 고민했지만 답은 쉽사리 나오지 않았다. 하느님의 정체성이라는, 입에 담기조차 황송한 신성한 미스터리에 관련된 문제였으니 그럴 수밖에. 그런 차제에 나온 '성령을 체험하는 데 굳이 완전한 이해가 필요한 것은 아니다'라는 해법은, 지적 능력이 다소 떨어지는 신자들에게는 그야말로 가뭄에 단비같이 반가운 소식이었다. 비둘기든 불이든 "하늘에서 들리는 급하고 강한 바람 같은 소리"[55]든, 모든 것을 세상에 스치는 하느님의 숨결로 믿으면 그뿐이었다. 마음속에 명멸하듯 번쩍 느껴지는 엑스터시, 믿음이라는 황홀감에 빠져드는 순간, 그들은 자신이 성령에 사로잡힌 것을 알았다. 그렇다고 성령이 내적 삶에만 국한되는 것도 아니어서 하나가 되는 일체감 속에서도 느낄 수 있었고, 따라서 기독교도가 있는 곳이면 성령은 어디에든 있었다. 사는 곳, 신분에 관계없이 모든 사람들이 세례라 불리는 침수 의식을 공유하게 된 것이다. "우리가 유대인이나 헬라인이나, 종이나 자유자나 다 한 성령으로 세례를 받아 한 몸이 되었고, 또 다 한 성령을 마시게 하셨느니라."[56] 같은 맥락에서 성령 없이는 하나 됨도 없고, 공유된 에클레시아, 곧 교회도 있을 수 없었다.

이 관념은 나아가 도처의 기독교도들이 글로벌적 관료제 수립에 몸을 던지고, 그렇게 함으로써 하느님의 목적에 이바지한다고 믿게 만드는 결과를 가져왔다. 바울로가 새롭게 개척한 길, 서신을 보내는 것도 하나됨을 이루는 또 다른 방식이었다. 그리하여 로마와 페르시아권 전역의 신도들이 장거리 교신을 교회의 생혈로 여기게 됨에 따라, 경쟁하는 두 제국의 기독교도들은 일상적 문제나 초월적 문제를 가리지 않고 열띤 토론을 벌이게 되었다. 그들이 가진 시야는 로마 황제와 이란의 샤한샤도 필적하지 못할 만큼 폭넓었으며, 그들도 그 사실을 알고 우쭐해했다. "어느 나라도 그들의 조국이 될 수 있지만, 그 조국은 장소가 어디든 그들에게 외지일 뿐이다."[57] 기독교도의 정체성은 이렇듯 한계를 모르고 뻗어나가는 듯했다.

그러나 기독교 교회가 아무리 글로벌적 사고에 몰입하여 불과 몇 세기만에 역사상 유례를 찾기 힘든 강력한 비정부 조직을 수립하는 데 성공했다고 해서, 지역 교회 일에 등한시했던 것은 아니다. 예수가 십자가형을 받은 지 1세기가 지났을 무렵에는 기독교도들이 이미 숙련된 장부기장의 필요성을 느껴 지역의 회중 가운데 선출된 관리에게 '에피스코포스episcopos', 곧 '감독자bishop(주교)'의 역할을 맡긴 것에서도 그 점이 드러난다. 그런데 이 관료들이 머지않아 단순한 관리였던 본래의 신분을 훌쩍 벗어나기 시작했고, 그리하여 3세기 뒤에는 자신을 주교로 뽑아준 회중을 되레 거의 군주처럼 지배하게 되었다. 큰 교회와 교섭할 때 지역 교회의 대변자 역할을 한 것도 주교였고, 지역 기독교도들의 문제를 해결하거나, 위난의 시대에 그들을 보호해준 것 역시 주교였다. 그 밖에 주교는 신도들의 신앙에 대한 정의를 내려주었으며, 읽어야 할 책도 지정해주었고, 하느님 앞에서 그들을 위한 해명도 해주었다. 안티오키아 주교였던 이그나티우스(?~110경)의 서신에 적힌 것처럼, "우리가 주교를 하느님 보듯 해야 하고, 하느님 앞에 서 있듯 그를 대해야 하는 것"[58]도 그래서였다.

이 정도면 로마 귀족이나 페르시아 귀족도 인정해주었을 만한 권위였다. 따라서 비록 상류층이 애용한 비단과 보석류를 착용하지 않고 거친 모직으로 지은 주교복을 입기는 했지만, 그들이 여느 귀족과 다를 바 없이 후원에 관여하고 있는 사실을 감추지는 못했다. "(예수께서 가라사대) 네가 온전하고자 할진대 가서 네 소유를 팔아 가난한 사람들을 주라."[59] 물론 그리스도의 이 말씀이 매번 지켜진 것은 아니지만, 기독교도들 사이에 자선의 전통이 만들어지고 그 결과 관리자인 주교들이 거액의 자선기금을 주무를 수 있게 되었다. 그리하여 교회는 도시들에서 국가 안의 국가를 이루게 된 것은 물론, 그보다 특별한 어떤 것, 복지국가까지 형성하게 되었다. 때는 극빈자, 과부, 병자에 대한 안전망이 거의 없던 시절이었으므로, 이는 지방 주교들에게 거룩함의 눈부신 아우라를 부여해주었고, 또한 이 아우라가 기독교도들에게는 힘을 의미했기 때문에 그 힘으로부터는 많은 것이 나왔다. 그리하여 그 힘으로 주교가 신도들에게 계율을 부과할 수 있게 되자, 교회는 그 계율로 진정으로 보편적인 어떤 것, '가톨릭catholic' 단체로서의 자활을 할 수 있게 되었다. 그리스도가 살았던 때로부터 3세기가 지나자 기독교도의 하나됨은 이렇듯 그리스도의 죽음에 대한 승리의 영광, 성령의 작용에 대한 가장 확실한 증거가 되었다.

실제로 기독교 선전자들이 지칠 줄 모르고 강조했듯이 대다수 기독교도들이 공유한 공통의 정체성은 황당무계한 우상 숭배의 만화경 속에서는 결코 찾아볼 수 없는 기독교만의 특징이었다. 하지만 그렇다고 해서 그것이 기독교도들이 완벽한 하나됨을 이루었다는 뜻은 아니다. 사정은 오히려 그와 정반대였다. 세상은 여전히 죄악의 영역으로 남아 있었고, 교회의 몸도 십자가형을 당한 그리스도의 몸처럼 사악한 무리들이 가한 고문으로 만신창이가 되어 있었으니 말이다. 기독교도의 권리를 주장한 사람들 모두가 주교의 권위를 인정했던 것도 아니다. 〈마태오복음〉에 "거짓 선지자들을 삼가라. 양의 옷을 입고 너희에게 나아오나 속에는 노략질하는 이니라"[60]고 나와 있듯이 양과, 양털을 뒤집어쓴 늑대를 구별하기는 쉽지 않았다.

이에 대해서는 부유하고 이름난 북아프리카의 도시 카르타고의 기독교 신학자였던 테르툴리아누스(155/160~220 이후)가 "신앙의 근원과 신앙의 본래성만이 진리로 간주될 수 있다"[61]라는 유용한 조언을 남겼다. 이를 달리 표현하면, 그리스도와 그의 첫 제자들, 곧 사도들 시대로까지 거슬러 올라가 출처를 밝힐 수 있는 사람만이 진정한 기독교도가 될 수 있다는 말이었다. 테르툴리아누스는 그러면서 교리가 옳아야 성직자도 옳을 수 있다고 주장했다. 사도들 중 하나의 계승 서열에 있는 주교라야, 하느님의 아들 손으로 축성된 기독교도의 후계자가 될 수 있다는 말이었다. "하느님으로부터 그리스도를 통해 사도들로 넘어간 것을 교회들이 물려받은 것을 보유했으니"[62] 그보다 더 좋은 계보는 없을 것이었다.

이는 상당히 논리적인 말 같지만 문제는 그리 간단하지 않았다. 다른 기독교도들도 그와 똑같은 게임을 할 수 있었기 때문이다. '가톨릭'을 자칭한 교회 조직이 비길 데 없이 강력하기는 했지만, 신앙의 원천으로 거슬러 올라가 교리를 승인받으려 했던 것이 비단 그것 하나만은 아니었던 것이다. 실제로 잠재력을 가진 그 모든 믿음들의 광야를 돌파할 수 있는 곧은 길, 곧 '정통'을 만들어내려 한 교회 종사자들의 노력은 기껏 또 다른 길들을 열어놓은 셈이 되었기 때문이다. 알려진 세계 전역에 주교구 망이 설치된 것에는, 특히 바울로에 의해 형성된 그리스도의 가르침에 대한 인식, 요컨대 교회를 율법이 아닌 믿음, '성령의 능력'[63]으로 불타오른 믿음에 의해 규정된 보편적 단체로 인식한 것이 반영되어 있다. 그런데 이 모든 가설이 그 즉시 도전에 직면한 것이었다. 교회가 지난날의 초기 형태에 머물러 있지 못하는 이유, 다시 말해 작지만 외부 세계에 오염되지 않은 선택받은 자들의 순수한 단체로 머물러 있지 못하는 이유가 뭐냐고 따져 물은 것이 대표적인 예다. 바울로가 가르쳤듯이, 만일 토라가 숭고한 무관련성의 범주에 든다면 그리스도는 어째서 〈마태오복음〉 5장 18절에서 "진실로 너희에게 이르노니 천지가 없어지기 전에는 율법의 일점 일획이라도 반드시 없어지지 아니하고 다 이루리라"[64]고 그와 반대되는 말을 했는 가라는 또 다른 문제도 제기되었다.

그러나 이것도 그리스도와 성령의 관계, 성자인 그리스도와 성부인 하느님의 관계라는 가장 심오하고 난해한 문제에 비하면 아무것도 아니었다. 이 문제에 대해서는 도전을 결코 회피하는 인물이 아니었던 테르툴리아누스가 이번에도 가장 폭넓게 수용된 답변을 제시해주었다. 하느님이 성부, 성자, 성령의 삼위격을 지닌 분이고, 그러므로 신성의 세 양상(조물주, 구세주, 영감을 주는 분)은 하나라고 설명한 것이다. 따라서 역설이었으나, 고비용을 들여 정묘함을 자랑하는 그리스 철학을 공부한 인물답게 역설이야말로 신성의 본질을 제대로 나타낸 것이라고 주장했다. 하느님을한 몸에 세 위격을 가진 분, 세 위격에 하나의 본질을 가진 분을 뜻하는 '삼위일체Trinitas'로 보는 것이 가장 합당하다는 게 그의 해설이었다.

그러나 테르툴리아누스도 뽐내듯 의기양양하게 주장은 했지만, 스스로 그것을 입증했다는 착각에 빠지지는 않았다. 그의 완곡한 표현을 빌리면 "그 미스터리는 조심스러운 채로 머물러 있었다."[65] 아닌 게 아니라 찾자고 들자면 의미가 모호해서 명확한 정의가 필요한 부분이 한두 군데가 아니었다. '신은 하나'라는 것만 해도 만일 그렇다면 성자는 성부에 종속되지 않고 성부와 동격인가라는 문제가 제기될 수 있었는데, 이에 대해 기독교 정통파는 '그렇다'고 답했다. 하지만 그렇게 되면 또 성자가 성부와 다를 바 없이 영원한 존재가 되어, 테르툴리아누스도 우려했던 일, 다시 말해 다수의 기독교도들이 코웃음을 칠 게 뻔한 불합리성의 문제가 제기될 수 있었다. 게다가 당시에는 교회가 권고와 논의 외에는 특정 정설을 강제할 뾰족한 수단이 없었기 때문에, 그들은 그 논리(성자가 성부와 동격이라는 논리)에 콧방귀 뀔 수 있는 완벽한 자유가 있었다. 이런 식으로 기독교도들이 가진 신앙의 스펙트럼은, 시간이 가면서 폭이 좁아지기는커녕 오히려 당혹스러울 만큼 확대되었다. 테르툴리아누스 같은 사람들이야 물론 풀기 어려운 미스터리가 존재하는 것이야말로 신앙의 핵심이라고 주장하고 싶었겠지만, 문제를 그런 식으로 얼버무리려고 하지 않는 기독교도들도 많았다. 그러기에는 너무도 많은 것이 걸려 있기 때문이었다. 기독교 신앙에 내포된 '하느님이 예수라는 매개체를 통해 인간의 육신으로 침투해 들어왔다'는 절대불변의 메시지는 이렇듯 하느님의 본질뿐 아니라, 예수의 실체를 포함해 많은 문제를 야기했다. 예수의 실체만 해도, 예수가 십자가형을 받은 지 300년 후에는 그가 신이면서 인간이기도 하다는 견해가 기독교 지도자들의 정설로 굳어졌으나, 예수에게 인간의 흔적은 없으며 따라서 완벽한 신이라고 주장하는 또 다른 기독교도들도 있었던 것이다. 그뿐만 아니라 예수의 몸이 그가 세례 받는 도중 찾아들었다가 십자가에 못 박혀 죽기 전에 버리고 떠난, 성령을 위한 인간의 외피로 제공되었다고 믿는 사람들도 있었고, 예수도 여느 인간과 다를 바 없이 피가 통하는 육체를 가진 하느님의 양자였으나 그럼에도 그리스도와 다를 바 없는 존재라고 주장하는 사람들 또한 있었다. 간단히 말해 신앙의 변형까지는 아니더라도, 일군의 기독교도들이 이 중에서 어느 이론에 동참할 개연성이 있었던 것이다.

교회 지도자들이 하나의 정통(그리스어로는 하이레시스hairesis)을 확립해야 할 필요성을 절박하게 느낀 것도 이 같은 견해의 스펙트럼 때문이었다.* 물론 각각의 기독교 종파들은 그리스도에 대한 그 나름의 인식으로 그리스도가 말한 길, 진리, 생명을 규정하고 싶었을 것이다. 그러나 규모가 방대한 만큼 최고의 권력을 지닌 자칭 '가톨릭' 교회의 위세를 당할 수는 없었다. 가톨릭교회는 교회대로 권력을 제대로 휘두르지 못하면 잃을 것이 가장 많았다. 가톨릭교회가 지난 몇 세기 동안 신도들의 발밑에서 교리상의 위장 폭탄을 제거하는 힘겨운 작업에 착수한 것도 그래서였다. 교회 학자와 지도자들로서는 훼방꾼들에게 참을성을 보여줄 여지가 없었다.

---

* 비기독교도에게는 '하이레시스'가 특정 철학 사상을 의미하는 말로 쓰였다.

이런 분위기 속에 교회의 권위를 거부한 기독교도들은 점차 같은 길을 가는 벗이 아닌, 굽은 길에서 방황하는 영혼이자 정통으로 가는 노선을 완강히 버리고 그릇된 길을 택한 자들, 곧 '이단'으로 간주되었다. 신성하고 가치 있는 부분을 건드려서가 아니라, 그것을 파괴하려 한 것이 그들이 이단으로 간주된 이유였다. 2세기의 어느 기독교 신학자의 말을 빌리면, "이단들의 행동은 마치 위대한 모자이크 예술가가 진기한 보석으로 공들여 만들어놓은 왕의 아름다운 초상을 박살내놓고, 그 보석들로 개나 여우 상을 조잡스럽게 만들어놓은 것과 같았기"[66] 때문이다.

신학자들이 그처럼 씁쓰레한 것도 무리는 아니었다. 그들도 모자이크 거장 못지않은 정밀함으로 세대에서 세대를 이어 그리스도의 말과 행적의 진실성을 수립하기 위해 노력을 기울여왔으니 말이다. 세밀한 눈금자 막대—그리스어로는 카논canon(신앙과 행위의 기준)—만이 그 목적에 부합할 수 있었다. 그러므로 당대 역사가들이 요구했을 법한 가장 엄밀한 기준에 따라, 가톨릭 학자들도 흡족해할 만큼 복음서 내용이 진짜 목격자들이 증언한 것이 아니면 그 어느 것도 '정경적canonical'인 것으로 인정받지 못했다.[67] 이런 과정을 거쳐 4복음서가 차츰 정경으로 간주되었다. 예수의 제자가 쓴 것으로 추정된 것 둘, 사도들 중의 우두머리인 시몬 베드로의 제자가 쓴 것으로 추정된 것 하나, 마지막으로 사도 바울로의 동료(루가)가 쓴 것으로 추정된 것 하나였다. 그럼에도 이설이 등장하는 것을 막지는 못했다. 예수가 십자가형을 당한 지 100년, 200년, 300년 후에도 그리스도 전기 작가들의 복음서가 여전히 척척 찍어져 나오고 있었으니 말이다. 물론 오랜 세월이 지난 뒤에 기록한 것인 만큼 그 저자들도 전기적 내용의 정확성까지 주장하지는 않았다. 하지만 그들에게 정확성 따위는 중요하지 않았다. 그들 대다수에게 복음서를 쓰는 동기는 전설적 이야기를 지어내고 임기응변식 이야기를 씀으로써 오락을 제공하고자 하는 욕구만 큼이나 단순했다. 유아기의 예수는 친구들과 무슨 장난을 치며 놀았을까 와 같은 것이 그런 이야기의 전형이었고, 그에 대한 답변을 내놓은 복음 서만도 부지기수였다.[68] 그에 따르면 아기 예수가 가장 좋아한 묘기 부리 기는, 점토 새를 만들어놓고 그것에 입김을 불어 생명을 불어넣는 것이었 고 한다. 이런 내용이었으니, 정경으로 인정된 4복음서의 일화들보다 교 훈적인 면이 부족했으나 그래도 순진무구한 면은 있었다. 문제는 그중에 그리스도 일대기를 수정한 것치고는 제법 중요한 의미를 갖는 것도 있었 고, 실제로 몇몇은 기독교 정통의 핵심을 찌른 것이었다는 점에 있었다.

영지주의 교부 중 한 사람이었던 바실리데스(117~138)만 해도 예수가 십자가에 못 박혀 죽지 않았다는 주장을 개진할 방법을 찾다가, 그 기발 한 이론에 대한 증거 부재를 간단한 편법을 써서 한 방에 날려버렸다. 편 법이란 바로 그 스스로 새로운 복음서를 쓴 것이었다.[69] 그렇게 쓰인 《바 실리데스 복음서》 속 십자가형 일화에는 여태껏 생각지도 못했던 왜곡된 내용이 담겨 있었다. 예수가 십자가를 메고 예루살렘 거리를 지나던 중에 그를 도와주러 온 키레네(구레네) 사람 시몬과 몸 바꿔치기를 했으며, 그리 하여 불운한 시몬이 결국 십자가형을 대신 당하게 되었는데 그리스도는 먼발치에서 그 모습을 바라보며 '앙천대소'했다는 것이 이야기의 전말이 었다.[70]

그렇다면 바실리데스는 이 놀라운 사실을 왜 누설하게 되었을까? 복음 서는 중량급 정보 제공자로까지 계보를 거슬러 올라가는 것이 아니면, 의 미가 없다는 것을 분명히 인지하고 있었을 텐데 말이다. 바실리데스가, 십자가형 일화가 포함된 자신의 복음서 출처가 자신이 찾을 수 있는 가장 오래되고 완벽한 정보 제공자인 시몬 베드로라고 주장한 것도 그래서였다. 바실리데스의 적대자들은 물론 그의 주장이 엽기적이라며 코웃음 쳤다. 예수의 삶과 가르침에 관련한 내용을 다수의 추종자들에게는 알리지 않고 극소수 특권층에게만 전해주었다는 주장도 일고의 가치가 없다고 간단히 일축했다. 특권층의 지식('그노시스^{gnosis}')을 가졌다는 바실리데스의 주장 역시 정통파 기독교도들에 의해 허풍으로 치부되었다. 그들이 지치지도 않고 지적했듯이, 바실리데스는 벌 떼처럼 윙윙거리는 군중의 하나에 지나지 않았다. '그노시스주의자(영지주의자)'는 셀 수도 없이 많았고, 그들 모두 나름의 주장과 경전을 가지고 있었다. "4복음서만을 가진 정통 교회와 달리 이단에게는 복음서도 많았다."[71] 따라서 그것들 모두 날조된 것이 분명하고, 그러므로 믿을 게 못 된다는 것이 그들의 주장이었다. 그들의 복음서 중 사도의 것으로 추정되는 것은 아무것도 없었다. 바실리데스가 자신의 복음서는 문자로는 기록되지 않고 세대에서 세대를 이어 풍설로 전해진 것에 기초하여 작성했다는 우스꽝스러운 주장을 개진한 것이야말로 그것이 허위임을 보여주는 완벽한 증거였다. "교회의 완벽한 진리란 무릇 교회의 유구함에서 나오는 것이거늘, 이 모든 다수의 이단들은 그 진리가 나온 뒤인 근래에 일어났으니, 그 진리를 얼버무려 만든 날조임이 분명하다."[72]

문제는 젠타일 교회의 주장을 곱씹어본 랍비들이 그와 동일한 논지의 주장을 펴게 된 것이었다. 《타나크》야말로 최초의 복음서보다도 훨씬 오랜 역사를 지녔으니 말이다. 그것은 신앙의 한계를 정하느라 고군분투하던 기독교 학자들에게도 성가신 문제였다. 아니나 다를까, 주교의 아들 마르키온Marcion(85경~160경)은 급기야 유대인들에게 빚진 것이 없음을 선언하는 극단의 방책을 취하고야 말았다. 복음서들과 구약성서를 잇는 탯줄의 존재를 인정하지 않고, 둘의 연을 끊어버리겠다는 말이었다. 마르키온은 그리스도, 곧 신약성서의 신과 유대인의 신, 곧 구약성서의 신 사이에는 아무 관계도 없다고 주장했다. 앞의 신은 사랑과 자비를 설파하고 하늘의 상층부를 점유한 반면, 뒤의 신은 율법만 줄기차게 공포하고 율법에 복종하지 않는 사람은 무조건 응징하며 하늘의 하층부를 점유한 것에 원한을 품고 있다는 것이었다. 마르키온의 이 가르침에 대해 소수의 기독교도들만 그것의 가공할 논리에 탄복해 새로운 교회를 설립했을 뿐, 대부분의 다른 기독교도들은 그 이론에 섬뜩함을 느끼며 뒷걸음질 쳤다. 그래도 달라진 점은 있었다. 그리스도는 누구이고 무엇인가의 문제만 갖고 씨름하던 기독교도들이, 이때를 계기로 유대인의 과거와 그들 간의 관계 정립에 대한 문제를 함께 고민하게 된 것이다. 예수가 진정한 메시아라면 하느님의 선민이라는 민족이 그것을 모른다는 것은 말도 안 되는 소리였기 때문이다. 그렇다고 그 불명예의 책임을 그리스도에 지울 수는 없으므로 유대인에게 돌려야 했다. 결국 유대교 경전들의 예언이 구현된 것으로 본 기독교 교회의 입장을, 시나고그들이 거부하는 데 대한 젠타일들의 비난은 갈수록 거세졌다. "아브라함의 자손 중 율법을 따르되, 죽기 전까지 그리스도를 믿지 않는 자들은 구원받지 못할 것임을 선언하노라."[73] 젠타일들은 이것도 모자라 토라를 똥 무더기, 토라를 연구하는 학자들을 쓰레기나 줍는 자들, 토라에 열거된 거창한 말들을 생기 잃은 유물이라고 말하며, 유례없이 시끄럽게 구약과의 분리를 주장했다.

랍비들은 유대인의 세습 자산을 강탈하려는 젠타일들의 이런 행동에 맞장구를 침으로써 그들의 위상을 높여주기보다는, 못 들은 척 오만한 티를 내는 편을 택했다. 어떤 사람이 콧방귀를 뀌며 한 말을 빌리면 "혐오스러운 것은 피하는 게 상책이었다."[74] 그러나 밀물이 이미 랍비들의 가장 막강한 보루 예시바까지 들어와 그들의 발을 적시고 있었다. 위험 신호는 오래전에 감지되었다. 메소포타미아에서는 기독교도가 애당초 신기할 것이 없는 존재였던 것이다. 랍비들이 그곳에 처음 모습을 드러낸 것과 거의 동시에 그들도 그곳 경계지에 도착했다. 사도들 시대에 서쪽의 그리스권 도시들과 로마로만 향했던 바울로와 달리, 여타 포교자들은 머지않아 동쪽으로도 시선을 돌렸던 것이다. 어찌됐든 비옥한 초승달 지대의 도로들도 지중해의 해로 못지않게 탁 트여 있었으니 말이다. 그리하여 메소포타미아에 예시바들이 세워진 3세기 초 무렵에는 수라와 품베디타에서 북쪽으로 2주 정도 걸리는 지역에도 기독교 학자들의 강력한 거점, 랍비들의 학교에 견주어도 손색없는 기독교 거점이 수립되었다.

에데사(지금의 터키 우르파)는 인접한 도시 하란과 마찬가지로 경쟁하는 두 제국 로마와 페르시아 사이의 단층선 상에 위치해 있다. 두 곳의 차이라면 우상 숭배에 빠져든 하란과 달리 에데사는 도처의 기독교도들에게 '축복받은 도시'로 알려져 있었다는 점이다. 전해지기로 그 도시의 어느 왕(아브가르)은 그리스도의 친필 편지까지 받았다고 한다. 에데사의 기록보관소에는 회의론을 불식시킬 수 있는 그 확실한 증거물이 여태껏 보존되어 있었다. 그것이 전부가 아니었다. 에데사는 그보다 더 획기적인 그리스도의 유물도 보유하고 있었다. 왕의 팬레터에 응답해 그리스도가 직접 그려 보내주었다고 소문난 유일무이한 그리스도 자화상이 그것이었다. 하느님의 호의를 나타내는 이런 징표까지 있었으니 기독교도들로서는 실로 에데사를 난공불락의 도시로 믿을 만했을 것이다. 에데사 지배자들도 그것에 부응해 교회 보호 정책을 취했고, 그 덕에 도시는 기독교 학문의 진정한 온상이 되기도 했다. 그리하여 그곳에서 성가, 기도문, 번역서가 만들어지자, 에데사 사람들이 사용한 시리아어가 근동 기독교권의 공통어(링구아 프랑카)가 되었다.

랍비들이 좁은 예시바 안에 옹송그리고 있는 동안 에데사의 영향력은 이미 학교 담장 너머의 거리들에서도 뚜렷이 느껴질 정도가 되었다. 그러거나 말거나 랍비들은 차가운 침묵으로 일관했고, 그에 따라 기독교도들의 도전도 수그러들지 않고 계속되었다. 유대인이 기독교도를 개종시킬 때 느꼈을 법한 양심의 가책을 기독교도들도 느꼈을 개연성은 희박했다. 그리하여 양측의 개종자 쟁탈전에서 한쪽이 이기고 있다는 사실은 점점 확연히 드러나게 되었다.

그러나 기실 유대교 랍비와 젠타일 교회 지도자들이 극도의 적의를 보이며 벌인 싸움에는 역설이 따라붙었다. 어느 쪽도 인지했을 개연성은 없지만, 그들의 적대 관계는 결국 상대가 있기에 싸움도 성립된다는 사실로 형성되었기 때문이다. 그러다 보니 기독교도가 유대인에게 한물간 신앙의 잔재를 맹목적으로 물고 늘어지는 박제된 민족이라는 모욕을 주면 줄수록, 랍비들의 이미지는 더욱더 좋아지는 아이러니가 빚어졌다. 랍비야말로 영원한 율법의 수호자이고, 그들이 세우는 계획에 색다름의 징후는 없으며, 고대 예언자들(다니엘, 아브라함, 아담) 역시 그들과 다를 바 없는 율법학자였다는, 랍비들이 최고의 자랑으로 여기는 점들을 그들의 철천지원수가 확인을 해주었으니 말이다. 그렇다고 기독교도만 의도치 않게 남 좋은 일을 한 것은 아니다. 랍비들도 기독교 이단들의 공개 도전에 응하지 않음으로써 사실상 그들을 유대인이 아니라고 인정한 셈이 되었으니 그 점에서는 마찬가지였다. 랍비들에게는 유대인으로 간주되지 않는 것이 끔찍한 파멸을 의미했으나, 미님(이단)들은 달랐다. 그러다 보니 랍비들이 젠타일 주교를 모욕해봤자 그들의 자신감을 높여주고, "내가 네게 거듭나야 하겠다 하는 말을 기이히 여기지 말라"[75]는 그리스도의 말을 인용하여 기고만장하게 만들 뿐이었다. 요컨대 젠타일 교회는 어미의 쪼그라든 자궁에서 태어난 딸이라는 점에 크나큰 자부심을 느끼게 되었다는 얘기다. 랍비들이 기독교도를 쓸모없는 자식이나 사생아로 치부하는 것에 재미를 느낀 것 못지않게, 기독교 주교들 또한 유대교를 실패한 부모로 깔아뭉개는 것에 재미를 느꼈던 것이다. 두 종교의 관계, 랍비와 주교의 관계는 이렇듯 부모자식 관계라기보다는 오히려 한 자궁에서 태어났으나 서로를 증오하도록 운명 지워진 쌍둥이 형제, 로물루스와 레무스의 관계 같았다.[76]

그런데 랍비와 주교들에게는 유감스럽게도, 그렇게 강력한 증오감이 느껴지는 곳들이 여전히 남아 있었다. 에데사가 그런 곳이었다. 그리스도의 편지가 당도한 지 3세기가 지나자 '축복받은 도시' 에데사는 이제 잠재적으로 변할 소지가 무궁무진한 인간 신앙의 가늠자 역할을 할 수 있는 가장 이상적인 곳이 되었다. 그곳 성채에 서서 수평선을 바라보기만 해도 기독교 현자들은 신의 창조물이 얼마나 다양한지를 알 것 같았다. 동쪽에는 페르시아제국이 그리고 서쪽에는 로마제국이 존재하는 것이나, 이중 페르시아제국의 주변부에 위치한 호라산 지역은 '일부다처제' 풍습이 있고 로마제국 끝에 붙은 브리튼에는 '다부일처제' 풍습이 있는 것만 해도 그랬다.[77] 에데사의 기독교 학자들이 모든 인류에게 그런 풍습의 차이를 극복할 수 있는 수단을 제공해준 것, 다시 말해 어느 곳에 살든 아브라함의 자손이라는 공통의 정체성을 부여해준 것에 기독교 신앙의 영광이 있다고 믿은 데는 그럴 만한 이유가 있었던 것이다.

그렇다면 기독교 신앙은 무엇이던가? 머나먼 수평선에서 시선을 아래로 돌려 인파로 북적이는 에데사 거리를 둘러봐도 그 해답은 나오지 않았다. 거리를 활보하는 기독교도들 중에는 마르키온주의자도 있었고, 예수가 십자가형 받은 사실을 부정하는 사람도 있었으며, 4복음서를 하나의 요약문 형태로 만들 것을 주장하는 사람도 있었다. 물론 세계적 정통파 교회의 일원이라는 사실에 자부심을 느끼는 기독교도들이 적지는 않았다. 하지만 문제는 그들이 그 못지않게 지방색 강한 전통을 지니고 있다는 것이었고, 그러다 보니 주교 이외의 다른 요소가 사람들의 믿음과 행동의 특성을 좌우하곤 했다. 이는 비단 에데사만이 아닌 모든 기독교 사회의 공통된 특징이었다. 도시 거리들에서 벌이는 축제, 시장에서 오가는 언어들, 어둑해지면 모닥불 가에서 나누는 담소, 이 모든 요소가 교회의 특성에 영향을 미쳤다. 에데사와 메소포타미아 일대의 도시들에서 유대인들이 얼굴 없는 악령이 아니라 살아 움직이는 실체라는 사실이 극히 중요했던 것도 그래서였다. 말하자면 그들은 이웃일 수도, 동료일 수도, 심지어 친구일 수도 있었던 것이다.[78] 동방의 기독교도들은 이런 식으로 알게 모르게 유대인의 특질이 몸에 배어 있었고, 그러다 보니 그곳을 찾은 다른 지역 기독교도들에게도 그들은 유대인으로 보이기 십상이었다.

메소포타미아의 기독교도들이 토라의 규정대로 피가 완전히 제거된 고기만을 먹는 것이 좋은 예였다.[79] 또한 그들은 유대교의 계산법에 따른 날을 부활절로 기렸고,[80] 심지어 랍비와 발음도 비슷하고 의미도 같은 랍반

rabban을 성직자를 부르는 호칭으로 사용했다. 그렇다고 이런 요소가 유대교와 기독교 지도자들 간의 친밀감을 높였느냐 하면 그것도 아니었다. 친밀감은 고사하고 랍비와 사제들이 서로 간에 공유한 것을 의식하다 보니, 두 종교의 분리는 오히려 더 심화되었다. 물론 현실에서는 경계가 허물어지는 때도 많았다. 에데사의 유대교와 기독교 학자들이 상대방에 뒤지지 않으려고 경쟁적으로 노력한 것이 눈부신 결과로 이어진 것만 해도 그랬다. 구약성서 최초의 시리아 역본이 완성된 것인데, 거의 틀림없이 기독교 학자들이 아닌 유대교 학자들이 한 일인데도 그들은 기독교로 개종을 하고 그 번역서를 기독교 교회에 선물로 증정한 것이다.[81] 또 예수를 메시아로 받아들인다고 해서 유대인성을 포기해야 한다고 여기지 않는 유대인이 많았으며, 기독교도 중에도 토라에 복종할 것을 주장하면서 바울로 또한 성인이 아닌 '율법을 저버린 자',[82] 다시 말해 이단 중의 이단으로 간주한 사람들이 적지 않았다. 실제로 일부 사람들은 기도할 때 유대교의 유일신과 기독교의 삼위일체를 동시에 불러내어 보란 듯 양다리를 걸치기도 했다. 두 종교의 호칭을 모두 동원한 다음의 주문呪文이 좋은 사례다. "나는 스스로 있는 자, 만군의 주(야훼) 이름으로(구약적 표현―옮긴이), 십자가로 높이와 깊이를 정복한 예수의 이름으로, 그분의 고귀한 아버지의 이름으로, 영원하고 영원한 성령의 이름으로(신약적 표현―옮긴이)……."[83] 두 종교의 분계선을 지키려고 했던 사람들은 당연히 이런 현상에 개탄을 금치 못했을 것이다. "입으로는 예수 그리스도를 말하면서 행동은 유대인처럼 하는 것은 가증스러운 일이다."[84] 베드로가 친히 안티오키아 주교로 임명했다고 알려진 초기 기독교 교회의 교부 이그나티우스가 한 말이지만, 랍비도 충분히 할 수 있는 말이었다. 결국 유대교와 기독교 지도자들은 중간에 무인지대를 두는, 동일한 국경 정책을 취했다. 양측 모두 탁 트인 국경에 구멍이 수없이 많이 나 있는 동일한 위협에 처해 있다 보니 나온 고육지책이었다.

그러나 국경의 어느 한쪽을 틀어막기는 쉬운 일이 아니었고, 그 점이라면 비옥한 초승달 지대에 살았던 사람들이 누구보다 잘 알았다. 페르시아와 로마제국의 경계가 자연 방벽을 따라 흐르지 않고, 밋밋한 평지를 구불구불 가로지르며 친밀한 사람들을 둘로 갈라놓은 곳이 바로 그곳이었기 때문이다. 따라서 그런 곳은 힘, 결의, 끊임없는 노력 없이는 경계를 유지하기가 힘들었다. 그런데 에데사가 바로 그런 곳이었다. 216년에 로마에 공식 병합된 뒤 300년이 지난 후에도 그곳은 여전히 로마제국령으로 남아 있음으로써, 황제들의 경계선 수호 역량을 여지없이 보여주었다는 점에서다.[85] 에데사는 503년에 카바드에게 포위공격을 당했을 때도 아미다와 달리 함락되지 않았다. 유스티니아누스 황제가 에데사에서 동쪽으로 160킬로미터 떨어진 다라에 요새를 증축한 것도 에데사를 난공불락으로 만드는 데 일조했다. 이렇듯 경계를 유지하는 데는 힘이 필요했고, 그런 힘은 대제국의 지배자만이 가질 수 있었다.

그러나 때는 아직 유스티니아누스 시대가 출현하기 200년 전이었고, 따라서 랍비도 주교도 그런 막강한 힘을 지니고 있지는 못했다. 양측 모두 자신들이 영향을 미치는 사회에서의 도덕적 권위는 높아졌지만, 감시탑을 세우거나 국경에 병력을 배치할 수 있는 힘을 갖지는 못한 것이다. 유대인과 기독교도가 서로 다른 정체성을 지녔다고 느끼면서도 한계를 뚜렷이 정하지 못한 채 어정쩡하게 머물러 있는 것도 문제였다. 그 상황에서 유대인계 기독교도들과 기독교를 믿는 유대인들이 양쪽의 경계를 제멋대로 드나드는 것은 당연했다.

이런 상황은 랍비나 주교에게 샤한샤나 황제의 전권을 줄 수 있는 사람만이 바꿀 수 있었다.

그러나 300년 무렵에는 그것이 아직 상상하기 힘든 전망이었다.

· 새로운 신 만들기 ·

랍비들의 관점에서 보면 젠타일 왕이 유대교인이 된다고 해서 하등 이상할 것은 없었다. 탈무드에는 심지어 네로 같은 인물도 자신의 악행을 회개하고 유대교로 개종했다는 내용이 버젓이 등장할 정도다. 네로의 후손 중 한 사람이 랍비, 그것도 아주 유명한 랍비가 되었다는 더 황당한 내용도 수록되어 있다.[86] 랍비들은 이들 이야기에 담긴 비현실성에도 개의하지 않았다. 개의하기는커녕 그것이 오히려 네로의 유대교 개종과 같은 기적의 효과를 높이고 교훈성을 더해줄 것으로 믿었다. 네로처럼 악명 높은 황제도 토라를 따랐으니, 제아무리 강하다 한들 유대교로 개종하지 못할 젠타일은 없을 것으로 본 것이다.

기독교도들도 세상의 모든 나라들을 살펴본 뒤로는 희망 속에 살았다. 예수가 에데사 왕과 편지를 주고받은 것만 해도, 위대한 왕들마저 성령에 감동할 수 있음을 나타내는 상징으로 보고 매우 소중한 기억으로 간직했다. 301년에는 로마와 페르시아제국의 중간 지대에 속하는, 접근하기도 힘든 험준한 아르메니아의 티리다테스 3세(250~330) 왕이 그리스도를 주 하느님으로 받아들인 것이 그것을 나타내는 결정적 증거였다. 본인만 받아들이는 데 그치지 않고 미흐르 신의 신봉자였던 아르메니아 백성들에게도 즉시 자신의 선례를 따르도록 지시하여 이란샤르 일대를 들썩이게 했다. 자신들 종교의 침해자들에게는 무조건 의혹의 눈초리를 보내는 조로아스터교 사제들이 기독교도를 진즉에 마법의 전달자로 분류해놓은 곳이었으니 그럴 수밖에. 그러나 마법의 전달자라는 그들의 비난에는 마지못한 찬사마저도 능가하는, 불구대천의 원수일망정 병자 치료 부문에서 기독교도가 거둔 눈부신 성공률을 부인할 수는 없다는 암시가 내포되어 있었다. 랍비들도 그리스도의 이름이 가진 사악한 힘에 극도의 경계심을 드러내며 어떠한 일이 있어도 넘어가서는 안 된다는 점을 병약자들에게 주지시켰다. 죽어가던 손자가 예수의 이름을 속살거리는 마법사의 힘을 빌려 병이 나았지만, 그로 인해 죽은 후 영생을 얻지 못하게 된 기막힌 사실을 알게 된 어느 랍비의 사연을 교훈담으로 이용했을 정도다.[87] 기독교도들이야 물론 자신들이 가진 치유의 힘에 마법의 요소가 개입되었을 개연성을 강력히 부인했다. 마법은커녕 성인과 성녀들이 기적을 행하고, 악령을 물리치며, 심지어 자연의 법칙에도 맞설 수 있는 힘이 나온 곳은 하늘이라는 것이 독실한 기독교도의 관점이었다. 그들의 왕이 악마에게 홀렸다가 구제받은 뒤 세례 받음으로써, 예기치 않게 최초의 개종자가 된 것이 그것을 보여주는 확실한 징표였다. 그들에 따르면 귀신을 물리칠 수 있는 것도 그리스도의 이름, 왕에게 멧돼지가 아니라는 확신을 줄 수 있는 것도 그리스도의 이름뿐이었다. 그렇다면 기독교도들은 샤한샤에게도 광기나 혹은 질병의 징후가 있지 않은지 열심히 살피고, 그것을 바라는 꿈을 충분히 꾸었을 만했다.

그러나 기독교도들이 직면한 도전은 여전히 만만치 않았다. 능력이 가장 뛰어나다는 퇴마사(엑소시스트)조차도, 그들의 적이 위협적이고 악의적이라는 점에 의혹을 갖지 않았다. 태초에 하늘로부터 내던져진 신령들 또한 인간 먹잇감을 찾아 지구를 여전히 어슬렁거렸다. 예수가 십자가에 못박혀 죽음으로써 그들에게 승리를 거두기는 했지만, 세계 제국들에 미치는 그들의 장악력은 여전히 꺾이지 않은 채 남아 있었던 것이다. 페르시아만 해도 무지몽매함 속에 불을 계속 숭배하고 있었다. 그러나 로마의 북적이는 도시들 역시 우상 앞에서 희생을 태우는 연기와 분향 냄새로 오염되지 않은 곳이 없었으니, 그 점에서는 다를 게 없었다. 기독교도들도 물론 팔라디움과 같은 신상들에 초자연적 힘이 들렸다는 것과, 우상 숭배자들이 신으로 경배한 신령들이 존재한다는 점을 부정하지는 않았다. 그러나 아무리 유구한 전통을 지녔고, 로마인들이 제국의 유지를 위해 반드시 필요하다고 믿었다 한들, 우상 숭배는 흡혈귀에게 피를 제공해주는 것이나 다름없었다. 우상은 세계에서 가장 아름다울 수 있었지만, 그 아름다움이란 기껏 매춘부 얼굴의 피부병을 가려준 화장품에 지나지 않았던 것이다.

바울로가 소아시아에 위치한 에게 해 연안의 부유한 도시 에페소스에 가서, 맞아 죽을 각오를 하고 "사람 손으로 만든 것들은 신이 아니라 하니"[88]라고 설파하면서 그 점을 분명히 한 것도 그래서였다. 하고많은 곳 중에서 그가 하필 에페소스를 택한 것도, 그곳에 세계 7대 불가사의(기자의 피라미드, 바빌론의 공중정원, 올림피아의 제우스 상, 할리카르나소스의 마우솔레움, 로도스의 거상, 파로스 섬의 등대, 에페소스의 아르테미스 신전—옮긴이) 중의 하나로 꼽히는 아르테미스 신전이 있었기 때문이다. 눈부신 황금과 대리석으로 둘러싸인 아르테미스 여신은 팔라스 아테나 못지않게 강력한 신이었으나, 바울로의 기를 꺾기에는 부족했다. 그리하여 언제나 그렇듯 바울로는 제국을 통틀어 가장 거룩한 곳 중 하나의 그림자였던 그곳에서 신을 섬기는 사람들의 감정을 고려하는 것도, 그들의 신념에 타협하는 것도 단호히 거부했다. 아니나 다를까, 에페소스에서 결국 폭동이 일어났고, 그 와중에 그도 거의 찢겨 죽일 뻔했다. 그럼에도 그리스도를 부인하기를 거부하는 행동을 계속하다 몇 년 뒤 네로 황제에 의해 로마에서 처형되었다.[89] 베드로와 다수의 다른 사도들도 그와 동일한 사법 살해의 격랑 속에 목숨을 잃었다. 여러 세대의 수많은 기독교도들이 로마제국을 위대하게 만들어주었다고 추정되는 신들을 모욕한 죄로 당국에 기소되어, 궁극의 죗값을 치르는 편을 택한 것이 그 무렵부터였다. 그들은 그 벌을 아주 달게 받음으로써 구세주의 고통에 동참할 수 있었던 것이다. 그들은 그것을 자신의 피로 다시 세례를 받아 남은 죄의 흔적을 말끔히 씻는 행위로 보았다. 그리스도를 위해 죽은 사람들의 영혼은 그처럼 악취 나고 유혈 낭자한 죽음의 땅에서 하늘로 올라가 영생을 보장받았다. 그 보상에는 한계가 없었다. 그들이 받는 고통이 크면 클수록 그리스도와 그의 세속 교회의 영광 또한 덩달아 커지기 때문이었다. 그들 한 사람 한 사람은 이렇게 (신의) '증인(그리스어로는 마르티르martyr)'으로 죽어갔다.

하지만 그들의 죽음이 대중에게 미친 효력은 미미했다. 기독교도들이 그들 신의 대의를 위해 죽는 행위는 전에 보지 못한 낯선 광경이었다. 그러다 보니 "채찍질 당하거나, 맹수의 밥이 되거나, 시뻘건 철의자에 구워져 자기 살 타는 냄새에 질식당해"[90] 순교하는 사람들을 봐도 군중들의 반응은 무덤덤하기만 했다. 왜 아니겠는가. 신이라면 당연히 자신을 숭배하는 사람을 죽으라고 요구해서가 아니라, 그들을 보호함으로써 힘을 과시해야 하는 것 아니던가. 로마인들이 누구보다 그 점을 잘 알았던 것은, 신과 자신들을 결부(라틴어로는 렐리가레^{religare})시키는 데 능통했기 때문이다. 신에게 제물과 경의를 바치면, 신도 로마인들과 자신을 결부시켜 그 모든 위대성을 부여해준다고 믿었던 것이다. 따라서 신과 인간의 관계(그들의 말로는 렐리기오^{religio})를 그런 식으로 설정한 로마인들에게 기독교도들의 미신은 지극히 위협적으로 보일 수밖에 없었다.[91] 동시대인들 대다수가 목숨을 초개같이 여기는 순교자들의 태도를 감탄스럽게도 또 영웅적으로도 보지 않고 정신 나간 행위로 간주한 것도 그래서였다. 로마제국이 붕괴 직전의 고통으로 신음하던 3세기 무렵 당국이 기독교도들에 대한 잔혹함의 수위를 갈수록 높여, 성난 신들을 위무하고 제국 내의 적을 말끔히 제거하려 한 것도 그래서였다. 한 로마 황제의 말을 빌리면 "고대의 법률과 로마의 기강에 따라 모든 것을 바로잡고, 기독교도들 또한 그들 조상의 생활방식을 버리고 제정신을 찾게 하려는 목적"[92]에서였다.

이렇게 로마제국의 도시들에서 박해의 물결이 이어지자 양측 모두에게 그것은 사활이 걸린 중대사가 되었다. 하늘의 통제권을 둘러싼 전쟁이었기 때문이다. 팔다리가 부서지고, 살점이 녹으며, 맹수들에게 몸이 물어뜯길 때, 시험을 당한 것은 기독교도 개인의 용기가 아닌 하느님의 힘과 효력이었다. 순교자들이 성령의 특공대 역할을 하면서 죽어간다고 믿은 것도 그래서였다. 그리하여 타락한 세상에는 하느님의 숨결이 점점 더 많이 느껴지게 되었다. 피로 물든 순교자들의 유해와 유골이 거룩한 성물이 되는 것에서도 느껴졌고, 기독교도를 박해한 황제들이 비참한 종말을 맞는 것에서도 느껴졌다. 데키우스 황제는 (고트족에게) 살해되고, 발레리아누스 황제는 페르시아 왕의 말 오름판으로 이용되다 죽었으니 말이다. 가장 오래되고 가장 강력한 악령들의 보루도 그 점에서는 다를 바 없어, 에페소스의 아르테미스 신전이 보이는 곳에서 순교당한 기독교도들만 해도 특별한 승리의 영광을 차지했다. 원형 경기장에 뿌려진 기독교도들의 핏방울 하나하나가 퇴마의 역할을 한 것이다. 그리스도가 가진 정화의 힘은 이렇듯 우상 숭배의 불결함과 악취를 깨끗이 씻어내고 있었다. 유해한 악마 아르테미스의 발톱도 당연히 도시에서 뽑혀나가고 있었다.

에페소스에는 박해를 모면하고 살아남은 소수의 기독교도도 있었다. 하느님이 그들에게는 다른 계획을 갖고 계셨던 것이다. 250년 데키우스 황제의 전면적인 기독교 박해 때, 체포를 면하려고 도시 부근의 동굴로 몸을 숨긴 일곱 명의 젊은이가 그들이었다.* 그러나 잘 알려진 대로 궁지에 몰린 젊은이들은 결국 생매장형을 당했다. 동굴 입구가 돌들로 가로막힌 것이다. 젊은이들은 그런 불행 속에 한데 엉긴 채 잠이 들었다. 비참한 상황이었는데도 태평스럽게 깊은 잠에 빠졌다. 그런데 어느 순간 동굴 입구를 막고 있던 돌들이 별안간 움직이기 시작하더니, 한 줄기 빛이 어둠을 가로지르는 것이었다. 젊은이들은 그제야 잠에서 깨어나 더듬더듬 동굴 입구를 찾아가 보았다. 가보니 언제 그랬냐는 듯 인부들이 입구에 놓여 있던 돌들을 치우고 있는 것이 아닌가. 더 기묘한 것은 돌들이 관목과 잡초로 덮여 있었다는 것이다. 혼란에 빠진 젊은이들은 동료 한 명을 도시로 내려 보내 동태를 살펴보기로 했다. 그러나 도시 외곽에 다가간 젊

---

* 이들의 정확한 숫자에 대해서는 약간의 의견 불일치가 있다. 시리아 작가 세루그의 야곱(혹은 마르 야곱, 451~521)은 이들이 대변인 한 명과 나머지 일곱 명, 그렇게 총 여덟 명이었다고 주장한 반면, 대다수 다른 기독교 사료에는 이들이 일곱 명이었다고 나온다. 이 논란은 꾸란으로까지 이어져 "소수 외에는 잘 알지 못함이라. (그러니 분명한 것을 제외하고는) 그에 관해 논쟁하지 말며……"라고 하느님이 훈계하는 말이 수록되어 있다 (꾸란 18장 22절).

은이는 혼란보다 더 큰 당혹감을 느꼈다. 희생 태우는 연기와 분향할 때 나는 연기구름도 성벽에서 피어오르지 않고, 마치 희박한 공기 속으로 흔적 없이 사라진 것처럼 장터에 있던 신전들도 감쪽같이 모습을 감추었으며, 공공건물에 새겨졌던 아르테미스에 관한 문구들도 조직적으로 파여나가고, 아우구스투스 황제 동상의 이마에는 전에 없던 십자가까지 새겨져 있었던 것이다. 청년은 꿈인지 생시인지 도무지 분간이 안 간다는 듯 두 눈을 비비며, 도시 중앙의 네거리로 내쳐 발걸음을 옮겼다. 그곳에 도시의 수호신을 나타내는 증거물로 거대한 아르테미스 신상이 세워져 있었기 때문이다. 하지만 그것도 온데간데없이 사라지고 그 자리에는 대신 비문에 따르면 '진리의 표식'[93]인 대형 십자가가 우뚝 세워져 있었다. 보아 하니 뭔가 경이롭고 알 수 없는 일이 일어난 것이 분명했다.

젊은이는 데키우스 황제의 두상이 묘사된 주화로 빵을 사려고 하다 비로소 사태의 전말을 파악했다. 그와 여섯 동료들은 몇 시간만 잤던 게 아니라, 매우 오랫동안 잠들어 있었던 것이다. 그것도 아주 오래오래. 그들은 무려 200년 동안이나 동굴 안에 갇혀 있었고, "축복받은 어린 양들의 믿음"을 가상히 여긴 하느님이 (영혼을 하늘로 가져가 지상에 남게 된) "그들 육신을 지키는 수호자가 되도록 천사를" 동굴 입구에 "지킴이"로 배치해놓은 것이었다.[94] 그러나 그들이 잠들었던 200년의 세월로도 설명되지 않을 만큼 에페소스와 에페소스 성벽 너머 지역을 강타한 변화의 폭은 컸다. 일곱 젊은이들도 물론 데키우스 황제의 기독교 박해 때 제국 관리들을 피해 도망치면서, 다니엘이 꿈에서 본 소름 끼치는 환상—대대손손 인류를 지배한 네 개의 제국인 큰 짐승 넷이 거친 바다에서 나왔고, 그중 넷째 짐승이 가장 악독했다는—을 머릿속에 떠올렸을 것이다. "그

다음에 본 넷째 짐승은 무섭고 놀라우며 또 극히 강하며, 또 큰 철 이가 있어서 먹고 부서뜨리고, 그 나머지를 발로 밟았으며……"[95]라는 내용 이었다. 그리고 동굴 안에서 잠들기 전 그 짐승의 정체와 다니엘이 꿈 에서 본 짐승의 파괴 행위가, 앞으로 교회가 받게 될 박해를 예언한 것 이었다는 사실을 알아챘을 것이다. 그러고는 자신들이 "그 이는 철이요, 발톱은 놋"[96]이었던 짐승의 만행을 직접 목격했다는 사실을 깨달았을 것이다.

따라서 그들이 몰랐던 것은 그 짐승이 궁극적으로 파멸되리라는, 다니 엘이 본 또 다른 환상이 현실화된 것이었다. 우상 숭배로 오염되고 성인 들의 피로 얼룩진 제국이, 데키우스 황제 시대의 기독교도들은 상상도 못 했을 모습으로 변모하여 신의 나라의 닮은꼴이 된 것을 말이다. 에페소스 의 일곱 영웅이 죽은 지 62년 후, 그러니까 로마의 기독교 박해가 잔혹함 의 정점을 찍은 지 10년도 채 지나기 전인 312년에는 기적 중의 기적이 라 할 만한 일이 일어났다. 콘스탄티누스 1세(대제)가 로마제국의 단독 황 제가 되기 위한 계획을 실행하던 중, 하늘에 십자가가 걸린 환영을 본 것 이다. 환영과 더불어 "이 신호로 정복하라"[97]고 명령하는 신비한 목소리도 들렸다. 콘스탄티누스는 그 목소리의 주인공이 그리스도라 확신하고, 그 명령대로 행하여 정복을 일궈냈다. 그로부터 150년 뒤에는 다니엘이 환 상에서 본 승리의 약속―"(그때 내가 그 큰 말하는 작은 뿔의 목소리로 인해) 주 목하여 보는 사이에 짐승이 죽임을 당하고 그 시체가 상하여 붙는 불에 던진 바 되었으며"[98]―이 장엄하게 지켜졌다. 에페소스의 일곱 영웅이 원 한다면 그 증거물도 보여줄 수 있었다. 한때는 그리스권에서 가장 위대한 건축물이었으나 오래전 늪지에 처박힌 채 앙상한 뼈대만 남게 된 아르테미스 신전이 그것이었다. 검게 변한 기둥들은 진흙 속에 무너져 내려 늪지에서 피어나는 증기와 날아다니는 곤충들의 아지랑이 틈으로, 부서진 신전의 실루엣만 간간이 보일 뿐이었다. 완전히 파괴되지는 않았지만 건물의 몸통 부분은 구제 불능으로 부식된 것이 분명했다. 다니엘이 예견했던 짐승을 태워버리는 불도, 인부들이 신전의 부서진 대리석 조각들을 석회 가마 속에 처넣기 무섭게 신전 계단에서 곧바로 불타오름으로써 현실이 되었다. 황폐화된 신전 주변에 엉성하게 지어놓은 석회 제조공들의 오두막을 제외하면 그곳에서 인간이 거주했던 흔적은 찾아볼 수도 없었다. 저주받은 곳을 사람들이 찾을 리 만무했던 것이다. 그리하여 에페소스에서는 교회가 압도적 위치를 차지하고, 기독교도가 권세를 잡게 되었다. 고대 여신 숭배에 충실한 극소수 사람들만이 허물어져가는 신전을 이따금씩 찾아 근들거리는 제단에 쌓인 진흙을 긁어내고, 남몰래 제물을 바칠 뿐이었다.

"도덕적으로 유해한 유골의 무덤에 경배하는 행위."[99] 어느 기독교도가 그 행위를 보고 경멸적으로 일축한 말이다. 바울로가 했던 최초의 심한 나무람은 이렇게 수백 년의 시간을 가로질러 다시금 울려 퍼지고 있었다. 위대한 개가를 이룬 시점에도 기독교도들은 초기 기독교 시대와 조금도 다를 바 없이, 악의나 후진성이 아닌 다른 이유로도 사람들은 그리스도가 아닌 다른 신을 숭배할 수 있다는 사실을 받아들이지 못하고 있었다. 그들에게 다른 해석의 여지는 없었다. 데키우스 치세로부터 2세기가 지나자 기독교도들에게는 어느덧 지난날 자신들을 박해한 사람들에 대한 두려움이 사라지고, 오만함과 눈부신 조롱만 남게 된 것이다. 기독교도가 세례받기를 거부하는 사람들을 차츰 파가니pagani(민간인)로 묘사하게 된 것도 그런 맥락으로 이해할 수 있다.* 이 말은 본래 교회를 영웅적인 전사 집단, 지옥의 악마들과 대전투를 벌인 그리스도의 군병들로 보이게 하려는 의도로 사용한 말이었지만, 쓰다 보니 종파, 제식, 신 들의 범주가 아무리 넓고 다양하다 한들 야비한 영혼의 구렁텅이에 빠졌다는 점에서 이교도들 pagans(경계가 있는 지역의 원뜻을 가진 '파구스pagus'에서 파생한 말—옮긴이)은 기본적으로 한 가지라는 점을 암시하는 데도 매우 유용했던 것이다. 결과적으로 '이교'의 존재는, 적의 영토로 진군해가는 정복군이라면 자신들이 보유한 군대의 규모와 우수한 화력을 믿고 으레 찾게 마련인 것을 기독교도들에게 부여해주었다. 확실하게 찍어, 전투를 벌이고, 결정타를 먹일 수 있는 단일한 적군의 무리가 그것이었다.

공교롭게도 그것은 로마가 전매특허로 삼은 전쟁 수행 방식이기도 했다. 게다가 에페소스의 일곱 영웅에게 일어난 기적의 소식이 콘스탄티노플에 닿자마자 황제(임페라토르)는 동굴에 친히 납시어 그들의 축복을 받았고, 일곱 영웅도 그런 연후에야 경건하게 숨을 거두었다고 한다. 그런 행운의 수혜자답게 테오도시우스 2세(재위 408~450)도 당연히 위대한 로마군 무용의 전통을 잇는 계승자가 되었을 것 같지만, 처음에는 그럴 기미가 보이지 않았다. 이전 시대의 전통에 따라 군인 황제의 분위기를 물씬 풍긴 동명의 테오도시우스 1세(재위 379~395)가 조부라는 사실이 무색할 만큼 그는 금빛 찬란한 수도의 경계를 벗어난 적이 거의 없었다. 그의 가장 현저한 군사정책도 방어적인 데 머물렀다. 도시의 규모가 비대해

---

* 파가니는 '촌뜨기(rustic)'의 뜻일 수도 있었다. pagani(단수형은 paganus)의 정확한 의미에 대해서는 오래도록 논란이 있었다. 하지만 지금은 기독교도가 스스로를 '그리스도의 군병들(soldiers of Christ)'로 부른 것과 관련이 있는 것으로 대체적인 중론이 모아졌다. 테르툴리아누스가 처음 사용한 '그리스도의 군병들'이라는 말은, 콘스탄티누스 대제가 기독교로 개종한 뒤부터 기독교도들의 비명에 등장하기 시작했다.

지자 콘스탄티누스 대제가 쌓은 기존 성벽에서 800미터 범위를 넓혀 거대한 육지 성벽을 증축한 것이다. 그렇다고 해서 테오도시우스에게 로마의 적에 맞서 싸우고자 하는 전쟁 수행 의지가 없었던 것은 아니다. 오히려 그 반대였다. 다만 그것은 군마 위에서 벌이는 전쟁이 아닌, 교회와 예배당에서 벌이는 전쟁이었다. 테오도시우스 법전의 포고령에 따르면 "이 나라를 유지시키는 힘은 공무公務와 신체적 수고 및 노력이 아닌 올바른 예배에서 나오기"[100] 때문이었다. 부황 아르카디우스 황제 치세에는 포고령에서 한 말이 사실로 입증되기도 했다. 하느님이 내려 보낸 것이 분명한 무시무시한 유황 구름이 콘스탄티노플을 뒤덮었을 때, 황제의 기도로만 구름을 흩어지게 하여 하느님의 진노로부터 수도를 지켜낼 수 있었던 것이다. 그런 기적의 광경을 두 눈으로 목도했으니, 테오도시우스도 이례적으로 경건한 분위기 속에 자랐을 것은 당연지사고, 실제로 그는 단식을 하고, 성가를 부르며, 온갖 유혹에서 눈을 돌린 독실한 신자였다. 그래서였는지 그의 기도 또한 드물게 강한 힘을 발휘했다. 40년에 걸친 기나긴 치세기 동안, 심지어 서로마도 야만족의 침탈로 존망의 기로에 선 와중에 동로마 지배하에 있던 속주들은 단속적인 위기 상황을 제외하면 대체로 굳건한 상태를 유지했으니 말이다. 그 정도면, 그리고 하늘을 그의 편으로 만든 게 정녕 사실이라면, 충분히 그의 공적으로 볼 만했다.

그리하여 상황은 도로 원점이 되었다. 제국의 정사에서 콘스탄티노플이 주도한 그 모든 혁신에도 불구하고, 그리하여 고대 신들이 권좌에서 쫓겨나는 와중이었는데도 제국 엘리트들의 본능은 변하지 않은 채 그대로였던 것이다. 영광, 끝없는 영광은 지난날과 다름없이 그 무렵에도 여전히 로마인들이 받아야 할 당연한 권리로 남아 있었다. 우상을 박살내고 신전을 파괴해봐야, 기본적인 길잡이 가설은 그대로였던 것이다. 따지고 보면 그리스도가 콘스탄티누스 대제에게 말씀을 내릴 때 해준 약속도 명쾌한 승리였고, 콘스탄티누스 본인도 만년에는 기독교 개종을 초월적이고 영혼을 뒤흔든 자기 인생의 가장 중요한 순간으로 회고했다지 않은가. 그러나 기실 그의 영적 여정은 기억이 허용하는 한도보다 훨씬 길었다. 그리스도의 환영을 보기 오래전, 그러니까 황제가 되기 전부터 그는 자신의 웅대한 야망을 지지해줄 수 있는 강력한 신을 추구했다. 본인 스스로도 경악스러울 만큼 겸손이 결여되었던 인물답게, 혼자서도 충분히 군림할 수 있는 힘, 권세, 장려함을 지닌 신을 필요로 했다. 이렇게 그는 생의 여러 국면에서 신을 갈구하다가, 어느 때인가는 아르테미스와 쌍둥이 형제였던 아폴론, 아니 어쩌면 태양을 최고신으로 상상하기도 했다. 그러다 그리스도가 최종적으로 그 오디션에 합격한 것은 콘스탄티누스가 "그분이 진정 누구인지를 보여달라며 간절한 기도와 간구로"[101] 유일신을 부르자 하늘에 빛나는 십자가가 나타난 때문이었다. 그때부터 그는 전장에 나가기 전 막사에서 반드시 먼저 기도를 올렸고, "그러면 잠시 뒤 어김없이 하느님이 현현했다."[102] 콘스탄티누스가 거둔 업적의 크기로 볼 때 그것의 진실성에 의혹을 가질 사람은 없었을 것이다. 언감생심 그 점을 소홀히 다루는 계승자 또한 없었을 것이다. 콘스탄티누스가 창건한 도시에서 나라를 통치하는 것이, 그리스도가 로마에 베푼 호의의 진가를 제대로 인식하는 것과 같은 뜻이 된 것도 그래서였다. 비교 불가능한 힘의 수호자에게 보호받는다는 사실을 인지하고, 그 모든 시대적 격변과 동란에도 불구하고 로마인들의 제국이 밟고 선 토대는 다이아몬드처럼 견고하다는 점에 기쁨을 표해야 했던 것이다. 하느님에 대한 올바른 인식이 곧 견고한 토대였다.

그렇다면 당연히 '하느님에 대한 올바른 인식은 무엇이었는가'라는 문제도 제기되었다. 하지만 알다시피 그에 대한 답변은 기독교도들이 언제나 바랐던 만큼은 자명하지 않았다. 지난 1세기 때는 안티오키아 대주교 이그나티우스가 조리에 맞고 보편적으로 인정된 기독교 신앙이 존재하리라는 간절한 여망의 표시로 지극히 암시적인 크리스티아니스모스 Christianismos라는 용어를 만들어냈다.[103] 하지만 그로부터 2세기가 지나 신자들이 감당할 수 없이 불어났는데도 그 말의 정의는 여전히 오리무중이었다. 결과적으로 크리스티아니스모스는 그리스 신화에 나오는 괴물 키마이라 같은 개념인 것으로 밝혀졌다. 콘스탄티누스 대제가 하느님과 교신한 직후 '가톨릭(보편적)'으로 여겨진 교회의 도움을 받기 위해 갖은 노력을 기울이다가, 결국에는 자신이 상대하는 조직이 획일적이기는 고사하고 때로는 격렬한 대립을 일삼기도 하는 불안정한 교파들의 연합이라는 사실을 알고 대경실색을 한 것이다. 제국 내 다양한 교회들을 괴롭힌 이런 긴장은 물론 야심 찬 주교들이 세속적 자리를 탐한 것이 주요인이었다. 하지만 이것이 전부는 아니었다. 신앙과 의식이 어지럽게 난무하던 지난날과 마찬가지로 그 무렵에도 기독교가 유동적인 만화경을 이루고 있던 것이 긴장을 야기한 또 다른 요인이었다. 황제가 개종한 기적도 하느님의 본질을 찾는 기독교 지식인들의 취미활동을 멈추게 하지는 못한 것이다.

320년대 초 콘스탄티누스가 단독 황제가 되는 데 걸림돌이 되는 마지막 적들을 물리치고 새로운 수도의 창건 계획을 세우기에 여념이 없는 와중에도, 교회는 그리스도의 정체성이라는 미스터리 중의 미스터리를 둘러싸고 사분오열하고 있었다. 318년에 금욕적이고 학식 높았던 기독교 성직자 아리우스(250경~336)가, 성부가 성자보다 우위에 있다고—일견 완벽해 보이는 논리로 그가 속한 알렉산드리아 주교의 권위에 맞서는—주장을 함으로써 아물었던 상처를 헤집어놓은 것이 사단이었다. 성자가 성부에 종속된다는 논리는 본래 테르툴리아누스가 개진했던 것인데, 수십 년간 박해가 이어지다 보니 그 무렵에는 논의의 조건이 완전히 달라져 있었던 것이다. 아리우스의 반대파도 불안하게 인식했듯이, 성자가 성부보다 열등한 부차적 신임을 나타내는 그 어떤 암시도 기독교도와 이단의 경계를 흐려지게 할 위험이 있었다. 신이 하나가 아니라면 어느 것이든 신이 될 수 있었고, 그렇게 되면 아테나나 아르테미스를 숭배해도 할 말이 없어지기 때문이었다. 반대파가 아리우스 교리에 격분한 것도 그래서였으나, 아리우스와 그의 추종자들은 더욱더 자신들의 입지를 완고하게 지키려 하여 사태는 난국에 빠져들었다. 기독교도들이 이렇게 신앙의 가장 기본적인 내용에도 합의를 이루지 못함에 따라 하나가 아닌 다수의 기독교가 존재하게 되었다.

그래도 아직 사태를 속단하기는 일렀다. 콘스탄티누스라는 강력한 변수가 새롭게 등장했기 때문이다. 그는 교회 지도자들의 말싸움에 진저리를 냈다. 하느님이 그의 앞에 현현하고 승리를 부여해준 데에는, 로마제국을 새롭고 거룩한 기반 위에 올려놓으라는 뜻이 담겨 있었다. 그런데도 아리우스와 그의 적대자들은 "하찮은 문제로 난해한 논쟁을 벌이며"[104] 그가 해야 할 임무를 가로막고 있었다. 그도 처음에는 힘으로라도 양측을 화해시키려 했으나 그것마저 통하지 않자 특유의 단호함으로 결판을 내기로 했다. 그리하여 325년 로마제국은 물론 이란샤르의 주교들까지 전원 소집하여 기독교 교회 최초의 에큐메니컬oecumenical(세계적 규모) 공의회를 개최했다. 그곳 기후가 쾌적하다는 것이 표면상 이유였으나, 그보다는 콘스탄티노플 바로 남쪽에 있다는 지리적 편의성 때문에 고대 도시 니케아가 개최지로 선정되었다. 그리하여 "마치 하느님의 사도를 방불케 하는"[105] 금색과 자주색이 어우러진 찬란한 관복 차림으로 공의회에 나타난 콘스탄티누스는, 좌중의 주교들에게 자신이 원하는 바를 확실히 주지시켰다. 쉽게 이해할 수 있는 기독교의 일반적 정의를 내리라는 요구였다. 이에 위압감을 느낀 주교들이 허둥지둥 그의 명령을 따르려 함에 따라, 소수파였던 아리우스 주교들의 항변은 주변으로 밀려나버렸다. 결국 니케아 공의회에서는 성자가 '성부와 동일 본질'이라는 것과, 나아가 동격의 신이고 인간이기도 하다는, '한 분인 주 예수 그리스도'를 신조로 채택했다. 성령의 문구도 신조에 포함시켜 이참에 삼위일체 논쟁에도 종지부를 찍었다.

이 중대한 결정으로 이단의 오명을 쓰게 된 것은 비단 아리우스파뿐이 아니었다. 다른 종파들도 같은 운명을 당했다. 콘스탄티노플의 방만한 도로 계획에 묻혀 흔적 없이 사라진 비잔티움의 고대 도로망처럼 유서 깊은 그들의 신앙도 망각의 통고를 받았다. 니케아 공의회는 장중한 위압감이 느껴지는 콘스탄티누스는 물론, 기독교계 전역의 주교들이 참석한 세계적 규모의 종교회의였다. 따라서 전례 없이 큰 중요성이 부여되었고, 그에 따라 교회도 공의회 뒤 역사상 처음으로 명실상부한 '가톨릭', 곧 보편적이라 할 만한 신조를 갖게 되었다. '크리스티아니스모스'의 존재 개연성을 말한 이그나티우스의 꿈이 갑자기, 그것도 눈부시게 실현된 것이었다.

그러나 아뿔싸, 이 통합의 쇼는 신속히 깨지고 말았다. 공의회가 끝난 지 고작 몇 달 만에 주교들 대다수가 갈지자 행보를 보이며, 본연의 모습으로 되돌아갔기 때문이다. 반대파가 희희낙락하며 작성한 기록을 믿을 수 있다면, 아리우스도 머지않아 콘스탄티노플의 어느 뒷골목에서 내장이 빠져나오도록 뱃속의 배설물이 대폭발을 일으켜 마땅한 최후를 맞았다. 그런데도 대다수 주교들은 그것이 주는 명백한 교훈을 살리지 못해 정통파를 실망시켰다. 아나나 다를까, 이단 교리의 배설물은 사방팔방으로 튀어나간 끝에 국경마저 돌파하여, 그곳에 살던 고트족마저 니케아 신조에 반해 성자가 성부에 종속된다고 믿는 아리우스 교파가 되게 만들었다. 고트족은 야만족이니 그렇다 치더라도, 제국 내 사람들이 그런 정신 나간 행위를 하는 데는 변명의 여지가 없었다. 다수의 주교들이 자신들 합의로 도출된 니케아 신조에 코웃음을 치며 공개적으로 '아리우스파'임을 천명한 것만 해도 그랬다. 콘스탄티누스의 아들(콘스탄티우스 2세)마저 아리우스파의 명칭을 버젓이 사용할 정도였다.

설상가상으로 361년에는 더 안 좋은 일이 터졌다. 콘스탄티누스 대제의 조카인 율리아누스(재위 361~363)가, 콘스탄티우스 2세에 이어 황제로 즉위하기 무섭게 이교도를 선언한 것이다. 대담하고 명석하며 카리스마 넘치는 이 신임 황제는 삼촌이 행한 변혁을 의식적으로 뒤집으려는 듯, 신전에 보조금 지급을 재개하고, 별도의 자선단체를 설립하여 기독교의 독점적 자선활동에 타격을 주며, 그것도 모자라 턱수염까지 길렀다. 하지만 그런 몹쓸 행동을 한 배교자를 하느님이 내치지 않을 리 없었다. 과연 제위에 오른 지 2년 만에 율리아누스는 원정 중이던 메소포타미아에서 전사했고, 도처의 기독교도들은 그의 죽음에 환호작약했다. 하지만 그들이 받은 끔찍한 충격은 그것으로도 가시지 않았다. 정통파 주교들만 해도 이

쪽저쪽 이단과 이교의 동향을 초조하게 살피며, 니케아의 유산과 그에 대한 자신들의 권위가 치명적인 위협을 받지나 않을까 좌불안석하며 늘 불안한 삶을 살았던 것이다. 그들이 율리아누스의 사망(363년)에서 에페소스의 일곱 영웅이 등장하기까지, 거의 1세기 동안이나 반대파를 사정없이 몰아친 것도 그런 두려움 때문이었다. 그들에게 그것은 중대 사안이었고, 따라서 다른 선택의 여지가 없었다. 그들은 로마제국과 인류뿐 아니라 하늘을 위해서도 악마와 악마의 치명적 대리인들에게 쐐기를 박는 압승을 원했다.

그리고 그들은 정확히 그런 승리를 거두었다. 한때는 이교도 도시였던 곳을 넋 나간 듯 바라보던 에페소스의 일곱 영웅들에게는, 그 변화가 아마 장터와 주도로는 물론 폐허가 된 아르테미스 신전을 굽어보는 구릉까지, 모든 곳에 교회가 들어선 현상에서 가장 뚜렷이 느껴졌을 것이다. 그러나 사실 그런 물리적 확산보다 더욱 놀랍고 난공불락으로 변한 것은 눈에 보이지 않는 기독교의 구조였다. 그것(새롭게 변한 기독교의 구조)을 묘사하는 말로 점차 쓰이게 된 말, 렐리기오^{religio}(종교)마저 본뜻을 적잖이 훼손한 감이 들 정도로 그것은 너무도 생경한 혁명적 변화였다. 데키우스 황제 시대에는 전통으로 인정된 것이면 희생 제사 치르는 모든 행위가 렐리기오로 간주되어 인간과 신을 결부시키는 방식이 매우 다양했다. 그런데 기독교에서는 렐리기오의 의미가 전혀 달랐다.[106] "우리(인간)를 신과 묶어주는 것은 신앙심뿐"이었고, 여타 많은 요소들이 그 가설에서 비롯되었다. 기독교도들은 이교도와 달리 "어떻게 숭배하느냐가 아닌 무엇을 숭배하느냐가 중요했다."[107] 따라서 제단을 피로 물들이는 행위도 그들에게는 미신일 뿐이고 렐리기오가 아니었다. 악마에게는 경의와 제물 그리고 마땅한 도리를 바칠 필요가 없었다. 기독교도들에게는 하나의 신, 유일신만 존재했고, 그러므로 렐리기오도 하나만 존재할 뿐이었다.

이렇게 보면 에페소스의 일곱 영웅이 접한 것도 그 논리의 확고부동함을 받아들인 세상이었던 것이 된다. 로마인을 보호할 책임이 있고, 따라서 하늘의 도움이 절실히 필요한 황제들도 이때부터 하느님의 법정에 출입할 권한을 지녔을 개연성이 가장 높은 가톨릭교회 주교들에게 본능적으로 의존하게 되었다. 주교들은 주교들대로 그에 대한 반대급부로 얻은 콘스탄티노플 세속 궁정에의 출입 권한으로, 국가의 안전을 지켜주는 가장 믿음직한 보루로는 니케아 신조만 한 것이 없다고 황제를 설득할 수 있게 되었다. 아르테미스 신전 파괴는 바로 이 막강한 이해관계의 결탁이 가져온 결과였다. 테오도시우스 2세의 조부인 위대한 군인 황제 테오도시우스 1세가, 가정의 수호신에 대한 경배가 포함된 모든 형태의 희생 제사를 금지하는 조치를 취한 것이다.

가톨릭교회를 지키고자 하는 황제의 노력에는 한이 없었다. 게다가 이번 조치는 이교도처럼 눈에 띄는 존재는 아니지만 버티는 능력은 한층 뛰어난 교묘한 적대 종파들에게 철퇴를 가하는 것이었으니 주교들로서는 더욱 감읍할 따름이었다. 희생 제사를 금지시키는 조치를 취하기 10년 전에 테오도시우스가 니케아 신조에 반론을 제기하는 기독교도를 '정신착란자'로 규정하는 공식 칙령을 발표한 것인데,[108] 이것이 중요했던 까닭은 이단과 싸우는 주교들이 그때부터 황제에게 상소할 권리를 당연시하게 되었기 때문이다. 428년에 콘스탄티노플 주교가 된 시리아 출신의 유능한 신학자 네스토리우스(386?~451)도 테오도시우스 2세에게 "폐하가 저를 도와 이단을 쳐부숴주시면, 저도 폐하가 페르시아를 쳐부술 수 있게

도와드리겠나이다"[109]를 구호처럼 읊조렸다. 황제와 교회 간의 거래는 참으로 구체적으로 이루어져, 네스토리우스마저 일부 사람들에게 거래에만 눈먼 속물 취급을 받았다. 그러나 궁극적인 면에서 보면, 양자 간 동맹의 근거가 된 것은 역시 단순한 불관용을 넘어선 고결한 그 무엇이었다. 테오도시우스도 전설적 신앙인이었고, 네스토리우스가 황제의 특별 초청을 받아 공석이 된 콘스탄티노플 주교가 될 수 있었던 것도, 고향 안티오키아에서 얻은 거룩한 설교자로서의 명성에 기인한 것이었다. 그랬던 만큼 두 사람 모두 타락한 세상에 하늘의 기둥이 세워지기를 바랐고, 하느님이 그들을 친히 부르신 것도 그것을 성취하라는 의미로 받아들였다. 그리하여 콘스탄티누스가 니케아 공의회에서 다져놓은 영웅적 과업은, 마침내 황제와 네스토리우스의 열성적 노력으로 하나의 기독교, 제1의 종교로 완성되었다.

그러나 물론 긴장은 남아 있었다. 동로마제국 너머 이란샤르의 기독교도들만 해도 그들에게 제5열 분자(이단)의 낌새가 조금이라도 보이면, "향내는 고사하고 허물어진 교회의 분진이 하늘로 올라가는 현상만"[110] 나타나게 될 것이라 믿고, 가능한 모든 수단을 써서 콘스탄티노플과의 무관함을 주장하려고 했다. 제국 내 사정도 다를 게 없어 안티오키아 같은 대도시의 교회 지도자들마저 콘스탄티노플의 지시라고 무조건 굽실거릴 필요는 없다는 생각을 가졌다. 황제가 위협적이면 주교도 위협적일 수 있었다. 콘스탄티노플이 멀리 떨어져 있는 반면 주교들은 언제나 장엄한 하느님의 힘의 아우라에 둘러싸여 있었던 것이다.

상황이 이러했으니 제 목소리 내기 좋아하고 게다가 강력한 지역적 기반까지 갖춘 주교라면, 니케아와 그에 뒤이은 공의회들에서 마물러진 그리스도의 본질을 큰 소리로 주장하는 풍조에 충분히 빠져들 만했다. 테오도시우스 2세가 죽고 1년 뒤인 451년, 새로운 황제 마르키아누스가 황궁 쪽에서 보면 해협 바로 건너편에 위치한 칼케돈에서 주교 600명이 참석한 교회 역사상 최대 규모의 공의회를 소집한 것도 그런 풍조에 쐐기를 박으려는 노력에서 나온 조치였다. 종파 간 분쟁으로 교회 통합은 물론 로마인들의 안전마저 위험해졌다는 생각에 그도 콘스탄티누스가 니케아 공의회에서 한 것처럼 주교들의 입에 재갈을 물리려 한 것이다.

다만 그것을 위해 그가 공의회 의제로 올린 것은 오래전에 확실히 매듭지어진 성부와 성자의 관계가 아닌, 그러나 거룩한 미스터리라는 점에서는 그 못지않게 중요한 성자의 정체성 문제였다. 그리스도의 신성과 인성이 어떻게 공존하는지, 다시 말해 술잔 속의 포도주와 물처럼 두 성질이 완전히 혼합되어 하나의 본성, 곧 '단성mone physis'을 이루는지, 혹은 그리스도의 육신 안에서 두 본성이 기름과 물처럼 분리되어 존재하는지를 가리는 문제였다. 그리스도의 인적 본질과 신적 본질 모두 출생, 고통, 죽음을 경험했는지, 아니면 하느님이 몸소 "우리를 위해 십자가에 못 박히셨다"고 말하는 것이 끔찍한 불경이 되는지(네스토리우스파의 주장)도 가려야 했다.[111] 따라서 까다롭고 판별하기 쉽지 않은 문제였으나, 칼케돈 공의회는 그래도 최선의 노력을 경주해 중도를 택하는 데 성공했다. 그리스도의 신성과 인성에 고루 비중을 둔 "참으로 하느님이심과 동시에 참으로 인간이시기도 하다"는 표현을 고안해낸 것이다. 로마의 한 주교가 만들고 황제도 재가한 이 신조는 서방과 콘스탄티노플의 기독교도들도 매우 합당하다고 여겨, 이후에도 수정하거나 취소하려는 시도는 일어나지 않았다.*

그러나 다른 지역에서는 칼케돈 공의회의 결정에 경악했다. 신조의 반대자들은 기껏해야 맥 빠진 얼버무림밖에 되지 않는다고 일축했다. 제국의 동쪽 속주들, 특히 시리아와 이집트 기독교도들만 해도 그리스도의 인성이 신성에 불가분으로 결합되었다는 믿음(하나의 본성만 존재한다는 것 —옮긴이)을 갖고 있었던 만큼, 칼케돈 공의회의 신조에 구속되기를 거부했다. 칼케돈 지지자들은 그런 그들을 모욕적 의미가 다분한 단성론자 monophysite로 부르며 맞불을 놓았다.** 논쟁의 반대편에 선 기독교도들, 다시 말해 하느님이 십자가에 못 박히고, 하느님이 죽었다고 상상하는 것 자체가 터무니없다고 본 기독교도들(네스토리우스파) 또한, 칼케돈 신조의 치밀한 얼버무림에 단성론자들 못지않게 쓰디쓴 배신감을 맛보았다. 칼케돈 공의회의 초청장을 받기 하루 전에 숨을 거두었기에 망정이지 그렇지 않았다면 반대파의 주도자가 되었을 게 분명한 네스토리우스가 그들을 대표한 인물이었다. 얄궂은 것은 그 시대 특유의 아이러니 속에서, 칼케돈 공의회가 열리기 20년 전에 테오도시우스 황제에게 이단의 분쇄를 촉구했던 그가 이후에는 이단으로 정죄되어 추방되는 불명예를 당했다는 사실이다.

하지만 그럼에도 기독교계에는 네스토리우스 교리를 정설의 전형으로 보고, 그를 따르는 신자들이 많았다. 에데사의 이름난 학교들에도 그의 추종자가 많았고, 메소포타미아에는 더 많았다. 489년에 축복받은 도시(에데

---

* 옥스퍼드 대학교의 교회사 교수 디아메이드 매클로흐의 말을 빌리면, 칼케돈 신조는 지금도 '그리스, 루마니아, 동방 정교회, 로마 가톨릭, 성공회, 주류 프로테스탄트교에서 그리스도의 위격을 논하는 기준 척도로 사용되고 있다.(226쪽)
** 현대의 서구 역사가들도 단성론자의 명칭에 내포된 잠재적 혐오감에 지난날보다는 신경을 많이 쓰는 편이어서, 고심 끝에 그 대안으로 '칼케돈 신조 반대자들(Anti-Chalcedonian)'이라는 새로운 용어까지 만들어냈으나, 발음은 오히려 더 어려워졌다.

사)가 단성론자들에게 점거되어 대학이 강제 폐쇄되었을 때는, 네스토리우스파 학생과 교사들이 국경 너머 다른 곳으로 근거지를 옮기는 것으로 문제를 간단히 해결했다. 메소포타미아의 한 주교가 거드름 피우며 한 말을 빌리면, 그리하여 "에데사는 어두워지고 니시비스(네스토리우스파 학교가 세워진 곳―옮긴이)는 빛으로 환히 빛났다."[112] 단성론자와 견원지간이고 칼케돈 신조 또한 경멸했던 이란샤르의 기독교도들은, 머지않아 콘스탄티노플에 희미하게나마 갖고 있던 충성의 기미마저 완전히 잃었다. 서방의 기독교도들―칼케돈 지지자들과 단성론자들 모두―은 그런 메소포타미아인들을 이단으로 규정하고 네스토리우스파라는 딱지를 붙였다. 이렇듯 칼케돈 공의회는 통합은 고사하고 기독교계를 영영 분열시킨 듯했다.

실제로 시간이 가면서 교파 간 라이벌 국면은 심화되었다. 칼케돈 지지자들로서는 교회의 하부 조직을 장악하고 '정통파'라는 값진 타이틀까지 거머쥐게 된 성과를 절대 포기할 생각이 없었다. 단성론자들은 단성론자들대로 자신들이야말로 진정한 정통파라는 사실을 한시도 의심하지 않았던 만큼 타협할 기미를 보이지 않았다. 콘스탄티노플이 억지로 떠맡긴 주교들을 받아들이느니 차라리 시골로 내려가 단성론을 설교하겠다는 것이 그들의 입장이었다. 당근과 채찍을 번갈아 사용하여 양측의 균열을 봉합하려던 역대 황제들의 노력도 무위로 돌아갔다. 아나스타시우스 1세 황제가 콘스탄티노플 교회들에 단성론 교리를 허용하는 조치를 취했을 때는, 격분한 시민들이 황제의 동상을 거꾸러뜨리고, 도시 곳곳을 불태우며, 단성론자의 수급을 장대에 꿰어 '삼위일체 모역자'[113]를 구호로 외치며 행진을 벌였다. 몇 년 뒤에는 유스티누스 1세가 시리아 성직자들 가운데 단성론자만을 골라 추방하는 조치를 취하자, 쫓겨난 주교들이 그 박해를 즐기는 것도 모자라 순교자 행세까지 하여 콘스탄티노플의 약을 올렸다.

그럼 유스티니아누스 대제는 어땠을까? 로마 역사상 그 누구에게도 뒤지지 않을 힘과 에너지를 지녔고 자기중심적 인물이기도 했던 만큼 당연히 교회를 통합시킬 능력이 있다고 믿었다. 그가 아나스타시우스 황제의 전철을 밟아 단성론자들에게 몇 가지 통 큰 양보를 해준 것도 그런 자신감에서 나온 행위였다. 그는 또 율리아누스처럼, 상황이 요구하면 말 안 듣는 주교 한두 명을 면직시키거나 입 다물게 만드는 것쯤은 일도 아니라고 보았다. 게다가 그는 전임 황제들은 생각지도 못했을 두 가지 방책을 구사했다. 신학의 천재라는 착각에 빠진 나머지, 단성론자들을 콘스탄티노플로 불러들여 신앙의 불가사의에 대한 자신의 견해를 직접 밝힌 것도 그중 하나다. 그런데도 단성론자들의 신념이 바뀌지 않자 그도 일순 당황했으나, 그렇다고 그의 자기 확신이 손상되지는 않았다. 그에게는 단성론자의 마음을 사로잡을 또 다른 비책이 있었다. 잠재적 이익을 헛되이 하지 않으며 정치적 수완 또한 뛰어난 인물답게, 욕망의 절정에 있을지라도 그들(단성론자) 중의 하나와 동침한다는 사실을 분명히 한 것이다.

그렇게 해서 황제의 아끼는 배우자가 된 테오도라는 그녀의 혹평가들마저 수긍했을 정도의 탁월한 재능을 지니고 있었다. 유스티니아누스의 심술궂은 비평가들에 따르면 황후는 예리한 감각, 통찰력, 거기다 대담함까지 갖춘, 남편을 능가하는 여걸이었다. 전해지기로 532년 (녹색당과 청색당이 결탁해 일으킨) 니카 반란으로 콘스탄티노플이 화염에 휩싸였을 때 유스티니아누스가 안절부절못하고 피신하려 하자 그녀는 "자줏빛 어의는 빛나는 수의가 될 수도 있다"[114]고 호통을 치며 대장부 같은 기개로 제국의 중심을 굳건히 지켰다고 한다. 일개 여인의 추상같은 명령에 로마 엘리트들은 심란함을 느꼈을 테지만 그것도 황후의 출신성분에 비하면 약과였다. 은밀히 회자된 소문에 따르면 테오도라는 시궁창에서 피어난 이국적인 꽃처럼 태생이 비천했다. 무희, 배우, 코미디언 등의 직업을 전전했고, 사춘기가 되기 오래전부터 비천함과 궁핍함에 익숙해 있어 그보다 더 난잡한 직업에도 몸을 담갔다. 생식기와 얼굴이 거의 구분되지 않을 정도였다니 상황이 짐작될 것이다. 실제로 그녀는 몸에 난 구멍 세 개로도 부족했는지 "젖꼭지에도 구멍이 없는 것에 종종 푸념을 늘어놓았다"[115]고 한다. 그러나 바닥에 드러누워 보리 낟알을 생식기에 흩뿌려놓고는 거위들에게 하나씩 쪼아 먹게 하는 것이 그녀의 최고 장기자랑 쇼였다는 것을 보면, 윤간도 그녀를 만족시키지는 못했던 것 같다. 혹평가들은 그것이 그녀가 세계의 지배자를 사로잡은 비법이었다고 조롱했다.

하지만 이는 두 사람을 모르고 한 과소평가였다. 테오도라가 매춘부였던 것은 그녀의 지지자들도 인정한 사실이다. 하지만 그들이나 황제에게 중요했던 것은 테오도라가 범한 죄가 아니라 지난날의 매춘부가 독실한 단성론자 기독교도, 유명 신학자들의 헌신적 제자, "학대받는 이들에 대한 이해와 헤아림이 누구보다"[116] 뛰어난 여성으로 거듭 태어난, 그녀의 빛나는 회개였다. 사회적 약자에 대한 그런 공감 능력은 아마도 그녀가 대중의 눈요기를 위해 자신의 은밀한 부위를 거위에게 내맡길 수 있는 사람이었기에 가능했을 것이다. 아무튼 개인적으로 회심한 이유야 무엇이든 간에, 그녀가 국가로서의 로마에 갖고 있던 황제의 고결한 희망들의 살아 숨 쉬는 본보기였던 것은 확실하다. 콘스탄티노플 대궁전 단지의 정문인 찰케 문들 위를 장식한, 유스티니아누스와 테오도라가 "승리의 축제를 함께 찬양하고 기뻐하는 듯한 모습"[117]이 묘사된 거대한 모자이크에서도 그 점을 읽을 수 있다. 유스티니아누스가 공개적으로는 드러내기를 꺼려했음에도 거기에는 분명 정통파 교리의 단호한 수호자였던 그가 단성론자 황후의 기독교도 자격을 부인하지 않으려 한, 잠재의식 이상의 메시지가 내포되어 있는 것이다. 이는 그가 칼케돈 지지자와 단성론자 사이에 가로놓인 듯한 그 모든 간극에도 불구하고, 하느님이 그의 제국에 정당한 보상으로 내려줄 것으로 기대한 축복이 그로 인해 취소되는 일은 없을 것으로 여겼음을 의미한다. 궁극적으로는 기독교도들의 통합을 분리보다 중요하게 보았다는 얘기다.

대다수 단성론자와 네스토리우스파의 의견도 그와 같았다. 교리 논쟁으로 속은 곪아터졌을지언정 그들 모두는 같은 종교의 일원이고, 크리스티아니스모스와 같은 개념도 존재한다고 믿었다. 잘못된 것은 칼케돈 신조이지 니케아 신조가 아니었던 것이다. 니케아 공의회가 끝난 지 200년 뒤에는 아리우스파 교회들도 서방에만 존재하게 되었다. 옳고 그르고를 식별하지 못하는, 그들을 지지하는 야만족이 그곳에 살았던 것이다. 기독교도 중심지에서 아리우스파가 대체로 일소되는 것으로 일이 끝난 것 또한 아니었다. 하느님이 삼위일체의 하느님이고, 성자는 성부와 동일하며, 예수 그리스도도 인간 이상의 존재임을 밝힌, 니케아에서 확립된 정통 교리도 그 무렵에는 논쟁이 언제 일어났나 싶게 단단히 뿌리내렸다.

니케아 신조가 선언된 지 40년이 조금 지난 367년에는, 권위적이기로 유명한 알렉산드리아 주교 아타나시우스(293경~373)가 그의 교구 교회들에 장차 신약성서를 구성하게 될 27권의 목록이 제시된 서신을 보냈다. 머지않아 니케아 신조를 받아들인 모든 곳에서 정경이 될 목록이었다. 아타나시우스는 거기에 덧붙여 복음서라고 죄다 정경에 포함시키지 말 것이며, 사도의 것으로 거짓 주장된 편지들도 추려서 파기하도록 했다. 결국 이 지침이 광범위하게 수용되어 바실리데스, 마르키온, 그 밖의 그노시스파 복음서들은 세상에서 잊혀가고, 이 교파의 신도들에 대한 기억과 교리도 서서히 모습을 감추어, 유스티니아누스 대제 시대에는 완전히 새로운 기독교 역사가 만들어졌다. 기독교도 대다수가 교회의 기원과 발전상을 갈고 다듬은 것은 그 누구도 아닌 자신들의 교회라는 사실을 까맣게 잊은 채, 이 세상에는 처음부터 정통파 기독교, 보편적 기독교, 니케아 신조에 입각한 기독교만 존재했다는 것을 당연시하게 된 것이다.

유스티니아누스 대제의 변혁에서, 불안정성까지는 아니더라도 독특한 패러독스의 아우라가 느껴지는 것도 '크리스티아니스모스의 본질이 영원불변'이라는 가설 때문이었다. "하느님은 그에게 전 로마제국을 돌보되 가능하면 개조까지 하라는 임무를 맡겼다."[118] 따라서 그로서는 모호한 불확실성을 넘어 초조함마저 느낄 만했고, 그의 모든 움직임에 고대의 진리를 광채 나게 한 고결한 인물로 평가될지, 아니면 가장 혼란스럽고 위험한 혁명가로 평가될지의 물음이 따라붙은 것도 그래서이다. 그가 유서 깊은 로마법을 새롭고 위협적인 것으로 만든 법률 개혁을 하고도 모호함의 연막을 쳐놓은 것이나, 자신의 세속 왕국을 하늘의 군주국을 본떠 개조하려는, 더 가공할 계획을 세운 것도 그와 관련이 있다. 물론 콘스탄티누스 대제 이후의 역대 황제들도 같은 목표를 언명했다. 그러나 유스티니아누스가 달랐던 점은 유례없이 단호하게 그리고 현실적으로 그 목표를 추구했다는 것이다. 그렇다고 그가 천성적으로 사악했던 것은 아니다. 하지만 완곡하게 말해도 자기 확신이 유달리 강했던 것은 사실이다. 전임 황제들이 가졌던 신중하게 조절된 양면성은 그에게 해당 사항이 아니었다.

"이교도는 이제 존재하지 않는 것으로 믿어진다."[119] 423년에 테오도시우스 2세가 자신만만하게 공표한 선언이다. 하지만 이 말을 한 장본인인 황제 스스로가 그 뒤로도 오랫동안 반反이교법을 지속적으로 반포한 것에도 드러나듯 현실은 그렇지 않았다. "질문은 하지 말고, 악도 듣지 마라." 이것이 고집스레 고대 신들을 숭배한 사람들을 다룬 제국의 전형적인 방식이었다. 이렇게 '못 본 체 정책'을 취한 것으로도 알 수 있듯 제국 내에는 실제로 이교도들이 적지 않았다. 농민들은 기독교 세례를 받고서도 아르테미스를 기리는 춤을 추고 원시적 의식을 거행했으며, 학자들 또한 고래의 이교적 본보기에 따라 글을 썼고, 철학자들도 그리스도에 대한 앎을 궁극의 목표로 삼지 않는 지혜(소피아sophia)를 탐구했다. 이 모두 반소경처럼 어리석은 이교도들이 저지른 무지하고 혐오스러운 행동이었다. 그러나 유스티니아누스가 알기로 이 세상에는 진정한 하나의 지혜, 하느님의 '신성한 지혜Hagia Sophia'만 존재했다. 그 어느 이교, 그 어느 철학도 성령의 입김을 스치는 티끌일 뿐, 초시간적인 하느님의 지혜와 비견될 수 없었다. 그러므로 그것들을 분쇄하면 참되고 유일한 시원의 종교로 되돌아갈 수 있을 터였다. 독실한 유스티니아누스의 견해에 따르면 그것은 혁명이 아닌 궁극의 개조였다.

그리하여 이교도 황제가 교회를 절멸시킨 지 근 200년 뒤 기독교도 황제가 이교의 잔재를 뿌리 뽑고 악마를 소탕하기 위한 작업에는 마침내 시동이 걸렸다. 남자 못지않게 키가 후리후리한 사악한 마녀 아르테미스가 방심한 사람들을 여전히 쫓아다닌다는 소문이 돌던 에페소스 너머 고지에서는, 그리스도에 무지한 농부들을 구제하기 위한 선교가 큰 성공을 거두어 주교 한 명이 무려 7만 명의 신도를 확보하는 쾌거를 이루었다. 수도는 수도대로 정부 관리들이 공적 생활에 깃든 악마 숭배의 징후를 부지런히 찾아다녔다. 그리하여 기독교도 중 우상 숭배자로 밝혀지면 무조건 사형에 처하고, 이교도와 이단자는 3개월의 유예기간을 준 뒤 그래도 개종하지 않으면 가르치는 일이나 공직에 몸담는 것을 금지시켜 찢어지게 곤궁한 삶을 살게 했다. 세례 받지 않으려고 스스로 목숨을 끊은 사람의 시신도 죽은 개 취급을 했다. "죽은 사람이 황제의 신앙을 공유하지 않으면, 죽이는 것 또한 살인으로 간주하지 않겠다는 것이 유스티니아누스의 입장이었다."[120]

콘스탄티노플에서 시작된 박해의 물결은 이윽고 외부로도 퍼져나갔다. 529년에는 종교 관련 법률 제정 소식이 이교도의 사악한 가르침과 망상에 그 어느 곳보다 깊이 중독된 도시에도 도달했다. 이름에 이미 태곳적부터 악마의 도시였음이 드러나는 아테네가 그곳이었다. 팔라스 아테나의 신전, 곧 파르테논 신전 안에 있던 거대 여신상은 오래전에 제거되고 신전 자체도 교회로 바뀌었지만, 아크로폴리스 부근에는 여전히 플라톤과 피타고라스 학설을 가르치는 학교들이 남아 있었다. 그러나 그것도 오래가지는 못했다. 유스티니아누스 포고령의 뜻을 이해하기 위해 굳이 철학을 공부할 필요는 없었던 것이다. 고도의 지성을 갖춘 아카데미 철학자들에게는 더 말할 나위가 없었다. 그들에게 주어진 선택 사항은 개종, 추방, 죽음뿐이었다. 그러나 세례 받을 의향이 없던 철학자들은 순교 또한 기독교적 죽음이나 다름없었기에, 결국에는 은둔을 택하고 530년 혹은 531년에 아테네에서 도망쳤다.[121] 이로써 1000년 역사를 가진 아테네 철학도 종지부를 찍었다. 그들 철학자들이 향한 곳은 하필이면 이란샤르였다. 유스티니아누스 영토 내에 머물기를 두려워하여 황제의 적수인 샤한샤의 자비에 운명을 맡긴 것이다. 호스로우 1세도 철학자들이 제공해준 완벽한 프로파간다 기회를 놓치지 않고 호들갑스럽게 그들의 망명을 반겼다. 하지만 크테시폰은 결과적으로 제2의 아테네가 되지 못했다. 망명 생활을 시작한 지 1년도 안 되어 철학자들이 지독한 향수병에 걸려 새로운 후원자에게 이란샤르를 떠나게 해줄 것을 요청한 것이다. 호스로우는 그들의 청을 흔쾌히 들어주었다. 나아가 "망명객들이 전통 신앙을 바꾸라고 강요당하거나, 그들의 전통 신앙에 부합하지 않는 관점을 수용하라는 압박에도 시달리지 않고"[122] 고향 땅에서 평온하게 살 수 있게 해주겠다는 유스티니아누스의 확약까지 받아주었다. 그러나 이후 철학자들에게 무슨 일이 일어났는지는 아무도 알 수 없다. 귀향하여 무명인으로 평화롭게 살았다고 말하는 사람들이 있는가 하면, 이교지 중에서도 예외적이던 하란에 정착했다고 주장한 사람들도 있는 것이다.[123] 그러나 이들의 최종 행선지가 어디였든 간에 분명한 사실은 아테네에서는 철학이 부활하지 않았다는 것이다.

그리하여 5세기 뒤에는 지난날 바울로가 아테네인들의 우둔함을 꾸짖으며 했던 질문, "하느님께서 이 세상의 지혜를 미련케 하신 것이 아니뇨?"[124]에 대한 답을 모르는 사람이 거의 없게 되었다. 532년에는 아테네 주교가 근래에 플라톤 학교의 교장이 퇴거해 비게 된 사택으로 이사를 준비하는 상황이 되어, 유스티니아누스도 이참에 도덕성을 확립할 완벽한 기회를 갖게 되었다.[125] 콘스탄티노플에는 니카 반란 때 일어난 대화재로 일부 욕장과 교회들이 소실된 채 남아 있었던 것이다. 그중에서도 특히 아우구스테이온 광장 북쪽에 위치한 하기아 소피아(현대 터키어로는 아야 소피아), 곧 신성한 지혜의 대성당이 중요했다. 그랬던 만큼 파괴된 지

45일 뒤부터 재건이 시작되었으나 유스티니아누스는 단순한 옛것의 복원 이상을 원했다. 이제껏 보지 못한 장엄한 궁륭으로 성당 내부를 꾸며 하느님의 지혜를 드러낼 생각이었다. 전에는 박공지붕이었던 곳에도 "마치 공중이 하늘을 떠받치고 있는 듯"[126] 돔을 설치하려고 했다. 그리하여 멀리서 바라보면 금빛 도시의 기둥과 탑들 위로 드러나는 위용이 "마치 하늘과 견주려는 듯 웅장하게 솟아 오른"[127] 원경으로나, 내부 시설물들이 발산하는 광채로 "거의 제2의 태양처럼"[128] 눈이 부시는 근경으로나 그가 전 생애를 바친 진리—땅 위에도 하늘이 세워질 수 있다는—를 기독교도들에게 보여줄 수 있는 기념물로 삼으려 했다.

하기아 소피아의 재건 공사는 6년이 채 안 걸려 완성되었다. 그리하여 537년 12월 27일에 향내 진동하고, 종소리 쨍그랑거리며, 금빛 광휘 번쩍이는 곳에서 헌당식을 거행하려니 유스티니아누스는 비로소 그곳에 참된 기적이 일어난 것을 알 것 같았다. 하기아 소피아의 거대한 돔 아래만 서 있어도 타락한 세상에 하느님의 지혜가 내려앉은 것을 알 수 있었다. 그리하여 우둔한 이교의 앞잡이들이 제거되고, 혼돈도 질서에 압도되었으니 로마인들의 제국은 이제 그리스도에 영원히 인도된 것이었다.

그럼 제국의 경계 너머에 사는 사람들은 어땠을까? 유스티니아누스와 그의 조언자들이 생각하기에는 그들도 낙관할 이유가 충분했다. 라틴어이고 역대 황제들의 감시 아래 무서울 정도로 엄정하게 다듬어진 개념이지만, 그렇다고 렐리기오가 로마인들에게만 해당한다는 법은 없었기 때문이다. '종교'에 대한 권리는 가장 야심 찬 황제의 권리마저도 넘보지 못하는 전 세계적 권리라는 것이 기독교도들이 내린 정의였다. 로마 군단의 힘을 꿋꿋이 견뎌낸 야만족들도 물론 그리스도의 은혜를 입을 수 있었다.

간단히 말해 세상의 끝까지 복음이 전파되는 것을 막을 것은 아무것도 없었다. 그리하여 그 일이 끝나면 하늘의 돔이 저 지구를, 거대하고 보편적인 하나의 신성한 지혜(하기아 소피아)로 덮게 될 것이었다.

아니 그것이 유스티니아누스 궁정이 바란 소망이었다.

4

아브라함의 자손들

· 사막에 꽃피우기 ·

하기아 소피아는 평범한 건축물이 아니었고, 평범한 목적으로 지어지지도 않았다. "그 앞에서는 모든 건축물이 작아진다"[1]고 어느 애호가가 열변을 토한 대로였다. 그랬던 만큼 인간들도, 그곳에서 찬미되고 거대한 돔에 설치된 금 십자가로 저 아래서 예배 보는 신도들의 머리를 환하게 비춰주어 그들의 찬탄과 경외감을 불러일으킨 하느님 앞에 머리를 조아릴 의무가 있었다. 콘스탄티노플의 로마인들은 이 그리스도를 '우주의 지배자'를 뜻하는 판토크라토르^{Pantokrator}로 불렀다. 하기아 소피아뿐 아니라 그리스권의 모든 교회들에서, 절묘하게 위계 지어진 천사와 성인들 집단에 둘러싸여 인간 실존의 괴로움으로부터 헤아릴 수도 없이 멀리 떨어진 곳에서 무한한 지배력을 행사하는 것으로 상상해 붙인 명칭이다. 요컨대 그것이 유스티니아누스가 바란 종류의 신이었다.

그러나 금빛과 자줏빛이 현란하게 어우러진 호화로움이 없어도 그리스도에 다가가는 방법은 있었다. 6세기의 주상 고행자 시메온도 그런 인물이었다. 하기아 소피아의 재건이 시작되기 5년 전인 527년에 그는 아직 코흘리개 어린애였다. 그런 어린애가 총총걸음으로 안티오키아의 시장 터와 판자촌들을 지나고 도시 남쪽에 펼쳐진 올리브 과수원을 거쳐 근처의 산비탈을 올라갔다. 산봉우리는 험준해서 어린애가 갈 만한 데가 아니었고, 편안히 쉴 곳 또한 아니었다. 산적, 사자, 곰이 출몰하는 황폐한 곳이었다. 따라서 그런 험한 바위산에 주거를 정한다는 것은 문명과 단절하고 '홀로 사는 사람', 곧 모나코스monachos가 되는 것을 의미했다. 그러나 기독교도들도 잘 알고 있었듯 진정으로 혼자인 사람은 없었고, 여자도 그 점에서는 마찬가지였다. 푸줏간에 파리가 꼬이듯 죄악의 냄새를 풍기는 곳에는 어김없이 악마가 들끓었으며, 천사들 또한 불의 군대로 빽빽이 늘어서 하느님의 군단으로 봉사하고 있었기 때문이다. 타락한 인간의 눈에는 보이지 않았지만 천사들도 그런 일에는 얼마든지 밝은 빛을 발할 수 있었다. 그런 천사들을 잠시나마 흘끗 보리라는 희망을 가질 수 있는 것 또한 모나코스, 곧 수도사뿐이었다. 향기 풍기는 인간 무리의 부도덕함을 포기하고 시선을 하늘에 고정한 채 오직 하느님만을 위해 봉사하는 사람들은, 또한 그들의 육신을 성령의 불로 가득 채우리라는 희망을 가질 수 있었다. "원하면 몸 전체를 성령의 불로 화하게 할 수도 있었다."[2]

다만 보통의 남녀들이 이 운 좋은 기회를 얻기 위해서는 속세를 벗어나는 것 이상의 노력이 필요했다. 구원받는 길을 묻는 누군가의 질문에 어느 수도사가 망설임 없이 입고 있던 옷을 훌훌 벗고는 두 손을 하늘 위로 쳐들며 "이겁니다. 모든 것을 버리고 십자가에 못 박힐 수 있어야 해요"[3]라고 말했다는 일화에도 그 점이 드러난다. 하지만 순교가 더는 선택 사항이 아닌 세상에서 '십자가에 못 박힌다는 것'은 과연 무엇을 의미했을까? 금욕이라는 눈부신 위업에 도전하고픈 욕구를 불러일으킨 것이 바로이 물음이었다. 수도사 대부분이 '수도원mone'의 공동체적 규율에 기꺼이복종한 것도 그래서이다. 그들은 "낮에 육체노동을 한 것도 모자라, 밤에도 잠 한숨 자지 않고 하느님께 기도 드리며, 경쟁하듯 고행을 했다."[4] 그것으로도 성에 안 찼는지 일부 수도사들은 죽에 재를 섞어 먹고, 신발창 긁은 것으로 연명을 하며, 외양간에 묶인 채 풀을 뜯어먹으며 소처럼 살았다. 어느 창의적인 수녀가 전망이 기막히게 좋은 강가의 수녀원에 들어가 방에 처박힌 뒤로 단 한 번도 창문 밖을 내다보지 않고 여생을 마쳤다는 이야기도 전해진다. 하느님의 진정한 운동원이 되기 위해서는 고통뿐아니라 외로움도 필요했던 것이다.

　　그러나 참으로 기적적인 거룩함의 절정에 이르기 위해 반드시 필요했던고행의 문제에 이르면 역시 시리아의 '금욕주의자'들을 따라갈 수 없었다. 육체적 고행은 그 지역의 오래된 자랑거리였다. 이교도가 한 차례에 일주일씩 기둥 꼭대기에 올라가 지내며 "공중에서 신들과 대화를 나누는"[5] 것만 해도 유서 깊은 그 지역 전통이었다. 그리스도의 빛이 시리아를 가득채우고 그리하여 신전의 악마들이 죄다 쫓겨난 상황에서도, 기둥과 초자연적 요소로 가는 접근로를 이어준 연결고리는 끊어지지 않았던 것이다.

그런데 안티오키아의 코흘리개 시메온이 고향 도시를 등지고 산속으로 들어가기 꼭 1세기 전이었던 430년 무렵, 양치기였던 또 다른 동명의 시메온(390경~450. 앞의 시메온과 구별하여 대*시메온으로 불린다)이 시리아 사막 끝자락에 있던 높이 2미터 기둥에 올라가 일주일도 아닌 무려 30년 동안이나 아슬아슬하게 버티다 영혼을 그러모아 하늘로 올라가는 일이 벌어졌다. 악마를 겨냥한 다분히 의도적인 도전이었고, 과연 시메온이 이룩한 이 공전의 고행으로 이교도의 모든 고행은 단번에 빛을 잃었다. 고대 신들을 빼앗긴 지 얼마 안 된 사람들에게 온몸에 해충이 들끓고 털북숭이인 채로 숨진 '주상 고행자'의 주검은 확실히 새로운 하느님이 가진 가공할 힘의 명시로 보일 만했다.* 시메온의 기도가 만들어낸 기적에 관한 이야기들도 저 먼 에티오피아와 브리튼까지 퍼져나갔고, 로마에서는 시메온 찬미자들이 그가 올라간 기둥 그림을 문설주에 붙여놓았다. 간단히 말해 시메온은 죽을 무렵에 이르면 세상에서 가장 유명한 인물이 되어 있었다.

참된 주상 고행자가 깨우쳐준 교훈은 절대적이었다. 그리스도를 기리는 기념물로 호화로움의 극치를 이룬 곳이 대도시였다면, 하느님의 목소리를 들을 공산이 가장 높은 곳은 황무지였다. 어린아이도 조숙하기만 하면 천사들의 영역에 처진 가림막을 뚫고, 변용의 힘을 가진 하느님의 매개자가 되는 꿈을 꿀 수 있었다. 동명의 숭고한 고행자가 죽은 지 약 70년 후 코흘리개 시메온이 안티오키아의 고향을 등지고 황무지로 들어간 것도 그래서였다. 하늘도 기둥 위에서 생을 마치려는 목표를 세운 아이의 큰 뜻을 허락해주었다. 시메온이 산에 도착하기 직전에 그 지역의 수도사

---

* 털은 시메온의 사망 오래 뒤 사람들이 환상 속에 나타난 그를 인식하는 단서가 되기도 했다.

가 "소복한 어린애와 벌건 기둥이 소용돌이치며 하늘로 올라가는"[6] 놀라운 환상을 본 것이다. 아니나 다를까, 1년 동안 강도 높은 훈련을 받고 기둥에 올라간 소년은 강철 같은 의지로 모든 시련을 이겨나갔다. 악마가 팔을 잡아당겨도, 피부병이 다리를 뒤덮어도 끄떡하지 않고 밤이나 낮이나, 비가 오나 뙤약볕이 내리쬐나 기도문만을 읽었다. 그때 그 아이의 나이 고작 일곱 살이었다.

시간은 흘러 어린아이는 어느덧 사춘기가 되고, 사춘기 소년은 성인이 되었다. 소小시메온은 그때까지도 그를 기둥에서 끌어내리려는 악마의 유혹에 넘어가지 않고 악착같이 버텼다. 그에 대한 보상이었을까, 시메온의 눈앞에 이따금씩 "찬란한 자줏빛 융단 같은 커다란 구름 덩어리가"[7] 굴러가는 것이 보였다. 하늘의 영역에 들어선 것이었고, 그것을 입증하듯 그다음부터는 천사들의 모습도 종종 나타났다. 하느님 옆에서 나타날 때도 있고, 눈처럼 새하얀 양피지에 반짝이는 금 글씨로 시메온의 기도문에 언급된 이름들을 기록할 때도 있었다. 시메온이 환상을 보았다는 소문은 외부로도 퍼져나갔다. 그러자 사람들이 기둥 주위로 모여들기 시작했고, 그중의 다수가 "바다의 모래알보다도 많은" 시메온의 기적을 체험했다.[8] 벙어리와 소경은 말하고 볼 수 있게 되었으며, "한 쌍의 질그릇처럼"[9] 큰 고환 때문에 고통 받던 남자도 치료되었고, "장 속에 사는 악마 때문에"[10] 만성 변비에 시달리던 사람도 말끔히 나았다. 그가 행한 기적 중에서 특히 중요했던 것이, 정상적으로는 혜택 받기 힘든 나병 환자, 매춘부, 어린이 들에게도 축복을 내려준 것이었다. 반면에 그는 힘 있는 자들에게는 가혹하리만치 엄격한 태도를 보였다. 그 시대의 기준으로 보아도 안티오키아 부자들의 오만함과 무자비함은 도를 지나쳤기 때문이다.

그랬던 만큼 시메온에게 앙심 품는 것이 당연했을 텐데도 그 지역 상류층은 오히려 그를 자랑스러워했다. 그의 명성이 하늘을 찌를수록 산비탈까지 찾아와서 정상에 드리워진 성인의 그림자를 구경하는 당일치기 여행이 그 시대의 최고 유행이 되었던 탓이다. 시메온이 떠나온 안티오키아가 오히려 그를 따라붙는 형국이었다. 주상 고행자의 앙상하고 남루한 모습에서 느껴지는 거룩함의 광채를 얼핏이나마 볼 수 있다는 것은, 내로라하는 거물들에게도 놓치기 아까운 기회였다. 게다가 관광 명소를 보러 가려면 어차피 돈을 쓸 수밖에 없기 때문에 더욱 잘된 일이었다. 짓무른 발을 질질 끌며 힘겹게 오르는 순례자든, 금술로 장식된 가마를 타고 편안하게 오르는 순례자든, 마시고 먹고 숙박하는 것은 모두가 같았다는 얘기다. 결과적으로 시메온의 주상 고행이 길어질수록 기둥 주위의 돌들도 점점 미끈한 대리석으로 교체되기 시작했다. 부자들을 질책한 그의 행동이 도리어 성지가 된 그의 기둥 주위로 더 많은 선물이 답지하는 결과를 낳은 것이다. 따라서 얼핏 모순으로 보일 수도 있겠으나, 그렇지 않았다. 강한 자들의 콧구멍을 벌렁거리게 하는 데는 힘만 한 것이 없었고, 그 점에서 시메온을 사실상 초자연적 피뢰침으로 만든 하느님의 힘이야말로 지상에 없는 가장 막강한 힘이었기 때문이다.

시리아인들을 병적인 히스테리 경향이 있다고 손가락질하며 무시했던 콘스탄티노플도 신속히 참된 주상 고행자를 도시의 필수품으로 여기게 되었다. 대시메온이 죽은 지 1년 뒤인 460년에 콘스탄티노플 외곽에서는 벌써 주상 고행을 하는 사람이 생겨났을 정도다. 대시메온의 제자였던 그는 30년 동안이나 기둥 꼭대기에 머물며 이단에게는 칼케돈 신조에 복종할 것을 설파하고, 자신에게 야유 보내는 사람들에게는 부아를 돋우었다. 황제들도 현장에 달려가 그의 몸에 난 상처를 망연자실하게 바라보고, "성인에 대해 끝없는 자랑을 늘어놓으며 사방팔방으로 선전하는"[11] 등 그의 고행을 즐겼다. 콘스탄티노플로서는 그야말로 최고의 선전품이었던 것이다. 약탈한 이교 신들의 동상으로 수도를 장식한 콘스탄티누스 대제처럼, 제국 황제들이 신비감에 싸인 시리아 고행자들로 도시를 꾸미려 한 것도 그래서였다. 도시의 가장 중요한 유골로 취급하여, 철통 보호를 하는 안티오키아로 첩자들을 보내 대시메온의 시신 조각들을 좀도둑질해오는 것도 마다하지 않을 정도로 욕심을 부렸다. 주상 고행자를 연상시키지만 콘스탄티노플로 들어올 수 없는 것들에도 보란 듯 황제의 호의를 나타내는 징표들을 심어놓았다. 하늘로 가는 도중의 길목에 외로이 선 고행자의 기둥 주위에 대리석 주랑을 세우고, 거대한 돔으로 지붕을 얹은 것이다. 거룩함의 샘은 설령 사막의 가장자리, 제국의 변경에 있을지라도 너무도 소중하기에, 콘스탄티노플로서는 제국의 것이 아니라고 간단히 내칠 수가 없었다.

그러나 특정한 곳을 신성하게 인식하는 콘스탄티노플의 이런 태도는 다소 열패감을 보여주는 것이기도 했다. 명칭에서 느껴지듯 '새로운 로마'가, 신성함의 장소는 얼마든지 이동 가능하다는 가설에 근거해 세워진 것은 사실이다. 천지를 창조한 하느님이 한곳에만 붙박여 사실 수는 없었을 테니까. 하지만 무지한 이교도들이야 숲, 샘, 바위를 신성한 존재로 여기고 순례를 다니며 그것들 앞에 절을 할 수 있겠지만, 유식한 기독교도들마저 그러고 다닐 수는 없었다. 초자연성은 장소가 아닌 유골에 부수된 특징이었기 때문이다. 게다가 또 유골이라면 콘스탄티노플도 상당량을 지녔다고 우쭐해할 수 있었다. 시메온의 유골 관리자들도 쓰라린 경험을 통해 알게 되었듯, 황제의 힘은 넓고도 탐욕스럽게 미쳤기 때문이다. 예언자의 머리, 사도의 시신, 순교자의 팔다리는 모두 콘스탄티노플이 싹쓸이를 해온 것이었다. 그렇게 해서 도시에 유물이 즐비해지자, 콘스탄티노플도 이제 제국 지배자들이 수도를 위해 언제나 갈망했던 성도^{聖都}로서의 아우라를 갖게 되었다. 그러나 대시메온의 빈 기둥 주위로 군중이 끊임없이 모여든 것으로도 알 수 있듯이 콘스탄티노플이 들여올 수 없는 것도 있었다. 성인의 발 고린내 밴 돌이 대표적인 예였다. 콘스탄티노플이나 안티오키아로 가서 성인의 유골 앞에 아무리 기도를 해봐야 그 돌을 직접 만져보지 못한 아쉬움은 진하게 남았던 것이다. 시리아 고행자들의 발 고린내는 특히 악취 심하기로 유명했다지만, 그래도 시메온이 한때나마 호흡했던 곳이므로 그곳에 가면 천국의 향내를 지녔던 흔적을 조금이나마 느낄 수 있으리라는 것이 기독교도들의 생각이었다.

타락한 지구에는 또 주상 고행자를 필요로 하지 않는 지역들도 있었다. 천사가 아닌 하느님이 직접 임하신 곳들이다. 기둥 위에 있든 사막 수도원에 있든, 육신만 있으면 성령을 불어넣는 것은 언제든 가능했다. 그러나 인간이 하느님과 대면하고 말하는 것은 불가능했다. 태곳적 한때만 가능했을 뿐이다. 하느님으로부터 많은 민족의 아버지가 되게 해주겠다는 약속을 받은 아브라함이 그 증거였다. 그리고 그 약속대로 과연 아이도 못 낳고 나이도 많았던 아브라함의 아내 사라는 이삭(이사악)을 낳았고, 이삭은 야곱을 낳았다.

그런데 어느 날 밤 야곱이 시냇가에서 낯선 사람을 만나 '날이 새도록' 씨름을 했다. 그렇게 엎치락뒤치락 싸우던 중 먼동이 터오자 나그네는 이제 갈 때가 되었다며 그만 놓아달라고 요청했다. 이에 야곱이 놓아주는 대가로 축복을 내려달라고 하자, 낯선 사람은 지극히 모호한 어조로 "네 이름을 다시는 야곱이라 부를 것이 아니요, 이스라엘이라 부를 것이니, 이는 네가 하느님과 사람으로 더불어 겨루어 이겼음이니라"고 했다. 이렇게 해서 이스라엘이 된 야곱은 불현듯 자신이 '하느님과 대면했다!'는 사실을 깨달았다.[12] 낯선 사람이 누구였든 간에 그가 내린 축복도 대단히 중요한 것으로 밝혀졌다. 야곱이 낳은 열두 아들이 이스라엘 자손, 곧 12지파의 시조가 되었기 때문이다. 야곱의 가족은 이후 기근이 심한 가나안을 떠나 이집트로 건너갔다. 그리고 그곳에서 자손이 번성하여 "온 땅에 가득하게 되었다."[13] 그런데 이스라엘 12지파의 왕성한 번식력에 놀란 이집트 파라오가 그들을 속박하고 "고역으로 생활을 괴롭게 만들었다."[14] 하지만 물론 하느님도 아브라함에게 해준 약속을 잊지 않고 있었다. 선택된 민족을 구원해줄 도구로 쓸 인물도 정해놓았다. 이집트 궁정에서 파라오 딸이라는 특권층의 수양아들로 양육된 모세가 그였다. 그런데 모세가 어느 날 같은 고향 사람인 히브리인이 감독자에게 매를 맞는 것을 보고 정의감에 불타 그를 죽인 뒤 사막으로 도망치는 일이 벌어졌다. 그리하여 그곳에서 목자로 살아가던 중 불타는 가시덤불을 보게 되었다. "그가 보니 가시덤불에 불이 붙었으나 사라지지 아니하였다."[15] 불 속에서는 하느님의 목소리도 들렸다. 이집트로 돌아가 파라오에게 이스라엘의 자손을 풀어달라고 요구하라는 명령이었다. 하느님 가라사대 "내가 애굽에 있는 내 백성의 고통을 정녕히 보고 그들이 그 간역자로 인하여 부르짖음을 듣고 그 우고憂苦를 알고, 내가 내려와서 그들을 그 땅에서 인도하여 아름답고 광대한 땅, 젖과 꿀이 흐르는 땅에 이르려 하노라."[16]

이것은 까마득히 먼 옛날, 무인지대인 광야에서 일어난 일이었으므로 증거가 많이 남을 만한 에피소드가 아니었다. 그런데도 기독교도들은 아는 게 많았다. 하느님 목소리의 메아리는 결코 사라지는 법이 없었다. 4세기에도 수도사들이 위험을 무릅쓰고 이집트 동쪽의 광야로 뚫고 들어가 두 개의 뾰족한 화강암 바위산 아래 협곡에 다다른 뒤에 현저하게 거룩함이 느껴진다는 이유로, 주저 없이 그곳을 모세가 불타는 가시덤불을 본 곳으로 지목했다. 그들은 거기에 그치지 않고 기적의 완결판으로 "그때까지도 살아남아 싹을 틔우고 있던"[17] 가시덤불도 발견했다. 그리하여 자신들이 밟고 선 곳이 그 옛날 모세가 밟았던 바위산이라고 확신한 수도사들은 그곳에 터를 잡았고, 시간이 흐른 뒤에는 가시덤불이 주인공이 된 정원을 갖춘 조그만 교회도 지었다. 그로부터 2세기 뒤에 유스티니아누스가 황제로 즉위했을 무렵에는, 그 머나먼 협곡의 명성이 기독교권 전역을 휩쓸게 되었다. 그랬던 만큼 그도 신성한 가시덤불을 뿌리째 뽑아 콘스탄티노플로 옮겨오고 싶은 마음이 굴뚝같았으나, 그 유혹을 과감하게 뿌리치고 수도원을 복구 확장하여 광야에 자신의 징표를 남기는 것으로 만족했다. 산발치에 "매우 강력한 요새를" 짓고 "대규모 수비대를 설치한 것이다."[18] 로마의 힘은 이렇듯 사막 깊숙한 곳까지 미쳤다.

유스티니아누스가 힘을 과시한 명시적 이유는 산적에게 위협을 주려는 것이었다. 그러나 막상 가시덤불 주위에 담을 쌓고 보니 그것은 다른 목적에도 유용했다. 누구도 그 요새를 보고, 담장 안에 난공불락의 신성한 기독교 구역이 숨어 있으리라고는 의심하지 않은 것이다. 그것이 중요했던 것은 모세의 소유권을 주장한 것이 비단 기독교도들뿐만이 아니었기 때문이다. 그 위대한 예언자가 하느님의 명령에 복종하여 속박에서 구한 다음에 정체 모를 불붙은 것들이 내는 천둥소리, 기적, 역병이 도는 와

중에 이집트에서 이끌고 나온 이스라엘 자손의 후예, 곧 유대인들도 모세에 대한 소유권을 주장하고 있었던 것이다. 랍비들도 모세를 그들 학문의 원천이자 본보기, 곧 궁극의 랍비로 간주했다. 이스라엘 민족의 '대이동' 혹은 이스라엘 민족의 이집트 탈출도 물론 모세가 거둔 위대한 업적이지만, 최고 업적은 아니라는 것이 그들의 생각이었다. 예속 상태에서 해방된 이스라엘 민족을 이끌고 이집트를 탈출한 모세는 사막을 거쳐 이집트 동쪽의 시나이 산(시내산)에 도착했다. 그리고 "3일째 되는 아침 우레와 번개와 빽빽한 구름이 산 위에 있고 나팔소리가 심히 크니 진중의 모든 백성이 다 떠는"[19]데도, 용감하게 불투성이의 깊숙한 구름을 뚫고 나가 시나이 산 봉우리에서 하느님과 "대면하고"[20] 지난번에 이어 두 번째로 대화를 나누었으니, 그 대화의 결과물이 바로 토라(모세 오경)였다. 그리고 그 내용의 일부를 석판에 새겨 '계약의 궤'에 넣어둔 것을 이스라엘 자손이 사막을 가로지르는 동안 가지고 다니며 지침으로 삼았다는 것이다. 그런데 하느님과 나눈 대화의 다른 부분은 모세가 기록하지 않고 숨겨두었다가, 그의 애제자였던 여호수아에게 구전으로 따로 전해주었다. 사실인지는 모르겠지만 랍비들은 그런 내용으로 가르쳤고, 이를 근거로 그러므로 탈무드야말로 모세가 시나이 산에서 받은 토라의 최종적 계시로서 장로, 예언자, 학자 등 다양한 사람들의 구전을 통해 자신들에게 전해졌다는 주장을 폈다.

유스티니아누스가 만일 유대인의 비밀 율법에 관련한 이 이야기를 들었다면 코웃음을 치며 비웃었을 것이다. 하지만 그러면서도 그는 다음 이야기에도 드러나듯 모세를 비롯한 구약성서에 나오는 모든 예언자들과 자신의 신앙을 동일시해야 할 절박감을 느꼈다. 하느님이 불타는 가시덤불에서 말씀을 내린 골짜기 위에는 이례적으로 메마른 봉우리가 솟아 있었다. 그리고 그 봉우리의 그늘진 곳에 거주한 수도사들은 오래전부터 그곳을 시나이 산이라고 결론 내렸다. 산발치에는 요새도 구축되어 있어, 수도사들 모르게는 누구도 산 정상에 다가갈 수 없었다. 산 정상에 가지 못하게 만들어놓은 이유는 분명했다. 산 정상은 못 가더라도 유스티니아누스가 지은 교회에 가서, 예언자(모세)가 그리스도를 경외스럽게 바라보는 모습의 모자이크화는 언제든 감상할 수 있다는 것이었다. 시나이 산의 수도사들을 찬양한 어느 열광자가 "하느님 아버지의 산에 성자^{聖子}의 기념물이 서 있다"[21]고 말한 것처럼, 그곳에서는 모세가 유대인이 아닌 기독교도로 기려지고 있었다. 랍비로 기려지지 않은 것은 두말할 나위가 없었다.

모세 최대의 위업을 이룬 곳에 대해 권리를 주장한 수도사들의 지지대 역할을 한 것에 그치지 않고, 그보다 더 값진 점유자의 몫을 보편적 교회에 부여해준 것이 바로 그것이었다. 모세는 아브라함이 하느님으로부터 약속받은 가나안 땅을 결코 밟지 못했다. 그러나 이스라엘 자손이 그를 대신하여 40년 동안 정처 없이 사막을 헤맨 끝에 그들의 고향 땅 가나안과 젖과 꿀을 함께 차지했던 것이고, 그 뒤에 벌어진 일이 바로 유대교와 기독교 경전의 상당 부분을 차지하는, '성서^{Books}'(그리스어로는 책을 뜻하는 비블리아^{Biblia})였다는 의미에서다. 또한 위치를 찾고 확인하는 데 다수의 수도사들을 필요로 했던 시나이 산과 달리, '성서'의 주 무대가 된 곳들은 명확하여 헷갈릴 일이 없었다. 이스라엘 민족이 모세의 후계자 여호수아의 명령에 따라 나팔 불고 성벽을 무너뜨려 가나안의 도시 중 제일 먼저 점령한 예리코(여리고)만 해도 그랬고, 목동 출신으로 전 이스라엘 왕국의 왕이 되었을 뿐 아니라 〈시편〉에도 등장하는 성서의 가장 감동적인 몇몇 시와 노래들을 쓴 다윗의 고향 베들레헴도 그 점에서는 마찬가지였다. 그리고 물론 다윗 왕이 점령해 통일 왕국의 수도로 삼았으며 (통일 왕국의 분열 뒤에 세워진) 유다 왕국이 바빌로니아의 침략을 받고 멸망할 때까지 그의 왕조 중심지 역할을 한, 가장 빛나는 도시 예루살렘 또한 빼놓을 수 없다.

그러나 기독교도들이 알기로, 이 모든 것들은 결국 연속된 드라마의 서막일 뿐이었다. 구약성서 뒤에는 신약성서가 이어졌으며, 아브라함, 여호수아, 다윗 왕이 밟고 지나간 땅도 그리스도의 발자국으로 또 한 번 거룩함을 얻었으니 말이다. 그리스도는 베들레헴의 구유에서 태어났으며, 예리코에서는 소경의 눈을 뜨게 해주었고, 예루살렘에서는 십자가에 못 박혀 죽은 뒤 묻혔다가 사흘 뒤에 부활하여 도시 외곽의 올리브 산(감람산)에서 승천했다. 따라서 기독교도들로서는 이런 놀라운 사건들이 일어난 곳에 대한 소유권을 주장할 만했을 것이다. 그들 스스로 정한 아브라함의 계승자와 그리스도 신봉자로서의 이중 권리를 누릴 자격이 있다고 여겼을 거라는 얘기다. 그렇다면 하느님의 사람들에게 약속한 땅, 성지도 그들의 것이 되어야 마땅했다.

실제로 기독교도 중에는 '지구의 좁은 지역에 한정되어 하늘이 주를 용납하지 못하게 될까 봐, 자나 깨나 노심초사하는 사람들이 많았다. 그들이 지구의 가장 궁벽한 곳, 가장 미개한 곳에서도 하느님의 임재를 체험해야 한다는 점을 신도들에게 확실히 주지시킨 것도 그래서였다. "하느님의 법정은 예루살렘 못지않게 브리튼에서도 쉽사리 다가갈 수 있어야"[22] 한다는 것이었다. 그럼에도 심지어 히에로니무스(347경~419/420. 성서를 라틴어로 번역한 발칸 출신의 성직자)조차 그 권고문을 작성할 당시 베들레헴의 수도원에 머물고 있었다는 사실은 시사하는 바가 크다. 때는 395년이었고,

히에로니무스의 예로도 알 수 있듯 당시 그곳에서는 뭔가 미증유의 일이 벌어지고 있었다. 지구 곳곳에서 수많은 순례자들이 장거리 여정을 마다하지 않고 동일 목적지를 향해 가는 초유의 사태가 벌어진 것이다. 기독교도들은 이교도와 달리 자기 나라 성지를 방문하는 데 그치지 않았다. 그러다 보니 콘스탄티누스 대제의 개종으로 성지의 안전이 보장되자마자 로마 세계 곳곳으로부터 기독교 성지로 향하는 기독교 순례자들의 발길이 끊이지 않았다. 그중에서도 특히 황제의 모후 헬레나는 여자인 데다 엄청나게 부유하고 유물 수집에도 열을 올림으로써, 이후 순례자들에게 유행의 선도자가 된 것으로 유명하다. 헬레나는 황제의 모후라는 지위에 걸맞게 예루살렘으로 직행하여, 유물 중에서도 가장 값진 참 십자가와 예수의 십자가형에 쓰인 못들을 건져 올렸다. 그러나 이 센세이셔널한 발견도 아직은 시작에 지나지 않았다. 그로부터 머지않아 현지 주민들이, 부유한 기독교도 귀부인이 별안간 그곳에 납신 사건이 제공해준 기회의 중요성을 깨달았던 것이다. 그때부터 관광 가이드, 특히 구약의 예언자 유골이 묻혔을 개연성이 높은 곳이나 유아기의 그리스도가 사용한 공책, 또는 성모 마리아가 입었던 의복이 있을 만한 곳을 아는 사람들은 호시절을 누렸다. 이 모든 보물찾기의 효과도 나타났다. 콘스탄티노플이 성물함이 미어터지도록 많은 유물을 확보했을 뿐 아니라, 성지가 반드시 가보아야 할 명소 목록에 오른 것이었다. 하지만 유골을 싸서 짊어지고 돌아오는 것은 간단했으나, 성지에서 그것을 찾기가 쉽지 않은 것이 문제였다. 이번에도 가장 선구적인 해법은 역시 헬레나가 제시해주었다. 참 십자가를 찾아낸 그녀가 다시금 이교도 신전의 지반을 파헤쳐 그리스도의 무덤마저 찾아낸 것이다. 성지 고고학의 눈부신 성과를 보여준 감동적인 사례였고, 그리하여 최상급 유물의 이음새가 닳고 닳은 2세기 뒤에는 성서에 등장하는 에피소드 중에서 특별한 돌무더기 혹은 흙 부스러기와 동일시되지 않은 것이 없게 되었다. 당연히 신성이 깃든 곳으로 기독교계 전역의 사람들이 몰려들었다. 하나둘씩 이어지던 순례자들이 물밀듯 쇄도하게 된 것이다. 나아가 이 현상은, 출생한 곳에 관계없이 모든 지역 사람들에게 특정 장소는 성지가 될 수 있다는, 새롭고 혁명적인 개념을 도출시켰다.

기독교도 중에는 단순한 방문이 아닌 정착을 위해 성지를 찾는 사람들도 많았다. 성지 관광업계를 업신여긴 히에로니무스마저 그곳 기독교도 삶에 나타난 다문화적 특성에는, 하느님의 본래 약속이 지켜진 것으로 보고 기뻐했다. "하느님이 아브라함에게 내린 첫 번째 말씀이 무엇이드뇨? 너의 땅, 너의 일족을 떠나 내가 너에게 보여줄 땅으로 가라, 하시지 않았느뇨?"[23] 제2의 예루살렘[24]인 콘스탄티노플이 기독교도들에게 세계의 수도로 간주된 반면, 예루살렘이 세계의 중심으로 존중된 것도 그래서였다. 구불구불한 성도의 거리들을 걷노라면, 제국과 제국 너머 곳곳에서 온 온갖 부류의 사람들을 쉽사리 마주칠 수 있었다. 머나먼 시나이 산 수도원의 수도사들은 "라틴어, 그리스어, 시리아어, 이집트어, 페르시아어 정도만 습득해도"[25] 통역에 무리가 없었으나, 예루살렘에서는 갈리아인, 아르메니아인, 인도인을 위한 통역사도 필요했다. 방문객 또한 나병 환자, 귀족, 학자 등 다양한 부류였다. 5세기 중엽에는 테오도시우스 2세의 황후였던 에우도키아가 성도로 이주하여, 남은 인생 20여 년을 그곳에서 살았다. 예루살렘은 이렇게 아마도 콘스탄티노플을 제외하면, 제국 내 그 어느 곳보다 코스모폴리탄적 면모를 지니고 있었다. 그러나 코스모폴리탄은 이민자의 도시를 말하는 것일 뿐, 다종교 지역이라는 의미는 아니었다. 예루살렘에서는 그리스도의 수난을 목격한 그 지역 특유의 영적 힘에 굴복하지 않은 사람을 찾기가 힘들었다. 복음서 봉독만으로 사람들이 별안간 눈물을 흘리고, 혼잡한 거리들을 슬픔이 휩쓸고 지나가며, 주랑과 광장들이 통곡과 흐느낌으로 가득 찰 수 있는 곳이 바로 그곳이었다. 예루살렘 거주자들, 특히 그곳으로 이주해온 사람들도 그 점에서는 다른 지역 기독교도들보다 자신들이 낫다는 확신에 빠져 있었다. "해맑은 꽃이나 귀중한 보석과도 같이"[26] 순정純情의 자질을 가진 그곳 처녀들이 그 증거였다. 거기서 더 나아가는 사람들도 있었다. 6세기 무렵에는 다른 지역 신도들이 그들에게 특별한 빚을 지고 있다는 것이 대다수 예루살렘과 성지 수도사들의 보편적 관점이 된 것이다. 자신들이야말로 그리스도 운동원으로 그분의 특별한 보디가드 역할을 수행하고 있으며, 7요컨대 "성지를 난공불락으로 지켜주는 것은 다름 아닌 성지에 사는 우리"[27]라는 것이었다.

그렇다고도 볼 수 있겠지만, 전적으로 그런 것은 아니었다. 예루살렘이 세계의 중심이고 보편적 기독교 신앙의 대상일 수는 있었다. 그러나 500여 년 넘게 그래왔듯이 예루살렘은 제국의 속주, 다시 말해 팔레스타인 속주의 한 도시였고, 그렇다면 그렇게 귀중한 도시를 기독교도 군주들이 소홀하게 방비했을 리 만무하기 때문이다. 콘스탄티누스가 기독교로 개종한 지 약 1세기 후 성도에 도시를 에워싸는 거대한 방벽이 축조된 것도 그것을 말해주는 증거다. 그러나 물론 가장 확실한 방어물은 인간의 적이 아닌 초자연적 적을 겨냥해 세워졌다. 예루살렘도 한때는 에페소스나 아테네와 다를 바 없이 우상과 희생을 태우는 연기로 자욱한 이교도 도시였던 만큼, 그곳을 점령한 악마들을 조직적으로 소탕하는 작업이 진행되어 이교도 신전들이 섰던 자리만 해도 수많은 교회들이 지어졌다. 이교도 도

예루살렘

도시 성벽

부활 교회
(성묘 교회)

카피톨리움 유적

성전산

유스티니아누스가
세운 교회

올리브 산
(감람산)

| 0 | 100 | 200 | 300 yards |

| 0 | 100 | 200 | 300 metres |

시를 기독교 도시로 혁신하는 과정에는 끝이 없었다. 예루살렘에 사는 사람들이 기억하는 한 망치와 정 소리는, 교회 종소리와 찬송가 소리의 영원한 반주로 언제나 울려 퍼졌다. 유스티니아누스도 물론 아나스타시우스 황제에게 위임받은 예루살렘의 새로운 교회를 특별히 위풍당당하게 짓도록 했다. 규모가 어찌나 컸는지 건축용 석재의 운송이 용이하지 않아 도로들을 죄다 갈아엎었을 정도다.

하지만 그런 유스티니아누스도, 또 다른 기독교도 황제가 예루살렘에 건립한 가장 거룩하고 귀중한 기념물과 자신의 교회를 견주어보려는 희망은 갖지 못했다. 콘스탄티누스 대제가 세운 성묘 교회가 그것이다. 콘스탄티누스의 모후 헬레나는 예수가 묻힌 무덤을 찾아낸 것에 그치지 않고, 그가 죽음의 고통을 당한 골고다—'해골의 장소'—의 바위도 발굴했다. 성묘와 그 바위 모두, 특별히 유해한 이교도 악마의 신전 아래 수 세기 동안 묻혀 있었지만 그리스도가 십자가형을 당한 곳이라는 데에는 의혹의 여지가 없었다. 천사가 헬레나의 꿈에 나타나 알려준 곳이었기 때문이다.* 그 무덤 터에 326년 콘스탄티누스 대제가 거대한 돔형 교회를 세우도록 하여, 9년 뒤에 완공되자 부활 교회로 봉헌한 것이 바로 성묘 교회였다. 그 옆쪽 예수가 십자가형을 당한 곳에도 또 하나의 교회가 세워졌고, 그리하여 두 기념물은 그리스도가 죽고 부활한 곳에서 짝을 이룬 채, 세계의 중심 중에서도 중심, 절대 중심이 되었다. 우주의 질서와 시간이, 그

---

* 오늘날 성묘 교회로 알려진 곳은 이집트 파티마 왕조의 메시아적 칼리프가 11세기에 파괴한 것을 재건한 것이다. 따라서 처음 지어졌을 때와 달리 성묘뿐 아니라 골고다의 바위도 포함되어 있다. 그러나 기독교의 오랜 전통대로, 그곳이 과연 진짜로 예수가 죽어 묻히고 부활한 곳이었는지에 대해서는 논란이 많다. 아이러니한 점은 헬레나가 발굴한 성묘 터에 콘스탄티누스 대제가 교회를 지은 것이, 오히려 본래 유적지에 대한 현지 기독교도들의 기억을 사라지게 하는 데 일조했을 개연성이 있다는 것이다.

것을 중심으로 도는 지상의 유일무이한 곳이 된 것이다. 기독교도들은 죽음의 고통을 당한, 모든 인간들의 첫 번째 사람 아담의 무덤도 골고다 바위 아래 어느 틈바구니에 있을 것으로 확신했다. 아브라함도 그의 사랑하는 아들 이삭을 제물로 바치라는 하느님의 명령에 순종함으로써 하마터면 그와 같은 길을 걸을 뻔했으나, 하느님이 그의 믿음을 시험한 것으로 밝혀져 아찔한 순간을 모면했다. 아브라함이 돌 제단에 놓인 이삭을 칼로 내려치려는 순간 천사가 나타나 그를 막고, 수풀에서 잡은 숫양을 제물로 대신 제공해준 것이다. 그렇다면 그것이야말로 앞으로 일어날 일을 예시한 것이 아니겠는가. 영겁의 세월이 흐른 뒤 골고다 언덕에서 살해된 것은 숫양이 아닌 하느님의 아들이었으니 말이다. 사정이 이럴진대 이 패턴화된 가공할 미스터리에 하느님의 인도하시는 손길이 미치지 않았다고는 말할 수 없을 터였다. 그러므로 골고다의 바위 앞에서 아브라함이 그의 아들 이삭을 제물로 올려놓았던 제단과 첫 사람이 죽어 묻힌 무덤을 보는 것도, 시간의 질서에는 여러 개의 거울, 곧 미래를 예시하는 진리가 함유되어 있음을 아는 것을 의미했다. 그렇다면 기독교 제국의 중심에 자리한 기독교 도시 예루살렘이야말로 세상 일이 끝날 때까지 지속될 운명을 지닌 질서의 명확한 증거일 수 있는 것이다.

· 하나뿐인 신 ·

전 세계에서 모여드는 순례자들로 성도는 그야말로 미어터질 지경이었다. 516년에는 칼케돈 신조를 지지하는 고행자 무리가 그 티를 유난스레 내며, 예루살렘에 들이닥쳐 교회 한 곳에만 무려 수만 명이 난입하기도 했다. 몇 년 뒤에는 유스티니아누스가 이미 건축 중에 있던 새로운 교회를 그의 자존감에 걸맞게 규모를 늘리기 위해 산마루의 교회 부지를 확장하려다가, 결국 "암석과 공중에" 토대가 "절반씩 걸리게 하는"[28] 것으로 낙착을 보았다. 예루살렘의 공간이 줄어들고 있었다. 관광 비수기에도 주민 8만 명이 복작거리던 도시 예루살렘이 포화상태에 이른 것이다.

그래도 한 곳, 모든 곳을 통틀어 가장 유명했던 곳은 여전히 개발되지 않은 채 남아 있었다. 번잡한 거리들 위로 우뚝 솟아나 있던 다수의 황금 십자가들 너머 부활 교회(성묘 교회) 남쪽으로 어렴풋이 드러난, 잡석과 쓰레기로 뒤덮인 평평하고 넓은 바위가 그곳이었다. 그렇다면 그곳은 중요하지 않아서 그처럼 방치되어 있었을까? 천만의 말씀이었다. 그 바위야말로 고대 예언자들이 (주의) '집의 산'[29]으로 기렸던 곳, 히에로니무스가 그의 라틴어 번역 성서(불가타 성서)에서 '성전산Mons Templi'이라는 잊을 수 없는 문구로 번역한 곳이었다. 그렇게 함으로써 그는, 예루살렘에 세워진 것들 가운데 가장 유명한 신전—다윗 왕의 지혜롭고 부유한 아들 솔로몬이 까마득한 옛날 전능한 하느님을 위해 '땅의 집'으로 지었던—을 기린 것이기도 했다. 그랬던 만큼 교회 건축의 취미를 가진 사람이라면 한 번쯤 이겨보고 싶은 마음이 들 정도로 건축의 백미이기도 하여, 유스티니아누스도 헌당식을 위해 하기아 소피아에 들어서면서, "솔로몬이여, 내가 그대를 이겼도다!"[30]라고 감격하여 소리쳤던 것으로 전해진다. 하지만 이것도 이제는 오래전 일이 되어, 예루살렘 성전은 흔적도 없이 사라진 상태였다. 제1 성전이 지어진 지 400여 년이 지난 기원전 586년에 바빌로니아 왕(네

부카드네자르 2세)이 예루살렘을 공격하여, 도시의 다른 지역을 파괴하면서 금과 삼목재를 비롯해 성전의 보물도 몽땅 노략질해갔다. 이후 바빌로니아(메소포타미아)에 잡혀갔던 유대인들이 (페르시아 키루스 2세의 배려로) 예루살렘에 돌아와 결과적으로 제1 성전보다 더 압도적인 제2 성전을 지었으나, 이 역시 70년에 로마 지배에 항거해 일으킨 1차 유대인 반란이 실패로 끝남으로써 전소되고 말았다. 그로부터 60년 뒤에 일어난 2차 유대인 반란(132~135)도 약속의 땅이 납골당으로 변했을 만큼 참혹하게 진압되었다. 로마 정부는 이에 그치지 않고 반란과 진압의 진저리 나는 악순환을 이참에 아예 끊어버리려고 했다. 새로운 법령을 줄줄이 공포한 것이다. 유대인의 본향도 황제의 엄명에 따라 팔레스타인(또는 팔라에스티나)으로 개명되었다. 유스티니아누스 대제 시대에도 그곳은 여전히 팔레스타인이었다. 그뿐만이 아니었다. 로마는 유대인의 예루살렘 진입도 금지시켰다. 멀리 떨어진 언덕배기에서 그곳을 바라보는 것조차 범죄로 간주했다. 그러고 나서는 폐허가 된 예루살렘을 '아일리아 카피톨리나'로 개명하고, 이교도 도시로 재건했다. 이미지 변화를 꾀한 로마의 이 정책이 얼마나 성공적이었는지는, 콘스탄티누스 대제 시대에 성지 순례길이 열려 그곳을 처음 찾은 기독교 관광객이 예루살렘으로 가는 길을 묻자 다수의 도시 관리들이 무슨 말인지 몰라 어리둥절해하면서 페르시아 쪽을 가리켰다는 것으로도 알 수 있다.

그러나 물론 그런 무지함도 오래가지는 않았다. 그렇다고 해서 악마 숭배의 흔적을 말끔히 지우고 있던 기독교도들이, 과거로 시간을 되돌리는 데 열의를 보였던 것 또한 아니다. 그리스도가 모세의 율법을 대신하게 되었듯이, 옛 유대인 수도의 잡석 위에 세워진 그리스도의 성도 또한 찬연하게 빛나고 있었으니 그것은 당연했다. 그러나 성공만으로는 뭔가 미진한 감이 있었다. 상대방의 실패한 모습도 드러나야 했으며, 그것을 나타내기에 유대인 반란 이후 이교도 황제가 세운 카피톨리움(카피톨), 곧 로마의 최고신 유피테르에 바치는 신전이 세워져 있던 성전산만 한 곳이 없었다. 기독교 황제들은 이 카피톨리움을 무너뜨려 폐허로 만들고 성전산도 쓰레기 폐기장이 되게 함으로써, 유대인에 대한 모욕을 극대화시켰다. 유대인이 더는 선민이 아니라는 증거로 배설물의 악취와 죽은 돼지의 시체보다 더 나은 것이 있었겠는가. 로마 당국은 또 행진이라면 사족을 못 썼던 만큼 1년에 한 차례 예루살렘 성전이 파괴된 날 행해진 거리 극의 굴욕적 역할도 유대인들에게 맡겨 그 점을 부각시켰다. 꾀죄죄하고 낯빛 창백한 일단의 유대인들이 흐느껴 울며 성전산 계단을 올라가서, 꼭대기의 구멍 숭숭 뚫린 바위 위에서 양뿔 나팔을 불고 통곡하며 머리를 쥐어뜯는 역할이었다. 따라서 기독교도들에게는 더할 나위 없이 즐거운 구경거리였다. 히에로니무스의 생생하고 맛깔난 표현을 빌리면 "그곳에 모인 비참한 무리들이 폐허로 변한 신전의 모습에 오열하는 동안, 주님의 구유에서는 불꽃이 튀고, 성묘 교회에서는 광채가 번뜩이며, 올리브 산의 십자가기는 환히 빛났다."[31]

유대인들도 물론 기죽지 않은 증오감으로 멸시받은 데 대한 앙갚음을 했다. 로마인들에게 그들의 성도를 파괴당해 얻게 된 트라우마는 시간이 간다고 가실 문제가 아니었다. 랍비들의 가르침에 따르면 군단을 지휘해 성전을 불태운 로마 장군만 해도, 예수와 더불어 지옥의 한 귀퉁이를 차지한 채 형언할 수 없이 흉악한 죄를 지은 벌로, 불에 탄 뒤에도 찌꺼기가 모아져 재가 될 때까지 다시금 영원히 타버릴 운명이었다. 성전이 파괴된 지 4세기가 지났건만 신성모독을 당한 유대인의 증오는 수그러들기는커녕 오히려 심해졌다. 랍비들이 지난날에는 성전이 그토록 설득력 있게 표현해준 것을 명시할 방법을 찾으려고 고투를 벌이다, 하느님이 세상에 임재하심을 뜻하는 '셰키나Shekhinah'라는 새로운 개념을 만들어 폐허가 된 신전과 동일시한 것도 그래서였다. 랍비들은 세계의 중심을 이루는 것도, 불경하고 오만한 기독교도들이 가르친 것처럼 골고다 바위가 아닌 성전산이라고 믿었다.[32] 아브라함이 이삭을 제물로 바치고, 아담이 묻히며, "티끌로 만들어진 세상이 처음으로 세워진"[33] 곳은 온 우주의 주춧돌인 성전산이라는 것이었다. 모진 풍파가 불어 닥치는 와중에도 유대인들은 그런 관점으로 바라본 과거로 미래를 해석하면서, 그러므로 신전도 언젠가 재건되리라는 확고한 믿음을 가졌다.

아닌 게 아니라 율리아누스 황제 치세 때는, 기독교도를 괴롭히는 문제라면 언제나 발군의 상상력을 발휘했던 그가 성전의 재건을 명령함에 따라 그 믿음이 실현될 뻔한 순간을 잠시나마 만끽하기도 했다. 재건을 위해 굴착에 들어간 지 고작 몇 달 만에 배교자 황제가 페르시아 원정 중에 요절하는 바람에 공사가 중단되었고, 그 짧은 몇 달 동안에도 공사장 터에서 "무시무시한 불덩어리"[34]가 분출되어 나오는 등 우여곡절이 많았다. 기독교도들은 당연히 그것을 하느님이 진노하여 벌어진 일로 보았고, 유대인들은 방화라 믿었다. 그때 이후로 신전은 황폐한 채로 남아 있었다. 그럼에도 유대인들은 신전이 과거의 영광을 되찾기를 바라는 기도를 하루 세 차례 꼬박꼬박 드렸다. 신전만 복구되면 로마인들의 콧대를 납작하게 해주고, 로마 군주도 "벌레처럼 오물"[35]을 먹도록 굴욕을 주며, 메시아가 도래하는 일도 성취될 것으로 믿었다.

유대인 중에는 또 예루살렘이 이교도 지배 때와 다를 바 없이 기독교도 지배하에서도 피와 우상 숭배로 오염되었다고 믿는 사람들이 많았다. 성전산을 찾는 유대인들이 그들의 설교자인 랍비보다 오히려 기독교 순례자가 정한 본보기의 영향을 더 많이 받는 일도 생겨났다. 대다수 랍비들이 이교도의 요람이 된 예루살렘에 가기보다는, 신성불가침의 영역으로 남아 있는 토라를 연구하는 것이 더 바람직하다고 본 데서 비롯된 결과다. 그렇다고 그 관점을 유지하기 위해 성도에서 멀리 떨어진 수라와 품베디타의 학교에 머무를 필요도 없었다. 팔레스타인에도 랍비들이 있고, 탈무드 또한 있었기 때문이다. 물론 팔레스타인 탈무드를 만든 학자들이, 바빌로니아 학자들에 비해 연구의 치밀성이 떨어졌던 것은 사실이다. 하지만 팔레스타인 탈무드의 커져가는 중요성을 약화시킬 정도는 아니었다. 실제로 팔레스타인 랍비들에게는 바빌로니아 학자들에 비해 몇 가지 유리한 점이 있었다. 학자가 아닌 일반 대중에 대해서도 열린 태도를 가진 것, 자신들의 심기를 불편하게 하는 사람들을 한 차례의 눈 부라림으로 잠재울 권위를 지닌 것, 월경하는 여자가 제기하는 위협을 강박적으로 경계한 것이 그것이다. 이 모두 팔레스타인 랍비들을 특별하게 해준 유용한 요소였다. 하지만 더 경이로웠던 것은 자신들이 그 안에서 주도적 역할을 하기 위해 유대인 전통을 고쳐 씀으로써 유행을 선도해간 능력이었다. 지난날의 예가 말해주듯 과거를 통제하면 미래도 통제할 수 있다는 점에서 이는 중요한 특징이었다.

메소포타미아(바빌로니아) 랍비들과 마찬가지로 팔레스타인 랍비들도 오래전부터 그들 스스로를 유대인의 지도자가 되어 마땅하다고 여겼다. 당연히 그들이 지은 그 모든 다양한 저작물도 그 관점에 부합하는 기조를 띠게 되었다. 예루살렘 성전의 파괴로 구심점을 잃고 의기소침해진 팔레스타인 유대인들이 랍비들에게서 삶의 지침을 찾으려 하자, 랍지의 힘과 명성도 그에 따라 끝모르게 높아졌다는 식의 역사를 멋들어지게 각색해낸 것이다. 사실은 그와 다르고 대다수 유대인들이 수 세기에 걸쳐 정의로움을 찾아 헤맨 대상은 그들이 아닌 시의원이나 지방 유지 또는 로마 총독이었다는 사실도, 랍비들의 그런 행동을 멈추게 하지는 못했다. 자신감이 하늘을 찌르던 랍비들은 스스로를 하느님의 의지를 구현하는 존재로 믿었으며, 실제로 그 상태가 수백 년간 지속되자 진실은 그들이 바라는 이상에 파묻혀 드러나지도 않게 되었다. 그들의 경쟁자들(바빌로니아 랍비들)도 팔레스타인 유대인 대변자로서의 자격을 잃게 되어, 팔레스타인에서는 점점 그들의 지배와 지침이 보편적으로 인정되었다. 하느님에게 선택되었다는 의미도, 랍비들이 해석한 내용과 거의 동일시되었다. 약속의 땅에서는 이렇듯 유대인성이 랍비적 유대인성으로 완전히 변질되었다.

그렇다고 모든 책임이 랍비와 그들의 완고한 학문적 야망에만 있었던 것은 아니다. 그들 불구대천의 원수들에게도 일말의 책임이 있었다. 팔레스타인 유대인들은 메소포타미아 유대인들과 달리 기독교 제국 내에서 변방인 취급을 받았다. 그러다 보니 지배자들의 신경증적 관심의 표적이 되기 일쑤였다. 크리스티아니스모스(기독교)의 개념을 확실히 하려는 제국 엘리트들의 계책에 말려들어 유대인들이 그와 반대되는 것으로 추정된 개념 이우다이스모스, 곧 유대교를 되풀이 규정한 것도 그래서였다. 아리우스파와 가톨릭 교파는 심지어 니케아에서도 기독교의 허울을 쓴 유대인이라고 서로를 맹렬히 비난할 만큼, 유대인에 대한 기독교도의 반감이 컸다. 이어진 수백 년 동안에도 기독교 종파들은 상대방을 이단으로 매도하고 싶을 때면 으레 유대교를 들고 나왔다. 이런 가운데 기독교도들은 점차 유대교를 그들만의 거울에 지나지 않는, 다시 말해 보편적이고 성령으로 불타오른 기독교와 달리 맹목적이고 메마른 종교라는 관점으로 바라보게 되었다. 유대인들은 물론 기독교도가 유대교에 부여한 그런 특징을 받아들이지 않았다. 유대인들이 이우다이스모스라 불린 '종교'에 동의하고 신봉했다는 기독교도들의 억측 또한 인정하지 않았다. 유대인들에 따르면 렐리기오는 순전히 기독교적 개념이었고, 유대교^{Judaism}도 마찬가지였다.*

그럼에도 불구하고 기독교 지도자들이 자신들의 종교를 보호하기 위해 기울인 공력은 유대인들이 신봉한 종교에 광범위한 영향을 끼쳤다. 당연히 두 종교를 가르는 경계지에도 그 어느 때보다 삼엄한 경비가 펼쳐졌다. 순찰을 돈 것은 비단 주교와 황제뿐만이 아니었다. 랍비들도 순찰을 돌았다. 팔레스타인의 동포 유대인들이 반길 만한 일이었다. 하느님 뜻을 지키는 경비병 역할은 물론 주교들이 언제나 주장한 권리였지만, 정통파 기독교라는 거대하고 위협적인 힘에 마주치게 된 동포 유대인들 또한 그 무렵에는 자신들의 권력 구조와 유대교의 정설에 위태로움을 느끼고 있었다. 그러던 차에 마침 랍비들이 그 역할을 맡겠다고 나오자 기쁘게 떠넘기다 못해 해방감마저 느꼈다. 유대인의 종교에 대한 정의를 기독교도에게 맡기기보다는 그래도 탈무드를 집대성하면서 그런 순간이 올 것에 대비해온 학자들에게 기대는 편이 낫다고 여긴 것이다. "랍비를 왕으로

---

* 말이 나온 김에 하는 말이지만 이우다이스모스의 용어도 주로 콘스탄티누스 대제의 기독교 개종 이후에 나온 것이 대부분인 원전에만 등장한다. 현대 영어에서 사용되는 점으로 보면 '유대교' 역시 기독교도가 만들어낸 개념이다.

환호하여 맞아야 하는 이유가 뭐지? 왕들이 토라를 통치의 규범으로 삼기 때문이지."**36** 객쩍은 농담처럼 들리는 유대교 성가의 이 구절도, 시대가 유스티니아누스 치세였던 만큼 일말의 진실이 담겨 있었다.

실제로 팔레스타인 유대인들은 지도자를 절실히 필요로 하고 있었다. 형세가 그들에게 절대적으로 불리해지고 있기 때문이었다. 성지의 기독교 제국 당국은, 그곳의 이전 거주자들이 성지에 계속 존재해 있는 것을 도전이자 난처함으로 받아들였다. 제국 당국도 물론 기독교 교회와 마찬가지로 유대교를 공식적으로 인가받은 명백한 종교로 인정해주었다. 그렇기는 하지만 그것이 시혜를 의미하지는 않았다. 시혜는커녕 그들이 유대인에게 신앙의 자유를 부여해준 행위는 제국 내 유대인을 규제해야 할 필요성을 느낀 콘스탄티노플의 강박관념의 다른 표현에 지나지 않았다. 법적 장치로 묶어놓으면 제약과 모욕의 표적으로 삼기도 그만큼 수월해지기 때문이었다. 유대인들은 이등 인간이라는 엄연한 현실에 되풀이 수모를 당했다. 군대에 입대하는 것, 관직을 얻는 것, 기독교도 노예를 사는 것 모두 금지되었다. 시나고그(유대교 회당)도 불태우거나 교회로 전환하는 것을 막는 행위만 법적 보호를 받았을 뿐, 수리하거나 다시 짓는 것은 허용되지 않았다. 그러나 물론 유대인들도 그런 법규쯤 간단히 무시해도 좋은 것으로 여겼고, 그러다 보니 금지령이 내려진 때가 오히려 시나고그 건축의 황금기가 되는 아이러니가 빚어졌다. 유대인 마을치고 시나고그가 하나쯤 들어서지 않은 곳이 없을 정도였으며, 외딴 곳의 가장 초라한 시나고그도 석재로 지어졌을 만큼 외양도 말끔했다. 오지의 시나고그가 그 정도였으니, 도시의 시나고그들은 더 말할 나위 없이 규모도 크고 장식도 화려했다. 시나고그가 교회와 뚜렷이 구별되는 점은, 예루살렘이 있는 동쪽을 향하고 있다는 것뿐이었다. 하지만 그 모든 시나고그들의 모자이크와 번쩍이는 대리석의 물주가 된 거부들에게조차, 그것으로 상징되는 부가 마냥 기쁜 소식으로만 들리지는 않았다. 팔레스타인의 호경기는 원주민과 대체로 무관한, 거의 전적으로 이민자들에게만 해당하는 사항이었기 때문이다. 유대인 숙박업자와 유물 공급자들이 성지로 대거 유입된 기독교 이민자들 덕에 막대한 부를 거머쥐게 된 것은 사실이다. 하지만 그로 인해 민족으로서의 유대인의 입지가 위태로워졌고, 그러다 보니 기세등등한 기독교 세례의 위협이나 유혹에 넘어가지 않은 사람들은 고지대로 이동할 수밖에 없었다. 모르면 몰라도 6세기 무렵 팔레스타인의 유대인은 전체 인구의 10퍼센트를 넘지 못했을 것이다.[37] 기독교도들이 유대인의 '벌레처럼'[38] 높은 번식력에 초조해했다지만, 유대인들은 사실 그들의 고향 땅에서조차 오래전에 소수민족이 되어 있었다.

게다가 그들은 그 어느 때보다 심한 기독교 공세에도 시달리고 있었다. 위협적 건축 표현의 단호한 후원자였던 유스티니아누스 대제의 치세 초기에, 일단의 기술자들이 예루살렘에서 북쪽으로 150킬로미터가량 떨어진 베레니스 산을 오른 것도 이와 관련이 있었다.[39] 산봉우리에 올라서면 저 멀리 팔레스타인과 시리아의 경계를 이루고, 칼로 벤 듯 강줄기가 드러난 골란 고원이 솟아나 있는 곳, 아래쪽에는 현지인들이 바다로 부를 만큼 드넓은 호수가 펼쳐진, 웅장한 전망을 가진 곳이었다. 호수 주변의 들녘 또한 "밀, 과일, 포도주, 올리브유, 사과가 지천으로 나서 낙원"[40]을 이루었으며, 실제로 여자들도 건강미 넘치는 미모로 유명했을 만큼 그곳은 땅이 비옥했다. 수 세기 동안 팔레스타인 랍비들의 중심지 역할을 한 갈릴리가 그곳이었다. 그곳 베레니스 산의 나지막한 경사지에 그림같

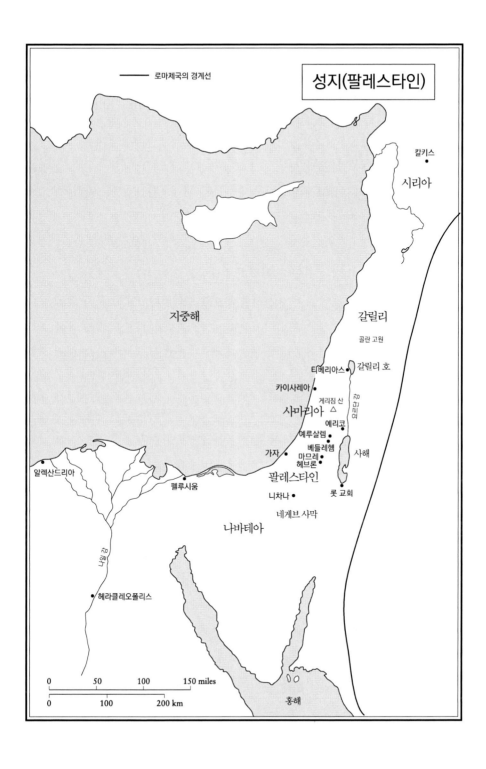

성지(팔레스타인)

——— 로마제국의 경계선

칼키스

시리아

지중해

갈릴리

골란 고원

티베리아스
갈릴리 호

카이사레아

게리짐 산
사마리아

예리코
예루살렘
가자
베들레헴
마므레
헤브론
사해

팔레스타인

니차나
롯 교회

네게브 사막

나바테아

알렉산드리아

펠루시움

헤라클레오폴리스

0   50   100   150 miles
0   100   200 km

홍해

이 자리 잡은 도시 티베리아스에 메소포타미아 학교들과도 당당히 명성을 겨루었던 '연구의 집들batei midrash', 곧 율법 학교가 있었고, 티베리아스의 이런 명성은 유스티니아누스 치세 때도 변함없이 유지되었다. 시의원도 유대인들로만 구성되었으며 시나고그도 13곳이나 되었다. 요컨대 티베리아스는 유대인 삶의 양심이자 망루로서, 팔레스타인에서는 타의 추종을 불허하는 독보적 도시였다.

하지만 유스티니아누스가 볼 때는 그 점이 바로, 유대인들에게 본분을 깨닫게 해주어야 할 이유였다. 갈릴리에 대한 권리는 유대인에게만 있지 않았다. 기독교도들도 그곳을 신성한 곳으로 숭배했다. 그리스도가 생의 태반을 살고, 마을들을 돌아다니며, 산에서 설교를 하고, 호수 위를 걸어 다닌 곳이었으니 말이다. 당연히 그곳은 예루살렘에 이은 기독교도들의 두 번째 순례 코스가 되었다. 물론 그렇다고 해서 그들이 매번 바람직하게 행동한 것은 아니었다. 그리스도가 사용한 가구에 자신들의 이름을 새겨 넣는가 하면, 반반하게 생긴 유대인 여인들에게 추파를 던지는 등 눈치 없는 행동을 할 때도 많았다. 그러나 어느 이탈리아 여행자가 나중에 후회 막급한 어조로 "우리와 유대인들 사이에는 애당초 사랑이라는 게 없었다"[41]라고 회고했다지만, 그런 긴장감의 책임이 순례자들에게만 있었던 것은 아니다. 팔레스타인의 다른 곳과 마찬가지로 갈릴리에서도 기독교도들이 단순한 관광객 이상이 되려 한 것에도 책임이 있었다. 그리스도가 밟은 땅을 차지하는 것이 그들의 진정한 바람이었고, 그 결과로 유대인들녘은 교회의 식민지가 되고, 그곳 전체가 이주민 마을이 되며, 콧구멍만한 수도원이나 하찮것없는 기독교 부락까지도 에워싸는 성벽이 세워지게 된 것이다. 그리고 지금 티베리아스 위쪽 경사지에는 유스티니아누스의 기술자들까지 나타나 황제의 의도가 담긴 통고문을 랍비들에게 읽어주려 하고 있었다. 거리들이 내려다보이는 베레니스 산 정상에 교회를 세울 것이고, 그 주위에는 최신식 감시탑들이 완비된 거대한 요새도 축조할 것이라는 내용이었다. 제국의 여타 지역과 마찬가지로 유대교 중심지에서도, 눈 한 번 깜박이지 않고 모든 곳을 보는 황제의 주시로 기독교 신앙에 저항하지 못하게 하겠다는 단호한 메시지였다.

물론 랍비들을 뜨끔하게 한 유스티니아누스의 으름장에는 허풍도 섞여 있었다. 아테네 철학자들을 망명으로 내몬 그였지만, 랍비들을 압박해 티베리아스의 학교들까지 폐쇄로 내몰 생각은 없었던 것이다. 전반적으로 볼 때 랍비들은 황제의 목적에 이로운 점이 있었다. 랍비야말로 권위 있는 인물들과 더불어 명쾌하게 정의된 정설도 갖춘 '유대교' 같은 종교, 다시 말해 그의 종교(기독교)의 거울 이미지가 실존하고 있음을 나타내는 살아 있는 징표였기 때문이다. 따라서 거대한 신앙의 바다에 기독교와 유대교라는 쌍둥이 저인망에도 걸리지 않고 유유히 헤엄칠 수 있는 존재가 있음을 인정하는, 그와 다른 선택을 하면 극심한 혼란이 초래될 우려가 있었다. 아마 랍비들도 같은 생각이었을 것이다. 유대인과 기독교도만 있을 뿐 다른 민족은 없는 세상을 상상하는 것도 그들로서는 나쁘지 않았을 테니까. 유스티니아누스가 베레니스 산의 감시탑들을 산꼭대기에만 한정하여 설치하지 않은 것도 그래서였다. 거대 교회를 세움으로써 누가 최고의 존재인지를 분명히 하면서도, 베레니스 산의 경사지까지 범위를 넓혀 티베리아스를 감쌀 수 있는 요새를 축성하여 유대인들의 보호도 소홀히 하지 않은 것이다.[42] 비록 이등 신민일망정 유대인들도 양 떼들 속에 포함시켜준 것이다.

문제는 유대인처럼 실체가 분명하지 않은 또 다른 민족이 있다는 것이었다. 기독교도나 유대인만이 성지의 거룩한 흙을 밟고 선 사람의 전부는 아니었던 것이다. 황제와 랍비 모두 그렇게 생각하고 싶지는 않았겠지만, 팔레스타인은 본래 신의 출몰이 잦고, 꿈이 넘쳐나며, 기억이 만연한 곳이었다. 그러다 보니 다른 곳도 아닌 팔레스타인 중심지에서 기독교 교회와 유대교 시나고그를 우상 숭배소, 그 안에서 예배 보는 사람들을 한꺼번에 싸잡아 어정뱅이라고 비웃는 민족이 있었다. 하느님의 소망을 있는 그대로 간직한 민족은 자신들밖에 없다고 주장한 사람들, 예루살렘과 갈릴리 사이에 위치한 사마리아의 주민들이 그들이었다. "신은 하나뿐이에요."[43] "우리 모두 하느님과 그분의 예언자 모세를 믿읍시다."[44] 사마리아인들은 다른 대부분의 요소도 이 단순한 가설에서 비롯된다고 믿었고, 이를 근거로 유대인에 의한 것이든 기독교도에 의한 것이든 모세 이후에 작성된 성구들을 미혹된 헛소리로 치부했다. 모세 이후에 덧붙여진 수많은 글들 때문에, 하느님이 예언자에게 계시한 가르침의 순수성이 훼손되었다는 것이었다. 그들에 따르면 예루살렘도, 다윗과 솔로몬 왕이 정치적 이유로 성도로 격상시킨 곳일 뿐 진정한 성도와는 거리가 멀었다. 사마리아인들은 세계의 중심을 이루는 것도 성전산이나 골고다 바위가 아닌, 숲이 울창한 사마리아의 게리짐 산이라고 주장했다. 그들이 '영원의 언덕'으로 부른 평평한 게리짐 산의 언덕이야말로 노아의 방주가 상륙하고, 아브라함의 아들 이삭이 제물로 바쳐질 뻔했으며, 하느님이 부여해준 모세의 율법이 보존된 곳이었다. 그러므로 유대인과 기독교도들처럼, 그 외의 다른 것을 믿는 것은 고대 예언자들에게 계시된 하느님의 가르침을 왜곡하는 것이자, 하느님에게 복종해야 할 인류의 주된 의무를 저버리는 일이었다.[45]

그러나 당연한 얘기지만 이런 논리로 이웃들의 인심을 얻기는 힘들었다. 사마리아인들의 주장에 특히 뿌리 깊은 모멸감을 느낀 이들은 유대인이었다. 랍비들만 해도 수 세기에 걸쳐 '눈에는 눈 이에는 이' 식으로 응수하며, 이교도 후손이고 비둘기를 숭배한다는 소문에 근거해 그들을 우상숭배자로 비난했다. 유대인 대다수가 사마리아인들을 잠재적 동지로 받아들이기는 고사하고, 그들의 포도주나 음식을 먹지 않을 뿐 아니라 같이 앉으려고도 하지 않을 만큼 사이가 나빴다. 물론 사마리아인의 삶은 달걀하나 정도는 먹어도 괜찮으리라고 본 요상한 랍비가 있기는 했지만 말이다.[46] 기독교 당국의 경우에는 사마리아인들을 단속한다고 한 것이 오히려 장기적으로는 한층 냉혹한 질서를 수립하는 결과로 이어졌다. 국가 차원에서 폭력을 후원하여, 전적으로 예측 가능한 긴장을 만들어낸 것이다. 사마리아인들에게 군 입대를 허용한 것인데, 사마리아인들도 자신들의 장기인 흉포함을 발휘해 로마군 지휘관들에게 오래도록 깊은 인상을 남기는 등 그 정책은 성공을 거두는 듯했다. 하지만 그러는 사이에도 기독교 유물 사냥꾼들이 게리짐 산을 뒤지고 다니는 행위는 계속되었고, 사마리아로 몰려드는 기독교 식민주의자들의 발길 또한 끊이지 않았다.

484년에 사마리아인들이 결국 참다못해 폭발하고 말았다. 그들은 성당에 있던 주교를 난자해 죽이고, 교회의 신성을 더럽히며, 공개적 폭동을 일으켜 팔레스타인 중부 지역 일대를 불바다로 만들었다. 속주 당국으로서는 얼떨결에 기습을 당한 꼴이었다. 하지만 곧 혼란을 수습하고 무자비한 진압을 시작했다. 진압이 끝났을 때 사마리아 지역에는 시신 1만여 구가 나뒹굴었다. 로마군의 사마리아인 부대도 영구히 해산되었다. 그러나 속주 당국이 사마리아인들에게 행한 최고의 앙갚음은 역시 게리짐 산 출입을 금지시키고 본래 상태를 유지하고 있던 산꼭대기에 교회를 세우고 주위에 요새를 축조한 것이었다. 한 사마리아인 역사가의 쓸쓸한 기록에 따르면 그것이 전부가 아니었다. 기독교 당국은 교회에 "흰색 칠을 한 높은 탑도 설치했다. 콘스탄티노플과 로마에서도 보이도록 밤에 빛을 발하는 등불들이 달린 탑이었다."[47]

유대인들도 인정하겠지만, 제국의 이런 보복 행위는 특별히 독창적이랄 것도 없었다. 그러나 그 일을 당한 사마리아인들은 달랐다. 400년간 지켜왔던 성스러운 신전을 잃게 된 것에도 적응하기 힘들었고, 그곳의 신성이 지속적으로 더럽혀지는 것을 하느님이 용인해주는 것도 믿기 힘들었다. 그렇다고 뾰족한 수가 있는 것도 아니어서 자포자기와 분노로 속만 끓었다. 그러다 첫 폭동이 일어난 지 수십 년 후 "한 여인의 제안이 기폭제가 되어"[48] 소규모 사마리아인 무리가 마침내 기독교 수비대로부터 게리짐 산 정상을 되찾기 위해 들고일어났다. 하지만 소규모였던지라 초기에는 그럭저럭 확산이 차단되는 듯했다. 그런데 529년에 다수의 유대인과 기독교도들이 폭도들에게 살해되었고, 그 불똥은 결국 지난번에 이은 두 번째 대화재를 일으키기에 충분한 것으로 드러났다. 그리하여 잠시지만 한때는 팔레스타인뿐 아니라 제국 전역이 두 동강이 나는 게 아닐까 싶게 위기감이 감돌았다. 오래전에 죽은 이교도 황제와 사악한 이름 율리아누스를 공유한 데다 왕, 메시아, '산적 두목'[49] 등 다양한 이름으로 불린 카리스마 넘치는 사마리아 군 지도자가 북쪽으로 통하는 도로를 봉쇄하고, 예루살렘을 위협하며, 사마리아 제국의 건국을 선포했기 때문이다. 사마리아 폭도들은 폭동의 양념 격으로 다수의 잔혹한 행위도 저질렀다. 그중에서도 가장 끔찍했던 것이 살해한 주교를 기독교 순교자들의 유골로 만든 화톳불에 불태운 것이었다. 하지만 기독교도를 능멸한 이런 행위가 통렬한 복수를 받지 않을 리 없었고, 과연 때가 되자 제국은 참혹하게 그들을 응징했다. 참수된 율리아누스를 포함해 죽은 사마리아 전사자가 2만 명에 달했을 정도로 진압군의 작전은 효율적으로 이루어졌다. 영원의 언덕 꼭대기에도 난공불락의 요새가 축조되었고, 게리짐 산 경사지에 남아 있던 사마리아인의 흔적도 깨끗이 지워졌다. 사마리아 지방도 황폐화되어, 한때는 "세계에서 가장 비옥한 땅"[50]으로 불리던 곳에 썩은 고기와 돌 부스러기가 나뒹굴고 잡초만 우거지게 되었다.

사마리아인들에게도 남은 것은 절망밖에 없었던 듯, 자신들을 저버린 신을 버리고 시무룩하니 기독교 세례를 받는 사람들도 많았고, 무기력한 고립주의에 빠져들어 외딴 마을에 몸을 숨긴 채 유대인이나 기독교도가 남긴 발자국을 불타는 짚으로 없애며 지내는 사람들도 있었다. 그러나 물론 봉기의 기치를 계속 휘날리려는 사람들 또한 있었다. 다만 이번에는 사마리아가 아닌 국경 너머 다른 곳에서 그 일을 도모했다. 5만여 명의 사마리아인들이 제국 암살대의 보복을 피해 메소포타미아로 탈출, 노령의 카바드 왕에게 자비를 구한 것이다. 하지만 샤한샤는 팔레스타인을 양도해줄 수도 있다고 하는 그들의 말을 곧이곧대로 믿지 않고 그들을 쇠사슬에 채워 금광의 광부로 보내버렸다. 그런데도 팔레스타인 당국은 사마리아인들이 국경 너머에서 다시금 일을 벌이지 않을까 안달복달하며 걱정을 놓지 못했다. 폭동 뒤끝에 사마리아 소년 소녀 2만 명을 노예 상인에게 넘길 때도 팔레스타인에서 될 수 있는 한 멀리 떨어진 곳, 되도록이면 페르시아나 인도로 보낼 것을 계약서에 특별히 명기했다. 아이들 중 누구라도 고향과 가까운 곳에서 자랄 수 있는 개연성이 그들에게는 그처럼 불안했던 것이다.

제국이 이처럼 편집증적 불안 증세를 보인 데에는 그럴 만한 이유가 있었다. 성지에는 젖과 꿀만 흐른 것이 아니라, 여태껏 그래 왔듯이 위험이 수반된 황무지와도 접하고 있었기 때문이다. 동쪽의 예리코로 이어진, 예루살렘 코앞에 붙은 24킬로미터 길이의 도로변 메마른 암석들 뒤에도 위험이 도사리고 있었고, 실제로 그곳은 오래전부터 '피의 길Bloody Way'*로 불렸을 만큼 제국의 여느 지역과 다를 바 없이 산적들이 출몰하는 곳으로 악명이 높았다. 이름도 그럴싸한 사해 쪽으로 뾰족한 벼랑이 아슬아슬하게 걸린 예리코 남쪽에도 흙, 소금, 진흙뿐인 더 위험한 지형이 펼쳐져 있었다. 1세기에 솔로몬 성전(예루살렘 제1 성전)이 불탄 뒤, 반란을 일으킨 유대인들이 로마군에 최후의 불운한 저항을 한 곳도 그곳이었다.

하지만 그것도 까마득히 먼 옛날 죄 많은 사람들이 하느님을 진노케 하여 잿더미가 되는 끔찍한 재앙을 당한 것에 비하면 아무것도 아니었다. 진흙 거품이 부글거린 사해 동쪽의 가장 더럽고 악취 심한 곳에 존재했던 거대한 두 도시 소돔과 고모라에서 일어난 일이었다. 도덕가들의 기록에 따르면 두 도시의 주민들은 강간을 일삼고, 동성애를 즐기며, 남 앞에서 서슴없이 방귀를 뀌는 등** 악덕에 빠져 살았다. 그런 행동이 계속되자 하느님도 더는 못 참고 두 도시의 멸망을 명했고, 그리하여 그들 위로 불과 유황이 비 오듯 쏟아지매 "연기가 옹기 가마의 연기처럼 치솟았다."51 소돔과 고모라는 철저히 파괴되어 아무것도 남지 않았다. 소금이 엉겨 붙은

---

* 피의 길은 성서(《여호수아》 18장 17절)에 나오는 지명 '아돔밈(Adommim)'을 번역한 것으로, 히에로니무스에 따르면 착한 사마리아인이라는 유명한 우화에 나오는 여행자가 이 길에서 '도둑들을 만났다'고 한다.
** 소돔과 고모라 주민들이 남 앞에서 방귀 뀌기 좋아했다는 것은 이슬람 전승에서 나온 것이다.

기묘한 형상의 폐허만 남아 지나가는 사람들의 경각심과 두려움을 자아
냈을 뿐이다.

그래도 하느님의 교훈이 전적으로 모질지는 않았던 듯, 사해 남쪽 해안
가에는 교회가 하나 서 있었고 교회 안에는 동굴도 있었다. 전해지기로
아브라함의 조카 롯이 천사들에게 비밀 정보를 전해 듣고 가족과 함께 피
신한 곳이 그곳이었다고 한다. 그리하여 그들은 소돔의 재앙에서 살아남
은 유일한 생존자가 되었다. 롯처럼 정의로운 사람은 불운한 민족의 파멸
도 피해 갈 수 있다는, 이 에피소드에 담긴 교훈도 당연히 수 세기 동안 사
람들의 입에 회자되었다. 이렇게 보면 사마리아인들도 약속의 땅 경계 너
머에서 피난처를 찾은 최초의 민족은 아니었던 셈이다.

기독교도들도 로마의 기독교 박해 때 같은 행동을 했다. 그들 중의 일
부는, 심지어 콘스탄티누스의 개종으로 기독교 박해가 끝났는데도 광야
를 떠나 일상생활의 유혹으로 다시금 빠져들기를 거부했다. 안티오키아
주변 산지나 시나이 사막 같은 곳에 있는, 예루살렘 너머의 벼랑들에 하
느님의 도시를 세운 고행자들이 그들이었다. 그리하여 낙원의 보루처럼
환히 빛나게 하는 것에 주안점을 둔 수도원들이 산적이 출몰하는 황량한
곳, 팔레스타인 동부 지역을 점점이 수놓게 되었다. 광범위하게 걸친 그물
처럼 종횡으로 뻗어나간 황무지 길들로 연결된 제국 전역의 하느님 전사
들로 채워지고, 요새와도 같은 위압적 석조물들로 보강된 라브라[lavra], 곧
수도원들이, 악마와 대전투를 벌이며 하느님을 섬기는 방어의 제일선 노
릇을 한 것이다. 그리스도가 악마의 유혹을 받았던 이런 사막에서 성공의
희망을 가질 수 있는 것은 영적 엘리트뿐이었다. 허약한 사람들을 낙오시
키고 강한 사람을 더욱 강하게 만드는 데가 그곳이었다. 당연히 성지에서

정통파의 특공대를 구성한 것도, 용광로 같은 사막의 열기 속에 단련된 강철 같은 의지와 결연함을 자신들이 믿는 신앙에 투영할 수 있는 수도사들이었다. 그랬기에 그들은 사마리아인들에게도 기꺼이 순교당하고, 단성론자에게 양보하려는 그 어떤 징후에도 공개적으로 저항하며, 하느님의 적 최후의 한 사람과도 용기 있게 싸우도록 제국 당국을 압박할 준비가 되어 있었다. 어느 곳에나 필요했겠지만 그것은 특히 성지에서 중요한 임무였다.

예루살렘이 기독교의 수도가 된 첫 세기(다시 말해 콘스탄티누스가 개종한 4세기)에 그곳 주교를 지냈고 입바른 말도 잘했던 키릴로스(313~386)가 바로 그런 임무의 적격자였다. 그는 기독교 개종자들에게 하느님이 그들 어깨에 지운 특별한 의무를 말하며, "유대인, 사마리아인, 이교도에 맞서 스스로를 무장할 것"을 촉구했다. "여러분들에게는 적이 많으니, 무기 소지하는 것을 잊지 마세요."[52] 무기를 들 것을 부르짖은 키릴로스의 이 경고가 성공을 거둔 징표는, 과연 2세기 뒤 티베리아스의 언덕배기, 게리짐 산 정상, 허물어진 신전 터 등 성지 곳곳에 나타났다. 하지만 명백한 최고의 승리라 부를 만한 징표는 여전히 나타나지 않았다. 키릴로스가 신도들에게 특별히 치명적인 위협에 대해 지속적으로 경고한 것도 그래서였다. "교회에서 읽히지 않는 성서는, 혼자서도 읽지 마시오." 그는 특히 "복음서의 표제가 붙었으나, 속임수로 가득한"[53] 허울뿐인 성서를 조심할 것을 경고했다. 이 경고가 성지에서 더욱 유효했던 것은, 그곳으로 몰려드는 기독교도들 모두가 정통파는 아니었기 때문이다. 그리스도의 발자국을 밟고 싶어한 사람들이라고 해서 모두 니케아 신조의 신봉자는 아니었다는 얘기다. 성지의 코스모폴리탄적 특징은 자기만족의 요인이기도 했지만, 그 못지않게 경계할 이유이기도 했다. 키릴로스도 정확히 간파했듯이 성지야 말로 금지된 복음서, 금지된 교리, 금지된 정체성이 난무할 개연성이 가장 높은 곳이었다.

이민자들이 팔레스타인의 유일한 이단이 아닌 것도 문제였다. 기독교 와 유대교 사이의 경계지, 니케아 공의회 이후 한층 철저한 감시를 받는 그 무인지대에는 여전히 "그리스도를 의로운 인물로 받드는" 유대인과, 예루살렘 성전의 복구를 바라는 기독교도, 결국 유대교와 기독교의 어느 범주에도 들지 않는 소수의 완고한 사람들이 존재해 있었다. 교회는 그들 을 "스스로는 유대인이자 기독교도라 주장하지만, 실상은 유대인도 아니 고 기독교도도 아닌"[55] 유해한 사기꾼으로 치부했다. 사마리아인들도 역 병처럼 만연한 영지주의를 음흉하게 조장한다는 의혹을 받으며, 이들이 가져온 혼란을 부추겼다. 상황이 이러했으니, 키릴로스 같은 주교들이 팔 레스타인을 유독한 신앙의 도가니가 될 개연성이 있는 곳으로 볼 수밖에 없었다. 그의 세대 성서학자들에는 성지의 이단이 제기하는 위협이 그 어 느 때보다 섬뜩하게 느껴졌을 테니 말이다. 유대인이 기독교도가 되고 기 독교도가 유대인이 되면, 신앙의 융합이라는 소름 끼치는 일이 벌어지지 말라는 법 또한 없었을 것이기 때문이다.

물론 성지의 도서관에는 필사본이 널려 있었으니 해결책을 찾으려 들 면 못 찾을 것도 없었다. 지독한 책벌레였던 히에로니무스만 해도 나사렛 파Nazoreans의 유해한 교리가 담긴 히브리어 복음서(나사렛 복음서)를 찾아 내, 공포와 매혹감이 뒤섞인 듯한 어조로 그에 대한 기록을 남겼다. 사도 바울로가 등장하기 전에 존재한 초기 유대인 교회의 후손이라고 겁도 없 이 주장한 그 이단 종파는, 성령을 여성이라고 한 것도 모자라 그리스도의 하늘 '어머니(어머니 하느님)'[56]이기도 하다는 충격적인 교리를 설파했다. 그러나 그것도 내로라하는 이단 전문가였던 키프로스 주교 에피파니우스 (315경~403)가 찾아낸 에비온파에 비하면 약과였다.

그에 따르면 에비온파는 기독교 신자들에게 유대인성의 독소를 퍼뜨리려 한, 나사렛파보다 무한대로 악랄한 종파였다. 명칭으로도 알 수 있듯 에비온이라는 인물이 창시한 에비온파는 삼위일체를 부정하고, 예수도 모세의 율법에 복종한 한낱 인간으로 보며, 예루살렘 쪽을 향해 일상적 기도를 하는 등, 정통파 기독교도들이 보기에 참으로 충격적인 종파였다. 박식한 주교 에피파니우스는 이 종파의 우두머리 에비온을 다른 이단 종파는 말할 것도 없고 그 "역겨운 사마리아 종파"[57]와 유대교까지도 잡탕으로 뒤섞은 괴물로 묘사했다. 그러면서 그런 인물이 얻게 되는 것은, 결국 기독교인과 유대인들이 자신들의 처지를 망각하는 세계, 다시 말해 조금은 혁신적이랄 수 있는 이단이 "각종 종파로부터 이런저런 요소를 끄집어내 그것을 자기 것으로 만드는 것"을 멈추게 할 방도가 없는 세계뿐이라고 설파했다.

그 상황에서 키릴로스와 에피파니우스 같은 주교들이 전투 열에 불타는 속주 수도사들과 강력한 힘을 지닌 제국 정부를 등에 업고, 성지에 정통파 기독교의 본보기를 확립하기 위해 오래도록 힘겨운 노력을 기울였을 것은 당연한 이치다. 같은 맥락에서 유대인들도 기독교의 이런 계획에 위협을 느낀 나머지, 그리스도의 이름을 계속 찾는 유대인 동포들을 갈수록 미심쩍은 증오감으로 대하게 되었다. 양측의 이런 고래 싸움에 등이 터진 새우격인 나사렛파와 에비온파 사람들은 결국 음지로 깊숙이 숨어들었다. 두 종교의 전쟁터가 된 팔레스타인에서 그들이 할 수 있는 것은 망각의 심연으로 빠져드는 것뿐이었다. 이렇게 무인지대도 결국 이단이 발붙일 수 없는 곳으로 판명되어, 유스티니아누스 대제 시대에는 주교와 랍비 모두 에비온파에 대해서는 신경 쓸 일이 없게 되었다. 그 종파의 교리와 예배 행위 모두 유령처럼 잊힌 존재가 된 것이다. 팔레스타인의 기독교도와 유대인들은, 이렇듯 속으로는 서로를 증오하면서도 제국 내에 잡종이 존재하는 것은 허용할 수 없다는 점에서는 의견이 일치했다.

실제로도 일은 그렇게 흘러가는 듯했다. 에비온파와 그들의 동류가 기독교 제국 내에서 위태로운 거주를 하려 해도, 가능한 곳은 갈릴리 지방 위쪽의 골란 고원이나 사막 깊숙한 곳에 위치한 변경의 거류지 같은 주변부뿐이었으니 말이다.[59] 사마리아 난민들과 같이 정통파 기독교에 의해 이단으로 찍힌 종파들은 그들의 전통적 중심지에서는 생존을 보장받지 못했다. 생존을 보장받을 수 있는 곳은 광야뿐이었다. 그것이 아이러니였던 것은, 기독교 정통파의 특공대, 곧 수도사와 고행자들에 의해 식민지화가 진행되고 있던 그곳 팔레스타인과 사막을 가르는 변경지가 기독교가 확립되기 이전, 따라서 경쟁적인 신앙들의 구분이 아직 선명하지 않고 분열 생식 과정에 있던 세계를 목격한 곳이기도 했기 때문이다. 사막 수도원인 라브라의 거대 석조물이 새로움의 승리를 선언하고 있던 곳이, 희미하지만 뿌리를 캐보고 싶은 열망을 갖게 하는 것들, 끊어질 듯 단속적으로 이어진 머나먼 고대의 흔적들이 존재한 곳이기도 했다는 얘기다. 팔레스타인과 시나이 산 사이의 광야만 해도 다수의 신들을 숭배하여 '다신교도'라는 조롱 섞인 호칭으로 불렸던 부족민들이 지은 성소들이 있었고, 사해 위쪽의 벼랑들, "안에 다수의 책이 들어 있던 산중턱 동굴들에서는"[60] 불가사의한 두루마리들이 나왔다는 소리도 심심찮게 들렸다. 유대교 경

전의 판본 일부도 포함된 것으로 밝혀진 그 두루마리들에는, 그러나 전설
적인 시대에 쓰이고 상이한 문장들도 많았다. 그렇다면 건조한 사막 속에
오래전에 잊힌 필사본들이 묻혀 있지 말라는 법 또한 없을 것이고, 그렇
다면 오래전에 폐기된 교리도 남아 있을 개연성이 있었다.

이것이 말해주는 것은 기독교 제국의 영역 너머, 수도사들이 식민지로
만든 제국 주변부 너머의 광야에서는 어떤 신을 믿든, 무슨 책을 읽든, 폐
기된 신앙을 붙잡고 늘어지든 말든, 크게 신경 쓰는 사람들이 없었다는
것이다. 다른 지역에는 기를 쓰고 방책을 세운 기독교도들이 저 광야에서
시행된 신앙들 경계지의 방비는 소홀히 한 것이다.

· 아라비아의 늑대들 ·

기묘한 신앙들이 사막에서 부글거린 징후는 동풍에 휘날리는 모래알처
럼 성지에도 이따금씩 모습을 드러냈다. 팔레스타인 경계지 너머에 사는
이교도들이 매년 여름 "화려한 축제를 벌이기 위해"[61] 예루살렘 남쪽 30킬
로미터 지점의 들판 한가운데 위치한 마므레로 모여든 것이다. 축제는 그
중심이 된 상수리나무가 세계 최고령이었다는 사실이 말해주듯 아득하
게 먼 고대부터 시작되었다. 상수리나무로 말하자면, 유대인과 기독교도
모두 논쟁하기를 그만두고 "천지창조 못지않게 오래되었"[62]으며 아브라
함이 아낀 곳이었다는 점에만 의견의 일치를 보았을 만큼, 찬란한 계보를
자랑했다. 아브라함이 판 우물도 그곳에 있었으며, 상수리나무 또한 비록
몰지각한 기독교도 기념품 사냥꾼들에게 몸통이 잘려나가 밑동만 남았을

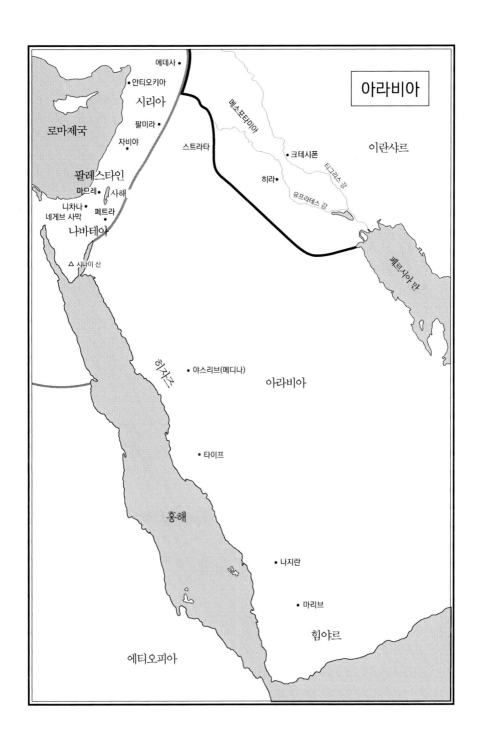

망정 여전히 거룩함의 아우라를 뿜어내고 있었다. 성서의 첫 번째 책, 곧 〈창세기〉에 따르면, 아브라함이 상수리나무 그늘 밑에 앉아 있다가 세 명의 낯선 사람으로부터 불임의 사라가 아들을 낳게 되리라는 희소식을 들은 곳도 마므레였다. 이 소식을 전한 뒤 두 사람은 가던 길을 계속 갔으나, 세 번째 사람은 그곳에 남아 아브라함에게 소돔이 멸망할 것임도 알려주었으니 그가 곧 하느님이었다.

　이런 곳에서 이교도 축제가 열렸으니 유대인과 기독교도들은 실로 심한 모욕을 느꼈을 법했고, 과연 그곳에 이교도의 불결한 손길이 닿지 못하도록 하기 위해 양측은 누차 노력을 기울였다. 예수와 동시대인이었던 유대의 왕(헤로데 대왕)만 해도 아브라함이 "주님 앞에 섰던"[63] 곳, 마콤 maqom을 지키기 위해 상수리나무와 우물 둘레에 커다란 돌담을 쌓았으며, 그 300년 뒤에는 콘스탄티누스 대제가 상수리나무 바로 위쪽에 교회를 축조하게 하는 더 강력한 조치를 취했다. 아브라함의 접대를 받은 낯선 세 사람이 삼위일체의 형상이고 마므레 또한 구세주의 숭배에 바쳐진 '시원의 거룩함'을 지닌 곳[64]이었다는 것이 기독교도들의 공통된 믿음이었으니, 그로서는 적절한 조치를 취한 셈이었다. 콘스탄티누스의 엄중한 판단에 비추어볼 때 이교도가 그곳에 대해 권리를 주장하는 것은 철저한 기만이자 신성모독이었다. 그리하여 추잡한 우상과 피로 물든 제단들이 사라지자, 상수리나무는 비로소 아브라함 시대의 모습 그대로 진정한 기독교 나무의 모습을 띠게 되었다.

　그런데도 이교도들은 초월적인 그 진리마저 무시한 채 마므레를 계속 찾았다. 콘스탄티누스 대제가 이교도들의 여름 축제 개최를 금지하려고 한 지 1세기가 훌쩍 지난 시점에도, 그들은 여전히 신성한 상수리나무에 몰려들어 수평아리를 제물로 바치고, 포도주를 따르며, 아브라함의 우물에 과자를 던지고, 보란 듯 계색㈜色을 한 것이다. 때는 성지의 여타 지역에서 이교도가 괴롭힘을 당하다 못해 소멸되던 시대였으므로 그런 행동을 하려면 상당한 담력이 필요했다. 축제를 찾은 사람들 대부분이 팔레스타인 경계지 너머 주민들이었던 것도 그렇게 보면 놀랄 일이 아니다. 근동을 통틀어 "가장 미신적이고 무지하다"[65]는 조롱을 받은 데다 군주와 법률을 경멸한 것으로도 오래도록 악명이 높았던 사람들이었으니 말이다.

비옥한 초승달 지대의 남쪽, 끝없이 펼쳐진 황무지에 빈번히 출몰한 그 아랍 부족민들은 페르시아나 로마제국보다도 유구한 야만의 기록을 가지고 있었다. 그들이 얼마나 비상식적이었는지는, 예루살렘에 아직 제1 성전이 서 있던 시절에 메소포타미아의 어느 왕이 "먼 사막에 주거를 두었던 만큼 그들에게는 감독자도 관리도 없었다"[66]라고 기록한 것으로도 알 수 있다. 그런데 1000년이 지난 뒤에도 이 상황은 나아질 기미가 보이지 않았다. 그 무렵까지도 아랍인들은 여전히 정착할 의지가 없어 보였던 것이다. 그러다 보니 단순히 이교도로서뿐 아니라 천막생활을 하는 것으로도 그들은 타의 조롱을 받았다. 유목민의 그런 고질적 나태함은 들판의 농부 못지않게 궁전에 사는 귀족들에게도 공공연한 모욕이자 위협으로 받아들여졌다. 문명의 규범을 하찮게 여기는 품이, 그들이 숨어 사는 사막의 특성만큼이나 거의 초시간적 잔혹성에 홀린 것 같았기 때문이다. 그로 미루어볼 때 그들은 인간 이하이고 짐승 이상의 존재인 것이 분명했다. 아랍 부족민들이 전투 중에 살해된 희생자의 피를 마신다는 사실도 공공연하게 알려졌고, 은밀하게 회자된 소문에 따르면 성행위도 "남자 여자 할 것 없이 모두 격정적으로 한다"[67]는 것이었다. 위험을 무릅쓰고 도시나

농장의 경계를 벗어나본 소심한 여행자에 따르면, 말이나 낙타를 탄 반벌 거숭이 차림의 아랍인들은 또 사막의 맹금류만큼이나 무시무시한 위협이 될 수 있었다. "하늘을 날다 먹잇감을 보면 발톱으로 잽싸게 낚아채는 솔개처럼, 그들 역시 손에 닿는 것은 무조건 채갔기"[68] 때문이다.

아랍인들도 이 말은 모욕이 아닌 칭찬으로 받아들였을 것이다. 맹금류처럼 자유롭고 공포스러운 존재가 되는 것이야말로 여러모로 그들이 원하는 바였으니 말이다. 다른 사람들이 나태하게 보는 것을 그들은 자유로 받아들였다. "본래의 가죽 끈이 닳아 없어지고, 챗열도 고리에 간신히 매달린 다갈색 채찍을 손에 쥐고 나는 길을 떠났다네."[69] 사방으로 끝없이 펼쳐진 수평선을 벗 삼아 행하는 이런 여행을 아랍인들은 노예와는 정반대되는 뚜렷한 신념으로 스스로를 알아가는 여정이라 믿었다. 그들에게는, 자수 놓아진 천막 아래서든 별이 빛나는 밤 모닥불 주변에서든 모였다 하면 술, 허리 잘록한 여인, 지배자를 인정하지 않는 전사들에 대한 찬가를 부르는 습성이 있었다. 타민족들은 이런 사막 유목민을 멸시의 대상이자 두려움의 대상으로 보았다. 페르시아만 해도 악마 왕 다하그를 그들의 일원으로 간주했으며, 로마 또한 아랍인을 노예 매매와 납치를 일삼는 악마의 대리인이라고 비난했다. 그러나 아랍인들은 그것을 공물의 한 종류로 여겼다. 남의 노예가 되느니 악당이 되는 편을 택했다는 말이다. 그들의 관점에서 보면 페르시아 샤한샤나 로마 황제의 백성이 되는 것은 노예가 되는 것이나 다름없었다.

그렇다고 아랍인들이 타민족이 생각하듯 그들에게 희생되는 사람들의 편집증을 불러일으킨 외로운 늑대인 것만은 아니었다. 그들은 모래, 소금 사막, 바람에 풍화된 용암층이 펼쳐진 혹독한 자연환경 속에 살았다. 따라서 위험 신호를 알려주는 사람이 곁에 반드시 있어야 했고, 그러므로 가장 냉혹하고 위압적인 전사에게도 가족의 존재는 절대적이었다. "전쟁을 일으키고 친족관계에도 충실했던 조상의 길을 따른다."[70] 희떠워 보이지만 이 문구야말로 아랍인 정체성의 본질을 꿰뚫은 말이었다. 이 친족관계의 확대된 네트워크가 자연스레 부족을 이루었고, 그러다 보니 아무리 개연성이 없어 보여도 이맘―계보의 선조―의 후손을 주장하면 모두 그의 아들이 되었다. 그들 공동체의 사회 법률적 관습인 순나는 그렇지 않았으면 갈가리 찢어졌을 전사들을 하나로 묶어주는 역할을 했다. 순나가 있었기에 부족의 전사들은 체면을 잃지 않고 하나로 뭉쳐서, 역시 그들과 동일하게 행동했을 인근의 라이벌 부족 전사들과 싸움을 벌일 수 있었던 것이다. 이것이 중요했던 것은, 부족들 간의 폭력적 다툼이 아랍인들에게는 캐러밴(대상)을 약탈하거나 누군지도 모를 상앗빛 피부 미인에게 경의를 표하기 위해 낙타를 도륙하는 것보다 더 큰 삶의 낙이었기 때문이다. 명예, 흥분, 심지어 한두 개의 우물에 이르기까지 싸워야 할 명분도 다양했다. 그런 싸움은 기본적으로 냉혹한 사막의 특성과도 같이 쓸데없는 짓이라는 사실도 폭력에 중독된 전사들의 즐거움을 덜어주지는 못했다. 내용은 강렬하지만 여기저기 돌려쓴 미심쩍은 흔적이 있는, 시인들에 의해 되풀이하여 읊어진 부족 조상들의 위대한 공적이 전사들 싸움의 배경이 되고 그들에게 영감을 주었다. 고대 전투들에 대한 기억은 비록 상상력으로 도배가 되었을망정 비열한 난투극에마저 권위를 부여해주었다. 그것이 아랍인들의 현재와 과거를 뒤죽박죽으로 만들어버렸다. 어느 부족이 근래의 어떤 감동적 에피소드를 끝없는 시간의 모래에 한 획을 긋는 사건으로 둔갑시키고 싶으면, 보잘것없는 전투에서 승리를 거두거나 가축이든 여자든 색다른 것을 하나 포획하면 그 일은 달성되었고, 그러고 나면 과거와 현재를 가르는 선은 또 그 즉시 말끔히 지워지고 잊혀갔다. 사정이 이렇다 보니 부족민들이 소중히 간직한 민간 전승도 연대기만큼이나 지루하여, 명칭도 '세월^{ayyam}'로만 간단히 알려졌다.

그러나 이렇게 정체되어 보인 것은 아랍인의 겉모습이었을 뿐, 심지어 그들은 외딴 사막에 있어도 사막 저편 세상에서 벌어지는 굵직굵직한 사건들로부터 완전히 자유롭지 못했다. 거대한 권력정치의 부침은 때로 그들의 삶의 방식마저 송두리째 바꿔놓았다. 아랍 상인들이 향기 풀풀 날리고 다니던 때가 언제였나 싶게 세상이 바뀐 것만 해도 그랬다. 아라비아 반도 남단의 힘야르 왕국에서만 재배된 유향은 한때 이교도들의 제단에서 거의 산업적 수준으로 태워졌다. 저 솔로몬 시대에는 유향 산지에 위치한 시바 왕국의 여왕이 예루살렘의 솔로몬 왕을 방문했을 때 가는 곳마다 향기 구름을 몰고 다녔고, 좀 더 근래에는 그곳 주민들이 로마의 속주민 가운데 가장 행복하고 부유한 사람들로 이름을 날리기도 했다. 그런데 이교 신들의 축출로 이 상황이 대번에 바뀐 것이다. 기독교도들은 분향을 하지 않았으므로 로마와 힘야르 유향 재배자들 간의 거래가 뜸해졌고, 그렇게 되자 향기로 유명했던 아랍인들도 가죽과 낙타 배설물의 악취나 풍기는 사람으로 손가락질을 받게 되었다. 대상 행렬은 사막을 여전히 힘겹게 오갔으나, 그들을 따라다니는 상인도 이제는 누추하고 불안정한 중개인에 지나지 않았다. 후추, 원석, 거세된 시동 등 인도의 온갖 사치품들을 싣고 팔레스타인과 시리아를 향해 터벅터벅 사막을 가로질러봐야 먼 곳의 황제들이 부리는 변덕과 관료들의 셈법에 따라 상황은 얼마든지 뒤집어질 수 있었다. 약정된 내용을 재협상해야 하는 일도 생기고, 도착해보니 세관 문이 닫혀 있는 등 돌발 변수도 많았다. 이렇듯 시대는 이제 상인, 낙타 몰이꾼, 도적 떼가 하룻밤 사이에 망하기 십상인 상황으로 변해 있었다.

물론 아랍 부족민들 중에는 이런 불확실성의 희생양이 되지 않기 위해 자신들의 운명을 확고한 발판 위에 올려놓으려는 사람들도 있었다. 팔레스타인 남부 가장자리 지역, 사막 교역로와 지중해 사이에 위치한 지리적 이점을 십분 활용하여, 핑크빛 도는 수도 페트라를 중심으로 부유한 상업 중심지를 일궈낸 나바테아인들이 좋은 예다. 권력으로 나아가는 지름길을 노리고, 다른 민족들의 도시로 침투해 들어가서 그들의 핵심 고지를 장악하려 한 부족도 있었다. 도둑이 주인을 몰아내고 집을 차지하는 정책을 편 것인데, 에데사 왕들이 아랍인 혈통을 지니게 된 것도 그래서였다. 그러나 로마의 기세등등한 위협 앞에서는 이런 나라들의 독립도 바람 앞에 등불일 뿐이었다. 아니나 다를까, 106년에는 나바테아 왕국이 로마에 병합되어 아라비아 속주로 편입되었고, 에데사도 공식적으로는 합병에 저항하여 이후 150년을 더 버티었다고는 하지만 어느 모로 보나 제국의 속국이었다. 아랍인들은 이런 과정을 통해 부와 세련미를 얻었을지 모른다. 그러나 명예, 자유, 아랍을 아랍답게 해준 요소를 죄다 상실했으니 그것을 위해 치른 대가 또한 만만치 않았다.

그렇다면 이 억지스러운 상황은 어떻게 정리되었을까? 에데사가 제국에 병합된 지 몇십 년 뒤인 270년에 거대한 변화의 바람이 불어 닥쳤다. 안티오키아와 크테시폰 사이에 위치한 오아시스 도시 팔미라의 제노비아 여왕이 로마령 근동을 뒤흔드는 대사건을 일으킨 것이다. 그녀의 군대는 시리아, 이집트, 소아시아의 태반 지역을 기습 정복하고 로마에 독립을 선포했다. 하지만 그 영광도 잠시, 272년에 안티오키아 외곽에서 제노비아 군대는 로마군에 패하고 그녀 역시 로마로 압송되어 황제의 개선식 때 전리품으로 행진하는 굴욕을 당했다. 사막 도시 팔미라도 버려진 채 망각 속으로 사라졌다.

그러나 기실 제노비아의 혜성과 같은 등장이 갖는 진정한 중요성은 그 것의 궤적보다는 그것이 가능했던 상황에 있었다. 그 12년 전 발레리아누스 황제도 제노비아가 당한 패배와 굴욕 못지않게 수모를 당했으니 말이다. 그런 굴욕을 준 인물은 앞서도 언급했듯이 근래에 수립된 이란샤르 제국(사산조 페르시아제국)의 왕, 로마제국에 견줄 만한 영역의 군주가 된 샤푸르 1세였다. 그가 황제를 자신의 말 오름판으로 사용함으로써 대내외에 과시하려 했던 것은 (차후로는 어떤 로마 황제도 무시하지 못할) 진정한 라이벌 제국이 세계 무대에 등장했다는 것이었다. 사산 왕조의 부상은 아랍인들에게도 큰 영향을 미쳤다. 그들이 사는 사막이 졸지에 하나도 아닌 두 개의 초강대국 경계지에 놓인 것이고, 이에 따라 세계 최악의 지정학적 단층선상에 위치하게 됨으로써 위태로운 중립조차 주장할 수 없게 된 것이다. 반면에 로마와 이란샤르라는 쌍둥이 판 구조의 치명적 삐걱거림은, 비록 에데사와 팔미라 같은 도시들의 독립을 짓밟기는 했지만, 사회적으로 상향 이동 중이던 아랍인들에게는 재앙이자 기회가 될 수 있었다. 노련한 전사들이야말로 전란 터에서는 말할 수 없이 값진 상품이었기 때문이다. 게다가 로마나 페르시아 모두 병력을 시급히 필요로 하는 상황이었으므로 아랍인들로서는 최고 입찰가를 부르는 쪽에서 활약할 수 있는 이점도 있었다.

로마에서도 야만족을 고용하는 것이 낯선 일은 아니었다. 서로마도 봉괴하기 전 라인 강변에 야만족 보조군을 배치했고, 동로마 역시 시리아와 팔레스타인 국경 근처에 아랍 부족민을 동맹(포이데라티)으로 대우해 배치했으니 말이다. 로마는 페르시아의 위협이라는 긴급 사태가 발생하기 전인 2세기에도, 다수의 아랍 부족민을 매수하고 꼬드겨, 사막 경비부대로 활용했다. 아랍 시인들이 오래도록 노래한 타무드(사무드)족이 대표적인 예다.[71] 아무리 막무가내인 사막 부족이었다 해도 특정 상황에서는 연대^{shirkat}를 했을 것이므로[72] 그것은 충분히 있을 수 있는 일이었다. 초강대국 간 대결이 갈수록 빈번해지는 상황에서 야심 찬 족장이라면 연대의 중요성을 결코 간과하지 않았을 것이다. 시야가 넓어지면 무모한 꿈도 꾸게 마련이니까. 328년에 매장된 어느 군사 지도자 묘비에 '모든 아랍인들의 왕'이라는 거창한 칭호가 붙었던 것이 그것을 말해주는 증거다. 물론 그 호칭은 전례도 없고 엉터리이기도 했지만 그래도 시사하는 바가 없지 않다. 로마와 이란샤르가 사막 부족을 확보하기 위해 치열한 경쟁을 벌임에 따라, 그들에게 제시한 보상의 규모도 덩달아 커졌을 거라는 말이다. 아랍 민간 전승에 따르면 타무드족은 오래전 벼락(괴성)을 맞아 요란스레 공중분해가 되었다지만, 그 자리를 신속히 메울 부족은 그 밖에도 얼마든지 있었다.* 4세기부터 로마 작가들이 아랍인을 지칭하는 말로 '시르캇^{shirkat}'을 어원으로 한 듯한 '사라센^{Saracen}'을 사용한 것도 아마 그래서였을 것이다.[73] 로마인들이 '사라센'의 원뜻을 몰랐던 것 같고 유목민, 산적, 미개인 등 그 말에 대해 갖고 있던 그들의 고정관념도 이후 변하지 않았지만, 그럼에도 새로운 명칭을 사용했다는 것은 팔레스타인과 메소포타미아 사이

---

* 팔레스타인과 이집트의 몇몇 부대는 4세기까지도 타무드족이었던 것으로 묘사된다. 하지만 우리가 아는 한 로마제국의 경계 너머에는 그들이 없었다.

에 가로놓인 사막의 아랍 부족민들이 더는 용병으로만 활동하지 않았다는, 다시 말해 새로운 질서가 도래했음을 암시한다. 그렇다고 아랍인들이 노예 매매, 가축 도둑질, 대상과 경계지 초소 습격 등 전통적으로 탐닉했던 일을 멈춘 것은 아니었다. 하지만 이제는 그것도 경쟁적인 초강대국의 대리인으로 행하는 경우가 더 많았다. 비옥한 초승달 지대의 신경과민적 주민들에 따르면, "양편의 아랍인들에게 페르시아 – 로마 전쟁은 엄청난 수익의 원천이었다."[74]

그 점이 가장 극명하게 드러난 곳이 바로 아라비아 일대에서 권력과 미의 축소판으로 이름을 날렸던 도시 히라였다. 히라는 메소포타미아 남쪽, 수라에서 고작 몇 킬로미터밖에 떨어지지 않은 곳에 위치해 있었다. 그런데도 랍비들의 학교와는 지구 반대편만큼이나 멀리 떨어진 것처럼 느껴졌다. 유프라테스 강과 사막 사이의 오아시스에 자리 잡아, 어느 모로 보나 혼성 도시였던 것이 이유였다. 그런가 하면 히라는 남쪽으로부터 크테시폰에 접근하는 것을 막아준 거대한 보루, 곧 사산제국 방어의 요체였는데도 페르시아인이 아닌 아랍인의 지배를 받았다. 바누라흠('라흠의 자손들') 부족이 오래전부터 그 지역에 터를 잡고 살면서 사산 왕조 샤한샤의 용병 노릇을 하며 짭짤한 수익을 올리고 있었던 것이다. 격변이 잦아 딴 생각이 들 여지가 많았던 페로즈 시대에도 바누라흠족의 페르시아에 대한 충성은 일편단심 변하지 않았다. 페르시아를 좋아해서가 아니라 순전히 계산에서 나온 행동이었고, 과연 적절한 시기가 되자 그들은 변함없이 충성을 바친 것에 대한 확실한 보상을 받았다. 둘째가라면 서러워할 혁신가였던 카바드 1세가 로마와의 전쟁이 터진 직후인 502년에도 여기 저기 흩어져 살던 아랍인들을 한데 끌어 모아 이란샤르의 봉국으로 만든 뒤, 바누라흠족의 유능하고 젊은 족장 문디르를 왕으로 임명하는 전례 없는 조치를 취한 것이다. 그런데 군대 야영지와 벽돌 담장, 정원과 사막 관목 숲, 밀밭과 낙타 떼가 어우러진 방만한 정착지 히라^{Hira}가 바로 문디르의 수도가 됨으로써, 왕권과 약탈 행위의 결합이라는 새로운 유행의 쇼케이스로 등장한 것이었다. 라흠 왕조의 언어로 히라가 '야영지'[75]를 뜻한 데에는 그럴 만한 이유가 있었던 것이다. 문디르는 이런 히라에서 궁전과 천막을 오가는 생활을 하며, 페르시아 최고의 세련미와 아랍 부족의 고귀한 전통을 결합시키는 일에 골몰했다. 약탈로 얻은 수입을 공격력만 높이는 데 사용하지 않고, 아랍인으로서의 다양한 영광과 삶의 기쁨을 누리는 일에도 사용한 것이다. 히라가 낙타 궁수, 시인, 산적, 무희 등 없는 것이 없는 혼성 도시가 된 것도 그래서였다. 전해지는 바에 따르면 아랍인들이 그들의 언어를 문자화하는 법을 처음으로 배운 곳도 히라였다고 한다. 당연히 히라로 향하는 사막 이주민들의 행렬이 줄을 이었고, 문디르 또한 자신의 후원을 바라는 그들에게 아낌없는 은혜를 베풀어주었다. "히라의 하루 낮과 밤이 1년치 약보다도 낫다"[76]는 말은 빈말이 아니었던 것이다.

로마 세력권 내에 있는 도시 중 히라의 이런 압도적 매력에 필적할 만한 곳은 없었다. 그렇다고 이것이 아랍과 로마 사이에 접촉이 없었다는 의미는 아니며, 오히려 접촉의 범위가 넓고 오래되었음을 나타내는 것이다. 유목민 지역과 도시가 혼합된 사막 서쪽의 가장자리 지대에서도 특별히 이국적인 면은 찾아볼 수 없었다. 나바테아인과 다수의 여타 아랍 부족민들도 수 세기 동안 로마 시민이었고, 그들 중 한 명은 심지어 황제의 자리에까지 올랐다. 갈릴리 호 동쪽 경계지의 어느 도시 출신으로 로마시 건설 1000주년 경축 기념행사를 주관했으며 '아랍인'이라는 별칭으로도 불렸던 필리푸스가 그 주인공이다. 사막 주변부에도 필리푸스의 고향 도시 같은 정주지가 존재했다는 이 사실이야말로, 로마제국의 여타 민족과 다름없이 아랍인들도 팍스 로마나를 진심으로 받아들였고, 그것을 정착시켰음을 말해준다.

다만 그 점이 가장 뚜렷이 드러난 곳은, 뜻밖에도 문디르가 히라에 라흠 왕조를 수립하고 있을 때도 덩굴 풀과 올리브나무밖에는 떠오르는 게 없던 광야, 시나이 반도와 페트라 사이에 펼쳐진 사막 네게브였다. 그 지역을 종횡으로 가로지른 포장도로들(스트라타^{strata})의 하나를 예로 들어보면, 적절한 시기가 되자 그곳에서는 마치 폐허 위로 신기루가 아른거리듯 농장, 돌집, 욕장 들을 갖춘 낙원 같은 도시가 형체를 드러내기 시작했다. 기적이었을까? 아니었다. 기적이기는커녕 수조, 도수관, 댐을 철저히 관리하지 않으면 모래와의 끝없는 싸움에서 이길 가망이 없던, 따라서 힘겨운 노동이 일궈낸 결과물이었다. 그리하여 네게브 도시들은 비록 식수에서 이따금씩 소금기가 느껴지고, 사방에 보이는 것이라곤 덤불 우거진 사막밖에 없었지만, 그곳 너머의 황량한 세계의 전초기지 역할을 수행할 수 있었다. 시나이 반도로 순례 여행을 하는 사람들의 마지막 정류장 역할을 한 오지 중의 오지인 니차나에는 심지어 그리스어로 글을 쓰는 관료와 라틴어 공부를 한 자칭 법률가도 주재하고 있었다. 니차나 도서관에는, 콘스탄티누스 대제가 자신이 건설한 새 수도(콘스탄티노플)를 위해 팔라디움 여신상을 도둑질해간 지 2세기가 지났을 무렵까지도,《아이네이스》사본이 비치되어 있었다. 그렇다면 베르길리우스가 노래한 신화들도 베르길리우스 자신은 물론 로마보다도 훨씬 오래된 것이었으니, 니차나에서는 어쩌면 거리와 마찬가지로 시간마저 해체되었을지 모른다. 쓸쓸한 사막 깊숙한 곳의 파피루스 사본에, 왕방울만 한 눈을 가진 여신들과 짝을 이뤄 우아한 침상에 비스듬히 누운 그리스 신들에게 영원히 아름다운 젊은이들이 포도주를 따라주던, 올림포스 신전들의 괴기스러움이 고스란히 간직되어 있었으니 말이다.

그렇다면 '아라비아의 늑대들'[77]도 시간만 충분했다면, 법률가나 문예 비평가로 교화되지 말란 법도 없었을 것이다. 사막이 길들여질 수 있음은, 특별한 축성 기술이 없었는데도 가공할 수력 산업을 일으킨 니차나 같은 도시들의 사례로도 여실히 입증되었다. 그랬으면 오죽 좋았으련만, 문제는 제국 당국이 사라센인 마지막 한 사람의 엄니까지도 뽑아줄 의향이 없었다는 데 있었다. 문디르의 라흠 왕조가 제국의 국경 변에서 그 어느 때보다 대담한 습격을 감행하고 있던 때라, 로마도 그들만의 전투견이 절실히 필요한 것이 이유였다. 수많은 로마군 기지에 사라센인 야영지(히라)가 적어도 하나 정도는 있었고, 동맹 부족(포이데라티)이 밀집해 있는 곳—전사, 말, 낙타와 같은 유동성 인구로 북적거린 완전히 천막으로만 구성된 도시—을 로마군 장교가 아닌 부족장이 지휘하게 한 것도 그래서였다. 그리하여 유스티니아누스 대제 치세에는 이들 중 규모가 가장 큰, 자비아라 불린 골란 고원 동쪽의 번잡했던 거류지가, 히라가 크테시폰을 위한 방어의 요체가 되었듯이 시리아와 팔레스타인을 위한 방어의 요체가 되기에 이르렀다. 그곳 부족민(가산족)도 당연히 라흠 왕조 사람들의 닮은 꼴로 인식되었다. '가산의 자손들' 또한 '라흠의 자손들'과 마찬가지로, 그들의 후원국인 제국에 바치는 절대적 충성에다가 오만한 아랍적 쇼비니즘을 융합시켰다는 의미에서다. 자비아에서 사용된 라틴어도 물론 베르길리우스의 라틴어와는 거리가 멀었다. 변경지다 보니 아랍인들이 흔히

접하는 라틴어가 시 구절이 아닌 군대 용어였던 탓이다. 로마군의 방대한 기구는 이렇듯 몇 세기 동안 동맹 부족의 언어에 지울 수 없는 흔적을 남겼다. 요새를 뜻하는 아랍어 카스르qasr만 해도 같은 뜻의 라틴어 카스트라castra(단수형은 카스트룸castrum)에서 나온 말이고, 로마군 공병들이 경계지 근처의 야영지들을 연결하기 위해 건설한 포장도로, 곧 스트라타의 명칭도 팔미라 남쪽의 사막 일대에 그 흔적을 남겼다. 로마군이 동맹 부족에 얼마나 큰 영향을 끼쳤는지는, 길을 뜻하는 아랍어 시라트sirat가 '스트라타strata'에서 나온 말인 것으로도 알 수 있다.[78] 가장 험난한 지형마저 가로질러 일직선으로 쭉 뻗어나간, 자갈과 돌로 만들어진 스트라타야말로 아랍인들에게는 도로의 상징이었던 것이다.

그렇다고 포장용 돌이 많이 소요되지는 않았다. 산적 행위를 포장도로에서 하는 것은 아니었을 테니까. 비포장도로에서 신출귀몰하는 재주야말로 아랍 부족이 행하는 약탈의 정수였다. 529년 초 어느 무렵에 라흠 왕조의 문디르가 시리아 북부에 별안간 나타나 약탈을 하고 안티오키아 성벽을 거지반 불태웠을 때, 그 지역 당국이 양 우리를 털리고 망연자실한 농부처럼 허탈하게 반응한 것도 그것을 말해주는 증거다. "움직임과 계산이 어찌나 비호처럼 날래고 치밀했던지 그 행위를 막기는 고사하고 그들이 약탈한 물건을 챙겨 내뺀 뒤에야 군 당국은 겨우 사태 파악에 들어갔다."[79] 물론 불에는 불로 상대해주는 것이 상책이었고, 유스티니아누스도 그쯤은 알고 있었다. 과연 문디르가 시리아 전역을 휘젓고 다니며 약탈을 한 지 몇 달 후, 그는 아랍인 한 명을 골라서 모든 아랍인들의 왕으로 앉혔다. 충분히 예상할 수 있듯이 발탁된 인물은 나이는 젊어도 노련한 전사였던 가산족의 족장 알하리스 이븐 자발라, 혹은 그의 후원자들이 부르는 명칭대로라면 (플라비오스) 아레타스였다. 그리하여 콘스탄티노플로 불려 간 그는 로마 군주들이 입는 눈부신 백색 비단 용포에 보석 박힌 귀족 관까지 쓰는 영예를 누렸다.[80] 유스티니아누스가 사람 볼 줄 아는 눈썰미를 가졌음은, 알하리스도 문디르와 다르지 않게 담력, 카리스마, 비전을 가진 인물이었던 것으로도 확인된다. 게다가 알하리스는 유혈 분쟁을 좋아했으며, 그것을 보여주는 증거도 머지않아 나타났다. 두 군사 지도자(알하리스와 문디르)가 개인적 다툼을 방불케 할 정도로 무자비하고 파괴적인 분쟁을 주기적으로 벌인 것이다. 유스티니아누스와 호스로우 1세가 532년에 양국 간 '영구 평화'[81] 조약을 체결한 것도 두 아랍 봉국 간의 상호 증오감을 누그러뜨리지는 못했다. 가산 왕조와 라흠 왕조 모두 모래사막 저편에서 상대방을 노려보며 대치 행위를 계속한 것이다.

그렇다고 그들의 상호 증오감이 정치적 충성 때문은 아니었고, 개인적 허영심 때문은 더더욱 아니었다. 아레타스와 문디르 본인들도 확신하고 있었듯이, 그들의 분쟁에는 세속적인 것 이상의 의미가 담겨 있었다. 기독교도들이 만일 사막을 하느님의 선수들이 사악한 적을 맞아 인내의 한계를 시험하는 궁극의 경기장으로 여겼다면, 아랍인에게 굳이 세례를 주지 않고도 그곳에 영靈이 가득 차 있음은 충분히 느낄 수 있었을 것이다. 뜨거운 바람 앞에 나타나는 것이든, 해골 나뒹구는 염류 평원에 출몰하는 것이든, 그곳의 영들은 대부분 극악했기 때문이다. 그러나 물론 다 그렇지는 않았다. 전투 중에 살해된 시체들의 머리 위로 날아오르는 올빼미처럼 개중에는 개별 전사들의 수호신 역할을 하는 영도 있었고, 특정 지역을 지키는 영도 있었다. 신의 가호는 물, 웅덩이, 혹은 놀랍도록 아름다운 지형 등 장소에 관계없이 어느 곳에서든 체험할 수 있었다. 그러므로 아랍인들에게는 신의 임재가 가까워졌음을 알려주기 위한 별도의 우상이 필요하지 않았고, 신전은 더 말할 나위가 없었다. 아랍인들의 숭배는 마므레에서처럼 나무 한 그루가 아니라면 샘, 산봉우리, 바위와 같이 대개는 자연물에 집중되었다.

그래도 신성의 한 가지 기준은 있었다. 신도 때에 따라서는 자신의 성소를 폭력 없는 곳으로 만들어야 한다는 것이었다. 그렇지 않은 신은 신으로 간주되지 않았다. 보통 때라면 닥치는 대로 상대방을 죽였을 부족들이 특정한 때에 특정한 곳을 성역(하람haram)으로 정해 모인 다음에 매년 여름에 마므레에서 했던 것처럼 흥겹고 평화로운 축제를 즐긴 것도 그래서였다. 팔레스타인 남부 어느 지역의 야자나무들로 둘러싸인 곳에서도 지역 주민들이 1년에 두 차례 모임을 갖고, 한 달여 동안 공동생활을 하는 아랍인들의 성역이 있었다고 전해지며, 그럴 때면 "심지어 야수들조차 인간과 사이좋게 지내고, 그들끼리도 다투지 않았다"[82]고 한다. 하지만 그렇다고 물론 평화주의가 1년 내내 아랍인의 의제로 올랐던 것은 아니고, 사막의 신들도 성소를 벗어나면 유혈을 특별히 반대하지 않았다. 반대는커녕 때로는 적극적으로 요구했다. 히라에 있던 두샤라 신의 두 석상이 그곳을 정기적으로 찾는 숭배자들에 의해 피범벅이 된 것[83]이나, 문디르가 기독교도 처녀 400명을 제물로 바친 527년에 또 다른 신 알우자('강대한 여신'이라는 뜻)가 피를 양동이로 뒤집어쓴 것이 좋은 예다. 그렇게 보면 알우자는 문디르의 요구에 완벽하게 부합하는 여신이었던 것 같다. 라흠 왕조 수도의 땅을 하람으로 만들 능력을 지닌 데다 가장 현란한 형태의 잔혹함을 후원하는 신이기도 했으니 말이다.

하지만 그렇게 피범벅이 되었는데도 알우자와 두샤라 그리고 사막의 그 모든 다양한 신들에게서는 왠지 모를 핼쑥한 기운이 감돌았다. 아랍인들에게는 많은 신들이 이름뿐인 존재에 지나지 않았던 탓이다. 충성은 아랍인 숭배의 특징이 아니었다. 부족이 전투에서 지거나, 식량이 떨어지거나, 낙타가 겁을 먹고 달아나는 즉시 신을 버리는 것이 아랍인들이었다. "진기한 고대 문자로 기록되었을 만큼 까마득히 오래된"[84] 이름마저 잊힌 신을 위해 세운 제단들이 사막 오아시스에 그처럼 수두룩이 남게 된 것도 그래서이다. 신전은 염소 우리로 사용되었다.[85] 아르테미스와 같은 악마들에게 두려움을 느끼다 못해 그것들이 지닌 특유의 매력에 경의를 표하기까지 한 기독교 학자들의 입장에서 보면, 그런 아랍의 신들은 따분하기 그지없었다. 비난을 잘못했다가는 오히려 흥미를 유발시킬 우려가 있었다. 이단 전문가 에피파니우스가 두샤라 신을 비난한 것도 그런 예에 속한다. 에비온파에 독설을 퍼부었던 그가 이번에는 두샤라 신 쪽으로 고리눈을 치켜뜨고는, 그 신을 믿는 사람들이 기독교를 불경한 방식으로 모방하여 두샤라를 처녀ka'iba 몸에서 태어난 신으로 알고 있다고 조롱을 한 것이다. 하지만 알고 보면 두샤라는 카이바ka'iba 신이 아닌 카바ka'ba 신이었다. 사해 남쪽 성역의 한 신전에 모셔져 있던 '정육면체' 모양의 커다란 검은 돌로 나바테아인들이 신의 화신으로 숭배한 카바ka'ba를, 카이바ka'iba로 혼동했던 것뿐이다.[86] 따라서 두샤라도 처녀 어머니를 둔 고상한 신이 아니었다.

반면에 고상한 신의 숭배 쪽으로 돌아서는 아랍인들도 많았다. 나바테아인 도시들만 해도 교회로 북적였으며, 황제나 주교의 지배권이 미치지 않는 광야의 부족민들마저 숭배의 대상을 모두 그리스도로 바꿨다. 물론 거기에는 기회주의적 계산도 깔려 있었다. 로마가 기독교도로 간주된 아랍인에게만 호의를 베풀었기 때문이다. 그래도 가산 왕조 사람들, 특히 아레타스는 열렬한 기독교도, 특히 단성론을 확고하게 지지하는 기독교도였다. 그들은 천막촌으로 이루어진 야영지에 으리으리한 교회를 세우고, 라흠 왕조와의 지속적인 다툼 속에, 문디르가 알우자 신에게 충성을 바치듯 다분히 전투적으로 그리스도에 대한 헌신을 보란 듯 과시했다. 그렇다고 문디르처럼 처녀 제물을 바치지는 않았지만, 이교도 적을 무자비하게 살해했던 만큼 자신들의 검도 진정한 하늘의 불에 닿았다는 확신을 갖고 있었다.

그런 그들을 그릇되었다고 말할 사람은 아무도 없었을 것이다. 사라센인들이 하느님의 특별한 호의를 받은 것에 환호하던 때도 있었지만, 사막부족들이 그리스도를 믿게 된 근래에 들어서는 비록 추측이긴 하지만 좀더 광범위하고 불가사의한 섭리가 작용하고 있는 징후도 분명히 나타났기 때문이다. 수많은 경이로운 일들이 일어나 사막 부족들의 개종에 도움을 준 것이고, 그런 기적의 흐름이 사라센인들에게 지속적으로 일어나는 데 일조한 사람들이 바로 사막에 거주한 무수한 성자들, 성령으로 충만한 무수한 신의 사람들이었다. 불임이던 여자가 아이를 갖게 되고 병자가 건강을 회복하는 등, 기독교 성자들이 행한 의료적 성과는 이교도와는 비교가 안 될 만큼 컸다. 성자들 중에서도 특히 주상 고행자의 인기가 높아 많은 사막 유목민들이 그들의 고행을 보기 위해 기둥 주위로 몰려들어 넋이 나간 듯 고행하는 모습을 바라보았다. 그러다 급기야 그 앞에서 우상을 박살내고, 그리스도 숭배를 소리 높이 외치며, 심지어는 포기의 궁극적 행위로 "당나귀와 낙타 고기 없이 살 것을 맹세하기"[87]까지 했다. 사라센인에 대한 혐오와 두려움 속에 자란 기독교도들마저 자신들의 태도를 심각하게 되돌아보게 한 놀라운 광경이었다. 안티오키아의 주교 테오도레토스(393경~458경)도, 비록 문맹이고 너절한 천막생활을 하는 취향을 가지긴 했지만 사라센인들이 "활기차고 예리한 지혜를 갖춘 데다, 분별력과 논박력을 가지고 진위도 판별할 줄 아는"[88] 사람들이라는 결론을 내렸다. 그는 주상 고행자의 원조였던 대시메온의 기둥 주위로 군중이 새까맣게 모여드는 것을 보았고, 따라서 그것이 가져올 파급 효과도 진즉에 감지했다. 그리고 과연 그의 예측대로 거칠고 자유롭게 사는 것을 최고로 치던 사라센인들도 시메온이 하듯 하느님 앞에 연신 머리를 조아리는 행위를 처음에는 비굴하게 보았으나, 일단 시작하면 밤낮을 가리지 않고 몇 날 며칠 계속하는 것을 보고는 심경의 변화를 일으켰다. 복종이야말로 하느님에게로 가는 가장 확실한 길임을 깨달았다. 심지어 사라센인마저도 그런 진리 정도는 파악할 수 있었던 것이다.

그러나 테오도레투스 같은 신학자들이 사라센인들에게 특별한 관심을 기울인 데에는 다른 이유도 있었다. 그들이 성서에 등장하는 유일한 야만족이었기 때문이다. 거기에는 이런 내력이 있다. 아브라함에게는 이삭 말고 또 다른 아들이 있었고, 사라도 그의 유일한 아내가 아니었다. 하느님이 마므레에 극적으로 모습을 드러내기 전, 불임으로 아이를 갖지 못하는 사라가 남편에게 이집트 태생인 그녀의 몸종 하갈을 첩으로 들일 것을 권한 것이다. 그러자 여종은 과연 아들을 낳았다. 그런데 막상 아들이 태어나자 사라는 질투심이 솟고 원통한 마음이 들어 하갈과 새로 태어난 아기를 사막으로 내쫓았고, 쫓겨난 하갈에게 주의 천사가 나타나 그녀의 아들 이스마엘이 "들나귀 같은 사람이 되리니 그 손이 모든 사람을 치겠고, 모든 사람의 손이 그를 칠지며"[89] 또한 큰 민족의 조상이 될 운명임을 알려주었다(〈창세기〉 22장 18절). 결국 이 큰 민족이 어느 민족을 가리키는가가 문제였으나, 실마리가 말해주듯 답은 자명했다. 아랍인이 바로 '들나귀 같은 사람' 이스마엘의 자손이었고, 실제로 이것은 오랫동안 사실로 받아들여졌다.[90] 하지만 분쟁의 소지가 있는 하갈의 혈통은 계속 어정쩡한 채로 남겨졌다. 그럴 필요가 없었는데도 말이다. 성서에 따르면 이스마엘도 이삭과 마찬가지로 아브라함에게 직접 할례를 받았고, 역시 야곱과 마찬가지로 열두 아들의 아버지가 되었으니, 그 정도면 하느님의 은총을 받았다는 표시로 볼 수 있었을 것이기 때문이다. 그야 어찌됐든 사라센인들은 계속해서 그 점을 캐묻기 시작했고, 이에 대해 테오도레투스가 안티오키아 동쪽의 광야를 배회한 유목민의 사례를 들어 내놓은 답변은 이랬다. "그 사막에는 이스마엘의 후손임을 자랑스럽게 여긴 사람들이 살았다."[91]

그러나 다른 아랍인들(안티오키아 동쪽의 광야를 배회한 유목민이 아닌 아랍인)은 그것에 확신을 갖지 못했다. 하갈을 가장 고결한 조상으로 간주하기가 못내 찜찜했던 것이다. 여종에다 씨받이였고, 게다가 한 차례도 아닌 두 차례나 사라에게 쫓겨난 난민이기도 했으니 말이다. 그야 어찌됐든 이삭이 태어난 뒤 사라에게 두 번째로 쫓겨나 거처로 삼은 곳이, 정확한 위치를 두고 학자들 사이에 논란이 많았던 바란Paran 광야였다.[92] 바란을 시나이 반도와 동일시한 바울로도 그중의 한 사람이었으나, 학자들이 압도적으로 의견의 일치를 본 곳은 역시 네게브였다. 마므레, 롯 교회, 그리고 이삭 및 야곱과 함께 아브라함이 묻힌 헤브론 같은 지역들과 아브라함을 연관 지을 만한 광야로는 네게브만 한 곳이 없었던 것이다. 이를 입증이라도 하듯 네게브 아랍인들도 세례를 받을 때, 자신들은 여타 개종자들과 달리 그리스도가 태어나기 오래전부터 이미 신의 가호를 받았음을 다른 기독교도들에게 일깨우려는 듯이 세례명을 '아브라함'으로 정하는 것에 특별한 열정을 보였다.[93] 하지만 설사 그렇다 해도 이 계보를 가진 것에 우쭐해하는 그들의 태도에는 자가당착적 요소가 내포되어 있었다. 노예 여성의 후손임은 인정하지 않고, 아브라함의 주요 계승자라는 점만 부각하는 것이 되기 때문이다. 따라서 이율배반이 될 수 있었다. 이 문제는 결국 테오도레투스와 동시대인이었던 동로마의 기독교 법률가 소조메노스(400경~450경)가, 사라센의 기원에 대해 매우 독창적인 해석을 내놓는 것으로 일단락되는 듯했다. "이스마엘 자손들이 하갈이 노예 출신인 것에 수치심을 느껴, 그 혈통의 오명을 씻으려고, 하갈이 아닌 아브라함의 본처 사라의 태생으로 보일 수 있는 이름으로 택한 것"[94]이 사라센이었다는 것이다.

이는 얼토당토않은 해석이었으나 그럴 듯한 면도 있었다. 소조메노스는 지중해와 네게브 사막 사이에 위치한 가자 주변 지역 출신으로 그 지역의 정황에 밝았다. 마므레에도 가보았고, 그곳에 모인 인파도 목격했다. 따라서 기독교도뿐 아니라 유대인과 이교도도 아브라함을 숭배한다는 사실을 잘 알았다. 그런데 그것이 그로 하여금 테오도레투스와는 사뭇 다른, 섬뜩한 개연성을 도출하게 만들었다. 사라센인들이 그들 조상의 정체를 알았다면 그리스도로만 인도되라는 법은 없었을 테고, 그렇다면 전혀 다른 방향으로 나아갈 수도 있었으리라는 것이다.

그런 뿌리를 가졌던 만큼 그들도 유대인처럼 할례를 하고, 그들과 마찬가지로 돼지고기를 먹지 않으며, 다수의 다른 유대교 의식과 관례를 시행했다. 사라센인들이 유대인의 율법을 따르지 않은 것은, 시간도 많이 경과한데다, 다른 이교도들로부터 영향을 받았기 때문이다.[95]

이는 통찰력 넘치는 분석이었고, 과연 일은 그의 예상대로 전개되었다. 아랍인에게서 이교성이 제거되자, 구정물 속에서 출현한 것은 기독교 민족이 아닌, 그것과 사뭇 다른 어떤 것, 유대인의 모든 지파였던 것이다. 소조메노스에 따르면 실제로 그 일은 진즉에 이미 일어났다. "사라센인들 중에는 유대인과 접촉하여 그들의 유래에 얽힌 진실을 알게 되고, 그리하여 그들 혈족의 방식으로 돌아가며, 유대인에게 설득되어 유대인의 관습과 율법을 채택한 사람들이 있었다"[96]는 것이다. 소조메노스는 이 유대인들이 구체적으로 누구인지에 대해서는 밝히지 않았다. 그러나 이것만으로도 로마의 통제 범위를 벗어난 곳에서는 기독교가, 영적 구도에 나선 아랍인들이 접할 수 있는 유일한 선택 사항이 아니었음을 알기에는 충분하다.

어쩌면 아랍인들은 자신들의 입지를 지키기 위해 초강대국에 맞서려는 생각으로 그랬을 수도 있다. 다음의 일화에도 그 점이 드러난다. 524년에 동로마 사절단이 저명인사 두 사람의 석방을 위해 라흠 왕조의 문디르와 비공식 회담을 가졌다. 그때 먼 곳에 위치한 힘야르 왕국의 사절이 예고 없이 들이닥쳐 문디르마저 머쓱해할 정도로 잔혹하게 기독교도들을 대량 학살한 소식을 전해, 동로마 사절단을 혼비백산하게 만들었다. 더 소름 끼쳤던 것은 힘야르 왕국의 왕 유수프가, 라흠 왕조의 문디르에게 히라의 기독교도들 피로 조인하는 동맹 제의서를 보낸 것이었다.

동로마 사절단은 자신들이 졸지에 세계적 규모의 악몽에 직면하게 된 사실을 깨달았다. 이교도와 유대인의 이해관계가 맞아떨어지면, 동로마의 지배권을 벗어나는 끔찍한 일이 벌어질 수 있었고, 이는 도저히 묵과할 수 없는 일이었다. 페르시아 만이 이란샤르의 통제를 받고 있어 동로마-인도 간 교역은 아사 상태였다. 그런 판에 홍해 해협 변에 이제는 유대인 왕국까지 수립되어, 비잔티움으로서는 두 번째 숨통마저 끊어질 위기에 처한 것이다. 설상가상으로 이 위협은 물질적인 것 이상의 의미를 지니고 있었다. 힘야르의 유대인성이 단순한 우쭐거림이나 과시를 넘어서는 것이었기 때문이다. 유수프는 기독교 정부를 타도하고 권력을 잡은 힘야르 왕국의 첫 번째 유대인이 아니었다. 유대인 군주들이 힘야르를 통치하기 시작한 것은, 로마에 기독교 황제들이 등장한 것에 버금갈 정도로 오래된 일이었기 때문이다. 440년에 시바 왕국의 고대 수도 마리브의 거대한 댐 수리가 끝나자, 그 왕국의 왕이 '자비로우신 분'을 뜻하는 이스라엘의 신,[97] 라흐마난에게 그 댐을 봉헌한 것도 그것을 말해주는 증거였다. 라흐마난에 대해서는 탈무드에도 여러 차례 토론한 내용이 나오며, 팔레스타인 랍비들도 기독교 지배자들에게 분개한 것만큼이나 힘야르 군주들에게 지대한 관심을 나타냈다. 다만 다윗 왕 흉내 내기에 몰입한 유수프와 그의 전임자들의 행위는 그들도 용납하지 않았다. 어쩌면 티베리아스의 랍비들이 그의 궁정에 모습을 드러낸 것도 유수프의 그런 허장성세를 잠재울 필요가 있었기 때문일 수 있다. 그러나 현지 기독교도들은 그들의 방문을 다른 관점으로 바라보았으며, 그러므로 나지란에서 일어난 기독교도 대량 학살도 랍비들의 책동 탓으로 돌렸다. 로마 당국도 그 점에서는 마찬가지였다.

한편 콘스탄티노플에서는 다행스럽게도 히라의 이교도들과 힘야르 유대인들의 위험한 동맹이 불이 붙자마자 꺼져버렸다. 문디르가 힘야르와 너무 동떨어진 곳에 위치해 있다 보니 쉽사리 매수를 당한 것이다. 그리하여 히라에 왔던 동로마 사절단이 의기양양하게 귀국하고 있을 때, 동로마의 또 다른 사절단은 힘야르의 반대편에 위치해 있으며 천만다행으로 기독교 국가이기도 한 에티오피아 왕국을 향해 출발했다. 물론 에티오피아 '왕Negus'에게도 결점은 있었다. 단성론자인 데다 봐주기 힘들 정도로 잘난 체를 했다. 그는 스스로를 솔로몬과 시바 여왕의 후손이라고 제멋대로 상상의 나래를 펴면서, 그러므로 세계적으로 이름난 기독교 군주 축에 낄 만하다고 주장했다. 동로마 사절단도 보통 때라면 그의 말에 코웃음을 쳤을 테지만, 때가 때인지라 그러지는 못하고 그의 주장을 수용해주었다. 그리하여 조약이 일사천리로 체결되자 에티오피아군은 빌린 로마 함대를 이끌고 홍해를 건너 힘야르 왕국을 공략했다. 그 결과 유수프가 패퇴하고 죽자 힘야르 왕국은 에티오피아의 보호국으로 전환되었고, 그에 따라 로마 상인들도 이제 그곳 항구와 교역지를 다시금 자유로이 오갈 수 있게 되었다. 한편 나지란에는 성당의 폐허 위에, 정방형 토대를 가졌다 하여 카바로 이름 붙여진 돔형 기념물이 세워졌다. 유수프에게 학살당한 주교와 처녀들을 위령하는 기념물이었다.

콘스탄티노플에서는 이 모든 결과가 매우 흡족스러웠을 것이다. 제국의 사라센 정책이 매끄럽게 잘 정리된 것 같았기 때문이다. 국경 너머 지역에서 이단과 반란의 위험한 음모가 여전히 부글거렸는데도, 로마는 확실히 이름에 걸맞게 그 모든 문제를 감당할 자금과 능력을 갖추고 있는 듯했다. 힘야르 왕국이 성공적으로 평정되자, 로마제국은 지난날 언제나 그랬듯이 세계적 초강대국의 위치로 돌아간 것이었다.

고대의 격언 '무제한적 지배'는 여전히 유효한 모양이었다.

임박한 종말

· 새 술은 새 부대에 ·

유수프의 몰락은 로마제국 황제의 승리인 동시에 그리스도의 승리였
다. 양자 간 이해관계의 구분이 없어졌다는 이 가설이 로마인들에게는 어
느덧 기정사실이 되었다. 지중해의 경계를 벗어나보았고, 따라서 세계가
얼마나 광대한지를 가늠할 수 있었던 사람들마저도 신의 은총과 보호의
손길이 미치는 초강대국, 다시 말해 콘스탄티노플이 지배하는 제국에 필
적할 수 있는 나라는 이 세상 어디에도 없다는 점을 당연시했다. 지금은
스리랑카로 알려진 저 먼 타프로바네 섬에서 활동하는 로마 상인들도, 그

갈리아

도나우 강

프랑크족
지배 영역

알프스 산맥

밀라노

라벤나

이탈리아

아드리아 해

동고트족 지배 영역
(동고트 왕국)

에스파냐의
서고트족 지배 영역
(서고트 왕국)

로마

카르타고

시칠리아

반달 왕국

지중해

아프리카

유스티니아누스의 제국

527년 무렵의 유스티니아누스 제국

565년 무렵의 유스티니아누스 제국

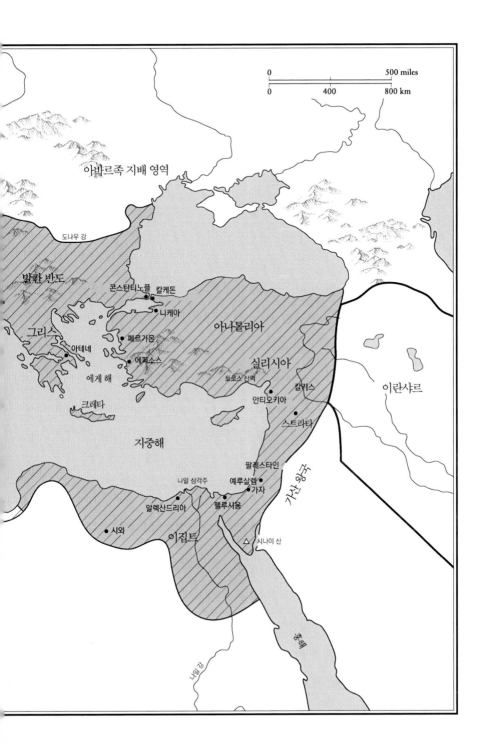

들의 적수인 페르시아 상인들의 코를 납작하게 해주는 것쯤은 일도 아니었다. 황제의 두상이 새겨진 주화와 샤한샤의 두상이 새겨진 주화를 현지 왕의 손에 쥐어주기만 해도, 새로운 로마가 이란샤르보다 월등히 나은 나라라는 점이 확연히 드러났기 때문이다. 로마 화폐가 페르시아 화폐보다 의심할 바 없이 묵직했고, 이는 국가 재정을 유능하게 관리한 아나스타시우스 1세 황제의 공도 공이었지만, 무엇보다도 하느님의 초월적 가호 덕이 더 컸음을 말해주는 증거였다. 에티오피아 시장도 가보고 페르시아 만도 다녀본 어느 이집트인 상인의 말을 빌리면, 그것은 "로마인들 제국이 그리스도 나라의 영광에 직접 참여하고 있기" 때문이었다. 그렇다면 제국의 미래도 보장받은 셈이었다. "기독교를 확산하는 일에 종사하는 한 타국에 정복되지 않으리라"[1]는 것이었다.

교회도 물론 사도 바울로 이래 세계 곳곳에 십자가를 꽂는 야심 찬 사업을 전개해왔다. 하지만 전도의 의무를 국가인 로마가 지는 것에는 훨씬 더 과격한 의미가 담겨 있었다. 그동안 제국 경계 너머로의 '기독교 전파'는 주로 전쟁 포로라든가 야만족에게 끌려가 족장들의 잠자리 상대가 된 여자들과 같이 비천하고 지위가 낮은 사람들에 의해 이루어졌다. 그런데 힘야르의 유대인 정권 붕괴로 그보다 한층 강력한 방법을 써도 좋으리라는, 전도의 새 지평이 열린 것이었다. 상인들도 명백히 알아본 이 교훈을 유스티니아누스가 놓칠 리 없었다. 과연 제국 내의 이교와 이단을 억압하는 일을 시작하면서 그는 제국 경계지 밖의 구정물 웅덩이에도 시선을 뚜렷이 고정시켰다. 로마 역사상 처음으로 이교도 왕들의 개종이 한 나라의 긴급 현안이 된 것이다. 이어 동쪽으로는 흑해 너머에 펼쳐진 산악 지대, 남쪽으로는 이집트를 지나 아프리카 북동부의 누비아 땅까지, 제국의 선교사들이 속속 파견되었다. 신앙심, 초조감, 자존감이 뒤섞인 유스티니아누스 특유의 기발한 그 무엇, 윤리적 외교정책이 탄생하는 순간이었다.

그렇다고 선교사의 힘만으로 세상 모든 사람들이 그리스도에게 인도되리라고 기대하는 것은 무리였다. 누가 봐도 그 점은 자명했다. 다행히 자신의 뜻에 맞게 세계를 개조하려는 야망을 가진 유스티니아누스에게는 선교사 말고도 또 다른 비빌 언덕이 있었다. 교회보다 오래된 전통이 그것이었다. 그가 황제로 즉위하기 60여 년 전, 갈리아의 한 로마 귀족이 그의 주변 모든 곳에서 제국의 권위가 추락하는 것을 보고 비통함을 견디다 못해 사라진 과거의 영광으로부터 통렬한 환상 하나를 만들어냈다. "진격하는 것만으로 육지와 바다를 부르르 떨게 할 힘을 가진 황제가, 부활한 전쟁 나팔의 힘으로 로마 해군을 잠에서 깨워 분기시키리라"[2]는 내용이었다. 물론 현실에서는 이런 황제가 결코 나타나지 않았고, 갈리아와 서로마 전역이 제국의 지배권을 벗어남으로써 아우구스투스와 콘스탄티누스 대제의 계승자들이 통치한 영토는 반 토막이 나고 말았다. 하지만 그렇다고 해서 로마의 주장까지 줄어든 것은 아니라는 것이 유스티니아누스의 생각이었다. 줄어들기는커녕 콘스탄티노플에서 지배하는 제국이 그의 믿음대로 정녕 신의 나라가 지상에 반영된 것이라면, 반 토막이 된 현재의 상태야말로 지정학적 균형의 위기일 뿐 아니라 하늘에 죄를 지은 것이기도 했으므로 로마의 주장이 오히려 더 강화된 것으로도 볼 수 있었다. 로마인이 아닌 기독교도는 참된 기독교도가 될 수 없기 때문이었다.

이 점은 일부 야만족들도 수긍했을 것이다. 지난날의 포이데라티(동맹부족)가 다종다양한 속주들을 분할하기 바빴던 서방에서는 성공에 대한 벌이 지위에 대한 끝없는 불안의 형태로 나타났기 때문이다. 조직폭력배와 다름없는 집단의 족장이 왕으로 우쭐해할 수 있는 권리는 일시적인 데 그쳐, 명예나 장기적 안정은 가져다주지 못했다. 따라서 그들에게는 유구한 전통을 가진 군주국의 전범이 매우 쓸모 있는 것이 될 수 있었다. 야심찬 야만족 족장들에게는 신의 대리인이자 궁극의 세속적 지배자였던 콘스탄티노플 황제가 가까이 있는 진정한 롤모델일 수 있었던 것이다. 서로마제국이 붕괴된 지 몇십 년 후까지도, 그 지역 권력의 외관이 로마와 기독교적 모습을 동시에 띠고 있었던 것도 그래서였고, 콘스탄티노플에서 파견한 사절이 겉만 번지르르할 뿐 별 볼 일 없는데도 멸시받지 않고 칙사 대접을 받았던 것도 그래서였다. 교회와 왕후들도 동방 제국의 하늘거리는 비단에 끝없는 탐욕을 보였다. 하지만 이 모든 것들 중에서도 가장 높이 평가된 것은 역시 황제만이 수여할 수 있는 고풍스러운 직함이었다. 이를 보여주듯 갈리아에서는 미개하기로 소문난 프랑크족 왕이 아나스타시우스 1세로부터 초기 공화정 시대부터 전해 내려온 로마 관직인 콘술(집정관)에 임명된 기쁨을 주체하지 못해, 임명되자마자 자줏빛 튜닉을 차려 입고 행인들에게 금화를 던져주는 해프닝을 벌였다. 유스티누스가 보낸 사절단을 통해 황제에게 "신의 조국은 폐하 세계의 일부에 지나지 않으며, 신의 왕정 또한 그 어떤 식으로든 폐하의 종주권에 손상을 주는 일은 없을 것"[3]이라고 공손히 아뢴 야만족 왕도 있었다. 물론 이 말은 완전한 허상이었으나, 그래도 얼치기 야만족 우두머리와 먼 곳에 있는 황제를 동시에 치켜세워줄 수는 있었다. 공허한 형태일망정, 로마와 신의 가호가 결합된 제국이 존재한다는 주장에는 양측 모두 이해관계를 갖고 있었기 때문이다.

그러다 보니 서방 제국이 야만족 왕국들로 교체된 적나라한 현실도 종종 의도적 모호함의 베일을 쓰게 되었고, 그런 눈속임이 가장 잘 통했던 곳이 바로 다른 지역보다 모호함의 베일이 더 섬세하고 교묘하게 짜인 로마제국의 본향 이탈리아였다. 실제로 겉모습만 보면 로마제국의 전성기 이후 그곳은 변한 것이 거의 없는 듯했다. 로마만 해도 원로원이 가동되고, 콘술도 임명되며, 전차 경주도 계속 열렸으니 말이다. 개펄로 둘러싸인 덕분에 자연스레 아드리아 해의 방어 도시가 되고 서로마제국의 마지막 수도이기도 했던 라벤나에서도, 서방 제국 행정부는 로마 관료들이 계속 장악하고 있었다. 콘스탄티노플도 엄격한 법률 준수를 공식적으로 과시하려는 듯 서방 제국의 방어를, 발칸 지역에서 특별히 그 목적으로 차출한 2만 명 규모의 포이데라티에게 맡겼다. 이른바 '동쪽의Ostro 고트족Goths',[4] 곧 동고트족이 그들이었다. 소싯적에 콘스탄티노플에 볼모로 잡혀 있기도 했던 동고트족의 사령관 테오도리쿠스(재위 471~526)가 황제의 완벽한 대리인 역할을 했다. 포룸에서 군중을 향해 연설하든, 알프스 산맥 너머에서 미개한 군대를 도륙하든, 궁전, 수도교, 욕장을 짓든, 테오도리쿠스는 포이데라티의 왕도 충분히 로마적일 수 있음을 멋지게 입증해 보였다. 그런 식으로 그는 526년에 죽을 때까지 아우구스투스를 제외하면 로마 역사상 가장 오래도록 이탈리아를 지배한(493~526) 군주가 되었다. 그의 통치 아래에서는 이탈리아인들조차 자신들이 로마제국에 속해 있지 않다는 사실을 거의 의식하지 못했다.

하지만 유스티니아누스는 그것에 속지 않았다. 테오도리쿠스가 콘스탄티노플 문턱을 넘지 않았던 것도, 결국은 곤경에 처한 제국 정부가 이탈리아를 제공하는 방식으로 테오도리쿠스와 그의 동고트족을 매수하여 얻은 결과라는 더러운 진실을 그는 알고 있었던 것이다. 그가 필생의 과업으로 여긴 로마의 번쩍이는 유산을 갈고닦는 것이, 곰팡이 낀 법률을 재정비하는 것뿐 아니라 잃어버린 속주들을 되찾는 것도 의미한다는 사실 또한 잘 알고 있었다. 따라서 야만족 왕들은, 제아무리 황제의 거동을 열심히 모방한다 해도 하느님을 욕보이는 존재일 뿐이었다. 테오도리쿠스만 해도 고전 문화의 습득에서 나온 그 모든 광채에도 불구하고 제 손으로 조신들을 살해하고 수염을 기르는 등 야만족 기질을 버리지 못했다.[5] 하지만 그것도 최악은 아니었다. 니케아 공의회가 열린 지 2세기가 지났는데도, 라벤나에는 여전히 성자가 '성부와 동일 본질'을 가졌음을 공개적으로 부정하는 교회들이 버젓이 서 있었다. 테오도리쿠스는 마치 오래전에 밀봉된 석관을 비집고 나온 악귀와도 같이, 정통파 기독교도들이 영원히 폐기되었다고 믿은 악의 냄새를 가는 곳마다 풍기고 다녔다. 그는 이단 중에서도 최악의 이단인 아리우스파 기독교도였다.

테오도리쿠스가 로마인 대다수가 폐기되었다고 간주한 신조를 믿었다는 이 사실이야말로, 황무지가 진즉에 사라졌어야 할 신앙에 얼마나 취약할 수 있는지를 보여준 명백한 사례였다. 팔레스타인 너머의 광야에서와 마찬가지로 도나우 강과 라인 강 너머의 숲 속에서도 제국 경계지 내에서 오래전에 자취를 감추었다고 여겨진 이단들이, 놀라운 생명력은 물론 발전할 수 있는 역량까지 보여준 것이다. 고트족이 아리우스파 기독교도가 된 것은 오래전 일이었다. 콘스탄티누스 대제의 아들 콘스탄티우스 2세가 아직 로마 황제의 자리에 있고 따라서 배교자 율리아누스가 여전히 바통을 이어받을 준비를 하고 있던 340년대 말, 고트족 혈통을 지닌 아리우스파 주교 울필라스(311경~382경)가 북쪽의 도나우 강 유역으로 가서 고트족을 상대로 선교를 시작한 것이 그 출발점이었다. 그리하여 이후 울필라스에 관련된 설들이 터무니없이 과장된 것이 아니라면 그의 선교는 대성공을 거두었다. 죽은 지 1세기도 채 지나기 전에 그가 북부 야만족들(고트족)의 모세로 추앙된 것이다.[6] 로마의 속물근성을 뼈저리게 느끼고 있던 사람들은 실로 감격스러웠을 것이다. 그들도 이스라엘의 자손들처럼 하느님에게 선택되어 약속의 땅을 받을 수 있는 개연성이 생겼으니 말이다. 실제로 그 개연성은 '훌륭함'의 뜻을 가진 '비시 Visi' 고트족, 곧 서고트족 Visigoths이 에스파냐를 장악하는 결과로 나타났다. 하지만 에스파냐를 차지하고서도 그들은 아리우스주의를 포기하고 정통 가톨릭 교의를 받아들이려 하지 않았다. 테오도리쿠스도 그 점에서는 다를 다 없어 심지어 이탈리아의 왕이 된 뒤에도 아리우스주의를 완강히 고수했다.

그렇기는 하지만 테오도리쿠스도 로마인 백성들에게는 그것을 강요하지 않는 신중함을 보였다. 그의 엄숙한 선언에 따르면 "누구도 자신의 의지에 반하는 것을 믿을 수 없으므로 종교를 강요해서는 안 된다"[7]는 것이 그 이유였다. 하지만 알고 보면 이는 계산이 깔린 원칙 선언문이었다. 서고트족과 동고트족 모두 에스파냐와 이탈리아에서는 침입자였기 때문에 소수민족에 지나지 않았고, 따라서 원주민들에게 니케아 신조를 버리고 아리우스주의를 받아들이라고 강요할 입장이 아니었기 때문이다. 테오도리쿠스도 그래서 마지못해 털 깎을 때 좋도록 살 찌워두는 셈치고, 가톨릭교도들을 편안히 살도록 내버려둔 것이었다. 반면에 그토록 현란한 연기력을 발휘하여 로마인 행세를 했음에도, 그의 아리우스주의는 도리어 그와 다양한 출신성분을 가진 그의 새로운 추종자들에게 그 어느 때보다 뚜렷한 정체성을 부여해주는 역할을 했다. 그리하여 이탈리아에서는 장발, 말 위에서 창을 꼬나들고 크게 포효하며 사람들 사이를 내달리는 습성, 그리스도의 인성을 강조하는 것(아리우스주의)이 신新엘리트의 표상이 되었다. 한때 테오도리쿠스도 푸념하듯 "고트족은 출세 지향적이어서 로마인이 되기를 원하는 반면에 로마인은 가난한 사람만 고트족이 되려고 한다"8라고 말했다지만, 결과적으로는 이것도 지나치게 비관적인 생각이었던 것으로 드러났다. 그가 이탈리아를 통치한 지 수십 년이 지났을 때는 고트어를 배우려는 명문가 사람들이 줄을 이었기 때문이다. 시간만 주어졌다면 그들이 고트인이 되지 말라는 법도 없었을 것이다.

하지만 앞으로 일어날 사태들이 말해주듯 시간이 없었다. 유스티니아누스가 532년에 호스로우 1세와, 이름도 낙관적인 '영구 평화' 조약을 체결하기 무섭게 서쪽으로 시선을 돌렸기 때문이다. 아나스타시우스 황제가 구두쇠 노릇을 하며 가득 채워놓은 국고가 페르시아와의 전쟁으로 바닥나고 있던 터라, 조신들은 황제의 그런 행동에 경악을 금치 못했다. 그러나 황제는 그들의 불평 섞인 반대도 일소에 부쳤다. 수십 년 전 화톳불에 불타 순교한 아프리카의 주교가 꿈에 나타나서, 1세기 전에 로마 지배권을 벗어난 카르타고를 수복하라고 촉구한 탓이었다. 유스티니아누스는 이렇게 꿈까지 꾸었으니 그리스도가 그의 새로운 계획을 지지해줄 것이라고 믿었다. 주교를 살해한 죄 많은 미개인 집단 반달족은 자칭 하느님의 적이었을 만큼 극악무도했다. 북아프리카의 부유한 도시들과 비옥한 밀밭을 강탈한 것도 그들이 저지른 악행의 첫 단계에 지나지 않았다. 반달족이 아리우스파였던 것은 동고트족과 같았다. 그러나 편집증, 광신증, 그들 특유의 수적 힘을 결합하여 가톨릭교회의 모든 특권을 빼앗고, 교회지도자들을 박해하며, 아리우스주의를 반달 왕국의 국교로 선포한 점에서는 동고트족과 확연히 달랐다. 과연 유스티니아누스로부터 "영혼과 신체 양쪽 모두의 적"[9]이라고 비난받을 만한 집단이었다. 반달족 왕실에 별안간 내분이 일어났다는 소식도, 그의 결의를 굳히고 본래의 계획대로 밀고 나가는 것이 하느님의 뜻이라는 생각을 확고히 다지는 데 일조했다. 그리하여 그의 첫 번째 공격 대상도 이탈리아가 아닌 아프리카로 정해졌다.

그러나 533년에 제국의 대함대가 왕궁 앞 바다에 집결해 있다가 마침내 닻을 올리고 해가 지는 쪽을 향해 보스포루스 해협을 미끄러지듯 떠나가는 광경을 지켜본 사람들 대다수는 최악의 상황이 벌어질 개연성에 치를 떨었다. 기병과 보병을 다 합쳐도 병력 규모가 1만 8000명에 지나지 않는 데다 비록 다라 전투에서 페르시아군에 눈부신 승리를 거둔 벨리사리우스 장군이 이번에도 원정군 지휘를 맡았다지만, 그 후로는 제국군이 백성들에게 신뢰를 줄 만한 변변한 전과를 올리지 못했기 때문이다. 그러나 머지않아 콘스탄티노플 시민들은 연달아 들려오는, 거의 믿을 수 없는 승전보에 희색이 만면하게 될 터였다. 두 달여의 항해 끝에 아프리카 땅에 닿은 소규모 기동 부대가 카르타고로 기세 좋게 진군하여, 두 차례의 전투에서 대승을 거두고 반달 왕국의 항복을 받아냈으니 말이다. 북아프리카의 교회와 성당들도 물론 아리우스주의의 흔적을 말끔히 지우고 가톨릭 숭배로 되돌아왔다. 한편 반달족 왕 겔리메르는 소유하고 있던 금은보화와 더불어 콘스탄티노플로 끌려와 쇠사슬에 묶인 채 히포드롬의 환호하는 군중들 앞에서 행진을 벌였다. "헛되고 헛되도다. 모든 것이 헛되도다."[10] 그가 행진을 벌이며 중얼거린 말이었다.

그러나 유스티니아누스에게는 이 말도 그러니 서둘 것 없다는 소리로 들리지 않았던 듯, 반달족에 압승을 거둔 여세를 몰아 그 즉시 이탈리아 수복을 위한 계획에 착수했다. 그리하여 535년에 이번에도 벨리사리우스가 함대를 몰고 시칠리아로 쳐들어가서 동고트족 수비대를 손쉽게 제압했다. 1년 뒤에는 그토록 기다리던 이탈리아 본토 침략이 마침내 시작되어 536년 초겨울에 벨리사리우스의 제국군이 로마로 진격하고, 12월 9일에는 로마 주교(교황 실베리우스)의 은밀한 묵인 아래 고대 수도의 성문이 열렸다. 벨리사리우스의 부관은 도시로 입성하는 순간 감격에 겨워 "그리하여 로마는 60년 뒤 다시금 로마인들의 도시가 되었다"[11]라고 부르짖었다.

그러나 이는 물론 이탈리아가 적어도 공식적으로는 로마인들의 도시이기를 그만둔 적이 없다는 거북한 사실을 간과한 행위였다. 이탈리아인들도 그들이 해방되고 있다는 소식을 멋쩍게 받아들였다. 유스티니아누스가 거창하게 '재건'으로 명명한 것을 두 팔 벌려 환영한 사람도 많았지만, 그 '재건'이라는 것이 기실 살육과 곤궁에 지나지 않는다는 것을 알고 절망한 사람이 더 많았던 것이다. 게다가 동고트족은 반달족과 달리 좀처럼 항복할 기미를 보이지 않았다. 항복은커녕 로마가 벨리사리우스에게 점령된 지 불과 몇 주 뒤 대규모 병력을 몰고 되돌아와 성벽 앞에 진을 치고 도시를 포위했다. "전쟁과 공성전이라는 해악에 완전히 생소했던 로마 시민들"[12]이 자신들을 해방시켜준 군대에 달려가 항복을 간청할 정도로 상황이 긴박했다. 하지만 로마의 먼 과거에서 온 고대 영웅의 역할을 완벽하게 수행하고 있던 벨리사리우스는 물론 그들의 청을 단호히 거부했다. 아니나 다를까, 독창성과 고집이 결합된 그의 저항이 시작된 지 1년 아흐레가 지나자, 제풀에 꺾여 물러난 것은 벨리사리우스가 아닌 동고트족이었다. 하지만 그 무렵에는 로마가 이미 '세계의 수도'로서의 위상을 완전히 상실한 상태였다. 수 세기 동안 도시에 식수라는 활력소를 제공해준 로마의 수도교들만 해도 보수가 불가능할 정도로 망가졌고, 항구들은 파괴되었으며, 물방앗간도 주검에 막혀 돌아가지 않았고, 성난 동고트족에게 붙잡혀 처형을 면한 원로원 의원들은 빈털터리 신세가 되었으니 말이다. 그것도 모자라 그다음에는 더 나쁜 일이 터졌다. 538년 무렵 이탈리아 중부 지역에 기아가 덮친 것인데, 믿을 만한 소식통에 따르면 여인숙 주인들이 가물에 콩 나듯 들어오는 손님을 꼬챙이에 꿰어 구워 먹으며 연명할 정도로 식량난이 극에 달했다고 한다. 이듬해에는 동고트족이 결사항전의 의지를 다지듯 이탈리아 북부 도시 밀라노를 점령했다. 자신감이 하늘을 찌른 유스티니아누스도 상황이 이쯤 되면 모든 일이 계획대로 굴러가지 않는다는 것쯤은 알 만했다.

유스티니아누스도 물론 몽상적 인물이기는 했으되, 불가능한 일을 막무가내로 밀어붙이는 타입은 아니었다. 제국 출납관들의 본능적 경고마저 무시한 채 서방에서 벌인 전쟁의 도박으로 큼지막한 승리의 떡고물까지 얻었으니 그로서는 사실 그럴 필요조차 없었다. 반달족의 금은보화와 새로 얻은 속주들을 부지런히 쥐어짜낸 세금으로 국고가 불룩해졌으므로, 이탈리아의 상황만 안정되면 그도 이제 한숨 돌리고 앞날을 기약할 수 있었기 때문이다. 유스티니아누스는 그런 판단으로 539년 동고트족에게 치밀한 계산에 따른 강화를 제의했다. 이탈리아 북부를 내주는 대신 그들 재보의 절반을 넘기라는 조건이었다. 동고트족도 궁지에 몰렸던 만큼 강화 제의를 받아들일 마음이 있었고, 아닌 게 아니라 완승을 목전에 둔 것으로 확신하고 있던 벨리사리우스가 협상의 혼란을 틈타 라벤나를 점령하지 않았다면 조약은 체결되었을 것이다. 하지만 결과적으로 라벤

임박한 종말

나 점령은 상처뿐인 승리에 지나지 않았다. 황제가 벨리사리우스의 행위를 배신으로 간주하여 많은 것을 잃었다는 점에서다. 결국 동고트족은 유스티니아누스의 제의를 일거에 거절하고 다시금 창을 들었고, 그에 따라 살육이 난무하는 전투도 질질 계속되었다. 한편 벨리사리우스는 주가가 대폭 하락한 상태로 콘스탄티노플로 소환되어 황제로부터 눈에 띄는 냉대를 받았다. 라벤나에서 그가 획득한 부도 원로원에서만 과시할 기회를 가졌을 뿐, 황제의 불허로 히포드롬에서는 박수갈채를 받을 기회를 갖지 못했다. 벨리사리우스의 지지자들에게는 그것이 천하의 배은망덕한 행위로 보였겠지만 서방 전선뿐 아니라 제국 전역을 살필 능력이 있었던 황제의 관점에서 보면 벨리사리우스로 인해 놓친 기회가 커 보였던 것이다.

황제의 반대자들은, 그런 유스티니아누스를 "온 땅을 장악하려 하고 자신을 위해 모든 지역을 남김없이 차지할 욕심에 사로잡힌" 과대망상자, 마력과도 같은 그의 에너지와 야망을 쏙 빼닮은 섬뜩한 욕망을 가진 인간으로 보았다.[13] 하지만 유스티니아누스도 비록 세계를 하늘의 닮은꼴로 개조하기 위해 공력을 들였지만, 지상의 나라 정사를 너무 세차게 몰아붙이면 예기치 않은 파열음을 낼 수 있다는 것을 어렵게 배워 알고 있었다. 지난 534년에 반달족 왕이 히포드롬에서 행진을 벌일 때도 환호성을 올린 군중들 못지않게 귀빈석에 앉아 그 광경을 지켜본 그 또한, 불과 2년 전 니카 반란이 일어났을 때 그곳 경기장에는 시체들이 산더미처럼 쌓였다는 사실을 잊지 않았다. 신의 은총을 과분하게 받은 황제일지라도 길모퉁이에 잠복해 있다가 불쑥 나타나는 불쾌한 돌발변수를 피할 수 없다는, 섬뜩하지만 무익하지만은 않은 교훈을 깨친 것이다.

그러므로 이탈리아에서 열린 기회의 창도 어느 순간 닫힐 수 있었다. 그렇다면 그가 서방 전선을 엶으로써 감수한 위험도, 결국은 발레리아누스 황제 시대 이래 로마의 정치 지도자들을 줄곧 괴롭혀온 개연성, 콘스탄티노플이 알았던 것보다 한층 지독한 피와 연기의 악취로 동방 속주들을 위협해온 개연성이었다는 사실을 알게 된다. 534년에 급히 재건된 히포드롬에서 반달 왕국을 무너뜨리고 온 벨리사리우스를 위한 화려한 축하 행사가 열렸을 때도 페르시아 사절단은 눈을 가늘게 뜨고 그 광경을 지켜보고 있었다. 당시 호스로우 1세는 제위에 오른 지 고작 3년밖에 안 된 때여서, 왕국과 왕실의 권위를 수립하기에 바빴다. 유스티니아누스가 서방에서 연전연승을 거두고 있을 때도 페르시아의 젊은 왕중왕은 삼촌이 일으킨 쿠데타에 맞서 사투를 벌이고 있었다. 자신이 사랑한 왕비의 아버지라는 사실 때문에 호스로우로서는 더욱 반역이 뼈저리게 느껴졌을 아스페베데스는 특별히 더 위협적인 적이었다. 그리하여 왕실은 물론 제국 전체가 뒤흔들릴 정도로 살벌하게 전개된 권력 다툼에서 호스로우가 마침내 최후의 승자로 떠올랐을 때, 그의 가계에는 남자 친척이 거의 남아 있지 않았다. 삼촌, 형제, 조카를 막론하고 친족들을 무차별적으로 처형한 결과였다. 잔인한 행동이었지만 샤한샤는 그런 연후에야 비로소 좀 더 이로운 다른 방향으로 관심을 돌릴 수 있었다. 그러던 중 539년에 고트족 첩자 두 명이 이란샤르로 월경해 들어와 도움을 청하자, 샤한샤는 그들의 주장을 주의 깊게 들었다. 콘스탄티노플과 맺은 영구 평화조약도 옛 적의 등을 찌르는 데서 얻는 잠재적 이익을 무시하게 만들지는 못했다. 유스티니아누스가 거둔 공적에 대한 질투, 그것이 이란샤르에 드리울 수 있는 불안, 로마군이 두 전선을 동시에 상대하기는 버거우리라는 은근한 확신 등, 그가 영구 평화조약을 파기해도 좋을 이유는 차고 넘쳤다. "성스럽고, 고결하며, 평화를 사랑하는"[14] 그가 과연 영구 평화조약을 파기하는 언어도단적 행위를 할 수 있을까, 이것이 호스로우의 유일한 고민거리였다.

하지만 그 고민거리도 언제나 신뢰할 수 있는 그의 전투견, 문디르가 해결해주었다. 약탈에 굶주린 라흠 왕조에 영구 평화조약 따위는 사소한 불편에 지나지 않았다. 10년 동안 중단 없이 지속되어온 가산 왕조와의 싸움도 절정에 달해, 539년에는 문디르와 아레타스가 스트라타의 사막을 놓고 옥신각신 다투는 상황이 되었다. 아레타스가 완벽한 정당화로 그곳이 라틴어 명칭을 가진 것으로 보아 로마의 땅이 분명하다고 주장하자, 호스로우는 이때다 싶어 문디르를 전폭적으로 지원하고 나섰다. 이란샤르 전역에 전쟁 준비를 명령하면서 뻔뻔스럽게 위기를 고조시킨 것이다. 540년 봄에는 자기가 일으킨 분노에 자기가 참지를 못해 로마-페르시아 영구 평화조약을 파기해야 한다고 결론 내리고 직접 군사를 지휘하여 공격에 나섰다. 페르시아의 왕중왕이 대군을 지휘하여 유프라테스 강을 끼고 서쪽의 국경을 향해 진군하기 시작한 것이다. 게다가 호스로우는 40년 전 부왕이 했던 것과 달리 이번에는 국경의 방어시설을 공격하여 힘을 빼기보다 그것을 그냥 지나치는 전법을 사용했다. 그와 그의 군대 앞에는 부유하고 기름진 시리아 도시들이 널려 있었다. 그래서 제국 속주의 핵심지들을 강타하여 그의 숙적의 힘이 어느 정도 되는지를 먼저 떠보려고 했다. 그동안 서방 전쟁을 치르느라 동방 전쟁의 준비에 얼마나 소홀했는지를 파악할 심산이었다.

아니나 다를까, '동풍의'[15] 진로 변에 놓인 도시들 중에 난공불락인 다라의 성벽에 비견될 만한 성벽을 가진 곳은 거의 없다는 적나라한 실체가 드러났다. 요새들 대부분이 수 세기 전에 축조되어 무너질 듯 심하게 파손되어 있었던 것이다. 속주의 황폐함도 한계를 넘어서 시리아 일대의 도시들이 불법 거주자들로 몸살을 앓고 있었다. 한때는 도시에 찬란한 기념비적 아우라를 부여해주던 건축물들도 노천의 채석장으로 변해, 도시 중심지를 수놓은 신전이나 경기장에는 이제 부랑자들만 들끓고 있었다. 그렇지 않은 곳들도 동상이 줄지어 서 있던 광장이든 행렬용 대로이든 간에 무질서하게 들어선 상점과 공방들이 공적 영역을 잠식함에 따라, 미려했던 도시 미관은 온데간데없이 사라져버렸다. 대리석 깔린 드넓은 가로도 폭이 좁아지다 못해 당나귀로 혼잡을 이루는 꼬부랑길로 변했다. 물론 "상인들이 설치한 가판대들이 주랑과 거리들에서 철거되는"[16] 등 이따금씩 최소한의 규제 조치가 취해지기는 했다. 하지만 그래봐야 소용없었다. 야릇한 것은 당국이 맞서 싸운 것이 도시의 쇠퇴가 아닌 쇠퇴만큼이나 부자연스러운 요소, 다시 말해 성공이었다는 점이다. 시리아는 부유했다. 보통 부유한 것이 아니라 매우 부유했다. 간단히 말해 속주에는 상업 정신이 넘쳐났다.

시리아인들이 "천부적인 장사꾼이고 가장 탐욕스러운 인간들"[17]이라는 것은 누구나 다 아는 사실이었다. 그러니 도덕주의자들이 혼란스럽고 시끄러운 그들 도시에서 세속성이 판을 친 끔찍한 지옥을 본 것도 놀랄 일은 아니다. 하지만 그렇다고 해서 그들의 관점이 전적으로 균형 잡힌 것도 아니었다. 시리아인들은 돈을 좋아한 것만큼이나 돈을 경멸하는 태도 또한 가지고 있었기 때문이다. "돈벌이만 되면 전 세계를 돌아다니는 것도 마다하지 않은"[18] 그들이 주상 고행자를 찬양했던 것에도 그 점이 드러난다. 도시 미관을 위해서는 더 이상 돈을 퍼붓지 않았지만, 그렇다고 돈을 헛되이 쓰지도 않았고 쟁여두지도 않았다. "완전해지려거든 가산을 팔아 가난한 사람들에게 주라." 부자들도 포함된 경건한 시리아인들은 이 말을 가슴에 아로새기고 있었다. 물론 가난한 사람들에게 베푸는 선행은 극장이나 욕장을 건설하는 것처럼 즉시 뚜렷한 효과를 내지는 못했다. 그러나 가난한 사람들에게는 그것이 상관없는 일이었다. 도시의 이교적 기념물들이 죄다 허물어져도 추레한 옛 도시 풍광 사이로 병원, 고아원, 양로원으로 특징지어진 새로운 도시 풍광이 어김없이 모습을 드러냈기 때문이다. 물론 시리아에는 가난한 사람들의 불행을 도외시하는 사람들이 여전히 많이 남아 있었다. 그러나 중요성을 띨 정도로 많지는 않았다. 기독교 도시에서는 이제 공공의 복지가 부의 가장 확실한 징표가 된 것이다.

호스로우도 그 사실을 알았다. 군대를 몰고 시리아 깊숙이 들어가 보니 마주치는 도시들마다 거의 무방비 상태였던 것이다. 머지않아 그는 자선 사업을 하는 사람들이 협박 수당도 쉽사리 내놓으리라는 것을 간파했다. 주교들만 해도 신도들의 전멸만은 기필코 막으려 할 것이므로 샤한샤가 접근 중이라는 소문이 들리면, 아무리 터무니없는 금액을 제시해도 있는 돈 없는 돈 긁어모아 그의 요구를 들어주려 할 것이었다. 그러나 시리아 전역을 휘젓고 다니며 약탈을 자행했을망정 호스로우도 단순한 강탈만을 원하지는 않았다. 전리품 중의 최고였던 '동방의 여왕',[19] 저 먼 중국의 학자들마저 콘스탄티노플과 혼동할 만큼 세계적으로도 명성이 자자한 도시 안티오키아를 점령하는 것이 그의 목표였다.

한편 페르시아군의 진격 소식이 들리자 안티오키아 시민들은 완전히 패닉 상태에 빠졌다. 부유하기는 했지만 도시의 상태가 말이 아니었기 때문이다. 지난 수십 년 동안 안티오키아는 폭동, 화재, 지진 등 온갖 재해에 시달렸다. 거대한 원형 성벽도 부서지고 구멍이 숭숭 뚫려 있어, 어느 모로 보나 방어에는 부적합했다. 하지만 그런 악조건 속에서도 그들은 팔미라와 다마스쿠스에 사람을 보내 증원군 파견을 요청하고 주상 고행 중인 시메온에게도 기적을 일으켜줄 것을 간청하는 등 사력을 다해 임박한 공격에 대비했다. 그러나 시메온에게서 들려온 소식은 더할 수 없이 암울했다. 하느님이 시메온 앞에 직접 환영으로 나타나 당신의 계획을 밝히셨다고 하는데, 그 내용이 참으로 섬뜩했다. "내 안티오키아를 적으로 가득 차게 할 것이고, 안티오키아 인구의 태반도 검에 스러지게 할 것이며, 살아남은 자들도 포로가 되게 할 것이니라."[20]

하느님의 예언은 결국 현실로 나타났다. 시메온은 하느님이 보내준 안개 덕에 페르시아군에 생포되는 것을 가까스로 면했지만, 안티오키아 시민들은 그처럼 운이 좋지 못했다. 처음에는 그들도 용감히 맞섰다. 하지만 그런 보람도 없이 도시는 이윽고 적군에 압도되고 불태워져 폐허로 변했다. 안티오키아 점령이 끝나자 호스로우는 짧은 승리의 순간을 만끽하기 무섭게 곧장 지중해 유역을 떠나 이란샤르로 발길을 돌렸다. 금은보화가 실린 기다란 마차 행렬과 안티오키아에서 사로잡은 포로 3만 명을 끌고 의기양양하게 메소포타미아로 개선했다. 그런 다음 크테시폰 외곽에 신도시를 세우고 시리아 포로들을 그곳에 정주시켰다. 자신의 위업을 자랑하는 문구, "호스로우는 이곳을 안티오키아보다 좋게 지었다"는 뜻을 지닌 'Veh-Antioch-Khusrow'도 갓 찍어낸 벽돌에 새겨 넣었다.

그런 그와 달리 로마인들, 특히 유스티니아누스 대제에게는 시리아 약탈과 그 유명한 도시의 점령이 쓰라린 굴욕이었다. 이탈리아를 침략하기 직전이던 4년 전만 해도 그는 "이쪽 대양에서 저쪽 대양까지 이전 시대에 로마인들이 지배했으나, 그들의 부주의로 인해 빼앗긴 모든 지역에 동로마 지배권을 수립하는 것은 하느님도 허락해주실 것"[21]이라는 희망을 피력했었다. 그런데 이제 유스티니아누스의 태만 때문에 이탈리아는 황무지로 안티오키아는 사막으로 변했다는 사람들의 수군거림이 시작된 것이다. 불과 1년 새에 그가 거둔 모든 승리는 이렇게 공염불이 되고 말았다. 일각에서는 세계를 개조시키려는 노력이 균열을 심화시키는 결과로 나타나는 것이 과연 가능한가라는 회의적인 목소리도 나왔다.

그러나 유스티니아누스는 그런 비관론에 젖어 있을 사람이 아니었다. 전 세계에 기독교적 질서를 수립하고자 했던 꿈을 집어삼킨 느닷없는 재앙에도 불구하고, 하느님의 뜻을 이루기 위해 진력하고 있다는 신념을 굳건히 유지했다. 문제는 그의 재앙이 아직 끝나지 않았다는 데 있었다. 안티오키아가 유린되는 불운했던 한 해가 저물어갈 무렵, 상상을 초월하는 공포가 동로마제국의 서단 국경 지역 쪽으로 다가오고 있었던 것이다.

단순한 균열이 아닌 세계의 절멸을 예고하는 듯한 공포였다.

· 저주가 땅을 삼키다 ·

541년 늦여름 이집트는 작열하는 태양으로 이글거렸다. 물가에 사는 사람이면 누구나 한줄기 미풍이라도 쐬기 위해 바다 쪽으로 얼굴을 들이댈 만한 날씨였다. 그런데 그해 8월 그들이 바라본 바다 수면 위에는 시원함을 넘어 간담이 서늘해지는 으스스한 광경이 펼쳐졌다. 유령들이 바다를 항해하고 있었던 것이다. 해가 지고 어슬녘이 되자 유령들의 모습이 좀 더 또렷이 드러났다. 수십 척의 청동 배들이 불처럼 환한 빛을 발하며 수평선에 떠 있었던 것이다. 배들의 갑판에는 청동 창을 든 남자들도 앉아 있었다. "바다 위를 초자연적 속도로 움직이는, 번쩍이는 그 배들에 탄 사람들은 또 모두 거무스름하니 머리가 없었다."[22] 조금 뒤에는 그 유령처럼 보인 배들이 제멋대로 움직이는 것이 아니라, 해안가를 따라 질서정연하게 항해하고 있다는 사실이 드러났다. 8월 말경이 되자 청동 배들 중의 한 선단은 이집트 해역을 완전히 벗어난 가자 연안에서 관측되었다. 한편 두 번째 선단은 서쪽으로 항해를 계속하면서 나일 강 어귀를 여럿 지난 끝에 9월로 접어들 무렵에는 나일 삼각주를 얼추 벗어났다. 적황색 등불이 칠흑 같은 물결 위에 깜박인다 해도 전혀 이상할 게 없던, 지중해 최대의 항구 도시 앞이었다. 옥탑에서 밝힌 불이 전방 80킬로미터까지 뻗어나갈 만큼 까마득히 높은 등대가 있는 항구였으니 그것은 당연했다. 알렉산드리아에서는 불가사의가 과연 낯선 일이 아니었다(파로스 등대가 기자의 피라미드와 함께 세계 7대 불가사의에 포함된 것을 말하는 것—옮긴이).

알렉산드리아라는 도시 이름만 해도 계보가 화려했다. 콘스탄티노플을 창건한 콘스탄티누스 대제마저 그 앞에서는 주눅이 들 만한 알렉산드로스 대왕이 건설하여 갖게 된 명칭이었으니 말이다. 대리석으로 지어진 코스모폴리탄적 도시의 상징인 데다 국제 항로를 환히 밝혀준 불가사의한 파로스 등대까지 갖춘, 지중해 연안의 도시 알렉산드리아가 도도하다 못해 무례하다 싶을 만큼 그리스 도시를 자임했던 것도 그래서이다. 알렉산드리아인들 또한 마치 그러지 않으면 나일 강변의 농토에 자신들의 존재가 묻혀버리기라도 할 것처럼, 그들 도시를 이집트의 알렉산드리아가 아닌 '이집트 곁의 알렉산드리아'로 불렀다. 지리도 그것에 한몫했다. 알렉산드리아에는 처음부터 모순적 요소가 들어 있었다는 얘기다. 알렉산드로스가 앞으로 자신의 위대한 도시를 세우게 될 지역을 여행하기에 앞서, 이집트 서쪽 사막 깊숙한 곳에 위치한 시와 오아시스의 제우스 암몬(아몬 신) 신탁소를 찾아가서 그곳에서 숫양 머리를 한 이집트 신들의 왕 아몬으로부터 자신의 운명에 얽힌 비밀과 아마도 알렉산드리아로 짐작되는 도시를 건설하라는 지시를 받은 것만 해도 그랬다.[23] 알렉산드로스 후계자들이 주조한 몇몇 동전들에 그리스 초상화법 전통과 알렉산드로스가 통치한 신비로운 고대 지역의 전통화법이 완벽하게 어우러진, 꼬부라진 아몬의 두 뿔 형상이 새겨진 것도 그래서이다. 알렉산드리아 최대의 신전으로 사당, 도서관, 강의실까지 갖춘 세라페움(사라페움)이, 덥수룩한 그리스식 수염과 원시시대의 이집트풍 의복이 완벽하게 조화를 이룬 세라피스(사라피스) 신에게 봉헌되었던 것도 같은 맥락에서였다.* 이렇게 보면 비록 인위적으로 조합된 다문화적 신이었지만, 세라피스야말로 무에서 창조되어 상이한 두 세계를 이어준 알렉산드리아 같은 도시의 수호신이 되기에 안성맞춤인 신이었다.

하지만 물론 신들은 창조되는 것 못지않게 죽임을 당할 수도 있었다. 게다가 알렉산드리아는 건설된 지 벌써 8세기나 된 도시였으므로, 한때 그곳을 지배한 이교 신들이 망각 속으로 사라진다 해도 이상할 게 없었다. 이교적 기념물들도 올림포스 산과 나일 강 신들의 성소 역할을 오래도록 했던 만큼 흔적은 남아 있을 수 있지만 그 질서가 붕괴되는 것이 마땅했다. 실제로 알렉산드리아 항구의 동단 쪽을 항해하노라면 보게 되는 거대

---

* 세라피스는 죽음의 신 오시리스와 이집트에 정례적으로 모습을 드러낸 신성한 황소 신 아피스가 결합된 '오시리스-아피스'를 그리스식으로 부른 (헬레니즘 시대의) 이집트 신인데, 알렉산드로스가 사카라에 있던 대신전 세라페움에 제물을 바친 것이 알렉산드리아에서도 세라피스를 숭배하게 된 요인이 되었다.

한 신전—헬레니즘 시대의 그리스 왕후가 세운 것으로 약탈당한 오벨리스크가 전면에 세워져 있던—만 해도, 알렉산드리아 주교가 이미 1세기 전부터 성당으로 사용해오고 있었다. 그렇다고 알렉산드리아를 기독교 도시로 만드는 과정이 순탄했던 것은 아니다. 알렉산드리아인들은 '반란과 폭동'[24]을 잘 일으키기로 악명이 높았다. 따라서 이교 타도에는 으레 수반되기 마련인 투쟁도 매우 치열하게 전개했다.

391년에 기독교 폭도들이 세라페움에 난입했을 때도 이교도들은 신전 문 앞에 바리케이드를 치며 격렬하게 저항했고, 그럴듯한 기록에 따르면 그 과정에서 기독교도 죄수들을 신전 벽 십자가에 못 박는 행위도 서슴지 않았다고 한다. 하지만 그런 저항도, 결국에는 기독교도들의 신전 점령을 더욱 달콤한 것으로 만들어주는 역할만 했다. 기독교도들은 750년 된 세라피스 상을 난도질하여 조각내놓고, 도서관 내용물도 파괴하며,* 신전 내의 다양한 건물들을 기독교 예배소로 바꿔놓거나 낡아 무너지게 내버려두었다. 한때 이교의 지적 중심이던 알렉산드리아는 그리하여 새로운 도시, "가장 영예롭고 그리스도에 충실한 알렉산드리아인들의 도시"[25]로 재봉헌되었다.

그러나 그리스도에 충실하든 안 하든, 오랜 계승의 역사를 지닌 기독교 황제들의 관점에서 보면 알렉산드리아는 여전히 불순분자들의 온상으로 이름 높은 도시였다. 아리우스가 알렉산드리아 출신인 것만 해도 그랬다. 그러나 기실 하느님의 본성과 관련된—탁월하고 예리했던—알렉산드리아의 전통적 관점은, 언제나 아리우스주의와 정반대로 그리스도의 인성

---

* 세라페움에 보관되어 있던 두루마리들이 기독교도들에게 파괴되었다는 내용은 어느 사료에도 명시되어 있지 않지만, 그 외의 다른 개연성을 생각하는 것 또한 쉽지는 않다.

을 경시하고 신성을 중시한 특징(단성론)을 지니고 있었다. 이에 대한 그 어떤 반론의 징후, 그리스도가 하나가 아닌 두 개의 본성을 지녔음을 암시하는 그 어떤 징후도, 다른 곳과 비교 불가능한 알렉산드리아만의 경멸과 분노가 뒤섞인 폭발을 야기했다. 그들이 이교도 조상으로부터 물려받은 폐기되지 않은 가장 확실한 한 가지 유산은, 자신들이 세상에서 가장 똑똑하다는 믿음이었다. 알렉산드리아 총대주교만 해도 안하무인격으로 스스로를 '우주의 재판관'이라 불렀고, 다른 사람들은 아첨의 수위를 조금 낮춰 그를 '새로운 파라오'로 추켜세웠다.[26] 그런 인물들이었던 만큼 알렉산드리아 총대주교들이 지적 화력을 뿜어내는 것 이상의 행동을 하는 것은 당연했다. 때로는 그 위협이 물리적 형태를 띠기도 했다. 신약성서 27권 목록을 최초로 확립한 당대의 지식 선도자 아타나시우스만 해도 4세기에 알렉산드리아 주교로 있을 때, 필요하면 반대자들을 매질하거나 납치하는 것도 마다하지 않는 등 철권을 휘둘렀다.

　그 1세기 뒤에는 난해한 신학에 암흑가 보스의 방식을 결합시킨 디오스코루스 총대주교(?~454)가 나타났다. 그는 449년 공의회가 열리는 에페소스에 갈 때도 안티오키아의 네스토리우스파와 일전을 벌일 각오로 불한당 같은 민병대를 호위병으로 끌고 갔다. 주교들이 회의장에서 입을 열 때마다 고래고래 소리를 질렀을 만큼 파행적으로 운영된 그 공의회는 '강도 교회 회의'라는 별칭까지 붙여졌다. 디오스코루스가 데리고 간 그 검은 옷차림의 파라발라니Parabalani(또는 파라볼라니Parabolani)는 표면상 직업은 병원 보조원을 직업으로 갖고 있었다. 하지만 총대주교의 부름을 받으면 하시라도 달려가서, 때로는 현란한 폭력마저 선보이며 그리스도에 대한 헌신을 열정적으로 과시했다. 이교도, 유대인, 이단 할 것 없이 그들의 주먹

맛을 보지 않은 사람들이 없었다.

하지만 디오스코루스가 파라발라니를 국제무대에 데뷔시킨 행위는 결국 제 꾀에 제가 넘어간 꼴이 되었다. 파행을 보인 에페소스 공의회(449년)가 끝난 지 2년 뒤에 다시 소집된 칼케돈 공의회(451년)에서, 알렉산드리아 주교들이 솜씨 좋게 마물러놓은 단성론 교리를 정통으로 인정하지 않았기 때문이다. 그 결과는 대립이었다. 언제나 그렇듯 지적 능력의 우월감에 빠져 있던 알렉산드리아인들이 칼케돈 공의회의 결의에 코웃음을 치며 일소에 부친 것이다. 폭력을 일으킬 조짐도 지속적으로 나타났고, 그러다 때로는 실제로 폭력의 불길을 확 당기기도 했다. 457년에도 그런 일이 있었다. 비잔티움 황제가 칼케돈 공의회에서 망신당한 디오스코루스를 총대주교직에서 내쫓아 추방하고 다른 인물을 그 자리에 슬그머니 앉히자, 분노한 폭도들이 신임 총대주교를 어느 교회에서 난자해 죽인 다음 토막 난 시신을 들고 거리 행진을 벌인 것이다. 알렉산드리아 폭도들은 지적 속물근성에 잔혹성을 결합시켰다는 점에서 폭도들 중에서도 단연 최악이었다.

하지만 그들이 칼케돈 공의회에 보인 엄청난 규모의 적대감에는 그 외의 다른 의미도 내포되어 있었다. 우주의 본질과 관련된 난해한 논쟁이, 이제 더는 이교 시대에 그랬던 것처럼 알렉산드리아만의 문제가 아니라는 것이었다. 외딴 마을의 교회가 됐든 사막의 수도원이 됐든 거대한 이집트 영토에는 이제 그리스도가 단일 본성을 가진 것에 의문을 갖는 사람이 거의 없게 되었다. 이집트 속주가 단성론자 천지가 된 것은 그곳 사람들을 부르는 호칭이 이집트인들의 그리스어 약자인 '콥트인Copt'으로 점차 굳어진 것으로도 알 수 있다. 수 세기 동안 후배지를 경멸하고 활용한 것이 빛을 발해 알렉산드리아가 마침내 이집트 전역을 대변하게 된 것이다.

그리고 그 결과로 나타난 것이 바로 대중 불복종의 과시였다. 유스티니아누스마저 행동을 주저했을 만큼 그 기세는 대단했다. 이탈리아에서 거둔 승리(벨리사리우스의 로마 점령)로 기분이 고양된 536년에야 유스티니아누스가 비로소 457년에 처음 시도했던 조치를 재개할 생각으로 자신이 발탁한 인물을 알렉산드리아 총대주교로 앉히자, 아니나 다를까 이번에도 알렉산드리아인들은 즉각 '무저갱(끝없는 구렁텅이)이 열렸다'[27]는 반응을 보였다. 그들이 황제의 결정에 이렇게 히스테리 반응을 보인 것도 무리는 아니었다. 유스티니아누스가 총대주교로 지명한 인물은 바로 새로운 신도들의 복종을 당연시해서는 안 된다는 것쯤은 알고도 남을 나일 강 삼각주 출신의 수도사 파울로스였기 때문이다. 실제로 그는 불운한 전임자가 당한 것과 같은 운명을 당하기 전에 자신이 먼저 일격을 가함으로써, 칼케돈 지지파 교회에 대해 알렉산드리아인들이 갖고 있던 그 모든 어두운 의혹을 확인시켜주었다. 신임 총대주교는 독재를 한 전임자들의 기준에 비춰보아도 정신병자에 가까웠다. 부패하고 잔인한 데다 '유혈의 취미'까지 가진 인물이었으니 말이다.[28] 폭력의 사용에도 물불을 안 가려 유스티니아누스마저 2년이 지난 뒤에는 자신의 실수를 인정하고, 그에게는 생소한 일을 결행할 생각을 했다. 그리하여 파울로스는 면직되고 시리아인 조일루스(재임 541~551)가 후임 총대주교로 임명되어 콘스탄티노플에서 알렉산드리아로 파견되었다. 알렉산드리아인들은 물론 이번에도 외국인이자 칼케돈 지지자라며 그를 경멸했다. 그러면서도 다른 면으로는 무해하다고 보고 간단히 무시하는 태도를 보였다. 제국 교회와 이집트를 통합시키려던 유스티니아누스의 계획은 이렇게 체면만 구긴 채 타협으로 끝을 맺었다.

그러나 어찌 보면 언제나 그렇듯 또 그것이 당연한 귀결이었는지도 모른다. 한마디로 콥트인들은 그가 억누르기에는 수효도 너무 많고, 알렉산드리아도 콘스탄티노플에서 너무 멀리 떨어져 있으며, 그들의 교리 또한 지나치게 단성론적이었다. 하지만 그렇다고 해서 그것만이 유스티니아누스에게 부담을 준 유일한 요소는 아니었다. 파울로스의 재임 기간에 일어난 추잡한 일들이, 우연치 않게 그보다도 훨씬 대중의 관심을 끌 만한 일, 다시 말해 리비아의 고립된 곳에 위치한 시와 오아시스의 아몬 신전을 폐쇄한 것과 맞물려 일어난 것 역시 그에게 부담을 준 요인이었다. 물론 그것은 하느님의 소망에 따라 취한 조치였다. 하지만 세속적 계산을 전적으로 염두에 두지 않았다고도 말할 수 없었다. 요컨대 유스티니아누스가 아몬 신전을 폐쇄한 데는, 양자(그와 알렉산드리아인)가 불화를 겪고 있을지언정 그들 모두는 같은 기독교도임을 콥트인들에게 일깨워주려는 의도도 포함되어 있었다. 교회 통합도 절박했지만, 제국에 대한 이집트인들의 지속적 충성을 확보하고, 그리하여 콘스탄티노플의 많은 인구와 동방 전선의 병사들에게 대줄 식량—나일 강 범람원이 만들어내는 막대한 수확물—을 확보하는 것 또한 그 못지않게 절박했던 것이다. 바지선으로 구성된 대규모 선단이 나일 강 하류의 알렉산드리아에 가서 수백, 수천 톤의 곡식을 실어오면, 대형 선박들이 그 값진 화물을 제국의 수도 콘스탄티노플까지 날라다 주는 일이 해마다 되풀이되었다. 알렉산드리아는 교회와 강의실로 가득 찬 대리석 번쩍이는 국제도시였지만, 그 못지않게 창고, 부두, 도크, 사일로(곡물 저장 시설)가 즐비한 무역항이기도 했던 것이다. 알렉산드리아가 없었다면 새로운 로마는 아마도 오래전에 속빈 강정 같은 처지가 되었을 것이다. 간단히 말해 "콘스탄티노플과 그 주변 지역을 대체로 먹여 살린 것이 알렉산드리아였다."[29]

그러나 유령과 같은 청동 배들의 함대가 지중해 유역에 나타난 541년 여름에는, 이집트에서 오는 것이 비단 삶뿐 아니라 죽음일 수도 있다는 사실이 점점 명확해지고 있었다. 그해 7월 알렉산드리아에는, 삼각주 동단에 위치한 항구 도시 펠루시움에 전염병이 발생하여 도시 전체가 납골당으로 변했다는 소문이 돌았다. 하지만 그런 소문이 돈다고 사람들이 즉시 패닉 상태에 빠졌을 개연성은 희박하다. 질병이 예고 없이 발발하는 것은 흔한 일이었고, 게다가 발병을 해도 "우리를 보호해주시는 하느님의 은총으로 오래가지 않는 것"[30]이 보통이었기 때문이다. 하지만 펠루시움에서 발발한 질병은 수그러들 줄 몰랐다. 수그러들기는 고사하고 해안 도시에서 해안 도시로 급속히 전파되었다. 청동 배가 밤의 바다에 나타나기만 하면 해안가 사람들은 별안간 신열을 느끼고, 그러고 나면 사타구니, 겨드랑이, 귀 뒤쪽에 가래톳(그리스어로는 부보네스boubones)이 만져졌다. 그런 식으로 병세가 악화되다 참을 수 없는 지경이 되면 병자들은 비척거리며 거리로 나가 "부풀어 오른 배에 벌어진 입으로 고름을 억수로 토해내고, 눈마저 빨갛게 충혈된 채 위쪽으로 손을 내뻗으며, 매장하는 사람이 없다 보니 길모퉁이든 정원 입구든 할 것 없이 모든 곳에서 썩어가는 송장들 위로" 엎어지는 "무시무시하고 쇼킹한 장면"을 연출했다.[31] 페스트가 창궐하여 알렉산드리아 가까이 다가오고 있었다.

9월 무렵에는 드디어 알렉산드리아 항 도크에서도 두통, 림프선종, 피 섞인 객담 증세를 보이는 환자가 발생했다는 이야기가 나돌기 시작했다. 그러고 나서 불과 며칠 뒤 페스트는 알렉산드리아와 그 너머 지역으로 광범위하게 확산되었다. 알렉산드리아는 지적 중심지였던 만큼 물론 세계 유수의 의학교도 있었다. 그러나 불가사의하게 전파되는 페스트의 확산 앞에서는 내로라하는 의술가들도 속수무책이어서 약제 처방은 물론 병의 진단조차 내리지 못했다. 그런 가운데 사망률만 끝 모르게 치솟아 "수많은 가옥들이 사람이 살지 않는 곳으로 변했다."[32] 거리들 또한 산처럼 쌓인 시체가 썩어 파리가 들끓고, 피와 녹아내린 살점들로 발밑이 미끄덩거려 청소도 할 수 없을 지경이었다. 배가 고파 먹을 것을 훔치거나 구하기 위해 악취가 코를 찌르는 거리로 용감하게 나서는 사람들도 있었으나, 그럴 경우에는 밖에서 죽으면 가족들이 알아보고 묻을 수 있도록 몸에 꼬리표를 달고 다녔다. 하지만 그것도 가족이 페스트에 걸리지 않았을 때나 가능한 일이었다. 교회 지도자가 "쥐들도 역병에 감염되어 림프선종으로 부풀어 오른 채 죽어가는 것이 목격되었다"[33]라는 글을 남긴 것으로 보아, 인간들만 페스트로 죽어간 것도 아니었던 모양이다.

이렇게 기승을 부리던 페스트는 몇 주가 지나서야 겨우 기세가 수그러들기 시작해, 알렉산드리아 거리에 그것이 처음 모습을 드러낸 지 넉 달이 지났을 무렵에는 죽음도 대체로 잦아들었다. 하지만 완전히 사라진 것은 아니었다. 페스트는 "늘 활동하고 있었고, 그러다 조건이 맞으면 다른 곳으로 옮겨갔기"[34] 때문이다. 이집트 상인들도 저 먼 브리튼까지 항해했으며, 페스트에서 살아남은 사람들도 생계를 유지해야 했으니 그런 일이 일어날 개연성은 항상 존재했다. 겨울 폭풍이 잦아든 542년 봄에도 알렉산드리아 배들은 파피루스와 리넨, 향신료와 의약품, 유리그릇과 이국적 단 음식 등의 화물을 싣고 항해를 시작했다. 애완용 새와 심지어 낙타를 싣고 다닐 때도 있었다. 그리고 물론 화물이 있으면 무임승선자인 쥐가 있게 마련이었고, 쥐가 있으면 벼룩이 있었으며, 벼룩에는 치명적인 병원균 페스트균이 자랐다.[35] 세균학도 물론 당대의 학문적 범주로부터 헤아릴 수 없이 멀리 떨어져 있었다. 최고로 유능하다는 알렉산드리아의 의사들조차 그처럼 치명적으로 페스트를 전파시킨 주범이 벼룩처럼 흔해빠진 곤충일 줄은 꿈에도 생각하지 못했다. 그러다 보니 선박들이 지중해 일대로 퍼져나가면 페스트도 은밀한 투명 질병으로 죽음의 행진을 계속했고, 그렇게 시한폭탄을 안고 항해하다 '신의 분노'[36]로 느닷없이 어느 배가 페스트에 감염되면 송장만 남은 채로 이리저리 표류하다 침몰하거나 좌초하는 일도 벌어졌다. 하지만 그보다는 역시 머나먼 항구에 배가 정박한 지 하루이틀 후 현지인들의 사타구니나 겨드랑이에 림프선종 증세가 나타나는 경우가 더 흔했다. "그렇게 해안가에서 시작되고 나면 내륙으로도 반드시 퍼져나갔다."[37]

콘스탄티노플에서도 몇 달 동안이나 죽음에 대한 말들이 난무했다. 알렉산드리아가 고통으로 신음하던 지난 541년에는 무아지경에 빠진 한 여인이 비잔티움 사람들을 향해 바다로부터 죽음이 와서 세상을 집어삼키려 한다고 절규하는 일까지 있었다. 그런데 이듬해 봄 과연 그런 조짐이 나타났다. 그해의 첫 곡물을 실은 배들이 금각만(골든혼) 해역에 도착하여 항구 변에 늘어선 곡물 창고들이 부지런히 채워지고 있던 중 정체 모를 유령들이 눈에 띄기 시작했고, 그 순간부터 사람들이 유령을 건드리기만 하면 그 즉시 병에 걸렸다. 그리고 나서 채 며칠도 지나지 않아 수천 수만 명의 콘스탄티노플 주민들이 죽어나갔다. 처음에는 가난한 사람들만 죽었으나 머지않아 도시의 최고급 주택 지구에 사는 사람들도 죽어나갔다. 도시의 궁전들이 무덤으로 변하고 궁전의 모자이크 바닥이 송장으로 어지럽혀졌을 정도로 페스트의 확산이 가져온 결과는 끔찍했다. 고름 줄줄 흐르는 주검으로 변해 벌레들의 먹잇감이 되는 데는 원로원 의원과 하인의 구별이 없었다. 급기야는 황궁, 황제의 침실에서도 타는 듯한 페스트의 징후가 느껴졌다. 유스티니아누스가 페스트에 감염된 것이었다. 하지만 그는 결국 병을 털고 일어섰다. 페스트가 악성이기는 하되 치명적 질병이 아닐 수도 있다는 것이 이로써 입증되었다. 실제로 극소수이기는 하지만 감염을 극복하고 살아난 사람들이 있었다. 그러나 처자식, 친구, 친족을 잃고 살아가는 것이 과연 무슨 낙이 있었을까를 고려하면, 살아난 것이 축복이었는지는 생각해볼 여지가 있다. 아닌 게 아니라 그해 여름을 이겨 낸 주민들에게 콘스탄티노플은 저주받은 도시처럼 보였다. 시체 파묻는 사람들을 제외하면 거리에서 생명체를 찾아보기 힘들었고, 상업 활동이 이루어지지 않아 푸줏간도 비어 있었으며, 시장은 썰렁하니 을씨년스러웠고, 빵집 가마도 불이 꺼진 채 차갑게 식어 있었으니 말이다. "먹을거리가 지천이던 도시에 기아가 맹위를 떨쳤다."[38] 페스트는 지금껏 가한 갖가지 고통으로도 모자랐는지 이제는 사람들에게 굶주림의 괴로움까지 안겨주고 있었다.

페스트의 역경에서 살아남은 사람들에게 그 병은 "전 인류가 거의 절멸될 뻔한"[39] 재앙으로 보였다. 지나친 과장이었을까? 어쩌면 그럴지도. 그러나 정확한 사망자 집계조차 할 수 없었던 상황을 고려하면 생각이 달라질 수 있다. 제국 통계관들도 처음에는 사망률을 집계했지만 죽음의 속도를 따라잡을 수 없었다. 거리에 시신이 산더미처럼 쌓이는 상황을 보다 못해 유스티니아누스가 시신들을 바다에 던져버릴 것을 명령했을 정도다. 그러다 썩은 송장들로 바다가 오염되어 그마저 불가능해지자, 금각만 맞은편 지역에 대형 구덩이를 파서 거기에 시신을 묻는 방법으로 대체되었다. 주검들을 주르르 눕혀놓고 "상한 포도 밟듯 발로 짓뭉개는"[40] 방식이었고, 그렇게 흙과 송장이 곤죽이 되다 보니 또 다른 시신들을 던지면 토사 속으로 흔적 없이 사라지는 일도 벌어졌다. 전 세계가 마치 셀 수 없이 많은 사람들이 하느님의 진노로 으깨어지는 포도 짜는 기계처럼 보일 만한, 지옥 같은 광경이었다. 콘스탄티노플에서는 이런 페스트의 기세가 542년 8월 무렵부터 꺾이기 시작했다. 그러나 제국의 여타 지역과 그 너머로 확산되었다는 소식은 계속 들려왔으므로 공포감은 줄어들지 않았다. 소아시아, 예루살렘, 그리고 페르시아 침공으로 황폐화된 도시 안티오키아에도 페스트가 창궐했으며, 12월에는 시칠리아 섬에도 만연했고, 543년에는 이탈리아의 많은 지역, 에스파냐, 갈리아에서 기승을 부렸다. 서방에는 동방의 도시들에 필적할 만한 대도시가 없다는 사실도, 페스트를 피해가는 데는 도움이 되지 못했다. 궁벽한 오지 마을 역시 최악의 도시 빈민굴과 마찬가지로 산 사람들은 페스트의 희생양이 되었다. 이탈리아 농촌 지역에서 벌어진 일을 기록한 다음 글이야말로 당시의 상황을 단적으로 보여준다. "세상이 태초의 정적으로 되돌아간 듯 들판에는 목소리 높이는 사람이 없고, 목자들의 휘파람 소리도 들리지 않는다. 사람들이 거주했던 곳은 맹수들의 쉼터가 되었다."[41]

한편 유스티니아누스 제국의 동부 전선 지역은 호스로우가 사력을 다해 방역선을 구축한 덕에 페스트의 확산이 잠시나마 소강 상태를 보였다. 샤한샤 군대의 병사들에게 발발한 페스트와 메디아에서 발생한 또 다른 페스트도 효과적으로 차단되었다. 하지만 페스트를 영원히 잠재울 수는 없었다. 아니나 다를까, 545년 무렵 페스트는 결국 이란샤르의 방벽을 뚫고 들어와 서쪽에서의 양상보다 더욱 극렬하게 동쪽으로 퍼져나가기 시작했다. 메소포타미아에서는 페스트가 알렉산드리아나 콘스탄티노플보다도 더욱 길게 맹위를 떨쳐, '굶주림, 광기, 분노'가 그곳 전역을 휩쓸었다.[42] 누구도 그 영향을 피해가지 못했다. 시간이 지난 뒤에는 심지어 머나먼 중국에서도 흑사병이 발발했다. 수많은 인간이 고통의 경험을 공유하는 것으로 하나가 되는 초유의 사태가 발생한 것이다. 물론 개중에는 페스트가 완전히 휩쓴 지역도 있었고 신기하리만치 말짱한 지역도 있었다. 하지만 기록물 대조와 증거물에 대한 면밀한 조사 결과, 대체로 치사율이 3분의 1 정도였던 것으로 나타난다.[43] 따라서 어느 모로 보나 전멸은 아니었지만, 사망률이 엄청 높았던 것은 분명하다.

그러나 천벌 뒤에는 으레 일어나는 일이듯, 시간이 되자 부패한 주검들에서 나던 '악취'[44]도 걷히고 사람들도 잡초 우거진 거리나 들판으로 눈을 비비며 다시금 나오기 시작했다. 게다가 장인, 상인, 농민 등 많은 사람들은 예상 외로 돌아온 세계에 기회가 충만해 있는 것을 알게 되었다. 노동력만 해도 예전에는 부자들이 필요로 하면 즉시 공급받는 것을 당연하게 여겼으나, 졸지에 금값이 되어 가난한 사람들마저 페스트 발발 이전에는 꿈도 꾸지 못했을 요구를 하기 시작했다. 그 결과 급속한 인플레이션이 야기되어, 콘스탄티노플에서 페스트가 물러간 지 고작 3년이 지난 545년 무렵에는 도시 임금이 무려 두 배 넘게 뛰어 유스티니아누스를 경악하게 만들었다. 그리하여 그가 불안정한 민심 수습을 위해 취한 조치는 언제나 그렇듯 새로운 법률의 제정이었다. 페스트 이전보다 높은 임금을 받는 행위는 무조건 불법으로 간주하는 법률을 선포한 것이다. 그러나 이것도 약발이 듣지 않아 유스티니아누스를 불쾌하고 곤혹스럽게 만들었다. 임금이 천정부지로 계속 치솟기만 한 것이다. 아무래도 이제는 칙령이라고 무조건 따르던 시대는 지난 듯했다.

따지고 보면 거대 조직을 거느린 제국 행정부도 페스트가 남긴 후유증으로 약화되어 제 기능을 발휘하지 못하고 있었다. 의사들이 흥미롭게 주시했듯이, 페스트에 감염되었다가 살아난 사람들은 예외 없이 모두 머리가 벗겨지거나 말이 어눌해지거나 걸음걸이가 온전치 않은, 죽음이 스쳐간 흔적을 갖고 있었다. 거의 모든 사람들이 때로는 수년 동안 끔찍한 피로감에 시달렸다. 물론 유스티니아누스 본인은 이 범주에 들지 않은 매우 특별한 사례였다. 하지만 그런 그도 개별적 상황이 제국 전반의 상황이라는 것은 누구보다 잘 알았다. 로마인들의 제국은, 무기력한 야만족 국가들은 말할 것도 없고 심지어 호스로우 왕국보다 무한정으로 더 많은 부분이 대다수 주민들이 건강하게 제 기능을 발휘하는 것에 의존하고 있다는 사실을 잘 알고 있었다는 얘기다. 동로마제국은 기본적으로 문민국가였다. 따라서 중세重稅에 의존하지 않고는 번영을 이룰 희망이 없었다. 그런데 이 세수 기반이 페스트로 인해 거의 회복 불능으로 손상을 입었고, 게다가 이 위험에는 끝도 없었다. 속주들만 해도 불과 수년 전에는 제국군에 언제든 신병을 공급할 수 있었으나, 이제는 마을 혹은 지역 전체가 황폐해진 곳이 많아 인력 차출이 힘들어졌다. 시절이 좋을 때도 이는 큰 위험 요인일 수 있었다. 그런데 하물며 로마군이 이탈리아에서 시리아에 이르기까지 다수의 소모전에 관여하고 있는 상황에서는 더 말할 나위 없이 큰 재앙일 수 있었다.

유스티니아누스 본인에게도 이것은 그의 모든 야망을 위협하는, 생각지 못한 파괴적 재난이었다. 따라서 그가 주저앉을 것으로 예상되었으나,

뜻밖에도 집요하고 담대하게 무너진 제국을 다시금 일으켜 세우는 작업에 착수했다. 게다가 20년 넘게 그의 잠자리 친구이자 정치적 동반자였던 테오도라마저 548년 6월에 사망하여, 그해 여름부터는 혼자서 그 일을 수행해야 했다. 유스티니아누스는 두 사람의 마지막 안식처로 그가 지어놓은 영묘 앞에 하루도 빠짐없이 불을 밝히며 이후에도 재혼하지 않고 여생을 혼자 살았다. 이제부터는 일과 결혼하리라 마음먹었으며, "잠 또한 없었으므로"[45] 밤낮 없이, 역대 그 어느 황제가 직면했던 것보다 취약해진 세수를 확보하기 위한 일, 해봐야 빛도 안 나는 일에 열중했다. 중앙 - 속주 간 특사 업무를 개편해 비용을 줄이고, 도로 보수도 중단하며, 공무의 효율성을 높여 공공비용을 절감하는 등 매서운 긴축정책을 시행했다. 탈세 방지를 위해 세금 징수 업무도 전문화했으며, 견직물 생산도 국가 전매사업으로 만들었다. 이렇게 전면적으로 국정을 쇄신한 결과, 과연 그는 그 모든 어려움을 극복하고 마침내 원정에 필요한 재정을 확보하여, 표면적으로는 다수의 전쟁을 흡족하게 끝냈다. 565년에 영면할 무렵에는 호스로우와 체결한 두 번째 '영구 평화조약'으로 동부 전선도 안정되고, 서방에서도 동고트족을 제압하여 이탈리아도 장악했다. 심지어 에스파냐 남부의 몇몇 속주마저 회복했을 정도다. 따라서 이렇게 위대한 황제였으니만큼 그가 안치된 관이 로마인들이 언제나 전통적 특권으로 삼았던 일, 다시 말해 야만족 왕을 황제가 밟고 선 모습의 보로 덮인 것도 당연하다고 여겨졌을 수 있다. 행복한 시대가 다시금 도래했다고 선포하는 듯한 형상의 보로 말이다.

그러나 그 보의 형상이 말해주는 것은 이야기의 일부에 지나지 않았다. 반달족에 승리를 거두고 반달족 왕을 발로 짓밟았던 534년의 행복했던 모습, 그리스도의 지원을 받은 젊은 몽상가로 그려진 황제의 초상 뒤에는 여든세 살의 쭈그러든 주검이 숨겨져 있었다. 지중해 거의 전역에 미쳤던 고대의 패권을 수복한 제국의 형상과, 냉엄한 현실 사이에는 엄청난 간극이 가로놓여 있었던 것이다. 유스티니아누스의 혹평가들—닫힌 문 뒤에는 그런 사람들이 적지 않았다—에 따르면, 황제의 처방은 질병보다도 더 치명적이었다. 이탈리아만 해도 황제의 선전관들이 제아무리 소리 높여 부정해도, 동고트족에 거둔 '승리'로 이탈리아 반도는 테오도리쿠스의 지배를 받을 때보다 무한정으로 더 비로마적이 되었다. 이탈리아를 수복하겠다고 동고트족과 20년 동안 유혈 낭자한 소모전을 전개한 끝에 얻은 것이래야 기껏 콘술직이 폐지되고, 대다수 원로원 의원들이 콘스탄티노플로 도주한 것뿐이었다. 그것도 모자라 (동고트 왕 토틸라에게 로마를 재정복 당한) 550년의 동절기 몇 달 동안 비록 일시적 현상이기는 했지만 로마 인구가 급감하는, 과거와의 그 모든 결락 중에서도 가장 충격적인 일이 벌어졌다. 로마 건국의 시조 로물루스 이래 영원의 도시 로마가 그처럼 텅 비고, 그처럼 풀밭과 습지로 황폐해지기는 처음이었다. 그런 승리라면 패배와 다를 게 없었다.

그런데도 유스티니아누스는 왜, 고작 그것을 얻자고 파괴의 진구렁 속을 걸어 들어갔던 것일까? 일각에서는 "그가 피에 굶주리고 천성이 잔혹했기 때문"[46]이라고 수군거렸다. 유스티니아누스의 치세 때 "전 세계가 인간의 피로 얼룩졌던 것"[47]은 그가 사악한 환경에 맞서 사투를 벌였기 때문이 아니라, 놀랍게도 말 그대로 그가 지옥의 대리인이었기 때문이라는 것이다. 밤 새워 일하는 황제의 버릇마저도 로마인들에 대한 헌신의 표시가 아닌 악마적 성향의 표시로 해석되었다. 머리 없는 황제가 밤늦게까지 일하는 모습을 본 시종도 있었고, 황제의 얼굴이 갑자기 형태 없는 살덩어리로 변한 모습을 목격한 시종도 있었다는 것이다. 그러면서 어느 혹평가는 "이런 인간이 어떻게 악마가 아닌 다른 그 무엇일 수 있겠는가?"[48]라고 반문했다.

물론 이런 흥미로운 이야기는 황제에게 앙심을 품은 사람들이 퍼뜨린 경우가 많았다.[49] 호시절에도 전통적 엘리트들에게는 인기가 없었던 그가 죽기 전에는 재정 적자를 줄이려고 긴축정책까지 시행했으니, 그들로서는 불만이 고조될 수밖에 없었다. 탈세를 못하게 된 사람들의 입장에서는, 그들 스스로 황제의 '허욕'으로 일축한 정책보다 황제의 악마성을 더 두드러지게 하는 것도 없었다. 반면에 늘 있는 일이듯, 제위가 실제로 '마왕'[50]에게 점유되어 지옥의 문이 활짝 열리지 않을까 두려워하는 사람들도 있었다. 신도들을 향해 선과 악이 거대한 사투를 벌이는 와중에 세상이 끝날 것이라고 경고한 것은, 비단 조로아스터교 사제들뿐만이 아니었다. 마즈다크로 하여금 종말이 임박했고 세상사가 대절정을 향해 치닫고 있다고 선포하게 만든, 공포와 희망이 뒤섞인 믿음은 기독교도들의 마음속에도 계속 출몰했다. 그리스도도 그의 제자들에게 앞으로 일어날 일, 번개가 "동편에서 나서 서편까지 번쩍임같이"[51] 그는 돌아올 것이고, 산 자와 죽은 자를 심판할 것이며, 악한 자들에게 영벌永罰을 가할 것임을 예고하였으니 말이다. 그 일들이 어느 날 어느 시에 일어날지도 물론 알 수 없다. 천사들마저 그에 대해서는 확신할 수 없다고 그리스도는 선포하였다. 하지만 그러면서도 자신의 충실한 신자들을 위해 "민족이 민족을, 나라가 나라를 대적하여 일어나겠고, 처처에 기근과 지진이 있으리니"[52]라고 하면서, 심판의 날 도래와 관련한 실마리와 징후를 조금은 알려주었다.

유스티니아누스 치세 뒤 사람들의 마음을 어지럽힌 것이 바로 성서의 이 내용이었다. 페스트만 해도 엄청난 피해를 준 첫 국면이 끝난 뒤에도, 기세가 꺾이지 않은 채 여전히 다른 시기 다른 장소에서 불쑥불쑥 모습을 드러내며 지속적으로 위협의 그림자를 던졌다. 안티오키아의 한 법률가가 슬픔으로 넋이 나가 기록한 글에도 그 점이 나타난다. "페스트의 재발로 나는 자식 여럿, 처, 다수의 친척을 잃었다. 물론 하인들도 숱하게 죽었다. 죽은 시기도 제각각이었고, 죽은 장소 또한 도시와 농촌의 구별이 없었다."[53] 모르면 몰라도 그는 나중에 손자도 잃었을 것이다. 이런 형태의 사별死別이 제국 일대와 그 너머 지역에서 되풀이 일어났다. 그러나 알고 보면 페스트도 로마인들을 괴롭힌, 마지막 날이 가까웠음을 예고하는 전조의 하나에 지나지 않았다. 페스트가 출현하기 전이었던 536년에 불가사의한 먼지구름이 하늘을 덮어 온 세상이 몇 달 동안 암흑에 휩싸인 적이 있었다.[54] 그런데 557년 12월에는 콘스탄티노플에 지진이 일어났다. 이듬해 봄에 하기아 소피아의 돔이 무너져 수리하는 데만 몇 년이 걸렸을 정도로 큰 지진이었다. 559년에는 불길한 전조의 결정판으로 야만족 군대가 얼어붙은 도나우 강을 건너 남하하여 남쪽의 그리스를 공격하고, 제국의 수도까지 넘보았다. 콘스탄티노플은 퇴역한 벨리사리우스를 다시 불러들여서야 겨우 점령의 위기를 벗어날 수 있었다. 몸은 늙어 쇠약해졌을망정 승리를 좋아하는 본색은 전혀 잃지 않은 노령의 장군이 수도를 구해 낸 것이다. 그러나 다른 곳에서는 야만족 공격의 상승 기류가 좀처럼 꺾이지 않았다. 이주성 농민 집단이었던 슬라브족만 해도 페스트가 발칸 지역을 처음 강타했던 540년대부터 그곳을 지속적으로 침략했고, 초원 지대의 사나운 유목민 아바르족도 도나우 강 너머에서 보조금을 요구하기 시작해 제국을 긴장시켰다. 그중에서도 제국의 사기를 가장 떨어뜨린 일은 역시 568년에 머리를 삭발하고 수염도 길게 기른 롬바르드족이 이탈리아를 침략한 것이었다. 그런 다음에는 반도 대부분 지역을 순식간에 점령하여 유스티니아누스가 어렵사리 이탈리아 반도를 장악한 공적을 공염불로 만들어놓았다. 결국 유스티니아누스가 죽은 지 10년도 못 되어 제국의 지배 지역은 라벤나와 로마 사이의 회랑 지대로 축소되었다. 그 많은 피와 그 많은 파괴가 수포로 돌아간 것이었다.

이런 재앙들은 과연 어떻게 설명할 수 있을까? 다른 것은 몰라도 한 가지는 답이 확실했다. 유목민들은 페스트로부터 대체로 자유로웠다는 것이다. 그러다 보니 도나우 강을 건너든 알프스 산맥을 넘어 남하하든, 그들은 현지의 수비대 병력보다 수적으로 월등히 우세할 수밖에 없었다. 벨리사리우스도 지난 559년 마지막 군사작전을 펼칠 때, 소집한 퇴역병이 기백 명에 지나지 않아 농민과 어중이떠중이로 민병대를 구성하고 나서야 겨우 콘스탄티노플을 사수할 수 있었다. 다른 곳들도 유스티니아누스가 세수를 쏟아 부어 제국 국경 변의 요새 시설을 구축하는 등 방어에 전력투구했으나, 그것들을 지킬 병력이 없다 보니 결국 헛고생만 한 꼴이 되었다. 가장 강력한 성벽도 예외는 아니었다. 그런 가운데 야만족 기병대가 로마 영토로 진격해 들어오면 잡초 무성한 들판과 버려진 마을들을 지나기 일쑤였다. 제국의 전 영토가 사실상 '황폐화'된 것이다.[55]

이 모든 일은 오래전에 예고되었다. 세상의 종말도 그리스도만 경고한 것이 아니었다. 유대인 예언자와 기독교 성자들 또한 마지막 날이 오기 전 사나운 야만족 무리가 "구름이 땅에 덮임같이"[56] 하느님의 사람들을 덮칠 것임을 예언했다. 성서에는 '곡Gog'과 '마곡Magog'이라는 불길한 명칭으로 언급된 무리들이 그들이었다. 따라서 세계가 갈수록 기독교화되고 있던 당시의 추세를 고려하면, 이 모든 음산한 비밀이 암시하는 징후는 무성한 억측을 야기할 만했다. 곡과 마곡은 누구이고, 그들은 대체 어디에 숨어 있는가, 게다가 하필이면 왜 세상의 마지막 날에 정체를 드러내려 하는가 하는 억측을 야기할 만했다는 것이다. 그런데 그 의문에 대한 답은 다소 엉뚱하게 알렉산드로스 대왕의 행적에서 나왔다. 역사가들이 오래전부터 알고 있던 내용으로, 세계 정복에 나선 알렉산드로스가 세상의 끝머리에서 산길을 발견하고 그곳을 "철문들"로 틀어막았다는 것이 행적의 전말이었다.[57] 게다가 이 이야기는 몇 세기를 거치는 동안 더욱 부풀려져서, 유스티니아누스 황제 시대에는 그 문들에 청동이 입혀졌고, 그 안에 갇힌 것은 곡과 마곡이며, "주의 성령이 임한"[58] 알렉산드로스 대왕이 천사의 격려를 받아 세웠다는 내용으로 알려졌다.

알렉산드리아의 기독교도들에게도 이는 그리 나쁜 소식이 아니었다. 자신들의 도시를 세운 지배자가 비록 악마적 이교 신의 뿔을 자랑스러워한 유감스러운 취향을 가졌을망정, 그래도 그것은 그가 처음부터 하느님의 종임을 명확히 드러낸 환영할 만한 일이었기 때문이다.[59] 그러나 전반적으로는 청동 입혀진 문 이야기가 소름 끼치는 일로 받아들여졌다. 콘스탄티노플 성벽 밖에 야만족이 모여들고 있고 온 세상이 동요하는 듯한 상황에서 명백한 결말을 피해가기는 어려울 것으로 본 것이다. 기독교도들은, 마지막 날을 알리는 또 다른 불길한 전조가 그곳에 임했다고 믿었다. 알렉산드로스 문의 걸쇠가 부서지고 휘어져 문이 열릴 것을 두려워한 사람들이 적지 않았다. 아기들의 피를 마시고 새끼 고양이를 간식으로 먹는 것쯤은 아무렇지도 않게 여기는 곡과 마곡이 세상 밖에 나올 수 있기를 학수고대하고 있는 문의 걸쇠 말이다. 그런 침입자들의 공격을 앞두고 있는 마당에, 누가 감히 미래의 세계 운명을 점칠 수 있었겠는가?

7세기를 코앞에 둔 6세기의 끝 무렵 로마인들 제국의 많은 사람들이, "현 세대는 상상도 하지 못할 불행이 다가오고 있다"[60]라고 하면서 불길한 예감으로 미래를 내다본 것도 그렇게 보면 놀랄 일이 아니다. 최악의 사태는 아직 오지 않았다는 것이 그들의 냉정한 견해였다.

· 대전쟁 ·

600년 부활절 무렵 갈릴리에 페스트가 재발했다. 기세가 얼마나 대단했던지 삽시간에 골란 고원을 넘어 팔레스타인과 접경한 덤불과 사막뿐인 광야로까지 퍼져나갔다. 접경지 거주지 중에서도 가산 왕조의 거대한 천막 도시 자비야는 특히 페스트로 인한 황폐화가 두드러졌다. 당연히 그곳에서는 페스트가 가져온 공포도 오래도록 기억되었다. 자비야의 한 시인도 이런 글을 남겼다. "그것은 마치 회오리바람처럼 맹렬히 타오르다 그 길목에 연기를 남겼다."[61]

아랍인들은 그전에는 로마인들 제국의 경계지 너머에 살았던 덕에, 페스트로 인한 최악의 사태를 비껴갈 수 있었다. 거리나 들판보다는 아무래도 사막이 감염에 덜 취약했던 것이다. 페스트가 출현한 지 반세기가 지난 무렵에도 아랍인들은 여전히 그것을 '로마인들 땅'[62]의 질병쯤으로만 여겼다. 비옥한 초승달 지대 사람들이 페스트로 거의 몰살하다시피 한 상황도, 가산 왕조와 라흠 왕조 사람들에게는 그저 기회를 의미할 따름이었다. 자신들을 후원하는 제국들의 힘이 소진되고 재정이 악화되면 통제도 그만큼 약화될 것이었기 때문이다. 페스트로 인한 참화가 최고조에 달했던 지난 540년대에도 아레타스와 문디르는 "로마, 페르시아, 어느 나라도 신경 쓰지 않고"[63] 피의 복수에만 마음껏 열중했다. 그들은 그들 특유의 원한에 찬 증오의 소용돌이에 휘말릴 때면 초강대국의 보호도 안중에 두지 않았다. 싸움의 성격도 지상의 나라들을 위해서가 아닌, 하늘의 후원자들을 위해 싸우는 양상으로 점차 변해갔다. 문디르가 아레타스의 아들 하나를 생포하게 되자, 앞전에 제물로 바친 기독교 처녀 400명에 더해 주저 없이 그를 알우자 여신에게 제물로 바친 것이 그것을 말해주는 단적인 예다. 전해지기로 라흠 왕조의 문디르는 기독교 포로들이 알우자 여신의 숭배에 동참할 때까지 고문을 가했다고 한다.

이 소식은 주상 고행 중인 시메온의 귀에까지 전해져 성자의 머리끝을 쭈뼛하게 만들었다. 그리하여 그가 즉시 가산 왕조를 위해 기도해주자, 과연 554년 아레타스는 놀라운 대승을 거두는 은혜를 입었다. 시리아 북부의 작은 도시 칼키스(그리스 에보이아 섬의 주도 칼키스와는 다른 곳—옮긴이)에서 벌어진 대전투에서 라흠 왕조의 군사를 전멸시킨 것이다. 시메온은 하늘의 힘으로 주상 고행 중인 기둥에서 전장이 내려다보이는 언덕으로 건너가 불덩이로 문디르를 죽여줄 것을 성령에게 간원하여 그에 대한 응답을 받음으로써, 아레타스의 승리에 사적으로도 기여했다. 이렇게 승리를 거두자 아레타스는 전사한 가산인들을 영웅뿐 아니라 그리스도의 대의를 위해 죽은 순교자로도 기렸다. 전사자 중에는 그의 맏아들도 있었다.

살인 행위가 약탈물을 얻을 수 있을 뿐 아니라 하늘에 대한 봉사도 될 수 있다는 이 개념이야말로 아랍인들로서는 곰곰이 따져볼 만한 매력적인 그 무엇이었다. 가산 왕조에서는 특히 이것이 하늘에 대한 봉사를 넘어서는 요소, 그들 정체성의 핵심 사안으로 재빨리 자리 잡았다. 600년 무렵에는 가산 왕조가 기독교 제국의 방패로 스스로의 이미지를 정해놓고 그것에 헌신하는 상황으로까지 발전했다. 기존 로마 체제가 582년에 가산 왕조 왕을 시칠리아로 추방하고 잠시 동안이기는 했지만 양자 간 연맹의 파기를 시도하는 등 초조감을 드러내며(그렇게 되면 제국에 대한 충성에만 몰두하지 않게 되므로) 그들을 모욕하는 행위를 되풀이하는데도, 기독교에 대한 가산인들의 충성은 흔들리지 않았다. 그들은 자신들을 신의 전사로 간주하고, 신의 전사가 아니면 아무것도 아니라고 믿었다. 그만큼 자부심이 대단했고, 다른 부족민들도 그런 가산인들을 로마와 한통속으로 보고서 모른 체하기보다는 예전에 라흠인들을 대했던 방식, 다시 말해 기사도의 전형으로 간주하게 되었다. 가산 왕조는 궁정도 매우 개방적이어서, 시인들이 전하는 바에 따르면 자비야에서는 개들마저 낯선 사람을 보고 짖는 습성을 거의 잊어버렸다고 한다. 가산인들은 심지어 하늘의 총아에 걸맞은 요리법도 가지고 있었다. 고기 스튜에 빵을 곁들이는 가산의 대표 음식 타리드의 훌륭함에 비유하는 것이 여인에 대한 최고 찬사였다니, 그 음식에 대한 자부심이 얼마나 컸는지 짐작할 수 있다.*

그러나 가산인들이 가진 영향력은 고급 요리법보다 한층 널리 미쳤다. 그들의 매력과 무적성無敵性이 만들어낸 아우라만 해도 천상의 그들 보호자들을 위한 귀중한 홍보 수단이 되어, 600년 무렵에는 심지어 라흠 왕조

---

* 이 점은 예언자 무함마드도 인정했다. 예언자가 그의 총애하는 아내를 칭찬한 말이 하디스에 이렇게 적혀 있다. "아이샤가 다른 여인들보다 우월한 것은 타리드가 다른 음식보다 우월한 것과 같다."(《사히 알부하리Sahih al-Bukhari》vol. 5, Book 57, 114)

의 왕마저 기독교도가 되었을 정도다. 당연히 히라에도 자비야에서처럼 천막들 사이에 석조 교회들이 들어섰다. 그리하여 북쪽에서 저 먼 남쪽 ─나지란의 카바에 기독교 순교자들에 대한 영광스러운 기억이 보존되어 있는─까지 아라비아의 주변부도 기독교의 물리적 징표들을 갖게 되자, 야심 찬 군사 지도자들에게는 그것이 내세에서의 구원뿐 아니라 현세에도 천사들 범주에 들 수 있는 약속의 보증수표처럼 보였다. 많은 아랍인들이 고통의 힘으로 특별히 거룩해지면 눈물의 장막 사이로 하늘의 군대가 발산하는 광휘와 불꽃 번쩍이는 그들의 검을 볼 수 있을 것으로 믿었다. 성인들이 지닌 군사적 잠재력은 문디르를 태워 죽인 불덩이로 이미 입증되었으므로, 칼키스에서 대승을 거둔 뒤로는 성 시메온의 기둥 주위 또한 그가 지닌 힘의 조그만 부분이라도 닿아보려는 전사들로 장사진을 이루었다. 가산인들은 그로부터 수십 년이 지난 뒤까지 그들의 병기고가 아닌 신앙심에서 강력한 무기를 찾았다.

이는 기독교 세례를 받지 않은 부족민들에게도 경외감을 불러일으킬 만한 태도였다. 보이지 않는 영적 영역을 가진 기독교도들의 신앙과 아랍인들의 신앙 사이에는 그만큼 겹치는 부분이 많았던 것이다. 천사만 해도 수도사만 볼 수 있는 것이 아니라 이교도도 볼 수 있었다. 두샤라 신의 숭배자들에 따르면, 그 신 역시 특별히 강력한 천사를 부관으로 거느리고 있었으며, 소조메노스에 따르면 마므레에서도 이교도 순례자들을 끌어당긴 요소는 다름 아닌 "인간들 앞에 나타난 천사들"[64]이었다는 것이다. 그러나 성마른 기독교도들에게는 이런 것들이 아무런 위안도 되지 못했다. 이교도가 친숙하다고 말한 천사들만 해도 최소한 그중의 몇몇은 지옥에서 온 천사임이 분명했다. 팔레스타인 주변부의 한 도시에서 일어난 일, 다시 말해 페스트가 극성을 부릴 때 천사의 탈을 쓴 악마들이 겁에 질린 주민들 앞에 나타나서 청동 우상을 숭배하지 않으면 죽음을 피해갈 수 없다고 엄포를 놓은 일이야말로 그것의 우려스러운 중요성을 일깨워주는 사례였다. 이것만 봐도 초자연적 사자를 대할 때는 그릇된 정보일 개연성을 언제나 염두에 둘 필요가 있었다. 그러나 아이러니하게도 이는 사막의 이교도들도 동의할 만한 일이었다. 천사의 존재를 받아들인 것과 마찬가지로 그들은 인간에게 고통을 주어 즐거움을 얻는, 불에서 나온 초자연적인 정령 진니의 악의적 행동 또한 두려워했기 때문이다. 가산인들은 심지어 페스트의 창궐도 진니들이 준 괴로움 탓이라고 믿었다.[65] 그러니 아랍계 기독교도로서는 하늘의 전장에서 싸우는 전투원들을 생각해서라도 이교도 상대를 혼란에 빠뜨릴 생각은 하지 못했을 것이다. 진니와 악마는 구분이 안 갈 정도로 경계가 흐릿했기 때문이다. 그렇다면 여신과 천사 간의 경계도 흐릿했을까? 그럴 가능성이 컸다. 하늘의 사자들은 추종자들 앞에 엇비슷한 형상으로 나타나기를 좋아하는 듯했기 때문이다. 모르면 몰라도 로마 속주에 현시한 천사들도 제국 관료들이 하듯 대형 메달과 "밝은 진홍색 띠"[66]로 멋을 부렸을 것이다. 그렇다면 그리스도의 광휘가 아직 절반밖에 비치지 않은 아랍 지역에서는, 천사들도 절반의 모습으로 나타나는 것은 물론 때에 따라서는 이교 신의 호칭을 채택하는 것도 충분히 가능했을 것이다. 알우자와 같이 과거와 미래 사이에 낀, 이교 신도 아니고 유일신도 아닌, 기괴하고 일그러진 모습의 어스름한 빛에 머물러 있을 수도 있었다는 얘기다.[67] 사정이 이럴진대 어느 누가 알우자의 미래, 그 여신이 악마가 될지 천사가 될지 혹은 완전히 잊힐지를 장담할 수 있었겠는가?

페스트 창궐 이후 몇십 년 동안 저 먼 남쪽의 아라비아로까지 성지의 경계가 확장된 것은 의심할 바 없는 사실이다. 하지만 이는 기독교 제국의 힘이 커져서가 아니라 약해진 결과였다. 비옥한 초승달 지대뿐 아니라 남부 변경지 전역에서 힘의 균형에 현저한 변화가 생긴 결과였다는 말이다. 논평가들이 불만스럽게 토로한 표현을 빌리면, 카르타고만 해도 "한때는 셀 수도 없이 많았던 (제국) 군대가 전쟁과 다를 바 없는 페스트로 인해 수효가 급감한 반면, 사악한 부족들이 입은 피해는 크지 않았다."[68] 제국 군대의 힘이 미치지 않는 산속에 숨어 지내던 북아프리카의 원주민 베르베르족이 그때를 기점으로 성가신 존재에서 위협적 존재가 되기 시작한 것도 그래서였다. 페스트의 참화를 모면한 아라비아의 사막 유목민도, 로마인들의 고통에서 기회를 감지했다. 그들은 슬라브족이나 아바르족처럼 수효가 많지는 않았지만 갈수록 활동력이 왕성해져서, 600년 무렵에는 급기야 아랍 이주민(아랍어로는 무하지룬muhajirun)이 팔레스타인과 아라비아 반도의 홍해 연안 북쪽 절반에 연한 히자즈(헤자즈) 사이 지역에 정착하는 상황이 되었다. 이렇게 되자 주드함, 아밀라, 발리와 같이 불과 몇십 년 전만 해도 제국 당국으로서는 금시초문이던 부족민들이 로마의 동맹 부족 명부에 이름을 올리게 되었다. 그러나 이들이 로마의 진정한 동반자였는지, 아니면 보조금으로 매수당한 골치 아픈 난입자들이었는지는 분명하지 않다. 허세는 심지어 호시절에도 가장 작동이 잘된 방식이어서, 치밀한 조사를 벌이지 않는 한 그것을 알 도리가 없기 때문이다.

다만 분명한 것은 팔레스타인 속주 당국이 완충 지대를 순찰할 동맹군을 필요로 했다는 사실이다. 인력과 세수 격감은 북서부 전선에도 고통을 주었지만, 성지의 변경지 변에는 더욱 파괴적 영향을 미쳐 대규모 병력

감축을 야기했다. 실제로 페스트가 출현한 이후 그곳 군대는 거의 해체되다시피 했다. 요새들도 황폐해져 잡초, 자칼, 수상한 고행자들이 들끓었다. 그랬던 만큼 개혁도 철저히 효율성 위주로 진행되었으나, 그래도 분명한 원칙이 있었다. 페르시아를 가장 큰 적으로 상정한 것이다. 약탈적 유목민도 성가시기는 했지만, 사산 왕조의 위협에는 비할 바가 아니었다. 호스로우가 시리아 도시들을 수탈한 지 60년이 지났는데도 이란샤르와의 변경지는 이렇듯 여전히 로마 전략가들의 최우선 순위이자 모든 악몽의 근원으로 남아 있었다. 그러다 보니 또 어렵사리 긁어모은 재원도 그곳 수비대에 집중 투입할 수밖에 없었다. 그렇게 되자 지난날 부유했던 시리아의 옛 도시들이 불황과 가난으로 고통 받을 때도 이란샤르의 접경 지대만 나 홀로 불황을 이겨나가는 결과가 초래되었다.[69]

따라서 변경지 너머의 아랍인들, 더 많은 돈벌이를 원하는 아랍인들에게도 그곳은 로마의 금으로 배를 채울 수 있는 지역으로 보일 만했다. 향신료 무역이 붕괴한 이래, 그들로서는 더할 나위 없이 좋은 교역 조건을 만난 것이었다. 페스트는 시리아의 도시들뿐 아니라 농촌 지역도 황폐하게 만들었다. 되풀이된 페스트의 창궐로 수확량도 급감했다.[70] 들녘에는 곡식이 웃자라고, 사과와 포도가 썩어가며, 소, 양, 염소 들이 야생으로 돌아간 모습을 보고 어느 행인이 "땅이 온전히 공허하게 되고 온전히 황무하게 되리라"[71]는 예언자 이사야의 말을 인용해 탄식한 것도 그렇게 보면 놀랄 일이 아니다. 하지만 로마 수비대는 물자가 필요했다. 병사들을 먹일 식량, 말과 짐 나르는 짐승에게 줄 여물도 필요했고, 갑옷, 방패, 천막을 만들려면 가죽도 있어야 했다. 게다가 평시라면 육로 운송에 드는 비용 때문에 이런 기본 물품을 팔아서는 본전 뽑기도 힘들었으나, 당시는 페스트를 겪은 뒤였으니 평시가 아니었다. 그리하여 아랍인들은 몇 세기 만에 처음으로 수요가 공급을 초과하는 시장에서 갑 노릇을 하게 되었다.

그렇다고 로마인들만 그들에게 유리한 교역 조건을 제공한 것도 아니었다. 페르시아도 거기에 한몫했다. 페스트는 시리아만 쑥대밭으로 만든 게 아니라 메소포타미아도 황폐하게 만들었기 때문이다. 다라 성벽의 망루에서 바라보면 페르시아는 예전처럼 여전히 막강해 보였다. 그러나 알고 보면 서쪽의 적 못지않게 그들도 페스트가 남긴 끔찍한 유산에 신음했다. 유스티니아누스에 뒤질 것 없던 호스로우의 성공도 페르시아를 위험에 노출하는 역할을 했다. 557년 과거 한때 이란샤르에 치욕과 파멸을 안겨준 헤프탈족을 격파하고 그 종족의 씨를 말려 호칭만 남게 만든, 그의 치세를 빛낸 가장 위대한 승리도 알고 보면 값비싼 대가를 치르고 얻은 것이었다. "너부죽한 면상에 속눈썹도 없는 추악하고 무례한 폭도"[72]인 투르크족과의 연합으로 얻은 승리였기 때문이다. 승리의 몫을 게걸스럽게 탐하는 버릇이 있던 투르크족은 얼마 뒤에는 또 헤프탈족이 그랬듯 이란샤르 북쪽 경계지에 근거지를 마련하여 페르시아를 위협하기도 했다. 게다가 그들은 유목민인 탓에 페스트의 영향도 거의 받지 않았고, 아바르족보다 수효가 많다 보니 그 종족의 칸(지배자)도 도망 노예쯤으로 무시하며 오만한 태도를 보였다. 호스로우는 이렇게 북쪽에서는 투르크족의 압박을 받고, 서쪽 전선으로부터는 언제나 그렇듯 로마인들의 압력을 받으며, 유스티니아누스가 그랬던 것처럼 다수의 국경에서 필사적으로 사투를 벌였다. 나이 팔십 줄에 들어서도 그는 여전히 원정 중이었다. 그래서였을까, 신빙성 있는 기록에 따르면 579년 숨을 거둘 무렵에는 그도 마침내 "전쟁에 대한 흥미를 잃었다"[73]고 한다.

그의 죽음으로 이란샤르의 고조되는 위기를 어떻게 대처할 것인가는 이제 그의 아들 호르미즈드 4세(재위 579~590)의 과제로 남겨졌다. 호르미즈드는 훗날 "힘없고 곤궁한 백성들에게 자비를 베푼 것으로"[74] 사람들에게 오래도록 기억되었다. 그런 인물답게 이란샤르의 위기도 페르시아 귀족들의 부를 몰수하여 타파하려고 했다. 호르미즈드는 귀족들의 축재를 비난하고, 그들의 재산을 몰수해 가난한 사람들을 돕는 것은 물론 호스로우조차 엄두내지 못했던 일, 다시 말해 그들의 힘도 완전히 꺾어놓으려고 했다. 그의 조치가 갈수록 페스트 이후 유스티니아누스가 썼던 정책을 답습한 듯한 중앙집권적 냄새를 풍기게 된 것도 그래서였다. 문제는 페르시아 귀족이, 방관자적 태도로 비난하거나 불평하는 선에서 그친 로마 귀족과는 달랐다는 점에 있었다. 그러던 중 590년 미흐란 가문의 지도자인 바람 쿠빈(바흐람 코빈) 장군이 로마군에 사소한 패배를 당하자, 호르미즈드가 그에게 여자 옷을 보내 입도록 하여 모욕하는 일이 벌어졌다. 훗날 회자된 말이므로 진위 여부는 알 수 없다. 하지만 어찌됐든 원정이 재개되자 바람 쿠빈이 곧장 진격해 들어간 곳은 로마인들의 땅이 아닌 크테시폰이었다. 그가 접근 중이라는 소식이 들리자 파르티아의 다른 두 왕가도 수도에서 쿠데타를 일으켰다. 그러고는 속전속결로 호르미즈드를 폐위시키고 소경으로 만들어 처형한 다음 그의 어린 아들을 호스로우 2세로 선포했다. 100년 전 페로즈의 죽음 뒤에 찾아온 암흑기 이래 사산 왕조가 이렇게 곤경에 처하기는 처음이었다.

그런데 정작 최악의 사태는 이제야 터지려 하고 있었다. 바람 쿠빈이 가장 대담했던 그의 조상들조차 생각하지 못했을 행동을 한 것이다. 그는 호르미즈드를 내친 것에 만족하지 않고 최후의 불경스러운 조치를 취하여, 스스로 페르시아 왕임을 선포했다. 사산 왕조 못지않게 조로아스터교 교회에도 우주 질서를 파괴하는 것으로 비칠 수 있는 행동이었다. 우주를 구성하는 두 요소 중 하나 없이는 다른 하나도 생존할 가망이 없기 때문이었다. 그러나 바람 쿠빈도 주눅 들지 않고 그에 대한 답을 기활 좋게 내놓았다. 자신을 위대한 미흐르 불의 살아 있는 화신이라고 선언한 것이다. 아닌 게 아니라 개연성이 다분해 보이는 마지막 날이 다가오고 있는 게 사실이라면, 이란샤르에 필요한 것은 왕보다는 구세주였다. 그래서 바람 쿠빈도 그것을 알고 마즈다크의 전략을 흉내 내 자신을 구세주라고 주장한 것이었다. 그의 반란으로 세계가 종말의 위협에 처해졌다고 말하는 고위 사제들에게 휘둘리기보다는, 그것을 대놓고 즐기는 모양새를 취한 것이다.[75]

그러나 결과적으로 그가 사산 왕조의 제위를 차지한 기간도 고작 1년에 지나지 않았다. 호스로우 2세가 미흐란가와 경쟁관계에 있던 파르티아 귀족들의 당연한 도움을 받고, 게다가 뜻밖에도 동로마의 새로운 황제 마우리키우스의 지원까지 받아, 찬탈자를 격파하고 제위를 되찾았기 때문이다. 투르크족에게로 달아났던 바람 쿠빈은 머지않아 그곳에서 사산 왕조 첩자들에게 암살당했다. 그리하여 하늘과 땅의 질서도 다시금 회복된 듯했다. 하지만 이것도 결국 거대한 착각이었음이 드러났다. 사물의 체계가 붕괴 직전에 놓였다고 본 바람 쿠빈의 예감은 과연 적중하는 듯했다. 그의 반란으로 촉발된 폭력이 마치 페스트가 퍼져나가듯 다른 지역으로도 광범위하게 확산될 조짐을 보였기 때문이다. 콘스탄티노플에서 나타난 그 일의 결과 또한 크테시폰에서와 마찬가지로 치명적이었다.

마우리키우스(재위 582~602)가 원로원의 권고를 무시하면서까지 사산 왕조를 지원한 것은 지출을 줄여야 하는 절박한 사정 때문이었다. 그리고 이는 적어도 처음에는 대성공을 거두는 듯했다. 제위를 되찾은 호스로우 2세가 자신을 도와준 데 대한 감사의 표시로 황제와 평화협정을 체결해 주었기 때문이다. 그런데 여기에 고무된 마우리키우스가 착각하여 병사들의 급여까지 긴축하는 어처구니없는 실책을 저질렀다. 아니나 다를까, 588년에 보조금을 헙헙하게 써 버릇해온 동방의 군대가 긴축에 항의하는 폭동을 일으켰다. 지휘관이 에데사에서 그리스도 자화상까지 가져와 들이대며 굴복시키려고 하자 "폭도들은 미혹에서 깨어나기는커녕 형언할 수조차 없이 신성한 그 물건에 돌 세례를 퍼부었다."[76] 그로부터 10여 년이 지난 602년에는 도나우 강 너머 발칸 지역에서도 병사들이 공개적으로 반란을 일으켰다. 바람 쿠빈과 마찬가지로 예의범절 따위는 안중에도 없는 백인대장 포카스가, 로마의 어느 지휘관도 해본 적 없는 일을 결행하기로 마음먹고 콘스탄티노플로 진격해 들어왔다. 그리하여 수백 년 동안 "국내에서든 국외에서든 황제가 적의 손에 스러져본 적 없는"[77] 기독교 제국의 큰 자랑거리가 땅에 짓뭉개지고 말았다. 반도들을 피해 달아나려던 마우리키우스는 칼케돈에서 체포되어 참수되었다. 그의 시신도 히포드롬에 전시되어 군중의 조롱거리가 되었다. 그러나 찬탈자 포카스도 8년 뒤에는 폐위되어 생식기를 절단당하고 살가죽이 벗겨지며 수급도 장대에 꿰어져 콘스탄티노플 거리를 돌아다니는 수모를 당했으니, 마우리키우스의 운명보다 나을 게 없었다. 새로운 로마는 아무래도 살인의 독소에 깊이 중독된 듯했다.

얄궂은 것은 살인의 독소를 해독할 만한 인물도 포카스를 실각시킨 파벌의 지도자일 수밖에 없었다는 사실이다. 아르메니아 혈통을 가진 신임 황제 헤라클리우스가 그 주인공이었다. "훤칠한 키에 용모 또한 준수하고 용맹함까지 갖춘 타고난 싸움꾼"[78]인 헤라클리우스는, 아버지가 총독으로 있던 카르타고에서 원정군을 이끌고 와서 해상작전으로 포카스를 실각시켜 거의 실행 불가능한 일을 성공시킴으로써 자신의 능력을 유감없이 발휘해 보였다. 그런 그가 지금 로마의 그 모든 기나긴 역사의 과정에 불어닥친 폭풍들 못지않게 맹렬한 폭풍의 한가운데서, 자신이 가진 숱한 재능을 시험해볼 수 있는 긴박한 순간을 맞이한 것이다. 바람 쿠빈이 이란샤르에서 감지했던, 시대의 종말이 오는 듯한 조짐이 콘스탄티노플에서도 나타나고 있었기 때문이다. 도시의 십자가들이 흔들리고 경중경중 뛰어 돌아다니는 현상은 누가 봐도 우주적 악마의 출현을 예고하는 것이었다. 무게 20킬로그램이 넘는 코르셋을 착용하고 상추만 먹고 살 만큼 성덕의 표본이며, 제국의 가장 고명한 살아 있는 성자 (시케온의) 테오도루스도 지상에 악마가 출현하는 것은 시간문제라고 보았다. "수많은 야만족이 침략하여, 전 세계에 엄청난 피를 뿌리고, 파괴를 자행하며, 포로를 사로잡고, 성스러운 교회들을 황폐화시킬 것"이라고 예견한 것이다. 그런 다음 그는 섬뜩한 어조로 "제국이 멸망하리라"는 충격적인 예언을 했다.[79]

그것은 물론 시대의 종말을 예고하는 것이었다. 그런데 놀랍게도 헤라클리우스가 즉위한 지 10년도 지나기 전에 그 예언은 단순한 가능성을 넘어 끔찍한 가능성으로 변했다. 콘스탄티노플이 파벌 싸움에 골몰하는 상황을 크테시폰이 놓치지 않은 것이다. 호스로우 2세는 그때까지도 여전히 파르티아 귀족들의 기세에 눌려 파리함을 벗어나지 못하고 있었다. 그리하여 자신의 권위에 혈색을 입힐 방법을 암중모색하던 중, 마우리키우스의 폐위에서 정적들이 딴생각을 하지 못하게 할 수 있는 완벽한 기회를 포착한 것이었다. 그들을 외국 정벌에 종사케 하려는 것이었다. 황제를 그렇게 기쁘게 애도하는 광경은 이란샤르도 처음 접해보는 광경이었다. 그러므로 비록 호스로우가 "전쟁을 증오하는 왕으로"[80] 스스로를 규정하기는 했지만, 충심이 상처 받았다는 핑계를 들어 살해된 은인의 보복자인 연하는 것은 전혀 어려울 게 없었다.

그리하여 페르시아의 공격이 시작되었다. 호스로우는 전통대로 다라 요새에 진을 치는 것으로 원정을 개시했다. 아니나 다를까, 콘스탄티노플 당국이 파벌 싸움으로 어수선해지면서 방치되었던 다라의 성벽은, 3년 동안 공방전을 치른 끝에 페르시아군에 무너지고 말았다. 그로부터 3년 뒤인 609년에는 아미다가 나가떨어졌고, 610년에는 그리스도의 보호받는 도시로 알려진 에데사마저 페르시아군에 성문을 열어주었다. 그리하여 시리아뿐 아니라 아나톨리아와 팔레스타인마저 졸지에 샤한샤의 군대 앞에 무방비로 노출되는 아찔한 상황이 연출되었다. 반면에 페르시아 왕에게는 그것이 키루스 대왕 시대 이래 처음 가져보는 황홀한 기회, 서쪽 지역을 정복할 수 있는 절호의 기회였다. 호스로우도 당연히 이게 웬 떡이냐 싶어 그 기회를 덥석 부여잡았다.

공격이 시작되자, 페르시아의 부대 하나는 가는 곳마다 약탈과 노예사냥을 하고 살해를 일삼으며 아나톨리아 깊숙이 진격해 들어갔다. 614년에는 심지어 에게 해 연안의 도시 에페소스마저 불태웠다.[81] 두 번째 부대는 미흐란가의 장군 샤흐르바라즈의 지휘 아래 남쪽 지역을 공략했다.[82] 약탈을 하고 점령 지역을 병합하는 것이 그의 임무였으나 결과적으로는 호스로우의 가장 큰 희망마저 뛰어넘는 대성공을 거두었다. 615년 무렵에는 시리아 전역과 팔레스타인을 점령하고, 그곳들에 있던 전차 경주장들마저 폴로 경기장으로 개조했으니 말이다. 4년 뒤에는 호스로우가 이집트의 지배자가 되었다. 사산제국을 창시한 아르다시르 1세 이래 페르시아의 왕중왕이라면 누구나 꿈꾸었을 희망, 진정으로 보편적인 세계 왕국의 실현이 마침내 눈앞에 보이는 듯했다. 반면에 로마인들의 제국은 절멸의 위기에 처했다.

"넷째 짐승은 곧 땅의 넷째 나라인데 이는 모든 나라보다 달라서 천하를 삼키고 밟아 부서뜨릴 것이며."[83] 예언자 다니엘이 꿈에서 본 이 환상을, 천사는 그 짐승이 죽임을 당하고 "붙는 불에 던진 바 되었으니"[84] 하느님의 사람들이 온 땅을 물려받게 될 것으로 해몽을 했다. 그런데 교회 당국이 오래전에 승인한 기독교도들의 견해에 따르면, 이 예언은 로마의 이교 조직이 당할 운명이었다. 반면에 새로운 로마의 기독교 제국에서 벌어진 내홍을 아는 유대인이라면 충분히 다른 해석을 내놓을 만했다. 실제로 이제는 메시아의 현현이 오래 지연되지 않을 것이라는 희망을 서슴없이 피력하는 유대인이 적지 않았다. 곡과 마곡이 "세차게 충돌하여 민족들의 가슴이" 공포로 가득 차게 되고, 그리하여 "이스라엘이 죄를 씻게 되는" 날이 오리라는 것이었다.[85]

그러다 보니 이 모든 기대가 쏠리는 곳 또한 당연히 예루살렘이었다. 그런 가운데 614년 여름에 샤흐르바라즈가 예루살렘 성문 앞에 나타나자, 예루살렘 총대주교는 성도가 이교도 손에 떨어질 수 있는 절체절명의 위기를 맞았는데도 그 끔찍한 개연성을 결코 받아들이지 않으려 했다. 안티오키아가 당한 운명을 떠올리며 허겁지겁 침략군과 항복 협상을 벌인 대다수 다른 도시 당국들과 달리 그리스도의 보호에만 끈덕지게 매달린 것이다.[86] 아니나 다를까, 3주 뒤 예루살렘은 결국 페르시아군의 공격을 받왔고, 이어 무지막지한 살육이 벌어졌다. 거리에 나뒹구는 시체가 5만여 구에 이르고, 총대주교를 포함하여 포로로 끌려간 기독교도도 3만 5000명에 달했다고 전해진다. 포로들만 잡혀간 것이 아니었다. 기독교 제국을 통틀어 가장 귀중한 보물, 페르시아군이 다가오고 있다는 소식에 채소밭에 묻어두었던 참 십자가(예수가 못 박힌 십자가)마저 빼앗겼다. 이 치욕스러운 소식에 로마권 전역이 전율한 것은 두말할 나위가 없었다. 대다수 기독교도들이 유대인들에게 그 탓을 돌린 것 또한 두말할 나위가 없었다. 그런 재난은 유대인의 과오가 아니고서는 일어날 수 없다는 것이 그들의 생각이었다. 소문내기 좋아하는 사람들은 페르시아의 첩자 노릇을 하고, 성문을 열어주며, 예루살렘 처녀들을 학살로 이끈 주범도 유대인이라고 주장했다. 가장 끔찍한 소문은 역시 예루살렘 공방전이 끝난 뒤 기독교도 4500명가량을 체포하여 그들 앞에 칼을 들이대며 개종을 요구한 것이 거절당하자 모조리 도륙한 이들 또한 유대인이었다는 주장이었다. 진위가 가려지지 않았는데도 이는 사실처럼 유포되었다. 유대인들이 노골적으로 희희낙락한 것도 그런 믿음을 부추겼다. 예루살렘이 페르시아 손에 넘어가기 무섭게 '후시엘의 아들 느헤미야'*라는 불가사의한 인물이 전면에 나서더니, 도시의 유대인들을 성전산으로 이끌고 가서 제단을 쌓은 뒤 500년 만에 처음으로 모세의 율법에 따라 제물을 바친 것이다. "거룩한 신전을 세울 수 있는" 기회가 마침내 찾아왔다는 듯이.

하지만 그것도 잠시였을 뿐, 유대인들이 품었을 그 모든 짜릿한 희망은 머지않아 무참히 깨지고 말았다. 페르시아도 로마 못지않게 유대인의 요

---

* 본명이 아닐 가능성이 농후하다. 본래의 느헤미야는 기원전 5세기 페르시아제국 밑에서 예루살렘 총독을 지낸 인물로, 구약성서의 느헤미야도 그의 이름에서 따온 것이다.

구에는 아량을 보이지 않으면서, 신전을 새로 짓도록 허락하지 않은 것은 물론이고, 어쭙잖은 유대인이 메시아를 주장하는 것도 방관하지 않았던 것이다. 예루살렘을 점령한 지 불과 몇 개월 후 페르시아는 느헤미야를 체포하여 선동죄로 처형했다. 이렇게 보면 그가 진정으로 메시아를 주장했는지는 모르겠지만, 넷째 짐승이 불에 탄 뒤 "권세와 영광과 나라를"[88] 얻을 것으로 다니엘이 예언했던 그 '인자^{人子}'가 되지 못했던 것은 분명하다.

북쪽에서도 헤라클리우스가, 유대인이 품었을 희망의 관에 대못 박을 준비를 하고 있었다. 그도 물론 위난에 처해 있었다. 그러나 헤라클리우스는 그런 상황에도, 그의 제국에도 절망하지 않았다. 호스로우 2세가 허장성세적 정복에 쏟아 부은 10년을 그는 자신의 권력 기반을 공고히 다지는데 바쳤다. 그리하여 624년에 마침내 믿는 도끼에 발등 찍힐 염려 없이 홀가분하게 원정을 떠날 수 있는 기반을 조성하는 데 성공했다. 그것은 승산을 위해서는 더할 수 없이 중요한 요건이었다. 그가 품은 궁극의 야망이 그 원정에 달려 있었기 때문이다. 바다를 가로지르는 대담한 작전으로 포카스를 실각시켰을 때처럼, 이번에도 그는 아르메니아 산맥을 넘는 계략으로 "악의 근원을 뿌리째 뽑아버릴"[89] 생각이었다. 제국의 재정과 병참을 총동원해 원정군을 조직하는 사실상 최후의 방어선을 치려는 것이었고, 그런 만큼 위험한 도박일 수밖에 없었다. 따라서 그로서는 벼랑 끝에 선 것 같은 위기감을 느낄 만했고, 그런 불안감을 그는 유대인이 하듯 성서를 통해 안정시키려고 했다. "그리하여 헤라클리우스가 〈다니엘서〉에서 찾아낸 것은 '한 숫염소가 서편에서부터 오니, 그것이 동편에서 온 숫양의 뿔을 꺾어버릴 것이라'는 구절이었다. 황제는 그제야 뛸 듯이 기뻐하며, 페르시아와 맞서는 모든 전투에서 승리할 것임을 확신했다."[90]

현실에서도 일은 그대로 진행되었다. 헤라클리우스가 콘스탄티노플을 비운 기간만 해도 장장 4년이었는데, 그것이 군사 역사상 가장 찬란한 전과의 하나로 완결되었으니 말이다. 물론 전투 자체는 잔혹하게 진행되었고, 황제와 그의 소규모 군대가 로마의 대의를 지켜내는 것도 쉽지는 않았다. 하지만 그럼에도 이 놀라운 원정의 가장 중요한 측면은 로마의 대의보다는 신앙과 신앙이 맞대결을 벌인 데 있었다. 예루살렘 약탈이 있기 직전 팔레스타인에서는 천상의 군대가 하늘에서 격돌하는 모습이 관측되었다. 그런데 지금 타락한 지상에서는 그 못지않게 거룩한 전투가 벌어지려 하고 있었다. 헤라클리우스는 가산인들의 본을 따라 주저 없이 스스로를 그리스도의 전사로 선언했다. 자신의 생명과 제국의 생존뿐 아니라, 기독교 신의 모든 권능마저 위험에 빠뜨린 행위였다. 그의 가장 귀중한 재산인 콘스탄티노플을 담보로 내걸 만큼 황제의 각오는 비장했다. 626년에 호스로우 2세가 샤흐르바라즈에게 보스포루스 해협으로 진격할 것을 명령했을 때도, 그는 수도에 있는 그의 기독교도 백성들이 하느님의 보호 아래 안전하게 있으리라는 것에 한 점 의혹을 갖지 않았다. 최신식 공성탑과 투석기로 무장한 아바르족이 북쪽에서 내려와 페르시아군에 합류하는데도, 그는 원정 계획을 포기하지도 이란샤르에서 퇴각하지도 않았다. 그의 이런 확신은 과연 후한 보상을 받았다. 성모 마리아가 수도를 직접 수호해주신 것이다("단정하게 차려입은 여인"[91]의 모습을 한 성모의 실루엣은 성벽 위에 있던 아바르족 칸의 눈에도 얼핏 보였던 것으로 전해진다). 비잔티움 함대가 보스포루스 해협으로 출진하여 페르시아 수송 함대를 격침시킨 것도 수도 방어에 도움이 되었다. 페르시아군과 아바르족은 콘스탄티노플 성벽에 대한 대대적인 포위공격을 벌인 지 고작 2주 만에 결국 철수하고 말았다. 콘스탄티노플 시민들도 이런 궁극의 시험으로 단련되어서인지 마침내 이제는 스스로를 하느님의 사람들로 인식하게 되었다.

한편 헤라클리우스는 머나먼 이란샤르에서 "파괴적이고 파멸적인 호스로우"[92]의 백성, 불을 숭배하는 페르시아인들에게 그들의 지도자가 하늘의 저주를 받았음을 보여주기에 여념이 없었다. 빈약한 그의 재원으로는 감당하기 힘든 점을 감안하여 직접적이고 즉각적인 군사 정복이 아닌, 사산 왕조 위신의 토대를 붕괴시키는 방식으로 그 목표를 달성하려고 했다. 그가 원정의 시작을 종마의 불에 대한 공격으로 시작하여 외로운 산꼭대기에 세워진 그 신전을 급습하여 불태운 것도 모자라 여신까지 짓밟아버림으로써 불씨 하나 남기지 않고 철저히 파괴한 것도 그래서였다. 잇따른 승리에 기세가 오른 헤라클리우스는 그다음에는 메디아의 산을 내려와 메소포타미아의 광활한 진흙 벌을 가로지르는 피의 질주에 나섰다. 그리하여 운하, 도로, 마을 들을 주검들로 오염시킨 뒤 627년 12월에는 드디어 호스로우 2세의 왕궁들을 공격하여, 궁전 관리자들을 포로로 사로잡고, 타조와 호랑이 등 왕궁 정원에 있던 동물들을 불에 구워 병사들에게 먹이며, 비단, 카펫, 보고에 들어 있던 향신료 부대들은 몽땅 불살라버렸다. 그러고는 "모든 것이 타버리기 전에 우리 함께 불을 꺼보도록 합시다"[93]라는 글을 대적(호스로우)에게 써보냈다. 하지만 그 편지가 전해지기도 전에 크테시폰 성벽에서는 이미 그의 병사들이 놓은 불길이 너울거렸다.

모르면 몰라도 헤라클리우스는 그동안 샤흐르바라즈와 내통하고 있었을 것이다.[94] 콘스탄티노플 포위공격이 실패로 돌아간 뒤 샤흐르바라즈가 호스로우 2세에게 계속 미운털이 박혀 있었고, 그런 탓에 그의 군대가 시리아에서 하릴없이 빈둥거리고 있었던 것도 그렇게 볼 수 있는 요인이다. 그런 중에 샤한샤가 헤라클리우스의 군대 앞에서 허둥지둥 도주하는 모습을 보이자, 샤흐르바라즈도 망설임 없이 사산 왕조에 대한 미흐란가의 오랜 변절의 역사에 보탬이 되기로 하고, 호스로우 2세의 등에 배신의 칼을 꽂았다. 628년 2월 23일 샤흐르바라즈의 두 아들이, 만성 이질을 앓고 있어 꼴이 말이 아니었던 군주를 체포해 왕궁에 감금을 한 것이다. 그들은 왕 앞에 "금은과 보석 무더기만 산더미처럼 쌓아놓고"[95] 음식은 주지 않았다. 그렇게 닷새 동안 배를 쫄쫄 굶기고, 말 그대로 그 자리에서 똥을 싸게 한 뒤 엿새째 되는 날 활로 쏘아 죽였다. 그로써 25년 동안 맹위를 떨치며 동서의 가장 먼 변경까지 파괴를 만연시킨 대전쟁은 마침내 종지부를 찍었다.

승리의 일등공신은 말할 것도 없이 헤라클리우스였다. 페스트와 전쟁으로 생지옥이 된 세계에서 무엇보다 중요한 것은 하늘의 지지를 받고 있다는 신념에 찬 주장이라고 믿은, 그의 통찰력이 가장 완벽한 방식으로 옳았음이 입증되었다는 의미에서다. 물론 크테시폰의 성벽들은 소규모 로마 침략군의 공격에는 끄떡도 하지 않았고, 호스로우가 정복한 서쪽 지역들 또한 페르시아 수비대가 굳건히 지키고 있었으니 군사적으로는 호스로우를 눌러 이겼다고 할 수 없었다. 그러나 호스로우의 위신과 권위를 추락시키는 데는 성공했다. 오죽하면 페르시아 백성들마저 예전이라면 상상도 못했을 일, 다시 말해 사산 왕조가 파르(신의 은총)의 버림을 받은 것은 아닌지를 자문하는 지경이 되었다.

당연히 629년 여름에 양측이 대전쟁을 종결짓는 강화조약을 체결할 때 헤라클리우스의 협상 상대로 나선 이도, 제위에 위태롭게 앉아 있던 호스로우의 일곱 살 난 손자가 아닌 샤흐르바라즈였다. 동로마 황제와 파르티아의 군주 모두 어린 샤한샤를 제쳐둔 채, "페르시아가 점령한 모든 영토를 로마에 돌려주기로 하는 안에 자기들끼리 합의를 한 것이다."[96] 조약 체결이 끝나자 헤라클리우스는 샤흐르바라즈에게 살짝 윙크를 날리며 제위를 노린다면 지원해주겠다는 의사도 밝혔다. 샤흐르바라즈도 당연히 권력 장악을 원했다. 630년 4월에 그는 어린 왕을 살해하고 샤한샤를 선언했다. 하지만 샤흐르바라즈도 고작 40일 뒤에 정변이 일어나 살해되었다. 바야흐로 사산 왕조의 다채로운 생령들이, 다채로운 파르티아 후원자들을 등에 업고 서로를 찢고 할퀴는 진흙탕 싸움에 돌입한 듯했다. 물고기와 마찬가지로 이란샤르도 머리부터 썩어가고 있는 것이 확실했다.

그러나 페르시아가 이렇게 추락하는 권위와 위신을 부여잡기 위해 안간힘을 쓰고는 있었지만 동로마도 마음 편히 있을 입장은 아니었다. 헤라클리우스도 알고 있었듯이 페르시아와 비슷한 운명을 당하지 않으려면 방책을 시급히 세울 필요가 있었다. 승리로 의기양양한 데다 그리스도의 수호까지 받는 도시 콘스탄티노플에서마저 고갈의 분위기가 뚜렷이 감지되었기 때문이다. 수도 근교만 해도 아바르족에게 유린된 채 방치되어 있었고, 교회도 전쟁 비용을 대느라 빈털터리가 되어 있었다. 여타 지역 속주들도 그와 다를 바 없이 페르시아군에 제한적으로 점령되었을 뿐인데도 파괴의 흔적은 오히려 더 많았다. 요새들만 해도 검게 그을린 데다 문도 없었고, 들판에는 산적이 날뛰었으며, 약탈당한 도시들에는 잡초만 무성하게 자랐으니 말이다. 한마디로 제국 전역이 불에 타고, 약탈당하고, 인구가 감소한 여파로 심한 몸살을 앓고 있었다.

따라서 그 시점에는 위축된 속주민들에게 로마의 지배에 복종하는 습관을 되찾게 해주는 것도 중요했지만, 그보다는 헤라클리우스가 거둔 승리가 곧 하느님의 승리였다는 확신을 심어주는 것이 급선무였다. 헤라클리우스가 샤흐르바라즈와 강화 협상을 벌일 때 참 십자가의 반환을 일차적으로 요구한 것도 그래서였다. 그리하여 630년 3월 21일 마침내 그는 몸에 걸치고 있던 황제의 모든 표상을 벗고 고귀한 유물만을 몸에 지닌 채, 그리스도가 골고다 언덕으로 갈 때 그랬던 것처럼 맨발로 걸어서 예루살렘으로 들어갔다. 그가 왕관을 벗고 말에서 내린 것은 천사가 그에게 친히 내려준 조언 때문이었다고 하니, 헤라클리우스로서는 그보다 더한 광영도 없었을 것이다. 구세주의 마지막 여정을 따라하라는 하늘의 명을 받았으니 말이다.

헤라클리우스가 예루살렘에 참 십자가를 돌려준 것은, 그리스도의 대의를 지킨 위대한 승리를 가장 충성스럽게 표현한 행위였다. 하지만 그 못지않게 그것은 기독교 제국이 적국에 의해 망각의 가장자리로 밀려나는 일은 두 번 다시 없게 하겠다는 단호한 의지의 표명이기도 했다. 그가 예루살렘에 참 십자가를 돌려주러 갈 때, 일부러 티베리아스에 들러 페르시아 점령 기간에 그곳 교회들을 박해한 행위로 악명 높았던 부자 유대인을 만난 것에도 그 점이 드러난다. 황제가 기독교도들을 학대한 이유를 묻자, 그 유대인은 음흉스럽게 "왜냐굽쇼? 제 종교의 적이기 때문이지요"[97]라고 대답했다. 그런 그에게 황제가 정색을 하며 그 자리에서 당장 세례 받을 것을 지시하자 유대인도 약빠르게 그 명을 따랐다.

2년 뒤에는 황제의 이 명령이 한층 보편적으로 시행되었다. 아프리카로부터 저 먼 갈리아 지방까지 기독교권의 모든 지배자들에게 유대인과 사마리아인들을 강제로라도 전원 개종시키라는 전무후무한 칙령이 하달된 것이다. 헤라클리우스는 자칫 실패로 끝날 뻔한 페르시아 원정이 성공을 거둔 것이 그리스도의 덕이라는 것을 절감했다. 따라서 다시는 위험을 무릅쓰려 하지 않았고, 그러기 위해서는 로마제국을 확고부동하게 기독교적으로 만들 필요가 있었다.

하지만 제국의 사람들은 그렇게 한다 쳐도 제국의 영역 밖에 있는 사람들은 어떻게 할 것인가? 헤라클리우스가 유대인에 대한 강제 개종의 칙령을 내린 해인 632년에 "거칠고 낯선"[98] 기마 야만족이 팔레스타인을 기습하여 무방비 상태였던 그곳 주변부를 약탈한 뒤, 처음 왔을 때와 마찬가지로 순식간에 모습을 감추는 일이 벌어졌다. 그들은 누구이고, 그것은 과연 무슨 전조였을까? 이에 대해서는 누구도 확신하지 못했다. 다만 일부 기독교도들만 여전히 예루살렘에 참 십자가를 돌려주었는데도 최악의 상황이 일어날 것을 우려할 뿐이었다. 헤라클리우스의 대승도 종말이 가까이 와 있다는 두려움을 완전히 씻어내지는 못한 것이다. "사막에서 튀어나와 자신들 땅이 아닌데도 마치 자신들의 땅인 양 휘젓고 돌아다니며, 길들인 짐승과 야생의 짐승들로 아름답고 정돈된 우리 고장을 황폐화시키는 광경을 보는 것",[99] 이보다 더 불길한 징조는 없었을 테니까.

그렇다면 혹시 다가올 종말도 분노에 찬 사막 새들의 선회하는 그림자에 임하지는 않을까?

III

헤지라

관념의 세계가 마련 날대도 오래지 못한다

- 게오르크 빌헬름 프리드리히 헤겔 -

6

답보다 많은 질문

· 꾸란의 작성 시기는 언제? ·

누군가 헤라클리우스의 승리를 대사건들이 휩몰아치기 전의 일시적 소
강 상태에 지나지 않는 것으로 점쳤다면, 그는 선견지명이 뛰어난 사람이
다. 수 세기 동안 비옥한 초승달 지대를 두 경쟁국의 세력권으로 분리시
켜준 힘의 균형이 이란샤르와 새로운 로마 간의 대전쟁이 끝난 지 고작
30년 만에 깨어졌으니 말이다. 동방에서는 페르시아의 지배가 완전히 종
식되어 사산 왕조의 모든 영광도 먼지 속에 묻혀버렸다. 샤한샤(야즈데게
르드 3세)마저 그의 돈을 노린 방앗간 일꾼에게 살해되어 호라산 황무지에

서 비참하게 생을 마친 것으로 전해진다. 사산 왕조는 결국 왕조를 연 아르다시르 1세와 위대한 호스로우 2세의 후계자인 야즈데게르드 3세의 아들이 중국 당나라로 도망치는 것으로 끝이 났다. 그러니 생각하기에 따라서는 역대 로마 황제들이 한 번쯤 꿈꾸었을 법한 상황이 현실화되었다고도 볼 수 있겠으나, 문제는 그것이 로마의 군사적 승리가 아닌 새롭게 중요성을 획득한 민족이 만들어낸 결과였다는 데 있었다. 게다가 그 민족은 크테시폰을 점령했듯이 콘스탄티노플도 겨냥하고 있었다. 물론 동로마제국은 페르시아제국과 달리 아직은 지탱할 힘이 남아 있었다. 그러나 불안했다. 이란샤르와 전쟁을 벌이던 가장 암울했던 때와 마찬가지로 하잘것없는 영토만 보유하고 있는 것만 해도 그랬다. 시리아, 팔레스타인, 이집트를 죄다 잃은 것도 모자라 아나톨리아 전선마저 이제는 피투성이가 되는 사투를 통해서만 유지되고 있었으니 말이다.

당연한 얘기지만 이 놀라운 사태의 급변에 경악한 사람들은 성서에서 그 해답을 찾으려고 했다. 그들은 그렇다면 지금까지 알았던 것과 달리 다니엘이 꿈에서 본 넷째 짐승은 로마인들의 제국이 아닐 수도 있다는 것인가 하고 자문하기 시작했다. 아무래도 하느님은 당신만이 아는 불가사의한 이유 때문에 매우 시끄러운 방식으로 인간사의 새판을 짜고 있는 것이 분명했다. 그렇지 않고서는 경멸의 대상이던 여종 하갈의 자식, 아브라함의 서출 자식, 이스마엘의 후손인 아랍인들이 세계를 지배하게 된 현상을 설명하는 것이 불가능했다. 실제로 660년대(이슬람 칼리프 왕조인 우마이야 왕조가 열린 때—옮긴이)에는 다니엘의 꿈—"그다음에 본 넷째 짐승은 무섭고 놀라우며 또 극히 강하며 또 큰 철 이가 있어서 먹고 부서뜨리고"[1]—이 의미하는 바를 기꺼이 다르게 받아들이는 사람들이 적지 않았다. "다

페트라에 있는 알우자 여신의 신역. 지금은 석상 없이 텅 빈 모습이다. '강대한 여신'을 뜻하는 알우자 여신에게 아랍인 왕은 기독교 처녀 400명을 제물로 바쳤다. (사진 제공: 톰 홀랜드)

정육면체의 돌, 카바. 이 사진을 찍은 아라비아 북부의 페트라에서부터 남쪽의 나지란에 이르기까지의 지역에서, 아랍인들에게 독특한 숭배의 대상이 되었던 돌이다. (사진 제공: 톰 홀랜드)

로마 황제의 총독 자격으로 이탈리아를 지배한 동고트족의 왕 테오도리쿠스. 황제 티를 내면서도 게르만족(야만족)의 특징인 수염을 길렀다. (Wikimedia Commons)

사냥하는 호스로우 1세의 모습이 새겨진 금반. 그의 치세에 페르시아 군주제는 미증유의 장엄한 이미지를 획득했다. 호스로우 스스로도 백성들에게 "성스럽고, 고결하며, 평화를 사랑하는 거인 중의 거인, 하늘의 총아"로 찬양받았다. (Wikimedia Commons)

기독교도들이 알렉산드리아 교회를 설립한 것으로 믿었던 마르코. 위대한 도시를 배경으로 후임 주교들에 둘러싸인 모습이다. 조반니 벨리니의 회화(부분). 밀라노 브레라 아트 갤러리 소장. (Wikimedia Commons)

네게브 사막의 아랍 도시 아브다트에 있는 페스트 희생자의 묘. 페스트가 사막 깊숙한 곳까지 침투하지는 못했지만, 주변 지역 사람들은 언제나 감염에 취약했다. (사진 제공: 톰 홀랜드)

주화에 새겨진 헤라클리우스 황제의 모습. 그의 치세에 로마제국은 역사상 가장 위대한 승리와 가장 치명적인 패배를 몇 차례 겪었다. (Wikimedia Commons)

페르시아 침략군에게 살해된 수도사들의 해골. 유대 사막의 마르 사바 수도원에 지금까지도 보존되어 있다. (사진 제공: 톰 홀랜드)

콘스탄티노플 성벽. 헤라클리우스 황제는 강력한 성벽을 더욱 강화하는 조치를 취해놓고 이란샤르로 원정을 떠났다. 이렇게 보강된 금각만의 성벽 입구에서 626년 동로마 함대가 출진하여 페르시아의 수송 함대를 격침시킨 것이다. (사진 제공: 톰 홀랜드)

예멘의 수도 사나의 가장 오래된 모스크 천장 다락에서 발견된 꾸란 꾸러미 속의 낱장. 잠정적으로 이슬람력 1세기 초의 것으로 추정된, 따라서 현존하는 것으로는 가장 오래된 꾸란의 하나다.

주화에 새겨진 알렉산드로스 대왕의 모습. 꼬부라진 아몬 신의 뿔 형상이 보인다. 꾸란에는 그가 '두 뿔 가진 자'를 뜻하는 둘 까르나인으로 언급되어 있다. (파리 국립 도서관 소장)

메카 전경. 무슬림 전통에 따라 이슬람교에서 가장 중요한 역할을 맡고 있는데도 꾸란 이전의 사료에는 거의 언급된 적이 없다. 무함마드가 죽은 지 1세기도 더 지난 741년의 외국 문헌, 시대 추정이 가능한 최초의 사료인 그 문헌에도 메카는 이라크 남부의 사막에 위치한 것으로만 표시되어 있다. (Wikimedia Commons)

소돔 파괴 뒤 롯이 피신했다고 전해지는 사해 남쪽 해안가의 동굴에 지어진 6세기 때의 교회. 소돔 이야기는 성서에 처음 기록되었지만, 꾸란에도 언급되어 있다. 예언자와 그의 적들이 화석화된 소돔 근처에 살고 있었음을 암시하는 알쏭달쏭한 이런 구절도 있다. "실로 너희가 아침이 되매 그들의 사적지를 지나갔노라. 저녁에도 그러하거늘, 너희는 이해하지 못하느뇨?"(사진 제공: 톰 홀랜드)

네게브 사막의 비어오라에서 발견된 초기 모스크의 터. 신자들이 기도 드릴 때 향하는 방향, 곧 키블라를 나타내는 반원형을 두 개 가진 건축적 특징을 지니고 있다. 전방을 향해 있는 가장 오래된 것은 동향東向에 맞춰져 있고, 또 다른 하나(사진 오른쪽)는 메카를 향해 있다. (사진 제공: 톰 홀랜드)

골란 고원이 배경이 된 야르무크 강의 모습. 지금은 시리아와 요르단의 국경 역할을 하고 있지만, 7세기에는 아랍군이 로마군에 압승을 거둔 전적지였다. (사진 제공: 톰 홀랜드)

685년 혹은 686년에 발행된 주화. 건물이든 주화든 무함마드가 언급된 최초의 물건으로, '하느님의 사자다'라는 문구도 각명되어 있다.

바위의 돔. (사진 제공: 톰 홀랜드)

허리에 채찍을 찬, 신의 대리인 아브드 알 말리크의 모습이 담긴 주화. (에슈몰린 박물관 소장)

개혁의 상징. 696년 아브드 알말리크는 형상 없이 아랍어 글자만 새겨진 주화를 발행함으로써, 로마와 그리스 지배자들이 인간의 형상을 넣어 주조하던 1000년간 지속된 근동의 전통에 종지부를 찍었다. (영국 박물관 소장)

다마스쿠스 대사원(우마이야 모스크). 바위의 돔과 마찬가지로 아랍인들은 과거의 유산으로 눈부시게 아름다운 새로운 그 무엇을 창출해냈다. (사진 제공: 톰 홀랜드)

시리아 너머 사막에 있던 칼리프 왕궁 벽에 그려진 그림. 색도 바래고 흠집도 많지만, 아랍 정복이 끝난 지 1세기가 지난 뒤에도 고전시대의 전통이 생생히 살아 숨 쉴 수 있었음을 보여주기에 충분하다. (사진 제공: 톰 홀랜드)

아브드 알말리크의 아들, 칼리프 히샴이 예리코에 지은 미려한 궁궐에서 나온 여인의 동상. 칼리프와 아랍 정복자들은 대체로 여자 감식안이 뛰어났다. 위대한 칼리프 아브드 알말리크조차도 "쾌락에는 베르베르족 여인이 최고"라는 조언을 했을 정도다. (사진 제공: 톰 홀랜드)

아랍 함선을 향해 액화液火(그리스의 불)를 내뿜는 비잔티움 함선. 716년 콘스탄티노플에 대한 아랍군의 대규모 공격이 실패로 끝난 것도 많은 부분 로마의 이 강력한 신무기 때문이었다. (Wikimedia Commons)

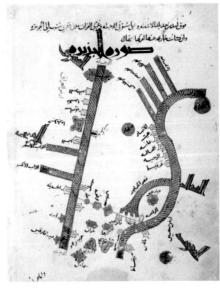

지도 오른편의 티그리스 강이 세계에서 가장 부유하고 문화적으로 세련된 도시였던 남쪽의 바그다드를 향해 흘러가는 모습이 담긴 그림. 강과 운하가 흐르는 기름진 땅 이라크는 아바스 왕조 치하에서도 사산 왕조 때와 별로 다를 게 없었다. (이집트 국립도서관 소장)

니엘이 말한 넷째 짐승, 남쪽에서 일어난 넷째 짐승은 바로 이스마엘 후손들의 왕국"[2]일 것이라는 암시를 준 아르메니아의 역사가도 그중의 한 사람이었다.

아랍인들이 일궈낸 제국이 수십 년, 수백 년 뒤까지 지탱된 것도 그의 암시가 기독교도와 유대인들 사이에 더욱 그럴싸하게 받아들여지는 데 한몫했다. 아랍인들은 물론 자신들을 짐승 취급하는 그런 관점에 불쾌감을 드러냈을 것이다. 그러면서도 자신들이 정복한 영토를 흐뭇하게 바라볼 때면, 이 모든 것이 하느님 뜻의 표현임을 단 한순간도 의심하지 않았다. 세계의 2대 제국이 보유했던 영토를 그렇게 눈부시게 해체한 것을, 그것이 아닌 그 어떤 다른 방식으로 설명할 수 있었겠는가? 그리하여 "그들과 싸우러 갈 때 우리가 가진 것은 변변찮은 능력과 불충분한 병력뿐이었다. 그런 우리에게 하느님은 승리를 부여해주고 그들의 영토도 소유하게 해주셨다"[3]라는 글이 등장한 10세기 무렵에는, 마침내 페르시아와 로마의 패배가 제3의 초강대국이 두 초강대국을 대체한 것을 넘어서는 획기적 사건으로 해석되기에 이르렀다. '이스마엘의 후손들'이 획득한 땅이 아랍제국이 아닌 다르 알이슬람Dar al-Islam(이슬람의 집)으로 규정되고, 정복의 1세대 사람들도 (비록 그들은 '신자' 혹은 '이주민'을 뜻하는 무하지룬으로 스스로를 칭했지만), '무슬림'이라는 매우 생소한 호칭으로 불리게 된 것이다.[4] 페르시아와 로마 세력의 붕괴도 수십 년 동안 근동을 괴롭힌 페스트와 전쟁의 고통 때문이 아닌, 머나먼 메카의 예언자에게 하느님의 말씀이 계시된 것에 기인한다고 보았다. 무함마드도 하느님의 대변자가 되어 추종자들에게 이런 말씀을 내렸다. "너희가 전쟁에서 불신자를 만났을 때 그들의 목을 때리라. 너희가 완전히 그들을 제압했을 때 그들을 포로로 취하고 그

후 은혜로써 석방을 하든지 아니면 전쟁이 종식될 때까지 그들을 보상금으로 속죄하여주라."[5]

물론 한 민족이 피정복자에게 자비를 베풀거나 오만한 자를 타도할 수 있는 권리를 하늘로부터 부여받았다는 관점이 처음 나타난 곳이 꾸란은 아니었다. 로마제국의 황금기를 살았던 베르길리우스도 그의 작품에 그와 유사한 사명감을 피력하고 있으니 말이다. 그러나 하늘의 제제가 무엇을 의미하는지를 이해하는 방식에는 뚜렷한 차이가 있었다. 콘스탄티누스가 지난날의 아테나나 아르테미스보다 그리스도에게서 무한정으로 강력한 보호자를 발견했듯이, 꾸란을 믿는 사람들도 그 안에서 무한대로 강력한 천상의 군주를 찾아냈다. 하지만 너무도 강력하기에 그 신을 감히 인간의 형태로는 묘사하지 못했다. 그것이 기독교도들과 다른 점이었다. 그분을 뛰어넘을 수 있는 것은 아무것도 없었다. "만일 그분의 뜻이라면 너희를 멸망케 하고, 다른 백성을 오게 하시니……."[6] 이런 멸망의 권능을 가진 신이었으니 제국 한두 개 무너뜨리는 것도 대수로울 게 없었다. 페르시아와 로마제국의 잔해 위에 다르 알이슬람이 수립된 것은 물론 괄목할 만한 일이지만 그렇다고 해서 그것을 꾸란의 예언자에게 계시된 것, 요컨대 경이롭고 심장이 멎을 듯한 기적이 만들어낸 결과라고 굳이 설명할 필요는 없다고, 무슬림 학자들이 가르친 것도 그래서였다. 하느님의 말씀이 곧 불인 바에야, 고대의 두 초강대국들 영역 너머에서 점화된 불이 전 세계를 비춘다고 하여 놀랄 일은 아니라는 것이었다.

그러나 이슬람의 기원이 속사(俗事)에 대한 하느님의 개입(지나간 일과 무관하게 하늘에서 벼락이 치는 것)으로 해석되기 위해서는 역사와 신앙의 무리 없는 합치가 반드시 필요하다. 무함마드가 참된 하느님의 예언자라는 믿음이 그가 태어난 지 14세기가 지난 뒤에도 여전히 전 세계 수백, 수천만 명의 사람들에게 영향을 미치고 영감을 불어넣고 있다고 해서, 세속 학문의 전통 속에 자라난 역사가들까지 그것을 7세기 초 근동에서 벌어진 미스터리를 속 시원히 밝혀줄 해답으로 받아들일 수는 없는 것이다. 모든 설명에 정작 알맹이는 쏙 빠져 있기 때문이다.

이슬람의 기원을 합리적으로 설명해야 하는 역사가들이 가장 애를 먹는 부분은, 꾸란과 그것의 유래에 얽힌 이야기에 어김없이 따라붙는 초자연적 아우라다. 메카에서 일신교가 출현한 것만 해도 예언자의 전기 작가들에 따르면, 그곳은 애당초 유대인과 기독교도의 흔적조차 없이 거대하고 텅 빈 사막의 한가운데 위치한 이교도 도시였다. 그런 곳에서 아닌 밤중에 홍두깨처럼 느닷없이 아브라함, 모세, 예수와의 관련성까지 갖춘 완벽한 형태의 일신교가 출현했으니, 역사가들로서는 기적으로밖에 달리 설명할 방도가 없는 것이다. 어찌 보면 이슬람의 기원을 찾기 위한 지금까지의 세속적 연구는 이 질문에 대한 설득력 있는 답을 찾는 과정이었다고도 말할 수 있다. 당연한 얘기지만 예언자가 표절자로 보일 수 있는 낌새만 나타나면 무슬림들은 과민 반응을 보이며, 그런 연구에 부득불 수반되게 마련인 언외의 의미에 분개하는 경향을 보였다. 신이 정보 제공자로 가치가 하락하면 성서에 나오는 수많은 인물이 꾸란에도 등장하게 된 경위에 궁금증을 가지는 것 또한 전적으로 타당한 일이 되기 때문이다. 그리고 그에 대해서는 무함마드가 사업차 시리아에 갔다가 유대교 및 기독교의 영향을 받았다는 설,[7] 무슬림 자료와는 다르게 유대인 거류지나 기독교도 거류지 혹은 그 둘 모두 메카에 존재했을 개연성[8]이 제기되었다. 그것도 아니면 무함마드의 씨족이 속한 쿠라이시 부족에 자본주의의 위기가 도래한 여파로, 성공한 상인과 자본가들만 부유해지는 빈익빈부익부 현상이 생겨나 가난에 내몰린 사람들이 "도시에 떠도는 막연한 불안감을 해소하려고 새로운 정신적, 정치적 방법을 찾아 헤매다"[9] 다소 불명료한 방식으로 시대정신 속에서 그것을 찾아냈으리라는 설도 제기되었다.

하지만 이 모든 가설도 종국에는 익히 알려진 장애물에 막혀버리고 만다. 7세기의 메카가 진정한 부와 중요성을 지닌 '도시들의 어머니'[10]였다는 장애물 말이다. 그러나 예언자의 초기 전기 작가들이 무함마드가 죽은 지 거의 2세기 뒤에 글을 썼다는 점만 고려하더라도 메카를 부와 중요성을 지닌 도시로 말한 그들의 추정은 설득력을 얻기 힘들다. 그 지역 이교도들의 순례 중심지였다면 또 몰라도, 오늘날의 두바이처럼 사막의 오지에까지 번영을 가져다준 코스모폴리탄적 무역 중심지로 말하는 것은 어폐가 있기 때문이다. 잇속에 밝은 사람이 가까운 소비 중심지를 놔두고 굳이 수백 킬로미터 떨어진 황량한 계곡에 근거지를 마련할 까닭이 어디 있었겠는가? 소규모 낙타 행렬이 힘야르를 떠나 유향에 대한 매력을 잃은 지 이미 오래된 북쪽의 로마 시장으로 터덜터덜 향해 갈 때, 메카를 우회하는 도로를 사용한 것에도 그 점이 드러난다.[11] 알렉산드리아 상인도 인도와 같이 멀리 떨어진 물류 집산지의 교역 기회에 대해서는 신이 나서 떠들었지만, 알렉산드리아와 가까운 메카에 대해서는 입도 벙긋하지 않았다.[12] 외교관이 됐든 지리학자가 됐든 역사가가 됐든 무함마드의 동시대인들이 작성한 지명 색인들에도 메카에 대한 언급은 가물에 콩 나듯 이따금씩만 등장한다.[13] 심지어 꾸란에도 메카라는 단어는 단 한 번만 언급된다. "메카 중심부에서 너희의 손들을 그들로부터 제지하신 분은 바로 하느님이시라."[14] 도시였던 것 못지않게 계곡에 대한 언급이었을 개연성도 있는 이것을 제외하면 그 방대한 고대 경전에 메카에 대한 언급은 단한 줄도 없다.[15] 예언자가 죽은 지 100년도 더 지난 741년에 나타난 외국문헌에도 메카는 메소포타미아의 '우르와 하란의 중간 지대'[16]에 위치한것으로 표시되어 있다. 이렇게만 봐도 7세기 초의 메카가 다른 것이라면몰라도 다문화적 신흥 도시가 아니었던 것은 분명하다.

그렇다면 무함마드 생전에 메카에서 작성되었다고 알려진 책에, 그곳에서 멀리 떨어진 비옥한 초승달 지대의 일신교들(기독교와 유대교)이 그처럼 중요한 역할을 부여받은 것으로 나타나는 것 또한 미스터리일 수밖에없다. 아랍제국 초기에는 지명도가 현저히 낮았던 곳이 비단 메카 한 곳뿐이 아닌 것 같다는 사실도, 미스터리를 증폭시키는 요소가 된다. 그 점은 꾸란도 마찬가지다. 예언자의 유명한 탄생지에 관련해서나, 예언자의계시들을 수집한 책에나, 그 시대의 저작물에는 꾸란에 대한 언급이 전혀 없기 때문이다. 안티오키아 총대주교도 그 도시가 이스마엘 후손(아랍인)의 지배를 받게 되었을 때, 새로운 아랍인 지배자가 사용한 성서가 토라였을 것으로 추정했다.[17] 물론 그런 추정은 의도적 무지함에서 나왔을개연성이 크지만, 그렇다고 해서 그런 무지함이 주교들에게만 한정되었던 것도 아니다. 그 무렵부터 이슬람교도들이 스스로를 부르는 호칭이 되었던 무슬림들 또한 무함마드가 죽은 지 1세기도 더 지난 시점까지 그와유사한 무지함을 드러냈으니 말이다. 심지어 기독교 관료들마저 자신들을 지배하게 된 아랍인의 독특한 신앙에 궁금증을 갖고 무함마드가 작성한 "보잘것없는 이야기들"[18]의 존재에 주의를 기울이는 판에, 정작 무슬림학자들은 예언자의 진정한 가르침을 확인하는 작업을 하면서 꾸란을 간과하기 일쑤였다. 간통한 남녀에게 벌주는 규정만 해도, 하디스에는 유대교의 토라와 다를 바 없이 간통자들을 돌로 쳐 죽이라고 단호하게 명시되어 있다. 그러나 꾸란에는 하느님이 '지극한 자비로움'으로 간통한 자에게 '100대의 채찍'[19]을 때리라는, 그와 전혀 다른 내용이 적혀 있다.

하디스와 꾸란의 이런 차이는 어떻게 설명해야 할까? 꾸란이 무함마드의 생전에 작성되기 시작하여 그의 추종자들에 의해 하느님의 불변하는 말씀으로 소중히 간직되어온 것이 사실이라면, 그 많은 걸출한 무슬림 법학자들이 그것을 판결의 전거로 쓰지 않은 이유는 또 무엇일까? 9세기 전에는 꾸란에 대한 주석서가 전무했다는 사실과, 서로 다른 이슬람 공동체들이 서로 다른 꾸란을 보유하고 있었다는 사실도 그 미스터리를 더욱 심화시킬 뿐이다.* 꾸란을 무함마드의 생애에서 불변의 순수한 요소만 취했다고 가르치는 이슬람 교리에 적지 않은 현대 학자들이 고개를 갸우뚱하게 되는 것도 그렇게 보면 놀랄 일이 아니다.

그렇다면 이런 회의론은 어느 정도나 타당성이 있을까? 많은 것이 그 질문에 달려 있기에 묻는 것이다. 그것이 얼마나 민감한 사안인지는 40여 년 전인 1970년대에, 과거에는 유대인 왕국 힘야르의 수도였고 지금은 무슬림 예멘공화국의 수도인 사나에서 발견된 꾸란 꾸러미가 당한 운명으로도 잘 알 수 있다. 사나 최고^{最古}의 이슬람 사원을 복구하던 중 일꾼들이 천장 다락에서 발견하고도 그 중요성을 몰라 방치해둔 것을 예리한 눈썰미를 가진 예멘 박물관장이 찾아낸 17개의 삼베 자루 속에 든 양피지 꾸러미에는, 현존하는 것으로는 가장 오래되었을 게 거의 확실한 꾸란 조각문들이 포함되어 있었다. 그런데 발견된 지 40년이 지난 지금까지도 그

---

* 무슬림 학자 이븐 무자히드가 7독송법(qira'at)을 확립해 꾸란의 정본이 되게 한 것도 10세기였다. 그러다 1924년 이집트 카이로에서 단일 독송법에 따른 꾸란의 표준 편찬본이 만들어졌다는 것이 현대의 일반적 관점이다.

귀중한 필사본들은 미스터리에 싸여 있다. 연구를 허락받은 사람도 독일 국적의 학자 두 명뿐이었다. 그리하여 그들 중 한 명인 아랍 고문서학 전문가 게르트-뤼디거 푸인 교수가 조각문들을 검토한 뒤에 꾸란도 성서처럼 시간이 감에 따라 내용이 진화하여 진정한 '문헌들의 칵테일'[20]이 된 것으로 보인다는 의견을 발표하자 예멘 당국은 분개하는 반응을 보였고, 그때 이후로 사나의 꾸란 조각문들은 공표되지 않고 있다. 서구 학자들의 연구도 허용되지 않아, 그것의 진정한 중요성 또한 불투명한 채로 남아 있다.

물론 전적으로 불투명하지는 않다. 푸인 교수의 연구가 시사하는 듯한 내용, 꾸란이 단어와 철자는 물론 심지어 문장의 순서마저 오독되거나 잘못 필사되었을 개연성이 다분한 것이 사실이라면 그 오류는 무의식적으로 일어났을 개연성이 크다는 것만 해도 그렇다. 꾸란 조각문들에 고의로 날조한 흔적이 없는 것도 그 점을 뒷받침한다. 구절은 원고마다 차이가 날 수 있지만, 그렇다고 모든 문단이 다 그런 것도 아니었다. 요컨대 조각문의 어디에도 꾸란이, 칼리프 혹은 이슬람 학자의 기분에 따라 내용이 달라질 수 있었던 하디스 모음집과 같은 것임을 나타내는 흔적이 없었다는 얘기다. 꾸란의 마지막 단어 하나, 마지막 글자 하나까지도 경외스럽게 다루어졌음은, 이슬람 법학자들이 꾸란에 명시된 간통 관련 규정과 같이 지극히 곤혹스러웠을 상황마저 기꺼이 참아낼 각오를 한 것에도 드러난다. 간통이 돌로 쳐 죽일 형벌로 명시된 꾸란의 야자 잎 낱장을 염소가 먹어서 없어졌다는 주장을 곁들이기도 하면서 난관을 요령껏 잘 헤쳐나가기는 했지만, 없는 내용을 지어내지는 않은 것이다. 인간의 발명품을 훌쩍 넘어서는 말할 수 없이 거룩한 내용을 옮기는 작업을 하는 사람들에게 가졌던 경외감은, 사나의 초기 조각문들에도 나타나 있다. 게다가 푸인과 그의 동료 학자의 주장대로 만일 그 초기 조각문들이 8세기 초에 작성된 것이 사실이라면, 그것의 궁극적 기원도 그보다 빨라야 한다.[21] 하지만 수십년 전 일부 학자들이 용감하게 유포한 논문―꾸란은 8세기 말 무렵에야지금과 같은 형태를 갖추었고, 따라서 오랜 기간에 걸친 진화의 결과물일수 있다는 내용―은 이슬람권에 의해 단호히 논박되었던 것 같다.[22] 푸인이 사나의 조각문들에서 밝혀낸 수정되고 변화된 그 모든 내용에도 불구하고, 꾸란의 기반은 여전히 단단한 화강암에서 깎인 원형 그대로의 모습을 유지하고 있는 듯이 말이다.

하지만 그것은 많은 의문을 낳게 할 뿐이다. 그렇게 경외하는 책을 그렇게 수많은 이슬람 법학자들이 그렇게 오랫동안 소홀히 취급한 것만 해도 그렇다. 8세기 초 문자로 처음 기록되기 전의 꾸란의 역사에 대해서는 도무지 알 길이 없으니 말이다. 꾸란을 필사한 사람들 모두 비할 바 없이 거룩한 말을 옮긴다는 확신을 가지고 그 일을 행한 것 같다고 해서, 역사가인 우리들까지도 무슬림 전통이 꾸란의 출현에 대해 말하는 것을 곧이곧대로 믿어야 한다는 것인가? 어쩌면 그래야 할지도. 하지만 절대 가시지 않는 두통과도 같이 예의 그 익숙한 의문이 자꾸 고개를 쳐드는 것이 문제다. 예언자의 최초 전기가 그의 사후 몇백 년이 지난 뒤에 집필되었다는 것과 거기에 적힌 꾸란의 기원과 관련된 설명 또한 설득력이 없다는 사실은, 단순한 문제를 넘어 골치가 지끈거리는 문제로 계속 남아 있는 것이다. 전통적으로 꾸란이 작성되었다고 알려진 시기와 최초의 꾸란 주석서가 나온 시기 사이에는 대체 어느 정도의 간극이 있는 것일까? 꾸란 자체도 3장 어느 구절에 무심결에 그 사실을 드러냈듯, 꾸란에는 상이

점, 표현, 주제, 갑작스러운 어조의 변화, 난해한 암시 등 '모호한'[23] 점투성이다. 9세기부터는 이슬람 석학들이 모호한 점을 명료하게 하는 일에 전력투구했다고는 하지만, 꾸란의 본래 의미를 밝혀줄 정확한 정보를 갖고 행한 일이 아니므로 그 또한 무의미하기는 마찬가지다.

아니 오히려 그 반대일 수 있다. 이슬람이 출현하기 오래전에 타종교의 성서들을 작업한 학자들이 원전에 대한 경외감이 높을수록 그것이 작성된 본래의 환경을 전적으로 무시했다는 것에서도 그 점이 드러난다. 페로즈가 이란샤르를 통치하던 시절의 조로아스터교 사제들만 해도, 고대 경전의 유산을 그 종교의 정치적 요구에 맞출 필요성이 제기되자 한 치의 망설임도 없이 조로아스터의 탄생지를 메디아로 바꾼 것이다. 유대교의 탈무드 역시 그와 마찬가지로, 모세가 수라와 티베리아스의 예시바들을 제집처럼 편안히 여길 수 있도록, 랍비들이 학문적 계획을 세워 그 결과물을 내지 못했다면 무가치한 것이 되었을 것이다. 기독교 학자들이 유대교 경전인 《타나크》에 엄청난 양의 주석서를 붙인 것도, 구약성서가 그리스도 탄생의 전조일 뿐이라는 가정 아래 기독교의 시원始原을 확립하기 위해서였다. 그러므로 발전 도상에 있던 이슬람교 신자들도, 말할 수 없이 거룩한 성서인 동시에 이해하지 못할 구절들이 수두룩한 문제에 직면했다면 조로아스터교 사제, 유대교 랍비, 기독교 주교들이 한 것처럼, 역사가로서가 아닌 하느님의 역사를 이해하려는 인간으로서 그 문제를 풀었을 거라는 말이다.

이렇게만 봐도 꾸란이 작성된 시기와, 그것이 예언자의 삶과 시대를 알게 해주는 진정한 자료가 될 수 있는지를 확인하기 위해서는, 먼저 9세기 초부터 꾸란을 촘촘히 에워싸기 시작한 두꺼운 주석을 벗겨내고 있는 그대로의 모습으로 바라볼 필요가 있다. 하지만 이는 쉬운 일이 아니다. 아무리 완곡하게 말해도, 무슬림 학자들로 하여금 방대한 주석서와 예언자 전기를 쓰게 만든 모호함 때문에, 꾸란만의 관점으로 꾸란을 읽는 것은 여전히 힘들기 때문이다. 키루스 대왕으로부터 아우구스투스 황제에 이르기까지 시대 추정이 가능한 다수의 지배자들이 언급된 성서와 달리 꾸란에는 통탄스러울 정도로 지정학적 문제가 소홀히 다루어져 있다. 행간에 등장하는 이름이라고는 천사, 사탄 혹은 예언자들뿐이다. 물론 무함마드의 이름도 네 차례 등장하고, 예언자의 여러 아내들 중 한 명의 전 남편인 동시에 그의 양아들이기도 했던 것 같은 자이드라는 정체 모를 이름도 등장하기는 한다. 반면에 전승은 그를 노예였다가 전투 중에 죽어 이슬람의 초기 순교자가 된 것으로 이야기한다. 그리고 마지막으로 예언자의 전기에 무함마드의 삼촌으로 등장하고, 아내와 함께 "타오르는 불지옥"[24]에 던져지는 형을 선고받은 아부 라합이 있다. 무함마드의 동시대인들 중 꾸란에 이름으로 언급된 것은 이들뿐이다. 꾸란이 철저하게 인간이 아닌 신적 부분에만 초점이 맞춰져 작성된 까닭이다. 하느님의 전능함을 신자의 "목에 있는 혈관"[25]보다도 가까운가 하면 우주에서 가장 멀리 떨어진 별보다도 먼 존재, 요컨대 친밀하면서도 가없는 우주적 존재로도 경험할 수 있는 그런 차원을 가진 광휘에 비하면, 인간의 존재는 참으로 보잘것없다는 듯이 말이다. 꾸란에서 다른 목소리는 거의 들리지 않고 하느님과 그의 예언자 목소리만 들리는 것도 그래서이다.

그렇다고 해서 꾸란에 대화의 느낌이 전혀 없는 것은 아니다. 없기는 고사하고 꾸란은 가장 논쟁적인 책이다. 그런데 문제는 예언자에게 모멸당하고, 꾸짖음을 당하며, 논박되는 사람들은 언제나 배후에 숨어 있어 목소리도 들리지 않고 믿음도 드러나지 않는 데 있다. 시르크의 죄를 범한 자들, 곧 무슈리쿤Mushrikun(다신론자)이 그들이다. 초자연적 요소를 알라와 연합해 숭배의 대상으로 삼는 범죄였으니 시르크는 당연히 이슬람에 의해서도 용서받지 못할 가장 큰 죄악이 되는 것으로 결론 났다. 따라서 그렇게만 보면 무슈리쿤이 무슬림 학자들에 의해서도 돌과 나무 숭배자, 곧 우상 숭배자와 이교도로 간주된 것은 놀랄 일이 아니다. 하지만 꾸란에 내포된 의미는 그것이 다가 아니었다.[26] 실제로 순수하게 꾸란에 나타난 증거로만 보면 무슈리쿤은 예언자뿐 아니라, 유대인 및 기독교도와도 광범위하게 믿음을 공유하고 있었다. 세계는 단일 신에 의해 창조되었고, 그 신은 기도하는 자건 순례하는 자건 자신에게 다가오는 모든 사람들의 말을 들어주며, 천사들의 우두머리로 지배한다고 믿었으니 말이다. 무함마드와 그의 반대자들에게 이런 공통의 영역이 있었던 것은 분명하다. 성서의 인물들이 꾸란에서 무리 없이 통용된 것도 그렇게 볼 수 있는 요인이 된다. 그러나 예언자에 따르면 무슈리쿤의 잘못된 점은 바로 하느님이 천사들의 아버지라는 이유로 그들을 통해 전달된 기도라면 무조건 들어주어야 한다고 믿는, 실로 충격적인 관점을 고수한다는 것이었다. 그것도 모자라 그들은 남자가 여자보다 우월하다는 인식을 갖고 있던 세계에서 "자비로우신 하느님의 종들인 천사들을 여성으로 바꾸리라!"[27]는 생각도 서슴지 않았다.

무슈리쿤이 실제로 그 일을 행했는지는 별개의 문제다. 하지만 그것은 그렇다 쳐도 꾸란에 적힌 글, "보라, 천지의 모든 것이 하느님께 있지 않더뇨. 하느님 외에 다른 것을 숭배하는 그들은 억측을 따를 뿐이며 단지 거짓밖에는 못하더라"[28]는, 누가 봐도 무슈리쿤이 믿었을 만한 것을 논리정

연하게 비판한 것으로는 보기 힘들다. 예언자에게는 확실히 백과전서적 지식이 없었다. 그러다 보니 에피파니우스처럼 반대자의 우론을 체계적으로 정리해 맞받아치고자 하는 열정도 결여되었다. 무슈리쿤이 누구이고 어떤 존재였는지를 명확히 알기 위해서는 소용돌이치는 논쟁의 짙은 안개 속을 반드시 통과할 필요가 있었는데도 말이다. 무슈리쿤이 존재했다는 단순한 사실만으로는 그들이 활약한 시기조차 알기 힘들기 때문이다.

그나마 다행인 것은 꾸란이 역사라는 정박장 없이 무작정 떠돌아다니지만은 않았다는 사실이다. 총 114장(114 '수라)으로 구성된 꾸란에 작성 시기를 알려주는 듯한 실마리가 군데군데 나와 있는 것이다. 이로 미루어 볼 때 최소한 한 가지는 확연하게 드러난다. 꾸란의 최종 형태가, 로마에 고용된 대규모 아랍 부족민 연맹이었고 예언자에게 세속적 위대함의 표본이라는 찬사까지 받았던 타무드족이 내부 폭발로 절멸한 지(303쪽 참조―옮긴이) 한참 뒤에 완성되었다는 것이다. 꾸란의 다음 내용이 그것을 말해준다. 예언자가 말하기를, 하느님이 "이르되 (아드의 백성을 멸한 후) 너희(타무드족)가 그 대지 위에서 거하도록 하였으니 너희는 평원에 궁전을 세우고 산에 집을 지었으매……."[29] 하지만 타무드족도 결국에는 거만을 떨며 불신을 말하다가 그 벌로 찾아온 무시무시한 괴성에 의해 마른 짚처럼 시들시들 멸하고 말았다. 그런데 이 부분에서 만일 예언자가 타무드족을 이름으로 말한 것이 로마 제국주의의 작동에 대해 알았던 것을 뜻하는 것이라면, 꾸란을 통틀어 동시대의 강대국 이름이 유일하게 등장한 또 다른 구절에 의해서도 그것은 드라마틱하게 확인된다. "로마는 가까운 지역에서 망하였으되. 하지만 비록 패하였으나 몇 년 안에 그들은 승리를 거두리라"[30]가 그것이다. 여기 나오는 패배가 팔레스타인이 호스로우 2세에게 점령된 것을 말하는 것임은 분명하다. 그렇다면 거의 무심결에 내뱉은 듯 간결하지만 이것이야말로 엄청난 의미를 갖는 예언이 아닐 수 없다. 페르시아와 새로운 로마 간의 전쟁이 하느님의 집무실에까지 진동이 느껴질 만큼 굉장한 사건이었고, 그 충격과 또한 대단했음을 나타내는 것이기 때문이다. 지상에서 일어난 그 어느 전쟁도 하느님으로부터 이런 장기 예보를 이끌어낸 적이 없었다.

이 모든 점들은 역사가에게 지극히 고무적이고 유망한 결론을 암시해준다. 예언자의 생애와 관련된 유사流砂와 수렁뿐인 다른 자료와 비교할 때 그의 계시가 담긴 책은 참으로 값어치 있는 그 무엇, 단단한 지표면과도 같은 소중한 정보원이 될 수 있다는 것이다. 하디스에 나오는 증언이나 무함마드의 전기 혹은 꾸란의 주석서와 달리, 꾸란의 원전은 예언자의 생애에서 바로 건져 올린 듯한 느낌을 주는 것이다. 간결하고 정체 불분명한 몇몇 다른 기록물을 제외하면, 그것이 예언자의 생애와 관련하여 우리가 가진 유일한 일차 사료다. 따라서 중요성은 이루 말할 수 없이 크지만, 그런 만큼 비교 대상이 없어 예언자의 이력과 배경에 관한 실마리를 알려면 면밀한 조사가 필요하다. 하지만 그것만 일단 확인되면 꾸란에 나타난 내용으로부터, 예언자의 사사로운 환경뿐 아니라 그보다 더 암시적인, 그 시대의 정황을 감지하는 것도 가능할 수 있다.

두 제국이 벌인 전쟁에서 어느 쪽이 승리할지를 예언한 구절만 해도, 거기 나타난 내용, 다시 말해 하느님이 로마의 대의를 지지하고 로마의 운명에 우주적 중요성을 부여해준 것은 로마인들이 자나 깨나 느끼고 있던 자부심과 전적으로 양립 가능한 것이다. 꾸란의 다른 부분에서도 그 점이 확인된다. 헤라클리우스 황제가 전쟁 나팔 분 것을 희미하게 떠올리게 하는 구절, 하느님이 무함마드에게 "그들(유대인들)이 둘 까르나인^{Dhu'l} Qarnayn(두 뿔 가진 자를 뜻하는 아랍어)에 대해 질문하리니"[31]라고 말하는 구절이 그것이다. 이어진 꾸란 구절에 따르면 둘 까르나인은 바로 지구 끝단까지 가서 청동 입혀진 철문을 세우고, 그 안에 쇄도하는 곡과 마곡의 무리를 감금한 위대한 군주의 호칭이었다. 종말이 가까워졌다는 두려움에 시달리던 로마인들이 볼 때 이런 내력을 가진 인물은 단 하나, 알렉산드로스 대왕일 수밖에 없었다. 때가 헤라클리우스 황제 치세였으니 더더욱 그랬다. 당시 기독교도들 사이에서는 페르시아를 정복하고 곡과 마곡을 철문 안에 가둔 알렉산드로스 대왕에 대한 이야기가 널리 회자되었다. 굴욕적 패배와 승리가 교차하던 이란샤르와의 대전쟁이 진행되는 와중에, 로마의 선전관들이 알렉산드로스에 대한 기억을 되풀이 불러일으킨 결과였다. 호스로우 2세가 마침내 실각하고 헤라클리우스가 예루살렘에 들어가기 직전이었던 630년에는, 알렉산드로스가 주인공이고 그 순간을 기리기 위해 쓴 것이 분명한 글도 시리아에서 유포되기 시작했다.[32] 그 위대한 정복자가 해 지는 곳에 도달해 곡과 마곡을 벽으로 에워싼 것도 모자라, 마지막 날에는 기독교 제국의 지배력이 세계의 끝까지 미치게 되리라고 예언하는 내용이었다. 헤라클리우스에게는 용기백배할 만한 내용이었고, 그런 만큼 글 속의 알렉산드로스도 당연히 예루살렘에 가서 "하느님의 왕국은 영원토록 지속될 것이므로, 메시아가 지상에 내려오면 왕좌에 앉으실 수 있도록"[33] 은제 옥좌도 가지고 오겠다고 맹세하는 것으로 묘사되어 있다. 따라서 헤라클리우스가 참 십자가를 어깨에 짊어지고 간 것에 비견될 정도는 아니었지만, 충분히 감동적일 수 있었다. 실제로 그것은 꾸란에 나오는 둘 까르나인 이야기의 모델이 된 듯한 황제의 예루살렘 입성에 대한 찬사로는 더할 나위 없이 효과적이었다. 구성, 형상은 물론 심지어 그 영웅(알렉산드로스)의 독특한 뿔까지, 모든 것이 동일했으니 말이다.[34] 그 점에서 꾸란에 어느 특정한 시기가 언급되는 부분이 있다면 그것은 바로 둘 까르나인이 적힌 부분이 될 수 있겠지만, 문제는 꾸란의 그 구절에는 630년에 로마가 진행한 프로파간다의 아주 작은 단서밖에 드러나 있지 않다는 것이다. 곡과 마곡의 물결이 쇄도하고 지옥이 극적으로 구현되리라는 마지막 날에 대한 환상만 극대화되어 있을 뿐, 새로운 로마가 세계를 물려받고 그리스도가 재림하리라는 알렉산드로스 예언의 형해조차 남아 있지 않은 것이다. 요컨대 명백히 기독교적이라고도, 명백히 로마적이라고도 할 수 없었다.

또한 세계가 멸망하리라는 전망에 집착한 책답게 꾸란에는 마지막 날을 예언한 글이 그 밖에도 숱하게 많지만, 그것들도 그 점에서는 다를 바 없었다.

하늘이 갈라지고
별들이 흩어지며
바다가 열리어 하나가 되고
모든 무덤이 열리어 뒤집어지며
그때 모든 인간은 앞서 있었던 것들과
이루지 못한 일들을 알게 되노라.[35]

위의 글에도 드러나듯 무시무시한 비전이지만, 그렇다고 특정한 위기감으로 촉발된 듯한 징후는 보이지 않는다. 오히려 상황은 그와 반대다.

분명하고 두려움이 느껴지는 꾸란의 메시지는, 사악한 자들은 영벌^{永罰}의 운명에 처하게 되고 약자를 억압하는 자들은 '부활의 날'[36]에 자신들이 지은 죄에 대해 하느님께 대답할 준비를 해야 할 것이라는 지극히 보편적 울림만 지니고 있는 것이다. 그럼에도 예언자가 그처럼 절박하게 경고를 하고 심판의 날에 대비할 것을 추종자들에게 주문한 것은, 두려워할 만한 이유가 있었음을 시사한다. 무함마드는 헤라클리우스의 프로파간다에 정통해 있었던 것이 말해주듯이, 근동에 휘몰아치고 있던 불 폭풍에 대해 모르지 않았다. 크테시폰의 고위 사제, 콘스탄티노폴의 수도사, 티베리아스의 랍비들 위를 새까맣게 뒤덮고 있던 재의 구름은 예언자에게도 컴컴한 그림자를 드리웠던 것이다. 그 시대의 공포와 격변은 머나먼 곳에서 날아온 소문이 아닌 귀에 쟁쟁한 소리였다. 따라서 신이 분노할 것이라며, 전 세계를 먼지로 화하게 할 힘을 지닌 하느님의 전능함 앞에 인간은 하잘것없는 존재라는 두려움을 갖고 있던 그로서는, 근래에 근동 인구의 3분의 1을 앗아간 페스트가 됐건 수십 년 동안 맹위를 떨친 전쟁이 됐건 특정 사건들에 집착하는 행태의 무가치함을 설파한, 하느님의 시간에 대한 관점에 대해서도 충분히 두려움을 가질 만했다.

꾸란의 구절―"모든 백성에게 정해진 기간이 있으니 그 기간에 이르면 그들은 단 한 시간도 유예하거나 앞당길 수 없노라."[37]―로 보면 당시 페르시아와 로마제국을 뒤흔들고 있던 재앙도 그것의 예외가 아니었음을 알 수 있다. 무함마드의 시선이 머문, 그의 세대 사람들이 당한 고통도 기껏해야 강대국들의 흥망이 진행되는 와중에 끝없이 휘몰아친 사막의 모래 돌풍 중 하나에 지나지 않았다. 창조의 순간 이래 인류에게 중요했던 것은 언제나 역사의 부침이 아닌, 절박함과 더불어 불멸의 요소도 함께 지닌 선과 악의 선택에 관한 문제였다. 꾸란의 주인공이 왕도 아니고 황제도 아닌 예언자인 것도 그래서였다. 그리고 물론 무함마드는, 하느님이 내려 보낸 긴 행렬을 이룬 선지자들 가운데 사람들에게 회개를 권유할 수 있는 유일한 존재였다. 또한 진리가 불변인 바에야, 사람들이 살았을 만한 지역과 기간도 구체적으로 명시할 필요가 없었다. "일러 가로되 (……) 천지에 숨겨진 모든 것을 아는 분"[38]은 하느님뿐이었기 때문이다. 무함마드가 머지않은 과거의 인물들에 관심을 가진 것도, 그들의 배경과 개인적 특질은 모두 지워진 때뿐이었다. 예언자의 계시에 소개된 에페소스의 일곱 영웅에 대해서도 "믿음을 가진 젊은이들"[39]이라는 그의 찬사만 나와 있을 뿐, 에페소스라는 말은 물론 그들이 일곱 명이며 심지어 기독교도라는 말조차 언급되지 않은 것도 그래서였다. 무함마드는 이렇듯 '두 뿔을 가진 자'의 예에서 그랬던 것처럼, '동굴의 사람들' 예에서도 로마의 환상이라는 눈부신 태피스트리에서 실을 뽑아 전혀 다른 무늬의 직물을 짜냈다.

하지만 물론 과거에서 뽑아낸 실로 모두 그런 식의 가공을 할 수 있었던 것은 아니다. 무함마드도 익히 알고 있었듯이, 세계는 변화무쌍하고 실책으로 얼룩진 곳이기도 했기 때문이다. 따라서 신자들에게도 경각심을 불어넣을 필요가 있었다. 엄중하고 두려운 경고, 예언자가 싫증내는 법 없이 늘 해왔던 경고는 다름 아닌 그 시대의 진정한 골칫거리, 진짜 신은 하나뿐인데도 그 신을 안다고 주장하는 종교들이 많다는 것이었다. 미님(이단)의 존재에 안절부절못한 랍비나 불안스레 이단을 추적한 주교 못지않게, 무함마드도 특이한 종교를 믿는 다종다양한 사람들이 세계를 가득 메우고 있는 것에 기겁을 했다. 무슈리쿤이나 조로아스터교의 불 숭배자와 같이 그중에는 물론 이슬람의 한계를 명백히 벗어나 있어 크게 신경 쓸 필요가 없는 사람들도 있었다.[40] 따라서 문제는 유대인과 기독교도들이었다. "하느님과 천사들과 성서들과 선지자들과 마지막 날을 부정하는 자 있다면 그는 크게 방황하리라."[41] 꾸란의 이 구절이 말해주듯, 유대교의 랍비와 기독교의 수도사는 이슬람의 무민mu'min, 곧 '신자'와 거의 구별이 되지 않았기 때문이다. 실제로 꾸란 전편에 산재한 유대인과 기독교도에 대한 예언자의 말씀을 읽다 보면 헷갈리는 부분이 한두 군데가 아니다. 토라와 복음서를 하늘이 '인간에게 내려준 지침'[42]으로 찬양하고 경배하는 사람들을 알알키타브Ahl al-Kitab, 곧 '성서의 백성'이라고 치켜세운 곳이 있는가 하면, 변절한 유대인에게 소름 끼치는 저주의 말을 퍼붓는 곳도 있다. 하지만 사실 그런 긴장은 새삼스러울 게 없었다. 유대인과 기독교도들도 그리스도가 탄생한 이후 몇백 년 동안 서로에 대해 매혹과 증오가 교차하는 태도를 보였으니 말이다. 니케아 공의회가 열리기 전에 에비온파와 마론파에 대한 책을 쓴 기독교도가 있었다면, 그도 필시 유대인에 대해서는 꾸란에 나온 것처럼 관용과 적대감의 양극단을 오가는 의견을 피력했을 거라는 말이다. 따라서 무함마드도 자신의 가르침과 '성서의 백성'이 믿는 교리의 어느 부분에 경계선을 그어야 할지, 또 경계선에 세울 장애물과 감시탑의 높이는 어느 정도로 할지에 대해, 그 자신보다 수백 년이나 오래된 문제와 치열하게 싸움을 벌인 것에 지나지 않았다.

예언자가 또 그 사실을 전혀 모르고 한 것도 아니었다. 그 점에서 꾸란은 매우 구체적인 역사의 한 순간, 전통과 더불어 내재적 증거도 7세기 초의 몇십 년과 동일하게 간주할 수 있는 역사의 한 순간을 기록한 것이라고도 볼 수 있다. 신자들을 위해 유대인 및 기독교도와의 골치 아픈 경계지를 정해줄 필요가 있었던 무함마드로서는, 독실한 황제라면 누구라도 알아볼 수 있는 방식으로 그 일을 수행할 능력이 충분히 있었기 때문이다. 유스티니아누스 대제가 "하느님을 적절하게 숭배하지 않는 모든 사람들"[43]에게 무거운 벌금을 물렸듯, 이슬람이 유대인과 기독교도에게 지즈야jizya라는 인두세를 물려 그들의 열등함을 만천하에 드러내 보인 것이 그것을 말해주는 증거다.[44] 승리주의와 결합된 과세는 국가로서의 로마가 약자를 괴롭힌 장대한 전통이었다. 그런데 이제 기독교도들마저 두 종교의 처지가 바뀐 탓에 벌금을 물리기는커녕 오히려 물어야 하는 더 큰 아이러니가 빚어진 것이다. 이렇게만 봐도 예언자는 종교적 다양성을 감시하는 문제에서, 추종자들에게 구체적 정책 조언을 하는 일에 관한 한 충분히 그 시대의 인물일 수 있었다.

그렇기는 하지만 예언자의 시선이 현재에 머문 경우는 여전히 전체의 일부분에 지나지 않았다. 꾸란에 유대인과 기독교도에 대한 내용이 시대를 초월한 관점으로 다루어지고 있는 것도 그것을 말해준다. 위대한 제국이나 위대한 종교나 그에게는 별반 차이가 없었다. 위대한 종교들이 포물선을 그리며 진화해가는 과정은 예언자에게 큰 의미가 없었다는 얘기다. 황제들의 전쟁과 마찬가지로 제국적 교회를 형성해간 소란스러운 사건도 그의 의식을 뒤흔들어놓지는 못했다. 대규모 공의회, 칼케돈 지지파와 단성론자 간의 격렬한 논쟁, 그리스도의 본성에 대한 합의를 이끌어내기 위해 황제, 주교, 성자들이 몇 세기 동안 피 터지게 싸운 일, 이 모든 일이 꾸란에는 암시조차 되어 있지 않은 것이 그것을 말해주는 증거다. 실제로 사막의 수도사들을 제외하면 꾸란에서 동시대의 기독교 교회를 나타내는 내용은 전혀 찾아볼 수 없다. 수도사들마저 겸양의 표본으로 찬양해야 할지 탐욕스러운 짐승으로 비난해야 할지, 예언자가 헷갈려 했을 정도로 꾸

란에서 기독교의 존재감은 미미했다.[45]

그렇다면 무함마드가 염두에 두었던 기독교도는 누구였을까라는 궁금증이 생길 수밖에 없는데, 이에 대해서는 예언자가 기독교도를 지칭하는 말로 사용한 나사라Nasara가 그 실마리가 될 수 있을지 모르겠다. 나사라는 히에로니무스나 에피파니우스의 저작에 정통한 박식가들이나 귀 기울일 만한 존재, 따라서 7세기의 기독교도들에게는 거의 아무런 의미도 없는 존재였다. 나사렛파(모세의 율법을 지키고 성령을 그리스도의 어머니로 믿었던 기묘한 이단 종파) 또한 그들의 본거지인 고대 팔레스타인에서도 오래전에 자취를 감춘 종파였다. 그런데 이 나사렛파가, 히에로니무스가 그들을 사라져가는 골동품 취급을 한 지 2세기 후에 작성된 꾸란에서 모든 '복음서의 백성'[46]을 뜻하는 말로 사용되었을 뿐 아니라, 그들의 교리에도 지독한 경멸감을 드러낸 것으로 나타나 있는 것이다. 하느님이 예수에게 "네가 백성에게 말하여 하느님을 제외하고 나 예수와 나의 어머니를 경배하라 하였느뇨?"[47]라고 묻자, 예수가 분연히 결백을 주장했다는 구절이 그것이다. 시르크의 큰죄가 될 수 있는 문책을 당했으니 꾸란 속의 예수로서는 당연히 그렇게 항변할 만했을 것이다.

물론 이 부분에서 꾸란은 황당한 오해를 하고 있다. 나사렛파가 무엇을 믿었든지 간에 정통파 기독교도들에게는 '어머니 하느님'에 대한 관념 자체가 없었기 때문이다. 그렇다고 해서 예언자가 전적으로 착각한 것도 아니었다. 그가 기독교도를 시르크로 비난한 것은 그들의 옛 상처를 헤집어 놓은 일이었기 때문이다. 기독교도들을 장장 600년 동안이나 애타게 만든 문제, 하느님과 예수의 관계를 올바로 정립하는 것이 그 문제였다. 물론 그 기간의 절반, 다시 말해 니케아 공의회 이후에는 황제들의 승인과 하늘의 인가까지 받은, 따라서 가톨릭 지도자들이 흡족할 만한 해법이 마련되었다. 하지만 동고트족과 반달족의 아리우스파가 충격적으로 보여주었듯이, 그렇다고 해서 정통파 기독교의 정원에 있던 잡초가 완전히 뿌리 뽑힌 것은 아니어서, 제국 교회의 영역 너머로 퍼져나간 이단은 그곳에 뿌리를 내리고 철 없는 꽃을 계속 피우고 있었다. 꾸란에 언급된 나사라도 같은 맥락으로 이해할 수 있을 것이다. 북쪽의 습지와 숲 속에서 오래도록 번영을 누린 아리우스파처럼 나사렛파도 남쪽의 사막에서 근근이 살아남았을 개연성이 있는 것이다. 게다가 이들의 생존에는, 다소의 혼란을 일으키는 것 이상의 의미가 담겨 있었다. 나사렛파의 기원이 기독교 교회의 기원으로까지 거슬러 올라가므로 히에로니무스의 시대보다 훨씬 오래되었고, 그러다 보니 그 종파의 교리가 제기한 문제들도 니케아 공의회에 이어 기독교가 발달해간 과정의 핵심을 건드리고 있었기 때문이다. 예수가 하느님의 아들이라는 것은 무슨 의미인지, 삼위일체는 어떻게 정의되고 설명되어야 하는지, 유대인과 기독교도는 서로를 영원히 증오할 수밖에 없는 운명인지 아니면 동일한 책의 자손으로 간주될 수 있는지 등이 그런 문제였다.

따라서 나사라가 만일 나사렛파와 동일한 사람들이라면, 이는 7세기 초에 최종적 형태를 가진 듯한 꾸란이 그럼에도 왜 고대 귀신들의 속삭임에 계속 귀 기울였는지에 대한 설명이 될 수 있다. 요컨대 꾸란의 행간에 나타난 논의, 다시 말해 삼위일체를 부정하고 예수를 인간으로만 인정한 그리스도의 본성과 관련된 일방적 논의에 꾸란이 먼 시대에 작성된 듯한 기미가 엿보이는 것이다. 칼케돈(451년)은 물론이고 니케아 공의회(325년)보다도 오래된, 따라서 단일 교회 없이 다양한 종파들만 난무했던 지난날의 상황에 격분하는 태도를 보인 것이 그것을 말해주는 증거다. 예언자가 꾸란에서 한 말—"(예수 그리스도를 우리가 살해하였다라고 그들이 주장하더라.) 하지만 그들은 그를 살해하지 않았고 십자가에 못 박지 아니했으며 그와 같은 형상을 만들었을 뿐이라"[48]—만 해도 수 세기 동안 논의되지 않았던 것, 다시 말해 오래전에 탄압받았던 《바실리데스 복음서》의 주장이었다.

물론 그렇다고 해서 예언자가 바실리데스의 주장을 그대로 옮겼다는 의미는 아니다. 그렇기는 하지만 오래전에 침묵당한 나사렛파와 그노시스파 같은 기독교 이단들의 메아리가 꾸란에서 크게 울려 퍼지고 있다는 사실만으로도, 그 목소리의 출처가 하느님이 아니라면 대체 어디일까라는 궁금증을 자아내기에는 충분하다. 사라진 복음서들만이 꾸란에 등장하는 먼 과거의 유일한 흔적이 아닌 점도, 그 문제를 심화시키는 요인이다. 마치 서로 다른 판들이 켜켜이 쌓인 거대한 절벽에서 바위 폭포 틈이나 풍화 작용에 의해 얼핏 모습을 드러내는 화석과도 같이, 꾸란에도 이미 가고 없으나 그 자체 안에서 버텨온 무한대의 시간이 암시되어 있는 것이다. 물론 그 흔적의 다수는 논평가들에 의해 언제나 수수께끼로 간주되어왔다. 지질학이 아직 발달하기 전에 화석을 발견하고도 무엇인지 몰라 어리둥절한 학자들이 많았듯, 이슬람 학자들도 꾸란의 한 구절 혹은 문단 전체를 이해하지 못해 곤혹스러움에 빠져들기 일쑤였다. '함정을 만든 자들'[49]로 알려진, 악행을 저지른 자들의 형벌이 주제가 된 꾸란의 짧은 수라(장)만 해도, 그것이 무엇을 의미하는지 도통 알 수가 없었다. 물론 그것을 풀기 위한 시도는 여러 세기에 거쳐 숱하게 이루어졌다. 한 초기 학자만 해도 악행을 저지른 자들이, 투석기를 이용해 아브라함을 불타는 함정 속으로 쏘아버린 어느 왕의 시종들일 수 있다고 보았다. 유수프가 나지란의 기독교도들에게 자행한 만행이 악행을 가리키는 것일 수도 있었다.[50] 반면에 그 이야기가 처음 소개된 곳이, 꾸란이 아닌 다른 사료, 특히 고대 후기의 예루살렘 너머 사막의 광야에서 이따금씩 모습을 드러냈던 불가사의한 고대 유대인의 문서일 개연성을 말한 학자도 있었다. 그런 류의 종교적 기록물로 근래에 발견된 이른바 사해 문서만 해도, 거기에 나타난 가르침과 꾸란의 가르침 사이의 연관성을 의심하는 학자들이 한둘이 아닌 것이다.[51] 사해 문서에 나오는 지옥도 꾸란의 '함정'을 나타내는 것일 수 있고, 심판의 날에 받게 될 저주받은 자들의 운명 또한 함정의 불에 던져지는 것을 말하는 것일 수 있다는 것이다. 만일 그게 맞다면, 불가사의하고 논란 많은 꾸란의 구절, 다시 말해 머나먼 유대인의 과거로부터 보존돼온, 마지막 날에 대한 예언자의 통찰을 밝혀줄 단서가 될 수도 있다.

예언자가 계시를 내리는 과정 내내, 시나고그에 속하건 수도원에 속하건 대다수 동시대인들이 하느님의 뜻이 문자로 표현될 수 있다는 것에 저항할 엄두를 내지 못했으리라는 점을 되풀이하여 강조한 것도 주목해야 할 대목이다.

보이지 않는 것의 열쇠들이 하느님께 있나니 그분 외에는 아무도 그것을 알지 못하느니라.
그분은 땅 위에 있는 것과 바다에 있는 모든 것을 알고 계시며
떨어지는 나뭇잎도 대지의 어둠 속에 있는 곡식 한 알도
싱싱한 것과 마른 것도 그분께서 모르시는 것이 없으니
그것은 성서에 기록되어 있노라.[52]

이 구절만 보면 탈무드적 방식으로 창조 전체를 하나의 성서로 뭉뚱그려 이야기한 것 같지만, ('고대 두루마리'에서 찾아낸 진리를 찬양한) 꾸란의 다른 구절에는 예언자의 의사가 좀 더 명확히 드러난다. 진리를 찬양한 뒤 서둘러 고대 두루마리란 바로 '아브라함과 모세의 두루마리'[53]임을 밝힌 것이다. 그러나 또 혼란스러울 정도로 취사선택적 자료들을 뽑아내 그것들을 자기 것으로 완벽하게 소화한, 꾸란에 나타난 수많은 암시, 모방, 회상 들을 보면, 예언자에게 영향을 끼친 것이 비단 아브라함과 모세뿐만이 아니었음을 알게 된다. 꾸란에서는 로마 황제들의 프로파간다에서 기독교 성자들의 이야기, 오래전에 사라진 《그노시스파 복음서》에서부터 고대 유대인의 소책자에 이르기까지, 그야말로 온갖 종류의 기록물의 흔적을 확인할 수 있다. 예언자들의 봉인을 자임한 무함마드의 주장을 입증하듯 그의 계시들에는, 먼 과거 사람들도 자신과 비슷하게 하느님을 체험했음을 나타내는 암시들이 유령처럼 포진해 있는 것이다. 둘 까르나인이 자랑했던 뿔이 아몬 신의 숫양 뿔인 것으로도 알 수 있듯이, 알렉산드로스가 태어날 무렵에는 이미 고대에 속한 신도 꾸란에서는 낯선 존재가 아니었다. 한 술 더 떠 몇몇 계시들은 꾸란에 내포된 천국의 모습을, 신자들이 하늘로 올라가면 부여받을 "감춰진 진주처럼"[54] 아름답고 언제까지나 소년의 모습을 잃지 않는 주관酒官들 그리고 추방당한 그리스 로마 신들의 원초적 매력에 빛나는 "눈 큰 여인들"[55]이 완비된 곳으로 주장하기까지 했다. 올림포스의 최고신 제우스도 진주 같은 미소년을 주관으로 취하고, 결혼의 축복을 받은 그의 아내 헤라 또한 매혹적으로 큰 눈을 가진 것으로 유명했으니, 우연치고는 놀라운 우연이 아닐 수 없다. 무슬림 학자들도 꾸란의 이 부분에서는 필시 암소에나 어울릴 법한 묘사라고 여기며, 천상의 여인들이 '큰 눈'을 가졌다는 예언자의 주장에 곤혹스러움과 혼란을 동시에 느꼈을 것이다. 이교도인 그리스인들이 쓴 시에 헤라가 '암소 눈'[56]을 가진 여인으로 찬양받은 것을 알았다면, 더욱더 안절부절 어찌할 바를 몰랐을 것이다. 게다가 올림포스 신들은 오래전에 권좌에서 쫓겨나기라도 했지만, 꾸란 속 천상의 여인들은 여전히 저녁놀에 반짝이는 금빛 왕궁에서 떵떵거리며 살고 있었다.

하지만 사정이 그렇다면, 그리고 예언자의 계시가 최소한 그 계시의 몇몇 권능을 위해 로마인들의 기독교 제국과 같이 다른 지역에서는 이미 지하로 숨어든 지 오래된 신성함의 환상에 의존한 것이라면, 그 계시들의 출처는 더욱 큰 미궁에 빠져든다. 그렇게 되면 상인들로 붐빈 메카가 그노시스파, 로마 선전관, 호메로스, 베르길리우스의 광팬들로 가득한 도시도 되는 것인데, 메카가 그런 곳이었을 개연성은 더더욱 희박하기 때문이다. 하지만 뇌리에서 떠나지 않는 온갖 감칠맛 나는 구절들로 수놓아진 꾸란이 처음 작성된 곳이 메카가 아니라면, 과연 어디가 꾸란의 탄생지가 될 수 있을까?

이 질문에 대한 답을 찾기 위해 우리가 살펴볼 수 있는 곳은 단 하나, 꾸란뿐이다.

· 꾸란이 작성된 곳은 어디? ·

무함마드가 알았을 개연성은 없지만, 초기 예언자들의 봉인을 주장한 것은 그가 처음이 아니었다.[57] 자의식이 강했던 어느 인물도 꾸란이 작성되기 350여 년 전에 이미 "지혜와 공적은 하느님의 사자들을 통해 인류에 지속적으로 전해졌다"[58]고 선언하면서, 자신이야말로 성서들에 궁극의 말씀을 기록할 사람이라는 당찬 포부를 드러냈으니 말이다.

앞선 시대의 그 누구보다 경쟁 종교들의 결합에서 희열을 느꼈을 것이 분명한 그는 다름 아닌 마니였다.

크테시폰이 아르다시르 1세에게 함락되기 직전, 따라서 아직은 파르티아 제국에 속했던 그 도시 부근에서 216년에 태어난 마니는 나사렛파와 마찬가지로 할례를 행하고, 성령이 여성에 있다고 보며, 예루살렘 쪽을 보고 기도하는 기독교의 한 종파 내에서 성장했다. 그런 환경에서 자란 탓에 당연히 다문화적 취향을 갖게 되어, 240년에 페르시아 왕으로 새롭게 즉위한 샤푸르 1세 앞에 모습을 드러냈을 때는 이미 유대교, 기독교, 조로아스터교의 요소를 성공적으로 융합하여 전혀 새로운 형태의 종교를 만들어냈다. 그것으로도 부족했는지 그는 부처의 후계자도 자임했다. 그리하여 자칭 예언자의 종교는, 비록 샤푸르 1세는 그의 교리에만 매혹되었을 뿐 개종까지 하지는 않았지만, 동서의 양 끝단으로 퍼져나가 교리를 설파한 제자들 덕에 진정한 글로벌 종교로 발전해갔다. 카르타고에서 중국에 이르기까지 "모든 나라, 모든 언어에"[59] 마니교의 세포들이 존재하게 된 것이다. 꾸란에 유대인 및 기독교도와 더불어 '성서의 백성'을 구성한 세 종족의 하나로 당당하게 이름을 올린 불가사의한 '시바인들'도 마니교도였다는 주장이 설득력 있게 개진되었던 것으로 보면, 마니교는 심지어 아라비아로까지 진출했던 것 같다.[60]

하지만 설령 그랬다 해도 마니교는 사방에서 포위공격을 받는 하찮은 교파에 지나지 않았다. 마니가 최선의 노력을 기울였음에도 로마 황제는 물론 페르시아 샤한샤의 마음마저 얻지 못한 것이 패인이었다. 결국 무함마드의 시대에 이르러서는 마니교 신도들이 두 제국의 압박에 못 이겨 필사적으로 도주하는 신세가 되었다. 심지어 교주인 마니마저 샤푸르 1세의 후계자(바람 1세)가 직접 내린 명령에 따라 순교하는 것으로 생을 마쳤다. 로마도 페르시아와 다를 바 없이 콘스탄티누스 대제가 개종하기 전부터 이미 마니교 교리를, 불순한 페르시아인이 "순진하고 소박한"[61] 제국 시민들을 타락시키려는 의도를 가진 것으로 보고 극도의 경계심을 나타냈다. 로마가 기독교 제국이 된 뒤에는 비기독교 제국으로부터 적대감을 물려받은 것도 모자라 그것을 더욱 극대화시켰고, 그리하여 유스티니아누스 대제가 죽을 무렵에는 마니교가 제국의 지배 영역에서 사실상 근절되었다. 그러나 기실 마니교 교리에 가장 무자비하게 대응한 것은 군주가 아닌, 기독교 주교, 조로아스터교 사제, 유대교 랍비 같은 경쟁적 종교의 지도자들이었다. 그들이 볼 때 어쭙잖은 예언자의 주장은 곱절로 터무니없었다. 자신들의 성서를 쓸모없는 계시로 치부한 것만으로도 모욕이 되기에 충분했는데, 그보다 더 역겹게도 짝짓기와 이종교배를 일삼는 경쟁적 종교들의 포주 노릇을 하며, 그 모든 난혼으로부터 사악한 그의 교리의 혼합물에 지나지 않는 잡종까지 만들어냈으니 말이다. 로마와 페르시아 모두 이런 관점으로 경직성을 더해가며 기본 가설을 더욱 굳혀나갔다. 비옥한 초승달 지대에서 너무도 흔한 현상이던 신앙들의 경계 흐리기와 합체를 가장 높은 하늘에까지 악취 풍기는 죄악으로 간주하고, 다양한 신앙들 사이에 펼쳐진 공백지 또한 여하한 경우에도 침해해서는 안 되는 곳으로 만들어놓은 것이다. 554년에 열린 네스토리우스파 주교들의 종교 회의에서 표현된 말을 빌리면, 신도들에게 필요한 것은 "그들의 보호자를 위험으로부터 지켜줄 수 있는 난공불락의 성채, 높은 방벽"62을 쌓는 일뿐이었다. 세 종교의 지도자들은 이렇게 기독교, 조로아스터교, 유대교로 갈라졌을망정 한 가지 점, 제2의 마니가 탄생해서는 안 된다는 점에서는 의견이 전적으로 일치했다.

전쟁도 그 확신을 더욱 단단하게 만드는 역할을 했다. 이란샤르와 새로운 로마 일대의 지방들이 그 시대의 전쟁이 남긴 상흔으로 만신창이가 되다 보니, 각 종교 신자들 간에 하느님의 보호를 받기 위한 쟁탈전이 더욱 가열되었기 때문이다. 예루살렘이 유린된 것을 한탄한 기독교도에 의해서든, 종마의 불이 꺼진 것을 애통해한 조로아스터교도에 의해서든, 강제 개종당했다는 소문에 통곡한 유대인에 의해서든 유례없이 큰 규모의 참호가 만들어지고 장애물이 세워졌다. 신앙의 경계가 이렇게 물샐 틈 없이 촘촘하게 짜인 세계에서 종교가 번성할 수 있는 최선의 길은, 군사력을 갖추는 데도 이점이 되는 범위, 조직, 규모를 갖는 것이었다. 따라서 그런 재원을 갖출 여력이 없는 교파는 필연적으로 도태될 수밖에 없었다.

그런 이유로 7세기 초에는 일신교가 두 경쟁 제국들을 거의 완전히 휩쓸게 되어, 한때는 그리도 흔한 현상이던 우상 숭배의 관습이 일부 주변 지대에서나 간신히 명맥을 유지하는 상황이 되었다. 조로아스터교 성직자들이 제국적 규모로 기울인 그 모든 노력에도 불구하고 여명 비추이는 산지의 권좌에서 잠도 자지 않는 불의의 끔찍한 복수자 미흐르 신을 끌어내리는 데 실패한 호라산 지역, 로마와 이란샤르의 중간 지대에 어정쩡하게 위치한 점을 이용하여 주민 대다수가 콘스탄티노플 지배자의 기독교 숭배 명령을 거역하고 도시의 수호신 신sin을 계속 숭배한 하란이 그런 주변 지대였다. 하지만 월신月神 신의 미래는 암울했다. 마우리키우스 황제가 사탄 숭배를 근절시키라는 명령과 함께 거들먹거리기 좋아하는 인물을 하란의 주교로 임명했기 때문이다. 아니나 다를까, 하란에서는 이윽고 신분을 숨기고 요직에 앉아 있던 이교도의 정체가 드러나 사형에 처해지고 번화가에 효시되었다. 그렇게 보면 호스로우 2세 군대가 그곳을 점령한 것이 월신 숭배자들에게는 적시에 찾아온 구세주인 셈이었다. 페르시아가 세계 정복에만 정신이 팔려 월신 숭배 따위에는 신경도 쓰지 않았기 때문이다. 하지만 그것도 잠시였을 뿐 629년에 동로마와 페르시아 사이에 평화조약이 체결되어 하란의 페르시아인들이 철수하자, 그곳에 대한 로마의 지배권 회복은 이제 시간문제가 되었다. 도시의 우상들에도 당연히 절박한 재앙의 징조가 임박했다.

이교도, 마니교도, 유대인 기독교도, 기독교도 유대인 모두 박해의 운명을 피해가지 못했다. 제국 당국으로부터 안전할 수 있는 피신처는 비옥한 초승달 지역의 어디에도 없었다. 과거에도 그랬듯 이번에도 그들이 도망칠 수 있는 곳은 변두리 지역뿐이었다. 은신처로든 망명지로든, 지난 몇 세기 동안 마치 바스러지는 두루마리의 잉크처럼 다른 곳에는 사라지고 없는 종교들을 보듬어준 곳이 바로 두 제국의 남쪽에 위치한 그곳, 거대한 광야였다. 그 점에서 그들이 국경을 넘어 사막으로 향해 간 것은 과거로 회귀한 행위였다. 고대의 난잡한 이교들이 군주, 주교, 모베드(조로아스터교의 고위 사제)의 눈길을 피해 살아남을 수 있는 곳은 아라비아뿐이었던 것이다. 물론 아랍인들 사이에도 유대인과 기독교도는 있었다. 그러나 둘 중의 어느 쪽도 다른 쪽을 위협할 정도의 지배력을 갖지는 못했다. 처음에는 유대인 왕이, 그다음에는 그곳을 침략한 기독교도 왕이 지배한 힘야르에서조차, 두 정권 모두 아라비아로부터 이단의 온상이라는 옛 명성을 떨쳐낼 정도의 힘을 갖지는 못했다. 힘야르 왕국의 유대인 왕 유수프가 다윗 왕의 후계자연한 것도 랍비들에게 잘 보이기 위한 일종의 쇼맨십이었고, 기독교 순교자들을 기려 세운 나지란의 성소 명칭이 카바인 것도 정육면체를 숭배하는 이교도 아랍인들의 관습을 고려한 것이었다. 그렇다고 해서 힘야르가 기독교 왕국으로서의 내화력을 갖추고 있었던 것도 아니다. 호스로우 1세 치세 말기에 페르시아가 후원한 정변이 일어나 에티오피아의 힘야르 지배가 종식되고, 그로부터 수십 년 뒤에 페르시아가 그곳을 직접 통치했으니 말이다. 그에 따라 아랍인들에게도 이제는 기독교도나 유대인보다 "귀고리 장식을 하고 비음 섞인 페르시아어를 쓰는"[63] 이란샤르의 상인이 훨씬 친숙한 존재가 되었다. 그뿐만이 아니었다. 이란샤르 상인과 더불어, 그리고 상인의 뒤를 이어 오르마즈드(아후라 마즈다) 숭배도 힘야르에 도입되었다. 모종 가득한 종교들의 온상에 또 하나의 종교 모종이 보태진 것이었다.

한편 힘야르에서 멀리 떨어진 북쪽의 비옥한 초승달 지대 주변부, 특히 팔레스타인 주변부에서는 (이종 신앙들 간의) 이화 수분이 한층 더 큰 규모로 진행되고 있었다. 이처럼 다종다양한 신앙들이 손상되지 않은 채 살아남은 경우는 근동 전역을 통틀어 그곳밖에 없었다. 소조메노스도 사막의 아랍인들에게 어필할 수 있었던 것에 오래도록 주목한 유대인, 칼케돈 공의회에서 결정된 정통 교리를 단호하게 수호한 기독교 수도사, 가산족의 단성론 전사들 등 실로 다양한 교파가 존재했다. 그것이 전부가 아니었다. 유스티니아누스 치세 때 속주 당국에 맞서 일으킨 반란이 재앙적 실패로 끝났는데도, 아랑곳하지 않고 로마인들 제국의 바위에 지속적으로 몸을 들이받다 뒤이은 패배와 탄압을 견디다 못해 결국 비참한 지경이 되어 인근 사막으로 흘러든 사마리아인들도 있었다. 그렇게 그들은 성지를 버려둔 채 에비온파, 나사렛파, 그 밖의 숱한 기독교 이단 종파들이 닦아놓은 길을 묵묵히 따랐다. 그렇다고 북부 아라비아를 수놓은 그 모든 신앙의 모자이크 무늬가, 로마 변경지 일대로 밀려난 요소들에 의해서만 만들어진 것은 아니었다. 문디르로 하여금 알우자 여신의 돌들에 기독교 처녀 400명의 피를 뿌리게 한 것이나 혹은 나바테아인들로 하여금 두샤라 신의 검은 돌 카바를 숭배하게 만든 다른 곳의 이교 전통 또한 비옥한 초승달 지대의 전통과는 현저히 다르게 심한 박해에 시달렸으니 말이다. 따라서 나지란의 기독교도들이 만일 그곳에 세운 자신들의 성소 이름을 카바로 정한 것이 그들의 조상 역시 (검은) 돌을 숭배한 것을 나타내는 것이라면, 외부인들의 신앙 및 관습이 아랍 고유의 신앙 및 관습과 부딪힌 아라비아의 다른 곳에서도 분쟁만 일어난 것이 아니라 제국의 궁극적 악몽이었을 경쟁적 신앙들의 이화 수분 현상도 일어났을 개연성을 말해주는 것이다.

실제로 로마와 페르시아의 대전쟁이 일어났을 무렵, 아라비아에서 숭배의 돌연변이 현상이 일어나서 그 악몽이 현실화되고 있었다. 그리하여 잡종 이교들이 생겨나자 종교 시장 자유화로 초래될 수 있는 우려스러운 징후도 함께 나타났다. 유일신이 세계의 창조자임을 인정하고, 하느님의 전능함도 거리낌 없이 고백하며, 모세와 예수에 대한 지식도 풍부하게 갖춘 공동체가 알우자도 숭배를 하게 된 것이다. 이러한 상황에 랍비와 수도사는 무엇을 했느냐고 혹평가도 맹비난을 퍼부었듯이, 그것이야말로 가장 추악하고 타락한 형태의 시르크였다. 하지만 정작 그 비난에 대한 총대를 메고 나선 사람은 유대인도 아니고 기독교도도 아닌 아랍인 무함마드였다. 그는 무슈리쿤을 단순히 이해 불가능한 동맹이 아닌, 그보다도 한층 혼란스러운 존재로 보았다. 그들을 자신의 계시를 단련시킨 것과 같은 종류의 도가니에서 벼려진 남녀들로 간주한 것이다. 무함마드가 그의 적(무슈리쿤)이 알우자와 아라비아 우상 숭배의 옛 자취에서 끌어낸 알라트$^{al\text{-}Lat}$, 그리고 '세 번째 우상인 마나트^{Manat}'를 숭배하는 것에 대해 명백히 경멸적 태도를 지니고 있었는데도, 실제적으로는 그들이 그 삼인방 '여신'[64]을 숭배하는 것을 비난하지 않았던 것도 그래서였다. 하지만 또 기이한 점은 꾸란에 '여신'이라는 말이 단 한 차례도 언급되어 있지 않고, 이교도의 신전이나 성소가 존재했다는 말도 없는 것이다. 예언자가 메카에서 그 모든 형상들을 의기양양하게 박살냈다고 알려진 것과 달리, 우상들 또한 예언자의 계시에는 나타나 있지 않다. 고고학 기록으로도 확인되지 않기는 마찬가지다.[65] 그렇다면 무슈리쿤은 알우자를 여신으로 믿지 않았다는 말이 되는데, 여신이 아닌 다른 어떤 존재로 믿었다는 것일까? 그 답은 예언자가 알우자를 이름으로 언급하기 무섭게 이내 "내세를 믿지 아니한 자들은 천사들을 여성이라 부르니"[66]라고 말한 것에서 찾아볼 수 있다. 요컨대 예언자는 알우자를 여신이 아닌, 하느님의 딸─그 시대의 어둠 속에서 금빛으로 환히 빛난 박동하는 날갯짓 소리가, 고뇌와 절망에 빠진 세상에서 갈수록 많은 사람들에게 공명을 일으키고 있던, 하느님의 많은 사자들 가운데 하나─로 지위를 강등시킨 것이었다.

그렇다고 해서 또 무함마드가, 일신교를 믿으면서 천사들을 향해서도 기도한 무슈리쿤 같은 자들을 일신교 신자로 간주할 수는 없다고 주장한 최초의 인물은 아니었다. 기독교도들도 사도 바울로 시대 이래 줄곧 그와 동일한 관점을 고수했으니 말이다.[67] 배교자 율리아누스 황제가 죽은 직후에 열린 지방 종교회의에서는 특히 신자들이 이교도를 떠올릴 수 있는 의식에 접근하지 못하게 하는 것이 중요했으므로, "천사를 이름으로 부르는 것과, 그들에 대한 숭배를 계획하는 것을 엄히 금한다"는 단호한 법령이 만들어졌다. "가려진 우상 숭배에 전념할 우려가 있는 자들 모두 저주받을지어다"[68]라는 말도 덧붙여졌다. 무함마드도 이보다 더 심하면 심했지 나은 관점을 가지고 있지는 않았다. 인간이란 무릇 시르크의 노예가 되기 십상이고, 그 점에서는 스스로를 유일신의 독실한 종이라 믿는 인간들도 예외가 아니라고 보았기 때문이다. 따라서 숨겨진 일신론자, 가짜 일신론자야말로 자나 깨나 예언자를 불안하게 만들고 격분시킨 존재였다. 그가 보기에 무슈리쿤은 야비하고 교활한 범죄자였다. 유스티니아누스 대제 시대의 주교들이 그들 주교구에 속한 오지를 순방하던 중 기독교도 농부들이 세례 받지 않은 그들 조상이 행했던 의식에 여전히 흥미를 보이는 것에 아연실색한 것과 마찬가지로, 예언자 또한 어느 저명한 학자가 "(의식에) 농장의 동물들을 사용한다는 점에서 보면 사소한 과오"[69]라고 말한 것에 섬뜩함을 느꼈다. 예언자는 무슈리쿤이, 천사들을 숭배하는 것뿐만 아니라 가축의 귀를 째고, 소에게 쟁기 끌고 짐 싣는 일을 시키지 않으며, 가축을 도살할 때 하느님의 이름으로 도살되어서는 안 된다고 하는 방식으로도 하느님을 욕보인다고 주장했다.[70] 그러면서 그런 가증스러운 범죄를 저지른 자들은 마땅히 "지옥에 떨어지리라"[71]고 엄중히 경고했다.

그런데 또 이상한 점은 나중에 집필된 예언자의 전기에서는 이 모든 점들이 크게 다루어지지 않았다는 것이다. 농업 종사자들의 행위를 통제하는 것의 중요성을, 수 세기 뒤에 한층 더 드라마틱하고 대중의 구미에 맞게 작성된, 메카에서 행한 예언자의 활동 기록에 어설프게 꿰어맞춘 느낌을 주는 것이다. 전기 작가들로서는, 무함마드가 우상 박살낸 것을 보여주는 증거가 꾸란에 없는 것이나 무슈리쿤이 수소, 암소, 양 등 다량의 짐승 무리를 소유한 거대 목장주로 묘사된 것이나 당혹스럽기는 마찬가지였을 테니 그럴 수밖에. 대다수 농경학자들도 동의하겠지만 당시의 메카는 메마르고 황량하기로 악명 높았다. 따라서 동물 사육에는 부적합했고, 토양의 주성분이 화산재였던 탓에 "곡식 재배, 포도와 푸른 식물, 올리브와 종려나무, 울창한 정원, 과실과 목초가 자랄" 만한 곳 또한 아니었다.* 그런데도 예언자에 따르면 하느님은 무슈리쿤에게 그 모든 은총을 내려주었다는 것이다. 하지만 하느님에게 아무리 불가능은 없다지만, 메카가 정녕 "포도, 올리브, 석류나무의 과수원"[72]이 펼쳐진 곳이었다면 그것은 기적일 수밖에 없었다. 7세기 아라비아에서 그런 것들을 볼 수 있는 곳은 오아시스나 혹은 예언자가 존재했을 무렵에는 사막이 옥토로 변해 황량한 모래사막뿐인 주변 지역 가운데서 전에 없이 유독 농사가 잘되었던 나바테아와 네게브 지역뿐이었다.** 따라서 그것은 창의력과 노력도 더해졌겠지만 황야가 구원받은 것을 의미했으므로 어느 공동체가 됐든 대단한 자부심을 가질 만했다. 그 점에서 예언자가 무슈리쿤에게 그 숱한 다른 비난을 퍼붓는 와중에, 죽은 땅을 소생시킨 공을 하느님이 아닌 자신들에게 돌리는 배은망덕하고 자만심에 빠진 점도 함께 나무랐던 것은 주목할 만하다. "너희가 땅에 심는 씨앗을 생각해보라. 너희가 그것을 자라게 하느뇨, 아

---

* 꾸란 80장 27~31절. 메카의 중요성이 높아진 것에 대한 전통적 기록에는 붐비는 국제 무역의 중심지답게 그곳에 상당한 규모의 농업 배후지가 있었을 것으로도 암시되어 있다. 하지만 일부 학자들은 그것을 불가능하다고 보고 시리아와 이집트로부터 곡물을 수입했을 것이라는 설을 제기했다. 산이 무함마드에게 오지 않았다는 속담이 있듯, 목마른 놈이 우물을 팠을 거라는 말이다.

** 야스리브 같은 오아시스 마을에서도 포도와 석류나무는 자랐을 수 있지만, 올리브가 재배되었을 개연성은 희박하다. 고대 후기에는 올리브가 지중해 유역의 고유 작물이었다.

니면 하느님이 성장케 하느뇨?"[73]

그렇다면 다른 문제들에 더해 또 하나의 난처한 문제가 생겨난다. 로마가 '가까운 지역'에서 망했다는 꾸란의 구절이나, 혹은 시리아에서 유포된 알렉산드로스 대왕의 이야기를 되풀이한 구절, 또는 타무드족을 찬양한 구절 못지않게 예언자의 적(무슈리쿤)이 생계를 꾸려간 것을 장황하게 설명한 구절 또한 무함마드의 계시가 메카 북부에도 전해졌다는 뜻밖의 정황을 암시하는 것이고, 그렇다면 정치뿐 아니라 지형적으로도 예언자의 시선이 메카를 넘어 무한대의 수평선에 머물렀다는 의미가 되는데, 그랬을 개연성은 지극히 희박하기 때문이다. 꾸란을 통틀어 이름으로 소개된 곳이 아홉 지역뿐인 것도 그렇게 생각하게 만드는 요인이다. 게다가 그 아홉 지역마저 당대의 기록으로 확인되는 것은 시나이 산과 이후 메디나로 알려지게 될 오아시스 부락 야스리브, 단 두 곳뿐이다. 물론 꾸란에는 바드르가 전투가 일어난 제3의 장소로 묘사되어 있고, 그 100년 전에는 한 시인이 낙타의 훌륭함을 칭찬하는 대목에서 바드르를 언급하기는 했지만, 바드르의 위치로 시인이 던져준 실마리도 거대한 사막 한가운데 어디쯤이라는 것뿐이니 무의미하기는 마찬가지다.[74] 어디엔가 또 실렸을 수 있지만 처음 소개된 곳은 꾸란인, 메카가 포함된 다른 다섯 지역에 대한 정보도 꾸란에 나온 것이 전부다.* 그리고 마지막으로 아홉 곳들 가운데 가장 불가해한, 박카Bakka의 '집House'이 있다. 무슬림 학자들도 그 호칭에는 적잖이 당황했던 듯, 상당한 재간까지 발휘해 그곳이 메카의 다른

---

* 꾸란에 바드르와 더불어 이름으로 명시된 유일한 전투지로서 예언자 전기에는 무슬림이 결정적 승리를 거둔 곳으로 묘사된 후나인, 무슬림 전승에 카바 인근의 조그만 구릉들로 나오는 사파와 마르, 메카 외곽 30킬로미터 부근에 위치한 산과 동일시되고 있는 아라파트가 그곳들이다.

이름이라는 것을 보여주려고 했다. 꾸란에도 박카는 비길 데 없이 거룩한 시원의 장소로 묘사되었으니 그들로서는 그렇게 하는 편이 편했을 것이다.* 예언자가 "집으로의 순례를 의무로 하셨노라"[75]고 선언하는 말씀이 기록되어 있는 것이다. 그렇다면 주석가들이 그 경외스러운 지역의 위치를 확정하는 과정에서 추측의 탑을 쌓아올렸다 해도 놀랄 일은 아니다. 물론 박카가 메카였고 메카는 히자즈 지방에 있었다는 설은, 전기 작가 이븐 이스하크와 그의 계승자들도 틀림없는 사실로 받아들였다. 그렇기는 하지만 꾸란의 어느 구절에도 그것을 뒷받침할 만한 단서가 전혀 없다는 점은 여전히 찜찜한 구석으로 남아 있다. 그 지역들을 처음 소개한 전거들이, 무함마드가 죽은 지 수 세대 뒤에 나왔다는 것도 문제다. 기독교도들의 성지 관광 붐이 처음 일었을 때 잊힌 성서의 유적들을 팔레스타인 땅 주인들의 후각에 의존해 찾았던 것처럼, 그 전거들 또한 신빙성 있는 전통을 반영했을 개연성이 극히 희박하기 때문이다.

그런 암흑이 첩첩산중으로 가로막고 있어, 무함마드가 박카로 믿었던 곳이 정확히 어디인지를 말하는 것조차 이제는 불가능해졌다. 한때는 존재했을지 모를 증거가 오래전에 사라져버린 탓이다. 실마리라고 남아 있는 것도 극도로 모호하고 단편적인 내용뿐이어서 문제 해결에 도움이 되지 않는다. 그렇다면 초기 이슬람 학자들이 할 수 있는 일도 그리스 신화에 나오는 도둑 프로크루스테스가 철 침대 위에 잡아온 사람을 눕혀놓고 침대 길이에 맞게 다리를 늘리거나 잘라낸 것처럼, 실마리들을 얼기설기 맞춰 박카의 위치를 추론해내는 것뿐이었을 것이다. 하지만 그것은 메카

---

* 그러나 대다수 학자들은 박카는 명백히 카바와, 메카는 그 주변 지역과 동일시하며 두 곳을 별개로 간주했다. 많지는 않지만 다른 설을 제시한 학자들도 물론 있었다.

와 박카를 동일시한 설과 두 곳을 동일시하지 않는 설 모두에 양다리를 걸친 것에 지나지 않으므로 설득력이 없다. 몇몇 문제들은 이렇게 영원한 미궁 속으로 빠져드는 듯했다.

하지만 뒤집어 생각하면 이는 가설은 얼마든지 세울 수 있다는 의미이기도 하다. 팔레스타인 너머 광야의 아랍인들에게, 성서적 환경을 전용하려는 경향이 뚜렷했던 것만 해도 주목할 만한 사항이다. 아랍인들도 유대인이나 기독교도 못지않게 마므레의 성소, 다시 말해 아브라함이 '주님 앞에 섰던' 마콤으로 몰려드는 습성이 있었던 것이다. 게다가 그들은 기독교 제국의 경계 밖에 사는 다른 민족들은 언감생심 꿈도 꾸지 못했을 것까지 쟁취하는 데 성공했다. 아브라함의 순혈통을 지녔다는 설득력 있는 주장을 할 수 있었으니 말이다. 아브라함의 첩이자 이스마엘의 어머니였던 하갈의 가계에 속했던 덕에, 비옥한 초승달 지역 일대에서는 '이스마엘 자손'으로서 아랍인의 권리가 무리 없이 통용되었던 것이다. 그것에 자부심을 가져서인지 아랍인들은 광야 저편의 누군가가 설령 '이스마엘의 자손'이라고 하면서 조롱의 기미를 보여도, 그들 못지않은 속물근성으로 받아넘기는 여유까지 부렸다. 하갈의 혈통을 지닌 사람들이, 문중에 노예가 있었다는 사실을 창피해하기는 커녕 오히려 자랑스럽게 여기게 된 것이다. 테오도레투스가 사막의 아랍인들이 이스마엘의 후손인 것을 자랑스럽게 여겼음을 처음으로 기록한 지 2세기가 지난 660년대에는, 아브라함이 아랍인을 위해 세운 것으로 알려진 반구형의 불가사의한 성소가 존재했음을 암시하는 글도 등장했다. 메소포타미아와의 접경 지대에 살던 어느 네스토리우스파 역사가가 쓴 글인데, 그에 덧붙여 그는 이렇게 말했다. "실제로 아랍인들은 그곳에서 예배 보는 것이 낯설지 않았다. 초창기부터 그들 종족의 수장의 조상에게 경의를 표해왔기 때문이다."[76] 만일 이것이 사실이라면 여간 흥미로운 일이 아닐 수 없다. 꾸란에도 박카의 집과 관련한 문단에서, 예언자가 그 집을 세운 인물로 아브라함을 지목한, 유사한 내용이 나오기 때문이다. 그렇다면 꾸란에 시원의 '축복받은 곳'[77]으로 찬양된 성소와, 페르시아(위의 메소포타미아와의 접경 지대)처럼 멀리 떨어진 곳까지 '아브라함의 돔'으로 알려졌던 성소가 같은 곳이 되는 것이 과연 가능한 일일까?

무슬림 학자들은 당연히 박카와 메카를 동일시하기 위해 (유구한 전통에 따르면 본래는 하느님에게 아라비아가 아닌 가나안을 약속받았으나 어쩌다 보니 메카에 정착하게 되었다는 식으로) 족장의 이야기를 장황하면서도 때로는 환상적으로 풀어놓았다. 그 과정에서 몇몇 학자들은 도로 여행이 지연되자 하갈과 이스마엘을 그곳에 버려두고 간 족장의 이야기를 쓰기도 했고, 놀랍게도 족장이 (유대교 신학에서 하느님이 세상에 임재하심을 일컫는 용어로 쓰는) 셰키나의 인도를 받았다는 이야기를 기록한 학자들도 있었다. 이것은 성서의 내용과도 배치되고, 1000년(구약성서가 기록된 기간—옮긴이)에 걸쳐 강박적으로 갈고 다듬은 아브라함과 그의 족보에 관한 내력과도 맞지 않는다. 따라서 무슬림 학자들에게도 전적으로 생소한 이론이었을 것이다.*
이렇듯 학자들에게도 낯선 내용이었으니, 무함마드 시대의 누군가가 설령 아브라함이 메카에서 활동한 것을 믿었다 해도 그것을 입증해줄 기록이 없을 것 또한 당연하다. 과거에도 그랬듯 예언자의 시대에도 아브라함이 가나안에 정착하고 하갈과 이스마엘은 가나안 인근에 펼쳐진 황야들

---

* 아브라함이 나오는 성서의 창세기는 기원전 7세기 혹은 6세기에 작성되었다는 것이 일반적 관점인데, 다른 것은 제쳐두고 아브라함의 역사적 정체성만 고려하더라도 이것의 중요성은 적지 않다.

중 한 곳에 피신했다는 것이, 모든 사람들에게 통용된 사실이었던 것이다.

이 통설을 뒤집을 만한 내용은 꾸란에도 나타나지 않는다. 상황은 오히려 그 반대다. 예언자에 의해 묘사된 박카가 또 다른 성소, 곧 마므레의 오랜 특징이던 초자연적 아우라로 빛나고 있었으니 말이다. 예언자는 박카를 "아브라함이 서서 기도했던 곳"[78]으로 묘사했고, 그렇다면 기도한 그 '장소'는, 마콤을 가리킨다고 생각할 수밖에 없다. '장소'를 나타내는 아랍어(마캄maqam)와 히브리어(마콤maqom) 사이에도 분명 메아리가 울려 퍼지고 있었다. 꾸란에 "그곳을 경배의 장소로 택하라"고 한 곳이 바로 '아브라함이 섰던 곳',[79] 마캄 이브라힘Maqam Ibrahim이었으니 말이다. 그런데 시간이 지나 메카가 이슬람의 가장 거룩한 장소가 되자 이슬람 학자들은 마므레에 대해서는 입을 꾹 다문 채, 마캄 이브라힘을 카바 정북쪽에 놓인 돌과 동일한 것으로 간주했다. 메카에서 북쪽으로 수백 킬로미터 떨어진 곳(마므레)에 그것의 유래가 있을 개연성이 한층 높은데도 말이다.[80]

물론 예언자가 박카의 집이 지어진 내력을 설명하면서 마므레가 연상되는 전통을 되풀이 해서 말한다고 해서 두 성소가 같아지는 것은 아니다. 그렇기는 하지만 그것이 그의 계시들을 떠올리게 하는 데 효과적이고 잊을 수 없도록 매우 특별한 배경이 되어주는 것은 사실이다. 꾸란에 명시된 독특한 경배의 관습들만 해도, 예언자는 꾸란의 전편을 통해 자신이 그것들을 만들어낸 것이 아니라 일신교의 깊디깊은 샘에서 끌어올린 것임을 역설했다. 그가 밟은 땅, 그와 무슈리쿤이 밟은 땅 모두 아브라함과 그의 아들 이스마엘, 그의 조카 롯의 발자국이 찍힌 곳이라고 주장한 것이다. 그런데도 왜 그런 곳에서 기록된 교훈을 받아들이지 않느냐고 자신의 적(무슈리쿤)을 질타했다. 예언자는 '롯도 하느님이 보낸 선지자'라는 점을 무슈리쿤에게 이렇게 일깨웠다.

하느님은 그와 그의 추종자 모두를 구하였노라.

그러나 뒤에 남은 한 늙은 여성(불신자였던 롯의 아내—옮긴이)은 제외되었

노라.

그 후 하느님은 나머지도 멸망케 했나니

실로 너희가 아침이 되매 그들의 사적지를 지나갔노라.

저녁에도 그러하거늘 너희는 이해하지 못하느뇨?[81]

이것이 암시하는 것은 물론 화석화된 소돔이고, 그러므로 내포된 의미
도 분명하다. 예언자의 추종자들이 정주한 곳이 어디든 그곳은 '롯의 바다'
를 뜻하는 바흐르 룻Bahr Lut, 곧 지금의 사해에서 멀리 떨어져 있지 않았다
는 것이다.

게다가 만일 위의 꾸란 구절을 믿을 수 있고, 무함마드의 적들이 폐허가
된 소돔과 고모라 근처에 살았다면, 박카 성소의 중요성도 하늘의 영역에
만 국한되지는 않았을 것이다. 유스티니아누스 치세에 한 로마 사절이 거
대한 사막 성소에 대해 쓴 글도, 그것을 알아볼 수 있는 가늠자가 될 수 있
다. 그의 보고서에 "야수들조차 인간들과 사이좋게 지냈다"는 말에 덧붙
여 '대다수 사라센인'들이 그곳을 신성시했다는 했다는[82] 흥미로운 내용이
담겨 있고, 그렇다면 그 사막 성소도 박카였을 개연성을 배제할 수 없기
때문이다. 물론 사절의 막연한 묘사만으로 그것을 확신할 수는 없다. 그러
나 꾸란의 계시들 속에도 로마 사절의 글을 떠올리게 하는 내용이 있다면
문제가 달라진다. 그 속에는 아브라함과 이스마엘이 박카에 집을 지으며,

하느님께 "저희 후손들도 무슬림 공동체를 형성하여 당신께로 귀의케 하여주소서"[83]라고 기도하는 내용이 담겨 있는 것이다. 물론 이것은 예언자가 이스마엘의 후손을 부분들의 총합보다 크게 취급한 표현이다. 다양한 부족들로 나눠졌음에도 하나의 종족, 곧 하나의 '공동체'로 간주했다는 것은 따라서 목적의 단일성으로 묶이고 공통의 조상으로 결합되었으니 신성한 협력, 곧 시르캇도 함께 나누는 존재로 보았다는 것이다.

문제는 팔레스타인 광야의 하느님만이 시르캇의 유일한 보호자가 아니라는 데 있었다. 타무드족 이후에 조직된 모든 아랍 부족민 연맹의 뒤에는 로마의 이해관계와 로마의 영향력도 잠복해 있었으니 말이다. 때는 페르시아와 로마, 두 초강대국의 대리전이 머나먼 남쪽의 힘야르까지 아라비아에 전대미문의 긴 그림자를 드리우던 시대였다. 따라서 팔레스타인 속주 당국으로서는 철통같은 방어가 이루어지고 있다는 단호한 의지를 보여줄 필요가 있었다. 로마 전략가들이 페르시아와 대전쟁을 벌이기 수십 년 전에 국경 지대 변의 부족한 병력을 감안하고, 방비를 철저히 하려는 목적으로 아랍인을 보조군으로 쓰는 정책을 취하게 된 것도 그래서였다. 그리고 그것이 아라비아에 집단 이주를 촉진하여, 히자즈로부터 북쪽의 팔레스타인 쪽으로 아랍 부족민들이 쉼 없이 흘러들게 했고, 그러다 보니 또 신참자를 분류하여 명부를 작성하는 것이 이주를 통제하고 관리해야 하는 속주 당국의 일이 되었다. 포이데라티 명부에는 당연히 이국적 명칭들이 난무했다. 팔레스타인과 히자즈 사이에는 하나의 부족 집단만 존재한 것이 아니었으니 당연한 일이었다. 그런데도 속주 당국은 울며 겨자 먹기로 동맹을 모색한 것이다. 로마 전략가들이 아라비아의 부족민 구성에 그처럼 절박한 관심을 가졌던 적은 일찍이 없었다.

그런데 그 시대의 모든 명부에도 한 가지 흥미로운 결락이 나타난다. 예언자가 태어나 자란 곳으로 알려진 메카와 그의 씨족이 속한 쿠라이시 부족 모두 명부에 빠져 있는 것이다. 그러다 다른 때와 마찬가지로 예언자가 죽은 지 1세기도 훨씬 지난 뒤에야 시대 추정이 가능한 기록물에 쿠라이시라는 이름이 지나가듯 얼핏 등장했으나, 그마저도 무엇을 뜻하는지 알 수 없도록 적혀 있다.[84] 그러다 보니 궁금증만 두 배로 늘어난다. 무슬림 전통에 따르면, 쿠라이시족은 아라비아 일대에 명성이 자자한 히자즈의 지배 세력이었을 뿐 아니라, 모험가였던 무함마드의 조상 쿠사이Qusayy도 카이사르Qaysar, 즉 '로마 황제Caesar'의 원조를 받은 뒤에야 집권했던 것으로 알려져 있다.[85] 그런데도 로마인들이 쿠라이시족을 몰랐다는 것이 말이 되는가? 쿠라이시라는 집단이 존재했던 것은 분명하다. 꾸란의 네 구절에도 쿠라이시족이 동절기와 하절기 여정에 나서고, 하느님으로부터 양식과 안전 두 가지 모두를 제공받은 것으로 나타나 있으니 말이다. 문제는 심지어 저명한 무슬림 학자들마저 '쿠라이시'의 진의가 무엇인지 모르겠다고 실토했다는 것이다. 오죽하면 쿠라이시를 두고 유명한 여행 안내자거나, 낙타의 한 품종 혹은 상어의 한 종류가 아니었을까 하는 생각까지 했을까. 하지만 예언자가 죽은 지 2세기가 지난 뒤였으니 머리를 쥐어짠다고 해서 답이 나올 리 만무했다. 쿠라이시의 기원에 관한 문제는 결국 이후 오랫동안 잊힌 채로 남아 있었다.

그렇다고 그것이 특별히 이례적일 것은 없었다. 4세기부터 아랍인을 '사라센'으로 언급하기 시작한 로마인들도, 그 말의 어원이 설마 시르캇에 있을 것으로는 생각하지 못했으니 말이다. 그렇다면 쿠라이시족Quraysh에 '협력'의 의미가 내포되어 있는 것도 전적으로 우연만은 아니었을 것이다. 그런데 비옥한 초승달 지대에서 점차 공통어가 되고 있던 시리아어에서는 카리샤Qarisha가 또한 '함께 모인', 곧 '동맹'의 뜻을 지니고 있었다.[86] 그렇다면 '쿠라이시'도 혹시 공통의 협력 관계로 모인 로마의 동맹 부족, 곧 포이데라티를 부르는 말은 아니었을까? 가산족 왕들과 다른 아랍 지휘관들이 시리아어를 조금은 구사할 줄 알았던 것도 눈여겨볼 만한 대목이다.[87] 카리샤가 아랍화되어 제국의 경계지를 훌쩍 넘어선 곳에서 사용되었을 개연성, 다시 말해 로마의 후원으로 부유해진 부족민 전체를 가리키는 말로 쓰였을 개연성을 일컫는 것일 수 있기 때문이다.

물론 이 모든 설은 추측에 지나지 않는다. 그렇기는 하지만 그것이 만일 사실이라면, 꾸란에 언급된 쿠라이시족도 특정 지역의 특정 사람들이 아니라 네게브 지방에서 히자즈 북부에 이르는 지역을 포괄하고 로마 황제를 매개로 하느님으로부터 생계와 안전을 제공받은 동맹 부족민 전체를 뜻하는 말일 수 있다. 그렇다면 이것은 또 '가까운 지역'에서 로마가 패한 소식이 꾸란에까지 나오게 된 것에 대한 설명이 될 수 있다. 물론 변경지 너머의 아랍인들이 비옥한 초승달 지대를 들썩이게 한 지진으로부터 멀리 떨어져 있지 않았던 것도 꾸란에 등장하게 된 요인이었을 수 있다. 아랍인들은 지진으로부터 멀리 떨어져 있기는 고사하고 직접적인 영향권에 있었으니 말이다. 페르시아의 공세로 시리아와 팔레스타인에 대한 로마의 지배력이 와해되어, 포이데라티가 언제나 당연시했던 것, 요컨대 제국으로부터 들어오던 돈줄이 끊겼던 것이다. 그렇다고 또 그것이 완전한 재앙을 의미하지는 않았다. 새로운 점령국 페르시아도, 아랍 상인들이 로마인들에게 공급해주던 가죽, 식량, 꿀 등을 절실히 필요로 했기 때문이다. 게다가 꾸란의 내용으로 보면 무슈리쿤도 그것들을 공급해줄 수 있었던 모양이다. 하느님을 상인으로 등장시켜 인간들의 영혼을 저당 잡아놓고 '깨끗한 치부책'을 만들어 그것의 이행 여부까지 꼼꼼히 확인한 것을 보면,[88] 예언자는 농업 못지않게 무역에도 관심이 많았던 것 같다. 예언자가 육지는 물론 해상을 넘나드는 장기 출장에도 익숙해 있었던 것 또한 흥미로운 사실이다. 꾸란의 주석서에 나온 것처럼 그렇다면 여름에는 배, 겨울에는 짐 싣는 동물을 이용해야 할 필요성 때문에, 쿠라이시족이 1년에 두 차례 여행을 한 것에 대한 설명이 될 수 있기 때문이다.[89] 에데사의 기독교 역사가는, 이븐 히샴의 전기가 나오기 1세기 이상 전이었던 690년대에 이미 "무함마드가 팔레스타인, 아라비아, 시리아 지역으로 출장을 다녔다"[90]라는 기록을 남겼다. 따라서 감질 나는 내용일망정 이게 사실이라면 페르시아 점령이 최고조에 달했을 때 상당한 규모의 무역이 이루어졌다는 증거가 된다. "하느님으로부터 은혜를 구하는 것은 죄가 되지 않는다"[91]라는 꾸란 구절도 그 점을 뒷받침한다. 어찌됐든 누군가에게는 전쟁이 돈벌이 기회가 되었을 테니까.

하지만 이는 사소한 일에 지나지 않았다. 하느님의 전능함에 비추어 모든 사물의 영고성쇠와, 그 시대의 해악, 그리고 인간 행위의 부질없음을 성찰하는 것이 한층 더 중요했다는 얘기다. 예언자가 불신자들을 향해 "그들은 지상을 여행하면서 그들 이전 백성들의 말로가 어떠했는지를 보지 못하느뇨?"[92]라고 일갈한 것에도 드러나듯, 따라서 인간사 모든 일은 흔들릴 수 있다는 그것이야말로 당대에 어울리는 교훈이었다. 그렇다고 해서 예언자의 모든 계시들이, 모래 속에 묻혀가는 고대 도시들에서만 영감을 받은 것은 아니었다. 그의 계시들에는 좀 더 최근에 벌어진 일, 인간 허영의 또 다른 기념비를 염두에 둔 듯한 기미도 분명 내포되어 있다. 꾸란의 언어에 쇠락해가는 제국 변경지의 흔적이 나타나는 것만 해도 그렇다. 꾸란에는 도로와 요새는 물론 심지어 로마 군단병들의 채색된 방패까지—그리스어와 라틴어를 음역한—유령 같은 존재로 등장하기 때문이다.[93] "저희들을 올바른 길로 인도하여주시옵소서"[94]라고 쓰인, 라틴어를 눈부시게 전용한 꾸란 1장의 구절이 좋은 예다. 수 세기 동안 로마의 힘을 나타내는 상징이자 힘을 과시하는 수단으로 동부 국경 지대를 에워싸고 있던 거대한 군용도로 스트라타를 영원히 뻗어나가는 길, 천상의 시라트가 내뿜는 광휘 앞에 빛을 잃게 만들었으니 말이다.

세속적 제국들도 하느님의 눈부신 광휘 앞에서는 그림자에 지나지 않는다는 관점은 물론 새로울 게 없었다. 촛불에 반짝이는 하기아 소피아의 황금, 이란샤르에서 가장 거룩하다는 3대 신전의 불들도 신의 광휘를 반영한 것에 지나지 않았으니 말이다. 그런데 세속 권력의 전란 터에서 멀리 떨어진 팔레스타인 저편의 광야에서도 그것은 오래전부터 진실로 인식되고 있었다. 도망자나 참회자의 영혼뿐 아니라 수 세기가 지난 것이 대부분인 필사본의 말씀 등 하느님의 체험은, 실로 여러 가지 형태로 나타나고 그 과정에서 많은 흔적을 남겼다. 사람뿐만이 아니었다. 잊힌 복음서가 됐든, 동굴에서 발견된 고대 유대인의 글이 됐든, 법률가 지망생들을 위해 서고에 따로 갈무리해둔 이교도 서사시의 필사본이 됐든, 책들도 하나같이 모두 하늘을 알고자 하는 열망을 드러냈다. 예언자가 각별히 "불신자들이 '그것들(무함마드가 낭송한 계시들)'을 옛 선조들의 이야기에 불과하다고 말하더라'"[95]는 구절에 민감한 반응을 보이며, 꾸란 전편을 통해 반박하려 한 것도 그것을 말해주는 증거다.[96] 하지만 그러면서도 그는 불신자의 말을 전적으로 부정하고, 그의 계시의 새로움만을 주장하지는 않았다. "실로 이것(꾸란)은 만유의 주님으로부터 계시된 것이라. 믿음의 성령이 그것을 가지고 오시어, 그대 마음에 내리어 그것으로 그대가 경고자가 되도록 하였으며, 명료한 아랍어로 계시했노라. 하지만 그것은 또 선조들의 성서에도 언급되었거늘." 꾸란의 이 구절이 말해주는 바에 따르면, 언제나 그 시대의 인간이었던 예언자는 그저 유대인이 탈무드를 영원의 기록으로 간주하고 기독교도가 하늘의 영원한 질서의 형상을 하늘에서 찾듯 그의 계시의 영원성만을 주장했을 뿐이다. 그런 인물이었으니 담대하고 자신감 넘치게 하느님에게로 '곧장 뻗어나간 길'을 주장할 만도 했을 것이다. 그런 도로에 비하면 유스티니아누스 대제의 긴축 재정으로 보수가 안 되어 오래도록 방치된 탓에 홈이 파이고 잡초가 무성해진 스트라타는 실로 아무것도 아니었을 테니 말이다. 영원의 도로와 이미 사막의 먼지로 돌아가고 있던 세속 도로 간의 차이라고나 할까?

게다가 도로가 부서질 수 있다면 부족 연맹도 그러지 못하리라는 법이 없을 터였다. 외세에 저당 잡힌 어중이떠중이 용병들을 하느님에게만 충성을 바치는 신자들의 공동체와 비교할 수는 없었을 테니까. 그러므로 꾸란의 다음 구절이 말해주듯 타무드족이 절멸했으니 그 후계자들도 같은 전철을 밟을 것은 뻔한 노릇이었다. "하느님이 타무드족에게도 옳은 길을 제시하였으나 그들은 옳은 길보다는 소경의 길을 택하였으니……."[97] 예언자의 적은, 이처럼 하느님을 천사들과 동등하게 취급하여 예배의 대상으로 삼는 것도 모자라, 로마가 후원하는 시르캇의 일원으로 서로 간에 도움을 주고받기도 한, 곱절로 사악한 무슈리쿤이었다. 요컨대 그들은 신성모독자인 동시에 부역자였다. 따라서 하늘 높이 유해한 악취를 풍기며 하느님을 거역한 자들임은 두말할 나위가 없었지만, 그 외에도 꾸란에는 그들이 더 큰 세속적 범죄와 우를 범한 자들로 암시되어 있다. 예언자가 그의 추종자들을 포이데라티의 반대 이미지, 즉 아라비아의 부족민들이 로마 황제가 주는 보조금을 받기 위해 북쪽으로 이주했던 것처럼 그의 신도들도 그와 방식은 유사하지만 돈을 위해서가 아닌 신의 대의를 위해 무하지룬(이주민)이 된 것으로 묘사한 것이다. 카이사르나 샤한샤보다 무한정으로 위대한 군주에게 봉사를 하게 하는, 참으로 기발한 전략이 아닐 수 없었다. 집단 이주를 지상의 일에서 하늘의 일로 송두리째 바꿔놓았으니 말이다. "하느님과 선지자를 위해 그의 집을 떠나 죽은 자의 보상은, 하느님께 있나니 하느님은 관용과 자비로 충만하시니라."[98]

그렇다고 해서 무하지룬이 된 데 따른 보상을 받기도 전에 죽어야 하는 것도 아니었다. 신자들의 구미를 가장 당기게 한 하늘의 즐거움이 눈 큰 여인들과 진주 같은 미소년 주관들을 부여받는 것이었을진대, 그렇다면 굳이 지상의 이익도 멸시할 이유가 없기 때문이다. 꾸란 8장을 여는 다음 구절도 그 점을 뒷받침한다. "그들이 전리품에 관해 그대에게 묻거든 그것은 하느님과 선지자의 것이라 말하라."[99] 그러나 예언자의 이 울림이 있는 단호한 계시에는 그와는 다른 의도, 전 세계가 재앙으로 몸살을 앓던 시대였던 만큼 경제적으로 고통 받는 사람들의 관심을 끌려는 의도 또한 내포되어 있었다. 아랍 부족민들이 페르시아인들에게 가죽을 팔아 벌어들이는 돈은 로마 황제의 대리인으로 받던 보조금에 비하면 새 발의 피였다. 따라서 로마의 돈 냄새를 맡고 북쪽으로 이주하여 수십 년간 급료를 지급받으며 살던 때에 비하면 수입의 차이가 컸으므로 당연히 궁핍해질 수밖에 없었다. 그러던 차에 (불신자를 약탈할 수 있는 하느님의 허가증까지 손에 쥔) 예언자의 계시가 나왔으니, 열광적 호응을 받을 것은 뻔한 이치였다. "너희가 소수일 때 지상에서 언약하고 사람들이 너희를 포획할까 두려워하였노라. 그러나 하느님은 너희에게 피난처를 주시었고, 그분의 원조로 너희를 강하게 하셨으며, 좋은 것으로 일용할 양식을 주시었나니……."[100] 무함마드의 신봉자들도 물론 주어지기만 했다면 로마 당국의 보조금을 기꺼이 받았을 것이다. 그러나 이제는 받고 싶어도 받을 수가 없었다. 한 번 말라버린 우물은 더 이상 우물이 아니었으므로.

그렇다면 여기서 또 하나의 사실, 예언자가 타개하려 한 위기가 전적으로 그 시대의 산물이었다는 사실이 드러난다. 독실한 전기 작가와 주석가들이 이후 몇 세기에 걸쳐 두터운 장막을 씌웠음에도, 포물선 모양을 그려간 그 시대의 위기는 식별 가능한 흔적으로 여전히 남아 있으니 말이다. 꾸란은 그 시대의 추세 및 격변과 멀찌감치 떨어져 있기는커녕, 그것들을 나타내는 최고의 기념비였다. 미증유의 격변기였던 시대를 살아가면서 그가 할 수 있는 한 모든 면으로 하느님의 말씀에 귀 기울일 것을 강조하고, 우주 자체의 파멸까지 염두에 둘 만큼 지식 또한 갖추었음을 은연중에 드러낸 한 인간의 기록이었던 것이다. 꾸란에 다가올 심판의 날이 이렇게 적힌 것도 그 점을 말해준다. "그날 하느님께서는 책을 말아 올리는 것처럼 하늘을 말아 올리실 것이라." 꾸란 전편에 실린 이 같은 표현이야말로 예언자가 무학자가 아님은 물론이고, 한없이 경외로운 존재인 신령의 전통에 대한 권리도 주장할 수 있을 만큼 자신이 하는 일의 실체를 정확히 알고 있었음을 나타낸다. 예컨대 무함마드가 원했던 것은 예언자들의 봉인이었다. "(하느님은 그대를) 복음의 고지자로 그리고 경고의 전달자로 보냈나니……."[101] 꾸란의 이 구절이 말해주듯, 인간적 힘에 좌우됨 없이 인류의 고통을 덜어줄 해결책으로서의 복음을 전해주고 또 복음을 듣지 않는 사람들에게 닥칠 일을 경고하는, 마지막 예언자가 되려 했던 것이다.

하지만 그렇다고 해서 예언자의 계시를, 신봉자의 영혼에 아로새기는 것만으로 일이 끝나는 것은 아니었다. 그 시대의 악에는 정신적이고 도덕적인 것 못지않게 정치적이고 경제적인 면도 내포되어 있었기 때문이다. 그렇다면 예언자도 당연히 메소포타미아와 티베리아스의 랍비, 유스티니아누스 대제 및 그의 위대한 법학자 팀과 마찬가지로 개인뿐 아니라 사회도 하느님의 목적에 맞게 변형시킬 필요가 있다고 보았을 것이다. 그가 처음에는 무슈리쿤에게 시도하려다 거부당한 뒤 무하지룬들 사이에 국가를 세우려 한 것도 어쩌면 그래서였을 것이다. 그렇다면 수도는 어디로 삼았을까? 이 부분에서는 꾸란과 이후에 만들어진 거대한 거미줄 같은 이슬람 전통 간의 내용이 모순되지 않는다. 예언자의 군대가 압도적으로 불리한 전투 속에서도 하느님이 보내준 "폭풍과 무적의 군대"[102]로 패배의 문턱에서 영광스러운 승리(헤지라 5년에 일어난 칸다크 전투—옮긴이)를 거둔 곳, 꾸란에 따르면 그 모든 일이 일어났고 이름으로도 한 번 불린 적이 있는 히자즈 북부의 비옥한 오아시스 부락 야스리브가 그곳이었다. 그에 걸맞게 야스리브는 이후 '예언자의 도시Madinat an-Nabi'로 개명되었고, 나중에는 다시 메디나로 알려지게 되었다. 이렇게 해서 메디나는 전통이 말해주듯, 무함마드가 지상에 수립한 천상의 첫 교두보가 되었다.

그렇다면 무함마드가, 전투가 있기 전 메카에서 메디나로 드라마틱하게 도주한 사건 헤지라도 사실에 기초한 것일까? 흥미롭게도 꾸란에는 '헤지라'라는 말 자체가 나오지 않는다. 그가 야스리브로 도주한 것과 관련된 전기의 내용도, 예언자 전기의 많은 부분이 그렇듯 훗날에 근거한 것이어서 답답증만 더할 뿐이다.[103] 그렇다면 이것도 후대의 전통이 덮어 감춘 '이주'의 전체 개념이 혹시 예언자와 그의 추종자들에게는 매우 의미심장한 일이었을지도 모른다는 의혹과 궁금증을 자아낼 만한 충분한 이유가 될 수 있다. 헤지라에는 기억할 만한 사건을 넘어, 또 다른 의미가 내포되어 있는 듯도 하다는 얘기다. 이주가 꾸란에, 처한 상황이나 지역에 상관없이 모든 신자들의 의무로 명기되어 있는 것도 그것을 짐작하게 하는 요소다. 꾸란에 묘사된 이주에는, 야스리브가 됐든 다른 어느 곳이 됐든 단순한 망명길이 아닌, 시간과 장소에 구애되지 않는 포괄적이고 보편적인 무장 궐기를 암시하는 듯한 기미가 나타나 있는 것이다. 예언자의 신봉자들에게는, "하느님의 대의를 위해 이주하는 자는 지상에서 많고 널따란 은신처를 발견할 것이며……"[104]라는 꾸란의 이 구절보다 더 급진적이고 두렵게 들리는 말도 없었을 것이다. 아랍인들에게는 가족과 부족을 등지는 것이 가장 괴로운 일이었다. 그런데도 꾸란을 믿을 수 있다면, 예언자는 그의 사람들뿐 아니라 아라비아 전역에 흩어져 사는 이스마엘의 다양한 후손들에게 그것을 요구한 것이다. 게다가 세계가 무너져 내리는 듯한 상황에 비춰볼 때, 야스리브에 그의 기를 성공적으로 꽂은 것도 이제 단지 시작일 뿐이었다. 용기 혹은 어쩔 수 없는 절박감으로 예언자의 도전을 받아들여 새롭게 시작하려는 사람들에게는 하느님만이 그 끝을 아는 여정이 기다리고 있었기 때문이다.

물론 천국이든 약탈이든 혹은 이 두 가지 모두에 끌렸던 간에 그 부름에 기꺼이 응답하려 한 아랍인들은 모자람이 없었다. 예언자도 그런 무하지룬을 "너희는 가장 좋은 공동체의 백성이라, 계율을 지키고 악을 배제할 것이며, 하느님을 믿으라"고 하면서 환호하며 맞이했다. 그들 조직 내에 새로운 사회질서를 수립하고 그에 대한 보상으로 속세도 물려받은 전사단으로 맞아주었다.

그리고 과연 그의 주장은 신속히, 그것도 엄청나게 옳은 것으로 판명되었다.

· 꾸란이 작성된 이유는? ·

634년 초 오랫동안 동로마제국 속주 후배지의 수도 역할을 한 팔레스타인의 아름다운 해안 도시 카이사레아에 놀라운 소식이 전해졌다. 사라센군이 로마 영토를 침범, 국경 너머 네게브 사막으로 들어와 사마리아의 비옥한 들판과 마을들을 향해 북쪽으로 진군 중이라는 것이었다. 속주 당국으로서는 제법 성가신 일이 터진 것이었고, 그래서 미연에 싹을 잘라버리려고 했다. 페스트와 다수의 전쟁을 치른 여파로 피로가 누적되어 군대 상태가 말이 아니었는데도 이것저것 가릴 계제가 아니었다. 그리하여 급조된 보병 기동부대가 남쪽으로 기운차게 행군하기 시작했다.[105] 황제의 총신임을 알 수 있도록 새하얀 제복을 차려입은 세르기우스 1세 콘스탄티노플 총대주교가 선두에서 군대를 이끌었다.[106] 그에게는 앞으로 있을 도전을 즐길 만한 특별한 이유가 있었다. 싸움이 시작되기 전부터 그는 이미 사라센 상인들이 국경 일대에서 이득 보는 행위에 제한을 두어, 고갈된 속주 금고를 채우겠다는 야심 찬 계획을 세우고 있었다. 그런 판에 상행위만으로도 모자라 영토 침범의 방식으로 절도 행위까지 하고 있으니 로마의 힘이 어떤 것인지 본때를 보여줄 때가 되었다고 생각했다. 잠시 자리를 비웠던 그 지역의 옛 여왕이 돌아왔다는 것을.

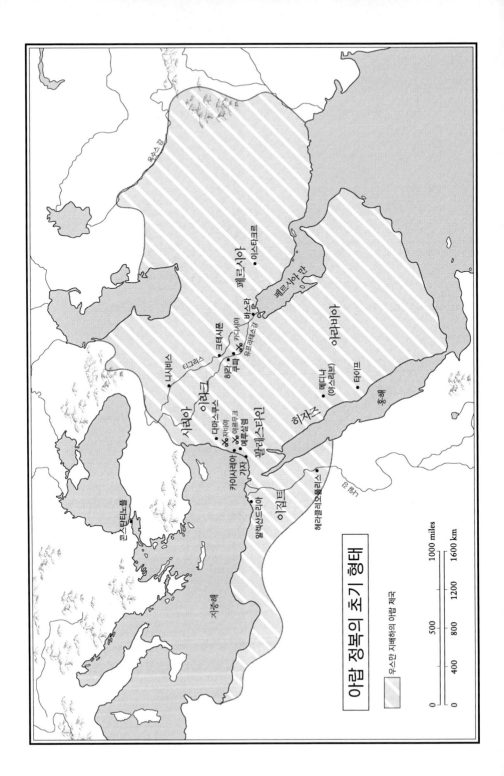

아랍 정복의 초기 형태

우스만 지배하의 아랍 제국

콘스탄티노플

지중해

알렉산드리아

카이사레아

예루살렘

다마스쿠스

자비야

팔레스타인

이집트

시리아

이라크

나시비스

티그리스

크테시폰

히라

쿠파

카디시야

유프라테스 강

바스라

페르시아 만

이스타크르

페르시아

아라비아

메디나

(야스리브)

타이프

훈네

히자즈

헤라클레오폴리스

나일 강

홍해

0   500   1000 miles

0   400   800   1200   1600 km

세르기우스와 그의 소규모 군대는 634년 2월 4일 오후 가자 동쪽 20킬로미터 지점에서 사라센 침략군과 마주쳤다.[107] 하지만 결과는 완패였다. 사라센군에 매복 공격을 당했기 때문이고, 알려진 바에 따르면 세르기우스도 세 차례나 낙마한 끝에 적군에게 사로잡혔다고 한다. 그의 말로는 특히 비참했던 것으로 세평은 전한다. 사라센군이 방금 벗긴 낙타 가죽 안에 그를 집어넣고 봉합해버려, 악취 풍기며 말라가는 가죽 부대 안에서 질식사를 했다는 것이다. 곧이어 또 다른 재앙이 뒤따랐다. 사라센군이 악마 같은 간교함으로 협공 작전을 전개한 것인데, 첫 번째 부대가 네게브 지역을 휘젓는 동안 두 번째 부대가 동부 국경을 넘어와서, 두 부대가 합동으로 팔레스타인 속주를 싹쓸이하고 다닌 것이다. 그들은 엉겅퀴 우거진 들판, 잡초 무성한 도로, 무너져가는 성벽 등 속주의 모든 곳을 휩쓸고 지나갔다. "사라센들에게는 공성전을 치를 능력이 없으니,"[108] 걱정할 것 없다고 로마 전략가들이 언제나 자기만족적 우월감으로 오만하게 주장한 것도 이번에는 먹혀들지 않는 것으로 드러나 속주 당국을 아연실색하게 만들었다. 인구 조밀하고 쥐가 득실거리는 골목길을 가진 특성상 도시들은 페스트에 가장 취약했다. 이런저런 천재天災에 수십 년이나 시달리다 보니 농촌과 구별도 안 될 지경으로 피폐해져 공성전을 치를 상황이 아니었던 것이다. 쓰러진 기둥들 사이에서는 양들이 풀을 뜯고 버려진 상점과 주조장에서는 산적의 약탈을 피하려고 데려다놓은 소들이 밤을 보내는 풍경이, 유령 도시가 되는 것만 피했을 뿐 죽기 일보 직전에 놓인 팔레스타인 도시의 모습이었다.[109] 그렇다면 세르기우스가 전투에서 패하고, 사방 어디에도 로마 야전군이 눈에 띄지 않는 상황에서 마을 대표들이 하나둘씩 저항을 최소화하는 길을 따르고, 침략자들을 매수했다고 하여 놀랄 일은 아닐 것이다.

 하지만 그런 상황에서도 사라센이 설마 그곳에 오래 머물 수도 있으리라는 점을 진지하게 고민한 사람은 많지 않았다. 사마리아인들의 봉기가 그랬듯 사막 출신 사라센의 이번 침략도, 제국 당국으로서는 그동안 많이 접해본 익숙한 장면이었을 테니 말이다. 따라서 사라센은 고질적 야만족인 만큼 이번 사태도 이따금씩 저지레를 하는 침략 이상으로는 보지 않았을 것이다. 지난 582년에도 가산족이 로마 당국에 의해 그들 왕이 시칠리아로 추방된 데 대한 앙심으로 폭동을 일으킨 데 이어 벌인 야전野戰에서 제국군을 격파한 뒤 시리아 전역을 휘젓고 다닌 적이 있었고, 그 몇백 년 전인 4세기 때는 "사라센에 의해 오랫동안 노래로도 기려진"[110] (남부 시리아의) 아랍 부족민 연맹의 여왕 마비아가 로마 지배에 반기를 들고 멀리 떨어진 이집트에까지 파괴적 습격을 연달아 감행한 적이 있었다. 이두 경우에 대해 로마는 모두 고래의 전법을 따라 뇌물로 야만족을 구워삶는 방식으로 대응했다. 속주 당국을 식겁하게 만든 가산족과 마비아였지만, 이국풍의 싸구려 물건 정도면 달랠 수 있었던 것이다. 금빛 액세서리와 현란한 호칭은 언제나 그랬듯 가산족과 마비아에게도 가치를 충분히 입증해 보였다. 사정이 이러할진대 가자 외곽에서 벌어진 전투에서 아랍군에 패했다고 해서 헤라클리우스 황제가 심란해할 이유는 없었을 것이다. 페르시아와의 전쟁이 끝나기 무섭게 팔레스타인에서 다시금 전쟁이 터진 것은 분명 불안한 일이었지만, 페르시아와 비교하면 사라센은 형편없는 약체였기 때문이다. 게다가 로마 관리들이 역사에서 한 가지 배운것이 있다면 아라비아 늑대들이, 이따금씩 위협을 가할 수는 있어도 결국에는 무릎을 꿇게 되어 있다는 것이다.

그러나 이번 침략은 예전과 양상이 판이했다. 사라센이 보조금과 비단 옷 빼앗는 것에 만족하지 않은 것만 해도 그랬다. 그들은 로마 황제로부터 재보를 하사받는 영광을 기다리기보다는 황제의 손에서 그것을 직접 강탈하기를 원했다. 팔레스타인 점령이 거의 끝났다고 판단되자, 시리아로 즉시 공격 방향을 돌린 것도 그래서이다. 이후 벌어진 일은, 그 50년 뒤 시나이 산의 한 수도사가 기록한 글로 유추해볼 수 있다. 그에 따르면 전투는 가산 왕조의 천막 도시 자비아에서 한 차례, 그곳에서 서쪽으로 몇십 킬로미터 떨어진 야르무크 강 위쪽의 골란 고원에서 한 차례(야르무크 전투),[111] 그렇게 두 번에 걸쳐 진행되었다. 그러나 그의 글에는 전투가 벌어졌다고만 나와 있을 뿐, 그 운명적 전투들이 어떻게 전개되었는지는 거의 나타나지 않는다. 게다가 그리스어로 된 것이든 아랍어로 된 것이든 이전 기록이 전무하다 보니, 아랍군의 침략이 전개된 과정과 그에 맞서 로마군이 어떤 저항을 펼쳤는지에 대해서는 역사가들의 합의를 이끌어내는 것조차 불가능하다.* 시리아 원정의 기간, 내용, 전개 과정 모두가 상반되고 혼란스러워 도무지 진상을 가릴 수가 없는 것이다.[112] 그러나 오리무중인 이런 원정 내용과 달리, 원정의 결과에 대한 합의를 이끌어내기는 어렵지 않다. 앞서 언급한 시나이 산의 수도원 원장이 "로마군에게는 섬뜩하고도 파멸적 패배가 되었다"[113]라고 통절하게 기록한 글로도, 결과를 짐작할 수 있기 때문이다.

---

* 한 복음서의 여백에 시리아어로 갈겨쓴, 자비아에서 전투가 벌어진 것을 암시하는 글도, 내적 증거로 보면 전투가 벌어진 때와 거의 같은 시기에 작성된 것 같기는 한데 정확한 날짜는 알 수가 없다. 반면에 아랍 군대가 시리아를 침략한 지 20여 년 뒤 프레데가리우스라는 프랑크족 연대기 작가가, 헤라클리우스의 군대가 "하느님의 검에 격파되었다. 병사 5만 2000명이 자던 곳에서 죽었다"라고 언급한 글은 로마군이 당한 패배의 규모를 가늠할 수 있는 귀중한 증거물이 될 만하다.

헤라클리우스는 원정이 끝나갈 무렵이던 636년 말에 결국 피할 수 없는 운명에 굴복했다. 불타는 마을과 들판을 버려둔 채 철수를 했고, 불과 수년 전 갖은 노력을 기울여 수복한 지방들도 포기해야 했다. 황제도 못내 아쉬운 듯 마지막으로 그곳을 잠시 둘러보며 이렇게 부르짖었다고 전해진다. "시리아여! 그대에게 평화가 깃들기를. 이 풍요로운 고장이 적에게 넘어가다니!"[114]

그러나 다른 곳들은 시리아보다 더 풍요로웠다. 시리아에서 시작되는 사막 일원에 이란샤르가 있었으니 말이다. 하지만 이란샤르는 사산 왕조에 궁정 반란이 일어나 파벌 싸움이 난무하는 중에 수염도 나지 않은 호스로우 2세의 풋내기 손자가 야즈데게르드 3세로 즉위하는 등 나라꼴이 말이 아니었다. 풍비박산이 난 것은 왕가뿐만이 아니었다. 이란샤르 자체도 그 못지않게 고갈되고 분열되어 있었다. 로마의 침략이 남긴 상처도 채 아물지 않는데, 설상가상으로 629년에는 티그리스 강둑이 터져 대규모 관개시설이 떠내려가는 바람에 카바드가 건설한 대운하마저 토사로 막혀버렸다. 파르티아 군사 지도자들 또한 언제나 그렇듯 으르렁대며 싸우기 바빠 제국 최고 사령부 조직을 위태롭게 했다. 이란샤르는 이렇듯 페로즈가 죽은 뒤의 암흑기도 그보다는 낫게 여겨질 만큼 쇠약해져 있었고, 아랍인들도 허약함의 냄새를 맡고 다녔던 만큼 그것을 모르지 않았다.

아니나 다를까, 이번에도 혼란스럽기 그지없는 사료에 따르면, 야르무크 전투에서 로마가 패한 지 몇 주 혹은 몇 년 뒤 이란샤르 사막 언저리에서는 그와 유사하게 결정적인 전투가 벌어졌다.[115] 그리하여 이제 한때는 라흠 왕조의 수도였던 히라 남쪽의, 사방에 종려나무가 우거진 소도시 카디시야가 이란샤르에 서사적 재앙을 안겨주는 장소가 되려 하고 있었다.

전투는 며칠이나 계속되었다. 하지만 중기병에 코끼리까지 동원하며 사력을 다했는데도 전세를 뒤집지 못하고 이란샤르는 결국 아랍군에 승리를 내주고 말았다. 전해지기로 아랍 여인네들까지 종려나무 숲을 분주히 헤집고 다니며 그곳에서 목숨을 부지하고 있던 적군 여인네들의 목을 베고 다녔다고 한다.

한편 기세가 오른 아랍군은 운하와 배다리를 이용해 적군의 남은 병력까지 추격하여 바빌론 폐허에서 그들을 따라잡은 뒤 몰살했다. 그리고 그곳에서 북쪽으로 150여 킬로미터만 진격하면 "지도층 귀족들이 죄다 죽고 없어져"[116] 머리 없는 나라가 된 사산제국의 수도 크테시폰이 있었다. 제국 기사도의 정수가 남쪽의 전란 터에서 시커멓게 썩어가는 와중에 크테시폰의 함락이 경각을 다투게 된 것이다. 결국 그 위대한 도시는 1년 가까이 극렬하게 저항한 보람도 없이 아랍군에 함락되고 말았다. 야즈데게르드 3세마저 혼전 속에 운이 다한 수도를 가까스로 탈출했을 정도다. 수도를 빠져나온 그는 허우적대며 진흙 벌을 가로지른 끝에 추격군을 간신히 따돌리고 비교적 안전한 이란샤르의 고지대에 도착했다. 5세기 전 제국의 창시자 아르다시르가 그의 위대한 정복사업의 첫 삽을 떴던 고향 도시 이스타크르(이스타홀)가 그곳이었다. 하지만 그에게는 왕권의 표상도, 제국의 보고도 없었다. 모든 것을 잃었기 때문이고, 그와 더불어 메소포타미아도 함께 사라졌다. 침략자들이 페르시아인들처럼 메소포타미아를 '이라크'라는 이름으로 기억하고 있었기 때문이다.

그리하여 아랍인들은 이제 호스로우 2세가 썼던 왕관을 손가락으로 쑤석거리고, 금도금 되고 보석 장식이 된 왕궁의 카펫을 발로 짓밟으며, 야즈데게르드 조상들의 동상이 사산 왕조가 망한 것도 모른 채 사방에서 근엄한 표정을 짓고 있는, 크테시폰의 왕궁 알현실에서 기도 드릴 수 있게 되었다. 아랍인들로서는 감개무량할 일이었고, 따라서 그들이 그 모든 일들을 아무리 되풀이해도 질리지 않을 아랍인의 교훈으로 만든 것은 당연했다. 로마 황제와 페르시아의 샤한샤에게 그토록 오랫동안 부여받았던 경멸의 주화를 통쾌하게 되갚아준 증거물로 말이다. 초강대국의 눈부심마저 하찮게 보는 아랍인의 이런 자부심은, 카디시야 전투가 끝나고도 2세기 반이 지나 무슬림 세력이 호스로우 2세의 사산제국보다 광대한 제국을 지배하게 되었을 때까지도 여전히 아랍인의 품격을 나타내는 가장 확실한 징표로 간주되었다.

이를 보여주는 사례도 있다. 경건했을지는 몰라도 위생 관념은 엉망이었던 한 아랍인 사절이 카디시야 전투가 벌어지기 전, 비단옷을 입은 페르시아인들을 보고 "지난날에는 우리가 그대들에게 다가가면 복종을 하고, 그대들 앞에 몸을 낮추며, 그대들 손안에 든 것을 얻으려 했지요. 허나 우리는 이제 더 이상 그대들에게서 이 세상의 것을 찾으려 하지 않소이다. 우리가 욕망하고 염원하는 것은 천국이기 때문이지요"[117]라고 말했다는 이야기가 10세기의 역사서에도 기록되어 있는 것이다.

털북숭이에 옷차림도 형편없고 퀴퀴한 낙타 냄새까지 풍기며 향기 나는 페르시아 최고 사령부를 찾았던 아랍인 사절은, 아랍 정복의 역사에서 무슬림의 형제애를 구현한 영웅으로 찬양되었다. "하느님은 오만하고 거만한 자들을 사랑하지 않으시니라"[118]는 예언자의 말씀을 구현한 인물로 말이다. 그러나 알다시피 무함마드는 초강대국에 최초로 모멸감을 주기 2년 전인 632년에 숨을 거두었다. 그런데도 무슬림 역사에는, 아랍인들이 그들 이전 지배자들(로마와 페르시아)에게 당당히 맞설 수 있는 용기와 자신감을 심어준 것이 (거만한 자들의 콧대를 꺾고 전투 중에 그들을 살육하며 그들의 모든 것을 빼앗게 해주신 하느님의) 말씀, 곧 예언자의 계시로 기록되어 있다.[119] 역사가들은 아랍인 사절이 로마나 페르시아 관리들을 만나러 갈 때면 접견실의 방석을 짓밟고, 창으로 카펫을 찢어발기는 행위를 했다는 점을 반드시 부각시켰다. 수 세기 뒤에 글을 쓴 그들의 견해로는, 세계 정복과 세계 정복이 가져다준 유혹을 물리친 것 모두가 무함마드 세대 사람들이 거둔 지고의 업적이었던 것이다.

그것을 구현한 지고의 본보기도 있었다. 예언자의 그 모든 교우들을 압도한 걸출한 인물로 명실공히 그의 오른팔이었고, 이슬람계의 2대 칼리프였을 때는 아랍군을 지휘해 시리아와 이집트를 정복한 우마르 1세(586~644)가 그였다. 전통도 그를 단순히 위대한 아미르(사령관)를 넘어서는 존재, 꾸란의 몇몇 구절도 순전히 그의 견해에 천상의 지지를 보내는 내용으로만 채워졌을 만큼 신의 뜻을 명징하게 이해한 열정의 무슬림으로 찬양했다. 일부 전통에 따르면 심지어 무함마드마저 우마르를 자기보다 나은 무슬림으로 인정했다고 한다. "어떤 문제를 두고 사람들의 의견이 갈리면, 우마르의 행동을 보고 그대로 따르라"[120]는 유명한 판결문까지 있었을 정도다. 그렇다면 2대 칼리프의 특성도 꾸란과 마찬가지로 하느님의 뜻을 알리는 교훈으로서의 규범이 되었을 법하다. 강력한 전사이자 엄격한 금욕주의자였고, 신속하게 칼을 뽑되 칼로 얻은 사치품을 짓밟는 데는 점잖게 뜸을 들이며, 메디나의 진흙 벽돌집에서 나와 막강한 제국들을 타도할 지도력을 지녔으면서도, 비단과 브로케이드 옷을 차려입고 말에서 뛰어내리는 부관들을 보면 가차 없이 돌을 던졌던 인물, 이런 우마르야말로 무슬림 학자들이 보기에는 이슬람을 위해 세계를 정복하기에 족한 최상의 인물로 보였을 테니 말이다.

그럴싸한 특성 부여라고? 물론이다. 무함마드와 마찬가지로 우마르의 역사적 정체성도 논쟁의 여지없는 사실에서 나온 것이었다는 얘기다. 카디시야 전투가 끝난 지 10여 년 후 역사가이자 주교였던 어느 아르메니아인이, 후대의 무슬림 역사가들이 그랬듯 우마르에 대해 사막의 오지 출신인 '이스마엘의 후손들'을 진격으로 이끈 위대한 군주였다고 마치 광고 전단 같은 문구로 묘사한 것에도 그 점이 드러난다.[121] 하지만 그것으로 일이 끝나는 것도 아니다. 전통에는 무함마드의 '교우들'을 뜻하는 사하바Sahabah가 하느님이 출몰하고 동란으로 피폐해진 시대에 정복Futuh을 목격한 진정한 사람들로 나타난다. 따라서 이 전통대로 만일 지극한 경건함의 표상이던 우마르가 천둥과 같은 예언자의 계시에 고취된 것이 사실이라면, 아랍인들에게 성전에 동참하라고 한 예언자의 요구 또한 시대정신에 완벽하게 부응한 것이 된다. "실로 하느님과 선지자에 대항하여 지상에 부패가 도래하도록 하려는 그들은 사형이나 십자가에 못 박히거나 그들의 손발이 서로 다르게 잘리우거나 또는 추방을 당하리니……."[122] 예언자의 이 말씀도 하느님이 직접 내린 것으로 만들어 감동을 크게 했지만, 로마의 힘이 작동된 방식을 아는 사람이라면 말한 이의 의중을 대번에 파악할 수 있다. 폭동을 일으킨 사마리아인들을 철저하게 응징한 유스티니아누스 대제가 됐든, 불덩이로 문디르를 태워 죽인 성자 시메온이 됐든, 페르시아의 불의 사원들을 파괴한 헤라클리우스 황제가 됐든, 하느님의 대의를 구실로 자행된 폭력은 부족할 일이 없었으니까. 그리고 그런 기독교 제국의 주장을 원위치로 돌려놓은 인물이 우마르였으니, 그의 지배를 받던 사람들뿐 아니라 피정복자들에게도 그는 완벽하게 인식 가능한 종류의 군 지도자였을 게 분명하다. 그런데도 정작 그의 명성을 비길 데 없고 새로운 그 무엇으로 만들어준 것은, 고매한 덕성을 겸비한 사령관으로서의 경천동지할 자질이었다. 로마 황제의 거동을 모방하기보다는 가산 왕조의 왕들처럼 기독교도의 본을 따른 것, 남루한 관복을 입은 것, 빵·소금·물로만 끼니를 때운 것, 세속적 부를 멀리한 것, 이 모든 것이 팔레스타인 너머 사막 지대의 사람들에게는 매우 특별한 부류의 인간, 스스로를 신의 전사로 간주한 유대 사막의 수도승을 떠올리게 하는 행동이었다. 그런 인물이었으니 그의 업적을 표현하는 데도 전에는 없던 새로운 언어를 필요로 했을 것은 당연하다.

2대 칼리프의 영웅적 스토리도 꾸란과 마찬가지로 특정 장소와 특정 시기, 다시 말해 팔레스타인 주변 지역과 종말의 날이 가까워진 듯 초강대국들이 분쟁을 벌인 시대로 되돌아갈 필요가 있었다는 말이다. 문제는 하느님의 이름으로 전쟁을 벌이고, 세속적 즐거움을 하찮게 보는 것 또한 전쟁의 한 양상으로 간주한 이 두 가설을 가장 급진적으로 구현한 최초의 인물이, 무슬림 학자들의 주장과 달리 우마르가 아니었다는 것이다. 그리고 그 진실을 덮으려다 보니 부득불 예언자의 기원과 마찬가지로 우마르의 기원도 비옥한 초승달 지대에서 수백 킬로미터 떨어진 사막의 오지로 이동시킬 수밖에 없었던 것이다. 수 세기 뒤 글을 쓸 무렵에는 자기 목의 정맥보다도 하느님을 더 가깝게 느끼게 된 독실한 무슬림 학자들이, 끝없는 풍화 작용으로 다듬어진 사암과도 같이 수 세대에 걸쳐 형성된 인식에 따라 우마르의 기원을 바꾸었을 거라는 얘기다. 현대 역사가들이 아라비아 오지 출신의 아랍인들이 비옥한 초승달 지대를 정복할 수 있을 만큼 강력한 국가를 형성해간 과정을 설명하는 데 애를 먹는 것도 그 때문이다. 우마르의 지도력으로 만들어진 정복의 결과는 확연히 드러나는데, 정복의 첫 분출이 일어난 과정은 모호하기 이를 데 없고, 그것의 대의는 더더욱 오리무중이기 때문이다.

그렇다면 완전히 절망할 필요도 없을 것이다. 후대의 방대한 예언자 관련 저작물에는 그 어떤 침식에도 깎이지 않을 단단한 마그마 덩어리가 적어도 하나는 보존되어 있으니 말이다. 무하지룬과 야스리브의 여덟 개 씨족들 사이에 차례로 체결된 것으로, 무엇보다도 무하지룬을 '무슬림 Muslim(순종자)'이 아닌 '신자Believer'로 간주했다는 이유에서(무슬림이 이슬람을 받아들이고 이슬람의 교의를 믿는 사람, 신자는 하느님을 두렵게 여기며 꾸란의 가르침대로 살아가는, 따라서 무슬림보다 상위 개념에 있는 사람—옮긴이) 가장 의심 많은 학자들도 무함마드 시대에 작성된 것으로 인정해주는 '메디나 헌장Constitution of Medina'이 그것이다. 이 귀중한 협약에도 불과 20년 만에 새로운 로마와 이란샤르, 두 제국을 거꾸러뜨릴 수 있었던 이주의 진정한 초기 국면이 드러나 있는 것이다. 예언자가 의식적으로 국가 건설을 목표로 삼았고, 그의 사람들(무하지룬)과 지역 부족민들로 움마라는 공동체를 결성할 야망을 갖고 있었으며, 그리하여 그 움마로 "하느님께로 가는 길목에서"[123] 싸울 생각이 있었다는 내용—훗날 작성된 그 모든 무함마드 전기의 단단한 기반이 된—이, 마치 바위처럼 견고히 자리 잡고 있는 것이다. 이상한 점은 그런데도 정작 무하지룬이 어디 출신인지, 그리고 그들이 하느님의 부름을 받았다고 알고 있던 사람이 정확히 누군지에 대해서는 언급이 없는 것이다. 더 아쉬운 점은, 외딴 오아시스(메디나)에서 결성된 공동체가 힘을 키운 끝에 아라비아 전체를 포괄하게 되고 그리하여 세계와도 대결하게 된 국면에 대해서도 협약에 아무런 언급이 없는 것이다.

그럼에도 헌장의 존재 자체는, 무슬림 전통의 핵심이 무함마드 시대에 만들어져 시간의 풍화 작용도 끄떡없이 견뎌낸 것을 말해주는 증거가 될 수 있다. 족보 없는 얼치기 공동체 움마와 유서 깊은 쿠라이시족이 분쟁을 벌이고, 그러다 양측이 타협을 하고 협정을 체결하며, 그리하여 그 새로운 공동체가 자신들의 앞길을 가로막는 부족민은 가차 없이 분쇄하는 과정에서 국가가 수립되었다는 것 정도는 머릿속에 그려볼 수 있는 것이다.

그리고 만일 이것이 사실이라면, 수 세기 뒤에 작성된 예언자 관련 이야기들에도 제국 세력에 눌려 지냈던 아랍 부족민 동맹이 어떻게 그리고 왜 느닷없이 시리아와 이라크(메소포타미아)에서 두 제국 세력을 압도하게 되었는지를 알려줄 또 다른 내력이 숨어 있음을 암시한다. 무함마드와 쿠라이시족이 벌인 분쟁을 메카의 지배권 다툼으로 말한 무슬림 전통만 해도, 이 전통의 존재 자체가 이미 또 다른 전통이 존재했을 개연성을 시사하는 것이다. 무엇보다 놀라운 점은 메카의 지배 부족이던 쿠라이시족 사람들이 예언자가 살아 있는 동안, 시리아에 영토를 구입한 것으로 전해지고 있는 것이다. 이 거래가 만일 히자즈에서 수행된 것이라면, 로마의 역사를 통틀어 전례 없는 장거리 부동산 투기의 사례가 된다. 그전에는 라인 강변이든 아르메니아든, 제국의 국경 지대에서 토지를 보유한 야만족은 접경 지대의 종족밖에 없었다.[124] 이 모든 것이 문제를 복잡하게 만드는 요인이 된다. 쿠라이시족이 전통이 말하는 대로 메카 출신이라면 로마 영토 내에 토지를 보유하는 것이 불가능하고, 로마 영토 내에 토지를 보유한 것이 사실이라면 메카 출신일 개연성이 희박해지기 때문이다.

그래도 두 가지 중에 하나를 고르라면 두 번째일 확률이 높다. 무슬림 전통에도 나오듯, 특히 팔레스타인 남부 국경 지대를 확보하는 데 예언자가 강하게 집착한 것이 그렇게 볼 수 있는 요인이다. 메카를 제외하면 예언자의 모든 군사적 야망은 그곳, 로마의 부족 동맹이 전통적으로 경계를 섰던 사막 지대를 겨냥하고 있었다. 따라서 쿠라이시족이 만일 움마가 결성된 초기에 그 공동체를 제거하려던 태도를 바꿔 예언자와 동맹을 맺으려 했다면(이를 의심할 이유는 없을 것이다), 그것은 당시의 정세가 제국의 승인을 받는 질서였던 만큼 그들의 이해관계를 상당한 위험에 빠뜨리는 행위였다. 하지만 또 달리 생각하면, 로마의 돈의 흐름이 오래전에 막혔던 만큼 그들로서는 한번 해볼 만한 도박이었을 것이다. 그렇게 해서 만일 도박이 성공하면 대박이 터지는 것이었기 때문이다. 무한정으로 전능한 무함마드의 신이 그들에게 약속해준 약탈도 약탈이었지만, 쿠라이시족 지도자들의 가슴을 설레게 한 것은 무엇보다도, (로마의 동맹 부족이던) 가산 왕조가 붕괴하리라는 전망과, (사산 왕조의 동맹 부족이던) 라흠 왕조의 유산에 대한 권리 주장을 할 수 있게 되는 것, 그리하여 그들을 우두머리로 한 시르캇을 새롭게 조직할 수 있으리라는 전망이었다. 무하지룬과 쿠라이시족 사이에 결성된 새로운 공동체(움마)도 그래서 처음에는 시리아 사막 정복을 중요한 전략적 목표로 정했을 것이다. 그런데 시리아뿐 아니라 메소포타미아도 함께 정복하는 결과가 나타난 것이고, 이는 로마와 페르시아 못지않게 쿠라이시족 지도자들에게도 큰 놀라움으로 다가왔을 것이다.

아랍 침략군이 오래도록 선망한 두 지역(가산족 지역과 라흠족 지역)의 문턱에서 두 차례나 결정적 승리를 거둔 것도 우연만은 아니었을 것이다. 자비야와 히라 궁정에 대한 이야기, 그곳들의 호화로움을 노래한 찬가들은 수 세대 동안 사막 부족민의 상상력을 자극했으니 말이다. 그런데 이제 카디시야 전투에서 사산 왕조의 군대가 패해 라흠 왕조의 옥좌를 노렸던 그 지역 모든 사막 족장들이 파멸하고, 야르무크 전투에서 로마가 패한 결과로 로마의 피지배민이던 가산 왕조에도 재앙이 덮쳤다. 이는, 사라센군에 맞서 싸운 로마군과 사산 왕조군 모두 병력의 많은 부분이 아랍 부족민들로 채워졌으리라는 것을 말해주는 것이다. 무슬림 학자들이야 물론 적군의 병력이 수십만 명을 헤아렸고 물레방아를 돌릴 수 있을 만큼 많은 피를 흘렸다고 하면서,[125] 적군의 병력과 피해 규모가 엄청났다고 신바람이 나서 이야기했다. 그러나 동시대인들은 그보다 많은 것을 알고 있었고, 사라센군이 두 제국에 가한 고통의 정도도 정확히 알고 있었다. 한 주교가 직설적으로 내뱉었듯이 헤라클리우스 황제만 해도 "이스마엘 후손들에 맞서 싸울 군대를 더는 소집할 여력이 없었다"[126]고 하는데, 그렇다면 황제는 정규군이 부족했을 테고 그 상황에서 할 수 있는 일은 포이데라티에게 로마 영토의 방어를 맡기는 것뿐이었을 것이다. 가산족 및 그들과 제휴한 다른 부족민들도 헤라클리우스가 보여준 신뢰에 열렬한 충성으로 보답했다. 하지만 이는 결과적으로 무하지룬이 시리아 국경 너머에 처음 모습을 드러내는 순간, 로마군을 부수적 존재로 전락시키는 원인이 되었다.[127] 1세기 가까이 지속된 페스트와 수십 년 동안 지속된 전쟁이 헤라클리우스를 벌거숭이 황제로 만든 것이다.

그리하여 시리아와 팔레스타인은 다시금 새로운 로마의 지배권을 벗어나게 되었고, 제국 당국의 묵인 아래 영지를 보유하고 있던 쿠라이시족은 그 지역 전체를 차지하게 되었다. 그러나 전투에서 패해 풀이 죽고 얼떨떨해 있던 기독교도들도 뼈저리게 인식하고 있었듯이, 성지에 대한 권리증은 그들에게만 있지 않았다. 많은 기독교도들이 그들을 집어삼킨 재앙이 그들의 죄과에 대한 벌인지, 유대인들이 꾸민 음모로 벌어진 일인지를 놓고 고민하다가 후자에 책임이 있다고 결론 내렸기 때문이다. 기독교도들은 헤라클리우스 황제의 강제 개종 칙령이 내려지기 무섭게 '이스마엘 후손들이 침략한 것'[128]이 과연 우연일 수 있겠는가 하고 자문했다.

아니나 다를까, 기독교도들 사이에서는 이윽고 유대인들이 황제의 칙령을 피해 아라비아로 달아났다는 둥, 사막에 도착한 뒤에는 아랍인도 자신들과 똑같이 아브라함을 조상으로 두고 있다는 감언이설로 사라센 우두머리를 꾀었다는 둥, 무함마드가 팔레스타인을 정복하려 한 것도 생득권을 주장하기 위해서였다는 둥, 음침한 소문들이 떠돌기 시작했다. 게다가 이런 소문은 속성상 한 번 나기 시작하자 걷잡을 수 없이 퍼져나갔다. 하지만 그중에서도 가장 시끄러웠던 것은, 역시 세르기우스가 낙타 가죽 속에서 숨 막혀 죽은 지난 634년에 카이사레아 일대를 강타한 사라센 예언자에 관한 소문이었다. 기독교도들은 물론 "검으로 무장한 예언자도 있던가?"라고 하면서, 그를 야비한 사기꾼으로 치부했다. 그러나 유대인들의 반응은 사뭇 달랐다. 634년 봄 유대인들이 보인 환희의 표현에는, 로마의 패배를 반긴 당연한 반응 외에도, 절박하면서도 익히 알려진 희망 또한 담겨 있었다. "사람들이 말하기를 사라센과 함께 예언자가 오고 계시고", 게다가 "그들에 따르면 예언자는 기름 부음을 받은 자, 곧 그리스도의 도래를 선언하고 계시다"는 것이었다.[129]

20년 전 느헤미야도 그와 유사한 광란의 도가니 속에 예루살렘 성전을 재건하려다 선동죄로 붙잡혀 처형된 일이 있었다. 하지만 유대인들은 그래도 이번에는 이스마엘의 후손들이니, 페르시아인들보다는 한층 유망한 구원의 대리인이 될 것으로 믿었다. 아랍인들 중에도 물론 야생 당나귀는 있겠지만, 유대인과 먼 사촌뻘인 점만 보더라도 페르시아인보다는 나을 것으로 여긴 것이다. 예언자가 모세를 그의 특별한 롤모델로 삼았거나 혹은 그런 것 같다는 사실도 중요했다. "백성들이여, 하느님이 너희에게 명령한 성역으로 들어가라. 그리고 뒤돌아서지 말라. 그리하면 손실자로서 전복되리니."[130] 무함마드는 이것을, 유대인을 속박의 굴레에서 벗어나게 하여 약속의 땅으로 돌아가게 해준 예언자(모세)의 훈계라고 믿었다. 그러니 그의 말에 어찌 귀 기울이지 않을 수 있겠는가. 그보다 더한 것도 있었다. 무하지룬과 메디나의 아랍 부족민들만 움마의 유일한 일원이 아닌 것으로 나타난 메디나 헌장이 그것이다. 거기에는 예언자에 열광했을 것으로는 도저히 믿기지 않는 또 다른 민족, 메디나의 유대인들도 '신자'로 등재되고, 주역 대우를 받은 것으로 분명히 나타나 있었던 것이다.

이 사실에는 훗날의 무슬림 역사가들도 몹시 당황했던 듯 메디나의 원주민인 유대인의 세 씨족 가문이 예언자를 후원해주던 초심을 잃고 건방을 떨다 추방당하거나, 학살되거나, 혹은 구덩이 속에 내던져지는 운명을 당한 것으로 애써 설명했다. 하지만 그들의 주장을 사실로 받아들이기는 어렵다. 그들이 말한 유대인의 세 가문이 메디나 헌장의 어디에도 나타나 있지 않은 것만 해도 그렇다. 그들이 몰살되었다고 기록된 자료가 죄다 후대, 그것도 무슬림의 위대성이 절정에 달해 역사가들로서는 당연히 건방 떤 이교도를 손보는 것을 예언자도 허락했다고 말하고 싶은 마음이 굴뚝같았을 때 쓰인 점도, 그 주장을 믿기 어렵게 만드는 요소다.[131] 메디나의 유대인들이 사막으로 추방되었거나 이스마엘의 후손들에 의해 학살당한 것이 사실이라면 그것을 기록한 동시대의 글이 있을 법도 한데, 없는 것 또한 기묘하다. 순교의 선전 가치에 대해서는 유대인들도 기독교도들 못지않게 잘 알던 시대였기 때문이다. 아니 기묘함을 넘어 이는 있을 수 없는 일이었다.

그렇다면 개연성은 하나밖에 없다. 무하지룬과 유대인 전사 집단들 사이에 체결된 메디나 헌장은 굳게 지켜졌고, 팔레스타인 정복으로 그것이 정점에 달했으리라는 것이다. 유대인에 대한 기독교도들의 태도도 그런 짐작을 가능하게 한다. 기독교도들이 숙적 유대인을 무함마드의 보호자로 지목한 것은 통상적 과대망상에 빠진 행위로 볼 수 있지만, '이스라엘의 자손'이 아랍군에 합세하여 '대군을 형성했다'[132]고 비난한 것은 그렇게 볼 수 없기 때문이다. 물론 유대인은 이스마엘의 자손에 대해서도 오래도록 모멸감을 갖고 있었다. 그러나 로마인들에 대한 맹렬한 증오심에 비하면 약과였다. "인자여, 두려워 말라. 전능자께서는 사악한 자들로부터 너를 구하기 위해 이스마엘의 왕국을 가져다줄지니."[133] 한 천사가 안달하는 랍비를 이렇게 다독거려주었다는 글에도 그 점이 드러난다.

이스마엘 자손들의 팔레스타인 점령으로 몹시도 어수선했을 첫 국면에는 그런 위안의 말이 더더욱 설득력을 가졌을 것이다. 헤라클리우스가 당한 치욕이야말로, 하느님이 정하신 구원으로 완벽하게 해석될 수 있는 사건이었을 테니까. 그 점에서 세례 강요의 위협에서 벗어난 유대인들이 새로운 질서에 열광하고 그 열광의 초점을 익히 알려진 곳, 예루살렘에 맞춘 것도 놀랄 일은 아니다. 성지의 다른 지역과 더불어 로마에 잃어버렸던 곳, 그들의 영원한 갈망의 대상이던 곳을 되찾았으니 말이다. 그런데 아랍인들도 기묘하게 고리타분한 취향을 드러내며 이교적 명칭인 아일리아카피톨리나를 본떠 그곳을 일리야로 부르기를 고집하며 재빨리 선점하는 조치를 취했다. 그뿐만이 아니었다. 아랍인들은 이교도 제국이 전성기를 누리던 때에 제정되고 헤라클리우스 황제가 보란 듯이 갱신한 규정(도시의 성스러운 경계지 내에는 유대인의 출입을 금한 고대의 규정)도 폐지하여 기독교도들을 경악하게 만들었다. 유대인 최고의 성지인 성전산에서 잡석과 쓰레기 치우는 작업도 시작했다. 한 랍비가 "이스마엘에서 비롯된 왕", 새로운 질서를 부여해준 우마르를 "이스라엘 애호가"[134]라고 숨이 턱에 차게 찬양한 것도 그렇게 보면 놀랄 일이 아니다. 그리하여 성전산에서 기초 다지는 작업과 카피톨리온(유피테르 신전)을 해체하는 작업이 계속되자, 일부 유대인들은 그것으로도 성에 안 찼는지 대담하게 성전의 재건까지도 꿈꾸었다. 성전의 복구는 새로운 이스라엘의 탄생을 의미했으므로 그들에게는 이보다 더 짜릿한 전망이 없었을 것이다. 그런 분위기였으니 가자에서의 세르기우스 패배로 야기된, 메시아의 도래가 임박했다는 소문도 당연히 계속 떠돌아다녔다.

물론 시간이 말해주었듯 이는 번지수를 잘못 짚은 낙관론이었다. 그보다 더 터무니없는 희망도 물거품이 되었다. 성전은 복구되지 않았고, 메시아도 이스마엘 후손의 예언자에 뒤이어 곧바로 나타나지 않았다. 그럼에도 유대인들의 광란적 행동에는 근거 없는 기대 이상의 의미가 내포되어 있었다. 약속의 땅에 대한 이스마엘 후손들의 집착이 특별히 강하다는 것을 그들이 감지한 것인데, 그 추측이 틀리지 않았던 것이다. 자비야와 히라가 정복자들의 첫 전략적 야망의 목표였던 것처럼 팔레스타인 또한 세속적 가치를 초월하는 것으로, 그들의 상상력에 불을 지핀 목표였기 때문이다. 그러므로 무방비의 국경 지대를 넘어 예언자가 '성지'로 칭한 지역으로 손쉽게 들어갔다고 해서, 수월한 접근성이 정복자의 주요 고려 사항은 아니었다. 하느님이 아브라함의 후손들에게 약속했던 팔레스타인 정복이 끝나자마자, 무하지룬이 유대인들이 하듯 온갖 억측을 한 것도 그렇게 보면 놀랄 일이 아니다. 유대인과 아랍인을 구별하기 어려울 정도로 상태가 심각했다. 게다가 때는 총체적 균열이 일어나는 시대이기도 했으므로, 옛 정체성과 신념이 빠르게 왜곡될 개연성도 있었다. 예루살렘에서 로마 세력을 제거해주고 성전산을 깨끗이 청소해준 우마르를 메시아로 환호한 유대인들을, 무하지룬이 비웃지 않은 것에도 그 점이 드러난다. 비웃기는커녕 들뜬 기분에 휩싸여 그들은 그 분위기에 오히려 빠져들었다. 우마르를 '구세주', 곧 알파루크al-Faruq로 선언한 것이다.[135] 아랍인들로 하여금 유대인의 환상을 공유하게 한 것, 이것이 바로 성전산이 가진 진정한 힘이었다.

실제로 무하지룬이 더는 시야를 넓히지 않고 성지 정복에 자족하여 그대로 눌러앉았다면, 그들의 신앙도 예루살렘이 언제나 따라붙고, 유대인의 신앙과 예언자의 계시가 구분이 안 되는 형태로 변이를 일으켰을 것이다. 그러나 아랍인 노동자들이 성전산을 청소하기 시작할 때부터 이미, 성지이기는 하지만 부풀어가는 정복자들의 욕구를 채우기에는 팔레스타인이라는 무대가 너무 비좁다는 사실이 여실히 드러나고 있었다. 하느님이 무하지룬에게 베풀어준 은혜는 팔레스타인 말고도 많았다. 그런 판에 약속의 땅이 뭐 그리 대수였겠는가? 그렇기는 하지만 하느님이 베풀어준 은혜가 정작 무엇이었는지에 대해서는 정복자들도 헷갈려 했을 것이다. 예언자의 계시에도 그들이 세계의 지배자가 될 것임을 알려주는 내용은 없었기 때문이다. 무하지룬에게 '안식처'를 제공해주리라는 하느님의 말씀을 전한 무함마드마저도 그 '안식처'를, 아브라함이 그들에게 내려준 유산으로 믿었던 듯하니 말이다.[136] 그렇다면 아라비아와 팔레스타인이 그가 가진 야망의 전부였다는 말이 되는데, 그 두 곳도 결과적으로는 디딤돌에 지나지 않는 것으로 드러났다. 시리아와 이라크에서 거둔 빛나는 승리도 시간이 지나자 그와 같은 전철을 밟았다. 물론 비옥한 초승달 지대의 정복은 이전 세대의 아랍인이라면 꿈도 꾸지 못했을 큰 수확이었다. 하지만 그것도 무하지룬의 욕구를 자극하는 역할만 했을 뿐이다. 그들 앞에는 세계가 펼쳐져 있었고, 하느님도 그들의 세계 정복을 원하는 듯했기 때문이다.

그리하여 639년 말 소규모 아랍인 부대는 기어코 남쪽으로 이어진 큰 길을 따라 가자에서 이집트로 넘어갔다. 호스로우 2세에게 빼앗겼다가 헤라클리우스가 수복하여 10여 년 동안 다시 지배하게 된 제국의 영토 중에서도 가장 귀중한, 콘스탄티노플의 밥줄인 이집트로 진군을 한 것이다. 하지만 수복했다고 해서 이집트의 상황이 좋아진 것은 아니었다. 로마 통치로 돌아오자, 칼케돈 지지파 총대주교도 단성론자 지역인 그곳으로 복귀했기 때문이다. 헤라클리우스 황제는 유스티니아누스 대제 못지않게 교회 통합의 의지가 강했다. 그랬던 만큼 점점 수위가 높아지는 단성론자에 대한 탄압 정책을 지지했으며, 콥트인들도 그에 지지 않고 순교자가 될 수 있는 기회는 모조리 붙잡으려 하면서 자신들의 입장을 완강히 고수했다. 단성론자 총대주교의 형제만 해도 불 위에서 옆구리 살이 구워지고 이빨이 뽑히는 고통을 당하면서도 개종하기를 거부하여, 칼케돈 지지자들도 결국에는 두 손을 들고 바닷물에 그를 던져버렸다. 아니 소문은 그렇게 전하고 있다. 그러나 진위 여부를 떠나 수많은 단성론자들이 그것을 사실로 믿고 그에 대한 소문을 주고받았다는 것 자체가, 이미 로마 지배에도 치명타가 될 콘스탄티노플에 대한 적대감이 비등했음을 말해주는 것이다. 결국 제국의 고갈, 아랍인의 자신감, 대다수 원주민들의 학습된 중립성, 이 모든 요소가 복합적으로 작용하여 642년 9월, 11개월간의 휴전이 끝나고 로마군이 철수한 뒤 무하지룬은 마침내 나일 강 유역의 새 지도자로 알렉산드리아에 입성했다. 반면에 단성론자였던 한 주교가 경건하게 선언한 바에 따르면, 그것은 전적으로 "헤라클리우스 황제의 사악함과 그의 종교적 박해"[137] 때문에 벌어진 재앙이었다. 이게 사실이라면 하느님이 부과한 대가는 참으로 컸다. 콘스탄티노플에 더 이상 알렉산드리아의 곡물 선단이 들어오지 않게 되었으니 말이다.

한편 이 책의 앞부분에도 나왔듯, 헤라클레오폴리스 시의 원로들에게 무하지룬이 양 65두를 빼앗은 것은 로마 지배의 종식이 이집트의 기독교도들에게 미칠 영향을 알려주는 초기 단서가 되었다. 마가리타이 Magaritai(무하지룬)가 알짜배기 지역을 정복하고서도, 그들 조상이 하듯 약탈 본능을 버리지 못하고 가축부터 잽싸게 강탈을 했다는 점에서다. 심지어 대리석으로 포장된 대로를 달리고 왕궁과 성당들을 지나다니면서도 그들은 사막에서 길들여진 본능을 버리지 못했다. 그러다 보니 알렉산드리아와 크테시폰과 같이 엄청난 부를 기대할 수 있는 대도시들마저 페스트와 마법의 온상일 거라며 짙은 의혹의 눈길로 바라보았다. 무하지룬이 원한 것은, 카이사르와 샤한샤에게 봉사하기 위해 아라비아의 오지에서 북쪽으로 이주해온 그들 조상처럼 드넓은 평원에서 그들과 같은 부류의 사람들에 섞여 양을 방목하며 사는 것이었다. 특히 그들은 유서 깊은 전통에 따라 전쟁이 그들에게 가장 명예롭게 부여해준 이익을 얻고 쾌락을 누릴 수 있기를 바랐다. 그들이 모여든 정주지가 신속히 야영 도시의 특성을 갖게 된 것도 그렇게 보면 놀랄 일이 아니다.

미정복된 이란의 고지대가 애타게 손짓한 이라크의 진흙 벌에도 이윽고 천막과 갈대 초가집들로 이루어진 대도시 두 곳이 생겨났다. 티그리스 강과 유프라테스 강이 바다와 만나는 곳에 인접한 이라크 남단의 바스라와, 하느님의 은총을 입은 카디시야의 종려나무 숲 건너편에 위치한 쿠파가 그곳들이었다. 무하지룬이 알렉산드리아를 점령한 데 이어 10여 년 동안 동쪽으로의 힘겨운 정복사업을 정례적으로 실시한 것이 바로 그 두 곳이었다. 페르시아는 산이 많은 데다 요새 지역이라는 점에서 이집트와 확연히 달랐다. 그러다 보니 무하지룬이 이전 원정들에서는 겪어보지 못한 방식으로 끈질긴 면이 있어, 사산 왕조의 중심지를 정복하는 데도 많은 힘이 들었다. 왕의 재물과 예언자 다니엘의 시신을 비롯해 상당히 짭짤한 수익을 올렸다고는 하지만, 무하지룬이 5년간의 지루한 원정 끝에 650년에야 겨우 이란 남부의 이스타크르를 공격할 수 있었던 것도 그래서였다. 야즈데게르드 3세는 이번에도 용케 달아났다. 하지만 다른 사람들은 그처럼 운이 좋지 못해 도시 주민 4만 명 전원이 몰살당했고, 도시 기념물과 불의 신전들도 불살라져 연기 피어오르는 폐허로 변했다. 페르시아에 그런 재앙이 닥치기는 알렉산드로스 대왕 시대 이래, 그리고 페르세폴리스가 불탄 이래 처음이었다.

도처에서 승전보가 들려오자 승리자들 앞에는, 바야흐로 제국, 심지어 알렉산드로스 대왕의 제국보다 광대한 제국을 얻으리라는 기대가 어른거리기 시작했다. 그렇기는 하지만 무하지룬에게 그 모든 약탈과 영광을 부여해준 위대성에도 나름의 어려움은 있었다. 하느님이 그들을 총애하여 그들의 적을 눌러 이기게 해준 것이 정복자인 그들뿐 아니라 피정복자에게 명확해 보인 것만 해도 그랬다. 하느님이 승리의 결실을 무하지룬만 누리게 해준다는 것 또한—아무튼 그들(무하지룬)이 보기에는—그 못지않게 자명했다. 전쟁의 흐름이 동서 지역의 경계지로 쉼 없이 이동하며 손쉬운 약탈을 하는 와중에도, 공물을 부과한 기존 정복지에서의 수익은 지속적으로 나오고 있었으니까. 물론 그런 연금 계획을 짜려면 낙타 타는 전사들에게서는 쉽사리 연상되지 않는 기술이 필요했다. 하지만 헤라클레오폴리스의 원로들이 보여주었듯 관료들이라면 정복지에 부족할 일이 없었다. 실제로 새로운 로마와 이란샤르 모두 오죽하면 기독교도들이 그리스도의 복귀만이 세금 강탈에서 벗어날 수 있는 유일한 길이라는 믿음을 가졌을 정도로 세무 당국의 착취는 무자비했다. 이스마엘 자손들의 도래도 결국 마지막 날의 전조는 아니었던 것이다. 착취의 기술에 능통한 정복된 두 제국의 관리들로서는 목이 달아나지 않기 위해서라도 몸 바쳐 일할 수밖에 없었다. 이렇듯 수면 위에서 맹위를 떨치는 폭풍우에도 끄떡없는 심해의 바다 괴물 크라켄과 같이 무자비하고 준엄한 제국의 조직은 여전히 거대한 촉수를 말아 올린 채 희생자의 몸을 단단히 옥죌 준비를 하고 있었다.

유스티니아누스 황제와 호스로우 2세를 다 함께 섬겼던 그 괴물을 하느님은 우마르—세속적 신분을 하찮게 여겨 비문에도 직함 없이 이름만 기록된—에게도 교부를 해준 것이고, 그렇다면 그것이야말로 하느님의 능력과 자비를 나타내는 경외스러운 증거가 아닐 수 없었다.[138] 물론 아미르(사령관)였던 만큼 신자들도 우마르에게 복종은 했다. 그러나 굽실거리지는 않았다. 예언자의 엄중한 계시에도 나오듯 그의 신봉자들은 모두 형제지간이기 때문이었다. 그러므로 피정복지 사람들이 만일 우마르를 그들 왕이 되리라는 점을 당연시했다면 그 또한 웃음거리가 될 일이었다. 무하지룬이 획득한 그 모든 막대한 부에 대한 우마르의 권리 역시, 그것을 하찮게 여긴다는 사실에 있었다. 덕이 무엇이던가? 예언자도 그 문제를 집요하게 파고들었다. 따라서 아무리 알려진 세계의 정복자였다지만 우마르가 그 답을 무시했을 리는 만무했다.

진정한 신앙이란 하느님과 내세와 천사들과 성서들과 선지자들을 믿고
하느님을 위해서 가까운 친지들에게, 고아들에게,
가난한 사람들에게, 여비가 떨어진 사람들에게, 구걸하는 자와 노예를 해
방시켜준 자에게,
예배를 드리고 이슬람 세를 내며 약속했을 때는 약속을 이행하고,
고통과 역경에서는 참고 인내하는 것이 진정한 정의의 길이며
이들이야말로 진실하게 사는 의로운 사람들이라.[139]

그러나 한 해 두 해 세월이 가고 그에 따라 검으로 얻은 영토도 갈수록 넓어지자 예언자에 대한 기억도 희미해지고, 그의 훈계가 갖는 가치도 의심스러워졌다. 위대한 아랍 정복사업이 10년째로 접어든 644년, 우마르가 정신착란증에 걸린 페르시아 노예에게 암살당한 뒤 새로운 사령관을 선출하는 과정에서 신도들이 양파로 갈린 것이 그것을 보여주는 단적인 예다. 그렇게 내분을 벌이던 그들이 완벽한 연속성을 가질 수 있다고 선택한 인물이 전통에도 예언자의 초창기 교우 겸 가장 경건한 교우의 한 사람으로 나오는 우스만(3대 칼리프)이었다. 하지만 그에게는 경건함 못지 않게, 권력과 부를 완벽하게 편안히 느낄 만한 가문 출신인 데서 오는 군주의 분위기도 분명 풍겼다. 무슬림 역사가들도 우마이야 가문을 로마인

들과의 교역으로 부를 일구고, 그렇게 번 돈을 시리아의 부동산에 투자한 쿠라이시족의 일족이었던 것으로 이야기했다. 따라서 그것이 사실이라면, 그들은 아라비아의 오지 출신이 아닌 제국 국경 지대의 어느 곳 출신이었다는 얘기가 된다. 아랍인들이 그 지역을 정복할 동안 우마이야 가문이 성공을 거둔 것도 그들이 그 지역에 정통했음을 시사한다. 형제 중 한 명인 형 야지드만 해도 군대를 따라 그 지역을 누비고 다녔고, 동생 무아위야는 카이사레아를 점령했다. 우마르도 그 공을 인정해 무아위야를 시리아 총독으로 임명해주었다. 우스만도 무아위야를 시리아 총독으로 추인해주었으며, 그것도 모자라 보란 듯 족벌주의를 과시하며 가족의 다른 구성원들까지 수지맞는 보직으로 승진시켰다.

우마이야가 탐욕이 극에 달했던 가문으로 신속히 이름을 얻은 것도 그렇게 보면 놀랄 일이 아니다. 우스만의 사촌으로 친화력 좋은 기회주의자였던 마르완도 탐욕스럽기로 악명이 높았다. 우스만에게서 은화 10만 개를 하사받자마자, 북아프리카로 건너가서 그곳 사람들의 주업이던 약탈을 독점해 원주민들의 부를 쥐어짜는 파렴치한 행각을 벌인 것이다. 그가 제2의 우마르가 아닌 것은 분명했다.

이렇듯 위에 언급된 그 어느 내용도 새로운 아미르에 우호적이지 않았다. 하지만 그보다 더 안 좋았던 것은, 우스만이 우마르와 달리 습격이 끝나면 으레 약탈물을 배분하던 산적 두목의 전통 방식을 무시하고, 제국들에서 획득한 전리품을 분배하지 않은 것이었다. 그는 아랍인들이 그런 상태를 이제는 벗어났다고 판단했다. 따라서 정복자답게 패전국이 된 초강대국의 관료제를 최대한 이용하기 위해서라도, 중앙집권적 통치와 뚜렷한 지휘계통 같은 규율 정도는 가져야 한다고 믿었다. 달리 표현하면 사막의 아랍인들이 조롱한 노예제를 수용하자는 말이었다. 그 점에서 우스만이 메디나를 수도로 삼고, 지방들의 거대 덩어리로 제국적 행정부를 구성하려 하자, 아르메니아의 주교 말마따나 하느님이 "이스마엘 자손들의 군대를 교란시켜, 통합을 와해시킨 것"[140]도 놀랄 일은 아니다. 656년 이집트에 있던 일단의 무하지룬이 새로 임명된 관리에 불만을 품고, 아라비아로 건너가 우스만에게 직접 불만을 제기하는 일이 벌어진 것이다. 우스만에게는 완전한 기습이었다. 그래서 그는 일단 그들의 요구를 들어주는 척하면서 급한 불을 꺼놓고는 약속을 믿고 돌아가는 그들을 현행범으로 체포해버렸다. 이 표리부동한 행위에 분노한 이집트인들은 메디나로 쳐들어가 우스만의 집을 포위공격해 그를 난도질해 죽였다.

　무하지룬이 메디나로 이주한 이래 그들의 사기를 북돋아준 형제애에 대한 그 모든 고결한 논의는, 이렇게 해서 결국 그보다 한층 원시적인 일 수행 방식으로 급작스럽게 선회했다. 전통에 따르면 우스만이 죽자 그의 미망인은 시리아 총독 무아위야에게 남편의 피 묻은 옷과 더불어 예언자가 말한 계시의 인용구도 함께 보냈다고 한다. "(믿음을 가진 신도들이 두 무리로 분리되어 싸운다면 그들 사이를 화해시키되) 그들 중의 한 무리가 다른 무리에 대하여 죄악을 범하면 너희 모두는 그들이 하느님의 명령에 동의할 때까지 죄악을 범한 무리와 싸우라"[141]는 내용이었다. 하지만 기실 하느님은 우마이야 가문에 복수를 부추길 필요도 없었다. 아랍의 군 지도자들에게 유혈 투쟁은 누가 시키지 않아도 본능적으로 수행하는 일이었기 때문이다. 그런 유의 싸움은 벌이지 말라고 한 예언자의 엄중한 경고도, 무아위야의 호전성을 억제하지 못했다. 쿠라이시족과 무하지룬 간의 그 모든 간극을 메워준 공동체 의식이 시리아에는 없었던 것이다. 이라크나 이집트와 달리 시리아에는 이주민의 유입이 많지 않았고, 그러다 보니 야영 도시들이 급조되는 일도 없었다. 최초의 천막 도시였던 자비야마저도 위세가 특히 심했던 639년의 페스트 재앙을 당한 뒤로 대체로 버려져 있었다. 무아위야 그리고 그와 동류의 다른 쿠라이시족 군 지도자들이, 자신들이 가진 것을 세습재산이라 여기며 사막에서 온 남루한 사람들과 나눠 갖지 않으려 한 탓이었다. 그들은 시리아를 예언자 방식이 아닌, 가산 왕조식으로 통치되는 개인 봉토로 여겼다.

물론 그렇다고 해서 무함마드의 가르침이 헌신짝처럼 버려졌던 것은 아니다. 그의 첫 수도였던 메디나에서도 그가 세운 국가의 지도자들이 예언자의 유산을 취합하기 위해 혼신의 노력을 기울였다. 시리아와 이란에서 봉기가 일어나고 이집트의 아랍인 무리도 '그리스도의 신앙'¹⁴²을 받아들였다는 소문이 도는 등, 제국의 분열이 시작된 것이 분명한데도 살해된 우스만의 뒤를 이어 새로운 아미르도 등극했다. 예언자의 소중한 추억과 가장 밀접하게 연관된 알리 이븐 아비 탈리브(수니파에는 4대 칼리프, 시아파에는 1대 칼리프)가 주인공이었다. 알리는 무함마드의 사촌동생이자 사위(아니 전통은 그렇게 말한다)일 뿐 아니라, 움마의 주요 가치인 평등주의와 형제애를 적극 실천하여 찬미자들 사이에서 그의 종족의 아버지이자 신의 사자Lion, 곧 참된 이맘으로도 추앙받았다. 그는 또 털북숭이에 악취 풍기는 너저분한 몰골을 지닌 사막 이주민들을 멸시하지 않고 통상적 지지자로 간주해주었다. 무하지룬이 제국의 장악력을 유지할 수 있도록 수도도 메디나에서 쿠파로 옮겼다. 그렇게 쿠파에 터를 잡고는 마침내 노련한 장군의 능력을 발휘하여 전 움마에 대한 권위를 수립하는 작업에 착수했다. 이를 위해 그가 제일 먼저 수행한 일은 바스라 외곽에서 전투(656년의 낙타 전투)를 벌여 반란을 진압한 것이었다. 이 결과에 고무된 그는 이번에는 시리아의 무아위야를 길들이기 위해 쿠파의 무하지룬을 이끌고 유프라테스 강 유역으로 친히 원정대를 이끌었다. 무아위야 군과는 대전투(657년의 시핀 전투)가 벌어졌다. 하지만 결국 무아위야를 협상으로 이끌어내 승리를 주장했다. 쿠파로 돌아가서도 당연히 떠들썩하게 승전보를 전했다. 움마가 재통합되어 피트나fitna, 곧 '시련의 시간'이 끝났다고 선전한 것이다.

그러나 시련의 시간은 끝나지 않은 것으로 드러났다. 무아위야도 유프라테스 강 유역에서 철수하자마자 알리와 똑같은 승리의 메시지를 천연덕스럽게 공표하기 시작했기 때문이다. 알리의 입지를 더 위태롭게 한 것은, 시핀 전투가 끝나자 그를 더는 아미르로 받아들이지 않으려는 병사들이 많아진 것이었다. 그들은 알리가 무아위야와 협상한 것을, '이맘'으로서 해서는 안 될 오만하고 이기적인 군주의 행동으로 받아들였다. 진정한 신자라면, 외교가 아닌 전쟁의 지속과 하느님의 뜻에 자신의 운명을 맡겨야 한다고 생각했다. 이것이 알리에게는 치명타가 되었다. 우마이야가 사람들이라면 가산 왕조의 후예가 된다 해도 욕될 것이 없었지만, 알리는 무함마드의 혈족이었다. 따라서 라흠 왕조의 왕, 다시 말해 '히라의 아미르'[143]로 전락하는 것은 이루 말할 수 없는 치욕이었다.

그 효과도 나타났다. 알리가 쿠파로 돌아오는 도중에 다수의 병사들은 이미 군대를 이탈하고 없었다. 전통적으로 하와리즈Kharijites로 불리는 '이탈자들'이었다. 하지만 그들은 자신들이 예언자의 가르침을 유기하고 도망갔다고 보지 않고, 알리를 오히려 불신자, 정도에서 탈선한 인간이라고 비난했다. 그가 무함마드의 사촌동생이라는 사실도, 평등성에 대한 그들의 투지를 굳히는 역할을 했다. 그들은 혈통적 귀족이 아닌 경건함의 귀족이야말로 진정한 귀족이라고 믿었다. 설사 예언자의 교우라 해도 이마에 "낙타의 몸 곳곳에 난 굳은살에 비견될 정도의"[144] 자국이 찍힐 때까지 기도를 하지 않거나, 정례적 금식으로 피골이 상접해지지 않거나, 낮에는 사자 그리고 밤에는 수도승처럼 살지 않으면 배교자와 다를 바 없다고 여겼다. "믿음을 가진 뒤 하느님을 불신하여 그의 마음이 불신으로 가슴을 펴는 자, 그들 위에 하느님의 노여움이 있을 것이요, 큰 벌이 있으리니"[145] 라고 말한 꾸란의 계명에 어긋난다는 것이 이유였다. 이런 관점을 지녔으니 하와리즈가 단순한 법 집행을 돕는 것 이상의 일을 행한 것도 놀랄 일은 아니다.

이런 이야기가 전해진다. 하와리즈의 일단이 바스라 외곽에서 만난 노령의 예언자 교우에게, 알리에 대한 충성을 철회하도록 요구했다. 하지만 그가 받아들이지 않자 돼지 사체 위에서 그를 도륙하고, 임신한 그의 첩의 배를 가르며, 그녀의 시종 셋도 살해했다는 것이다. "칼을 들고 시장으로 가서 무슨 일인지 몰라 어리둥절해하는 행인들에게 '판결은 신만이 하신다'라고 소리치고는 주변 사람들을 닥치는 대로 칼로 찌르며 살인 행각을 저지른"[146] 하와리즈 무리도 있었다. 이 묻지 마 살인 행각은 "그들이 살해된 뒤에야 겨우 끝이 났다." 예언자의 계명에 대한 참으로 완벽한 투쟁적 헌신이라 할 만했고, 다수의 무하지룬이 하와리즈파를 찬양받을 만하다고 여긴 것도 그래서였다.

하지만 알리의 견해는 달랐다. 그가 무아위야를 굴복시키려던 당초의 계획을 바꾸어 하와리즈를 먼저 근절시키려 한 것도 그래서였다. 그리하여 658년의 나라완 전투에서 압승을 거두었으나, 결과적으로는 상처뿐인 승리에 지나지 않았다. 순교자들의 피로 이라크의 땅을 기름지게 해준 것이 그가 한 일의 전부로 드러났기 때문이다. 당연히 복수가 뒤따라 3년 뒤에 알리는 쿠파의 모스크에서 기도하던 중 한 하와리즈에게 살해되었다.* 형제애와 신자들의 공동체를 꿈꾸었던 예언자의 희망은 이렇게 해서 치명타를 입는 듯했다.

이 난국을 멋지게 타개한 인물이 무아위야였다. 알리가 죽고 없어진 이라크에는 그에게 맞설 재원을 가진 사람이 없었다. 알리의 장자였으니 이맘으로서 그의 확실한 후계자였던 하산마저, 그의 권리를 철회하고 연금을 받는 조건으로 공적 지위에서 물러나 메디나로 들어갔다. 그와 더불어 어릴 적 예언자의 사랑을 독차지하여 그의 무릎에서 놀았다고 전해지는 그의 동생 후사인도 떠나갔다. 물론 무함마드의 외손자 둘을 제거했다고 해서 무아위야의 모든 적대자들이 무력화된 것은 아니었다. 하와리즈만해도 우마이야 왕조의 통치를 원칙적으로 결사반대하고 있었고, 쿠파에도 알리가 죽은 뒤에도 여전히 절대적 충성을 보이는 사람들이 많았기 때문이다. 그러나 무아위야도 쿠파를 수도로 삼을 생각은 추호도 없었기 때문에, 하와리즈와 알리의 '당Party'(시아Shi'a) 정도는 간단히 무시할 수 있었다. 따라서 그들도 약은 올랐겠지만 먼 곳에서 불평하는 것밖에 달리 할 수 있는 일이 없었다. 무아위야의 시선은 사막의 너절한 인간들이 아닌 그보다 한층 중요한 적을 응시하고 있었다.

동로마가 그 적이었다. 사산제국이 저항할 개연성은 지난 651년, 동쪽에 위치한 그 왕조의 강력한 근거지 메르브에서 야즈데게르드 3세가 살

---

* 알리가 살해된 시기는 무슬림 역사가들에게서 찾는 게 보통이지만, 으레 그렇듯 이것도 자료의 시기가 불분명하여 동시대에 가까운 시리아의 기독교 연대기에 658년으로 기록된 내용을 참조했다.

해됨으로써 완전히 사그라졌다. 그러나 로마인들의 제국은 모든 것을 상실하고도 여전히 굳건히 버티고 있었다. 무아위야로서는 그 외에도 무하지룬을 바쁘게 만들어야 할 필요가 있었다. 한동안 잠잠하던 기독교 제국을 상대로 한 아랍군의 대규모 공세는 이렇게 해서 다시 시작되었다. 674년에는 콘스탄티노플에 대한 포위공격까지 감행했다. 그러나 무아위야가 새로운 로마를 점령하려던 계획은 4년간의 봉쇄 끝에 막을 내렸다. 하지만 여기서 중요한 것은 실패가 아니라 성공에 거의 근접했다는 사실이다. 그렇다면 그가 거둔 성과의 규모와 범주로 보나, 가공할 권위로 보나, 그의 이름에 씌워진 광휘로 보나, 무아위야야말로 하느님의 총애였던 것이 분명하다.

문제는 그 신이 어떤 신이었는가에 있었다. 무아위야는 인간의 힘과 거래할 때 타산적이고 빈틈이 없었다. 따라서 하늘과 거래할 때도 기회주의적 면모를 보였을 것이기 때문이다. 물론 그는 우마르와 우스만을 잇는 '신자들의 사령관'을 자칭했다. 하지만 그가 정의하는 '신자'의 구성원이 정확히 누구인가의 문제에 이르면 이전보다 확실히 미묘하고 모호해진 점이 있었다. 무아위야가 무함마드의 수도 메디나에 가기를 거부하고, 예루살렘의 성전산에서 칼리프 즉위식을 올린 것에도 그 점이 드러난다.[147] 신성한 바위에 지대한 관심을 보여 유대인들에게 '구세주'라는 찬사까지 받았던 우마르도, 세계 최고의 거룩한 도시라는 효과 만점의 영속적 지위를 예루살렘에 부여할 생각까지는 하지 못했는데 말이다. 그러나 우마르와 무아위야 사이에는 중요한 차이가 있었다. 무아위야가 예루살렘에 그런 확신을 준 것은 유대교 백성이 아닌 기독교도 백성들에게 잘 보이기 위해서였다. 팔레스타인을 처음 공격할 때 아랍인들이 유대인들과 손잡고 싸운 것을 '성지의' 새로운 '왕(그리스도)'이 불편해할 것을 고려한 조치였다는 얘기다. 무아위야로서는 성지의 과세 기반과 관료 조직을 기독교도들이 장악하고 있다는 사실을 신경 쓰지 않을 수 없었던 것이다. 그에 비하면 유대인은 아무것도 아니었다. 무아위야가 아랍인들의 복종을 받는 것과 별개로, 그리스도의 발자국을 좇아 예루살렘을 도는 순례를 하면서 "골고다 언덕에 올라 그곳에서 기도하는"[148] 방식으로, 신자들의 사령관 즉위식을 가졌던 것도 그래서이다. 그렇다면 그는 예언자가 예수의 십자가형을 허위로 선언한 것도 개의치 않았을 게 분명하다.

실제로 무아위야가 예언자를 크게 배려한 증거는 나타나지 않는다. 그의 비문, 동전, 그의 치세 때부터 보존돼온 기록물의 어디에도 무함마드에 대한 언급이 없는 것만 해도 그렇다. 후대의 전통에 따른 것이기는 하지만 여러 종류의 꾸란을 정비하는 작업을 한 우스만과 달리, 무아위야는 단편적으로라도 꾸란의 정비에 관여한 흔적이 없는 것도 그런 추정을 가능하게 한다. 무함마드가 한 말의 기록들(꾸란), "불타는 가시덤불의 가지들, 하느님의 불꽃"[149]도 그에 대한 기억의 광휘를 지키는 사람들(쿠파의 무하지룬, 알리의 시아파, 하와리즈파)에 의해 보존은 되고 있었지만 불길은 꺼져가고 있었다. 그를 앞서간 마니와 마즈다크처럼 무함마드도 짙어가는 세월의 그림자 앞에 빛을 잃어가고 있었던 것이다. 세계를 삼켜버린 제국의 지배자에게, 사막에 세워진 임시 국가가 뭐 그리 대수였겠는가. "그(무아위야)로 하여 신자들이 덕을 입도록 해주소서."[150] 하인들이 무아위야에게 올렸다는 이 기도문으로도 알 수 있듯이, 무아위야는 예언자가 아닌 자신을 하느님의 말씀을 통역해주는 인간의 매개자로 여겼다. 그의 관점으로는 기독교도, 유대인, 사마리아인, 마니교도 이 모든 사람들이 '신자들'

이었고, 그들도 당연히 이 찬양 행렬에 동참했다. 그리하여 비록 그 자신은 로마인들에 맞서 잔혹한 전쟁을 수행했을지라도, 그의 백성들은 이제 적군에 더는 짓밟히지 않고, 적대적 감시탑으로 분리되지도 않은 채 평화만을 알게 되었다. 아미르가 감히 인간과 하느님의 매개자임을 주장하는데도 그들이 거부감을 나타내지 않은 것도 아마 그래서였을 것이다. "그의 시대에는 정의가 꽃피었고, 그의 지배 아래에서는 종교들도 사이가 좋았다. 무아위야는 모든 사람들로 하여금 그들이 원하는 방식대로 살 수 있게 해주었다."[151]

이것이야말로 정녕 그가 꿈꾼 미래, 종교 간 우열 없이 평등한 다종교의 세계 제국의 모습이었을 것이다.

7

이슬람 굳히기

· 신의 대리인 ·

무아위야가 골고다 언덕에서 기도 드린 지도 20년이 지난 679년, 아르쿨프라 불린 프랑크족 주교가 성지 여행차 예루살렘에 왔다. 그 시대의 숱한 시련과 격변도, 기독교의 가장 혁신적 가설들 가운데 하나, 다시 말해 성지 순례가 현지인들 못지않게 지구 끝에 사는 사람들에게도 의미가 크다는 가설을 불식시키지는 못한 것이다. 그 무렵 예루살렘의 관광업은 절정기에 비해 많이 쇠퇴한 상태였다. 그런데도 순진한 주교의 눈에는 예루살렘이 여전히 '각양각색의 사람들'로 북새통을 이루는 곳으로 보였다.

짐 나르는 짐승도 사람들만큼이나 수효가 많아 아르쿨프는 코를 틀어막고 "짐승 배설물들이 사방에 널린 도로들을"[1] 철벅거리며 걸어다녀야 했다. 그러나 갈리아에서 오는, 녹초가 되도록 힘겨웠던 여정도 견뎌낸 그가 동물의 배설물 정도에 간단히 무너질 리는 없었다. 실제로 아르쿨프는 예루살렘의 불가사의들에 지칠 줄 모르고 열광하는 여행자가 되었다. 하지만 불가사의들 중에서도 단연 압권은 역시 콘스탄티누스 대제가 세웠을 때의 장엄함을 고스란히 간직하고 있던 성묘 교회(부활 교회)였다. 그 모습에는 주교도 뛸 듯이 기뻐했다. 아르쿨프 같은 외지인들이 보기에 로마의 지배는 결코 끝나지 않은 듯했다. 그가 소지한 여행 서류도 그리스어로 적혀 있었고, 지갑 속의 동전도 콘스탄티노플의 주조소가 마련한 기준에 따라 중량이 정해진 것이었다. 심지어 동전들에도 기독교 제국의 궁극적 상징인 십자가가 찍힌 것이 많았다. 성지의 권력은 이렇듯 여전히 로마의 외양을 띠고 있었다.

　물론 아르쿨프도 최근에 위병이 교체된 사실은 알고 있었다. 새로운 로마에 재앙이 닥친 소식은 갈리아에도 떠들썩하게 전해졌기 때문이다. 널리 알려진 소문에 따르면 사라센이 "그들의 습성대로"[2] 제국의 속주들을 죄다 황폐화시켰다는 것이었다. 비길 데 없는 교회들의 도시인 예루살렘마저 사라센 지배의 낙인이 찍혔다고 했다. 아르쿨프의 글에도 "장엄하게 성전이 세워졌던 이름난 곳에는 지금 사라센의 사각형 기도소가 들어서 있다"[3]는 기록이 나온다. 모르면 몰라도 그가 본 곳은, 우마르가 시작했으나 무아위야 치세 초에도 여전히 미완으로 남아 있던 곳으로, 아랍인들의 표현을 빌리면 '부복하는 장소', 곧 모스크(알아크사 모스크)였을 것이다. 그러나 예배 장소에 그런 호칭이 붙었다고 해서 기독교도의 적개심이 누그러지지는 않았다. '기도소'의 이름이 뭐가 됐든, 그것이 교회가 될 수는 없기 때문이었다. 기도소를 성전산에 세우는 극상의 신성모독적 행위도, 모스크를 건립하는 과정에서 아랍인들이 사실상 '성전의 벽'⁴(지금의 통곡의 벽―옮긴이)을 복구하고 있다는 희망에 매달려 여느 때처럼 유대인들이 사태를 낙관한다는 사실에, 그렇지 않아도 신경이 바짝 곤두서 있던 기독교도들의 우려를 자아냈다. 그랬으니 대다수 기독교도들이 모스크 건립을 악마 같은 행위로 보았을 것은 당연한 일이고, 실제로 건축 현장을 엿본 어느 수도사가 일꾼들과 함께 작업하는 악마 군단을 보았다는 말이 전해지고 있기도 하다.⁵

하지만 이렇게 초자연적 도움을 받고도 모스크는 날림으로 지어졌던 모양이다. 아니 아르쿨프의 판단으로는 그랬다는 얘기다. 3000명은 너끈히 수용할 정도로 규모가 컸지만, 그것도 주교를 감동시키지는 못했던 듯 아르쿨프는 "황폐화된 유적 터에 널판들을 세우고 거대한 들보를 얹은 부실 공사였다"⁶고 한탄하듯 말했다. 이는 그가 프랑크족이었기에 알아챌 수 있는 결점이었을 것이다. 서방의 야만족들도 숱한 실습을 거친 뒤에야 로마의 건축술을 익힐 수 있었으니 말이다. 테오도리쿠스의 예로도 뚜렷이 드러났듯이 기념물을 세우는 것은 무너진 제국의 잔해 위에 국가를 세우는 과정의 축소판이라 할 만했다. 아르쿨프가 사라센의 모스크를 엉성하다고 비웃으면서도 놀라지 않은 것은 그래서였다. 같은 맥락에서 그는 예루살렘에 사라센이 있는 것에도 놀라지 않았다. 무아위야가 갈리아의 왕보다 비길 데 없이 강대해진 것은 사실이지만, 그와 갈리아 왕 간의 차이는 종류가 아닌 자질에 있다고 보았기 때문이다. 사라진 위대함의 광휘에 둘러싸여 불법 점거자의 삶을 사는 것은 사라센이나 프랑크족이나 다를

게 없었다. 그러므로 설사 동방이 물려받은 과거의 유산이 서방의 유산보다 풍부하고 위압적이라 한들, 프랑크족과 마찬가지로 사라센 또한 과거의 유산을 능가하려는 과정에서 필연적으로 무력감을 느꼈을 것으로 본 것이다. 벽돌과 나무로 지은 무아위야의 왕궁을 보고 로마 사절들이 호들갑스레 잘난 척한 것에도 그 점이 드러난다. 그중의 한 명이 이렇게 코웃음 쳤다고도 전해진다. "왕궁의 천장은 새들의 놀이터로나 쓸 만하고, 벽은 쥐가 쏠기에 적당하다."[7] 무아위야의 삶을 수놓은 원대한 야망, 콘스탄티노플을 점령하려 한 것도 알고 보면 문화적 열등감과 관련이 있었다. 그 야망도 결국은 콘스탄티누스 대제 도시의 출신만이 세계를 진정으로 지배할 수 있다는, 로마인들의 영원한 자부심을 암암리에 인정한 것에서 나온 것이었기 때문이다.

그러나 또 한편으로는 비록 알쿠스탄티니아(콘스탄티노플)에 대한 포위 공격은 실패했지만, 무아위야의 주장은 로마 황제들의 그것을 이미 능가했다고도 볼 수 있었다. 과대망상이 절정에 달했을 때의 유스티니아누스도 언감생심 신과 수고하는 인간들의 거대 집단을 잇는 중재자인 연하지는 못했기 때문이다. 그렇다면 군주제에 대한 무아위야의 관념도 로마의 사례와 무관하게 움직였을 개연성이 크다. 신과의 관계에서 자신의 역할을, 무슈리쿤(다신론자)의 기도문에서 천사들이 행한 역할과 유사하게 설정한 것도 우연만은 아니었을 것이다. 건축 자재만 해도 그는 비옥한 초승달 지대가 침략자들에게 제공해줄 수 있는 것의 한계를 넘어 무한정으로 공급받았다. 그가 보유한 신앙의 종류 또한 서방에서 볼 수 있는 그 어느 것보다 다채로웠다. 테오도리쿠스가 콘스탄티노플 황제와 다르고 로마 백성들과도 다르다는 점을 보여주기 위해 할 수 있었던 것은, 기껏 아리우스파 기독교도로 살다가 죽은 것뿐이었다. 그러나 무아위야는 기독교의 칼케돈 지지파, 단성론자, 유대인, 사마리아인, 조로아스터교도, 마니교도 들을 백성으로 거느리고 있었으니, 가능한 선택권이 무한대로 많았다. 무엇보다 중요했던 것이, 아랍인으로 물려받은 유산인 신앙의 소용돌이 속에서도 그는 참으로 소중한 그 무엇—로마 혹은 그 어떤 다른 세속적 힘에도 빚지지 않은 하느님의 총아라는 확신—을 지니고 있었다는 것이다. 무아위야가 예수가 십자가형을 당한 곳에서 거리낌 없이 기도하고, 지진으로 무너진 에데사의 성당을 복구하며, 십자가 장식이 된 욕장에 기묘한 비문을 새겨 넣은 것도 그렇게 보면 자신이 기독교도임을 나타내는 것이 아니라, 예수 그리고 과거 한때 무함마드와 무슈리쿤을 결합시켜준 유대인 선지자들을 존중하는 행위에 지나지 않았던 것임을 알게 된다.[8] 그러다 보니 무아위야가 신뢰한 교리가 무엇이든 그 교리는, 랍비, 주교, 모베드(조로아스터교 사제)가 수 세기에 걸쳐 그들 신앙의 주위를 겹겹이 둘러친 버팀벽에 비견될 정도의 지지를 받지는 못했다. 아랍 정복자들이 신성시한 각종 가르침과 전통에서는 아직 기독교도들이 '종교'로 인식할 만한 것이 형성되지 않았기 때문이다. 종교라기보다는, 스타버스트가 일어날 때처럼 명멸하는 종파들을 가진 불꽃의 모습에 가까웠다. 하지만 무아위야 같은 세계적 군주에게는 그 점이 바로, 콘스탄티누스 대제조차 누려보지 못한 엄청난 기회가 되었다. 하느님이 자신에게 세계 지배의 은총을 베풀어주신 까닭은 무엇이고, 그 지배를 불멸의 것으로 만들 수 있는 최상의 길은 무엇인가의 답을 찾는 과정에서, 아직도 많은 것이 달라질 여지가 있는 신앙과 교리들을 가지고 득실을 따져볼 수 있었기 때문이다.

물론 무아위야만 그 기회를 노리고 있었던 것은 아니다. 그의 직접적 권위뿐 아니라 성지가 끌어당기는 힘으로부터도 멀리 떨어진 이라크에서도, 하느님이 신자에게 바라는 것은 무엇인가라는 절박한 문제가 상당히 소란스러운 반응을 불러일으켰기 때문이다. 하와리즈(이탈자)만 해도 군주제의 기미가 느껴지는 모든 것에 혐오감을 가졌던 만큼 당시에도 여전히 호전성을 불태우며, 쿠파에 있던 근거지를 페르시아 만 유역으로 옮겨 일련의 소규모 테러 단체들을 설립했다. 하와리즈의 오랜 적수인 알리의 시아파 또한 그들의 오랜 확신을 꿋꿋이 고수했다. 살해된 무함마드 사촌동생(알리)의 일부 분파들은, 심지어 사산 왕조의 본을 따라 알리의 직계 혈통을 가진 인물의 지배 아래서만 인간계는 참된 질서를 찾을 수 있고 하느님의 총애도 받을 수 있다고 주장하기 시작했다. 한 술 더 떠 자신이 예언자라고 선언하는 사람들도 있었다. 스스로를 예수와 무함마드의 후계자이고 그것을 입증할 수 있는 하늘의 책도 가지고 있다고 주장하다가 제국 군대에 쫓기는 신세가 되어 결국에는 산비탈에 뚫린 불가사의한 구멍 속으로 자취를 감춘 문맹의 어느 재봉사도 그중 한 명이었다. 끝으로 비록 나이는 들었을망정 신비스러움은 여전했던 사하바, 곧 무함마드의 교우들이 있었다. 그들 중에서도 예언자가 죽을 무렵에는 고작 여덟 살밖에 안 되었는데도 그의 추종자들로부터는 하느님의 손길이 닿았던 영웅적 시대와의 연결고리로 추앙받은 쿠라이시족의 귀족, 압둘라 이븐 알주바이르가 특히 유명했다. 그래서인지 그는 우마이야조에 대해 끝없는 모멸감을 보였다. 무아위야의 치세 때 저질러진 신성모독적 행위에 반발하여 메디나에 들어가서는 경건함과 허세가 뒤섞인 노여움으로 예언자에 대한 추억의 불길을 간직한다며 20년 동안이나 머물러 있은 것이다.

이들 모두 자신들이 하느님이 인간사에 직접 개입하신 가장 눈부신 계시의 은혜를 입었다고 믿고 있었고, 그러므로 그런 투쟁이 일어나는 것은 당연했다. 초기 기독교도들이 분파주의로 몸살을 앓았던 것처럼, 그들도 그런 불가사의함을 이해하기 위해서는 혹독한 투쟁의 과정을 거칠 수밖에 없었을 거라는 말이다. 문제는 무하지룬이 기독교 교회와 달리 3세기라는 긴 숙성 기간을 거치지 않고 단기간에 강대한 제국의 고지를 점령했다는 점에 있었다. 불과 수십 년 만에 자신들이 원하는 것을 쟁취했고, 그러다 보니 우마이야조와 반대파의 불협화음도 마르키온파와 에비온파 간의 분쟁처럼 하느님의 목적에 집착하는 것에 그치지 않고, 불길한 지정학적 특징마저 갖게 되었다. 비만한 무아위야가 죽음을 앞두고 악명 높은 플레이보이였던 그의 아들 야지드를 하느님이 선택한 후계자로 선언하자, 불경죄를 저지른 데 대한 광범위한 충격이 일어난 것은 물론이고 내전이 일어날 조짐마저 보인 것도 그래서였다. 경건한 사람들은 야지드가 "복부와 음부에 관련된 죄인"[9]인 데다, 원숭이를 애완동물로 기르는 것만으로도 이미 칼리프의 자격이 없다고 보았다. 하지만 그것도 지난 60년 동안 겪었던 그 모든 격변, 그 모든 투쟁과 놀라운 승리들이 자칫 우마이야조를 세습 왕조로 만들어 세계의 지배자가 되게 하는 것으로 귀결될 수 있다는 소름 끼치는 전망에 비하면 아무것도 아니었다.

아니나 다를까 680년 4월에 무아위야가 죽자, 그의 사망 소식과 더불어 다른 소식도 사방으로 퍼져나가기 시작했다. 피트나(내전)의 유령이 아라비아 제국을 다시금 괴롭히고 있다는 것이었다. 시리아는 무아위야의 본거지였던 만큼 당연히 야지드 1세(재위 680~683)에게 충성을 바쳤다. 그러나 아라비아와 이라크는 달랐다. 그 지역에서 반란의 기치를 가장 먼저 치켜 올린 사람은 생존한 예언자의 유일한 손자 후사인이었다. 그러나 이미 중년의 나이인 데다 비옥한 초승달 지대의 살벌한 정치 무대를 떠난 지 오래되어서인지 그에게는 이제 전사의 모습을 찾기 힘들었다. 과연 예상대로 메디나에서 쿠파로 돌격해오던 후사인의 소규모 군대는 우마이야 왕조의 바스라 총독에게 간단히 저지되었다. 그리하여 카르발라라는 초라한 마을에 갇히게 된 그는 쿠파의 무하지룬 지원이 약속과 달리 이행되지 않은 것에 좌절하고, 목마름의 고통도 갈수록 커지자 자신의 운명을 하느님의 뜻에 맡기기로 했다. 그들을 에워싼 야지드의 대군을 향해 돌진한 것이다. 결국 그는 가련한 추종자들과 함께 모래사막 한가운데서 잔인하게 살해되었다. 예언자의 사랑을 독차지했던 손자의 죽음치고는 비참한 종말이었다. 물론 장기적으로는 우마이야 악당들 손에 죽은 순교로 떠받들어져 세상을 놀라게 했지만 말이다. 결국 이 카르발라 전투(680년)의 결과로 이라크는 비록 단기적일망정 야지드의 지배 지역으로 남게 되었다.

그러나 메디나의 상황은 달랐다. 그곳에서는 후사인보다 한층 위험한 적이 때를 기다리고 있었다. 언제나처럼 근엄한 태도로 새로운 아미르(야지드)에 대한 충성 서약을 공개적으로 거부한 이븐 알주바이르가 버티고 있었던 것이다. 그가 알리의 친족을 제치고 일약 우마이야 왕조에 맞설 수 있는 가장 강력한 대항마로 떠오른 것은 그래서였다. 히자즈의 야지드 대리인이 교활하고 타락한 인물 마르완이었다는 사실도, 메디나의 기류를 변화시키는 데 도움이 되지 못했다. 마르완에 대해 지역민들은 깊은 불신을 갖고 있었다. 주민들 사이에는 우스만이 지배하던 마지막 재앙의 시절, 그를 만나러 온 이집트 무하지룬에게 속임수를 쓰도록 꼬드겨서 그들을 폭도로 변하게 한 장본인도 마르완이었다는 소문이 널리 퍼져 있었다. 그러다 보니 히자즈 총독으로 있던 그 숱한 세월 동안 마르완이 취한 그 어떤 조치도, 그에게서 표리부동하다는 꼬리표를 떼어주지는 못했다. 이븐 알주바이르와 우마이야 왕조의 협상도 결렬에 결렬을 거듭하다 683년에는 완전히 무산되었다. 이븐 알주바이르가 새로운 아미르 야지드를 찬탈자로 저주했기 때문이다. 이에 마르완이 메디나를 떠나 시리아로 도망치자 야지드는 반대 방향으로 군대를 보냈다. 이븐 알주바이르의 반란군도 사력을 다해 오아시스 도시(메디나)를 요새로 둘러쳤다. 그러나 결과적으로는 그들의 저항도 카르발라에서 싸운 후사인의 저항보다 나을 게 없었다. 야지드 군대가 몇 차례 용감하게 맞선 반란군의 저항을 뚫고 임시변통으로 파놓은 해자와 성벽을 공격하여, 방어군을 분쇄하고 도시를 점령한 것이다. 뒤이어 벌어진 일은 사람들의 입소문으로 더욱 유혈 낭자한 것이 되었다. 예언자의 도시에서는 사흘 동안 학살이 자행되었고, 유혈 사태가 끝난 지 아홉 달 뒤에는 1000여 명의 아이가 새로 태어났다는 것이다.

그러나 이븐 알주바이르는 죽지 않았다. 죽기는커녕 경건함에 관한 한 여전히 인정사정이 없고 "그가 위법자라고 주장한 시리아인들에 대한 위협 또한 늦추는 법 없이"[10] 적대자들이 최악의 일을 저지르지 않을 수 없도록, 진짜 도전을 제기하려는 결의만 굳게 다졌을 뿐이다. 그가 메디나에 잠자코 앉아 야지드 군대가 올 때를 기다리지 않고, 선수를 쳐서 거룩함의 향기가 더욱 짙게 밴 '하느님의 집'[11]으로 향한 것도 그래서였다. 그럼 이 하느님의 집은 어디였을까? 그 일이 일어난 지 거의 1세기 뒤에 글을 쓴 무슬림들이야 물론 그 '하느님의 집'을 메카와 동일시했다. 그러나 동시대인들의 글 어디에도 그렇게 말한 기록이 없고, 그것들 모두 적당히 얼버무린 내용뿐이다. 반면에 어느 기독교 연대기 작가의 글에는 "이븐 알주바이르가, 아랍인들의 성소가 있고 그들이 살기도 했던 남부의 어느 지역에 왔다"[12]는 기록이 나온다. 이것이 사실이라면, 아랍인들의 사막 성소 위치는 언제나 그렇듯 외부인들에게는 수수께끼로 남을 수밖에 없다. 그렇다고 실마리가 아주 없지는 않다. 이라크의 무하지룬이 "그들 종족의 궁극적 원천인 카바가 있는"[13] 서쪽을 향해 기도한 반면, 알렉산드리아의 아랍인들은 동쪽을 향해 기도한 것에 주목한 기독교 주교가 있었던 것이 좋은 예다. 놀라운 사실은 그와 유사한 내용이 담긴 무슬림 전통 또한 있다는 것이다. (이라크 중부) 쿠파에 처음 모스크를 세운 사람이, 신자들이 기도할 때 향하는 방향, 곧 키블라qibla를 정하기 위해 쏜 화살이, 메카와 일치하는 모스크의 남쪽이 아닌 서쪽 어딘가에 떨어졌다는 것이 그것이다. 그렇다면 이븐 알주바이르가 향해 간 곳이 정확히 어디였는지를 말해줄 동시대의 기록이 없는 상황에서, 이는 그곳이 히자즈 북쪽의 쿠파와 알렉산드리아 사이의 어디쯤일 수도 있다는 증거가 될 만하다. 그곳이 무함마드가 잘 알고 있던 듯한 곳이라는 것과, 이븐 알주바이르가 의식적으로 예언자의 유산을 지키려 했던 것 또한 그가 향해 간 하느님의 집이 메카가 아닌, 메디나와 팔레스타인 사이의 중간 지대, 곧 예언자가 박카로 부른 '축복받은 곳'이었을 개연성을 시사한다.

반면에 예언자가 죽은 지 50년이 지난 뒤까지도 모든 아랍인들이 그곳을 숭배했을지의 여부는 또 다른 문제다. 아랍인들의 마음속에서는, 유대인과 기독교도로부터 물려받은 유산—단일 성소가 세계 곳곳에서 순례 올 정도의 경외스러운 신성함을 계속 유지할 수 있다는 관점—과 그와 철저히 대비되는 전통이 경쟁을 벌이고 있었기 때문이다. 기독교 주교가 무하지룬의 성소로 말한 카바만 해도, (요르단 서쪽의) 나바테아에서 (사우디아라비아 남부의) 나지란에 이르는 지역에도 카바들이 있었으니 하나가 아니었다. 물론 그것은 샘이나 우물 혹은 기묘하게 채색된 돌과 같이 세속적 특징을 지닌 물체들에 신성함을 부여하는 것이 아랍인들의 오래된 본능이었다는 점에서, 신령에 대해 보이는 그들의 민감성을 나타내는 것으로도 볼 수 있을 것이다. 그러나 또 한편으로 보면 그것은 특정 성소의 지위를 인정하지 않으려는 그들의 오만함의 표현이었을 수도 있다. 수 세대 동안 성역(하람)으로 수차례 구획 지어진 아랍인 성소들이 어느 날 갑자기 버려진 것도 그렇게 추측할 수 있는 요인이 된다. 예언자도 기도하는 방향을 정하는 과정에서 "어리석은 백성이 말하도다. '그들이 드리던 예배의 방향을 무엇이 바꾸었느뇨?'"[14]라고 하면서 전향적인 태도를 보인 적이 있었다. 하지만 설사 예언자에게 원래 키블라와 바뀐 키블라를 구분지을 의사가 없었다 해도, 한 성소가 다른 성소에 비해 우위를 점했던 것은 분명해 보인다.* 그렇다면 이븐 알주바이르가 하느님의 집으로 올 때, "먼 곳에서도 자신의 목소리가 들리게"[15] 하고 싶어했을 것 또한 당연하다. 시간이 가고, 예언자를 기억하는 사람들이 망각 속으로 사라지며, 표리부동한 우마이야 왕조가 기독교 도시 예루살렘의 매력적이고 장엄한 기념물들에 둘러싸여 우쭐대는 상황에서, 박카의 수위권은 물론이고 그곳이 앞으로 얼마나 오래도록 기억될 수 있을지를 말해줄 사람도 결국 그밖에 없었을 것이므로.

---

* 무슬림 학자들은 이것을 예루살렘에서 메카로의 이동으로 말하지만, 꾸란에는 그것을 말해주는 증거가 없다.

결론적으로 하느님의 집에 대한 이븐 알주바이르의 야망은 두 사건으로 부추겨졌다. 역설적이게도 그중 첫 번째 사건은 하느님의 집의 파멸을 불러왔다. 683년 여름 야지드 군대가 하느님의 집 앞에 진을 치고 있는 와중에, 카바에 불이 난 것이다. 이 재앙에 대해서는 야지드 군대가 던진 횃불 때문이라고 본 사람들도 있었고, 이븐 알주바이르의 서툰 대응 탓으로 돌린 사람들도 있었다. 그러나 폐허가 될 정도로 카바가 크게 손상되었다는 점에는 모두의 의견이 일치했다. 따라서 만일 두 번째 사건이 일어나지 않았다면 성소는 시커먼 돌무더기로 계속 남아 있었을 것이다. 두 번째 사건이란, 시리아의 야지드가 졸도하여 죽은 것이었다. 그 소식을 들은 야지드 군대는 졸지에 속수무책이 되었다. 야지드의 죽음을 이맘뿐 아니라 하느님의 총애도 함께 잃은 것으로 받아들였기 때문이다. 그러나 물론 이븐 알주바이르는 그것을 다르게 해석했다. 숙적의 죽음으로 그의 모든 주장이 완벽하게 정당화되었다고 판단한 것이다. 당연히 야지드 군대가 새로운 아미르를 찾아다니다 결국은 그에게로 와서 자신들을 데리고 시리아로 가주면 충성을 서약하겠다고 한 제의도 그는 분연히 거부했다. 그의 마음속에서는 한층 더 고결한 무엇이 싹트고 있었다.

야지드 군대가 포위공격을 풀고 뿔뿔이 흩어지자 더 이상의 타협도 모호함도 없이, 모든 신자들이 숭배할 수 있는 성소의 착공에 들어간 것이었다. 전해지기로 그는 누구의 말도 듣지 않고 독자적으로, 잿더미가 된 성소의 잔해를 치우고 땅을 고른 뒤 완전히 새로운 건축물을 지었다고 한다. 미련 없이 성소를 버리는 데 일가견이 있다고 알려진 아랍인의 기준에 비추어도 모순의 기미가 확 느껴지는 행동이었다. 그렇다면 새로운 성소를 세우는 것만으로 영원성을 가질 수 있을 것으로 믿었던 것에 대한 의혹도 당연히 일어났을 법하다. 그러나 성소 발굴 때 나온 것들에 대한 황당무계한 이야기들이 수 세기가 지난 뒤에도 되풀이해서 나오는 것을 보면, 그의 홍보관들도 그 답을 철저히 마련해놓았던 것 같다. 아브라함이 놓았던 본래의 토대가 기적적으로 출토되었다는 것도 그중의 하나다. 성소를 찾는 모든 사람들에게 하느님의 은총이 있을 것임을 약속하는 불가사의한 기록도 나왔다고 했다. 무엇보다 놀라운 것은 검은 돌을 파내자 성소 전체가 허물어지기 시작했고, 게다가 몇몇 이야기에 따르면 그 돌에는 하느님의 이름과 직함을 알게 해주는 "나는 박카의 주, 알라이니라"[16]는 문구도 찍혀 있었다는 것이다.

그러나 이븐 알주바이르는 하느님의 집을 새로 짓는 것만으로 만족하지 않았다. 위대한 제국도 새로운 초석 위에 세우고 싶어했다. 불이 카바를 무너뜨려 폐허로 만들었듯이 피트나도 세계를 황폐화시키고 있었기 때문이다. 죽은 아버지 뒤를 이어 칼리프로 등극한 야지드의 어린 아들이 병약하여 몇 달 만에 죽은 것만 해도 그랬다. 그리하여 권력의 공백 상태가 야기되자 기다렸다는 듯 아랍인들의 고질병인 파벌 싸움이 도졌다. 시리아에서는 알리의 도당이 후사인을 잃은 슬픔과 치욕의 분한 감정을 우마이야 왕조의 수비대에 터뜨렸고, 하와리즈파 전사들은 남부 이라크 일대로 퍼져나가 은밀하고 계획적인 테러를 자행했다. 쿠파에서도 후대인들이 '사기꾼 무크타르'라고 매도한, 카리스마 넘치는 인물이 도시의 금고를 탈취해 그 안에 들어 있던 동전 900만 개를 가난한 사람들에게 나누어주고는, "자신을 예언자라고 주장하며"[17] 만민 평등의 혁명을 일으키자고 선동했다. 그는 브로케이드 천이 덮인 의자—그의 적들은 알리의 다락방에서 훔친 쓰레기라고 조롱한 반면, 지지자들은 유대인의 본을 따라, 하느

님이 세상에 임재하심을 뜻하는 셰키나의 표현으로 환호한—를 들고 행
군하여 특별한 흥미로움을 자아냈다. 군대가 출정할 때 회색 당나귀 혹은
들것에 의해 높이 치켜 올려져 싸움터에 투입된 그 황당무계한 토템은,
예언자 겸 장군으로서 무크타르의 위상을 높여주는 데 톡톡히 한몫했다.
무크타르가 적들을 공격할 때면 늘 붙어 다녔다는, 불의 말을 탄 천사들
의 보디가드도 물론 그것에 도움이 되었다.

　무아위야에 의해 간신히 회복된 통치의 근간은 이렇듯 흥분과 경쟁이
난무하는 광적인 분위기 속에 다시금 뒤틀리고 있었다. 피트나가 무자비
한 적개심, 당혹스러울 정도의 증오감, 소모적이고 야만적 폭력을 야기한
것이었다. 이에 따라 많은 것이 위태로워졌다. 아랍 이주민들 사이에 여
전히 뿌리 깊이 존재해 있던 부족적 투쟁에, 배외주의라는 새로운 요소가
더해진 것도 문제였다. 각 파벌들이 이맘 혹은 예언자를 선출할 때 단순
히 지상의 지배자를 뽑는다는 생각이 아니라 내세에서의 그들의 운명도
결정짓는다는 마음가짐으로 임했고, 그러다 보니 전투에 나가서도 죽을
때까지 싸웠기 때문이다. 헤라클리우스와 호스로우 2세 간의 대전쟁 때나
아랍인들의 첫 출현 때처럼, 세속적 야망보다 무한대로 큰 것이 걸린 충
돌이 일어날 것은 자명해 보였다.

　시대의 고통 앞에 무력한 방관자로 움츠러든 사람들도 그 현상에는 불
안감을 나타냈다. 전쟁만이 하느님이 나타내는 분노의 유일한 표현은 아
니었기 때문이다. 아니나 다를까, 이라크에서는 페스트가 재발해 도로가
주검으로 뒤덮이고 운하와 강들도 시신으로 오염되었다. 페스트가 지나
가자 이번에는 기아가 엄습해, '마른 나뭇가지처럼' 팔다리가 비쩍 마른 아
이들이 시든 풀을 뜯고, 은밀히 떠도는 소문에 따르면 어머니들은 배고픔

을 못 이겨 자식까지 잡아먹었다고 한다. "그보다 더 나빴던 것은 그 누구도 피해갈 수 없던 강도들이었다. 그들은 마치 이삭 줍는 사람처럼 먹잇감을 쫓아 온갖 곳을 헤집고 다니며, 숨어 있는 사람들을 끌어내서 몸에 지닌 것을 몽땅 빼앗아 벌거숭이로 만들어놓았다."[18] 그런 강도와 하와리즈 그리고 무크타르의 '곤봉 부대'[19]를 구별하기란 쉽지 않았다. 인간들은 이렇게 심해의 괴물들처럼 서로를 등쳐먹고 있었다.

그러나 물론 그런 예측 불허의 사태가 닥치고 안 닥치고에 상관없이, 이븐 알주바이르는 신자들의 사령관으로서 만일의 사태에 세계를 대비시킬 신성한 의무가 있었다. 예언자도 "인류에게 계산이 다가왔으되 그들은 아직 깨닫지 못하고 등을 돌리도다"[20]라고 탄식했으니 말이다. 결국 이븐 알주바이르는 예언자의 이 불길한 경고에 귀를 기울이고 단호한 조치를 취하기로 마음먹었다. 사막의 오지에서 세계 정사를 관장한 우마르와 우스만처럼 그도, 그의 형제 무사브를 이라크로 보내 질서를 바로잡도록 한 것이다. 해봐야 표도 안 나는 임무였으나 그럼에도 무사브는 능률적이고 의욕적으로 그 일을 수행했던 듯, 급진적 평등주의를 부르짖은 무크타르를 단번에 눌러 이겨 총독의 궁전에 몰아넣은 뒤 처형시켰다. 기도하러 오는 신자들이 볼 수 있도록 쿠파의 모스크 측면에 그의 잘린 손도 못 박아놓고, 성스러운 의자는 화톳불의 땔감으로 삼았다. 그와 동시에 무크타르의 반란을 진압하는 것보다 한층 살벌하고 진 빠지는 하와리즈의 테러 행위를 진압하기 위해, 이라크 남부와 페르시아 고지대까지 힘이 미칠 수 있도록 병력 증강에도 착수했다.

그렇다고 이븐 알주바이르가 반란 진압만으로 휘청대는 세계의 질서를 바로잡을 수 있으리라 기대했던 것은 아니다. 모든 메시지를 칼끝으로 전달할 수는 없다는 것은 그도 알고 있었다. 하와리즈도 "심판은 하느님만이 하신다"[21]라는 슬로건을 내걸고 있었다. 이븐 알주바이르와 그의 부관들도 이에 대해서는 이의가 없었다. 다만 하느님의 심판이 언제 그리고 어떻게 왔는지를 확실히 알리는 방식으로 표현을 다듬을 필요는 있다고 보았다. 그렇게 해서 만들어진 문구가 바로 "하느님의 이름으로, 무함마드는 하느님의 사자다Bismallah Muhammad rasul Allah"[22]였다. 피트나가 이라크에서 여전히 맹위를 떨치던 685년 혹은 686년 그의 부관들 중 한 사람이 이 문구가 각명된 주화를 페르시아에서 주조한 것이다.

때가 살육과 혼란의 시대였으므로 그 슬로건은 당연히 위력을 나타냈다. 그를 앞서간 콘스탄티누스 대제처럼 이븐 알주바이르도, 하느님의 총애를 받는다고 주장하는 제국의 지도자라면 그 총애의 기반이 바위처럼 단단해야 한다는 사실을 인지하고 있었던 것이다. 군사 행동만으로 피트나를 끝내기에는 부족하고, 따라서 모든 전투원들이 하느님이 부여해준 것으로 받아들일 만한 진정한 교리로써만 가능하다는 것을 알고 있었다는 얘기다. 그리고 그 점이라면 예언자의 본보기보다 나을 게 없었다. 콘스탄티누스 대제만 해도 니케아 공의회를 개최해 괴팍한 주교들을 눌러 이김으로써 자신이 선택한 특정 브랜드의 신앙을 정통 교리로 만들 수 있었지만, 이븐 알주바이르는 그런 성가신 과정을 거칠 필요조차 없었다. 무함마드 스스로 신의 계시를 전달해주는 매개자를 주장했을 뿐 아니라 편리하게도 이미 죽어 세상에 없으니 말이다. 따라서 그가 할 일은 그저 자신이야말로 진정한 하느님의 사자임을 강조하고, 그의 것이라 주장할 수 있는 모든 것을 하늘이 내려준 진리라고 신자들이 믿게 만드는 것뿐이었다. "(하느님과 그분의) 선지자를 욕되게 하는 자들에게 하느님께서 현세와 내세에서 그들을 저주하시니⋯⋯."²³ 무함마드가 받은 이 계시가 말해주듯, 적을 파멸시킬 길을 모색하는 장군은 말 그대로 하늘이 준 선물이었기 때문이다. 이븐 알주바이르와 그의 추종자들이 그 메시지가 가진 잠재력에 주목하여 무함마드는 정녕 하느님의 예언자라는, 새로운 메시지의 전파에 총력을 기울인 것도 그래서였다. 그것이야말로 그들에게 이라크에서의 병력 증강보다 무한대로 더 세계 지배를 약속해주는 듯했기 때문이다.

물론 문제도 있었다. 이븐 알주바이르만 그런 슬로건의 유용성을 간파한 자칭 신자들의 사령관은 아니었기 때문이다. 아라비아와 이라크, 페르시아에는 그의 권위가 광범위하게 수립되었으므로 문제될 것이 없었다. 그러나 시리아에는 비록 대의에 상처를 입었을망정 아직 죽지 않은 우마이야 왕조가 버티고 있었다. 게다가 마르완 같은 책사들에게는, 야지드가 죽은 뒤의 어수선한 상황이 오히려 수완 부리기에는 안성맞춤이었다. 684년 여름 가산 왕조의 수도 자비야에서 열린 부족회의에서도 그런 일이 벌어졌다. 이븐 알주바이르를 아미르로 인정할 것인가를 논의하기 위해 열린 그 회의에서 마르완이 전반적 문제를 투표에 부치자고 제안해놓고는, 진행 과정 중에 술수를 부려 "자신의 이름이 뽑히게 만든 것이다."²⁴ 물론 그는 노령이어서 칼리프가 된 기쁨을 9개월밖에 누리지 못했다. 그러나 685년 봄에 죽기 전까지는, 시리아가 우마이야 왕조의 지배 지역으로 남을 수 있도록 손을 써두었다. 시리아인들이 새로운 아미르로 열렬하게 환호한 그의 후계자 또한 금니와 입 냄새 고약하기로 소문난 40대의 그의 아들 아브드 알말리크였다.

하지만 그는 악취 나는 숨 한 방으로 파리를 죽일 수 있는 능력을 훨씬 상회하는 재능을 지니고 있었다. 무자비함에 야망, 지력, 통찰력까지 갖춘 전형적인 우마이야 왕조 사람이었던 것이다. 아브드 알말리크는 정적을 가죽 끈으로 묶어 개처럼 끌고 다니다 그의 가슴팍에 걸터앉아 목 베는 일과, 시리아 북부 국경 지대를 안정시키기 위해 로마인들에게 공물을 바치는 모욕을 감수하고 (이븐 알주바이르의 형제) 무사브가 하와리즈파 및 시아파를 쳐부숴줄 때까지 참을성 있게 기다리는 일을 동시에 할 줄 아는 인물이었다. 그는 그 일이 끝나고 아미르로 등극한 지 4년 후인 689년에야 비로소 오래전 율리아누스 황제가 했던 것처럼 세계 제국을 쟁취하기 위한 이라크 북부 침략에 나섰다. 게다가 율리아누스와 달리 그는 대성공을 거두었다. 691년 초 깃발이 펄럭이고 먼지가 소용돌이치는 와중에 무사브 군대를 눌러 이기고, 무사브를 전사시킨 것이다. 이에,

부족민들은
과오를 깨닫고,
음탕하게 웃는 그들 얼굴에서도
웃음기가 사라졌다.[25]

그러나 아브드 알말리크도, 비록 무사브의 시신을 발로 짓밟는 잔인한 행동을 했을망정 무사브가 이라크에서 승리를 거둘 수 있었던 교훈에는 주의를 기울였다. 그들의 얼굴에서 웃음기를 사라지게 할 필요가 있었듯이, 광범위한 제국의 정복자들을 하나로 뭉치게 하기 위해서는 그들이 하늘에 빚진 것으로 알고 있던 것 또한 정리할 필요를 느꼈던 것이다. 아브드 알말리크가 이븐 알주바이르로부터 이라크를 빼앗기 무섭게 그의 슬

로건까지 주저 없이 훔친 것은 그래서였다. 일의 진행 속도도 빨라서, 우마이야 왕조에 맞선 저항의 마지막 여신을 밟아 짜는 와중에 바스라에서는 이미 "하느님의 이름으로, 무함마드는 하느님의 사자다"라는 문구가 각명된 주화가 유통되기 시작했다.

그리고 물론 그 문구는 우마이야 왕조의 주화에 등장해서도 강력한 힘을 발휘했다. 바스라의 시장 상인들이나 회계 사무소 사람들은 뜬금없이 예언자의 역할을 강조하는 것에 고개를 갸우뚱했겠지만, 그렇더라도 아브드 알말리크의 진정성을 의심할 이유는 없었다. 그는 무함마드의 기억을 생생하고 소중하게 간직한 도시 메디나에서 자랐을 뿐 아니라 이븐 알주바이르에 뒤지지 않을 만큼 독실하기로 정평이 나 있었다. 그렇기는 하지만 아브드 알말리크가 무함마드의 이름을 갑작스레 파는, 우마이야 왕조의 다른 구성원들이라면 생각지도 못할 일을 한 데는 경건함 못지않게 사욕도 작용했다. 이븐 알주바이르의 주장들에 대못을 박는 것에 그치지 않고, 그의 두 번째 적에 주목한 것에도 그 점이 드러난다. 조공은 편의상 바친 것일 뿐, 그의 가슴속을 여전히 쓰라린 치욕으로 부글거리게 한, 따라서 제거해야 할 대상이었던 동로마가 그 적이었다. 그렇다면 로마 자부심의 핵을 직접 타격하는 것이야말로 그 목적을 달성하기에 가장 좋은 방법일 터였다. 기독교 제국을 피로 물들이고 싶어한 무아위야도 로마인들의 신앙을 놓고 그들과 다툴 생각은 감히 하지 못했다. 그러나 아브드 알말리크에게는 그런 제약이 없었다. 그러므로 물론 골고다 언덕으로 순례 여행을 하는 예의 따위도 차리지 않았다. 그는 일신교라는 막연한 표 딱지로 기독교도들의 감성을 어루만지기보다는 그들 신앙의 열등함을 만천하에 공표하려고 했다. 세속 국가의 제거만 목표로 삼았던 무아위야와 달리, 그는 신과의 특별한 관계를 부르짖는 로마인들의 주장마저 산산조각 낼 작정이었다. 급진적인 만큼 결코 쉽지 않은 일을 행하려는 것이었다. 해상으로 로마인들을 공격하려면 함대 건설이 필요하듯, 하늘로 통하는 도로를 놓고 다투려면 가공할 쇄신의 묘가 필요하기 때문이었다. 아랍 정복이라는 거대한 밀물이 산지사방으로 흩트려놓은 신앙의 잡동사니들에서 일관성 있는 그 무엇, 하느님의 도장이 꽝 찍힌 요소를 만들어내는 것이 그가 염두에 둔 쇄신의 묘였다. 아브드 알말리크는 종교를 창시하려는 것이었다.

하지만 그는 이제 겨우 무함마드를 그 종교의 창시자로 봉안하는 데 그쳤으니 첫발을 내딛었을 뿐이었다. 따라서 남은 일의 전체적 규모를 가늠하기 위해서라도 그를 앞서간 무아위야가 아미르로 처음 즉위했던 도시를 찾을 필요가 있었다. 밤만 되면 교회에 켜놓은 촛불들로 주변 도시와 구릉들이 찬란하게 빛나는 그곳 예루살렘에서 기독교의 광휘와 고색창연함은 여전히 사람들을 주눅 들게 하고 있었기 때문이다. 그로서는 물론 '성묘 교회에 얹어진 돔의 규모와 그것의 장엄한 모습에, 신자들의 마음이 행여 현혹되면 어쩌나'[26] 하는 우려의 마음이 들 수도 있었을 것이다. 그러나 예루살렘에 매혹당하는 것은, 도전인 것 못지않게 기회일 수 있었다. 아니나 다를까, 그가 이라크에서 승리의 전쟁을 치르고 있는 와중에 성전산에서는 이미 승리 못지않게 눈부신 환희를 그에게 안겨주기 위해 일꾼들이 비지땀을 흘리고 있었다. 아르쿨프로부터 날림 공사라는 비웃음을 샀던 옛 모스크를 허물고, 신성한 바위 주변으로 벽을 세워 하람(성역)을 만들고, 벽에 오르막길로 이어지는 문들을 설치하는 형태로 장대한 모스크를 신축하고 있었던 것이다. 그러나 모스크를 구성한 것들 중 가장 빼어난 부분은 역시 성묘 교회마저 무색하게 만든 팔각형의 아름다운 건축물이었다. 그것이 의도된 계획인 것은 분명했다. 모스크의 크기만 해도 콘스탄티누스 대제가 지은 성묘 교회와 정확히 일치하는 데다, 각주角柱들 위에도 황금빛 큐폴라가 얹어질 예정이었기 때문이다. 그러나 아랍인들의 오만함과 허식을 기독교도들에게 과시하는 데 가장 효과적인 것은 뭐니 뭐니 해도 '바위의 돔'이 위치한 장소, 아랍인들의 의도가 뻔히 드러나 보인 장소였다. 로마 관리들이 꾀죄죄한 몰골의 유대인들로 하여금 1년에 한 번 양뿔 나팔을 불고 통곡하게 만든, 구멍이 많고 장식 없이 헐벗은 바위 주변에 그것을 지었으니 말이다. 랍비들이 지상에 신이 임재한 곳, 다시 말해 셰키나와 동일시했던 것처럼 아브드 알말리크와 그의 건축가들도 그 바위를 태초에 우주가 완성되자 그곳에 서서 승천한 하느님의 발자국이 찍힌 곳으로 신성시한 곳이었다.* 그들은 또 그 바위가 태초와 마찬가지로 종말의 날에도 거룩해질 것으로 믿었다. 심판의 날이 되면 신자와 전 세계의 모스크들은 물론 심지어 카바마저 예루살렘으로 향할 것이었기 때문이다. 그러면 사람들은 "순례자인 그대 어서 오게나, 순례를 받아들이는 그대, 고맙구려"라고 하면서 큰 소리로 울부짖을 터였다.²⁷

그렇다면 종말의 날이 임박한 듯한 상황에서 아브드 알말리크가, 바위의 돔이 맡도록 운명 지어진 역할에 어울리는 기념물을 세우고 싶어한 것도 놀랄 일은 아니다. 마찬가지로 '하느님의 집'이 여전히 이븐 알주바이르의 수중에 있고 그가 아직 그곳(바위의 돔)을 순례지로 만들지도 못한 상황

---

* 훗날의 무슬림 학자들에게는 이것이 도리어 골칫거리가 되었다. 그렇게 되면 하느님에게도 육신이 있었다는 말이 되기 때문이다. 그리하여 11세기에 대안으로 제시된 것이 바로 바위의 돔은 하느님의 승천이 아닌, 그 목적을 위해 메카에서 예루살렘으로 특별히 이동한 듯한 무함마드의 승천을 기리기 위해 지어졌다는 설명이었다.

에서, 심판의 날이 오기를 무작정 기다리고 싶지도 않았을 것이다. 아브드 알말리크가 바위의 돔을 아브라함의 유물로 장식한 것도 그래서였다. 그 지역의 무하지룬이 존엄한 선조의 유물을 보기 위해 굳이 사막까지 가지 않아도 되도록, 아브라함이 제물로 바쳤다고 알려진 숫양의 말린 뿔을 그곳에 걸어둔 것이다. 실제로 하와리즈파가 비웃으며 한 말을 빌리면 "시리아의 투박한 아랍인들 모두가 그곳으로 순례를 갔다"[28]고 할 정도로, 인접 지역민들 사이에서는 아브드 알말리크의 그랑 프로제(대규모 건축 사업)가 대성공을 거두었던 모양이다. 현지인들이 "바위의 돔을 지상에서 가장 거룩한 곳"[29]으로 치켜세웠을 것 또한 당연하다.

그러나 그 자랑에는 골치 아픈 면도 있었다. 아브드 알말리크를 우쭐하게는 해주었겠지만, 그 못지않게 광대한 그의 야망을 가로막는 독소가 될 개연성도 있었기 때문이다. 주화의 슬로건과 유사한 내용의 비문을 바위의 돔 일대에 새겨 무함마드를 '하느님의 사자'로 공표한 것만 해도 상당히 성가신 의문을 야기했다. 예언자는 예루살렘에 발을 들인 적도 없었다. 따라서 아브드 알말리크가 자신이 만든 새 종교의 창시자로 무함마드를 내세우면서, 그와 동시에 성전산을 '지상에서 가장 거룩한 곳'으로 말하는 것은 이치에 맞지 않았다. 물론 세월은 쏜살같이 흐르고 예언자에 대한 기억도 가물가물해지겠지만, 무함마드가 팔레스타인 경계지 너머에 거주했다는 사실은 결코 잊히지 않을 것이었기 때문이다. 그렇다면 그로서는 로마나 페르시아 당국처럼 사막의 오지를 그대로 내버려둘 수는 없었을 것이다. 이븐 알주바이르를 추적하지 않을 수 없었을 거라는 말이다. 예언자가 계시 받은 성지를, 그의 경쟁자가 계속 지배하게 만드는 것은 아브드 알말리크의 권위를 모욕하는 것일 뿐 아니라 하늘의 권위를 욕보이는 것이기 때문이다. 예루살렘만으로는 그가 가진 사명의 취지를 완벽하게 살릴 수 없었다. 따라서 아라비아도 필요했다. 그렇지 않으면 아브드 알말리크가 지상에 수립했다고 본, 참된 '진리의 종교'[30]도 무의미해질 수밖에 없었다.

691년 가을 드디어 병력 2000명 정도의 군대가 쿠파를 떠나 사막으로 들어갔다. 그가 지닌 다수의 다른 능력에 뒤지지 않게 인재를 보는 눈썰미 또한 뛰어났던 아브드 알말리크에 의해 사령관으로 임명된 전직 교사 출신의 젊은 알하자즈가 군대를 이끌었다. '작은 개'라는 별명이 말해주듯 아브드 알말리크의 충복이었던 유능한 그 젊은이는 못생긴 얼굴에 체구도 작았지만, 후각과 이빨만은 놀랄 만큼 예민하고 날카로웠다. 이를 입증하듯 692년 봄에 그는 이미 적군을 궁지에 몰아넣고 있었다. 그리하여 이븐 알주바이르도 다시금 '하느님의 집'에 갇히는 처지가 되었다.[31] 그러나 지난번과 달리 이번에는 구원을 받지 못했다. 알하자즈가 노인을 꼼짝 못하게 가둬놓고 여섯 달 동안이나 요새를 집중 공격하여 가을 무렵에는 성소 전역이 돌무더기로 변하고 사방에 시신이 널리게 되었기 때문이다. 시신들 속에는 이븐 알주바이르의 주검도 있었다. 그리하여 아라비아는 아브드 알말리크 차지가 되었다.

2년 뒤에는 아미르가 친히 사막으로 순례 여행을 떠났다. 이븐 알주바이르가 패한 해에 완공된 바위의 돔이 우뚝 서 있는 성전산의 지배자인 그가 이제는 그 못지않게 성스러운 장소에 대한 지배권도 주장할 수 있게 된 것이었다. 한 궁정시인은 아브드 알말리크가 거둔 눈부신 업적을 이렇게 노래했다. "우리에게는 두 개의 집이 있다. 우리 모두가 총독이랄 수 있는 하느님의 집과, 예루살렘의 산 위에 있는 숭배의 집이 그것이다."[32]

그렇다고 꺼림칙한 문제가 사라진 것은 아니었다. 바위의 돔이 위치한 곳은 논란의 여지가 없었지만, '하느님의 집'은 여전히 수수께끼로 남아 있었기 때문이다. 시인도 그것을 밝힐 생각까지는 못했던 것 같고, 동시대인들도 마찬가지였다. 어쩌면 그게 당연한 일일지도 모른다. 학식 있는 사람들이 사막에 살았을 리 만무하고 사막에 갈 이유 또한 없었을 테니 말이다. 사막으로의 순례 여행도 아브드 알말리크 치세 이전에 수립된 관습이었다고는 하나(하지만 그랬다는 증거는 없다), 양상이 점차 심해진 그 시대의 난맥상으로 보면 중단되었을 개연성이 크고, 그렇다면 양피지에 글깨나 끼적거릴 줄 알았던 사람들도 성소의 이름은 물론이고 머나먼 사막 성소에서 벌어진 일의 내막을 알았을 리 없다. 그곳의 정확한 위치를 알려준 지표도, 시인이나 연대기 작가 혹은 지명 색인자가 아닌 돌이었다. 아브드 알말리크가 사막으로 순례 여행을 다녀오고 나서 뒤이은 몇 년간, 모스크 개보수자들이 모스크들의 설계를 건드려 가장 번잡한 나일 강 유역에서 가장 한산한 네게브 사막에 이르는 지역의 키블라 방향을 동쪽에서 남쪽으로 바꿔놓은 것이다. 서쪽을 향해 있던 쿠파의 키블라도 같은 방향으로 조심스레 기울어져 있었다.[33] 이는 메디나와 팔레스타인 사이에 있던 하느님의 집이 다른 곳으로 이전되었을 개연성을 시사한다. 또한 모스크 개보수자들의 계산이 맞다면 그곳은 그보다 훨씬 남쪽에 위치한 히자즈 깊숙한 지역이었을 것이다. 이 경우 하느님의 집이 될 수 있는 곳은 단 하나, 메카뿐이었다.

하지만 그렇다고 해서 그런 변화가 쥐도 새도 모르게 일어나지는 않았다. 아브드 알말리크의 적대자들이 60년 동안이나 그를 "거룩한 하느님의 집을 파괴한"[34] 장본인으로 비난한 것에도 그 점이 드러난다. 그렇기는 하지만 아라비아를 정복한 직후부터 이미, 실제로 일어났을 만한 일과 "거룩한 하느님의 집"의 구성 요건은 별개라는 생각이 고조되고 있었다. 우마이야 선전관들만 해도 알하자즈에 의해 파괴가 자행된 것을 부정하지는 않았지만 진정한 파괴자는 이븐 알주바이르이고, 아브드 알말리크는 단지 부서진 카바를 시원의 본래 상태로 복구했을 뿐이라고 주장했으니 말이다. 아랍인들도 이 주장에는 대체로 수긍했다. 성소의 파괴와 복구는 여러 차례 진행되었지만, 그럼에도 최초의 신령스러움은 사라지지 않았다는 관점이 폭넓게 받아들여진 것이다. 그러다 세월이 흐른 뒤에는 아브드 알말리크와 이븐 알주바이르가, 하느님의 집을 보수하거나 처음부터 깡그리 새로 지은 사람들의 기나긴 목록에 이름을 올리게 되었다. 무함마드, 아브라함, 아담과 같은 거물급 선각자들과 어깨를 나란히 한 것이다. 카바도 물론 나중에는 아담의 무덤을 알리는 표식 겸 우주의 축으로 봉안되었다. 이 부분에서 혹시 헬레나가 참 십자가를 발견한 뒤 기독교도들이 골고다 언덕의 바위에 부여한 경외감의 기미가 느껴진다면, 그것은 당연한 일이다. 예수가 십자가에 못 박힌 장소를 확정한 콘스탄티누스 대제와 마찬가지로 (그 못지않게 통찰력이 뛰어나고 자신감인지 오만함인지 또한 강했던 전제군주) 아브드 알말리크도, 그의 종교를 위해 영원한 세계의 중추를 정해놓을 필요가 있었을 테니 말이다.

하지만 위에 언급된 요소들의 그 어느 것도 우마이야 왕조의 중심지로부터 수천 킬로미터 떨어진 사막의 오지가 어떻게 해서 그처럼 영예로운 장소가 되었는가 하는 수수께끼를 풀어주지는 못한다. 그렇기는 하지만 아브드 알말리크가 그런 행동을 한 배경에는 기회주의적 요소 이외의 다른 이유가 분명 개재되어 있었을 것이다. 요컨대 그는 무함마드를 하느님의 말씀을 전하는 참된 매개자로 믿었기에 그의 종교의 창시자로 말한 것처럼, 사막의 오지 또한 그곳에 비치는 신성함의 아우라를 보고 그런 영광을 부여했을 거라는 말이다. 그가 오기 오래전부터 그곳에는 카바가 세워져 있었을 거라는 것이다. 게다가 박카의 돌처럼 그 또한 무함마드와 모종의 연관이 있었을 것이다. 그렇지 않으면 그곳이 예언자의 계시에 메카로 명명되었음을 홍보하는 것이 그에게는 동기이자 기회였을 수 있다. 무아위야가 치세 내내 시리아에 머물러 있었음에도 아라비아에 대한 지배력을 강화하려 한 것에도 그 점이 드러난다. 작물 재배가 가능한 땅은 죄다 압류하고, 물길도 돌리며, 정주지도 징발을 했으니 말이다. 우마이야 왕조 사람들이 메디나의 오아시스로 쳐들어갔을 때는 가문의 평판이 떨어지고 이븐 알주바이르의 반란을 촉발하는 결과만 가져왔으나, 그보다 남쪽에 위치한 히자즈에서는 위의 정책이 주목할 만한 성공을 거둔 것이다. 실제로 그곳에 대한 무아위야의 투자는 큰 성과를 거두어 히자즈의 여름 수도였던 오아시스 도시 타이프에는 팔레스타인에서도 사람들이 이주했을 정도였다고 전해진다. 아브드 알말리크도 타이프와는 밀접한 관련을 맺고 있었을 것이다. 아버지 마르완이 히자즈 총독을 지낸 데다, 그의 가장 믿을 만한 부관이었던 알하자즈 또한 타이프에서 성장했으니 말이다. 그렇다면 두 사람 모두 그곳에서 북서쪽으로 고작 95킬로미터밖에 떨어지지 않은, 바람에 씻기고 햇볕으로 검어진 산의 장벽 뒤에 숨은 (아브드 알말리크가 694년에 하느님의 집으로 영광스러운 봉안을 한 이래 후대인들에 의해 메카의 카바로 기려진) 성소에도 매우 정통해 있었을 것이 분명하다.

제2의 성소는 이렇게 해서 바위의 돔과 함께, 신자들의 순례 장소로 영원히 봉안되었다. 그러나 확실한 것은 그뿐, 그 밖의 사항은 여전히 베일에 싸여 있다. 아브드 알말리크가 그곳을 최초로 재건한 아미르였는지, 아니면 그도 그저 이븐 알주바이르의 전철을 밟았을 따름인지, 알하자즈가 파괴한 성소가 박카에 있었는지 아니면 메카에 있었는지 알 도리가 없다. 승리자에게 중요한 것이 과거와의 연속성이었는지, 과거와의 단절이었는지 또한 알 수가 없을 것이다. 실제로 하느님의 집이 언제나 메카의 그곳에만 있지 않았으리라는 의식은 아브드 알말리크의 시대로부터 1세기도 더 지난 시점까지도 막연하지만 계속 남아 있었다. "예언자의 시대에는 하느님이 그분을 지켜주시고 그분에게 평화 주시기를 원하매, 우리의 얼굴도 한 방향을 향했으나, 예언자가 사망하신 뒤에는 우리의 얼굴도 이리저리 옮겨 다녔다."[35] 한 무슬림 학자가 이렇게 회상한 것이나, 또 다른 학자들이 메카에 관한 글에서 이와 유사한 불안감을 토로한 것에서도 그 점이 드러난다. 하지만 그렇다고 해서 그 글들에 카바만 파괴되었다가 재건된 것으로 나오는 것도 아니다. 그 글들에는 카바를 둘러싼 모스크도 그랬던 것으로 나오고, 샘도 잃어버렸다가 두 차례의 각각 다른 경우에 기적적으로 발견되었다고 기록되어 있다. 하지만 그 모든 내력 중에서도 가장 당혹스러운 것은 역시 성소와 관련한 돌이 하나둘이 아니었으며, 그것들이 지속적으로 옮겨지거나 발견되기도 했다는 것이다. 마캄 이브라힘만 해도 홍수에 떠밀려 온 것이라 했고, 이븐 알주바이르가 발견한 하느님의 이름이 찍힌 바위도 있었다. 그러나 하고많은 돌들 중 가장 불가사의한 것은 카바의 벽에서 최고의 명당자리를 차지한 경건한 숭배의 대상, '검은 돌'일 것이다. 일각에서는 그것을(하늘에서 떨어진 것을) 아담이 발견한 돌이라 주장했고, 그리하여 또 아담과 하느님과의 계약이 기록된 글이 숱하게 작성되었다. 그뿐만이 아니었다. 아브라함이 발굴해 이스마엘과 함께 메카로 힘겹게 옮겨왔다고 주장한 사람들도 있었고, 또 다른 사람들은 사막 부근으로 토라를 옮길 때 모세가 사용한 것과 같은 종류의 궤에 이 븐 알주바이르가 담아두었던 돌이라고 주장하기도 했다. 검은 돌은 아마도 전설적으로 오래된 것에 그치지 않고, 놀라운 이동력 또한 지니고 있었던 모양이다.

하지만 그것도 특별할 것은 없었다. 수립한 지 얼마 안 돼 촌티 줄줄 흐르는 것에 품격을 더하고 싶어한 것은 군주들의 오랜 속성이었고, 그런 그들에게 검은 돌과 같은 호부護符는 필수 품목이었기 때문이다. 고색창연함이야말로 품격을 결정짓는 요체였다. (로마에서 팔라디움 여신상을 훔쳤다는 설을 믿을 수 있다면) 콘스탄티누스 대제가 새로 창건한 수도에 고대 트로이의 색깔을 입히려 한 것이나, 페로즈 치세 때의 모베드들이 메디아의 황량한 산 정상에 종마의 불이 붙기 무섭게 그것을 세계를 주유했던 불이라고 하면서 영원성을 주장한 것도 그래서였다. 실제로 그 주장은 불과 몇 세대 만에 가공할 힘을 발휘했다. 조로아스터교도들이 종마의 불 신전의 실존 기간이 1세기 반에 지나지 않았다는 사실은 까맣게 모른 채, 헤라클리우스 황제에 의해 그 사원이 파괴된 것만 끔찍하게 여겼으니 말이다. 사원, 그것도 호젓한 곳에 위치한 사원과 관련된 과거는 진정한 관습도, 진정한 전통도, 진정한 기억의 보고도 아닌, 그것과 정반대되는 철저한 혁신의 목격자였는데도 말이다.

그리고 물론 스스로 옳다고 생각하는 방향대로 세계를 만들어갈 결의에 차 있던 아브드 알말리크도, 혁신가인 점을 제외하면 시체인 사람이었다. 그것을 보여주듯 이븐 알주바이르에게 궁극적 승리를 거두기 전에 그는 이미 하느님의 진정한 종교를 예루살렘에 각인시킨 것처럼 그의 대제국 또한 거룩하게 각인시킬 계획을 세웠다. 10여 년간 아르쿨프로 하여금 팔레스타인은 여전히 기독교적 질서에 속해 있다고 생각하게 만든 주화를, 691년에 콘스탄티노플과 관련된 흔적은 지우고 (모스크의) 기도소에 들어 있는 창과 허리에 채찍을 찬 아브드 알말리크의 모습이 담긴 주화로 교체한 것이다. 이라크에서도 이와 유사한 개혁 프로그램이 가동되어 주화에서 사산 왕조의 흔적이 지워졌다. 아브드 알말리크는 이렇듯 그 누구, 그 어떤 것의 방해도 받지 않고 주화를 표준화했으며, 새로운 종교의 권위를 증진시키는 방향으로 모든 정책을 시행했다. 694년에 이라크 총독으로 임명된 알하자즈가 바스라의 반항적 군중들에게 엄포를 놓은 것에도 그 점이 드러난다. "그대들은 오래도록 파벌 싸움을 일삼으며 멋대로 행동하는 길을 따랐다. 그러나 맹세코 말하건대 이제부터 나는 물가의 가축 떼가 아닌 한 마리의 낙타처럼 그대들에게 매질을 할 것이다."[36] 이 경고는 군중뿐 아니라 그리스어와 페르시아어를 쓰는 엘리트층에게도 당연히 전달되었을 것이다. 따라서 아브드 알말리크의 이런 초기 개혁만으로도 기득권층의 마음은 이미 심란했을 텐데, 그다음에는 더욱 노골적으로 지난날에 반기를 드는 개혁이 이루어졌다. 696년에 형상은 없이 아랍어 글자만 새겨진 전혀 새로운 형태의 주화가 만들어진 것이다. 아랍어를 야만의 특징으로 간주하는 데 오랫동안 익숙해 있던 관료들은 실로 아연실색할 만한 일이었다. 그러나 아브드 알말리크가 귀가 닳도록 강조했듯이 세상은 이미 뒤집어진 지 오래였다. 주화만이 새로운 언어적 섭리의 유일한 표현인 것도 아니었다. 신분증, 소득 신고서, 계약서, 법규, 수령증 등 글로벌 제국을 운영하는 데 필요한 다른 모든 것들도 새로운 언어로 줄줄이 대체되었다.

그리하여 졸지에 지배자의 언어를 말하거나 쓰지 못하면 고용될 가망이 없어진 관리들에게 이 모든 조치는 경천동지할 격변처럼 느껴졌을 것이다. 하지만 물론 아브드 알말리크에게는 그보다 한층 중요한 그 무엇이 있었다. 독실한 그의 관점으로는 아랍어야말로 신의 언어였고, 그러므로 제국의 언어가 되기에 적합했다. 찬란한 황금 큐브들이 덮인 바위의 돔 벽면에 무함마드가 예언자임을 밝히고, 하느님을 삼위일체로 보는 듯한 기독교 신앙의 어리석음을 말한, 그의 신앙의 핵심 교의가 새겨질 때 사용된 언어도 당연히 아랍어였다. 그러나 비문의 내용은 대부분 예언자가 직접 내린 계시, 다시 말해 최초의 꾸란 구절들을 얼기설기 엮어놓은 것이었다. 따라서 이곳저곳에 산재해 있던 예언자의 계시들을 수십 년 전 최초로 취합해 꾸란의 정본으로 만든 사람은 우스만이라는 후대인들의 주장과는 다른 내력이 숨어 있음을 암시하는 것이 될 수 있다. 아브드 알말리크 전임자들 치세로부터 전해 내려온 꾸란 비문이 단 하나도 없는 것이나, 산발적이나마 그에 대한 동시대인들의 암시가 없는 것도 그 점을 뒷받침한다. 무함마드가 썼을 것으로 추정되는 글들의 존재를 처음으로 인지했던 기독교 학자들도, 그것을 단일한 책의 형태로가 아닌, '암소', '여자', '하느님의 암낙타'와 같은 제목의 조각 글들을 혼합한 것으로 이야기했다.*

그렇다면 여러 곳에 기록되어 있던 다양한 꾸란 구절들을 모아 정리한

---

* 8세기 초에 글을 쓴 이라크의 한 수도사도 '꾸란'을 이야기할 때, '암소의 장'을 포함해 무함마드가 쓴 다른 글들에 대해서도 언급했다. 아브드 알말리크 치세 후반기의 고위 공직자로 왕의 종교에 깊은 관심을 가졌던 다마스쿠스의 요하네스(675/676~749) 또한, 무함마드가 쓴 것으로 추정되는 다양한 다른 원문들과 더불어 그가 작성한 '책'에 대해 이야기했다. 그 원문들 중 '암소'는 꾸란의 '암소' 장으로 편입되었고, '여자' 또한 꾸란의 '여자' 장과 동일한 것으로 여겨진다. 반면에 '하느님의 암낙타'는 꾸란 본문에만 이곳저곳 언급될 뿐, 수라의 제목으로는 쓰이지 않았다.

사람은 누구였을까? 이 경우 만일 아브드 알말리크 치세에 국가 후원으로 꾸란 개조 작업이 진행되었다면 후대의 무슬림 학자들이 그것을 진본이 아니라고 부정하지 못하도록 작업을 했을 것이고, 그렇다면 그가 누구였을지도 자명해진다. 다른 많은 경우에도 그랬듯 꾸란 편집 과정의 선봉에 선 인물은 바로 알하자즈였다. 그는 용맹한 전사이자 강력한 전사였지만 그 못지않게 꾸란의 교정자로서도 후대에 이름을 날리고 싶어했다. 일부 전통에는 알하자즈가 그보다 한층 흥미로운 역할을 했을 것으로도 나타나 있다. 무함마드가 죽었으니 하느님도 이제는 인간을 매개로 삼아 당신의 목적을 전달하는 일은 없을 것이라는 가설을 부인하면서, "나는 영감에 의해서만 움직이리라"[37]고 반박했다는 것이 그것을 말해주는 증거다. 그러나 그는 왕의 충복이었다. 따라서 무함마드의 계시들을 모으고, 대조하며, 확인하고, 분류하는 등 제아무리 하늘이 인가한 일을 했다 해도, 아브드 알말리크를 위해 하는 일에 비하면 아무것도 아니라는 점을 언제나 분명히 했다. 본인 입으로 직접 '하느님의 견해에 관한 한' 그의 주군은 천사 및 예언자들보다 우위에 있다고 선언했을 정도로[38] 아브드 알말리크에 대한 그의 충성심은 높았다.

신자들의 사령관도 겸손함으로 위대해진 인물이 아니었던 만큼 그에 대해 이의가 있었을 리 없다. 예언자들의 시대는 끝났을지라도 지상에는 하느님이 선택한 매개자가 계속 필요하리라는 것이 아브드 알말리크의 생각이었다. 그가 가장 선호하는 수단인 주화를 이용해 '신의 대리인 Khalifat Allah'으로서 자신의 역할을 만천하에 알린 것도 그래서였다. 무함마드가 신의 세계를 알리기 위해 선택된 것처럼 아브드 알말리크도 신의 세계를 해석하여 인류에 전파할 매개자로 임명되었다는 것이다. 따라서 그보다 더 막중한 임무도 없었다. 그러므로 제국 주조소의 아브드 알말리크 대리인들이 대중들 앞에 첫선을 보인 '칼리프' 호칭에도, 당연히 지상의 지배자인 것 못지않게 초자연적 영역의 지배자이기도 하다는 의미가 내포되어 있었다. 만일 도로와 댐이 아브드 알말리크의 명령으로 축조되면, 사람들이 '비 오기를 기원'하는 행위도 그의 인격을 통해 이루어지는 것이었다.[39] 같은 맥락에서 제국의 국경을 지키는 그의 전사들이 아무리 강하다 한들, 하늘로 가는 도로를 지키는 칼리프에는 비할 바가 아니었다. '두개골을 박살내는 인물'이었던 아브드 알말리크는, 궁극적인 '지도의 이맘'[40]이기도 했기 때문이다.

　그렇다고 그가 말한 그 모든 기고만장한 주장들이 헛된 프로파간다인 것은 아니었다. 아브드 알말리크는 그가 지닌 거대한 야망만큼이나 그것을 실현하는 추진력과 번뜩이는 명석함을 지니고 있었다. 20년 전만 해도 정복지들의 엉성한 짜깁기에 지나지 않아 붕괴 위기에 처했던 국가가, 그가 죽은 해인 705년에는 그가 타도한 전임자들 때 못지않게 효율적인 국가로 재편된 것이 그것을 말해주는 증거다. 더 놀라운 것은 인류가 하느님에게 은혜를 입고 있다는, 반박할 수 없는 관념에도 그가 헌신을 했다는 것이다. 무함마드도 선언했듯 "하느님에게 종교는 곧 복종"[41]이었기 때문이다. 그러나 바위의 돔에 새겨진 비문에는 그 뜻이 교묘하게 변질되어 있었다. 하느님이 요구한 '복종submission'이 거의 고유명사처럼 쓰인 것이다. 일출이 시작되는 곳에서 일몰이 일어나는 곳까지 세력이 미친 제국의 지배자 아브드 알말리크가 선포한 신앙에는 이름이 부여되어 있었다. 그리하여 그것은 전 세계용 슬로건이 되었다.

　"하느님에게 종교는 이슬람뿐이라."

· 순나의 등장 ·

 고대 도시는 흔히 전상으로 얼룩진 노병처럼 오래전에 끝난 전쟁의 흔적들을 지니고 있게 마련이다. 시리아에도 그런 고색창연한 도시 다마스쿠스가 있었다. 실제로 그곳은 몇몇 랍비들이 천국으로 가는 관문으로 여겼을 만큼, 기후에서 서양자두에 이르기까지 쾌락적 요소가 가득한 도시로 오랜 옛날부터 이름을 날렸다. 다마스쿠스에 배어 있는 그런 이교적 흔적은 콘스탄티누스 대제 치세로부터는 4세기가 지나고, 아랍인에게 정복된 지 1세기가 지난 시점까지도 완전히 사라지지 않은 채 남아 있었다. 도시 외곽의 번잡한 시장들 위로 우뚝 솟은 거대한 벽들만 해도 그곳을 처음 찾은 사람들에게는 음산한 성채처럼 보였겠지만, 실상은 과거 한때 다마스쿠스에서 가장 위압적이던 신전의 외벽이었다. 따라서 숭배 장소로 도시 못지않게 오랜 역사를 지니고 있었으며, 아랍 정복 뒤에도 그 상황은 바뀌지 않았다. 본래는 유피테르 신전이었으나 기독교도들에게 넘어간 뒤에도 파괴되지 않고 기독교 신에게 새롭게 헌당되었다가, 그리스도 탄생 715년이 지난 지금에 와서는 다시 새로운 종교의 숭배소가 된 것이었다. 따라서 불과 10년 전만 해도 신전 외벽 안에는 성당(세례 요한 교회)이 세워져 있었으나, 이제는 자취조차 남지 않고 그 자리에는 대신 대리석으로 지어지고 모자이크 벽으로 장식된 미려하고 장대한 새 건축물이 들어서 있었다. 건축업자들 영수증 운반하는 데만 낙타 열여덟 마리가 동원되었다고 전해질 만큼 호화롭게 꾸며진 다마스쿠스 대사원 혹은 우마이야 모스크가 그 건축물이었다. 그렇다면 이렇게 휘황찬란하게 지어진 건축물의 새 주인이 누군지가 궁금하겠지만, 벽면을 화려하게 장식한

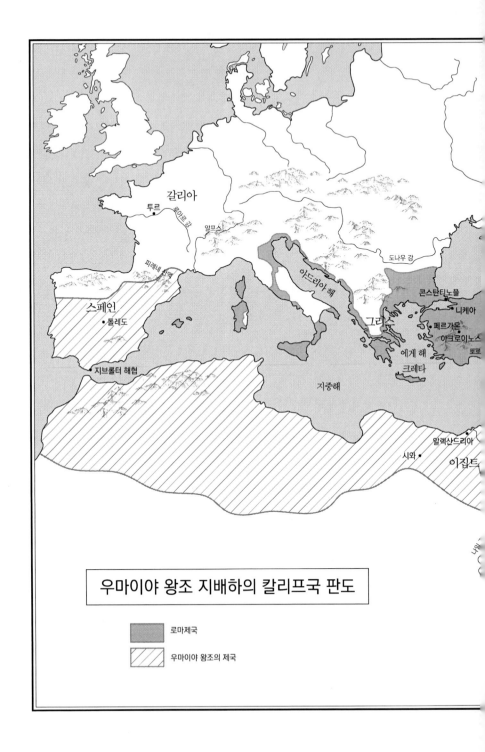

갈리아
투르
루아르 강
알프스
피레네 산맥
스페인
•톨레도
지브롤터 해협
아드리아 해
도나우 강
콘스탄티노플
니케아
그리스
페르가몬
•야크로이노스
에게 해
또로
크레타
지중해
알렉산드리아
시와 •
이집트

우마이야 왕조 지배하의 칼리프국 판도

로마제국

우마이야 왕조의 제국

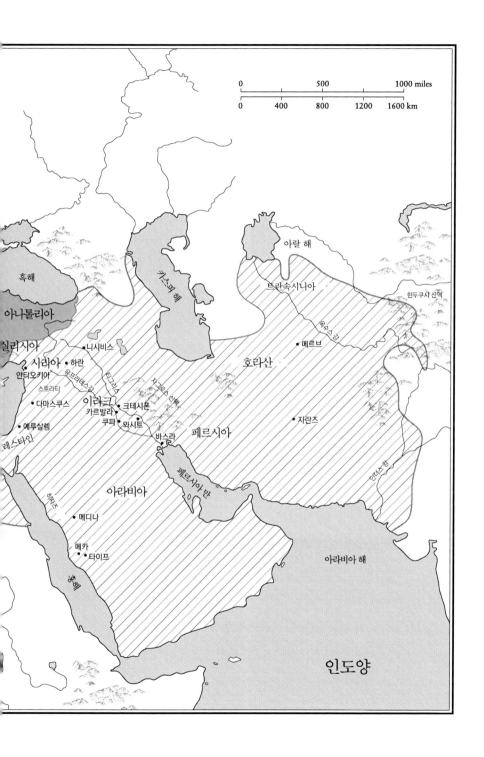

혹해

아나톨리아

킬리시아

시리아 • 하란

안티오키아

스트라타

다마스쿠스

예루살렘

레스타인

니시비스

유프라테스강

이라크

카르발라 • 크테시폰

쿠파 • 와시트

바스라

아라비아

메디나

메카

타이프

홍해

카스피 해

아랄 해

트란속시니아

힌두쿠시 산맥

메르브

호라산

옥수스강

자란즈

페르시아

티그리스강

자그로스 산맥

페르시아 만

인더스강

아라비아 해

인도양

| 0 | | 500 | | 1000 miles |
| 0 | 400 | 800 | 1200 | 1600 km |

비문만 봐도 그 정체는 대번에 드러났다. "우리 주는 하느님뿐이고, 우리의 종교는 이슬람이며, 우리의 예언자는 무함마드시다. 하느님이 그분께로 향하시어 영접해주시기를"[42]이라고 적혀 있었으니 말이다.

불과 25년 전 바위의 돔을 지을 때만 해도 아브드 알말리크는 자신의 신앙을 이렇게 자신만만하게 표현하지 못했다. 예루살렘의 대형 교회들을 우려 섞인 시선으로 바라보며 바위의 돔 벽들을 이용해 삼위일체 교리를 경멸하는 것으로 만족했을 뿐이다. 하지만 호화 모스크를 지은 장본인으로 아브드 알말리크에 이어 우마이야 왕조의 새 칼리프가 된 그의 맏아들 왈리드 1세는, 자신의 신앙을 거침없이 드러내 보였다. 기독교도들이 저지른 터무니없는 과오를 어깨너머로 흘긋거리기보다는 아예 무시하는 행동을 취한 것이다. 그는 서열이 바뀌어 이미 열등해진 종교와의 비교를 통해서가 아닌 하느님에게 복종하는 사람, 곧 '무슬림'으로서의 정체성을 통해 자기 자신을 규정했다. 왈리드가 이런 자신감을 갖는 것도 무리는 아니었다. 신의 대리인으로 찬란한 모스크를 세워, 이슬람 신자들에게 하느님의 은총이 전 방위적으로 쏟아져 내린 것을 입증해 보였으니 말이다. 가장 높은 산에서 캐낸 반짝이는 보석들, 심해에서 건져 올린 영롱한 진주, 허물어진 성당에서 약탈한 기둥들, 당대 최고의 장인들이 만든 모자이크 등, 이 모두는 신의 대리인의 비할 바 없는 지위를 나타내준 요소였다. 우마이야 모스크를 찾은 사람들이 그렇게 믿고 또 전한 바에 따르면, 모스크의 기둥 하나는 심지어 시바 여왕의 '장엄한 옥좌'로 만들어졌다고 한다.[43] 이슬람이 타종교들에서 가장 좋은 점과 숭고한 요소들을 뽑아내 온 것처럼 우마이야 모스크 벽 안에도 사라지고 없는 곳들에서 긁어모은 보물, 새로운 보편적 제국의 대의를 위해 재구성한 잔해들이 수북이 쌓여 있었다.

그리하여 우마이야 모스크는, 어느 찬미자도 가지가 날개 모양인 식물로부터 히포드롬(전차 경주장)에 이르기까지 모스크의 벽면에는 이 세상의 온갖 것들이 묘사되어 있으며, 만일 그것들이 다마스쿠스 너머로 끝없이 펼쳐진 숱한 지역, 이슬람에 정복된 허다한 지역들을 대변한 것이 아니라면 자기 손에 장을 지지겠다고 하면서 이렇게 말한 곳이 되었다. "모스크 벽면에는 없는 것이 없다. 나무 한 그루, 도시 하나 빠지지 않고 모든 것이 묘사되어 있다."[44] 왈리드가 우마이야 모스크의 개원을 선언한 715년 무렵에는 아랍군이 이미 크테시폰과 새로운 로마가 지배하던 무너진 제국들의 경계를 훌쩍 벗어난 지 오래였으므로 그것은 맞는 말이었을 것이다. 아랍인들은 동쪽으로는 고르간 평원의 버려진 붉은 벽돌 성벽을 넘어선 것은 물론, 그보다 더 큰 장애물이던 옥수스 강(아무다리야 강) 너머, 한때 헤프탈족의 왕국이었던 곳까지 진출했다. 강이 크고 유속이 빨라 자연적 국경을 이룬 탓에 우마이야 왕조가 나중에 (옥수스 너머의 땅을 뜻하는) 트란속사니아(마와르안나르, 지금의 우즈베키스탄 전역, 투르크메니스탄과 카자흐스탄의 일부 지역에 해당—옮긴이)로 구분하여 통치한 중앙아시아의 거대 지역이 그곳이었다. 711년에는 소규모 아랍인 전사부대가, 카르타고와 북아프리카의 긴 해안 지대는 705년에 이미 점령한 상태였으므로, 바다를 가로질러 서쪽으로 다시 새로운 정복길에 나섰다. 그리하여 지브롤터 해협에 상륙한 지 불과 몇 달 만에 서고트족 군대를 격파하고 왕을 죽인 뒤에 왕국의 수도이자 에스파냐 중부의 요지였던 톨레도를 점령하는 데 성공했다. 머나먼 세계의 끝에서 거둔 쾌거에는 아랍인들도 긴가민가하며 거의 황홀경에 빠져들었다. 오죽하면 다마스쿠스에서는 동상들이 말을 하고,

자물쇠 채워진 방에는 미래를 보여주는 기적의 광경이 들어 있으며, 도시들 또한 청동으로 만들어진 신비함과 경이로움이 가득한 곳으로 에스파냐를 묘사한 정복담까지 만들어졌을까. 아랍인들이 거둔 승리의 규모는 이렇게 현실로 믿기 힘들 만큼 엄청난 것이 되었다.

당연히 다마스쿠스에는 무슬림 정복의 증거물이 널려 있었다. 번쩍이는 대리석과 아름다운 분수들로 꾸며진 우마이야 모스크 안뜰 뒤편의 도시 시장에만 가봐도, 세계 곳곳에서 끌려온 인간 소 떼들이 오물과 뒤범벅된 채 우리에 갇힌 비참한 광경을 볼 수 있었다. 다마스쿠스에서 회자된 에스파냐 정복담은, 아랍인들이 서고트족을 정복한 뒤 시리아로 끌고 온 노예 3만 명에게는 해당하지 않는 공상소설일 뿐이었다. 피정복민들이 아랍의 진정한 힘을 가장 뼈저리게 느낀 부분은 노예 강탈이었다. 한 수도사가 쓴 글에도 그 점이 나타난다. "약탈자들은 해마다 먼 지역과 섬들로 가서 하늘 아래 모든 종족들을 노예로 잡아왔다."[45] 물론 초강대국이 자신들의 위치를 이런 식으로 표현한 것이 어제오늘 일은 아니었다. 로마 당국도 사마리아인들과 같은 고질적 반도들을 일말의 망설임도 없이 노예로 팔아넘겼으며, 사산 왕조 때 노예를 뜻하는 말로 쓰인 'ansahrig'의 원뜻이 '외국인'이었던 것으로 볼 때, 페르시아가 전쟁 포로를 다룬 방식도 확연히 드러나기 때문이다. 그러나 이번에는 피해자와 가해자의 입장이 완전히 뒤바뀐 점에서 여느 때와 달랐다. 로마제국의 이전 속주들에서 끌려온 기독교도 노예들만 해도 아랍인 대지주들의 광산에서 힘겨운 노동을 하면서 요상한 기도 소리가 들려도 꾹 참고, 성모 마리아가 행하신 기적으로 노예 감시자들이 쓰러져 죽는 것을 종종 위안으로 삼기도 했지만, 그럼에도 하느님에게 버림받았다는 비통함을 지울 길이 없었다. 우마르 시대에 안티오키아 외곽 구릉에서 주상 고행자 시메온을 기려 개최한 축제가 아랍 노예상들의 습격을 받았을 때도 기독교도들은 "하느님은 어찌하여 이런 일이 일어나게 하시는가?"[46]라며 울부짖었다. 그렇다고 기독교도들만 이런 신세 한탄을 한 것도 아니었다. 사산 왕조 핵심지들에서도 정복자인 아랍인들이 가공할 폭력을 행사하여 엄청난 수의 노예들이 생겼고, 이에 따라 쿠파와 바스라의 시장들 또한 페르시아 노예들로 넘쳐났으니 말이다. 아랍의 통제가 느슨하게 미친 이란 동단에서는 심지어 노예 공물이 정복자의 가장 시시한 요구에 속할 정도였다. 아프가니스탄 남서부 힌두쿠시 산맥의 접근로에 위치한 요새 도시 자란즈만 해도, 독실한 무슬림들이 천국에서 누리게 될 기쁨의 맛보기용으로 손에 금잔을 든 미소년 1000명을 매년 공물로 바치라는 아랍인들의 항복 조건을 받아들일 수밖에 없었다.

아랍 군대는 이렇게 거대한 쟁기의 날처럼 가정을 두 동강 내놓고, 공동체들을 사방으로 흩뜨려놓으며, 다른 경우라면 결코 만나지 못했을 사람들을 한데 뒤섞어놓았다. 로마 군단의 근동 정복으로 그곳에서 하루에 선적된 노예가 1만여 명에 달했다고 하는 800년 전 이래로, 인간의 짐승 떼가 이처럼 대규모로 이식되기는 처음이었다. 사정이 이랬으니 아랍인들의 노예무역에는 필연적으로 이익뿐 아니라 위험도 수반되었다. 로마가 공화정이던 시절에 이탈리아가 노예 폭동으로 괴롭힘을 당했듯, 피트나 시대의 이슬람 칼리프조의 핵심지들 역시 노예 폭동으로 몸살을 앓았던 것이다. 무아위야의 죽음에 이은 혼란기를 틈타 억류 상태에서 벗어난 전쟁 포로들의 군대가 니시비스를 요새화하여 "아랍인들을 공포에 몰아넣은" 것이 대표적인 예다.[47] 그러나 쿠파의 군 지도자들은 공포뿐 아니라 분노도 함께 느꼈던 듯, "노예가 우리에게 반항하다니! 하늘이 우리에게 부여해준 전리품에 지나지 않는 것들이!"[48]라고 씩씩거리며 고함을 쳤다.

그러나 반도叛徒들로서는 자신들이 전리품이 되는 것이 하느님의 뜻이라는 것이 결코 자명하지 않았다. 로마 전성기 때 노예무역의 토대가 되었던 가설만 해도 이제는 별로 힘을 쓰지 못했다. 지난 몇백 년을 이어오는 동안, 무감각함에 끼어 있던 무지의 때가 많이 벗겨진 탓이었다. 그리스도 안에는 속박도 자유도 없다고 한 바울로의 가르침을 진지하게 받아들인 제국의 기독교도들만 해도, 노예를 걸어 다니는 기계로 취급한 예전의 습성을 좋지 않게 보았다. 한 주교가 노예를 소유한 무리를 향해 이렇게 질타한 것에도 그 점이 드러난다. "하느님도 자유가 있는 것을 속박하지 않을진대, 누가 감히 하느님의 힘 위에 자신의 힘을 얹어놓는 행위를 하는가?"[49] 이란샤르에서도 마즈다크가 설파한 공산주의로 인해, 모든 계층이 하나가 되는 사해동포주의의 황금기가 예고되었다. 물론 마즈다크 신자들은 호스로우의 화단에 다리가 하늘로 향하도록 거꾸로 파묻히고, 대부분의 기독교 학자들 또한 노예제를 악독한 행위로 간주하면서도 종말의 날까지 계속될 것으로 내다보기는 했지만 말이다.

그럼에도 경건한 기독교계에서는 점차 모든 인간은 자애로운 하느님에 의해 창조되었다고 주장한 신앙의 논리에 따라 노예에게 자유를 주는 행위를, 강요에 따른 의무가 아닌 사랑으로 간주하게 되었다. 무슬림들도, 예언자가 명시한 책임을 무겁게 인식한 진정한 신자일 경우에는 가장 비천한 사람도 형제일 수 있다는 점을 당연하게 받아들였다. 무함마드도 비록 스스로는 노예를 소유했다고 알려져 있지만 추종자들에게 "그 힘든 길이 무엇인지, 무엇이 그대에게 설명해주리요?"라고 묻고는 이렇게 스스로

답했던 것이다. "그것은 노예를 해방시키는 일이요, 배고픈 자에게 음식을 베푸는 것이며, 친척의 고아들과 먼지투성이가 된 가난한 자들에게 자선을 베푸는 것이라. 그런 후 믿음으로 서로가 서로에게 인내하고 서로가 서로에게 사랑을 베푸는 것이라."[50]

그러나 아랍인들 중에는 외국인과는 그들의 신을 결단코 공유할 의사가 없는 사람들이 많았다. 그들은 아랍제국이 처음 수립된 때부터 무정형의 거대한 피지배민 집단들에게 압도될 수 있다는 위기의식을 가졌다. 그들이 이라크 사막 변두리 지역에 완전히 새로운 도시들을 세운 것이나, 원주민들 틈에 섞여 사는 쪽을 택한 시리아와 팔레스타인에서도 다수의 소소한 법규를 도입하여 그들과 하위 계층 사람들을 명확히 구분 지으려 한 것도 그래서였다. 기독교도들에게도 물론 로마 당국이 유대인을 속박하기 위해 제정한 법률이 적용되었다. 아랍인처럼 입거나 말하는 것, 아랍인 앞에 앉는 것, 칼을 소지하거나 안장을 얹고 말 타는 것 모두를 금지시켜 지배자와 피지배민 간의 차이를 굴욕적으로 드러내 보이게 한 것이다.[51] 또한 무함마드도 추종자들에게 "그리하여 그들의 땅과 그들의 집과 그들의 재산과 너희가 보지 아니한 대지를 너희에게 상속해주었나니……"[52]라는 확신의 말을 해주었으니, 정복으로 획득한 부에 의존해 살고 하느님이 부여해준 제국도 한껏 즐기고 있던 아랍인들로서는 승리의 결과물을 귀하게 여길 마음도 없었을 것이다. 이스마엘의 후손을 합법적으로 주장할 수 있는 그들에게는, 앞으로도 무궁무진한 것이 주어질 것이었기 때문이다.

실제로 향기 나는 로마인과 페르시아인들에게 승리를 거둔 지 고작 2세대 만에 우마이야 왕조는 몇몇 아랍인들의 사치욕으로 휘청거릴 지경이 되었다. 왕족들만 해도 평범한 피지배민과 자신들을 구분 짓기 위해, 정복된 나라들의 지도층 거동을 흉내 내기에 바빴다. 시리아에서 최고로 간주된 요소들이 포도주, 나체 동상, 모자이크 등 메디나와는 관련 없는 로마적 특성을 지닌 것들 일색이었던 것으로도 그것을 알 수 있다. 이라크에서도 시리아와 다를 바 없이, 부유한 아랍 군 지도자들은 허세 심한 페르시아 귀족층처럼 노란색과 붉은색으로 수염을 물들이고, 비단 나팔바지와 현란하게 염색된 관복을 입고 쿠파나 바스라 거리를 보란 듯 행진했다. 행진하는 그들을 호위하거나, 그들의 왕궁에서 황금 술잔의 윤을 내거나, 쇠사슬에 묶인 채 들에서 뼈 빠지게 일하는 외국의 노예들도 그런 유산에는 자신들도 한몫 낄 만하다는 생각을 충분히 가질 만한 상황이었다.

실제로 아랍인의 종교가 아브라함의 혈통을 지닌 신앙의 유산이 될 개연성, 요컨대 유대인의 종교와 비견될 만한 그 무엇이 될 개연성은 아랍 정복의 떠들썩한 뒤풀이로 인해 이미 물 건너간 지 오래였다. 702년에 알하자즈가 쿠파와 바스라 중간 지역에 와시트라는 신도시를 건설한 뒤 아랍인들만 거주시킬 목적으로 문들에 초소를 세운 것도, 말들은 이미 오래전에 도망가고 없는 마구간에 자물쇠를 채운 행위에 지나지 않았다. 결국 와시트와 그 밖의 모든 위수 도시들의 거리에는 세계 곳곳에서 강탈해온 노예―가족, 집, 나라를 모두 빼앗겨서 위안거리라고는 그들 지배자의 신앙이 제공해준 희미하게 감지되는 하늘밖에 없는―들만 버글거리게 되었다. 그런 상황에서 이스마엘 자손의 순수성이 지켜질 리 만무했다. 거리에만 노예들이 있는 것도 아니었다. 노예들은 정복자들의 침실에도 있었다. "하느님이 전쟁의 포로로 그대에게 부여해준 자들"[53]과 잠자리를 할 수 있는 권리는 예언자도 허락한 것이므로, 그 권리를 이용하려는 사람 또한 부지기수였다. 게다가 칼리프 영토의 시장들에는 여자 노예들이 차고 넘쳐, 부유한 아랍인들은 순종 말 고르듯 상품의 가치를 요모조모 따져볼 수도 있었다. 위대한 칼리프 아브드 알말리크도 "쾌락에는 베르베르족 여인이 최고요, 여종으로는 로마 여인이 으뜸이며, 아이 잘 낳기로는 페르시아 여인이 최고로다"[54]라고 점잖게 조언할 만큼 그 방면의 전문가로 이름을 날렸다. 그러나 이란에서 잡혀온 탓에 이라크 시장에 특히 많았던 페르시아 여인들에게는 다산 능력 외에 주가를 높여준 요소가 또 있었다. 조로아스터교도의 딸들이다 보니 하루 세 차례 남편에게 무릎 꿇고 욕망을 간청하는 관습이 있어 순종적이기도 했던 것이다. 그러나 페르시아 여자 노예 시장에서 가장 값어치가 높은 상품은 역시 사산 왕조의 왕녀들이었다. 금화 5만 닢까지 가격이 치솟은 왕녀가 있었는가 하면, 호스로우 2세의 손녀는 바스라에 특별히 세워진, 문이 1000개나 달렸다고 알려진 왕궁에 기거할 만큼 귀인 대접을 받았다. 그리고 물론 그런 어머니에게서 태어난 자식들이 자신의 열등한 위치에 만족했을 리는 없었다.

노예와 노예 자손들이 그들 주인의 오만함과 부를 낭비하는 태도를 보고 예언자의 가르침을 떠올렸을 것 또한 자명했다.

> 너희는 고아들에게 은혜를 베풀지 아니했으며
> 가난한 사람들에게 음식을 제공함에
> 서로가 서로에게 격려하지 아니하며
> 오히려 너희는 욕심을 내어 그들의 유산을 삼키고
> 오만하게 재물만을 사랑하였노라.[55]

이 정도면 가장 심하게 학대받은 사람들도 충분히 발분시킬 만했다. 주인에게 원한 가진 노예들이 분기에 필요한 동력을 주인이 믿는 종교의 특성인 풍부한 창조력에서 얻는 기현상이 벌어진 것이다. 위에 언급된, 니시비스를 장악한 노예 반도들만 해도 무크타르의 추종자를 자처하면서 그가 하듯 학살을 자행했다. 시아파의 징후를 보이며 압제자에 대한 증오를 유발시키는 사람들도 있었다. 그리하여 피트나도 끝이 나고, 아브드 알말리크가 사력을 다해 설익은 교리와 아랍인들의 기억을 변조하는 일도 마무리되자, 불행한 사람들을 멸시한 자들을 파멸시킬 기회도 마침내 생겨나기 시작했다. 무함마드를 하느님의 사자로 광고한 우마이야 왕조의 행위가, 도리어 아랍의 전사 엘리트들에게 쫓겨난 사람들에게는 복종을 지속적으로 거부하는 강력한 수단이 된 것이었다. 알하자즈 같은 사람들이 근년의 샤한샤들이 하듯 문과 탑들 뒤에 숨어 즉위한 행위도, 쿠파와 바스라의 악취 나는 빈민굴에 내던져진 사람들이 오만하고 거들먹거리는 자들을 경멸한 예언자의 가르침을 되새기며 칼리프와 그의 부관들과 전혀 다른 방식으로 이해한 이슬람을 만들어낼 개연성을 높였다.

이라크의 위수 도시들 성벽 너머에서도 아랍인의 종교를 시기심과 동경이 뒤섞인 복잡한 감정으로 바라보는 사람들이 생겨나기 시작했다. 칼리프의 백성치고 노예로 팔려가서 열등함의 고통을 당하고 싶어할 사람은 없었을 테니까. 당연히 아랍의 통치가 점점 아브드 알말리크가 가졌던 이슬람의 비전과 동일시됨에 따라, 지배자 사회에 진입하기 위해 신흥 종교를 받아들이려는 사람들 또한 쇄도했다. 그러나 충분히 예상할 수 있듯, 아랍인들은 개종자들을 형제로 받아들이기보다는 이슬람으로 통하는 '길목' 곳곳에 수많은 돌들을 심어놓고 그것을 막으려고 했다. 결국 개종을 원하는 사람은 엄청난 모욕을 감수해야만 무슬림이 될 수 있었다. 페르시아인이든, 이라크인이든, 시리아인이든 신에게 복종만 한다고 해서 무슬림이 되는 것이 아니라, 아랍인 보호자에게도 복종해야만 무슬림의 대우를 받았다. 물론 속물근성의 때가 낀 사람들에게는 그것이 지나친 굴욕으로 느껴졌을 것이다. 보호받는 것에 익숙한 사람에게도 이슬람으로 가는 길은 결코 간단하지 않았다. 아브드 알말리크 치세 때의 이라크에서도, 일군의 이라크 농부들이 집단 개종한 뒤 지배자들이 하듯 바스라의 환락가를 찾았다가 알하자즈의 철퇴를 맞은 적이 있었다. 알하자즈는 이슬람을 안전하게 만들어준 승리에 기뻐하기는 고사하고, 오히려 배교자들을 일망타진해 주인들의 영지에 돌려보냈다. 아랍의 통치는 이렇듯이 과거에나 당시에나 피정복민들에게 그들의 낮은 위치를 깨우쳐주는 것에 의존하고 있었다.

왈리드와 그의 후계자들 시대에 이르러서는 이슬람으로의 개종이, 정복자들의 독점권뿐 아니라 과세 기반의 안정마저 위협하는 상황이 되었다. 아브드 알말리크가 피정복된 제국들의 관료제를 아랍의 형세에 맞게 개조한 이유로, 그들의 착취가 점점 이슬람적 색채를 띠어간 것도 그것에 한몫했다. 세금만 해도 정복자가 피정복민에게 물리는 통상적 세금이 아닌 비이슬람 신자에게 물리는 벌금으로 교묘하게 변질되었다. 예언자도 그의 추종자들이 전 세계를 정복하리라고는 예상하지 못했을 것이다. 그럼에도 유대인과 기독교도를 온당하게 착취할 수 있는 유용한 팁은 제공해주었다. 이교도들로 하여금 무슬림 지배자에게 인두세 지즈야를 내면서 굴욕감을 느끼게 하라는 것이 하느님의 뜻이라고 말하였으니 말이다. 문제는 꾸란 주석가들 사이에서도 견해가 엇갈렸을 만큼 굴욕의 형태가 모호하다는 것이었다. 책으로 편찬되기 전의 예언자 계시와 책으로 편찬된 뒤의 예언자 계시 사이의 차이가 얼마나 컸는지는, 지즈야의 지불 방식이 명기된 아랍어 구절을 그들이 끝내 기억하지 못하게 된 것으로도 알수 있다.[56] 다행히 기억상실증에 걸린 티를 내지 않으려고 갖은 노력을 기울였음에도 그 구절의 원뜻은 훼손되지 않은 채 남아 있었다. 유대인과 기독교도가 핍박받지 않고 살 권리를 얻으려면 그에 대한 대가를 지불하라는 것, 요컨대 관용에는 대가가 따른다는 것이 그것이었다.

그러나 보호를 위한 대가로서의 세금, 곧 인두세 부과를 가능하게 했던 것은 정작 꾸란의 구절이 아닌, 수 세기 동안 유대인과 기독교도들 사이에 버려진 의식이었다. 아랍인들이 '성서의 백성'을 과세 목적에 이용할 수 있었던 것은 랍비와 주교들이 세대에서 세대를 이어, 그들 각각의 종교에 철통같은 방어벽을 치는 데 성공했기 때문이라는 것이다. 게다가 이라크는 사산 왕조가 지배할 때 인종이 아닌 종교로 백성을 구분 짓던 곳이기도 해서, 그곳의 유대인과 기독교도들은 새로운 무슬림 통치자들의 권력 행사에도 전혀 거부감을 갖지 않았다. 물론 자진해서 세금을 갖다 바칠 정도는 아니었다. 자진해서 바치기는 고사하고 기독교도들은 종종 발군의 탈세 실력을 발휘하기도 했다. 이라크 북부의 어느 주교만 해도 총독의 딸에게서 귀신을 쫓아내주는 극적인 방식으로 성직자에게 붙는 세금을 면제받았으며, 자그로스 산맥의 한 수도원 또한 그곳에 사는 은수사가 부총독의 말을 치료해준 덕분에 세금을 감면받았다. 그러나 이런 일이 있었다고는 해도, 기독교도와 유대인 모두 무슬림의 과세 권리에 이의를 제기하지는 않았다. 항쟁하는 군대들에 반복하여 짓밟혔던 세계에 살았던 만큼 보호에 대한 대가로 그 정도는 지불할 만하다고 여긴 것이다. 이

렿듯 전반적으로 볼 때 이슬람의 출현은 이라크의 유대인과 기독교도들에게 엄청난 격변이기보다, 그들이 언제나 세상의 이치로 받아들였던 것의 최종적 형태일 뿐이었다.

그러나 조로아스터교도들은 그 시대의 격변을 전혀 다른 관점으로 바라보았다. 오르마즈드(아후라 마즈다)의 경건한 숭배자들에게는 사산 왕조가 붕괴하고 이란샤르가 정복된 것이, 그들이 꾸었던 가장 어두운 악몽보다도 더한 재앙이었다. 모베드들이 그것을 기억할 때면 언제나 넋 나간 어투로 이렇게 읊조렸던 것으로도 그들이 받은 타격의 정도를 짐작할 수 있다. "신앙이 파괴되고, 샤한샤는 개처럼 살해되었다. 세계가 우리에게서 사라진 것이다."[57] 힘과 특권을 가지고 떵떵거리던 조로아스터 교회는 이렇게 나락으로 떨어진 뒤에는 두 번 다시 왕들의 총애를 받지 못했다. 모베드들은 심지어, 조로아스터교도가 '성서의 백성'에도 들지 못한 까닭에, 랍비나 수도사들이 가진 하찮은 지위조차 얻지 못해 그들의 소중한 진리와 빛의 종교가 가차 없이 모욕당하는 것마저 지켜봐야 했다.* 물론 아랍의 지배권이 가장 미약하게 미치고, 따라서 그 무렵까지도 여전히 막강한 힘을 보유하고 있던 카렌가 같은 파르티아 왕조와의 조약에 통치의 많은 부분을 의존했던 이란 동부에서는 불의 사원이 예전처럼 계속 빛을 냈다. 그러나 여타 지역에서는 거액의 뇌물을 쓰지 않으면 파괴를 면할 길이 없었다. 이라크에 있는 불의 사원들만 해도 신속히 제거되어 잡초가 무성하고 모든 사람들이 진정한 악마로 여기던 흉조, 까마귀만 날아드는 시커먼 폐허로 변했다.

---

* 그러나 무슬림 법학자들도 종국에는 조로아스터교도들을 '성서의 백성'으로 간주해주었다.

오르마즈드 숭배자들도 불의 사원이 그렇게 한순간에 어둠 속으로 사라지자, 빛의 주에 가졌던 신앙이 흔들리는 것을 느꼈다. 사산 왕조 치하였다면 죽음의 형벌을 받을 배교 행위였으나, 이제는 달랐다. 사산 왕조의 권력이 공중 분해된 데 이은 첫 몇십 년에 걸쳐 구속과 억제밖에 없던 이라크에 지난 수백 년 동안 존재하지 않았던 그 무엇, 신앙의 자유 시장이 형성되는 변화가 일어난 것이었다.

그럼 오르마즈드의 고아들은 어디로 갔을까? 그들 대부분이, 고난에 처한 조로아스터교도들이 찾을 수 있었던 가장 견고한 은신처, 네스토리우스 교회 뒤에 몸을 숨겼다. 이라크가 아랍인들에게 정복된 뒤에도 기독교도들이 소수파로 전락하지 않고 재빨리 다수파의 위치를 찾을 수 있었던 것도 이 때문이었다. 우마이야 왕조 또한 동방의 교회에 온정적인 태도를 보여 기독교도들은 이 왕조의 지배 아래 황금기를 누렸다. 동로마제국과의 최전선에서 멀찌감치 떨어지게 된 이라크 북부 지역의 교회들만 해도 미증유의 번영을 누렸고, 특히 니시비스의 교회들은 특별한 광휘로 번쩍였다. 그들의 신앙(네스토리우스교)뿐 아니라 고대 그리스 철학에도 조예가 깊은 학자들이 머지않아 그 도시를, 비옥한 초승달 지대와 그 너머 지역에서 손꼽히는 학문의 전당으로 만들어놓았기 때문이다. 선교사들도 아랍군의 진격 속도보다 빠르게 동쪽으로 발길을 옮기며 전설적인 인도와 중국 왕국들을 향해 전도 여행을 떠났다. 그리하여 오래지 않아 '티베트인들을 위한'[58] 주교구 설치 계획도 세우고, 몽골 유목민들에게 시리아어 경전을 보급하는 데도 성공했다. 따라서 기독교도들로서는 아시아의 미래가 자신들 손안에 있다고 느낄 만한 상황이었다.

그러나 혼란으로 어리둥절해 있던 조로아스터교 난민들에게는 그와는 전혀 다른 신앙으로 가는 길도 열려 있었다. 기독교처럼 유서 깊거나 육중한 체계를 갖추고 있지 못한 신흥 종교 이슬람으로도 개종할 길이 열려 있었던 것이다. 그러나 아랍 정복의 역사가 고작 100년밖에 안 되는 시점이었으므로 칼리프조의 지배 엘리트들은 그들을 "인두세를 내지 않으려고 개종했을 뿐 진지한 무슬림이 아니"[59]라며 곱지 않은 시선으로 바라봤다. 하지만 이는 예언자의 계시가 갖는 호소력을 과소평가한 생각이었다. 요컨대 그들이 개종한 데에는 탈세의 창구로 이용하려는 것 외에 그것을 상회하는 다른 요인도 있었다는 얘기다. 걱정 많은 사람들, 하늘의 빛을 차단당한 사람들, 진리를 추구하는 사람들에게 무함마드의 계시가 하느님의 말씀임을 보여주는 꾸란의 구절은 거역하기 힘든 그 무엇이었다. "저희들을 올바른 길로 인도해주시옵소서. 그 길은 당신께서 축복을 내리신 길이며, 노여움을 받은 자나 방황하는 자들이 걷지 않는 가장 올바른 길이옵니다."[60] 모베드들도 당연히 꾸란의 이 구절을 처음 입 밖에 내는 순간 조로아스터교를 희생시킨 다수의 과오에서 말끔히 벗어났다는 느낌을 받았을 것이다. 물론 올바른 길로 나간다 해도, 그 길이 처음부터 체계가 잘 잡혀 있을 것으로는 보지 않았다. 무함마드의 계시들은 유구한 역사를 지닌 조로아스터의 교리와 달리 사람들에게 유포된 지 1세기밖에 되지 않았고, 따라서 이슬람 신자들에게도 조로아스터교에 수천 년 동안 전해 내려온 찬가, 주석, 법률과 같은 고대 유산에 비견될 만한 것이 없었기 때문이다. 예언자의 메시지와 의도를 정확히 밝히려는 방대한 연구 계획만 수립되어, 예전에 모베드들이 했던 일, 다시 말해 학자들이 해야 할 일만 산적해 있었다. 이라크 일대의 모스크와 궁정 안뜰에서 이슬람으로 개종한 예전의 조로아스터교도들이 아랍 노예의 후손들과 만나, 무슬림 사회의 규범을 정하려는 절박한 노력을 함께 기울이는 일은 그렇게 시작되었다.

수라의 탈무드 학파를 이끌고 있던 랍비, 라브 예후다이(일명 예후다이 가온)도 그 과정을 흥미롭게 지켜본 사람이었다. 수라는 쿠파와 지척 간이었으므로 그 전개 과정을 지켜보기에는 안성맞춤이었을 것이다. 그런 그가 이런 글을 썼다. 모베드들은 "이스마엘 자손들의 종교로 개종한 지" 3세대가 지난 뒤에도 그들의 옛 종교를 완전히 떨쳐내지 못해 가슴속에 "그것의 일부를 간직하고 있었다."[61] 라브 예후다이는 무슨 근거로 그런 주장을 했을까? 아마도 배교자를 사형에 처하고, 하루에 다섯 차례 기도하며, 칫솔 사용을 경건함의 징표로 삼은 조로아스터교의 옛 특징들이 이슬람에 도입되었기 때문일 것이다.* 실제로 꾸란에는 배교가 처형이 아닌 지옥에 떨어질 행위로 묘사되어 있고, 기도 또한 하루 다섯 차례가 아닌 '세 차례'만 해도 되는 것으로 나와 있으며,[62] 칫솔은 아예 언급조차 없다. 상황이 이런데도 만일 배교자가 받을 벌과 하루 기도 횟수를 정하는 일을 하면서 꾸란을 도외시하고 조로아스터교의 규범을 따르려 했던 것을 단지 우연의 일치로 본다면, 이보다 더 기묘한 일도 없을 것이다. 무슬림들이 치아 위생에 점점 열을 올렸던 것도 그렇게 볼 수 있는 요인이 된다.

"예언자는 밤에 기침을 하시면 칫솔로 입을 깨끗이 닦으셨다"[63]는, 모베드들이 들었으면 가슴이 벅차올랐을 법한 기록까지 있으니 말이다. 그래도 문제는 남는다. 이슬람으로 개종한 다른 조로아스터교도가 지어냈을 수도 있는데, 모베드와 무슬림들은 무슨 근거로 그것을 덥석 사실로 받아

---

* 미스와이라는 나뭇가지로 만들어진 이 칫솔은 시와(siwak)으로 불렸다.

들였을까? 이 질문에는 단순한 흠집 내기용 의혹을 넘어서는 의미가 내포되어 있다. 새로운 동전이나 공식 문서를 통해 거의 하룻밤 새에 무함마드가 신의 예언자라는 사실을 알게 된 아브드 알말리크의 백성들이라면, 아마도 그 의도를 즉각 알아차렸을 법하다. 예컨대 모베드와 무슬림들이 그 사실에 의문을 제기하지 않았던 것은, 그와 동일한 신의 예언자가 하신 말씀이라는 언질을 주어야만 영원한 법으로서의 효력을 즉시 나타낼 수 있었기 때문이다. 정복 1세대와는 연결되어 있지 않지만, 수효가 점점 많아지고 불온하기까지 했던 무슬림들—아랍 엘리트들의 오만함에 치를 떨며, 하느님의 참된 목적을 캐내려 했던—에게는 그것이야말로 절호의 기회가 될 수 있었던 것이다.

그렇다고 해서 그들 앞에 놓인 길이 탄탄대로인 것은 아니었다. 칼리프와 달리 그들이 무슬림 영역을 규정짓고 통제할 책임을 하늘로부터 직접 부여받은 신의 대리인임을 주장할 수 없었던 것만 해도 그랬다. 그리고 그런 그들이 신의 대리인이라는 범접할 수 없는 권위를 얻는 방법은 예언자의 말씀을 편집하는 것뿐이었다. 그들이 칼리프와 관계없이 순나(그 시대의 무절제와 불의를 통제하기 위한 법률적 관습)를 완성해놓고, 그것의 근거를 만들어두고자 예언자의 생애와 시대에 뿌리가 있다고 여론몰이를 한 것도 결국은 그런 권위를 갖기 위해서였다. 권위에 관한 한 그 어느 원천도 예언자의 생애와 기원을 대체할 수는 없었다. 그렇다면 그것이 무함마드 말씀에서 비롯되었다는 것은 또 어떻게 입증할 수 있었을까? 예언자가 죽은 지 1세기 후에 등장한 새로운 계층의 1세대 학자들, 다시 말해 울라마로 알려진 이슬람 법학자들이 직면한 도전이 바로 그것이었다.

다행히 이슬람을 새롭게 해석하려는 열정이 절정에 달했던 쿠파의 진흙 벌 일대에는 그에 필요한 완벽한 롤모델이 마련되어 있었다. 수라의 유대교 랍비들이 그들이다. 그들도 알고 보면 울라마가 직면한 것과 같은 종류의 문제를 풀기 위해 수 세기 동안 피나는 연구를 하여 그 결과물로 (바빌로니아) 탈무드를 내놓았으니 말이다. "모세가 시나이 산에서 율법을 받을 때 미처 기록하지 못한 것을 여호수아에게 구전으로 전해주고, 그것을 여호수아가 장로들에게 전해주며, 장로들이 다시 그것을 예언자들에게 전해주고",[66] 예언자들은 그것을 랍비들에게 전해주어, 랍비들의 세대에서 세대로 이어져 내려오며 전수된 비밀 토라(구전 토라, 미슈나)에, 해석과 설명을 덧붙인 것이 그것이다. 따라서 예언자의 말씀과 법학자를 이어줄 연결고리를 찾고 있던 학자들에게는 이라크의 예시바(학교)야말로 최적의 장소가 될 수 있었다. 수라에서 고작 50여 킬로미터 떨어진 곳에 가장 영향력 있고 최초이기도 한 이슬람 율법 학파가 수립된 것도 우연은 아니었던 셈이다. 멀리 떨어진 다마스쿠스에서 왈리드가 우마이야 모스크를 짓고 있던 때와 거의 비슷한 시기(8세기 초), 쿠파에서도 무슬림 학자들이 예언자의 성문 계시뿐 아니라, 기록된 형태는 아니지만 그 못지않은 구속력을 가진 또 다른 계시가 존재한다는 주장을 개진하고 있었던 것이다. 그 점은 울라마 구성원들이, 스승을 신뢰할 만한 전거로 인용한 랍비들처럼, 처음에는 비성문 계시들의 전거로 그 지역 유명 학자들을 인용한 것에서도 드러난다. 그러다 시간이 감에 따라 예언자의 교우들로 출처를 바꾸었고, 종국에는 예언자를 직접 인용하게 된 것이었다. 그렇기는 하지만 그들도 구전으로 전해 내려온 지난날의 전승, 다시 말해 하디스를 모아 체계화하는 일을 할 때면 언제나 오래전에 타오른 불길의 흔적을 따랐다. 이스나드들(연결고리)이 이슬람적이면서 한편으로 유대교 냄새를 짙게 풍기게 된 것도 그래서이다.

그러나 수라와 품베디타의 랍비들도 비록 예시바에 틀어박힌 채 "토라 주변에 방벽 쌓을"[65] 야망을 이야기하다 결국에는 그들 뜻대로 철통같은 방벽을 쌓는 데는 성공했지만, 인근의 쿠파 거리들에서 왁자지껄 진행된 토론의 웅얼거림에는 신경이 쓰였을 것이다. 그리고 그들의 일부는 필시 예시바의 폐쇄성에 답답증을 느끼다 못해, 쿠파에서 벌어지는 일에 부러움마저 느꼈을 것이다. 이라크 모스크들이 오래전부터 시나고그, 교회, 불의 사원도 몇백 년 동안 하지 못했던 일, 신의 본질을 제약 없이 토론할 수 있는 연구의 장이 되고 있었기 때문이다. 모스크뿐 아니라 쿠파와 바스라의 인구 과밀 지역에서도, 종교적 배경이 다양한 사람들—아랍어와 찬란한 전통 그리고 무함마드 시대의 기억을 간직한 정복자, 다시 말해 아랍 엘리트들, 예언자의 서슬 퍼런 계시들을 사회의 부조리함에 적용시킬 열의에 가득한 노예와 노예의 후손들, 갈수록 수가 늘어나고 있던 개종자들—이 자유롭게 만나서, 이전이라면 불가능했을 방식으로 자신들의 관점을 함께 토론하고 연구하며 취합하는 일이 벌어졌다. 수라의 랍비 라브 예후다이가, 이슬람으로 개종했지만 가슴속에는 늘 "옛 종교의 일부를 간직하고 있었다"라고 말한 모베드들도 물론 그 안에 포함되어 있었다.

그럼 랍비였다가 무슬림이 된 사람들은 어땠을까? 그들도 모베드들처럼 행동했을까? 만일 그렇다면 그것은 이슬람 법학자들이 순나를 왜 토라와 같이 인간 존재의 모든 양상을 통제하는 규범으로 만들려 했고, 랍비들이 했듯 연결고리들을 배치하려 했으며, 꾸란의 내용과 달리 간통한 자를 채찍질이 아닌 사형의 벌에 처하도록 명시했는지에 대한 설명이 될 수 있다. 구약의 〈신명기〉에도 이런 글이 적혀 있으니 말이다. "처녀를 그 아비 집 문에서 끌어내고, 그 성읍 사람들이 그를 돌로 쳐 죽일지니, 이는 그가 그 아비 집에서 창기의 행동을 하여 이스라엘 중에서 악을 행하였음이라."*

이런 규정들이 무슬림 법학자들에 의해 일단 재가공이 되면, 먼 옛날부터 차곡차곡 쌓인 것 못지않은 권위를 가진 것이다. 왈리드가 지은 거대한 모스크처럼 순나도 고대의 파편들로 새롭고 특별한 그 무엇을 만들어낼 수 있음을 보여준 기념물이었던 것이다. 토라에서 끌어 모은 것, 조로아스터교 의식에서 건져 올린 것, 페르시아의 관습에서 따온 것, 이 모든 것들이 울라마가 이어 맞춘 전당의 구성물이었다. 수십 년 동안 이어진 우마이야 왕조의 지배가 막을 내릴 무렵, 형태가 가장 또렷해진 울라마 노고의 결과물인 순나는 그리하여 가장 광신적인 총독마저 애써 무시하고 싶어했을 만한, 강력한 권능을 지닌 하느님의 뜻을 알리는 지침이 되었다.

실제로 그것은 피정복민들이 만들어낸 것들 중에서는 제국 엘리트들의 욕망과 오만을 견제할 수 있는 가장 뛰어난 장치였다. 전쟁 포로의 자손이든, 조로아스터교도의 자손이든, 유대인의 자손이든 울라마를 구성한 사람들 대부분은 정복의 희생양들이었다. 그런 그들이 집단적 노력을 통해 그 누구도 범접할 수 없는 위엄을 스스로 쟁취해낸 것이었다. 허울뿐인 지배자가 아닌 울라마가 하느님의 뜻을 조정하는 권한을 갖게 되었으니 말이다. 울라마는 이렇게 거의가 문맹이던 사막의 전사 집단들이 전해

---

* 〈신명기〉 22장 21절. 그러나 랍비들도 예의 그들이 늘 하던 방식대로 성서적 처방에도 다수의 단서를 붙였고, 따라서 유대인 사회에서 사형이 실제로 집행되는 경우는 드물었다. 간통을 목격한 증인이 두 명 있어야 했으며, 설사 증인이 있다 해도 형이 집행되기 전에 여러 차례 경고를 보냈기 때문이다.

준 신앙과 교리의 잡동사니들을 그 많은 난관에도 불구하고, 불과 1세기 만에 법학자들의 종교로 탈바꿈시키는 놀라운 위업을 이룩했다.

반면에 그것은 그 안에 내포된 고유의 특성으로 인해 결코 인정받을 수 없는 업적이기도 했다. 순나는 종교적 배경이 다양한 법학자들이 하느님의 목적을 체계화하는 일에 종사한 세계의 산물이었다. 그럼에도 그것의 발전을 위해서는 부득불 뿌리가 다른 곳에 있다고 주장해야 했기 때문이다. 단 하나의 하디스라도, 아라비아의 내륙 깊숙한 곳에 연원을 두고 있다고 말해야 했다는 얘기다. 당연히 이슬람 법학자들(울라마)은, 예시바의 랍비나 유스티니아누스 대제의 법학자들과 같이 고대법에 흠뻑 빠져 그것들을 정리하는 데서 오는 기쁨도 누리지 못했다. 그들의 견해가 아무리 탁월해도, 무함마드 생애에서 나온 것임을 입증하지 못하면 법적 효력을 가질 수 없었으니 말이다. 그 점에서 순나는 역설 위에 세워진 것이라고도 말할 수 있다. 이라크의 울라마가 공정한 사회를 만들기 위해, 그와 유사한 대의를 위해 수천 년 동안 노력한 사람들의 비할 바 없는 유산에 의존할수록, 그 지혜의 원천은 황량한 사막에 있다는 점을 분명히 해야 했기 때문이다. 완벽한 사회를 경험할 수 있었던 장소와 시대는 단 하나, 메디나와 예언자의 생애가 속한 시대뿐이었다는 점을 밝혀야 했던 것이다. 순나와 그것이 가진 지고의 영광도 결국은, 무슬림들에게 잃어버린 천국을 되찾을 수 있는 길—샤리아(성법)—을 알려주는 표지판이었던 점에 중요성이 있었던 것이다.

물론 천국으로 가는 길을 지켜줄 후견인도 이미 존재해 있었다. 칼리프가 그였다. 그렇다면 우마이야 왕조로서는 당연히 울라마의 주장이 단순한 모욕을 넘어 위협으로 느껴질 만했다. 예언자가 무슬림 백성들의 궁극적 권위로 봉안되면, 칼리프가 설 자리가 없어지기 때문이었다. 거기에는 많은 이해관계가 걸려 있었다. 아브드 알말리크와 그의 후계자들이 누린 '신의 대리인'으로서의 특권적 권리가 침해받는 것은 물론, 왕조의 정통성마저 심각한 위협에 처할 수 있었다. 예언자를 이슬람에 용인되는 유일한 근원으로 간주하면, 그를 따르는 모든 것은 쇠망할 수밖에 없었다. 다마스쿠스에서 지배하는 칼리프 제국만 해도 오점 없이 완벽한 매력적인 이슬람국과 대비시키면, 전제국으로 보일 수밖에 없었다. 우마이야 왕조가 애당초 이슬람의 보루이자 보호자로서가 아닌, 순나의 순수성을 더럽힌 일탈자와 찬탈자의 외양을 띠게 된 데서 비롯된 결과였다.

그리하여 칼리프와 법학자들은 처음에는 생각지도 못한 치명적 분쟁에 말려들었다. 앞으로의 형세뿐 아니라 과거를 정의하는 문제도 걸린 중요한 분쟁이었다. 칼리프와 울라마라는 장치가 고안되기 오래전에 시작된, 하느님의 총애를 얻기 위한 전제군주와 성직자들 간의 지난한 투쟁에 결전의 성격을 지닌 새로운 요소까지 보태진 것이었다.

이슬람의 본질과 그보다 한층 중요한 것이 그 결과에 달려 있었다.

· 이슬람의 집 ·

우마이야 왕조가 도도한 학자들의 주장을 심각하게 받아들이지 않았다면 그것은 어느 정도 그 문제보다 한층 더 많은 관심이 필요하다고 본 적지에 시선을 고정시켰기 때문이다. 우마이야 왕조의 수도였던 다마스쿠스에서 며칠만 말을 달려도, 무슬림들이 '알다와히'라 부른 황무지가 펼쳐져 있었다. 그 왕조의 지배 아래 부와 번영을 누리던 시리아 중심지들에서 북쪽으로 난 도로를 따라가노라면 나그네는 어느새 그 옛날 무함마드의 신자들이 도회풍 시민들이 아닌 거친 전사들, 곧 무하지룬으로 간주되던 시대로 되돌아간 듯한 지역으로 접어드는 것을 느낄 수 있었다. 칼리프 제국 일대에서 모여든 이주민들이 여윈 조랑말을 타고 대형 궁전과 교회의 폐허들을 지나, 카이사르의 제국과 국경을 맞댄 살인적 불모지로 향해 가는 광경은 안티오키아에서도 심심찮게 볼 수 있었다.

그 지역을 가장 먼저 황폐하게 만든 사람들은 로마인이었다. 페르시아와의 전투에서 패한 헤라클리우스 황제가 안티오키아에서 북서쪽으로 퇴각하던 중 험준하기로 이름 높은 토로스 산맥에 잠복해 있다가, 제국과 시리아 사이에 완충 지대를 만들어야 할 필요성에서 절망감 반 무자비함 반으로 그곳을 철저히 파괴해 벌어진 일이었다. 그런데 소아시아 남쪽 해안 지대, 한때는 부유했으나 이제는 폐허로 변한 그 실리시아 지방이, 그로부터 100년이 지난 뒤에도 여전히 사방에 시신들이 널브러져 있고 잡초가 무성한, 지구상에서 가장 위험한 지역으로 남아 있었다. 야생동물들까지 육식성으로 변해, 심지어 사자마저도 전통적 서식지인 산지를 나와 수풀 우거진 습지와 들판에서 인간 먹잇감을 노렸다. 인도 물소를 들여와 그곳을 짓밟게 한, 왈리드가 취한 특단의 조치도 그 위협을 무력화하지는 못했다. 그러나 괴롭힘을 당한 현지인들에게는 그것이 나쁜 소식이었지만 고행자에게는 희소식이었다. 쾌락을 혐오하고 고난을 즐긴 무슬림들에게 실리시아의 킬링필드는 천국에 가까운 곳이었다. 현세를 부정함으로써 천상의 영역을 넘보려 한 그들을 아랍인들은 주하드 Zuhhad(자히드 Zahid의 복수형)로 불렀다.

물론 그것은 숭고한 야망이었다. 주하드가 오래전의 영웅적 인물이던 우마르 1세를 가장 손쉬운 롤모델로 삼은 것도 그렇게 볼 수 있는 요인이 된다. 그러나 기실 그들이 받은 영감의 뿌리는, 그보다 한층 오래된 그리스도의 전사, 곧 기독교 수도사들이 행했던 엄청난 자기 금욕에 있었다. 살이 썩어 벌레에 파먹힌 주상 고행자와, 엄동설한에 토로스 산맥의 마을들을 급습해 동상을 자초한 무자헤딘, 곧 투쟁하는 전사들은 종류만 다를 뿐 특성은 같았다는 얘기다. 그리고 그 점에서는 수도사와 무슬림이 다를 바 없었다. 이런 이야기가 전해진다. 나그네가 길을 가다 우연히 울어서 눈이 퉁퉁 부은 기독교 수도사를 마주치게 되어 그 연유를 물었더니, 수도사는 "아직 할 일이 많은데 죽음의 시간이 빠르게 다가오고 있기 때문입니다"라고 말했다. 조금 뒤 그 수도사가 기거하던 수도원을 다시 지나치게 된 나그네가 그의 방이 비어 있는 것을 보고 행방을 묻자 "무슬림이 되어 약탈을 하다 로마인들의 땅에서 살해되었다"는 대답이 돌아왔다.[66]

이 일화가 말해주듯 무슬림 고행자와 기독교 고행자 사이에는 차이가 없었다. 그 점은 양쪽의 상황이 뒤바뀐 것에서 더욱 극명하게 드러났다. 기독교 제국이 전성기를 구가하던 지난날, 고행자의 야망을 충족시킬 수 있는 최적의 장소는 아랍인들의 영토, 곧 사막이었다. 그런데 칼리프의 시대에 와서는 기독교 제국이 오히려 고행자의 야망을 충족시킬 수 있는 최적의 장소가 된 것이다. 버려진 도시, 황폐한 들판, 모기 들끓는 습지들로 가득한, 악몽 같은 곳이 되어버린 실리시아가 그곳이었다. 토로스 산맥 너머, 보편적 로마제국의 영토였던 곳에는 쇠퇴와 빈곤이 만연해 있었다. 그러다 보니 무슬림 전사 집단들은 험준한 산길을 어렵사리 뚫고 파괴를 일삼으며 약탈할 것을 찾아다녀봐야, 돈 될 만한 것을 찾지 못해 허탕을 치기 일쑤였다. 로마인들의 제국을 분석한 글에서 코웃음을 치며 이런 말을 한 무슬림이 있었을 정도다. "로마인들의 왕국과 고장들에서는 제국의 정세, 크기, 오랜 지배 기간이 무색할 만큼 부유한 도시를 찾아보기 힘들다. 산지, 성곽, 요새, 혈거, 바위를 뚫거나 땅굴을 파서 만든 부락 들이 제국 영토의 대부분을 차지하고 있다."[67] 세상이 뒤집힌 것이었다. 아랍인을 늑대라고 깔보았던 민족이 무슬림의 용맹함에 눌려, 산꼭대기에 매달려 살건 지하에 굴을 파고 살건 쫓기는 짐승 같은 처지로 전락했으니 말이다.

　그러나 아랍인들도 말은 그렇게 했지만 '룸'을 섣불리 경멸하지는 못했다. 아랍인들에게는 여전히 로마의 힘을 본능적으로 두려워하는 마음, 여차하면 쿠파로 치고 내려와 "그곳을 가죽처럼 문드러지게 할 수"[68] 있다는 불길한 예감이 남아 있었다. 극한에 내몰리고 1세기 가까이 심한 압박에 시달렸음에도 그 제국이 무너지지 않은 것 또한 그들을 두렵게 하는 요인이었다. 손가락 끝이 해져 피가 흐를지언정 로마인들은 강대국으로서의 제국의 위치를 단단히 부여잡고 있었던 것이다. 따라서 당연히 불요불굴의 정신으로 수많은 역경을 이겨낸 로마인들의 용기와 결의가 만들어낸 성과로 볼 만했다. 그러나 알고 보면 그 성과는 과거로부터 물려받은 유산에 더 많이 기인했다. 토로스 산맥의 황무지에서 복무한 로마군 장교들이 라틴어 직함을 보유하고 콘스탄티누스 대제 시대로까지 기원을 거슬러 올라가는 군단의 지휘관들이었던 것이나, 새로운 로마가 힘의 절정에 있을 때 기술을 연마한 토목 기술자, 건축가, 배 목수 들이 그 무렵까지도 여전히 우수한 기술을 지니고 있었던 것이 그것을 말해주는 증거였다. 하지만 무엇보다 중요했던 것은, 비록 영토는 줄었을망정 맨 위의 황궁으로부터 맨 아래의 허름한 오두막에 이르기까지 로마인들 제국에는 하느님에게 선택받은 민족임을 믿어 의심치 않는 기독교도들이 존재한 것이었다. 남쪽 지방들을 잃은 것도 그 자체로는 물론 불행한 일이었지만 단성론자, 사마리아인, 유대인과 같은 성가신 이단들을 도려낼 수 있었다는 점에서 보면 제국으로서는 오히려 다행이었다. 그리하여 그 모든 난관을 극복하고 동로마는 마침내 유스티니아누스 대제가 언제나 꿈꾸던, 완벽한 정통파 기독교 제국이 될 수 있었던 것이다.

이렇게 보면 로마인과 아랍인 모두 세계의 미래, 아니 어쩌면 전 우주의 미래가 콘스탄티노플의 운명으로 결정될 수 있다는 동일한 확신을 가지고 있었던 것이 된다. 콘스탄티노플의 궁극적 중요성은 고대 로마제국의 과거와 현재 영토에 관문이 되는 전략적 요충지라는 사실보다, 기독교도와 무슬림이 대결을 펼치는 그보다 한층 더 광대무변한 우주적 드라마의 무대라는 점에 있었던 것이다. 기독교도들 사이에서는 이스마엘의 자손들이 로마의 수도에 대규모 공격을 가한 것이 실패로 돌아가서, 최후의 가장 위대한 카이사르, 다시 말해 헤라클리우스 황제가 사산제국의 왕 호스로우 2세에게 거둔 것보다 더 큰 승리를 거두고, 그리하여 아랍인들로부터 예루살렘을 수복하여 그리스도의 복귀를 선도할 정복자로서의 카이사르가 도래할 것이라는 기대감이 은밀히 전파되고 있었다. 무슬림들 또한 콘스탄티노플을 점령하여 종말의 날을 만들 기대에 부풀었다. 하지만 그런 기대를 하면서도 시간이 촉박하다는 불안감에 시달렸다. 로마인들과 마찬가지로 무슬림들도 카이사르가 출현할 것이라는 예감, 그들에게는 악몽과도 같은 예감이 들었던 것이다. 콘스탄티노플에서 왕자가 태어나, 보통 아이라면 1년에 자랄 양을 하루에 쑥쑥 자란 끝에 열두 살이 되면 파괴적 영토 수복 전쟁에 나서, 육해군이 합동으로 칼리프 제국을 쑥대밭으로 만들 것이라는 예감이었다. 이런 전망이 예측된 하디스가 무슬림들 사이에 널리 유포될수록 그 문제를 조속히 끝장내야 한다는 초조감은 더욱 커졌다. 기독교 제국의 존속 자체가 그들에게는 견디기 힘든 위협이었다. 그리하여 무아위야 시대 이래 처음으로 우마이야 왕조의 시선은 콘스탄티노플로 향하기 시작했다.

왈리드 1세에 이어 그의 형제 슐레이만(재위 715~717)이 칼리프가 된 715년에는 콘스탄티노플에 대한 맹공이 머지않았음이 분명해졌다. 실리시아로 야만적 원정을 실시하여 토로스 산맥의 로마 수비대를 일시적으로 소탕한 것이나, 갓 나온 하디스에 "예언자와 동명인 칼리프가 콘스탄티노플을 점령할 운명이로다"[69](꾸란에는 솔로몬이 예언자로 명시되어 있고, 솔로몬을 다르게 표기한 것이 슐레이만이다─옮긴이)라고 선언한 내용이 들어 있는 것만 해도 그랬다. 그러나 슐레이만은 예루살렘 성전을 짓고 시바 여왕과 결혼한 전설적인 왕 솔로몬과 달리 원정을 직접 지휘할 마음이 없었다. 결국 콘스탄티노플 공격의 지휘는 아브드 알말리크의 아들 마슬라마가 맡게 되었다. 룸과 싸우기 좋아한 노련한 투사였던 그가 716년에 대군을 이끌고 산 고개들을 돌파하여 에게 해 쪽으로 진격해 들어간 것이다. 그리고 과연 예상대로 진정한 수의 힘과 출중한 장군의 지도력은 압도적인 결과를 만들어냈다. 파죽지세로 밀고 들어오는 아랍군의 침공 앞에서 로마의 최고사령부도 속수무책이었다. 아랍 대군이 지나는 길목에 사는 사람들도 천지신명께 비는 것 외에는 달리 할 수 있는 일이 없었다. 그들 대부분은 하늘에 기도를 올렸다. 그러나 지푸라기라도 잡는 심정으로 악마 같은 행동을 하는 사람들도 있었다. 에페소스 북쪽에 위치한 고대 도시 페르가몬에서도 그런 일이 있었다. 아랍군이 도시 성벽 밖에 야영하는 것을 본 주민들이, 공포에 휩싸여 점쟁이가 시키는 대로 임산부의 배를 갈라 태아를 꺼내 삶은 다음 그 물에 옷소매를 적시는 행동을 한 것이다. 하지만 그것도 소용없었다. 마슬라마가 페르가몬을 공격하고 약탈한 뒤 그곳을 아랍군의 겨울 숙영지로 만들어버린 것이다. 그곳에서 겨울을 나고 봄이 오자 그는 다시 진격을 시작했다. 유럽 반대편 해협으로 가서 병력을 실어 나르기 위해 그곳에 온 아랍 함대의 수송선들을 타고, 저 멀리 떨어진 해안가에 상륙했다. 그리하여 마슬라마와 우마이야 왕조가 자나깨나 원했던 지고의 대상, 로마의 수도와 그와의 사이에는 이제 아무것도 없게 되었다. 때는 한여름이었다. 따라서 들판과 마을들이 불에 타고 쿵쾅거리며 행진하는 대군이 일으킨 먼지구름 때문에 서쪽으로부터 시커먼 아지랑이가 피어오르는 모습은 콘스탄티노플 성벽의 파수꾼 눈에도 보였다. 이윽고 콘스탄티노플의 육지 성벽 쪽으로 아랍군의 선발대가 다가오고, 황제 궁 아래로는 아랍 함대가 물살을 가르며 접근해오기 시작했다. 아랍 육해군의 콘스탄티노플 봉쇄는 716년 8월 15일에 완료되었다. 로마의 수도가 적군의 고리에 완전히 둘러싸인 것이었다.

그런 절체절명의 위기 앞에서는 콘스탄티노플 시민들도 물론 간절한 기도를 올렸을 것이다. 1세기 전 페르시아와 아바르족이 성벽 앞에 나타나 제국에 재앙이 덮쳤을 때도 수도는 안전하게 지켜졌다. 하지만 제국의 그런 위대성은 이제, 마치 거인의 옷을 난쟁이가 훔쳐 입은 것처럼 헐거워져 있었다. 곡물을 실은 거대한 배들이 북적이던 항구들만 해도 4분의 1로 크기가 작아졌으며, 외국 사절단을 화려한 의전에 맞춰 영접하는 장소로 쓰이던 승리의 원주 아래쪽에도 돼지 장이 서 있었다. 도시 전역이 폐허로 점철되어 주기적으로 돌덩이들이 우르르 무너져 내렸다. 그러나 위대한 도시에는 허물어진 것 못지않게 허물어지지 않은 것도 많았다. 히포드롬, 황궁, 하기아 소피아만 해도 굳건히 버티고 있었으며, 새로운 로마의 자부심이 역량과 비례했던 시대의 기념물인 테오도시우스 성벽 또한 이번에도 어김없이 난공불락의 가치를 입증해 보였다. 아랍 해군 함장들도 이윽고 알게 되겠지만, 로마인들 또한 공격하기 좋아하는 본래의 성향을 억누르고 있을 생각은 추호도 없었다. 아랍 함대의 덩치가 큰데다 재질이 모두 목재인 것도 반격에는 매우 취약할 수 있었다. 그 점에서 보스포루스 해협의 수면이 거울처럼 잔잔했던 늦여름의 정적 속에 아랍 함대가 콘스탄티노플의 바다 쪽 성벽을 공격하려 한 작전은 치명적인 실책이었다. 아니나 다를까, 아랍 함대는 금각만의 로마군이 쏘아대는 불세례를 받았다. 불붙은 폐선들이 아랍 함대로 돌진하자 촘촘히 세워진 적 함대의 돛대들에는 불꽃이 튀고, 관管들로 무장한 소형 배들 또한 몸에 닿기만 하면 불이 붙는 끈적이는 기름을 적 함대 쪽으로 뿌려대는 통에 아랍 선원들은 거친 물살 위에서 비명을 지르며 미친 듯 날뛰다 죽었다. 액화液火, Hygron pyr(일명 그리스의 불)가 바로 효과만점의 그 병기 이름이었다. 그러나 이 비밀 병기를 수십 년 전 콘스탄티노플에 전해준 사람이 칼리니코스라는 건축가라는 사실도, 불붙은 아랍 함선들이 침몰하거나, 이리저리 표류하거나, 그것의 궁극적 유래가 있는 가없는 바다로 흘러드는 것을 바라보는 방어군의 의식을 흐리게 하지는 못했다. '순결한 성모 마리아의 전구轉求'70를 통해 침략군의 모든 계획을 무산시킨 것은 결국 하느님이라는 것이 그들의 생각이었다.

게다가 그것으로 성모 마리아의 일이 끝난 것도 아니었다. 도시를 포위 공격하는 아랍군에게는 재앙이 잇따랐다. 그중에는 겨울에 아랍군 야영지에 폭설이 쏟아져 내리고, 한여름에는 굶주림과 역병이 아랍군을 덮치는 등, 기독교도들의 기도에 대한 응답으로 나타난 듯한 현상도 있었다. 아군 첩자들이 거둔 다수의 쾌거도 마찬가지였다. 아랍 함대의 콥트인 선단이 첩자들의 꾐에 넘어가 함대를 이탈한 것이나, 북쪽 지역의 야만족 또한 뇌물을 먹고 아랍 지상군을 공격하는 것과 같은 작전들의 극적인 성공이야말로, 도시의 방어군이 볼 때는 하느님이 그들을 총애하는 뚜렷한 증거였다.

결국 공방전이 1년째 접어든 717년 여름, 아랍군의 콘스탄티노플 점령 계획이 실패로 돌아간 것은 분명해졌다. 우마이야 왕조의 중심지인 시리아에서도 슐레이만이 죽고 새로 등극한 칼리프(우마르)가, 손실을 줄이기 위해 원정군의 철수를 명령했다. 전황의 악화에도 불구하고 본국에는 늘 활기찬 내용의 편지를 써 보냈던 마슬라마도 칼리프의 명령을 따르는 수밖에 없었다. 그러나 퇴각도 순조롭지 않았다. 바다에서 강력한 폭풍을 만나 큰 재난을 당한 것이다. 콘스탄티노플의 한 수도사는 흡족한 듯 그 현상을 이렇게 기록했다. "아랍인들에게는 끔찍한 일들이 많이 일어났다. 그렇게 그들은 콘스탄티노플과 기독교도들의 제국이 하느님과 거룩한 성모의 보살핌을 받는다는 사실을 스스로의 노력을 통해 깨달았다."[71]

하지만 물론 그것은 기독교도의 생각일 뿐 무슬림의 관점과는 거리가 멀었다. 콘스탄티노플 공방전이 비록 재앙으로 끝났을지라도, 그만하기 다행이라는 것이 무슬림들의 생각이었다. 열두 살 된 황제가 나타나지 않은 것이나, 쿠파가 가죽처럼 문드러지지 않은 것만 봐도 그랬다. 그래서였는지 공방전이 실패한 뒤 무슬림들의 습격은 오히려 더 맹위를 떨쳐, 727년에는 로마 영토 깊숙한 곳까지 뚫고 들어와 일시적일망정 니케아를 포위공격하는 일까지 벌어졌다. 그러나 광분하여 날뛰는 그들의 공격에서는 어딘지 모르게 꺼져가는 불빛 앞에 발악하는 듯한 분위기가 느껴졌다. 전 세계를 지배할 수도 있으리라는, 우마이야 왕조가 오랫동안 꿈꾸었던 것의 불길이 약해지는 기미가 뚜렷이 나타났다. 불신자들을 만날 때마다 하느님이 그들에게 부여해주던 승리도 이제는 당연시할 수 없게 되었다.

732년에도 그런 일이 있었다. 머나먼 갈리아의 황무지, 프랑크족의 가장 부유하고 거룩한 성당이 있던 투르를 공격했다가 현지 기병대에 참패를 당하고 도주한 것이다(투르-푸아티에 전투). 아랍군은 그 8년 뒤 토로스 산맥 너머에서 벌어진 아크로이노스 전투에서도 궁지에 몰리다가 대패를 당했다. 병력 손실도 이만저만이 아니어서 전사자만 해도 1만 3000명에 달하고 포로로 잡힌 병사는 그보다 더 많았다. 따라서 무슬림들로서는 충분히 그들이 증오한 룸과 최초로 겨룬 그 전투에서 패한 것을, 당신이 창조한 모든 지역을 헤아릴 수 없는 지혜로 불신의 어둠에 잠기게 하려는 하느님의 의도가 확인된 것으로 볼 만했다. 경건한 신자들도 이슬람 역사상 처음으로 인류가 '이슬람의 집'으로 통합되기보다는, 둘로 영원히 분리될 수도 있으리라는 오싹한 개연성을 생각하기 시작했다. 토로스 산맥 발치에 진을 치고 있던 무하지룬만 해도, 그들 앞에 놓인 냉혹한 산맥을 새로운 정복으로 나아가는 관문이 아닌 영원한 '전쟁의 집House of War'으로 가는 관문으로 여겼다. 콘스탄티노플 함락과 그에 따른 종말의 날을 더는 긴박한 일로 보지 않게 된 것이다. 무슬림들은, 로마인들과의 전쟁을 세대에서 세대를 이어 영원히 계속될 전쟁의 교착 상태로 인식했다. 하디스에는 무함마드조차 "동로마인들이 바다와 땅으로 보호되는 민족"이라고 하면서, "그래도 어쩌랴, 언제까지고 함께 갈 너희들의 상대인 것을"이라고

애통해한 것으로 나타났다.[72]

이슬람의 집을 지키는 사람들은 그런 예언들에 빗대어, 콘스탄티노플과 그 너머 기독교 제국의 모든 영역을 결코 죽지 않는 악독한 도펠갱어 같은 곳으로 바라보았다. 또한 그런 적을 상대하려면 전사들뿐 아니라, 하느님의 총애를 얻고 그것을 유지할 수 있는 최상의 방법을 신자들에게 조언해줄 법학자도 필요하다고 믿었다. 결국 아크로이노스 전투에서 대패를 당한 740년 무렵, 로마 전선에서는 전장이 아닌 서재에서나 진면목을 발휘해야 될 학자들을 보는 것이 흔한 일이 되었다.[73] 물론 학자라고 해서 군사적 용맹이 없지는 않았다. 알리 이븐 박카르라는 인물만 해도 복부를 칼로 베이는 상처를 입고도 머리에 쓰고 있던 터번을 벗어 지혈한 뒤 적군 13명을 내쳐 죽였는가 하면, 전장에 나가지 않을 때는 실리시아의 무시무시한 사자들을 애완동물로 데리고 놀았다고 하니 말이다. 그렇기는 하지만 무슬림의 대의를 위해 싸우는 일에서 학자들의 가치가 진정으로 빛난 분야는 역시 전장도 방충 분야도 아닌, 전쟁의 집과 사투를 벌이는 일에 기여한 것, 요컨대 불신자에 맞서 싸우는 것이야말로 하느님의 뜻을 실행하는 것이라는 확신을 신자들에게 심어준 것이었다.

토로스 산맥 발치에서 경계를 서고 있던 칼리프 제국의 국경 수비대도 물론 버려진 로마 도시들에서 약탈해온 파편들로 요새를 세우는 것만으로는 부족했다. 전쟁의 집과의 경계지에 참된 이슬람적 영역을 확고히 구축하는 것이 한층 더 절박했다. 국경 수비대가 요새를 부르는 말로 썼던 리바트[ribat]가 울라마와 관련된 특별히 경건한 행동 양식—예언자로부터 직접 나온 것만 허용하는—을 가리키는 말이 된 것도 그래서이다. 쿠파의 법학자 아부 이스하크에 대해 쓴 글에도 그 점이 나타난다. "그는 국경 지대 주민들에게 행동 방식을 교육시키는 일을 했다. 순나를 가르치면서 명령하고 금지시키는 것이 일이었다. 그곳에 새로운 요소를 도입하려는 사람이 있으면 내쫓았다."[74]

그러나 기실 위험과 빈곤이 난무한 실리시아에 그런 사람들이 등장한 것에는 우스운 역설이 내포되어 있었다. 아부 이스하크가 요새 지휘관을 질책하는 매질을 하고, 알리 이븐 박카르가 눈이 멀도록 울며, 여타 학자들이 단식하거나 흙으로 배를 채우거나 몸을 씻지 않은 것 모두 무함마드의 교훈을 따른 것이 아니라, 시리아의 고행자들을 모방한 것이었기 때문이다. 기독교도들과의 지난한 전투가 진행 중이었다는 관점에서 보면 그것은 더더욱 당혹스러운 일이 아닐 수 없었다. 적이 만든 어떤 요소가 이슬람 특공대의 영혼을 계속 어지럽히는 와중에, 이슬람이 불신의 세계를 쓸어버리겠다고 나선 격이었으니 말이다.

그러나 울라마에는 운 좋게도 그 문제의 해법—그것도 충분히 입증이 된—은 지척에 있었다. 우마이야 왕조의 10대 칼리프 히샴 말리크(재위 724~743) 치세 때 활동한 이슬람 학자, "참되고 온당한 예언자의 말씀이 우리에게 이르렀다"[75]고 선언한 압둘라 이븐 알무바라크(이븐 알무바라크)가 해법을 제공한 주인공이었다. 투르크인이었던 알무바라크는 머나먼 호라산에서 토로스 산맥까지 단번에 넘어왔을 만큼 룸과의 전투열에 불타 있었던 것은 물론이며, 전사 학자들을 통틀어 가장 뛰어나다는 평가를 받은 인물이었다. 그런 인물답게 '무슬림의 이맘'으로까지 추앙받았던 그는 단 한 차례의 전투만으로 로마인들을 격파하려 한 드문 기질을 가졌을 뿐 아니라 하디스에 대한 열정과 지식도 대단하여 전장에서까지 설교할 정도였다고 한다. 그런 인물이었으니 국경 지대의 무하지룬에게, 그들이 지켜야 할 금욕은 참된 이슬람적 행동일 뿐 이교도의 본보기와는 무관하다는 점을 확신시키기에는 제격이었다. 아니나 다를까, 그에 의해 가공할 힘을 얻게 된 하디스에는 뜬금없이 예언자가 무슬림들을 향해 기독교 수도사를 모방하지 말라고 지시한 내용이 수록되었다. "모든 공동체에는 그 나름의 수도원 제도가 있느니, 내 공동체에서는 지하드가 그것이니라."[76]

그러나 지하드가 암시한 것이 정확히 무엇인지는, 알무바라크의 생애 내내 계속 모호한 채로 남아 있었다. 지하드의 문자적 의미도 '투쟁'이었고, 꾸란 역시 지하드를 경건한 폭력에의 헌신 못지않게 무슈리쿤(다신론자)과의 효과적 논쟁과 자선 행위, 그리고 어쩌면 노예 해방도 의미하는 듯이 언급해놓았다. 그런데 그 단어가 압둘라 이븐 알무바라크와 같은 전사 학자들—예언자를 그들의 본보기로 주장하는 일에 혈안이 되었던—에 의해 점점 좁은 뜻, 하느님의 대의를 위해 싸우는 전투 행위를 의미하게 된 것이다. 이슬람의 집의 국경 지대로 쳐들어가 완고한 기독교도들을 살해하는 행위가, 무슬림의 선택 사항을 넘어 적극적인 의무로 받아들여지게 된 것이다. 압둘라 이븐 알무바라크가 전투를 싫어하여 메카와 메디나로 순례 여행을 다녀온 것을 자랑하는 사람에게 호된 훈계를 한 것에도 그 점이 드러난다. "우리에 비하면 그대가 신께 경배 드린 행위는 장난에 지나지 않는다. 그대에게는 향료의 향기가 기분이 좋아지는 요소겠지만, 우리에게는 티끌, 흙, 우리 목을 흐르는 피가 한층 기분이 좋아지는 요소다."[77]

그리고 물론 예언자가 죽은 지도 100년이 더 지난 시점이었으므로, 이슬람 숭배의 본질에 대한 그런 난폭한 접근법을 뒷받침해줄 자료도 방대하게 정리되어 있었다. 압둘라 이븐 알무바라크만 해도 지하드 주제 하나만을 다룬 하디스 책을 편찬했으며, 또 다른 학자들은 비이슬람 신자들과의 지속적인 전쟁을 촉구하면서 다른 한편으로는 그것과 반대되는 행동을 촉구하는 듯한 꾸란의 모순된 구절을 보고 연대기적 방식으로 그것들을 배열하는 작업을 했다. 조약 잘 깨는 무슈리쿤에 초점이 맞춰진 구절을 예언자 생애의 말미에 위치시키는 것에 특별한 주안점을 두었다. "그들을 살해하고, 그들을 포로로 잡거나, 그들을 포위할 것이며, 그들에 대비하여 복병하라"[78]는, 로마인들과 싸우기 좋아하는 사람들이 좌우명으로 삼기에 안성맞춤인 구절이 그것이었다. 예언자 생애의 말미에 그것을 위치시키면 비호전적인 다른 구절들과 바꿔치기한 티도 덜 났으므로 학자들로서는 그렇게 하는 것이 더더욱 중요할 수밖에 없었다.

그리하여 울라마의 호전적 열정은 이제 하디스 모음집을 넘어 예언자 일대기에도 영향을 미치기 시작했다. 압둘라 이븐 알무바라크 같은 학자들에게 그것은 엄청난 이해관계가 걸린 일이었다. 자신들이 예언자의 본을 따른다는 점을 입증하지 못하면, 갈수록 복잡해지고 있던 지하드 교리는 물론이고 실리시아의 전란 터에서 겪고 있던 그들의 그 모든 고통도 사실상 무의미해지기 때문이었다. 반면에 예언자를 그들이 만든 형상의 틀에 맞추면 이슬람의 과거뿐 아니라 미래까지도 그들 것이 되므로, 커다란 반대급부를 얻을 수 있었다.

그러나 우마이야 왕조에는 그것이 풍비박산을 의미했다. 신의 대리인인 칼리프가 잘난 체하는 학자들—투르크인, 페르시아인 등등—과 이슬람법을 정할 수 있는 그의 권리를 놓고 티격태격하게 된 것부터가 심란한 일이었는데, 그들로부터 "신의 길에서 싸우는"[79] 방식까지 지시받게 된다면 더더욱 견딜 수 없는 일이었다. 영토 정복 면으로만 따지면 역대 어느 왕조도 우마이야 왕조를 따라올 수 없었다. 카르타고와 메르브를 함락시키고, 에스파냐와 트란속사니아를 정복하며, 루아르 강 유역과 힌두쿠시산맥까지 도달했으니 말이다. 따라서 왕조로서는 그것만으로도 하느님이 그들의 지배를 용인해준 것으로 여길 만했다. 그런데 울라마는 마치 특별히 영예로운 성채 밑으로 굴을 파고 들어가 토대를 갉아먹는 설치동물처럼, 그것에 이의를 제기한 것이었다. 우마이야 왕조의 권위를 특히 위협한 요소가, 울라마가 그들 스스로 이슬람 전사라 여긴 것의 원형으로 무함마드를 설정한 것이었다. 그렇게 되면 그 기준에 맞지 않는 칼리프는 순수한 이슬람의 범주를 벗어나게 되기 때문이었다. 이 논리대로라면 아브드 알말리크가 처음 개진한 무슬림 백성을 지배하는 것은 '신의 대리인' 역할을 수행하는 것이라는 주장도, 왕조에 저항하는 것이 될 수 있었다. 울라마의 관점에 따르면, 신자들의 사령관에게는 애당초 그런 오만한 호칭을 가질 권리가 없기 때문이었다. 설사 우마르와 같이 금욕적이고 경건한 인물이었다 해도 신의 대리인인 연하는 것은 용납되지 않았다. 울라마가 개역한 역사에 따르면 우마르도 '신의 대리인'이 아닌 '신의 사자의 대리인'으로 강등되어야 마땅했다. 따라서 이 논리에 비춰보면 우마이야 왕조의 칼리프들은 이슬람의 집을 무단점거한 불청객, 불경한 어정뱅이가 되는 것이었다.

울라마의 눈부시고 음험한 프로파간다는 그렇게 시작되었다. 그들에 따르면 아브드 알말리크의 왕조가 행한 모든 업적은 서툰 모방에 지나지 않았다. 우마이야 왕조가 만일 유리한 입장에 있었다면 그런 것쯤 비웃고 넘길 수도 있었을 것이다. 그러나 아브드 알말리크의 마지막 아들—구두쇠 기질이 강했던 히샴—의 기나긴 치세 동안 왕조는 그 어느 때보다 불리한 상황이었다. 유능하고 혁신적 정치인이었던 히샴, 백성들의 돈을 쥐어짤 때는 특히 더 그래 보였던 히샴의 행정 수완도 결국은 겉치레뿐이었던 것으로 드러났다. 게다가 히샴은 안 좋은 소식만 들으면 심장이 뛸 정도로 소심하여, 이슬람의 집을 확대하는 것이 칼리프의 일차적 의무라는 기본 신념을 거부하는 데도 소극적이었다. 그러다 보니 프랑크족과 로마인들에게 패하고, 739년에는 북아프리카의 베르베르족이 봉기를 일으켰는데도, 그것을 재고해볼 생각조차 하지 못했다. 아니나 다를까, 히샴이 죽은 743년 무렵에 왕조의 재정은 거덜이 나고, 무아위야 시대 이래 우마이야 왕조에서 힘의 최첨단을 달리던 시리아군도 위태로울 정도로 취약해졌다. 시리아군의 구성원인 직업군인들이 끝도 없는 원정에 끌려 다닌 것도 모자라, 이제는 피레네 산맥에서 인더스 강 유역까지 뿔뿔이 흩어져 시리아가 텅 비게 되었기 때문이다.

그리고 물론 이것은 히샴의 계승자들에게도 치명적인 위험이 되었다. 그가 죽기 전부터 불안은 이미 빠르게 확산되고 있었다. 부족에 기초한 파벌주의의 형태로 나타난 시리아와 달리 이라크에서는 그것이 한층 더 불길한 형태로 나타난 것도 문제였다. 우마이야 왕조의 지배 기간이 거의 1세기에 달했는데도, 귀신들은 여전히 쫓겨나지 않은 채 피가 엉긴 과거의 안개로부터 불쑥불쑥 모습을 드러냈던 것이다. 740년에 쿠파의 시아파 주민 200여 명이 하느님의 총애를 받는 것은 자신들이라 여기며 알리의 증손자들을 지지하는 봉기를 일으켜 그들보다 열 배나 많은 정부군에 달려들었다. 반란에 대한 의욕이 전혀 꺾이지 않았음을 보여준 대표적인 예다. 물론 그들은 정부군의 화살 세례에 소탕이 되고, 머리가 잘려나가 몸통뿐인 알리의 후계자도 십자가에 못 박혔다.

그러나 이라크에는 그들만 있는 것이 아니었다. 현란함 면에서는 시아 파에 뒤졌지만 방법 면에서는 그들보다 한층 효과적으로 우마이야 왕조 를 거짓 무슬림이자 찬탈자로 매도하면서 예언자 이름에 대한 권리를 주 장하고 나선 또 다른 가문도 있었다. 나바테아의 외진 농장에 기반을 두 고 있던 쿠라이시족의 일원이어서 얼핏 보면 무명의 가문처럼 보였으나, 알고 보면 무함마드의 숙부인 아바스를 조상으로 둔 아바스 가문이었다. 따라서 그 정도면 히샴의 죽음으로 어수선했던 시기에 체제 반항적인 울 라마는 물론이고 증가 추세에 있던 무슬림들의 관심을 끌기에도 적격인 가문이었다. 세상이 망조가 든 듯한 뒤숭숭한 풍조 속에 신이 분노한 원 인을 찾는 과정에서, 구체제에 득이 되는 해법이 제시되지 않은 것도 그 들에게 유리하게 작용했다. 아니나 다를까, 아바스 가문의 선전관들이 신 새벽이 도래할 듯 달콤한 약속을 속살거리자 그에 대한 신자들의 관심도 부쩍 늘기 시작했다. 위기로 점철된 고통의 순간, 예언자의 살아 있는 연 결고리가 정치의 장에 등장한 것부터가 신의 계획의 일부일지도 모른다 고 그들은 생각했다.

물론 그 관점에 코웃음 친 사람들도 있었다. 우마이야 왕조의 충성파만 그런 것이 아니라, 칼리프 제국 일대에는 분파주의가 맹위를 떨쳤던 만큼 가장 광신적인 이슬람 반도들도 그것을 기회 삼아 반란을 일으키려고 했 다. 745년에 하와리즈파가 맨 먼저 반란의 기치를 올렸다. 게다가 그들은 시아파처럼 쓸데없이 순교자가 되기보다는, 자신들의 장기인 능률성과 무자비함으로 혁명을 이루려고 했다. 그래서였는지 칼리프를 주장한 지 불과 몇 주 만에 이라크 영토의 상당 부분을 점령했다. 그러나 기실 하와 리즈파가 왕조에서 분리된 정부를 수립할 수 있었던 것은, 그 모든 다양한 피트나의 분출 중에서도 가장 치명적인 우마이야 왕조의 내분 때문이었다. 744년에 거드름 피우던 히샴의 후계자 왈리드 2세가 사막의 한 환락궁에서 암살당해, 친족들 간에 전대미문의 유혈 분쟁이 발생한 것이었다. 그리고 이 피 튀기는 분쟁에서 승자로 떠오른 인물이, 반백의 곱슬머리 군사 지도자로 겉모습만 보면 권력자가 되기에 적임이었던 아브드 알말리크의 조카 마르완이었다. 747년 무렵에는 그가 우마이야 왕조와 하와리즈파, 양대 적대 세력을 모두 분쇄함으로써 그와 종종 비교되곤 했던 동물, 노새의 발길질과 고집을 확실히 입증해 보였다. 하지만 그 승리에는 끔찍한 대가가 뒤따랐다. 이라크와 시리아가 폐허로 변하고, 마르완 또한 다마스쿠스에서 멸시를 받아 시리아에 머물지 못하고 하란으로 수도를 옮겨야 했던 것이다. 붕괴 직전에 놓인 칼리프 국이었다는 점을 감안해도 참으로 놀라운 전개 과정이었다. "우상 숭배에 찌든"[80] 도시가 신의 대리인의 수도가 되었으니 말이다.

대다수 무슬림들도 물론 이슬람의 집 어디에선가 월신이 계속 숭배되고 있다는 사실을 알고 경악을 금치 못했을 것이다. 그들의 끔찍함을 유발하기 위해 월신을 숭배하는 것은 아닐까라고 생각될 정도의 놀라움이었다. 반면에 로마 지배 말기에 극심한 박해에 시달렸던 하란의 이교도들은 새로운 지배자들이 관대한 정도는 아니지만, 그래도 최소한 자신들에게 무관심하다는 것을 알게 되었다. 그러나 기독교도들은 그것을 다르게 받아들였다. 무슬림 당국의 자유방임적 태도를, 월신 숭배자들에게 속아넘어가서 그들이 꾸란에 명시된 불가사의한 '시바인'이고 따라서 '성서의 백성'[81]을 구성한 세 종족의 하나일 것으로 믿은 멍청함 탓으로 돌린 것이다. 이 허무맹랑한 이야기의 진실이 무엇이든, 중요한 것은 하란인들이 마르완의 지배 아래서도 동물 제물 바치는 일과, "동물의 간 상태를 살펴"[82] 미래를 점치는 일을 계속했다는 것이다. 칼리프 제국의 수도 안에서 그런 고대 관습이 계속되고 있었던 것이고, 따라서 그것은 어수선한 세태 속에 하느님의 목적을 헤아리려 한 것이 비단 무슬림뿐이 아니었음을 나타내는 생생한 증거가 될 만했다.

마르완이 시리아에서 파괴적 원정을 실시한 745년에도 그런 일이 있었다. 그가 지나가는 것을 보고 한 주상 고행자가, 마르완도 그가 백성을 대한 것과 같은 대우를 하느님에게서 받게 될 것이라는 말을 했다. "그 소식을 듣자 마르완은 기둥을 쓰러뜨리고 주상 고행자 노인을 잡아들이게 한 뒤 산 채로 그를 불태워 죽였다."[83] 물론 칼리프라고 로마 황제도 기겁할 만한 방식으로 기독교 성자를 잔인무도하게 죽이지 말라는 법은 없었을 테니, 그 자체로는 특별할 게 없었다. 문제는 마르완이 시리아에 머물지도 못하고 하란으로 쫓겨온 처지임에도, 비무슬림 백성들의 감정을 소홀히 다룬 데 있었다. 이슬람보다 무한히 긴 역사를 지닌 밀물이 그의 주변에서 소용돌이치고 있었는데도 말이다. 다만 그 밀물은 칼리프 제국의 전통적 중심지들인 시리아나 이라크가 아닌, 저 먼 동쪽의 호라산에서 밀려오고 있었다.

페로즈가 헤프탈족과의 전투에서 압도적 참패를 당하고 불운한 그의 치세를 끝낸 지도 어언 3세기가 흘렀다. 이후 이란샤르에는 많은 변화가 있었다. 그러나 호라산 지역은 히샴과 그의 후계자들에게 당하는 고통으로 인해 별반 달라진 게 없었다. 그렇다고 압제받는 사람들만 무거운 세금에 허덕이며 분노와 좌절을 느낀 것도 아니었다. 옥수스 강 너머의 무슬림군도 연전연패의 굴욕을 당했다. 그러다가 트란속사니아는 결국 안정을 기하게 되었으나, 그렇다고 그것이 악명 높은 우마이야 왕조 총독들의 연이은 무능함까지 해결해주지는 못했다. 오죽하면 동부 전선의 아랍인들 사이에서는 다마스쿠스에서 임명한 특별히 유약한 어느 총독에 대한 이런 시구까지 읊조려지고 있었을까. "당신은 우리를 도살된 짐승의 고깃덩이 다루듯, 칼로 썰어 가슴 풍만한 여인에게 바쳤지."[84] 그러나 무슬림 주민들의 이런 분노도 분노지만, 정작 우마이야 왕조의 권위를 심각하게 위협한 것은 페로즈의 이름에도 먹칠을 한 전통이었다. 실제로 호라산 지역에서는 카렌 가문과 같은 파르티아 왕조가 신출내기 무슬림 엘리트에 맞서 그들의 특권을 완강히 고수하는 데다, 도시와 마을들 또한 이슬람의 영향에서 전적으로 자유롭다 보니, 아랍인들에게 점령된 이란샤르의 일부라는 실감조차 들지 않았다. 이란의 동부 국경 지대에서는 세계가 여전히 선과 악의 두 영역으로 분리되어 있고, 위대한 군주는 진리의 수호자거나 아무것도 아니거나 둘 중 하나며, 맹약 파괴자의 사악함으로 그의 왕국이 무너지리라는 설이 널리 받아들여지고 있었던 것이다. 우마이야 왕조의 공중분해가 시작되자, 그곳이 비옥한 초승달 지대 너머까지도 진동이 느껴질 만큼 반란으로 시끄러워진 것도 그래서였다. 하와리즈파가 이라크에서 반란의 기치를 올린 745년에도 호라산에서는 비하파리드라는 정체 모를 예언자가 나타나서 농민 폭동을 일으켰다. 미흐르의 색인 녹색 옷을 위아래로 차려입고, 페르시아어로 기록된 계시의 책을 휘두르며, 하늘로 이어지는 샛길에 정통하다고 공언하는, 사람들의 기억 속에 언제나 맴돌고 있던 이란의 과거에서 되살아난 듯한 혁명가였다. 제자들에 따르면 죽었다 살아나기도 했다는 그는 무함마드의 모든 주장을 노골적으로 모독하는 말로 자신의 사명감을 피력했다. "인간들이여, 나는 하느님의 사자, 비하파리드다!"**85**

하지만 물론 그 폭동은 오래가지 못했다. 흥분하여 비하파리드의 기치 아래 모여든 수많은 농민들의 희망이 무엇이었든 간에, 무슬림의 지배도 그렇게 간단히 무너지지는 않았다. 실제로 자칭 예언자는 749년에 체포되어 쇠사슬에 묶인 채 인근의 모스크에서 교수형을 당했다. 그러나 본인들은 몰랐겠지만 사형 집행인들도 알고 보면 자신들이 죽인 폭동 주모자와 다를 게 없었다. 비하파리드를 죽인 자들도 결국은 이란샤르의 주변부에서 느닷없이 나타나 하느님의 대리인을 주장한 카리스마 넘치는 반란 선동자—변변하게 내세울 게 없었는지 '무슬림의 아버지'를 뜻하는 아부 무슬림을 자칭한 인물—의 추종자들이었기 때문이다. 아부 무슬림은 "나의 혈통을 따지지 말고 나의 행동을 보라"**86**고 말할 만큼, 신비스러움을 의도적으로 과시하는 일에 능했다. 따라서 그의 매력도 최소한 어느 정도는 위장된 것이었다. 그러나 아랍인이었든 이란인이었든, 귀족이었든 노예 출신이었든 분명한 것은 그가 대중들에게 자신의 뜻을 전할 때 비하파리드를 발분시킨 것과 똑같은 기대와 열망의 소용돌이에 크게 도움을 받았다는 사실이다. 그것이 중요한 것은 칼리프 제국의 동단에서는 신앙들을 감시하기가 쉽지 않았기 때문이다. 국경 지대에서는 언제나 있어온 일이듯이 말이다. 그 점에서 이슬람 관례의 주위에 장벽을 세우려 한 울라마의 그 모든 노력으로부터 멀찌감치 떨어져 있던 호라산의 무슬림들이, 순나보다 까마득히 오래된 신앙들에 감화된 것도 놀랄 일은 아니다. 마찬가지로 아부 무슬림이 호라산의 무슬림들 사이에 신망을 얻을 수 있었던 것 또한 페로즈의 비판자가 그랬듯이, 그들 지배자(칼리프)를 하느님에게 단죄된 인물로 저주한 때문이었다. 비하파리드처럼 녹색 옷을 입지는 않았지만 747년 여름 마르완에 맞서는 반란을 공공연히 일으킬 때 그가 검은 깃발을 휘날렸던 것도 명성을 얻는 데 도움이 되었다. 아부 무슬림이 그 일을 행한 곳이 사산 왕조의 마지막 왕 야즈데게르드 3세가 살해된 메르브의 외곽 마을이었던 것도, 그 스스로는 물론 사산 왕조에 노스텔지어를 가졌을 리 없지만, 이란인들에게는 붕괴된 왕조에 대한 기억을 떠올리는 데 일조했을 것이다. 그가 부르짖은 대의(하느님이 전 세계를 지배하도록 임명한 가문은 하나뿐이라는 대의)와, 그 가문에 그것을 주장할 권리가 있음을 나타내는 징표가 (페르시아인들에게 신의 은총을 의미한) 파르가 아닌, 예언자의 숙부로 거슬러 올라가는 혈통이었던 것도 이슬람 제국의 지도자가 되기에 족한 자격으로 보일 만했다. 이것으로도 알 수 있듯 아바스 가문의 대리인이었던 아부 무슬림은 속임수와 폭동으로 단련된 여타 반도들과 조금도 다를 바 없는 인물이었다. 그런 그가 아바스 가문의 대의명분으로 동방을 분기시켜 과거와 미래, 아랍인과 이란인, 이슬람 제국과 사산 왕조를 성공적으로 결합시킨 것이다. 그리하여 이 가공할 힘이 결국은 우마이야 왕조를 무너뜨리게 되는 것이다.

호라산에서 일어난 반란의 불길은 마르완마저 미처 손 쓸 틈이 없을 만큼 삽시간에 서쪽 지역으로 퍼져나갔다. 749년 봄이 지나고 여름으로 접어들 무렵에는 아바스 가문의 군대가 이란을 점령하고, 8월에는 유프라테스 강을 넘으며, 9월에는 이라크의 쿠파에 들어와 있었다. 11월 28일에는 아바스 가문의 한 인물(아부 알아바스 앗 사파흐)이 알리가 살해된 모스크에서 칼리프로 공식 추대되었다. 사정이 이렇게 되자 마르완도 적들과 정면으로 맞설 수밖에 없었다. 얼마나 급했으면 고참병이 모이기를 기다리지도 않고, 하란에 있던 부대들로 엉성하게 원정군을 꾸려 칼리프 참칭자를 만나러 갔다. 그러고는 750년 1월 25일 티그리스 강의 한 지류인 대*자브 강 유역에서 아바스 가문의 검은 기들이 보이자마자 반도들을 향해 돌진했다. 결과는 재앙이었다. 그러나 마르완은 병사들이 전멸하는 참패를 당했는데도 굴하지 않고 전장에서 도망쳐 나와, 사력을 다해 병사들을 다시 끌어 모으려 했다. 그러나 사람이 없었다. 그는 결국 버림받은 왕조의 수도 다마스쿠스와, 우마이야 왕조의 찌그러진 위대성을 실컷 조롱하고 있던 예루살렘, 두 곳을 모두 건너뛴 채 이집트로 도주했다. 그리고 그곳에서 무더운 여름날 추격자들에게 붙잡혔다. 곱슬머리 붙은 그의 수급은 신임 칼리프에게 보내지고, 혀는 고양이 먹이가 되었다.

마르완의 일족도 조직적으로 색출되어 모조리 살해되었다. 암살대는 무서우리만치 유능했다. 우마이야 왕조의 일족 중에서는 구두쇠 히샴의 손자(아브드 알라흐만)만 유일하게 체포를 면하고 에스파냐로 도망쳐서, 몇 년 뒤에 그곳에서 아미르가 되었다. 그렇지 않았다면 이슬람의 초대 왕조는 영영 끝나버렸을 것이다. 마지막 생존자들은 아바스 가문의 칼리프 앞에 비참하게 끌려 나가 도륙된 뒤 나란히 눕혀져 카펫에 덮인 채 귀빈들의 연회 테이블로 사용되었다. 전해지기로 연회장 손님들은 "숨이 끊어지기 직전의 희생자들 목에서 나는 그르렁 소리를 들으며 식사를 했다"고 한다. 신의 계시가 적힌 책, 방대한 법체계, 비할 바 없이 아름다운 건축물, 새로운 도시, 자칭 세계 제국, 완전히 바뀐 사고방식들에 나타난 비교 불가능할 정도로 섬뜩한 혁명의 피날레에 걸맞은 잔혹한 행동이 아닐 수 없었다. 우마이야 왕조에 가한 살육은 이렇듯 옛 질서의 폐허 위에 새 질서를 세운, 500년 넘게 지속된 그 시대 최고의 주제가 되었던 것을 가장 노골적이고 살벌한 방식으로 보여주는 데 일조했다.

그 나물에 그 밥?

물론 아바스 왕조가 거둔 업적이 시신 위에서 벌인 저녁 만찬으로 끝날 리는 없었다. 762년, 과연 그 옛날 에덴동산이 서 있던 티그리스 강 유역에서는 천국의 형상을 빼닮도록 설계된 왕조의 수도 건설이 시작되었다. 완성만 되면 세계 최고의 도시로 우뚝 서게 될 '평화의 도시' 바그다드 건설이 시작된 것이었고, 실제로도 비록 천국의 형상을 빼닮고자 한 본래의 목적을 달성하지는 못했지만 건설된 지 불과 두 세대 만에 바그다드는 세계 최대의 가장 부유하고 아름다운 도시가 되었다. 바그다드 앞에서는 우마이야 왕조의 버려진 쇼케이스 다마스쿠스도 빛을 잃었고, 다른 도시도 그 점에서는 마찬가지였다. 콘스탄티노플 사절들도 마지못해 인정했듯이, 그리하여 우주는 지금까지와는 전혀 다른 새로운 교차로를 갖게 되었다.

아바스 왕조의 새판 짜는 능력은 참로 감탄스러웠다. 우마이야 왕조 칼리프들의 시신을 땅에서 파내 불태우고, 아바스 가문의 집권을 도와준 아부 무슬림의 힘이 갈수록 커져가는 것을 경계하여 여하한 경우에도 경쟁자는 결코 허용하지 않겠다는 단호한 의지의 표현으로 755년에 그를 살해한 것과 같은 실력으로, 눈부신 도시를 완전한 무에서 뚝딱 만들어냈으니 말이다. 그러나 아바스 왕조의 새 수도가 아무리 눈부시고 세련되었다 한들, 과거를 부정하는 것만으로는 그렇게 황홀한 빛을 발할 수 없었다. 바그다드가 처음 광휘로 번쩍였던 시기, 궁정의 점성가가 "어느 시대, 어느 시기를 막론하고 사람들은 별들의 명령에 따라 새로운 경험과 지식을 얻게 마련이다"[1]라고 쓴 글에도 그런 기미가 엿보인다. 고대부터 전해 내려온 점성술처럼, 아바스 왕조의 궁전과 새로 창건된 수도의 주변 지역 너머에도 과거 한때 메소포타미아의 진흙 벌을 찬란하게 빛내준, 크테시폰, 셀레우키아, 바빌론 같은 세계적 도시들의 환영이 어른거리고 있었으니 말이다. 그리고 물론 바그다드를, 그런 도시들의 계보를 잇는 도시로 간주한다고 하여 아바스 왕조의 영광이 줄어드는 것도 아니었다. 바그다드를 그런 세계의 수도로 복구시키면, 아바스 왕조는 오히려 그들의 명예가 실추되는 전통이 아닌 빛나는 전통의 권리를 주장할 수 있었다.

이 부분에서 만일 페르시아인의 이름을 그대로 보유한 채, 메소포타미아로 넘어와 티그리스 강변에 수도(크테시폰)를 건설한 사산 왕조의 창시자 아르다시르 1세의 기미가 느껴진다면 그는 관찰력이 매우 뛰어난 사람이다.[2] 아바스 왕조가 제아무리 혈통을 강조해도 그 가문과 가장 밀접하게 닮은 쪽은 예언자의 가문이 아닌 사산 왕조였기 때문이다. 실제로 아바스 왕조에서는 점차 칼리프와 샤한샤를 비교하는 것이 불경이 아닌 현저함의 징표로 받아들여졌다. 옥좌 위에 근엄하게 앉거나, 비단 어의에 걸친 보석의 무게에 눌려 뒤뚱거리며 걷거나, 시원한 분수와 표범이 있는 정원을 산책하는 '신자들의 사령관'의 모습은, 그들이 주장한 아랍인의 후예 못지않게 페르시아제국 지배자의 모습이기도 했기 때문이다.

아바스 왕조의 5대 칼리프로『천일야화』에 최고의 칼리프로 묘사된 하룬 알라시드(재위 786~809)가, 로마제국과 전쟁을 벌인 것 또한 실제로는 세계가 변한 것이 없음을 나타내는 징표가 될 만하다. 806년에 하룬 알라시드와 그의 군대가 밟은 길만 해도, 3세기에 룸 원정에 나섰던 카바드가 밟은 길을 그대로 따른 것에 지나지 않았다. 에페소스의 일곱 영웅처럼 300년 동안 긴 잠에 빠져들었다가 불현듯 깨어난 사람이 보았을 법한 일을 행한 것에 지나지 않았다는 얘기다. 아미다 공격의 교착 상태를 끝낸 샤한샤처럼, 신자들의 사령관 또한 국경 지대 돌파를 위해 로마 요새 주변에 몇 주 동안 진을 치고 있다가 마침내 요새를 함락시켰으니 말이다. 그러나 함락에 기뻐 날뛰기는 했지만 결과적으로는 안 하느니만 못한 일을 한 꼴이 되었다. 로마인들은 손해 본 게 없었고, 장기적으로는 칼리프도 그로 인해 득 본 것이 없기 때문이었다. 동과 서의 두 거대 제국—'세계의 쌍둥이 눈'—은 이렇듯, 마치 그 사이의 기간은 존재하지도 않은 것처럼 지난날의 전철을 거의 그대로 답습하고 있었다.

그러나 물론 모든 것은 변했다. 그것도 철저히 변했다. 그럼에도 티그리스 강변의 역사가 이따금씩 되풀이되는 것처럼 보였다면, 그 또한 사실이었다. 이븐 히샴의 예언자 전기에 토대를 제공해준 이븐 이스하크가, 불주위로 나방이 꼬이듯 아바스 왕조의 새로운 수도가 발하는 빛에 이끌린 수많은 학자들 중 하나에 지나지 않았던 것만 해도 그렇다. 그리하여 향후 수십 년 동안 바그다드의 울라마가 기울인 노력으로, 경건한 무슬림들이 그들 종교의 기원을 이해하는 방법의 문제는 확실히 매듭지어졌다. 하룬 알라시드가 황금을 탕진하고 토로스 산의 황무지 사람들을 착취하고 있을 때도 학자들은, 지금까지도 면면히 살아남은 최초의 예언자 전기, 최초의 꾸란 주석서, 최초의 하디스 모음집을 편찬하는 일에 진력했고, 그렇게 함으로써 국경 요새 몇 곳 점령한 것과는 비교가 안 될 정도의 항구적 영향력을 갖게 되었다. 칼리프들의 주장을 수 세기에 걸쳐 지속적으로 무력화시킨 것도 그들이었다. 순나 편찬자들만 해도 우마이야 왕조와 다를 바 없이 아바스 왕조에 대해서도 냉담한 태도를 보였던 만큼, 신의 대리인을 거세하려는 의지를 결코 꺾지 않았다. 그리하여 마침내 그 거세 수술을 성공적으로 마무리 지었다. 누구도 신의 대리인으로 지배할 수 없도록 만든 이슬람의 기원을, 심지어 칼리프마저도 받아들이게 했으니 말이다. 요컨대 울라마는 역사책에 포함될 내용을 엄격히 통제하는 방식으로, 눈부시게 화려하고 복잡한 그들만의 문명—그 안의 중요한 내용은 거의 다 예언자 한 사람에게서만 나왔다고 말한—의 지식을 확산시킬 수 있었던 것이다. 이슬람 굳히기 과정에서 무수한 여타 사람들이 행한 중요한 역할도 물론 인정되지 않았다. 아브드 알말리크 같은 독재자나, 울라마 같은 학자들도 그 점에서는 마찬가지였다. 하느님에 대한 복종은 곧 순나에 대한 복종을 의미했기 때문이다. 1258년에 바그다드가 몽골군에 함락되고 하룬 알라시드의 후계자가 카펫에 둘둘 말려 말발굽 아래 짓밟혀 죽을 때는 울라마의 승리가 이미 오래전에 확고해진 뒤였으므로 문제될 게 없었다. 이렇게 보면 수 세기 동안 칼리프가 한 일도 결국은 장식적인 것에 지나지 않았던 것이 된다. 당연히 아바스 왕조의 마지막 칼리프가 바그다드에서 죽은 것 또한 울라마의 운명에는 전혀 영향을 끼치지 못했다. 로마제국이 붕괴한 뒤에도 기독교는 살아남은 것처럼 이슬람 또한 칼리프 없이도 얼마든지 번성할 수 있었으니까.

그렇다면 다니엘이 예언했던 종말의 날을 이겨낼 것으로 본 고대 후기 사람들의 생각도 틀린 것이 된다. 로마인들의 이교도 제국, 그것을 계승한 기독교 제국, 이스마엘 자손의 제국 모두 결과적으로는 넷째 짐승이 아닌 것으로 밝혀졌으니 말이다. 그렇기는 하지만 그 시대의 격변에서 그 어느 것과도 같지 않은 변화의 과정을 통해 지난날의 "모든 왕국들과는 다른" 왕국이 지상에 세워질 것으로 내다보았다면, 그 또한 전적으로 틀린 예상은 아니었다. 카이샤르, 샤한샤, 칼리프는 살아남지 못했지만, 수라의 학교에서 가르친 랍비, 니케아 공의회에서 만난 주교들, 쿠파에서 이슬람을 연구한 울라마는 살아 있는 존재로 지금껏 세계에 영향을 끼치고 있으니 말이다. 그 점에서 21세기에 유일신을 믿고 그 믿음에 따라 삶을 영위하는 사람들이 수십억 명에 달한다는 사실이야말로 고대 후기에 일어난 혁명의 여파를 가늠할 수 있는 결정적 증거라 할 만하다.

과연 펜은 칼보다 강한 모양이다.

　종교적 관점에서 보면 근래에 기독교권과 이슬람권의 대립이 가장 극적으로 표현된 사건은 아마도 지난 2001년 알카에다가 자행한 9·11 테러가 아닐까 싶다. 물론 규모나 역사적 중요성 면에서는 중세의 투르-푸아티에 전투나 십자군 전쟁에 못 미치지만, 미국인들의 이슬람에 대한 인식이 그때를 기점으로 완전히 바뀌고, 미국을 비롯한 서방국들이 테러와의 전쟁을 벌여 아프가니스탄의 탈레반 정권과 이라크의 사담 후세인 정권을 단번에 붕괴시킴으로써 중동의 정치 지형까지 바꿔놓았으니 충격파로 따지면 그 못지않은 사건이었다. 2011년에는 9·11 테러의 배후로 지목된 오사마 빈 라덴마저 사살되어 알카에다의 기세도 이제는 수그러드는가 했는데, 그러기 무섭게 이번에는 또 알카에다보다 더욱 극렬한 IS(이슬람 국가)라는 이슬람 수니파 무장단체가 등장하여 서방 세계를 곤혹스럽게 만들고 있다.

　우리에게도 더는 강 건너 불만은 아니게 된 이런 상황은 대체 언제까지 지속될까? 무함마드 탄생 이래 (내용과 정도의 차이만 있을 뿐) 끊임없이 이어져온 이슬람권과 기독교권의 충돌, 그리고 이스라엘 건국 이래 역시 바람 잘 날이 없어진 유대인권과 아랍권의 중동 분쟁은 언제나 끝이 날까? 아니 끝날 날이 있기나 할까? 이런 충돌과 분쟁의 근본 요인은 대체 어디에 있을까? 유대교, 기독교, 이슬람교 모두 서아시아에서 탄생하고 야훼, 여호와, 알라로, 부르는 호칭만 다를 뿐 같은 유일신을 믿는 공통점을 가진 종교들이기에 그런 궁금증은 더욱 증폭된다. 유대교와 기독교는 언제 분리되었는지, 유대교, 기독교, 이슬람교가 그들 종교의 기원에 대해 주장하는 것은 모두가 진실인지, 이슬람교는 정녕 7세기에 아라비아 사막에서 불쑥 솟아난 존재인지, 세 종교 간에는 어떤 관련성이 있는지, 무엇이 세 종교로 하여금 그토록 극렬한 대립과 투쟁을 하게 만들었는지의 의문도 함께 생겨난다.

그 갈증을 해소시킬 수 있는 책이 나왔다. 세 종교의 본질, 특히 이슬람의 뿌리를 제대로 이해하여 오늘날 벌어지고 있는 세 문명권의 극한 대립과 투쟁을 종교적 맥락으로 되짚어보기에는 더할 수 없이 적합한 책,《이슬람제국의 탄생》이 그것이다. 그런 만큼 이 책은 이슬람의 기원을 본격적으로 다루고 있고, 기존에 알려진 이슬람교 관련 내용과는 다른, 차별화된 관점도 많이 수록되어 있다. 이슬람교에는 유대교, 페르시아의 조로아스터교, 로마의 기독교적 요소뿐 아니라, 사마리아 종파, 마니교, 유대교적 기독교, 기독교적 유대교와 같은 고대 후기의 다른 이단 종파들의 요소까지도 가미되었다는 것이 차별화된 관점의 대표적인 예다. 이슬람이, 무학자였던 예언자가 그 시대의 다른 종교 문헌들에 대해서는 전혀 알지 못한 채 천사 가브리엘을 통해 하느님의 계시를 받아 아라비아의 사막에서 마른하늘의 날벼락처럼 태동한 것이 아닌, 그보다 훨씬 북쪽의 시리아와 팔레스타인 접경지에 연원을 둔, 동시대의 역사적 산물이라는 것이 저자의 생각이다.

"이슬람의 기원을 파헤치려면 제국들과 고대 후기 종교들의 검토가 반드시 필요하다"라고 저자 스스로도 본문에서 밝혔듯, 저자가 그것의 타당성을 입증하기 위해 사용한 연구 방식 또한 치밀하고 독특하다. 무함마드의 생애와 이슬람이 진화해간 단계를 당대의 두 제국 로마와 페르시아, 그리고 고대 후기를 수놓은 그 모든 다양한 종교 및 종파들의 문맥과 시대적 정황 속에 집어넣고 포괄적으로 검토하는 획기적 방식을 사용한 것이다.

저자는 그런 방식으로 이슬람교와 그것의 경전인 꾸란을 학문적으로 검토하고 내용의 정확성 여부와 모순점을 찾아내며, 아브라함, 모세, 예수와의 관련성, 곧 역사적 궤적을 더듬어 올라가 이슬람의 기원을 체계적으로 분석한다. 뿐만 아니라 유대교와 조로아스터교 경전, 기독교의 구약과 신약, 무함마드 전기, 꾸란의 주석서 등, 동시대의 종교 관련 자료들을 비교 대조하여, 꾸란으로부터 여타 종교들의 흔적을 찾아내는 한편 무함마드 시대의 메카가 익히 알려진 것처럼 무역 중심지가 아닌 오지 사막이었으며 무함마드 또한 메카 태생이 아닐 수도 있다는, 파격적이다 못해 다소 충격적이기까지 한 개연성을 도출해낸다. 따라서 이렇게 복잡한 내용이다 보니 자칫 난해하고 무미건조한 종교 이론서로 치우치지는 않을까 하고 생각할 수도 있겠지만, 저자 특유의 풍부한 상상력과 유려한 필치로 그런 기우 또한 말끔히 날려버렸다. 저자가 탁월한 역사가이자 소설가이기에 가능한 일이었을 것이다.

아랍제국 혹은 이슬람제국의 발흥은 고대 후기 역사에서 가장 중요한 사건의 하나라 해도 틀린 말이 아니다. 불과 수십 년 만에 동로마제국을 해체시키고 페르시아의 사산 왕조를 멸망시켜 글로벌 제국을 일궈낸 것도 그렇고, 제국의 힘이 절정에 달했을 때는 중앙아시아와 아프리카 그리고 이베리아 반도에까지 세력이 미쳤던 것도 그렇다. 이슬람교 또한 기독교, 불교와 함께 세계 3대 종교에 포함된다. 그런데도 이슬람교의 창시자에 대한 것, 예언자에 관련된 초기 기록은 놀랄 만큼 빈약하다는 것이 저자의 주장이다. 저자가 예언자의 생애에 의문을 갖고 불문율처럼 여겨지는 것에 과감하게 메스를 갖다 댄 것도 기실, 역사상 가장 광대한 제국의 하나를 건설했으면서도, 정작 알려진 것은 거의 없는 종교에 내포된 숱한 의문점 때문이었다. 이 책은 그렇게 해서 탄생했다.

이 책에는 주제가 주제니만큼 논쟁적인 내용이 많이 포함되어 있다. 하지만 그렇다고 제목에서 느껴지는 것처럼 이슬람만을 다룬 것도 아니고 이슬람을 폄하하거나 비난하기 위해 쓴 책은 더더욱 아니다. 그보다는 고대 후기를 전문 분야로 하는 역사학자가, 그 시대의 대표 종교인 이슬람의 흥기와, 기독교, 유대교, 여타 이교들이 처했던 상황, 그리고 각 종교들 간에 주고받은 상호 과정을 정치적 맥락 속에서 학문적으로 밀도 있게 연구하여 집필한 대하드라마와도 같은 책이다. '아브라함의 종교들'을 다룬 한 편의 생생한 다큐멘터리 같은 느낌마저 든다. 국내에도 이미 소개된 바 있는 이전의 두 작품 《페르시아 전쟁*Persian Fire*》, 《공화국의 몰락*Rubicon*》과 더불어, 고대 세계를 주제로 한 톰 홀랜드의 3부작 중의 대미를 장식한 《이슬람제국의 탄생》이, 범람하는 이슬람 관련 서적들 중의 군계일학이 될 자격이 충분한 것은 그래서이다.

이순호

연표

이탤릭체 표기는 개략적 연도 혹은 관습적 연도를 나타낸다.

기원전

753 로마 건국.

586 바빌로니아의 예루살렘 약탈.

539 페르시아의 키루스 대왕, 바빌론 함락.

330 알렉산드로스 대왕, 페르세폴리스 불태움.

29 베르길리우스, 《아이네이스》 집필 시작.

기원후

33 예수, 십자가에 못 박힘.

70 로마, 예루살렘 유린.

220 카르타고의 기독교 신학자 테르툴리아누스 사망.

224 아르다시르 1세, 사산제국 수립.

226 아르다시르 1세, 메소포타미아 정복.

250 에페소스의 일곱 영웅, 기독교 박해를 피해 동굴로 몸을 숨김.

260 발레리아누스 황제, 샤푸르 1세에게 패해 포로로 사로잡힘.

301 아르메니아 왕 티리다테스 3세, 기독교로 개종.

312 콘스탄티누스 대제, 기독교로 개종.

324 콘스탄티노플 창건.

325 니케아 공의회.

326 콘스탄티누스 황제의 모후 헬레나, 예루살렘에서 참 십자가 발견.

363 율리아누스 황제, 메소포타미아 원정 중에 사망. 로마, 니시비스를 페르시아에 빼앗김.

428 신학자 네스토리우스, 콘스탄티노플 주교가 됨.

430 대시메온, 주상 고행자가 됨.

451 칼케돈 공의회.

476 서로마제국의 마지막 황제 폐위. 이탈리아, 동고트족의 지배하에 들어감.

484 헤프탈족, 페르시아의 샤 페로즈 격파.

496 카바드 1세, 강요에 따라 양위.

498 카바드 1세, 두 번째로 페르시아의 샤한샤에 즉위.

502 카바드 1세, 문디르를 히라의 왕으로 임명.

503 카바드 1세, 아미다 점령.

505 비잔티움(동로마), 다라를 요새 도시로 건설.

524	나지란의 기독교도들, 대량으로 순교.
525	힘야르 왕국의 유수프, 에티오피아군과의 전투에서 패하고 사망. 유스티니아누스, 테오도라와 결혼.
527	유스티니아누스, 비잔티움 제위에 오름. 소시메온, 안티오키아를 떠나 산속으로 들어감.
528	마즈다크 처형.
529	아테네의 철학 아카데미 폐교. 사마리아인들의 폭동 발발. 아레타스, 가산 왕국의 왕이 됨.
531	카바드 1세에 이어 호스로우 1세, 사산 왕조의 샤한샤로 즉위.
532	콘스탄티노플에서 일어난 대규모 폭동으로 유스티니아누스 대제, 실각 위기에 처함. 유스티니아누스 대제, 호스로우 1세와 '영구 평화조약' 체결.
533	유스티니아누스 대제의 법학자들, 《학설휘찬》편찬. 비잔티움 장군 벨리사리우스, 북아프리카 침공.
535	벨리사리우스, 시칠리아 침략.
536	벨리사리우스, 서로마 점령.
537	하기아 소피아 헌당.
540	호스로우 1세, 안티오키아 점령.
541	페스트, 이집트에서 각지로 확산.
554	아레타스, 칼키스 전투에서 문디르 격파.
557	헤프탈 왕국 멸망.
565	유스티니아누스 대제 사망.
570	무함마드 탄생.
579	호스로우 1세 사망.
590	바람 쿠빈(바흐람 코빈), 쿠데타 일으켜 페르시아 왕위를 찬탈.
591	바람 쿠빈 전투에서 패하고, 호스로우 2세가 샤한샤로 즉위.
602	마우리키우스가 살해되고, 포카스가 동로마 황제 제위 찬탈.
610	헤라클리우스, 포카스 실각시키고 황제로 즉위.
610	무함마드, 첫 번째 신의 계시 받음.
614	페르시아군, 에페소스를 불태우고 예루살렘 공격.
619	페르시아군, 알렉산드리아 점령.
622	무함마드, 메카에서 메디나로 이주(헤지라).
626	페르시아군과 아바르족, 합동으로 콘스탄티노플 포위공격.
627	헤라클리우스 황제, 메소포타미아 침략.
628	호스로우 2세 사망. 헤라클리우스와 샤흐르바라즈, 강화조약 체결.
630	헤라클리우스 황제, 예루살렘에 참 십자가 돌려줌.
632	무함마드 사망.
634	사라센군(아랍군), 팔레스타인 침략. 가자 전투.

636	로마, 야르무크 전투에서 패하고 시리아에서 철수.
637	카디시야 전투.
638	아랍군, 예루살렘 점령.
639	아랍군, 이집트 침공.
642	아랍군, 이집트 점령.
644	우마르 1세 암살됨.
650	아랍군, 처음으로 옥수스 강(아무다리야 강) 도하.
651	사산 왕조의 마지막 왕 야즈데게르드 3세 살해됨.
656	우스만 살해됨.
657	알리와 무아위야, 유프라테스 강 유역에서 요령부득의 전투 벌임(시핀 전투).
658	알리, 하와리즈파 격파.
661	알리 살해됨. 무아위야, 예루살렘에서 '신자들의 사령관'으로 환호받음.
674	아랍군, 1차 콘스탄티노플 포위공격.
680	야지드 1세, 무아위야에 이어 우마이야 왕조의 칼리프로 등극. 카르발라 전투. 이븐 알주바이르, 반란 일으킴.
683	야지드 군, 메디나 점령. 카바 화재로 소실. 야지드 사망.
684	마르완 1세, 시리아에서 '신자들의 사령관'으로 환호받음.
685	아브드 알말리크, 마르완에 이어 우마이야 왕조의 칼리프로 즉위. 무크타르, 이븐 알주바이르에 맞서 반란 일으킴.
686	무함마드가 언급된 아랍 주화, 처음으로 등장.
689	바위의 돔 착공.
692	이븐 알주바이르, 전투에서 패하고 사망.
694	알하자즈, 이라크 총독에 임명.
702	알하자즈, 신도시 와시트 건설.
705	왈리드 1세, 아브드 알말리크에 이어 우마이야 왕조의 칼리프로 등극. 아랍군, 호라산 정복.
711	아랍군, 에스파냐 침략.
715	왈리드 1세, 다마스쿠스 대사원(우마이야 모스크) 완공.
716~717	아랍군, 2차 콘스탄티노플 포위공격.
732	아랍군, 투르-푸아티에 전투에서 프랑크족에 참패.
740	아랍군, 아크로이노스 전투에서 로마군에 대패. 이라크, 반-우마이야 왕조 반란으로 몸살을 앓음.
747	마르완 2세, 내전의 승자가 되어 우마이야 왕조의 새 칼리프로 등극. 아부 무슬림, 호라산에서 마르완에 맞서 공공연히 반란 일으킴.
750	아바스 가문, 마르완을 무찌르고 우마이야 왕조 타도.
755	아부 무슬림, 살해됨.
762	바그다드 창건.

주요 등장인물

이란샤르

아르다시르 1세(재위 224~241): 사산제국의 창시자.

샤푸르 1세(재위 241~270): 페르시아의 위대한 전사 왕. 로마 황제 발레리아누스를 사로잡았다.

페로즈 1세(재위 459~484): 사산 왕조의 왕. 헤프탈족과 전쟁을 벌이고, 유대인을 박해하며, 조약을 위반했다.

라함: 파르티아 장군이자 미흐란가의 수장. 페로즈가 왕이 되는 데 결정적인 역할을 했다.

카바드 1세(1차 재위 488~496, 2차 재위 498~531): 사산 왕조의 왕. 페로즈의 아들로 공산주의를 지지했다.

수크라: 카렌가의 수장. 파르티아 귀족으로 무소불위의 권력을 휘둘렀다.

마즈다크: 불가사의한 페르시아 예언자. 공산주의를 설파하고, 카바드의 후원을 받았다.

자마스프(재위 496~498): 카바드의 동생. 카바드의 양위로 잠시 페르시아의 샤한샤가 되었다.

아스페베데스: 파르티아 장군. 카바드 1세의 처남.

카부스: 카바드 1세의 장자. 마즈다크교를 신봉했다.

호스로우 1세(재위 531~579): 사산 왕조의 왕. 카바드 1세와 아스페베데스의 누이 사이에서 태어났으며, 후대에 '불멸의 영혼(아누시르반Anushirvan)'으로 알려진다.

호르미즈드 4세(재위 579~590): 사산 왕조의 왕. 호스로우 1세의 아들.

바람 쿠빈(일명 바흐람 코빈, 재위 590~591): 미흐란가의 장군으로 반란을 일으켜 사산 왕조의 왕이 되었다.

호스로우 2세(재위 590~628): 사산 왕조 말기의 왕. 호르미즈드 4세의 아들로 로마 황제의 지원을 받아 왕위에 올랐으며, 치세 중에 동로마가 파국으로 치닫는 것을 목격했다.

샤흐르바라즈(재위 630): 미흐란가의 장군. 시리아와 팔레스타인을 정복했으나 호스로우 2세를 배신하고 샤한샤가 되었다.

야즈데게르드 3세(재위 633~651): 사산 왕조의 마지막 왕.

로마

포세이도니오스: 그리스 철학자로, 보편 제국을 지향했다.

아우구스투스(재위 기원전 27~기원후 14): 로마제국의 초대 황제.

베르길리우스: 로마의 시인. 서사시 《아이네이스》를 썼다.

네로(재위 54~68): 로마 황제. 정신병적 기질이 있었으며, 랍비들에 따르면 유대교도가 되었다고도 한다.

필리푸스(재위 244~249): 로마 황제로 일명 아랍인 필리푸스. 로마 시 건설 1000주년 경축 행사를 주관했다.

데키우스(재위 249~251): 로마 황제. 필리푸스를 살해했으나, 그 또한 고트족에게 살해되었다. 기독교도를 박해한 황제로 유명하다.

발레리아누스(재위 253~260): 로마 황제. 샤푸르 1세에게 포로로 사로잡혔다.

새로운 로마(비잔티움)

콘스탄티누스 1세(일명 콘스탄티누스 대제. 재위 306~337): 로마제국 최초의 기독교 황제. 콘스탄티노플을 창건했다.

헬레나: 콘스탄티누스의 어머니. 예루살렘에서 참 십자가를 발견했다.

율리아누스(재위 361~363): 로마제국의 마지막 이교도 황제.

테오도시우스 1세(재위 379~392): 동로마와 서로마를 함께 지배한 마지막 황제.

테오도시우스 2세(재위 408~450): 동로마 황제. 테오도시우스 1세의 손자. 경건함과 콘스탄티노플 주위에 난공불락의 성벽(테오도시우스 성벽)을 쌓은 것으로 유명하다.

아나스타시우스 1세(재위 491~518): 동로마 황제. 관료 출신으로 황제가 되었으며 구두쇠였다.

유스티누스 1세(재위 518~527): 동로마 황제. 발칸 지역의 농민 출신으로 경비대 사병을 거쳐 황제가 된 입지전적 인물.

유스티니아누스 1세(일명 유스티니아누스 대제. 재위 527~565): 동로마 황제. 유스티누스 1세의 조카로 호스로우 1세의 호적수였다.

테오도라: 배우, 매춘부, 코미디언 생활을 하다가 유스티니아누스의 황후가 되었다.

벨리사리우스: 동로마제국의 장군. 유스티니아누스 대제 치세를 빛낸 최고의 장군이었다.

마우리키우스(재위 582~602): 동로마 황제. 호스로우 2세를 지원했으며, 포카스에 의해 폐위되었다.

포카스(재위 602~610): 동로마 황제. 헤라클리우스에 의해 폐위, 처형되었다.

헤라클리우스(재위 610~641): 최초의 십자군 전사 왕. 유난히 부침이 심한 치세를 보냈다.

세르기우스1세: 콘스탄티노플 총대주교. 가자 외곽에서 아랍군(사라센군)에 패해 살해되었다.

기독교 교회

베드로: 그리스도의 수제자.

바울로: 초기 기독교 사도. 젠타일도 기독교로 개종하면 유대교의 율법을 따를 필요가 없다고 주장했다.

이그나티우스: 초기 기독교 교회의 교부. 베드로가 친히 안티오키아 주교로 임명했다고 알려졌으며, 크리스티아니스모스라는 용어를 처음 만들어냈다.

바실리데스: 영지주의 교부 중의 한 사람. 2세기에 그리스도가 십자가에 못 박혀 죽지 않았다고 주장하는 이단적 복음서를 썼다.

마르키온: 2세기에 활동한 기독교 이단주의자. 구약성서의 신을 그리스도의 아버지인 진정한 신, 다시 말해 신약성서의 신보다 열등하다고 주장하고 구약성서 자체를 무가치하게 보았다.

테르툴리아누스: 2세기 중엽에 태어난 카르타고의 기독교 신학자. 기독교도 중 삼위일체의 표현을 처음 사용했으며, 220년경 카르타고에서 숨졌다.

아리우스: 알렉산드리아 주교. 성부를 성자의 우위에 두는 교리를 설파했다. 그의 교리는 325년 니케아 공의회에서 이단으로 정죄되었다.

아타나시우스: 알렉산드리아의 주교. 니케아 공의회 때 아리우스주의에 맞서 기독교 정통 신앙을 지키는 데 주도적 역할을 했다.

키릴로스: 4세기 때의 예루살렘 주교.

에피파니우스: 4세기에 활동한 키프로스 주교. 이단에 관련된 방대한 자료를 수집했다.

히에로니무스: 기독교 4대 교부의 한 사람. 성서를 라틴어로 번역했으며, 388년 베들레헴에 정착했다.

네스토리우스: 콘스탄티노플 주교. 그리스도의 인성과 신성의 관계를 합치가 아닌 공존으로 주장해 431년 이단으로 정죄되었다.

디오스코루스: 알렉산드리아 총대주교. 에페소스 공의회에서 폭력을 행사하여 2년 뒤 칼케돈 공의회가 열리게 하는 빌미를 제공했다.

테오도레투스: 안티오키아 주교. 5세기 초 아랍인들에게 많은 관심을 가졌던 인물.

소조메노스: 가자 출신으로 비잔티움에서 활동한 기독교 법률가, 역사가. 440년 무렵에 집필한 《교회사》에서 아랍인 문제를 되풀이 언급하였다.

대시메온: 최초이자 가장 유명한 주상 고행자.

소시메온: 6세기의 가장 유명한 주상 고행자.

파울로스: 이집트 수도사 출신으로 유스티니아누스 대제에 의해 알렉산드리아 총대주교로 임명되었다.

조일루스: 파울로스 후임으로 알렉산드리아 총대주교에 임명된 시리아인.

야만족, 용병, 반도

제노비아: 팔미라의 여왕. 발레리아누스 황제가 샤푸르 1세에게 사로잡힌 뒤 일시적으로 로마령 근동의 태반을 점령했다.

마비아: 아랍 부족민 연맹의 여왕. 제노비아 여왕이 하듯 로마 지배에 반기를 들었다.

문디르: 라흠 왕조의 왕. 페르시아의 전투견 역할을 했다.

아레타스: 가산 왕조의 왕. 로마의 전투견 역할을 했다.

율리아누스: 율리아누스 황제와 동명의 사마리아 군 지도자. 동로마제국에 맞서 폭동을 일으켰다.

유수프 아사르 야타르: 힘야르 왕국의 유대인 왕.

테오도리쿠스: 이탈리아의 동고트족 왕. 야만족의 특징인 수염을 길렀다.

느헤미야: 유대인 지도자. 예루살렘이 페르시아에 점령된 뒤, 예루살렘 성전의 재건을 시도했다.

아르쿨프: 무아위야 1세 치세 때, 예루살렘에 순례 여행을 왔던 프랑크족.

아랍제국

무함마드: 이슬람의 예언자.

아부 바크르(칼리프로서의 재위 632~634): 무슬림 전통에 따른 1대 정통 칼리프.

우마르 1세(재위 634~644): 2대 정통 칼리프. 전사 지도자 겸 엄격한 금욕주의자였다.

우스만 이븐 아판(재위 644~656): 3대 정통 칼리프. 우마르에 이어 아랍제국의 지도자가 되었고, 이슬람 전통에 따르면 무함마드의 계시들을 취합해 꾸란의 정본으로 만들었다고 알려진 인물.

알리 이븐 아비 탈리브(재위 656~661): 4대 정통 칼리프. 무함마드의 사촌 겸 사위.

야지드: 무아위야의 형. 우마이야 가문의 장군으로 시리아 정복 때 주도적 역할을 했다.

무아위야(재위 661~680): 우마이야 왕조의 시조. 시리아 총독 야지드의 동생으로 알리와 아랍제국의 지배권을 차지하기 위한 쟁탈전을 벌였다.

야지드 1세(재위 680~683): 무아위야의 아들로 우마이야 왕조의 2대 칼리프. 백성들의 사람으로 우상화되기도 하고 플레이보이로 지탄받기도 했다.

후사인: 무함마드가 애지중지한 외손자.

마르완 1세(재위 684~685): 우마이야 왕조의 4대 칼리프. 우스만의 사촌으로 친화력 좋은 기회주의자였다.

아브드 알말리크(재위 685~705): 우마이야 왕조의 5대 칼리프. 마르완의 아들로 아랍제국에서 콘스탄티누스 대제에 버금가는 정도의 위상을 지녔던 인물.

압둘라(아브드 알라) 이븐 알주바이르: 무함마드의 교우로 아랍제국에서 일어난 두 번째 지배권 쟁탈전 때 아브드 알말리크와 겨룬 경쟁자.

무사브: 이븐 알주바이르의 형제. 주바이르로부터 이라크 평정의 임무를 부여받았다.

무크타르: 권력의 공백 상태를 틈타, 이븐 알주바이르에 맞서는 혁명 운동을 일으킨 인물. 적들로부터 '사기꾼'으로 불렸으며, 성스러운 의자를 갖고 다녔다.

알하자즈: 아브드 알말리크의 일급 부관. '작은 개'로 불렸을 만큼 그의 충복이었다.

왈리드 1세(재위 705~715): 우마이야 왕조의 6대 칼리프. 다마스쿠스 대사원(우마이야 모스크)을 지었다.

슐레이만(재위 715~717): 우마이야 왕조의 7대 칼리프. 아브드 알말리크의 아들이자 왈리드 1세의 형제로 콘스탄티노플에 대한 2차 포위공격을 실시했다.

마슬라마: 아브드 알말리크의 아들. 슐레이만 치세 때 콘스탄티노플 포위공격을 지휘했다.

알리 이븐 박카르: 전사 학자.

아부 이스하크: 전사 학자.

압둘라 이븐 알무바라크(이븐 알무바라크): 전사 학자.

우마르 2세(재위 717~720): 우마이야 왕조의 8대 칼리프. 외가 쪽으로 우마르 1세의 후손이며, 우마이야 왕조에서는 유일하게 후대의 이슬람 전통이 정통 칼리프로 인정한 인물. 이 책에서는 슐레이만의 후임 칼리프로만 짧게 등장한다.

히샴(재위 724~743): 우마이야 왕조의 10대 칼리프. 칼리프가 된 아브드 알말리크의 마지막 아들.

왈리드 2세(재위 743~744): 우마이야 왕조의 11대 칼리프. 아브드 알말리크 조카의 아들이었으며, 플레이보이였던 그의 암살로 친족 간 유혈 분쟁이 발발, 우마이야 왕조가 내분으로 치닫게 되었다.

마르완 2세(재위 744~750): 우마이야 왕조의 마지막 칼리프.

아부 무슬림: 아바스 가문의 집권을 도와준 불가사의한 인물. 칼리프 제국의 동단에서 마르완 2세에 맞서는 반란을 일으켜 우마이야 왕조의 타도에 결정적 역할을 했다.

용어 해설

가산 왕조: 로마가 페르시아와 싸우는 과정에서 고용한 아랍의 전사 왕조.

가톨릭: 그리스어로 '보편적'을 뜻하는 말. 칼케돈 지지자들은 그것을 '정통'으로 해석하여 이에 반대하는 사람을 종파주의자로 규정했다.

거짓(드루즈Druj): 조로아스터교에서 아샤와 반대되는 악한 영.

곡과 마곡: 알렉산드로스 대왕에 의해 청동 덧대어진 철문 뒤에 감금되었던 야만족 무리. 새끼 고양이를 간식으로 먹었고, 종말의 날에나 풀려날 운명에 처해 있었다.

그노시스파: 그노시스('지식'을 뜻하는 그리스어)가 물질세계로부터 자신들을 구원해줄 것이라 믿은 지적 신비주의자들.

나사렛파: 에비온파와 마찬가지로 사도 바울로가 등장하기 이전 초기 유대인 교회의 후손이라고 주장한 기독교 종파.

네스토리우스파: 그리스도의 신성과 인성이 별개로 존재한다고 믿는 기독교 종파를 반대파들이 불렀던 명칭. 이 종파의 시조인 콘스탄티노플 주교 네스토리우스는 5세기 전반부에 이단으로 정죄되었다.

다르 알이슬람: '이슬람의 집'이라는 뜻으로 무슬림들이 획득한 땅을 일컫는다.

단성론자: 그리스도의 신성과 인성이 불가분으로 혼합되어 '단성(mone physis)'을 이룬다고 믿은 기독교 종파를 칼케돈 신조의 지지자들이 경멸조로 부른 명칭.

두샤라: 이교도 아랍인들 사이에 널리 숭배되었던 신.

라시둔: '바르게 이끌어진'의 뜻. 이슬람력 3세기(9세기)부터는 무함마드를 계승한 최초의 네 칼리프, 곧 아부 바크르, 우마르, 우스만, 알리를 일컫는 말이 되었다.

라흠 왕조: 사산제국이 로마와 싸우는 과정에서 고용한 아랍의 전사 왕조.

마가리타이: 무하지룬의 그리스어 표기.

마니교: 3세기 사산 왕조 때 예언자 마니가 크테시폰 부근에서 유대교, 기독교, 조로아스터교, 불교의 요소를 융합해 창시한 종교. 거의 모든 곳에서 박해받았다.

마즈다크교: 사산 왕조 치세였던 6세기 초 마즈다크라는 페르시아 예언자가 창시한 종교. 급진적 종교 메시지인 공산주의를 설파했다.

마콤: 히브리어로 '장소'를 나타내는 말. 아랍어의 마캄(maqam)과 같다.

마트란: '예언자'를 뜻하는 고대 페르시아어.

모베드: 조로아스터교의 고위 사제.

무슈리쿤: '시르크의 죄를 지은 자들', 곧 다신론자. 꾸란에는 이들이 예언자의 적대자들로 언급되어 있다.

무하지룬: '헤지라를 행하는 자들', 곧 '이주민'을 뜻하는 아랍어. 아랍제국 초기에는 종교적 동기를 가진 정복자들이 그들 스스로를 부르는 호칭으로 '무슬림'보다 더 즐겨 사용한 말이

기도 했다.

미님: 랍비들이 이단을 뜻하는 말로 사용한 히브리어. '기독교도'의 의미로 사용될 때도 있었다.

미흐란가: 파르티아의 귀족 가문.

미흐르: 고대 이란의 신. 특히 맹약 파괴자들에게 벌주는 임무를 맡고 있었다. 본거지는 이란 북부의 엘부르즈 산맥, 상징색은 녹색이었다. 조로아스터교에서는 아나히타와 더불어 오르마즈드의 최고 부관으로 간주했으나, 이란샤르의 오지에서는 미흐르 신 자체를 숭배하는 사람이 적지 않았다.

비잔티움인: 콘스탄티노플이 창건된 뒤의 그 도시민들을 지칭하는 말. 참고로 현대 학자들 중에는 '비잔티움'을 후기 로마제국의 호칭으로 사용하는 사람이 많지만, 나는 거기에 해당되지 않는다.

순나: '관습'이나 '업적'을 뜻하는 아랍어. 이슬람에서는 성법(聖法)을 구성하는 하디스 모음집을 일컫는 말로 쓰인다.

시라: '본보기가 되는 행동'을 뜻하는 아랍어. 무함마드의 전기를 부르는 명칭으로 사용되었다.

시르캇: '협력' 혹은 '연대'를 뜻하는 아랍어.

시르크: 알라를 다른 신 혹은 초자연적 존재와 연합시키는 것. 이슬람에서는 궁극의 범죄로 간주되었다.

사하바: 무함마드의 동료와 추종자, 다시 말해 그의 교우들.

샤한샤: '왕중왕'을 뜻하는 사산 왕조 왕의 호칭.

셰키나: 하느님이 세상에 임재하심을 뜻하는 히브리어.

시바인: 꾸란에 유대인 및 기독교도와 함께 '성서의 백성'을 구성한 세 종족의 하나로 언급된 불가사의한 사람들. 다만 가장 폭넓은 지지를 받은 설에는 그들이 마니교도로 나타난다.

시리아어: 아랍어로 대체되기 전까지 가장 널리 사용되었던 중동의 공용어.

시아파: 이슬람의 한 분파. 본래 '당'을 뜻하는 아랍어였으나 알리와 알리 후손의 추종자들을 가리키는 말이 되었다.

아나히타: 고대 이란의 전사 여신. 조로아스터교 사제들에 의해 오르마즈드의 충실한 부관으로 인정받았으며, 이스타크르에 여신의 주 사원이 있었다.

아리우스파: 성부가 성자보다 우위에 있다고 주장한 4세기 초 아리우스가 설파한 교리의 신봉자들. 아리우스주의는 325년 니케아 공의회에서 이단으로 배격되었다.

아미르: '사령관'을 뜻하는 아랍어.

아바스 왕조: 750년 우마이야 왕조를 전복시키고 아랍제국을 두 번째로 지배한 칼리프 왕조.

아샤: 조로아스터교에서 진리와 질서를 뜻한 선한 영.

아흐리만: 조로아스터교에서 오르마즈드에 대립되는 악령.

알우자: 라훔 왕조의 수호신 역할을 한 아랍의 여신. 꾸란에는 이 여신이 경멸적으로 언급되어 있다.

에비온파: 초기 유대인 교회의 후손이라고 주장한 기독교 종파의 하나.

에클레시아: '교회'를 뜻하는 그리스어. 본래는 시민 회합을 가리키는 말이었다.

오르마즈드(아후라 마즈다): 조로아스터교에서 진리와 빛의 최고신.

우마이야 왕조: 아랍제국을 지배한 첫 번째 칼리프 왕조.

울라마: 무슬림 학자와 법학자들.

움마: 꾸란에서 '공동체' 혹은 '민족'을 뜻하는 말.

예시바: 랍비가 운영한 율법 학교. 메소포타미아의 수라와 품베디타, 갈릴리의 티베리아스에 있던 예시바가 가장 유명했다.

이란샤르: '아리아인들의 지배지'를 뜻하는 말로, 사산 왕조 왕들이 그들 제국을 부르는 명칭으로 사용했다.

이맘: 이슬람 태동 이전에는 부족민 또는 종족의 '선조'를 뜻하는 말이었으나, 이슬람 시대에 들어서면서 점차 종교 지도자를 뜻하는 말로 바뀌었다.

이스나드: 무함마드의 언행 등에 관한 기록을 전한 사람들의 연결고리. 예언자에게서 직접 나온 것임을 확증하는 역할을 한다.

자힐리야: 무지를 뜻하는 아랍어 자흘(jahl)에서 나온 말로, 무슬림 전통에서 이슬람 태동 이전의 '무지의 시대'를 일컫는다.

정통파: '바른 믿음'이라는 뜻의 그리스어 'orthodoxos'에서 유래한 용어.

젠타일: 유대인이 아닌 사람의 총칭.

주상 고행자: 때에 따라서는 수년간 기둥 꼭대기에서 생활하기도 한 기독교 수도사.

주하드: 무슬림 고행자들.

지즈야: 꾸란의 명령에 따라 아랍제국이 유대인과 기독교도에게 부과한 인두세.

진니: 이슬람 태동 이전 이후를 막론하고 아라비아의 신화에 등장하는, 불에서 나온 초자연적 정령.

카렌가: 파르티아의 귀족 가문.

카바: 이슬람 태동 이전의 아랍인들이 신성함과 강하게 결부시킨 정육면체를 뜻하는 아랍어. '처녀'를 뜻하는 카이바(ka'iba)나 '가슴'을 뜻하는 쿠바(ku'ba)와는 명백히 구분된다. 오늘날 가장 유명한 카바는 메카에 있는 대사원의 중앙에 자리하고 있다.

카야니아 왕조: 페르시아 신화에 나오는 전설적 왕조로 야만족과 싸울 때 기상천외하고 영웅적 공적을 이룬 것으로 유명하다.

카이: 고대 페르시아에서 '왕'을 뜻하던 말.

칼리프: 아랍어 칼리파(khalifa)의 영어식 호칭. 꾸란에도 '인간'을 뜻하는 듯한 말로 두 차례 언급되어 있으나 그 후로는 '대리인'을 뜻하는 말로 쓰였다. 아브드 알말리크도 자칭 '신의 대리인(Khalifat Allah)'이었다. 칼리파는, 아랍제국의 초기 지도자들에게 'Khalifat Rasul Allah', 곧 '신의 사자의 후계자'라는 호칭이 소급 적용된 것에도 드러나듯 '후계자'를 뜻하는 말이기도 하다.

칼케돈 지지자: 칼케돈 공의회 신조를 지지하는 사람을 일컫는 말. 그들이 칼케돈 공의회에서 기독교의 다른 교파들을 눌러 이긴 것의 영향력은, 이후로는 그들만이 '가톨릭'과 '정통'이라는 말을 사용할 수 있게 된 것으로 짐작할 수 있다. 지금의 가톨릭, 그리스 정교회,

프로테스탄트교 모두 칼케돈 지지자들이다.

쿠라이시족: 무슬림 전통에 따르면 무함마드의 씨족이 속한 메카의 부족.

키블라: 예배 드리는 방향. 모스크에서는 흔히 벽 내부의 움푹 들어간 자리, 미흐라브를 가리킨다.

타나크: 유대교 경전. 기독교의 구약에 해당한다.

타프시르: 꾸란의 주석서.

탈무드: 고대 후기 팔레스타인과 메소포타미아의 랍비들이 구전 토라(비밀 토라, 미슈나)에 해석과 설명을 덧붙인 것.

토라: '가르침'을 뜻하는 히브리어. 구약성서의 첫 다섯 편(창세기, 출애굽기, 레위기, 민수기, 신명기)을 일컫는 말이 되었다.

테오토코스: '하느님의 어머니'를 뜻하는 그리스어. 동방 교회의 많은 신자들이 동정녀 마리아를 부르는 호칭으로 사용한다.

파르티아: 북부 이란, 지금의 호라산 지방과 대체로 일치하는 고대 지역. 이곳에 있던 파르티아 제국은 사산 왕조의 시조 아르다시르 1세에게 정복되었으나 귀족 가문들은 세력이 수그러들지 않은 채 이슬람 시대까지 계속 번성했다.

팔라디움: 처녀신 팔라스 아테나를 묘사해 만든 여신상. 트로이에 있던 것을 로마로, 다시 서로마에서 콘스탄티노플로 옮겨왔다고 전해진다.

파르: 신의 은총을 받았음을 뜻하는 말. 페르시아 왕의 광휘를 빛내준 징표였다.

포이데라티: 로마가 군단의 보조군으로 쓴 야만족 군대를 일컫는 라틴어. 이 책에서는 포이데라티가 주로 제국의 국경 지대에 배치된 아랍 부족민, 곧 로마의 동맹 부족이라는 의미로 사용된다.

피트나: '시련의 시간'을 뜻하는 아랍어. 이 책에서는 내전, 반란의 의미로도 쓰인다.

하디스: 무함마드의 언행록. 이슬람 초기에는 무함마드 교우의 언행록이기도 했으며, 이슬람교에서는 꾸란에 이어 두 번째 권위를 지닌다.

하람: 성역을 뜻하는 아랍어.

하와리즈파: 경건함뿐 아니라 잔혹함으로도 유명했던 이슬람 최초의 분파.

헤지라(히즈라): 집단 이주를 가리키는 말로, 예언자 무함마드가 622년 메카에서 메디나로 이주한 사건. 무슬림 전통에서는 이것을 시간의 질서를 바꿔놓은 대사건으로 인식해 헤지라가 일어난 해를 이슬람력의 원년으로 삼는다.

주

1. 알려지지 않은 사실

1 베스 아르샴의 시메온 편지에 나오는 구절, discovered and quoted by Shahid(1971), p. 47.

2 Ibid., p. 57.

3 *Chronicon ad Annum Christi 1234 Pertinens*: 1,237.

4 메카가 있는 아라비아 지방의 히자즈에서 작성의 시 구절: quoted by Hoyland(2001), p. 69

5 Theophylact Simocatta: 4.2.2.

6 Eusebius: *History of the Church*, 1.4.10.

7 Eusebius: *Life of Constantine*, 1.6.

8 Ibn Hisham, p. 629

9 Ibid., p. 105.

10 Qur'an: 96.1~5.

11 Ibn Hisham, p. 106.

12 Qur'an: 6.102.

13 Ibid.: 15.94. 혹은 '(그러므로) 그대가 명령받은 것을 선언하되'일 수도 있다.

14 Qur'an: 1.1.

15 Ibid.: 33.40.

16 Ibn Hisham, p. 155.

17 '쿠라이시' 부족의 경우 아랍어에서도 'al-Quraysh'로 쓰지 않는 점을 감안해, 영어에서도 보통 정관사 없이 'Quraysh'로 쓴다.

18 Qur'an: 89.20.

19 Ibid.: 42.42~43.

20 Ibn Hisham, p. 303.

21 Waqidi:*Kitab al-Maghazi*, quoted by Hawting(1999), p. 69.

22 Ibn Hisham, p. 555.

23 수도사와 '아랍인' 간의 논쟁을 기록한 서부 시리아의 기독교도 기록물에서 나온 글. 수도사야 물론 자기 글의 권위를 고려해야 했을 것이므로 그 논쟁의 승자임을 주장하면서 글을 마무리했다. 하지만 하느님이 이슬람을 승인한 것은 아랍인들이 거둔 정복의 규모에도 나타난다는 주장은, 기독교도들로서도 반박하기 힘든 논리였다. 이 기록물이 작성된 시기는 알려져 있지 않다. 그러나 8세기 중엽 이전에 쓰였을 개연성은 희박하다는 것이 이 글을 인용한 Hoyland(1997, p. 467)의 견해다.

24 Al-Jahiz, quoted by Robinson, p. 88.

25　Qur'an: 33.21.

26　Ibn Qutayba, p. 217.

27　*Al-Adab al-Mufrad al-Bukhari* 6.112.

28　Qur'an: 16.89.

29　Ibid.: 29.51.

30　Ibid.: 16.88.

31　꾸란 61.6에 나오는 '아흐메드'라는 이름의 선지자를 포함하면, 다섯 차례가 된다.

32　Qur'an: 3.164.

33　Al-Tahawi, quoted by Watt(1994), p. 48.

34　Gibbon, ch. 37, n. 17. 기번에 의해 무시당한 이 전기 작가의 이름은 히에로니무스다.

35　Quoted by Wilson, p. 174.

36　이 말을 한 독일 신학자는 빌헬름 드 베테(Wilhelm M. L. de Wette, 1780~1849)다.
　　Quoted by Friedman, p. 25.

37　혹은 이슬람 율법 학자들이 자주 쓰는 표현을 빌리면 '이즈티하드(ijtihad)의 문'.
　　Hallaq에는 이즈티하드가, "법학자의 노력이 한계에 달해, 법적 견해를 찾게 될 때 발
　　휘되는 정신적 에너지"로 정의되어 있다(p. 3). Hallaq도 설득력 있게 논증해 보였듯,
　　그 구절의 출처를 10세기로 본 전통 또한 잘못된 것이다.

38　Gibbon: Vol. 3, p. 230.

39　Quoted by Gilliot, p. 4.

40　Gibbon: Vol. 3, p. 190.

41　Schacht(1977), p. 142.

42　Ibid. (1950), p. 149.

43　Ibid. (1949), p. 147.

44　Rahman(1965), p. 70.

45　Qur'an: 8.9.

46　Ibn Hisham: p. 303.

47　Rahman(1965), pp. 70~71.

48　Gabriel, p. 94가 좋은 예다.

49　Wansbrough(1978), p. 25.

50　Crone(1987a), pp. 226~230 참조할 것: 탐지력이 뛰어난 책이다. 파피루스 조각문들
　　에 관한 내용은 Grohmann(1963)의 Text 71 참조할 것.

51　Qur'an: 8.41. 꾸란에는 '푸르깐', 곧 '식별하는 날'에 싸운, 이름 없는 전투로 언급되어
　　있지만 꾸란 2.181로 미루어볼 때 라마단 기간이었음은 분명하다.

52　바드르의 이름은 Qur'an: 3.123에서 찾아볼 수 있다.

53　이븐 이스하크도 후대 저자들의 개작을 통해 알려지게 된 여러 작가들 가운데 한 명일
　　뿐이다. '공동체의 증거'로 알려졌던 법학자 말리크 이븐 아나스(Malik ibn Anas)도
　　그들 중 하나다.

54　Robinson(2003), p. 51.

55 Nevo and Koren 참조할 것.

56 *Doctrina Iacobi* : 5.16.

57 팔레스타인 남부 네게브 사막에서 출토된 8세기의 민간인 비문 400여 개 중 무함마드 가 이름으로 언급된 것은 11개뿐이다. Donner(1998), p. 참조할 것.

58 Ibn Hisham, p. 691.

59 Peters(1991), p. 292.

60 이 설들에 대한 내용은 Wansbrough, Luxenberg, Ohlig의 책들을 각각 참조할 것.

61 이집트 지식인 나스르 하미드 아부 자이드(Nasr Hamid Abu Zayd, 1943~2010)도 꾸란을 오랜 기간에 걸쳐 서서히 진화한 문학작품이라는 내용의 글을 썼다가 과격 이 슬람주의자들의 격분을 사서, 배교자라는 공격을 받고 그로 인해 아내와 이혼까지 하 는 고초를 겪었다. 따라서 이것이야말로 무슬림 수정주의자들이 겪을 수 있는 고난 의 전형적 사례가 될 만하다. 아부 자이드의 지적 계보에 대한 간략한 내용은 그의 책 *Reformation of Islamic Thought*, pp. 53~59에 나타나 있다. 그래도 그는 최소한 팔레 스타인 역사학자 술리만 바셰르(Suliman Bashear)처럼 창밖으로 내던져지는 수모를 당하지는 않았다.

62 무함마드를 신화적 인물로 주장한 인물은 바로 이슬람으로 개종한 독일 학자 무함 마드 스벤 칼리쉬(Muhammad Sven Kalisch)이다. 그에 관한 내용은 http://www. qantara.de/webcom/show_article.php/_c-478/_nr-812/i.html 참조할 것.

63 Manzoor, p. 34.

64 al-Azami(2003), p. 341. 흥미로운 점은 기독교 성서가 수정주의 학자들의 도마 위에 오르자 이 훌륭한 학자가 별안간 회의적 연구의 열렬한 애호자가 되었다는 사실이다. 무슬림에게는 의당 유대교와 기독교 저작들을 해체할 권리가 있다는 듯이 말이다.

65 비무슬림들에게 가장 널리 읽히는 듯한 카렌 암스트롱(Karen Armstrong)의 전기만 해도 기실 Rodinson과 Watt가 지은 전기들을 편집한 것에 지나지 않는다. 놀라운 점 은 성서학의 장대한 전통에 관한 글을 쓴 저자가 무함마드의 생애가 지닌 사료의 불 확실함에 대해서는 이렇다 할 언급을 하지 않은 것이다. 무슬림 전통이 역사적 증거가 될 수 있다는 관점을 지닌 저명한 학자들 중 가장 읽을 만한 책을 쓴 저자는 휴 케네디 (Hugh Kennedy)를 꼽을 수 있다.

66 Donner(1998), p. 2.

67 Neuwirth, p. 1. Donner가 솔직히 시인한 말도 참조해볼 만하다. "이슬람의 기원을 연 구하는 학자들 모두 꾸란의 본질에 대해서는 아는 것이 없다는 점을 인정할 필요가 있 다. 다른 사료들로도 그 정도는 알 수 있는 기본 지식을 말이다." (Reynolds, p. 29)

68 꾸란학 이론의 다양성에 관심 있는 독자라면 이스나드의 신빙성에 관련해 지독하게 난해한 관점이 수록된 al-Azami(1985), Motzki(2002), Cook(1981)을 읽어보는 것도 좋을 것이다. Berg(2000)에는 이 세 작품의 개관은 물론 그것을 넘어서는 내용도 수록 되어 있다. '이스나드 논쟁'을 분석한 부분은 이 단원을 쓰는 데도 많은 도움이 되었다. 그렇다고 그가 직접적으로 '분열'이라는 표현을 쓴 것은 아니지만, 다음 인용문에도 나 타나듯 초기 이슬람에 관한 학계의 견해가 뚜렷이 양분된 것으로 보았던 것은 사실이

다. "긍정적 결론을 얻을 필요성 때문이었든, 방법론적·이론적 정교화를 꾀할 목적이었든, 학계가 상호 배타적으로 양분되어 국외자에게는 거의 이슬람 기원의 본보기처럼 보일 정도였다. 당연히 결론도 이런 기본 가설에서 도출되었다." (p. 226)

69 Berg(2000), p. 219.

70 Crone(1980), p. 7.

71 꾸란에는 가브리엘이 세 차례 언급된다. 그중 둘은 Qur'an 2.97~98 참조할 것. 예언자를 두고 두 아내 간에 일어난 언쟁에 가브리엘이 끼어드는 장면은 Qur'an 66.4에 나타나 있다.

72 John: 1.1.

73 *Sahih Bukhari*. 이 내용은 하디스 중, 무함마드가 가장 총애한 아내 아이샤와 관련된 내용에 나온다. 거기에는 예언자가 "마치 종소리가 울리는 것 같은" 계시, "가장 강력한 형태의 감화"를 체험한 것으로 기억되어 있다.

74 *Gospel of Pseudo-Matthew*, ch. 20이 좋은 예다. 꾸란에 기록된 마리아 관련 내용과 기독교 위경(僞經)들 사이에는 유사점이 많다. 상세한 내용은 Horn 참조할 것. 술레이만 무라드(Suleiman Mourad)도 임신한 마리아가 대추야자를 먹었다는 기독교 전설이, 아폴론과 아르테미스의 어머니 레토가 대추야자로 영양 섭취를 한 것으로 나오는 그리스 신화에서 나온 것임을 설득력 있게 주장하는 글을 썼다.

75 자힐리야라는 말 자체는 꾸란에서 나온 것이지만 무슬림 학자들이 다르게 이용했을 개연성이 높다.

76 PERF 558. 'PERF'는 'Papyrus in Archduke Rainer Collection'의 약자다. Grohmann and Jones(1998) 참조할 것. PERF 558의 사본 전체는 http://www.islamic-awareness.org/History/Islam/Papyri/PERF558.html에서 찾아볼 수 있다. 두 번째 문서 P Berol 15002에도 날짜 '22'가 기록되어 있으나, 이것만으로는 단편적이어서 무슨 내용인지 알 수가 없다.

77 일부나마 이것의 예외적 존재가, 진정한 토착 전통을 고수하는 듯한 페르시아의 무슬림 역사가들이다. Noth(1994), p. 39.

78 Averil Cameron, in Bowersock, Brown and Grabar, p. 16.

2. 이란샤르

1 *Letter of Tansar*, p. 64.

2 Ibid.

3 Ibid., p. 27.

4 Procopius: *History of the Wars*, 1.3.

5 Procopius(*History of the Wars*, 1.3)에는 헤프탈족의 수도가 '고르고(Gorgo)'로 나와 있고, 위치도 페르시아 국경 지대에서 멀지 않은 곳으로 기록되어 있다. 그렇다면 그 도시였을 개연성이 가장 높고, 따라서 페르시아 침략의 목표가 되었을 개연성도 가장 높은 곳은 아마도 영국의 여행 작가 로버트 바이런(Robert Byron)이 극구 찬양한 11

세기의 거대 탑이 있는 곤바데카부스 지역일 것이다. 후대의 자료들에는 페로즈가 그 보다 훨씬 북쪽에 위치한 옥수스 강도 도하한 것으로 나오지만, 동시대의 페르시아 자료를 근거로 했다는 점에서, 프로코피우스의 기록이 한층 더 신빙성이 높을 것이라는 게 학자들의 대체적인 의견이다.

6 　Ammianus: 19.1.2.

7 　Theophylact Simocatta: 4.4.8.

8 　Procopius: *History of the Wars*, 1.4. 주화에는, 페로즈가 진주 세 개짜리 귀고리도 착용한 것으로 나타난다.

9 　Ammianus: 26.6.80.

10 　Ibid.: 26.6.77

11 　Tabari: Vol. 5, p. 112. 아랍 정복이 있은 뒤에도 사산 왕조 사료들이 페르시아 역사가와 시인들에 의해 보존되었으리라는 것은 학자들도 오래전부터 인정해온 바다. 다만 그것의 정확성에 대해서는 논란이 많았다. 아랍 역사에 관한 무슬림 자료가 그렇듯 사산 왕조에 관련된 페르시아의 자료 역시 난도질된 것이라든가 날조된 것, 그리고 진짜를 구별할 수 있는 방법론이 전무하기 때문이다. 그 시대의 주요 역사가가 해준 경고도 새겨들을 만하다. "입증할 수 있는 사료로 일일이 확인되기 전까지는 [타바리]가 제공한 정보의 어느 것도 사실로 받아들여서는 안 된다."(Howard-Johnston(2006), p. 172.)

12 　이것은 페로즈의 아버지인 야즈데게르드 2세 치세 때부터 시작되었다.

13 　이른바 알렉산드로스의 성벽(혹은 고르간의 성벽)이 그것이다. 하지만 근래에 진행된 고고학 조사로도 입증되었듯, 그 명칭은 알렉산드로스 대왕과는 아무 관련이 없다. 5세기 혹은 6세기 초에 지어졌을 것으로 추정되는 것으로 보아, 페로즈와의 관련성이 더 높다. 이것도 물론 확실하지는 않지만 말이다.

14 　Agathias: 4.27.3.

15 　*Letter of Tansar*, p. 64.

16 　그러나 기실 '7대 가문' 중 사산 왕조 이전 사료에 나오는 것은 카렌가가 포함된 세 가문뿐이고, 나머지 가문들은 사산 왕조 초기 비명들에만 언급되어 있다. 하지만 그것만으로도 이전 정권에서 그들이 중요한 지위를 차지하고 있었음을 나타내는 증거는 될 수 있다. 물론 그들 중에도 유구한 전통을 가진 것처럼 혈통을 날조한 가문이 있을 수 있다. Christensen(1944), pp. 98~103 참조할 것.

17 　Theophylact Simocatta: 3.18.7.

18 　Elishe, p. 167.

19 　사산 왕조와 파르티아 귀족 가문들과 관련된 상세한 내용은 Parvaneh Pourshariati의 획기적인 저작을 참조할 것. 한때는 사산 왕조를 중앙집권적 전제국가의 전형으로 본 적도 있으나 이제는 사산 왕조의 연맹적 특성을 강조하는 것이 학계의 추세다. 반면에 현재 고대 후기 연구에 불고 있는 혁명적 변화에 발맞춰 또 다른 패러다임의 전환을 꾀하는 학자들도 있다.

20 　Elishe, p. 242.

21 프로코피우스 책에는, 헤프탈족의 그 요새 지역이 "페르시아 국경 너머에 위치해 있었고 그로 인해 자주 전란 터가 되었던 고르고"였다고 나타나 있다(1.3.2). 그러나 고고학적으로는 그런 도시가 있었다는 흔적이 나타나지 않고, 그렇다면 그곳에 중요한 정주지가 있었을 개연성 또한 희박하다. 고르고는 아마도 스텝 지역에 흔한 천막 도시였을 것이다. 이 부분의 논의에 동참해준 고르간 성벽 발굴자 에버하드 사우어에게 감사드린다.

22 Heliodorus: 9.15.1.

23 Ibid.: 9.15.5.

24 Ibid.: 9.15.3.

25 Procopius: *History of the Wars*, 1.4.

26 Joshua the Stylite, p. 11.

27 *Cambridge History of Iran*(p. 403)에는, 신화적 카야니야 왕국에 가한 습격을 다룬 후대 이란 역사가들의 이론이, 페로즈 패전 이후에 일어난 실제 사건을 모델로 삼았을 것이라는 점이 암시되어 있다. 따라서 이것도 고대 후기가 어떻게 때로는 거울의 방(눈속임)이 될 수 있는지를 보여주는 또 다른 사례가 될 수 있다.

28 Strabo: 15.3.15. 알다시피 스트라보는 기원전 1세기의 인물이다. 그런 그의 글을 사산 왕조 불의 사원들의 물리적 잔재(재)에 인용하는 데도 전혀 무리가 없으니, 이것만으로도 조로아스터교가 고대 깊숙이 뿌리를 두고 있었음을 알 수 있다.

29 Lazar P'arpec'i, p. 213.

30 미흐르의 불 사원이 그보다 더 북쪽에 위치해 있었다고 주장하는 또 다른 학설도 있다. 그에 대해서는 Boyce, 'Adur Burzen-Mihr.' 참조할 것.

31 *Greater Bundahishn*: 18.8.

32 *Yasna*: 30.3.

33 Ibid.: 29.8.

34 Agathias: 2.26.3.

35 Ibn Miskawayh, p. 102. 이 구절은 5세기 혹은 6세기에 날조되어 아랍어로 보존된, 따라서 아르다시르 1세의 의도가 반영된 것이다.

36 *Letter of Tansar*, pp. 33~34. 사제들이 5세기가 되어서야 비로소 이런 열망을 나타낼 수 있었다는 것—이것을 알게 된 것이야말로 동시대 사산 왕조 연구에 일어난 획기적 사건의 하나였다. Pourshariati(2008, p. 326)도 그에 걸맞게 이런 글을 썼다. "교회-국가 간 관계를 분석할 때는 무엇보다 조로아스터교가 왕조에서 분리되어 성직 계급이 있는 역사를 갖게 된 것이 5세기부터였다는 것을 유념할 필요가 있다."

37 페로즈 치세가 끝난 지 몇십 년 뒤에 작성된 조로아스터교 경전 *Denkard*에 수록된 것으로, *Cambridge History of Iran*, p. 894에 나오는 구절을 인용한 것이다.

38 이때가 언제였는지는 정확히 알 수 없다. 그러나 필시 조로아스터교가 출현하고 있던 때, 다시 말해 5세기 말 혹은 6세기 초의 어느 때였을 것이다. 이에 대해서는 Kellens, p. 1 참조할 것.

39 *Yasht*: 13.100.

40 Lazar Parpec'i, p. 213.

41 *Mihr Yasht.* 102~103.

42 Ibid.: 7.

43 Ibid.: 23.

44 Ibid.: 2.

45 Joshua the Stylite, p. 11.

46 Christensen(1925), p. 93에는 즉위할 당시 카바드의 나이가 30대로 기록되어 있다. 그러나 대다수 사료에는 그와 다른 내용이 기록되어 있다. 카바드는 아마도 열다섯 살 혹은 열두 살에 즉위했을 것이다. Crone(1991), p. 41.

47 Tabari: Vol. 5, p. 117. 영웅주의에 빠진 수크라 관련 이야기는 아랍 역사에 보존되어 있지만, 궁극적으로는 카렌가의 프로파간다로 만들어진 전통에서 비롯된 것이다.

48 Pourshariati, p. 380 참조할 것.

49 그렇다면 이것은 미흐르를 숭배하는 파르티아 전통으로는 정통 조로아스터교 규범을 받아들일 수 없어, 조로아스터교에 맞서는 경쟁 종파가 만들어진 것을 의미하는 것일까? 이 문제는 치열한 논쟁을 야기하여, 조로아스터교 연구의 일인자인 메리 보이스(Mary Boyce)만 해도 미흐르는 언제나, 심지어 파르티아 시대에도 오르마즈드에 종속된 하급 신으로 간주되었다고 주장한다. Pourshariati, pp. 350~368 참조할 것.

50 세 개의 신성한 불에 대한 역사와, 그것의 역사 다시 쓰기에 대한 내용은 Boyce가 쓴 글을 참조할 것. Boyce도 "사원의 폐허에서, 페로즈 치세보다 이른 시기로 볼 수 있는 물건은 나오지 않았다"라고 썼듯, 메디아에 있는 종마의 불 신전이 5세기에 지어졌을 개연성이 높은 점은 특히 주목할 만하다.

51 Tabari: Vol. 5, p. 132.

52 *Letter of Tansar,* p. 40.

53 Crone(1991), p. 23에 수록된 다수의 자료에서 인용한 것이다.

54 Ibid.

55 5세기 이란을 휩쓸었던 이런 종말론적 분위기에 대한 내용은 Yarshater, p. 996 참조할 것.

56 Tabari: Vol. 5, p.132.

57 마즈다크교에 관련된 개론으로는 *Cambridge History of Iran*에 실린 Yarshater의 글이 단연 최고다. 그는 이 운동의 기원을 3세기로까지 거슬러 올라가 찾는다. 반면에 Crone(1991)는, 마즈다크교의 기원이 카바드 치세에 있다고 보는, 모든 사료들의 일치된 견해를 잘못이라고 하면서, 그보다는 몇십 년 뒤에 있다고 주장한다. 이 이론에 대한 비판은 Zeev Rubin(1995), p. 230, n. 11 참조할 것. 마즈다크가 실존 인물이 아니었다고 주장하는 글도 있다. 이에 대해서는 Gaube 참조할 것.

58 Procopius: *History of the Wars,* 1.6.

59 Ibid.: 1.5.

60 Procopius: *On Buildings,* 1.1.12.

61 From *The Book of the Deeds of Ardashir,* quoted by Stoneman, p. 41.

─── 주 ───

62 Ibid.: p. 42.

63 Herodian: 6.2.2.

64 Ammianus: 22.12.2.

65 Robert Adams, pp. 179~183 참조할 것. 그는 사산 왕조 치세에 메소포타미아 인구가 37퍼센트 늘어났을 것으로 예측했다.

66 Ammianus: 24.8.3.

67 Procopius: *On Buildings*, 3.3.10.

68 Joshua the Stylite: p. 1.

69 '아스페베데스'는 고유명사가 아닌 사산 왕조 때 서구의 '최고 군사령관'과 같은 뜻으로 쓰인 페르시아의 호칭 Spahbed를 그리스어로 음역한 것일 확률이 높다. 이 경우 Shahbed가 만일 503년 카바드의 아미다 공격 때 주도적 역할을 한 인물과 같은 Shahbed라면, '아스페베데스'의 실명은 바위Bawi였다(Joshua the Stylite, p 76).

70 Procopius: *History of the Wars*, 1.11.

71 *Letter of Tansar*, p. 43. 사산 왕조의 선전 도구였던 이것은 아르다시르 치세 때 동명의 인물이 작성했을 것이 거의 확실하다. 그런데도 여기 나오는 사건과 마즈다크교 반란은 동일한 것으로 무리 없이 받아들여지고 있다.

72 Ibid.: p. 38.

73 Ammianus: 24.6.3.

74 Theophanes, p. 26. 이것은 다스타게르드에 있던 호스로우 2세의 정원을 묘사한 것이지만, 크테시폰에 있던 대규모 왕립 정원에도 충분히 적용할 수 있다.

75 Ibid.

76 Genesis: 2.8.

77 Daniel: 7.3. 다니엘서는 다니엘이 살았던 시대보다 400년 늦은 기원전 2세기 중엽에 작성된 것으로 알려져 있다.

78 Ibid.: 7.18.

79 Cassius Dio: 68.30.

80 Jeremiah: 51.7.

81 Ibid.: 51.37.

82 Procopius: *History of the Wars*, 2.13.13.

83 하란에서 거행된 연례 의식이 기독교도와 무슬림 사료에 아키투로 묘사된 것은, Green, pp. 156~157에서 찾아볼 수 있다.

84 *Letter of Jeremiah*: 72.

85 Berosus, pp. 20~21.

86 Ammianus: 23.6.25.

87 Genesis: 11.28. 무슬림과 일부 유대인 전통에서는 우르를, 고대 도시 에데사의 현재 명칭이자 하란과도 멀지 않은 우르파와 동일시한다. 이 설은, 아브라함이 하느님으로부터 첫 계시를 받은 곳이 우르가 아닌—하란(Harran)과 동일 지역일 것이 거의 확실한—'하란(Haran)'이었다는 사실로도 어느 정도 뒷받침된다. 그러나 대다수 학자들

은 여전히 성서의 창세기에 언급된 우르가 메소포타미아 남부 칼데아(갈데아) 지방의 우르일 것으로 보고 있다. 칼데아로 말하면, 기원전 6세기의 전반부―그러니까 유대 인이 조국에서 추방되는 바빌론 유수가 일어나고 창세기의 형태가 마무리되어가고 있 던 시기와 정확히 일치하는―에, 바빌로니아의 주요 문화 중심지로 마지막 번영을 누 린 곳이었다. 그렇다면 아브라함이 창세기(11:28)에 '갈데아의 우르'로 언급된 도시와 연결된 것도 어쩌면, 유대인 유랑자들이 그들 조상의 기원을 세련된 장소와 연계시키 려 했던 것으로 설명될 수 있을 것이다. 물론 이렇게 되면 아브라함은 역사적 인물이 아닌, 신화적 인물―학자들 사이에도 현재 거의 합의가 이루어지고 있는―이 될 개연 성이 높아진다. 이슬람 기원과 관련된 무슬림 전통에 대한 회의주의가 학계를 휩쓸던 1970년대에, 아브라함의 사실성(史實性)에 대한 의혹이 주류 학계에 파고들었던 것 또 한 우연만은 아니었을 것이다.

88 Ibid.: 12.1~2.
89 Ibid.: 17.8.
90 Ibid.: 17.5.
91 *Letter of Tansar*, p. 64. 이는 페르시아에 대한 언급이지만, 페르시아의 시장은 이란이 아닌 메소포타미아의 크테시폰에 위치해 있었다.
92 Genesis: 17. 9~10.
93 Exodus: 20.4.
94 *b. Berachoth* 8b. 탈무드의 인용문은 흔히 'b'와 'y'의 글자로 시작된다. 《바빌로니아 탈 무드》를 뜻하는 'Bavli'와 《팔레스타인 탈무드》를 뜻하는 'Yerushalmi'를 표시하기 위 함이다.
95 *b. Avodah Zarah* 16a.
96 *Denkard*: 3.229. 9세기 초에 작성된 것이기는 하지만 여기에 이용된 자료는 대부분 사 산 왕조에서 나온 것이다.
97 Elishe: p. 63.
98 Elishe: p. 63.
99 마지막 유대인 족장 마르 주트라(Mar Zutra)가 득세한 내력에 대해서는 특별히 공상 적인 전승이 전해지고 있다. 마즈다크교 반란이 초래한 혼란을 틈타 유대인 국가를 세 우려다가 카바드에게 타도되어 크테시폰의 다리 위에서 십자가형에 처해졌다는 내용 이 그것이다. "황당무계한 이야기들이 마치 역사적 사실인 양 무비판적으로 받아들여 졌다. 물론 그보다 더 황당한 기적들은 제외되었지만 말이다."(Neusner[1986], p. 98) 하지만 그에 대한 증거가 '불충분하고 믿을 수 없다'는 점은 당대의 메소포타미아 유대 인 연구 학자에 의해서도 명백히 밝혀졌다(ibid., p. 104).
100 *b. Hullin* 62b.
101 이 내용이 구체적으로 언급된 자료는 없다. 따라서 유대인들이 카바드를 위해 그렇게 열광적으로 결집한 것도, 그와 같은 정도의 상상력을 발휘하지 않으면 이해가 불가능 하다.
102 Eusebius: *Preparation for the Gospel*: 9.18. 이 인용문은 지금은 거의 사라지고 없는

기원전 2세기의 유대인 역사가 유폴레무스(Eupolemus)가 쓴 *Concerning the Jews of Assyria*에 나온 글이다.

103 최소한 학자들의 의견이 압도적으로 일치하는 부분이 바로 이것, 탈무드의 필사 작업이 500년 무렵에 시작되었다는 것이다.

104 *Exodus Rabbah* 15.21.

105 *b. Sanhedrin* 98a.

106 *Genesis Rabbah* 42.4.

107 *b. Sanhedrin* 36a. 이 말을 한 랍비는 2세기 말에 살았던 예후다 하-나시였다.

108 *b. Yevamot* 20a.

109 *b. Berakhot* 58a.

110 *b. Kethuboth* 111b.

111 *b. Shabbat* 30b.

112 *Numeri Rabbah* 14.10.

113 Marcel Simon, p. 196 참조할 것.

114 *b. Gittin 57a*. 탈무드에 나타난 예수에 대한 언급은, 충분히 알 만한 이유로 생략도 많고 알쏭달쏭한 내용도 많아 기독교 학자와 유대인 학자 모두로부터 배척당하기 일쑤였다. 이와 관련된 매혹적이고 설득력 있는 이론은 최근에 나온 Peter Schäfer의 책을 참조할 것. 거기에는 "[주로] 바빌로니아 학파가, 예수와 그의 가족에 대한 이야기를 하면서 복음서에 나오는 예수의 삶과 죽음에 대한 이야기를" 어떤 식으로 "의도적이고도 정교하게 반론을 폈는지" 잘 드러나 있다(p. 8).

115 *Numeri Rabbah* 14.10.

116 *Abodah Zara* 2a.

3. 새로운 로마

1 Propertius: 3.22.21.

2 이 인용문은 Athenaeus, 6.273A~275A에 수록된 것이다.

3 Plutarch, *Roman Questions*: 61.

4 이 과정은 그리스가 로마제국에 공식적으로 병합되기 오래전에 시작되었다. 아마도 처음에는 이탈리아의 로마와 그리스 정주지들 간의 접촉에서 비롯되었을 것이다. "그리스인들은 애당초 그리스의 문화적 제국주의 형태로 트로이 전설을 팔았던 것인데, 서구인들이 엉뚱하게 그것을 로마의 문화적 정체성을 규정하고 전하는 일에 이용한 것이다."(Gruen, p. 31)

5 Livy: 26.27.

6 Virgil: 6.852~853.

7 Aristides: 26.59 and 99.

8 Virgil: 6.792~793

9 Ibid.: 1.279.

10 아무튼 적대적인 기독교 사료에는 그렇게 나와 있다. 그들이 기록한, 발레리아누스 황제가 당한 수모와 관련한 글은 얼마간 근거 없는 기대치였을 개연성도 있다.

11 Cicero: 17.

12 Optatianus Porphyrius, *Carmen*: 4, line 6. 콘스탄티노플 창건을 기념하는 시에 나오는 표현인데, 새로운 로마가 애당초 로마의 경쟁 도시로서의 위상을 갖도록 계획된 것임이 확연히 드러난다.

13 Eusebius, *Life of Constantine*: 3.54.

14 이 전승이 최초로 언급된 것은 5세기였다. Sozomen: 2.3.2 참조할 것.

15 반암의 출처가 로마임을 암시하는 훨씬 더 이른 시기의 사료는 Fowden(1991) 참조할 것.

16 *Chronicon Paschale*, p. 16.

17 Zosimus: 1.58.4.

18 Procopius: *History of the Wars*, 1.11.9.

19 Procopius: *On Buildings*, 1.5.10.

20 Zosimus: 2.35.2.

21 Corippus: 3.244.

22 *The Oracle of Baalbek*, line 166.

23 Procopius: *The Secret History*, 14.2.

24 Ibid.: *On Buildings*, 2.6.6.

25 이것은 Procopius(*The Secret History*, 30.21~23)에 나오는 내용이다. 알다시피 프로코피우스는 유스티니아누스의 비행을 캐기에 혈안이 되었던 인물이다. 그러나 설사 궁중 예법과 관련된 그의 기록이 과장되었을지라도, 유스티니아누스 치세에 격식을 중시하는 방향으로 나아간 것은 논박할 수 없는 사실이다.

26 Procopius: *The Secret History*, 8.27.

27 Ibid.: 8.24.

28 *Novels* 43, prologue.

29 *Novels* 98: 16 December 539.

30 Cicero, *On the Orator*: 1.197.

31 *Novels* 111.

32 *CJ Constt. Summa*, preface.

33 적어도 4세기 무렵에는 황제가 곧 법이라는 이런 인식이 수립되었다.

34 John Lydus: 3.44.

35 A decree of Theodosius II (r. 408~450), quoted by Kelly, p. 187.

36 Procopius: *The Secret History*, 7.10.

37 프로코피우스가 제시한 가장 낮은 수치도 3만 명에 달했다. 고대의 역사가들은 전사자를 과장하는 관행이 있기는 하지만, 그렇더라도 히포드롬에서 자행된 학살로 사망자가 어마어마하게 많이 발생했던 것은 의심할 바 없는 사실이다.

38 John Lydus: 3.70.

39 *Novels* 72: 538.

40 Procopius: 1.14.52.

41 이 부분에서 유스티니아누스 대제가 다라 요새를 개축한 규모를 프로코피우스가 과장해서 말했는지는 여전히 의문점으로 남아 있다. Croke and Crow 참조할 것.

42 Ibid.: *On Buildings*, 2.1.11.

43 Isaiah: 40.15.

44 Ibid.: 40.17.

45 Genesis: 22.18.

46 *Tractate Paschale* 8. 이 말을 한 랍비 엘레아자르 벤 페다트는 성지 출신이었다.

47 (신약성서에 나오는 바울로의 편지들에 대한 주석서의 저자로) 오랫동안 성 암브로우시스로 잘못 알려졌던 '앰브로지애스터'가 한 말. Quoted by Cohen, p. 159.

48 이 내용은 샤로크 라즈모우(Shahrokh Razmjou)가 깨우쳐주었다.

49 *b. Kiddushin* 70b.

50 Galatians: 3.28.

51 Ibid.: 3.25~26.

52 '구약성서'라는 말은 사르디스의 주교 멜리토(Melito of Sardis, 180년 사망)의 저술에, '신약성서'는 그와 비슷한 시기 성 이레나이우스(Irenaeus)의 *Against Heresies*(4.9.1)에 처음 등장한 것으로 알려져 있다.

53 Gospel of St. John: 14.6.

54 Gospel of St Matthew: 28.19. See also 2 Corinthians: 13.13.

55 Acts: 2.2.

56 1 Corinthians: 12.13.

57 'Letter to Diognetus' (a): 5.

58 Ignatius, 'Letter to the Ephesians': 6.

59 Gospel of St Matthew: 19.21.

60 Ibid.: 7.15.

61 Tertullian, *The Prescription Against the Heretics*: 21.

62 Ibid.

63 Romans: 15.19.

64 Gospel of St Matthew: 5.18.

65 Tertullian, *Against Praxeas*: 2.

66 Irenaeus, *Against Heresies*: 1.8.1.

67 초기 기독교 저자와 그 시대의 역사가들이 목격자들의 증언에는 중요성을 부여하고, 기록물 증거에는 의혹을 가졌던 내용은 Alexander(1990)와 Byrskog 참조할 것. 아쉬운 점은 정경 복음서가 실제 목격자들의 증언인지 아닌지에 대해서는, 확인할 만한 단서가 전혀 없다는 것이다.

68 가령 그리스도가 태내 적부터 어머니와 대화를 나눈 내용이 담긴, 도마(토마스) 복음서, 유아 복음서, 위 마태오복음서가 그런 것들이다. 일부 복음서들에는 그리스도가 점

토 새에 생명을 불어넣은 것도 친구들을 즐겁게 해주기 위해서가 아닌, 흥을 깨는 유대인에게 안식일에도 점토 놀이를 할 수 있음을 보여주기 위해서였다고 기록되어 있다.

69 Origen: 1,1. 《바실리데스 복음서》는 현재 전해지는 것이 하나도 없다. 따라서 현대 학자들도 전적으로, 그의 적들이 기록한 것으로 내용을 더듬어갈 수밖에 없다.

70 Irenaeus, *Against Heresies*: 1,24,4.

71 Origen: 1,1.

72 Clement of Alexandria: *Stromateis* 7,106,4.

73 Justin Martyr: 47.

74 *t. Hul.* 2,24.

75 Gospel of St John: 3,7.

76 Alan Segal(p. 1)은 성서적 색채를 입혀 그것을 이렇게 은유적으로 표현했다. "두 종교는 마치 이삭과 리브가 사이에 태어난 쌍둥이 아들 야곱과 에사오처럼, 자궁 속에서 싸움을 벌였다." Boyarin(2004, p. 5)은 같은 내용을 더 과격하게 묘사했다. "유대교는 기독교의 '어머니'가 아니다. 그 둘은 엉덩이가 붙은 쌍둥이다." 고대 종교에 나타난 숱하게 많은 다른 양상들과 더불어, 유대교와 기독교가 언제부터 '제 갈 길을 가게 되었는가'의 문제에도, 지난 수십 년간 대변혁이 일어났다. Carleton Paget의 말을 빌리면 그것은 "유대교-기독교 간 관계에 대한 논의에서 근래에 일어난 가장 중요한 발전"이었다(p. 18). Carleton Paget은, 근래의 학문에 대해 가장 다층적 관점을 보유한 학자다(pp. 1~39).

77 Bardaisan, p. 49.

78 지금의 터키 서부에 위치한 고대 도시 사르디스도 그런 곳이었다. 기독교도와 유대인들이 사이좋게 상점을 보유하고 있던 주랑 옆에 400년 무렵에 시나고그가 지어졌으니 말이다. 따라서 이것이 만일 그 무렵 기독교 제국의 보편적 현상이었다면, 3~4세기의 메소포타미아에서도 그와 비슷한 현상이 벌어졌을 공산이 크다. 이 부분은 Rutgers 참조할 것.

79 Becker, p. 380 참조할 것.

80 Rouwhorst, pp. 81~82 참조할 것.

81 Weitzman 참조할 것. 그런가 하면 그 유대인이 기독교로 개종한 상태에서 번역했다고 주장하는 학자들도 있다.

82 Eusebius, *History of the Church*: 3,27. 바울로는 실제로 유대인 개종자가 토라 포기하는 행위를 옹호하지 않았다. 그러다 보니 그를 찬미한 젠타일 기독교도들이, 그에 대한 불신이 깊었던 유대인 기독교도들에게서 호평을 받지 못했다.

83 페르시아의 주문(呪文) 그릇에 새겨진 명문, quoted by Levene, p. 290.

84 Ignatius, 'The Letter to the Magnesians': 10,3.

85 241년 아르다시르에게 잠시 빼앗겼다가 2년 뒤 되찾았다.

86 *b. Gittin* 55b. 랍비 메이어가 그 주인공이었다.

87 *Kohelet Rabba* 10,5.

88 Acts: 19.26.

89 전승에 나오는 이야기지만, 아마도 사실일 것이다.

90 Eusebius, *History of the Church*: 5.1.

91 렐리기오(religio)가, '몇 번이고 쓰거나 반추한다'는 뜻의 렐레게레(relegere)에서 나왔다고 주장하는 또 다른 설도 있다. 그러나 어원과 관계없이 렐리기오는 믿음이 아닌 제식과 같은 관례를 나타낸다.

92 311년 갈레리우스 황제가 내린 칙령에 나오는 내용이다. Quoted by Lactantius: 34.1.

93 데미아스가 쓴 비문이며, 그 스스로 "악마신 아르테미스의 거짓 신상을 부서뜨린" 것은 자신이라고 썼다. Quoted by Foss(1979), p. 32.

94 Jacob of Serugh, quoted by Griffith(2008), p. 123.

95 Daniel: 7.7.

96 Ibid.: 7.19.

97 Lactantius: 44.5.

98 Daniel: 7.11.

99 Isidore of Pelusium, p. 217.

100 *Theodosian Code*: 16.2.16.

101 Eusebius, *Life of Constantine*: 1.28.

102 Ibid.: 2.12.

103 Ignatius, 'The Letter to the Magnesians': 10.1. See also 'The Letter to the Philadelphians', 6.1.

104 콘스탄티누스 대제가 아리우스와 자신의 주교에게 함께 보낸 서신에 나오는 내용. Quoted by Eusebius in his *Life of Constantine*, 2. 71.

105 Eusebius, *Life of Constantine*: 3.10.

106 기독교 신조어들에는 흔히 있는 일이듯, 렐리기오를 현재 우리가 알고 있는 '종교(religion)'와 유사한 의미로 처음 사용한 사람은 테르툴리아누스였다. Sachot, pp. 111~116 참조할 것.

107 Lactantius, *Divine Institutes*: 4.28.

108 *Theodosian Code*: 16.10.12.

109 Socrates Scholasticus: 7.29.

110 *Acta Martyrum et Sanctorum*: Vol. 2, p. 149.

111 이 부분은 "거룩하고 전능하신 이여, 거룩하고 영원하신 이여"의 연도(連禱)에 안티오키아 총대주교가 덧붙인 말이다. Brown(2003), p. 119 참조할 것.

112 Barhadbeshabba of Holwan, p. 605.

113 John Malalas, p. 228.

114 Procopius: *History of the Wars*, 1.24. 이 이야기의 진실성에 대해서는 의견이 분분하다.

115 Procopius: *Secret History*, 2.9.

116 John Lydus: 3.69.

117 Procopius: *On Buildings*, 1.10. 이 모자이크도 니카 반란 때 부서진 찰케 문을 보수하는 과정에서 만들어진 것이다.

118 Ibid.: 2.6.

119 *Theodosian Code*: 16.10.22.

120 Procopius: *Secret History*, 2.13.

121 정확한 연대는 알 수 없다. Watts, pp. 128~139 참조할 것.

122 Agathias: 2.31.4.

123 철학자들이 하란에 정착했을 개연성은 Athanassiadi(1993)에 나타나 있다. 그러나 저자도 나중에 인정했듯이 이 설은 계속 논란으로 남아 있다(1999, pp. 51~53).

124 1 Corinthians: 1.20.

125 Athanassiadi(1999, pp. 342~347)에는 아테네 주교가 그 주택에 거주하게 된 것이 (설득력 있게) 제시되어 있다.

126 Paul the Silentiary: 489.

127 Procopius: *On Buildings*, 1.27.

128 Ibid.: 1.30.

4. 아브라함의 자손들

1 Paul the Silentiary: 144.

2 *Sayings of the Desert Fathers*: Joseph of Panephysis, p. 103.

3 *Wisdom of the Desert Fathers*, p. 3.

4 *Life of Sabbas*: 8.92, in *Three Byzantine Saints*.

5 Lucian, *De Dea Syria*: 28, quoted by Frankfurter, p. 178.

6 *Life of Symeon the Younger*: 11.

7 Ibid.: 40.

8 Ibid.: Prologue.

9 Ibid.: 199.

10 Ibid.: 115.

11 *Life of Daniel Stylites*: 54, in *Three Byzantine Saints*.

12 Genesis: 32.24~30.

13 Exodus: 1.7.

14 Ibid.: 1.14.

15 Ibid.: 3.2.

16 Ibid.: 3.7~8.

17 Egeria, p. 8.

18 Procopius: *On Buildings*, 8.9.

19 Exodus: 19.16.

20 Deuteronomy: 34.10.

21   Quoted by Sivan(2008), p. 68.

22   Jerome, *Letters*: 58.3.

23   Ibid.: 46.2.

24   *Life of Daniel Stylites*: 10, in *Three Byzantine Saints*.

25   6세기의 성지 순례에 관한 내용, quoted by Sivan(2008), p. 70.

26   Jerome, *Letters*: 46.13.

27   두 수도사가 아나스타시우스 황제에게 보낸 서한에 나오는 내용이다. Quoted by Wilken, pp. 168~169.

28   Procopius: *On Buildings*, 5.6.

29   Micah: 3.12. '성전산'이라는 말의 변천 과정에 대해서는 Goodblatt, pp. 193~203 참조할 것.

30   그러나 이것은 후대의, 8세기 혹은 9세기에 나온 이야기여서 진위가 의심스럽다.

31   Jerome, *On Zephaniah*: 1.16.

32   *Tanhuma to Leviticus*(*Qedoshim* 10).

33   *b. Yoma*, 54b.

34   Ammianus Marcellinus: 23.1.

35   6세기의 유대교 찬송가에 나오는 말이다. Quoted by Weinberger, p. 34.

36   *b. Gittin* 62a.

37   Avi-Yonah의 추정치다. p. 241 참조할 것. 그 수치를 지나치게 낙관적으로 보는 학자들도 있다.

38   Jerome, *On Isaiah*: 48.17.

39   탄소연대측정법과 정황적 증거를 종합해본 결과 유스티니아누스 대제 치세의 첫 10년간 벌어진 일로 밝혀졌다.

40   Quoted by Meyers, p. 353.

41   Ibid.: 5.

42   Procopius: *On Buildings*, 5.9. 그러나 교회에 대한 언급은 없다. 따라서 교회가 지어졌다는 사실도 고고학 발굴로 밝혀졌다.

43   Ab Isda of Tyre(quoted in Crown, p. 457) 참조할 것. 4세기적 표현이니 상당히 오래된 것이다. 고고학자들은 게리짐 산에서도 다수의 비문을 찾아냈다. 이에 대해서는 Sivan(2008), p. 119 참조할 것.

44   Quoted in Crown, Pummer and Tal, p. 161.

45   사마리아인들이 갖고 있던 하느님에 대한 '복종'의 관점이, 초기 이슬람에 영향을 미쳤을 개연성은 Crone and Cook, p. 19 and Crown, Pummer and Tal, p. 21 참조할 것.

46   특히 랍비 유다 바르 파치와, 랍비 암미가 그랬다. p. *Abodah Zarah* 5.4.(III.a).

47   Abu l-Fath, p. 241.

48   Procopius: *On Buildings*, 5.7.

49   John Malalas: 446.

50   Procopius: *Secret History*, 11.

51 Genesis: 19.28.

52 Cyril of Jerusalem, 'Prologue to the Catechetical Letters': 10. 키릴로스는 이 경고를 한 지 2~3년 후에 주교가 되었다.

53 Ibid., 'Catechetical Lecture': 4.36.

54 Theodoret, *Compendium of Heretical Fables*: p. 390.

55 Jerome, Letters: 112.12. 그러나 물론 랍비들은 그 말에 동의하지 않았을 것이다.

56 Jerome, *In Esaiam*: 40.9, quoted by de Blois(2002), p. 15.

57 Epiphanius: 30.1.3.

58 Ibid.: 30.1.2.

59 그러나 골란 고원에는 기독교도 유대인 마을들이 있었을 개연성이 농후하다. 그에 대해서는 Joan Taylor, pp. 39~41 참조할 것. 그보다 중요한 것은 유대교 형태를 띤 기독교가 잔존했음을 말해주는 증거를 과연 얼마나 믿을 수 있는가이다. 1968년에 Pines가 쓴, 10세기의 증거물이 있다고 주장한 독창적인 글만 해도 많은 논란을 불러일으켰다. 그러나 Gager(p. 365)의 말을 빌리면, 그것은 "일부 수정을 가한 부분이 있기는 해도 대체로 믿을 만한 것으로 밝혀졌다."

60 Quoted by Strugnell, p. 258. 786년 콘스탄티노플의 네스토리우스파 총대주교였던 티모테우스가 쓴 편지에 나온 글이다. Strugnell이 쓴 글의 나머지 부분에도 나오듯, 사해 문서로 알려진, 초기에 발견된 옛 시리아어 필사본에는 그것(그곳에 다신교적 요소가 팽배했다는 것)이 사실임을 말해주는 명백한 증거도 있다. 19세기 말 카이로의 유대인 거류지에서 이른바 '다마스쿠스 문서'의 두 필사본이 발견된 것으로 볼 때 중세의 유대인들도 사해 문서 중의 하나는 알고 있었음이 분명하다.

61 Sozomen: 2.4.

62 Josephus: 4.533.

63 Genesis: 19.27.

64 콘스탄티누스 대제가 팔레스타인 주교들에게 보낸 편지에 나오는 내용. Quoted by Eusebius in his *Life of Constantine*: 3.53. 아브라함의 접대를 받은 낯선 세 사람(천사)을 삼위일체와 처음으로 동일시한 것은 2세기였다.

65 6세기 말 메소포타미아에 살았던 기독교도들의 의견이었다. Quoted by Hoyland(1997), p. 25.

66 Sargon II, the King of Assyria. *Quoted by Hoyland*(2001), p. 96.

67 Ammianus: 14.4.4. 희생자의 피를 마시는 부분은 Ammianus: 31.16.5~7에 나와 있다. 그리스와 로마 작가들은 야만족을 식인자로 묘사하는 데 주저함이 없었다.

68 Ibid.: 14.4.1.

69 From 'al-Murqqish al-Akbar', in Alan Jones(1996, Vol. 1), p. 112.

70 Abid ibn al-Abras, quoted by Hoyland(2001), pp. 121~122.

71 타무드족이 일각에서 주장하듯 단순한 부족민이 아니라 동맹이었다는 점에 대해서는, Bowersock(1983), pp. 97~98, and Graf and O'Connor, pp. 65~66 참조할 것.

72 연대 혹은 협력의 뜻을 가진 '시르캇'은, 서아시아 오지의 루와와파에 있던 사원의, 그

리스어와 나바테아어로 쓰인 2세기의 비문에 나타나 있다. 시르캇을 동맹으로 번역한 부분에 대해서는 Milik 참조할 것.

73 이 어원은 새로운 비문 연구로 최근에야 밝혀졌다. Graf and O'Connor 참조할 것.

74 Joshua the Stylite, p. 79.

75 혹은 '거의 틀림없이' 그것을 뜻한다고도 말할 수 있다. Shahid(1989), p. 213.

76 Quoted in the *Cambridge History of Iran*, p. 597.

77 Cyril of Scythopolis: 24.

78 시라트는, 라틴어에 어원이 있는 그리스어의 한 형태에서 나온 말일 개연성이 높다. Jeffrey, p. 196 참조할 것.

79 Procopius: *History of the Wars*, 1.17.

80 아레타스의 콘스탄티노플 방문은 그가 왕으로 공식 임명된 뒤에 이뤄졌을 개연성도 있다. 이에 대해서는 Shahid(1989), pp. 103~109 참조할 것.

81 Procopius: *History of the Wars*, 1.22.

82 아버지와 할아버지도 아랍의 다양한 족장국들에서 로마 사절로 활동했으며, 그 자신도 유스티니아누스 대제에 의해 에티오피아와 아라비아 중남부 지역들에 사절로 파견되었던 로마의 외교관 논노수스(Nonnosus)가 쓴 역사서에 나오는 글이다. 9세기에 콘스탄티노플 대주교를 지낸 포티우스의 《총서Biblioteka》에 포함된 것으로, 에드워드 기번이 논노수스의 책에서 뽑은 '이상한 발췌문'으로 묘사한 것이 그것이다. 논노수스가 아랍인들의 성소로 언급한 곳이 정확히 어디였는지는 알 수 없다. 그러나 모호할망정 그가 써놓은 설명만으로도 그곳이 메카가 아닌 아라비아 북부의 어느 곳이라는 점은 충분히 알 수 있다. Crone(1987a), p. 197 참조할 것.

83 두샤라는 나바테아인들에게는 두울샤라로, 바누 라흠족에게는 아샤라로 알려졌던 그리스풍의 신이다. Ryckmans, p. 246 참조할 것.

84 Diodorus Siculus: 3.42.

85 예멘 마리브 인근의 자발 카투타에 있던 신전이 대표적인 예다.

86 For Epiphanius' confusion over *ka'iba* and *ka'ba*, see Sourdel, p. 67.

87 Theodoret, *Ecclesiastical History*: 26.13.

88 From ibid., *The Cure of Greek Maladies*: Vol. 1, p. 250.

89 Genesis: 16.12.

90 그러나 성서에는 이스마엘의 자손과 아랍인들이 동일시되어 있지 않다. 이 둘이 어떻게 같은 뜻을 갖게 되었는지의 내력은 Eph'al and Millar의 글에 잘 나타나 있다.

91 From *The Life of Simeon Priscus*, quoted by Shahid(1989), p. 154.

92 Genesis: 21.21.

93 '여느 때와 달리 6세기에 유독 네게브에 아브라함이라는 이름이 많이 등장한' 것과 관련한 내용은 Nevo and Koren, p. 189 참조할 것.

94 Sozomen: 6.38.

95 Ibid.

96 로마 시대의 아라비아 북부에 유대인들이 살고 있었다는 증거는, Hoyland(1995), p.

93에 나와 있다.

97 라흐마난은 유수프가 패한 직후 기독교 신을 지칭하는 말로도 쓰였다. 이 점은 Nebes, pp. 37~38 참조할 것.

5. 임박한 종말

1 Cosmas Indicopleustes, p. 113.

2 Sidonius Apollinaris: Vol. 1, p. 41.

3 Sigismund of Burgundy, quoted by Harris, p. 33.

4 '동고트족'의 어원에 관한 내용은 Wolfram, p. 25 참조할 것.

5 Ward-Perkins(p. 73)에 나오는 표현을 빌리면 "라틴어에는 '수염'을 뜻하는 말조차 없었다."

6 울필라스가 모세로 추앙된 내용은 Amory, p. 241에 나온다.

7 Quoted by O'Donnell(2008), p. 131.

8 Quoted by Brown(2003), p. 103.

9 *Codex Justinianus*: 27.1.1.

10 Procopius: *History of the Wars*, 4.9.12.

11 Ibid.: 5.14.14.

12 Ibid.: 6.

13 Ibid.: 2.2.6.

14 Menander the Guardsman: fragment 6.1.

15 John of Ephesus(실제 이름은 유한난Yuhannan이고 출생지 또한 에페소스가 아닌 아미다인데도 에페소스의 요하네스로 알려져 있다), p. 83.

16 Joshua the Stylite, p. 29.

17 Jerome: *Letters*, 130.7.

18 Ibid., *Commentary on Ezekiel*: 8.225.

19 Ammianus Marcellinus: 22.9.14.

20 *Life of Symeon the Younger*. 57.

21 *Novella* 30.11.2.

22 John of Ephesus, p. 77.

23 알렉산드로스 대왕이 알렉산드리아를 건설하라는 신탁을 받았다는 내용이 담긴 사료는 하나뿐이고, 그것도 시기적으로 한참 뒤에 작성된 것이기는 하지만 정황 증거상 분명해 보인다. Welles 참조할 것.

24 Ammianus Marcellinus: 16.15.

25 알렉산드리아의 기독교도들이 자주 사용한 표현. Cited by Haas, p. 130.

26 Isidore of Pelusium, quoted by Haas, p. 10.

27 Stephen of Herakleopolis: 10~11.

28 John of Nikiu: 92.7.

29 *Expositio Totius Mundi et Gentium*: lines 229~230.

30 Joshua the Stylite: 26.

31 John of Ephesus, pp. 74~75.

32 Procopius: *History of the Wars*, 2.23.4.

33 John of Ephesus, p. 87.

34 Procopius: *History of the Wars*, 2.22.7.

35 2005년 독일에서 발견된 두 해골의 DNA 분석 결과로 540년대의 페스트는, 페스트균에 의해 발발한 것임이 입증되었다. DNA 분석을 실시한 과학자들의 말을 빌리면, "6세기 후반부에 매장된 그 두 해골의 특정 DNA 서열에서는, 최초의 세계적 전염병이 돈 기간에, 흑사병의 원인균인 페스트균이 존재했음을 말해주는 분자적 증거가 나타났다"는 것이었다(Wiechmann and Grupe, p. 48). 여름뿐 아니라 겨울에도 기승을 부린 점과, 그 증상이 기록된 동시대의 글로 미루어볼 때, 매우 치명적이고 전염력도 높은 폐페스트도 발생했던 것 같다.

37 Procopius: *History of the Wars*, 2.22.9.

38 Ibid.: 2.23.18.

39 Ibid.: 2.22.1.

40 John of Ephesus, p. 95.

41 Paul the Deacon: 2.4. 이것은 565년 이탈리아에서 페스트가 창궐했을 때를 묘사한 것이다.

42 John of Ephesus, p. 102.

43 Michael Morony(in Little, p. 73)에도, 치사율 3분의 1은 '현실적이고 신빙성 있는' 것으로 제시되어 있다. 1990년대만 해도 총 사망자 수를 그보다 낮게 잡았으나, 최근의 DNA 분석 결과로 그것이 뒤집어졌다. 알다시피 6세기에 찾아온 흑사병은 인류가 처음 겪은 선페스트였고, 따라서 면역력이 없었기 때문에 그로 인한 충격도 14세기에 흑사병이 창궐했을 때보다 훨씬 심했을 것이다. 이에 대한 역사가들의 연구는 지금도 진행 중이다.

44 Procopius: *History of the Wars*, 2.23.10.

45 Procopius: *The Secret History*, 13.28.

46 Ibid.: 18.29.

47 Ibid.: 18.30.

48 Ibid.: 12.27.

49 황제의 동일한 정책에 대해 그의 지지자와 적대자들이 상반된 평가를 내놓은 내용은 Scott 참조할 것.

50 Procopius: *The Secret History*, 12.26.

51 Gospel of St Matthew: 24.27.

52 Ibid.: 24.7. 일부 역본에는 '온역(pestilences)'을 뜻하는 그리스어 'loimoi'가 생략된 경우도 있다. 아마도 '기근(famines)'을 뜻하는 그리스어 'lomoi'와 혼동했기 때문인 것 같다. '온역'이 언제나 관심사였음은 〈마태오복음〉 24장 7절과 〈루가복음〉 21장 11절의

내용이 유사한 것에서도 드러난다.

53 Evagrius Scholasticus: 4.29.

54 이 사건이 일어난 시기와 페스트가 이집트에 처음 출현한 시기가 동떨어지지 않았던 것도 우연만은 아니었을 것으로 주장한 이론은 Keys 참조할 것.

55 Agathias: 5.11.6.

56 Ezekiel: 38.16.

57 Josephus: 7.7.4.

58 Jacob of Serugh, "Metrical Discourse upon Alexander": line 544, in *The History of Alexander the Great*. 하지만 시인 겸 신학자였던 야곱(Jacob)은 521년에 죽었다. 따라서 이 시를 쓴 주인공이 그였다는 사실은 더 이상 보편적으로 받아들여지지 않고 있다. 아마도 7세기 초에 쓰였을 개연성이 가장 높다. Stoneman, p. 177 참조할 것.

59 Ibid.: line 322.

60 *Life of Theodore of Sykeon*: 119, in *Three Byzantine Saints*.

61 Hassan ibn Thabit, quoted by Conrad(1994), p. 18. 여기에는 그것이 사실이라고 주장하는 내용이 설득력 있게 개진되어 있다.

62 Ibid., p. 18.

63 Procopius: *History of the Wars*, 2.27.12.

64 Sozomen: 2.4.

65 Quoted by Conrad(1994), p. 18.

66 이집트의 한 수도사가 본 환상이었다. Quoted by Kelly, p. 232.

67 그렇다고 이것이 아라비아만의 현상은 아니었다. 로마제국의 이교도들만 해도 2세기에 이미 만신전에 모셔진 신들을 최고신의 천사들로 이해했고, 고대 후기 무렵에는 거의 보편적인 현상이 되었다. 이에 대한 유용한 정보는 Crone(2010), pp. 185~188 참조할 것.

68 Corippus, p. 108.

69 Hugh Kennedy는, 역병이 시리아에 미친 영향을 다룬 중요한 글에서 "5, 6세기에 시리아의 농촌과 도시 대부분 지역의 특징이던 정주지 확산 현상이 6세기 중엽 이후로 뚝 멈추었다"는 점을 논증해 보였다(Little, p. 95).

70 시리아 중남부 지역의 농업에 페스트가 끼친 영향은 Conrad(1994), p. 54 참조할 것.

71 John of Ephesus: p. 81, quoting Isaiah: 24.3.

72 Moses Dasxuranci: 2.11.

73 Menander: 16.1.13.

74 Tabari: Vol. 5, p. 295.

75 바람 쿠빈에 관련된 사료는 시기적으로도 늦게 작성되고 내용도 신화적인 것이 대부분이다. 그럼에도 그의 반란이 메시아적 기대의 표현이었음은 분명해 보인다. Czeglédy의 획기적인 글과, 그 에피소드를 분석한 내용이 담긴 Pourshariati(2008), pp. 397~414 참조할 것.

76 Theophylact Simocatta: 3.1.10.

—— 주 ——

77   Evagrius Scholasticus: 3.41.

78   Fredegarius: 4.65.

79   *The Life of Saint Theodore of Sykeon*: 134, in *Three Byzantine Saints*.

80   Theophylact Simocatta: 4.8.

81   페르시아군이 아나톨리아 일대를 황폐화시킨 내용은 Foss(1975)에 잘 나타나 있다.

82   샤흐르바라즈의 미흐란가 조상에 대한 내용은 Gyselen, p. 11 참조할 것.

83   Daniel: 7.23.

84   Ibid.: 7.26.

85   Hagith Sivan(2000)이, 예루살렘이 페르시아에 점령되었던 시기에 작성되었다고 보고, p. 295에 인용한 전례용 시 피유트(*piyyut*)에 나오는 내용이다.

86   그러나 나중에 작성된 한 사료(Sebeos, p. 72)에는 예루살렘 당국이 페르시아군과 항복 협상을 벌였으나, 이어 폭동과 반란이 일어나고, 그다음에는 페르시아군의 포위공격을 받았던 것으로 나타난다. 반면에 목격자들의 기록에는 당국이 처음부터 항복을 거부한 것으로 나온다.

87   두 번째 피유트, quoted by Sivan(2000), p. 289.

88   Daniel: 7.13~14.

89   George of Pisidia: 2.106~107.

90   *The History of King Vaxt'ang Gorgasali*, p. 234. 성서의 구절은 Daniel: 8.5~7을 의역한 것이다.

91   *Chronicon Paschale*: 725.

92   Sebeos, 72.

93   Theophanes, p. 324.

94   Kaegi (2003), p. 174 참조할 것.

95   Nikephoros: 15.

96   Ibid.: 17.

97   Theophanes, p. 328.

98   Maximos the Confessor, quoted by Laga, p. 187

99   Ibid., p. 186.

6. 답보다 많은 질문

1   Daniel: 7.7.

2   Sebeos: 142.

3   익명의 반기독교 팸플릿에 나오는 내용. Quoted by Sizgorich(2009), pp. 1~2.

4   '무슬림'이란 말이 꾸란에 처음 쓰였을 때의 용법으로부터 차츰 진화해간 과정은 Donner(2010), pp. 57~58, 71~72 참조할 것.

5   Qur'an: 47.4.

6   Ibid.: 4.133.

7 이 설은 최초의 예언자 전기보다도 오래된 전통에 뿌리를 두고 있다. 기독교 역사가 에데사의 야콥만 해도 7세기 말에 글을 쓸 때 무함마드를, "팔레스타인, 아라비아, 시리아 지역의 페니키아(수로보니게)로 장사를" 하러 다녔던 것으로 언급했다. quoted by Hoyland(1997), p. 165.

8 이 개연성을 가장 급진적으로 주장한 인물은 독일 프로테스탄트교 신학자 귄터 륄링 Günter Lüling이다. 메카인들 대부분이 기독교도였고, 꾸란의 본래 핵심도 기독교 찬송가였다는 제안을 한 것이다. 유대인들이 메카에 정착해 살며 무함마드에게 강력한 영향을 끼쳤을 것으로 본 관점은 Torrey 참조할 것.

9 Armstrong, p. 68. 이것은 이슬람에 극도의 공포증을 갖고 있던 벨기에의 예수회 수사 앙리 라망(1862~1937)이 쓴 논문에 포함된 것으로, Montgomery Watt를 통해 얻어졌다.

10 Qur'an: 6.92. 무슬림 전통은 이 구절이 메카를 나타낸다고 보지만 정작 꾸란에는 그것을 뒷받침할 만한 내용이 없다. 그 구절의 문자적 의미가 '정주지들의 어머니'라는 사실도, 그것을 둘러싼 전반적 의혹을 더욱 짙게 할 뿐이다.

11 Crone(1987a), p. 6. 그리고 메카가 무역 중심지였을 개연성에 대해서는 책 전체를 참조할 것.

12 Cosmas Indicopleustes 참조할 것.

13 이 모든 결락 중에서도 가장 놀라운 것은 The History of the Wars(1.19)에서 아라비아 서부 해안을 상세하게 묘사한 프로코피우스마저 그에 대해서는 일체 언급하지 않았다는 사실이다. 따라서 이것이야말로 로마인들이 아라비아 반도에 대해서는 폭넓고 해박한 지식을 갖고 있었던 반면, 메카가 가졌을 법한 세력권에 대해서는 아는 것이 없었음을 나타내는 증거가 될 만하다.

14 Qur'an: 48.24.

15 Crone(1987a, p. 134)의 표현을 빌리면 침묵의 "정도가 어찌나 심했는지 그것을 수습하려는 시도가 있었을 정도였다." 이런 억지 노력까지 하려 했던 내용은 ibid., pp. 134~136 참조할 것.

16 The Byzantine-Arab Chronicle: 34. 이 작품의 연대를 741년으로 본 것은 가장 최근의 참고문헌에 따른 것이다. 그러나 Hoyland(1997, p. 426)는 이보다도 늦은 750년에 발간되었을 개연성을 제시하고 있다.

17 "The Letter of John of Sedreh"에 나오는 내용이다. 644년 이 글의 저자인 안티오키아 총대주교 요하네스 2세와 아랍 족장이 성서들에 관해 나눈 대화를 기록한 것인데, Saadi에 번역문이 실려 있다. 그러나 이 서신의 작성 시기를 7세기 중엽으로 보는 Saadi와 달리 8세기 초엽으로 간주하는 학자들도 있다. 그것이 맞다면 꾸란에 대한 언급의 부재는 더욱 놀라울 수밖에 없다. 이 점에 대해서는 Reinink(1993) 참조할 것.

18 John of Damascus: 769B.

19 Qur'an: 24.2.

20 Quoted by Lester, p. 283.

21 현존하는 가장 최초로 알려진 꾸란의 목록—사나의 이슬람 사원에서 나온 것에 모든

것이 포함되어 있지는 않았으므로—은 http://www.islamic-awareness.org/Quran/ Text/Mss/ 참조할 것.

22 이 논문의 주 발의자들 가운데 한 사람인 Wansbrough는, 꾸란이 8세기 말 무렵 최종 형태를 갖게 되었으리라는 제안을 하면서도 예의 그 익숙한 유보적 태도를 취했다. Gerald Hawting과 Andrew Rippin 정도의 관록을 가진 학자들만 지금까지도 계속 꾸란이 최종 형태에 도달하기까지는 최소한 수십 년이 걸렸을 것이라는 주장을 하고 있을 뿐이다.

23 Qur'an: 3.7.

24 아부 라합에 '불꽃의 사나이'의 뜻이 담긴 것을 이용한 말장난적 판결이다.

25 Ibid.: 50.16.

26 이에 대한 상세하고도 지적 스릴마저 느껴지는 내용은 Gerald Hawting의 *Idea of Idolatry and the Emergence of Islam*에 잘 나타나 있다. 꾸란에 나오는 무슈리쿤의 역할에 관련하여 학자들의 패러다임까지도 변화시킨 획기적인 저술이다.

27 Qur'an: 43.19.

28 Ibid.: 10.66.

29 Ibid.: 7.74.

30 Ibid.: 30.1.

31 Ibid.: 18.83.

32 시리아에서 알렉산드로스 대왕 이야기가 유포된 시기와 그것의 정치적 배경에 대한 내용은 Reinink(1985 and 2002) 참조할 것.

33 'A Christian Legend Concerning Alexander': 146, in *The History of Alexander the Great*.

34 Van Bladel, pp. 180~183에는 둘의 유사점에 대한 상세한 분석이 수록되어 있다. 그의 단호한 표현에 따르면 "그 둘은, 동일한 특정 내용 몇몇을 똑같이 계속 되풀이 말한, 하나의 이야기에 지나지 않았다."(p. 182)

35 Qur'an: 82.1~5.

36 Ibid.: 30.56. 그러나 부활의 날 구절이, 로마인들이 페르시아와의 전쟁에서 승리할 것이라는 하느님의 예언으로 시작된 꾸란 장의 종결부를 이루고 있는 것은 시사하는 바가 크다.

37 Ibid.: 7.34.

38 Ibid.: 18.26.

39 Ibid.: 18.13.

40 꾸란에는 이들이 마주스인들(al-Majus), 곧 (조로아스터교의) 마구스들로 언급되어 있다(22:17). 마구스는 키루스 대왕 때부터 그리스인들이 페르시아 사제를 부르는 명칭이었다.

41 Qur'an: 4.136.

42 Ibid.: 3.3.

43 Justinian Code: 1.5.12(summer 527).

44 Qur'an: 9:29. 이 문구의 정확한 의미가 불확실한 것은 주지의 사실이다. Ibn
   Warraq(2002), pp. 319~386에는 그 의미를 정확히 하려는 여러 가지 시도의 사례가
   나타나 있다.
45 Qur'an: 5,82 and 9,34.
46 Ibid.: 5,47.
47 Ibid.: 5,116.
48 Ibid.: 4,157.
49 Ibid.: 85,4.
50 그러나 나지란의 기독교 순교자 연구의 일인자인 Irfan Shahid(1971)는, 그 개연성에
   대해 부자연스러우리만큼 불가지론적 입장을 취한다. p. 193 참조할 것.
51 가령 Bishop과 특히 Philonenko가 그런 학자들이다.
52 Qur'an: 6,59.
53 Ibid.: 87,18~19.
54 Ibid.: 52,24. 그 점에서 이 구절이 특히, 무슬림의 동성애 전통 문제에는 어김없이 등장
   하는 것도 놀랄 일은 아니다.
55 Ibid.: 44,54.
56 이에 대한 좀 더 상세한 내용과, 천국과 관련해 그리스 신화와 꾸란이 가졌던 관점 사
   이의 유사성에 대해서는 Saleh의 온라인 글을 참조할 것. 그도 농담처럼 지적했듯이
   (p. 54), 꾸란에 천상의 여인들을 뜻하는 말로 사용된 단어—hur—도 헤라(Hera)와
   흡사한 점이 있다.
57 후대의 무슬림 사료에는 실제로 마니교도들이 마니를 '예언자들의 봉인'으로 부른 것
   으로 나타난다. 그러나 십중팔구 그것은 나중에 소급, 유추한 말이었을 것이다. 마니교
   도들이 마니를 칭하는 말로 '봉인'을 사용한 것은 맞지만 그것은 '종결'이 아닌 '확인'을
   뜻하는 말이었다. Stroumsa(1986b) 참조할 것.
58 Quoted by Lieu, p. 86.
59 이 인용문 구절은 마니가 직접 말한 것으로 추정된다. Quoted by Boyce(1975b), p.
   29. 마니교는 마니가 죽은 지 불과 수십 년 뒤에는 북아프리카에 도달하고, 6세기 중엽
   에는 중국에도 다다랐다.
60 De Blois(1995) 참조할 것.
61 297년 혹은 302년에 공포한 황제의 칙령에 나오는 표현. Quoted by Dignas and
   Winter, p. 217.
62 *Synodicon Orientale*, p. 255.
63 Al-Aswad bin Ya'fur, in Alan Jones(1996, Vol. 1), p. 148.
64 Qur'an: 53,19~21.
65 꾸란에 언급된 우상들은, 하나를 제외하고는 모두 성서 이야기를 개작해 말하는 데 이
   용되었다. 그 하나의 예외인 '우상의 불결함'에 대한 언급(22,30)은 희생 제단에 뿌려진
   피를 말하는 것으로 보인다. 이에 대해서는 Crone(2010), pp. 170~172 참조할 것.
66 Qur'an: 53,27.

67 Colossians: 2.18이 좋은 사례가 될 수 있다.

68 라오디게아(라타키아) 종교회의에서 제정된 Canon 35.

69 Crone(2010), p. 171.

70 Qur'an: 4.119, 6.138 and 6.121, respectively.

71 Ibid.: 4.121.

72 Qur'an: 6.99. Donner(1981)의 간략한 표현을 빌리면 메카는 "농업에 부적합한 곳에 위치해 있었다."(p. 15)

73 Ibid.: 56.63~64.

74 시인이 던져준 실마리는 모호하기 이를 데 없다. 후대의 무슬림 주석가도 기껏 이런 해설을 덧붙였을 뿐이다. 시인이 말한 "바드르와 (알) 쿠타이파는 거리상으로 상당히 멀리 떨어져 있다. 아마도 낙타의 빠른 속도가 두 곳을 연결해주었을 것이다." 시와 주석 모두 Six Early Arab Poets, p. 95에 나타나 있다. 글을 번역해준 살람 라시에게 감사드린다.

75 Qur'an: 3.97.

76 Khuzistan Chronicle: 38(translation by Salam Rassi). 이 책의 저자는 660년대 사람이다.

77 Qur'an: 3.96.

78 Qur'an: 3.97. The Arabic for 'place' in this verse is maqam.

79 Ibid.: 2.125.

80 꾸란에 나오는 마캄 이브라힘을 메카에 있는 돌과 동일시하기 어려운 이유는 Hawting(1982)에 나타나 있다. Hawting은, 내가 이 단원의 다른 많은 부분도 빚지고 있는 이 책에서, 마므레가 박카였을 개연성을 직접 시사하지는 않고, 대신 아브라함이 천상의 세 존재에 의해 박카의 집으로 인도되었다는 흥미로운 무슬림 전통을 인용하고 있다. 그러면서 이렇게 말한다. "(무슬림 전통이 말하는) 천상의 세 존재는, 세 명의 나그네가 아브라함을 방문했고, 그중의 한 명이 하느님으로 확인된 구약성서의 창세기 이야기를 연상시킨다. 아브라함이 주님 앞에 섰던 곳, 마콤도 물론 마므레에 있었다."(p. 41)

81 Qur'an: 37.133~138.

82 '4. 아브라함의 자손들'의 주 90 참조할 것.

83 Qur'an: 2.128.

84 바드르 전투를 처음 인용할 때 무함마드, 마지드라는 모종의 인물, 그리고 메카와 더불어 쿠라이시족을 언급한 파피루스 조각문의 마지막 줄이 그것이다. 편집자에 따르면 파피루스 조각문의 제작 시기는 8세기 중엽이었다(Grohmann(1963), text 71). 그런가 하면 남부 아라비아의 270년대 비문에는 Qrshtn으로 불린 일군의 사람들이 언급되어 있는데, 일부 학자들은 그것이 쿠라이시족 여자들을 뜻하는 것일 수도 있다고 해석했다. 그러나 Qrshtn이 교역 임무를 띤 사절이었던 듯하다는 점으로 볼 때 그럴 개연성은 극히 희박하다.

85 9세기의 역사가 이븐 쿠타이바가 언급한 이것은 Shahid(1989), p. 356에 인용되어 있

다. 메카 태생으로 알려진 쿠사이가 그럼에도 팔레스타인 국경 지대에 정착한 것으로
묘사된 것이야말로, 무슬림 학자들이 쿠라이시에 대해 지속적으로 헷갈려 했음을 나
타내는 징표가 된다.

86 Margoliouth, p. 313 참조할 것. 무슬림 주석가들이 개진한 이론에, '쿠라이시'가 포
이데라티와 매우 흡사한, '모임(gathering)'의 뜻을 가진 또 다른 아랍어 'taqarrush'
에서 비롯된 것으로 암시되어 있는 것은 주목할 만한 일이다. 9세기의 위대한 이슬람
학자였던 알 아즈라키만 해도 이렇게 썼다. "쿠라이시족은 쿠사이를 중심으로 모임
(tajammu)을 갖게 된 데서 붙여진 호칭이다. (……) 아랍인들의 일부 방언에서는, 모
임(meeting/gathering)의 뜻을 가진 tajammu가 taqarrush로 쓰였기 때문이다."(p.
108; translation by Salam Rassi. 살람 라시로부터는 이 번역 외에 Margoliouth의 참
고문헌 도움도 받았다).

87 가령 Shahid(1995), p. 788에는 아레타스가 시리아어를 구사했을 개연성이 높은 것으
로 제시되어 있다.

88 Qur'an: 10,61.

89 By and large, commentators on the Qur'an explained the summer and winter
trips as being to Syria and Yemen, respectively. However, there was a raft of
alternative explanations, too. See Crone(1987b), pp. 205~211.

90 Jacob of Edessa: 326.

91 Qur'an: 2,198.

92 Ibid.: 47,10.

93 꾸란에 '장식(ornamentation)'의 의미로 사용된 말만 해도 '방패 칠하는 사람'을 뜻하
는 그리스어 zograpsos에서 나온 것일 개연성이 높다. 그 부분은 Shahid(1989), p.
507 참조할 것.

94 Qur'an: 1,6.

95 Ibid.: 6,25.

96 Ibid.: 8,31, 25,5 and 46,17, for instance.

97 Ibid.: 41,17.

98 Ibid.: 4,100.

99 Ibid.: 8,1~2.

100 Ibid.: 8,26.

101 Ibid.: 2,119.

102 Ibid.: 33,9.

103 예언자가 야스리브로 도주한 것을 다룬 전기의 내용이 진화되었을 개연성은 Crone
(1994) 참조할 것.

104 Qur'an: 4,99.

105 아랍 침략과 관련된 모든 양상이 그렇듯, 이 기동부대의 규모도 정확하게 파악하기 어
렵다. 300명 정도로 추정한 사료가 있는가 하면, 5000명을 헤아렸다고 주장한 사료도
있는 식이다.

106 아랍 침략과 관련된 사료의 특징으로, 한 기록물에는 지휘관의 이름이 세르기우스 1세
　　가 아닌 'Bryrdn'으로 나와 있기도 하다.

107 여느 경우와 달리 날짜는 물론 시간까지 또렷이 언급된 이것은, 거의 동시대의 기록에
　　의존해, 640년 무렵의 어느 때에 작성된 듯한 시리아 연대기에서 나온 것이다. Palmer,
　　Brock and Hoyland, pp. 18~19 참조할 것.

108 Procopius: *On Buildings*, 2.9.4.

109 페스트가 휩쓸고 간 뒤 시리아 마을들이 황폐해진 정도는 Kennedy(1985)에 잘 나타
　　나 있다.

110 Sozomen: 6.38.

111 Anastasius of Sinai: 1156C.

112 꾸란의 기원과 마찬가지로 아랍 정복의 과정도 오리무중이어서 그에 대한 학자들의
　　견해도 천차만별일 수밖에 없다. 기독교 측 사료는 동시대에 작성되었으나 단편적인
　　내용들이어서 일관성 있는 내러티브를 제공해주지 못하고, 아랍 측 사료도 분량은 많
　　지만 시기적으로 후대에 작성된 것이어서 무의미하기는 마찬가지다. 아랍 역사가들
　　이 작성한 야르무크 전투 기록물들의 모순점은, 아랍 정복에 관련된 권위서로 꼽히는
　　Donner의 책(1981, pp. 133~148)에 잘 나타나 있다. 그러나 그것도, 동부 지중해의
　　시리아 연안에 위치한 아르와드 섬 정복과 관련된 Lawrence Conrad의 획기적인 글
　　—무슬림 사료로 아랍 침략 역사를 재현하는 전체 프로젝트 밑에 깔린 지뢰라고도 할
　　수 있는—과 비교하면 신중한 낙관론으로 비칠 정도다. 그 난제를 풀기 위한 시도도
　　이루어졌다. 그런 시도 중에서는 로마군이 결정적 패배를 당한 곳이 야르무크 강이 아
　　닌 다마스쿠스 인근으로 제시된 Howard-Johnston(2010)이 가장 최근의 것이다.

113 Anastasius of Sinai: 1156C.

114 Baladhuri, p. 210.

115 Donner(1981)에 나오는 표현을 빌리면, "아랍 정복에 관련된 기록물들의 연대가 하도
　　뒤죽박죽으로 표기되다 보니, 추정만 할 수 있을 뿐 정확한 시기를 아는 것은 불가능
　　하다."(p. 212)

116 Sebeos, 137.

117 Tabari: Vol. 12, p. 64.

118 Qur'an: 4.36.

119 가자 외곽 전투(634년)를 담은 동시대의 기록물들에도, 무함마드가 그 무렵까지 살
　　아 있었던 것처럼 암시되어 있다. 한 아라비아 예언자의 생존을 언급한 최초의 원전으
　　로, 634년 여름에 작성되었을 개연성이 가장 높은 책(Teachings of Jacob: 5.16)에는
　　"예언자가 사라센들 앞에 나타났다"고 언급되어 있고, 무함마드라는 이름이 처음 등장
　　한 640년 무렵에 작성된 또 다른 사료에는 가자 외곽 전투가 '무함마드의 아랍인들'이
　　거둔 승리로 묘사되어 있는 것이다(Quoted by Hoyland(1997), p. 120). Crone and
　　Cook, pp. 152~153, n. 7에는 무함마드가 634년까지 생존했을 것으로 본 후대의 기독
　　교도와 사마리아인 사료들이 정리되어 있다. 두 사람의 표현을 빌리면 사료들의 '융합
　　은 놀라울 정도'였다. 하지만 그것이야말로 예언자의 생애와 관련해 우리가 알고 있는

증거가 얼마나 불확실한지를 나타내는 징표가 될 수 있다.

120 8세기 초의 무슬림 학자 무자히드 빈 자브르가 한 말로 추정된다(Quoted by Hakim, p. 161). 우마르의 행동이 덕행인지 그와 반대인지에 대한 무슬림의 견해 폭은 상당히 넓다.

121 Sebeos, 139.

122 Qur'an: 5.33.

123 메디나 헌장: Document A. 9. Serjeant(1978)에 그대로 복사되어 있다.

124 이 부분의 도움을 준 미국 역사학자 마이클 쿨리코스키(Michael Kulikowski)에게 감사드린다.

125 그러나 물론 기독교 저자들은 로마군의 패배를 설명해야 했으므로 사라센군 병력도 그 못지않게 많았다고 주장했다. 그러나 Donner(1981)의 표현을 빌리면 "비옥한 초승달 지대에서 진행된 이슬람 정복의 가장 놀라운 점은 아마도 사라센군의 병력이 소규모였다는 점일 것이다."(p. 231)

126 Sebeos, 136.

127 최고 추정치에는 당시 아랍인 포이데라티의 규모가 "로마 정규군과 수비대 병력의 두 배에서 다섯 배 정도는 되었을 것"으로 나타나 있다(Kaegi(1992), p. 43).

128 Sebeos: p. 141.

129 *Teachings of Jacob*: 5.16.

130 Qur'an: 5.20.

131 Hans Jansen은 무슬림들이, "유대인들이 이슬람의 적과 대화를 했고 그로 인해 죽임을 당했다는 이야기를 만든 주목적이, 중동의 기독교도들을 길들이는 데 있었을" 것이라는 매우 그럴싸한 해석을 내놓았다(p. 134). 글을 번역해준 리즈 워터스에게 감사드린다.

132 Sebeos, 135.

133 이른바 "Secrets of Rabbi Simon ben Yohai"에 나오는 글이다. Quoted by Hoyland(1997), p. 309. 이 글을 쓴 랍비는 2세기 사람이었는데도, 아랍 정복이 일어날 것임을 꿰뚫어보는 통찰력을 가지고 있었던 모양이다.

134 Ibid., p. 311.

135 이후의 이슬람 전통은 이것을, 무함마드가 우마르에게 부여해준 호칭으로 설명했다. 그러나 동시대의 유대인 기록물이나 후대의 무슬림 역사로 보건대, 그 호칭은 우마르의 행동에 고무된 예루살렘의 유대인들에게서 나온 것이 분명하다. Bashear(1990) 참조할 것.

136 Qur'an: 16.41.

137 John of Nikiu, p. 200.

138 팔레스타인 남부 아라비아 사막에서 최근에 발견된 비문에 적힌 글이다. "하느님의 이름으로, 나 주하이르는 우마르가 죽은 (이슬람력) 24년에 [이 글을] 쓰노라." Quoted by Hoyland(2006), p. 411.

139 Qur'an: 2.177.

140 Sebeos, 175.

141 Qur'an: 49.9.

142 Sebeos, 176.

143 680년 무렵에 작성된 기독교도 책자에 나온 말이다. Quoted by Hoyland(1997), p. 141. 글을 쓴 사람은 시리아인이지만 Hoyland의 글에서는 그것이 아랍인에게서 나온 정보임이 설득력 있게 제시되어 있다.

144 Dhu al-Thafinat, quoted by Sizgorich(2009), p. 206.

145 Qur'an: 16.106.

146 Muhamad b. Ahmad al-Malati, quoted by Sizgorich(2009), p. 215.

147 위의 주석 143번에 언급된 기독교 책자에 언급되어 있다. Quoted by Hoyland(1997), p. 136.

148 Ibid.

149 Padwick, p. 119.

150 아라비아의 타이프 부근 댐에 새겨진 비문 내용이다. Quoted by Hoyland(1997), p. 692.

151 John bar Penkâye, p. 61.

7. 이슬람 굳히기

1 Arculf, p. 41.

2 Fredegarius: 154.

3 Arculf, p. 43.

4 'A Jewish Apocalypse on the Umayyads', quoted by Hoyland(1997), p. 317.

5 이 수도사는 다름 아닌 시나이 산 수도원의 대수도원장이었던 아나스타시우스다. See Flusin, pp. 25~26.

6 Arculf, p. 43.

7 Quoted by Humphreys, p. 11.

8 무아위야가 좋아한 겨울 휴양지 중 한 곳으로 티베리아스에서 몇 킬로미터 거리에 있는 하마트 가데르 욕장의 메인 홀에, 그를 '신자들의 사령관'으로 칭한 비문이 적혀 있다. 십자가 장식이 된 욕장에 우마이야 왕조의 칼리프임을 공공연히 드러낸 그런 비문을 새긴 것이고, 무아위야를 무슬림으로 알고 있는 학자들로서는 당연히 당혹스러울 수밖에 없다. Clive Foss(2008)의 말을 빌리면 그러다 보니 "이 현상이 의미하는 바도 계속 연구 과제로 남아 있다."(p. 118)

9 Abu Hamza, quoted by Crone and Hinds, p. 131.

10 John bar Penkâye, p. 61.

11 Ibid.

12 Ibid.

13 Jacob of Edessa, quoted by Hoyland(1997), p. 566.

14   Qur'an: 2.142.
15   John bar Penkâye, p. 61.
16   Quoted by Hawting (1982a), p. 44.
17   *Syriac Common Source*, in Hoyland(1997), p. 647.
18   John bar Penkâye, pp. 68~69.
19   Ibid., p. 66.
20   Qur'an: 21.1.
21   688~689년 사이에 발행된 주화에 나오는 문구다. Quoted by Hoyland(1997), p. 695.
22   Quoted by Hoyland(1997), p. 694.
23   Qur'an: 33.57.
24   *Syriac Common Source*, in Hoyland(1997), p. 647.
25   Al-Akhtal, 19, in Stetkevych, p. 92.
26   Al-Muqqadasi, quoted by Rabbat, p. 16.
27   Al-Muqqadasi, quoted by Rosen-Ayalon, p. 69.
28   우마이야 왕조 말기의 어느 설교문에 나오는 문구. Quoted by Elad(1992), p. 50.
29   이것은 12세기의 글에 나오는 문구다. 따라서 시리아인들이 메카가 아닌 예루살렘을
     수 세기 동안이나 계속 이슬람의 가장 거룩한 성지로 간주했음을 나타내는 증거가 될
     만하다.
30   Qur'an: 61.9.
31   *Syriac Common Source*, in Hoyland(1997), p. 648.
32   Farazdaq, quoted by Kister(1969), p. 182. '예루살렘의 산(the mount of Jerusalem)'
     을 직역하면 '일리야의 고지'다.
33   이집트의 모스크는 병영 도시였다가 카이로로 발전해간 푸스타트에 있었으며, 710년
     에서 711년 사이에 키블라 방향이 바뀌었다. 이에 대한 내용은 Bashear(1989), p. 268
     참조할 것. 그런가 하면 Sharon(1988), pp. 230~232에는 이스라엘의 에일라트 부근,
     비어오라 거류지에 있는 네게브 사막의 모스크 키블라가 바뀐 방향에 대한 설명과 그
     것의 삽화가 게재되어 있다. 쿠파의 키블라 방향이 바뀐 내용은 Hoyland(1997), p.
     562에서 찾아볼 수 있다.
34   하와리즈파의 설교에서 인용한 것이다. Quoted by Elad(1992), p. 50.
35   Nu'aym b. Hammad al-Marwazi, in the *Kitab al-Fitan*, quoted by Sharon(1988), p.
     234, fn. 7.
36   Tabari: Vol. 22, p. 14.
37   Ibn Asakir, quoted by de Prémare, p. 209.
38   Quoted by Crone and Hinds, p. 28.
39   Al-Akhtal, 19, in Stetkevych, p. 91.
40   Farazdaq, quoted by Crone and Hinds, p. 43.
41   Qur'an: 3.19.
42   Quoted by Hoyland(1997), p. 702.

43 Qur'an: 27.23.

44 Al-Muqqadasi, quoted by Ettinghausen, p. 28.

45 John bar Penkâye, p. 61.

46 Michael the Syrian, in Palmer, Brock and Hoyland, p. 152, n. 363.

47 John bar Penkâye, p. 67.

48 Tabari, quoted by Hoyland, p. 198.

49 Gregory of Nyssa, p. 74. 내가 알기로 그의 〈코헬렛〉(전도서) 넷째 강해는, 제도로서의 노예제를 구체적이고 솔직하게 비난한, 고대부터 전해져 내려오는 유일한 기록물이라는 점에서 매우 이례적이다.

50 Qur'an: 90.12~17.

51 이에 대해서는, 시리아 기독교도들과 우마르 간에 체결된 협정에 기초한 규제로 주장한 전통적 관점과, 우마르 시대보다 150년 늦은 8세기 말에 취해진 조치라는 서구 학자들의 견해가 대립되는 양상을 보이다가 최근에는 또 최종적 형태는 아니더라도 요점적 형태로 된 이른바 '우마르 협정'이 초기 아랍 정복 시대에 체결되었으리라는 주장이 설득력을 얻게 되었다. 이 내용은 Noth(1987) 참조할 것.

52 Qur'an: 33.27.

53 Ibid.: 33.50.

54 Al-Suyuti, quoted by Robinson(2005), p. 20.

55 Qur'an: 89.17~20.

56 Iben Warraq(2002), pp. 319~386에는, 차이를 올바로 이해하기 위해 그들이 기울인 갖가지 시도의 한 가지 사례가 나타나 있다.

57 종말의 날이 예상된 8세기 혹은 9세기 때의 조로아스터교 원전. Quoted by Minorsky, p. 257.

58 Quoted by Brown(2003), p. 314.

59 8세기 이란 동부의 무슬림 총독이 투덜거린 말이었다. Quoted by Dennett, p. 120.

60 Qur'an: 1.6~7.

61 Sefer ha-Eshkol: Vol. 2, pp. 73~74.

62 Qur'an: 24.58. 꾸란에는 세 차례의 기도가 새벽 기도, 정오 기도, 밤 기도로 명시되어 있다.

63 Sahih al-Bukhari: 1.4.245.

64 The Talmud, p. 553.

65 Ibid.

66 Ibn Qutayba, quoted by Sizgorich(2009), p. 160.

67 Ibn Hawqal, quoted by Haldon and Kennedy, p. 97.

68 Artat b. al-Mundhir, quoted by Bashear(1991a), p. 178.

69 Tabari, quoted by Brooks(1899), p. 20.

70 Theophanes, p. 396.

71 Theophanes, pp.397~398.

72 Quoted by Bashear(1991a), p. 191.

73 전선에 뛰어든 최초의 무슬림 학자들은 716년 마슬라마가 지휘한 콘스탄티노플 공격에 가담했던 것으로 기록되어 있다. 그러므로 이 부분에 언급된 두 사례도 비록 우마이야 왕조의 붕괴 뒤에 일어난 일이기는 하지만, 8세기의 경향을 나타내는 것이 될 수 있다.

74 Ibn Asakir, quoted by Bonner(2004), p. 409.

75 Ibn al-Mubarak, quoted by Yahya, p. 33.

76 Ibn al-Mubarak, quoted by Sizgorich(2009), p. 161.

77 Ibn al-Mubarak, quoted by Yahya, pp. 32~33.

78 Qur'an: 9.5.

79 Ibid.: 2.190.

80 8세기의 기독교 학자가 한 말이다. Quoted by J. B. Segal(1963), p. 125.

81 이것은 마르완 2세 사후 약 80년 뒤의 시대를 살았던 칼리프 치세에 속하는 것으로, 10세기 중엽에 작성된 글에 나오는 이야기다. 그렇기는 하지만 하란인과 시바인을 결부시킨 행위는 그보다 훨씬 이른 시기에 있었던 것 같다. 마르완도 그 무렵에 하란에 있었던 것으로 보인다. Green, p. 106 참조할 것.

82 Bar Hebraeus: p. 110. Bar Hebraeus에 따르면 동물의 간으로 점치는 행위는 737년에 있었던 일이다.

83 *History of the Patriarchs of the Coptic Church of Alexandria*: 18.156.

84 Tabari, quoted by Kennedy(2007), p. 288.

85 Tha'alibi, quoted by Pourshariati(2008), p. 431.

86 Baladhuri, quoted by Sharon(1983), p. 203.

에필로그

1 Abu-Sahl, quoted by Gutas, p. 46.

2 Gutas, p. 80 참조할 것.

참고문헌

1차 자료

Abu l-Fath: *The Kitab al-Tarikh of Abu l-Fath*, trans. P. Stenhouse (Sydney, 1985)

Acta Martyrum et Sanctorum, ed. Paul Bedjan (7 vols) (Paris, 1890–7)

Agathias: *The Histories*, trans. Joseph D. Frendo (New York, 1975)

al-Azraqi: *Kitab Akhbar Makkah*, in *Der Chroniken der Stadt Mekka*, ed. Ferdinand Wilstenfeld (Leipzig, 1857–61)

Ammianus Marcellinus: *The Later Roman Empire: A. D. 354–378*, trans. Walter Hamilton (London, 1986)

Anastasius of Sinai: *Sermo 3*, in *Patrologia Graeca* [*PG* from hereon] 89 (1152–80)

Arculf: *Adamnan's De Locis Sanctis*, ed. D. Meehan (Dublin, 1958)

Aristides: *Aristides in Four Volumes*, ed. C. A. Behr (Cambridge, 1973)

Athenaeus: *Deipnosophistae*, ed. Charles Burton Gulick (7 vols) (Cambridge, Mass., 1927–41)

Augustine: *The City of God*, trans. Henry Bettenson (London, 1972)

Avodah Zarah: http://www.jewishvirtuallibrary.org/jsource/Talmud/avodazara1.html

Baladhuri: *The Origins of the Islamic State*, tr. p. Hitti and F. Murgotten (2 vols) (New York, 1916–24)

Bar Hebraeus: *The Chronography of Bar Hebraeus*, trans. E. A. Wallis Budge (Oxford, 1932)

Bardaisan of Edessa: *The Book of the Laws of Countries: Dialogue on Fate of Bardaisan of Edessa*, ed. H. J. W. Drijvers (Piscataway, 2007)

Barhadbeshabba of Holwan: *Histoire ecclésiastique*, ed. F. Nau, in *Patrologia Orientalis* 9

Berosus: *The Babyloniaca of Berosus*, trans. Stanley Mayer Burstein (Malibu, 1978)

Bukhari: *Al-Adab al-Mufrad al-Bukhari*, trans. Ustadha Aisha Bewley(www.sunnipath.com/library/Hadith/H0003P0006.aspx)

The Byzantine-Arab Chronicle, trans. Robert Hoyland, in Hoyland (1997), pp. 612–27

Cassius Dio: *Roman History*, trans. Earnest Cary (9 volumes) (Cambridge, Mass., 1914–27)

Chronicon ad Annum Christi 1234 Pertinens, ed. J.-B. Chabot and A. Abouna (2 vols) (Paris, 1937 and 1974)

Chronicon Paschale: 284–628 AD, trans. Michael Whitby and Mary Whitby (Liverpool, 1989)

Cicero: http://classics.mit.edu/Cicero/cic.man.html

Clement of Alexandria: *Stromata*, in *Clemens Alexandrinus*, ed. Otto Stählin, Ludwig Fruchtel and Ursula Treu (Vol. 3) (Berlin, 1970)

Corippus: *Flavius Cresconius Corippus: In Laudem Iustini Augusti Minoris Libri IV*, ed. Averil Cameron (London, 1976)

—— *The Iohannis or de Bellis Libycis of Flavius Cresconius Corippus*, trans. George W. Shea (Lewiston, 1998)

Cosmas Indicopleustes: *Topographia*, in *PG* 88

Cyril of Jerusalem: http://www.newadvent.org/fathers/3101.htm

Cyril of Scythopolis: *Vita Euthymii*, in *Kyrillos von Skythopolis*, ed. Eduard Schwartz (Leipzig, 1939)

Denkard: http://www.avesta.org/denkard/dk3s229.html

Diodorus Siculus: *Library of History*, (12 vols), ed. C. H. Oldfather (Cambridge, Mass., 1933-67)

Egeria: *The Pilgrimage of Etheria*, trans. M. L. McClure and C. L. Feltoe (London, 1919)

Elishe: *History of Vardan and the Armenian War*, trans. Robert W. Thomson (Cambridge, Mass., 1982)

Epiphanius: *The Panarion of St. Epiphanius, Bishop of Salamis*, trans. Philip R. Amidon (Oxford, 1990)

Eusebius: *Preparation for the Gospel*, trans. E. H. Gifford (5 vols) (London, 1903)

—— *The History of the Church*, trans. G. A. Williamson (London, 1989)

—— *Life of Constantine*, trans. Averil Cameron and S. G. Hall (Oxford, 1999)

Evagrius Scholasticus: *The Ecclesiastical History of Evagrius Scholasticus*, trans. M. Whitby (Liverpool, 2000)

Expositio Totius Mundi et Gentium, ed. Jean Rougé (Paris, 1966)

Fredegarius: *Chronicon Fredegarii*, in *Monumenta Germaniae Historica: Scriptores Rerum Merovingicarum* (Hannover, 1888)

George of Pisidia: *Heraclias*, in *PG* 92

Gospel of Pseudo-Matthew: http://www.gnosis.org/library/pseudomat.htm

Greater Bundahishn: http://www.avesta.org/pahlavi/grb1.htm

Gregory of Nyssa: *Homilies on Ecclesiastes*, ed. Stuart George Hall (Berlin, 1993)

Heliodorus: *Aethiopica*, ed. A. Colonna (Rome, 1938)

Herodian: *History of the Empire*, trans. C. R. Whittaker (2 vols) (Cambridge, Mass., 1969-70)

The History of Alexander the Great Being the Syriac Version of the Pseudo-Callisthenes, ed. E. A. W. Budge (Cambridge, 1889)

The History of King Vaxt'ang Gorgasali: Rewriting Caucasian History: The Medieval Armenian Adaptation of the Georgian Chronicles, trans. Robert W. Thomson

(Oxford, 1996)

History of the Patriarchs of the Coptic Church of Alexandria: trans. B. Evetts (4 vols) (Paris, 1906–15)

Ibn Hisham: *The Life of Muhammad: A Translation of Ishaq's Sirat Rasul Allah,* trans. A. Guillaume (Oxford, 1955)

Ibn Miskawayh: *Tagarib al-umam (The Book of Deeds of Xusro I Anosarvan),* ed. L. Caetani (Leyden, 1909)

Ibn Qutayba: *La Traité des Divergences du Hadit d'Ibn Qutayba (mort en 276/889),* trans. Gérard Lecomte (Damascus, 1962)

Ignatius of Antioch: http://web.archive.org/web/20060813114040/www.ccel.org/fathers2/ANF-01/anf01-17.htm

Irenaeus: http://www.newadvent.org/fathers/0103.htm

Isidore of Pelusium: *Letters,* in *PG* 78

Jerome: http://www.newadvent.org/fathers/3001.htm

John bar Penkâye: 'Northern Mesopotamia in the Late Seventh Century: Book XV of John bar Penkâye's *Rish Mellé* (*Jerusalem Studies in Arabic and Islam* 9, 1987)

John of Damascus: *De Haeresibus,* in *PG* 94: 677–780

John of Ephesus: *Pseudo-Dionysius of El-Mahre: Chronicle, Part III,* trans. Witold Witakowski (Liverpool, 1996)

John Malalas: *The Chronicle of John Malalas,* trans. Elizabeth Jeffreys, Michael Jeffreys and Roger Scott (Melbourne, 1986)

John of Nikiu: *The Chronicle of John (c. 690 AD) Coptic Bishop of Nikiu,* trans. Robert Henry Charles (London, 1916)

Josephus: *The Antiquities of the Jews,* in *The Complete Works of Josephus,* trans. William Whiston (Peabody, 1987)

Joshua the Stylite: *The Chronicle of Pseudo-Joshua the Stylite,* trans. Frank R. Trombley and John W. Watt (Liverpool, 2000)

Justin Martyr: *Iustini Martyris Dialogus cum Tryphone,* ed. Miroslav Marcovich (New York, 1997)

Khuzistan Chronicle, ed. I. Guidi (Louvain, 1960)

Lactantius: *De Mortibus Persecutorum,* ed. and trans. J. L. Creed (Oxford, 1984)

—— http://www.newadvent.org/fathers/0701.htm

Lazar P'arpec'i: *The History of Lazar P'arpec'i,* trans. Robert W. Thomson (Atlanta, 1991)

Letter of Tansar, trans. Mary Boyce (Rome, 1968)

'Letter to Diognetus': (a) http://www.ccel.org/ccel/richardson/fathers.x.i.ii.html

—— (b) http://www.ccel.org/l/lake/fathers/diognetus.htm

Life of Symeon the Younger. La Vie Ancienne de S. Syméon le Jeune, ed. P. Van den Ven (Brussels, 1970)

Livy: *The War with Hannibal*, trans. Aubrey de Sélincourt (London, 1965)

Menander the Guardsman: *The History of Menander the Guardsman*, trans. R. C. Blockley (Liverpool, 1985)

Mihr Yasht: http://www.avesta.org/ka/yt10sbe.htm

Moses Dasxuranci: *History of the Caucasian Albanians*, trans. Charles Dowsett (Oxford, 1961)

Nikephoros: *Short History*, trans. Cyril Mango (Dumbarton Oaks, 1990)

Novels: http://uwacadweb.uwyo.edu/blume&justinian/novels2.asp

Origen: *Homilies on Luke* (http://www.bible-researcher.com/origen.html)

Paul the Deacon: *Historia Langobardorum*, in *Monumenta Germaniae Historica: Scriptores Rerum Langobardicarum* (Hannover, 1878)

Plutarch: *Roman Questions*, ed. Frank Cole Battitt (Cambridge, Mass., 1936)

―――― *The Rise and Fall of Athens*, trans. Ian Scott-Kilvert (London, 1960)

Porphyrius: *Carmina* (http://www.thelatinlibrary.com/porphyrius.html)

Procopius: *History of the Wars*, trans. H. B. Dewing (5 vols) (Cambridge, Mass., 1914–28)

―――― *On Buildings*, trans. H. B. Dewing and Glanville Downey (Cambridge, Mass., 1940)

―――― *The Secret History*, trans. G. A. Williamson (London, 2007)

Propertius: *Elegies*, ed. G. P. Goold (Cambridge, Mass., 1990)

Sahih Bukhari: http://www.quranenglish.com/hadith/Sahih_bukhari.htm

The Sayings of the Desert Fathers, trans. Benedicta Ward (Collegeville, 2005)

Sebeos: *The Armenian History Attributed to Sebeos*, trans. R. W. Thomson, with commentary by J. Howard-Johnston (2 vols) (Liverpool, 1999)

Sefer ha-Eshkol, ed. Abraham ben Isaac (4 vols) (Halberstadt, 1868)

Sidonius Apollinaris: *Poems and Letters*, ed. W. B. Anderson (2 vols) (Harvard, 1936–65)

Six Early Arab Poets: New Edition and Concordance, ed. Albert Arazi and Salman Masalha (Jerusalem, 1999)

Socrates Scholasticus: http://www.newadvent.org/fathers/2601.htm

Sozomen: *Ecclesiastical History*, trans. Edward Walford (London, 1846)

Stephen of Herakleopolis: *A Panegyric on Apollo Archimandrite of the Monastery of Isaac by Stephen Bishop of Heracleopolis Magna*, ed. K. H. Kuhn (Louvain, 1978)

Strabo: *The Geography of Strabo*, ed. H. L. Jones (8 vols) (Cambridge, Mass., 1917–32)

Synodicon Orientale: ed. and trans. J.-B. Chabot (3 vols) (Paris, 1902)

Tabari: *The Marwanid Restoration: The Caliphate of Abd al-Malik* (vol. 22), trans. Everrett K. Rowson (Albany, 1989)

―――― *The Battle of al-Qadisiyyah and the Conquest of Syria and Palestine* (vol. 12), trans.

Yohanan Friedmann (Albany, 1992)

──── *The Sasanids, the Byzantines, the Lakhmids, and Yemen* (vol. 5 of *The History of Tabari*), trans. C. E. Bosworth (Albany, 1999)

The Talmud: The Soncino Talmud, ed. I. Epstein (18 vols) (London, 1935-48)

Teachings of Jacob: 'Doctrina Iacobi Nuper Baptizati', ed. N. Bonwetsch (Berlin, 1910)

Tertullian: http://www.tertullian.org/

Tha'alibi: *Ghurar Akhbar Muluk al-Fars*, trans. H. Zotenberg (Paris, 2000)

Theodoret: *Ecclesiastical History* (London, 1844)

──── *The Cure of Greek Maladies* (*Thérapeutique des Maladies Helléniques*), ed. P Canivet (Paris, 1958)

──── *The Ecclesiastical History, Dialogues, and Letters of Theodoret*, trans. B. Jackson (Grand Rapids, 1979)

──── *Life of Saint Simeon Stylites*, in *The Lives of Saint Simeon Stylites*, trans. Robert Doran (Kalamazoo, 1992)

──── *Compendium of Heretical Fables*, in *PG* 83, pp. 335-555

Theodosian Code: http://ancientrome.ru/ius/library/codex/theod/tituli.htm

Theophanes: *The Chronicle of Theophanes*, trans. Harry Turtledove (Philadelphia, 1982)

Theophylact Simocatta: *The History of Theophylact Simocatta*, trans. Michael Whitby and Mary Whitby (Oxford, 1986)

Three Byzantine Saints, trans. Elizabeth Dawes and Norman H. Baynes (Crestwood, 1977)

Virgil: *The Aeneid*, trans. C. Day Lewis (Oxford, 1952)

Wisdom of the Desert Fathers: trans. Benedicta Ward (Oxford 1979)

Yasna: http://www.avesta.org/yasna/yasna.htm

Zonaras: *The History of Zonaras: From Alexander Severus to the Death of Theodosius the Great*, trans. Thomas M. Banchich and Eugene N. Lane (Abingdon, 2009)

Zosimus: *New History*, trans. Ronald T. Ridley (Sydney, 1982)

2차 자료

Abu Zayd, Nasr: *Reformation of Islamic Thought: A Critical Historical Analysis* (Amsterdam, 2006)

Adams, Charles: 'Reflections on the Work of John Wansbrough', in Berg 1997

Adams, Robert McCormick: *Heartland of Cities: Surveys of Ancient Settlement and Land Use on the Central Floodplain of the Euphrates* (Chicago, 1981)

Afsaruddin, Asma: *The First Muslims: History and Memory* (Oxford, 2008)

Alexander, L. A: 'The Living Voice: Scepticism towards the Written Word in Early

Christian and in Graeco-Roman Texts', in *The Bible in Three Dimensions*, ed. D. J. A. Clines, S. E. Fowl and S. E. Porter (Sheffield, 1990)

Alexander, Paul J.: *The Byzantine Apocalyptic Tradition* (Berkeley and Los Angeles, 1985)

Alexander, Philip S.: 'Jewish Believers in Early Rabbinic Literature (2nd to 5th Centuries)', in Skarsaune and Hvalvik

Amory, Patrick: *People and Identity in Ostrogothic Italy, 489–554* (Cambridge, 2003)

Anderson, Andrew Runni: 'Alexander's Horns' (*Transactions and Proceedings of the American Philological Association* 58, 1927)

Ando, Clifford: 'The Palladium and the Pentateuch: Towards a Sacred Topography of the Later Roman Empire' (*Phoenix* 55, 2001)

Andrae, Tor: *Les Origines de l'Islam et le Christianisme*, trans. Jules Roche (Paris, 1955)

——— *In the Garden of Myrtles: Studies in Early Islamic Mysticism*, trans. Birgitta Sharpe (Albany, 1987)

Angold, Michael: 'Procopius' Portrait of Theodora', in *Studies in Honour of Robert Browning*, ed. C. N. Constantinides, N. M. Panagiotakes, E. Jeffreys and A. D. Angelou (Venice, 1996)

Armstrong, Karen: *Muhammed: A Western Attempt to Understand Islam* (London, 1992)

Aslan, Reza: *No God but God: The Origins, Evolution and Future of Islam* (London, 2005)

Athamina, Khalil: 'The Pre-Islamic Roots of the Early Muslim Caliphate: The Emergence of Abu Bakr' (*Der Islam* 76, 1999)

Athanassiadi, Polymnia: 'Persecution and Response in Late Paganism' (*Journal of Hellenic Studies* 113, 1993)

——— *Damascus: The Philosophical History* (Athens, 1999)

Avi-Yonah, M.: *The Jews of Palestine: A Political History from the Bar Kokhba War to the Arab Conquest* (Oxford, 1976)

Ayoub, M.: *The Qur'an and its Interpreters*, vol. 1 (Albany, 1984)

al-Azami, Mohammad Mustafa: *On Schacht's Origins of Muhammadan Jurisprudence* (Riyadh, 1985)

——— *The History of the Qur'anic Text, from Revelation to Compilation: A Comparative Study with the Old and New Testaments* (Leicester, 2003)

Bagnall, Roger S. (ed.): *Egypt in the Byzantine World, 300–700* (Cambridge, 2007)

Bamberger, Bernard J.: *Proselytism in the Talmudic Period* (New York, 1968)

Bashear, Sulayman: 'Qur'an 2.114 and Jerusalem' (*Bulletin of the School of Oriental and African Studies* 52, 1989)

——— 'The Title "*Faruq*" and its Association with 'Umar I' (*Studia Islamica* 72, 1990)

——— 'Apocalyptic and Other Materials on Early Muslim–Byzantine Wars: A Review of Arabic Sources' (*Journal of the Royal Asiatic Society* 1, 1991a)

—— 'Qibla Musharriqa and Early Muslim Prayer in Churches' (*Muslim World* 81, 1991b)

—— *Studies in Early Islamic Tradition* (Jerusalem, 2004)

Bassett, Sarah: *The Urban Image of Late Antique Constantinople* (Cambridge, 2004)

Bauer, Walter: *Orthodoxy and Heresy in Earliest Christianity*, ed. Robert A. Kraft and Gerhard Krodel (Philadelphia, 1971)

Bausani, Alessandro: *Religion in Iran: From Zoroaster to Baha'ullah*, trans. J. M. Marchesi (New York, 2000)

Beard, Mary, North, John A. and Price, S. R. F: *Religions of Rome* (Cambridge, 1998)

Becker, Adam H.: 'Beyond the Spatial and Temporal *Limes*: Questioning the "Parting of the Ways" outside the Roman Empire', in Becker and Reed

Becker, Adam H. and Reed, Annette Yoshiko: *The Ways that Never Parted: Jews and Christians in Late Antiquity and the Early Middle Ages* (Tübingen, 2003)

Berg, Herbert (ed.): *Islamic Origins Reconsidered: John Wansbrough and the Study of Early Islam* (special issue of *Method and Theory in the Study of Religion* 9 (1), 1997)

—— *The Development of Exegesis in Early Islam* (Richmond, 2000)

—— (ed.): *Method and Theory in the Study of Islamic Origins* (Leiden, 2003)

Bier, Lionel: 'Sasanian Palaces and their Influence in Early Islamic Architecture' (http://www.cais-soas.com/CAIS/Architecture/sasanian_palaces_islam.htm)

Bishop, Eric R.: 'The Qumran Scrolls and the Qur'an' (*Muslim World* 48, 1958)

Bivar, A. D. H.: 'Hayatila', in *Encyclopaedia of Islam*

—— 'Gorgan: Pre-Islamic History', in *Encyclopedia Iranica*

Blankinship, Khalid Yahya: *The End of the Jihad State: The Reign of Hisham Ibn Abd al-Malik and the Collapse of the Umayyads* (Albany, 1994)

Blockley, R. C.: *The Fragmentary Classicising Historians of the Later Roman Empire: Eunapius, Olympiodorus, Priscus and Malchus* (2 vols) (Liverpool, 1981-3)

Bobzin, Hartmut: 'A Treasury of Heresies: Christian Polemics against the Koran', in Wild

Bonner, Michael (ed.): *Arab–Byzantine Relations in Early Islamic Times* (Aldershot, 2004)

—— *Jihad in Islamic History: Doctrines and Practice* (Princeton, 2006)

Bowersock, Glen W.: *Roman Arabia* (Cambridge, Mass., 1983)

—— *Martyrdom and Rome* (Cambridge, 1995)

Bowersock, G. W., Brown, Peter and Grabar, Oleg: *Late Antiquity: A Guide to the Postclassical World* (Cambridge, Mass., 1999)

Boyarin, Daniel: *Dying for God: Martyrdom and the Making of Christianity and Judaism* (Stanford, 1999)

———— 'Semantic Differences; or "Judaism"/"Christianity"', in *The Partition of Judaeo-Christianity*, ed. Adam H. Becker and Annette Yoshiko Reed; (Philadelphia, 2004)

Boyce, Mary: 'On the Sacred Fires of the Zoroastrians' (*Bulletin of the School of Oriental and African Studies* 31, 1968)

———— 'On Mithra's Part in Zoroastrianism' (*Bulletin of the School of Oriental and African Studies* 32, 1969)

———— *A History of Zoroastrianism*, vols 1 and 2 (Leiden, 1975a)

———— *A Reader in Manichaean Middle Persian and Parthian* (Leiden, 1975b)

———— *Zoroastrians: Their Religious Beliefs and Practices* (London and New York, 1979)

———— 'Adhur Burzen-Mihr', in *Encyclopedia Iranica*

———— 'Adhur Gusnasp', in *Encyclopedia Iranica*

———— 'Adhur Farnbag', in *Encyclopedia Iranica*

Brague, Rémi: *The Law of God: The Philosophical History of an Idea*, trans. Lydia G. Cochrane (Chicago, 2007)

Brock, S. P.: 'The Conversations with the Syrian Orthodox under Justinian' (*Orientala Christiana Periodica* 47, 1981)

———— 'Christians in the Sasanid Empire: A Case of Divided Loyalties', in *Church History* 18, ed. Stuart Mews (Oxford, 1982)

———— 'Syriac Views of Emergent Islam', in Juynboll

———— *Syriac Perspectives on Late Antiquity* (London, 1984)

———— 'North Mesopotamia in the Late Seventh Century: Book XV of John bar Penkaye's *Ris Mellé*' (*Jerusalem Studies in Arabic and Islam* 9, 1987)

Brooks, E. W.: 'The Arabs in Asia Minor (641–750), from Arabic Sources' (*Journal of Hellenic Studies* 18, 1898)

———— 'The Campaign of 716–718, from Arabic Sources' (*Journal of Hellenic Studies* 19, 1899)

Brown, Peter: *The World of Late Antiquity* (London, 1971)

———— 'Understanding Islam' (*New York Review of Books*, 22 February 1979)

———— *Power and Persuasion in Late Antiquity: Towards a Christian Empire* (Madison, 1992)

———— *Authority and the Sacred: Aspects of the Christianisation of the Roman World* (Cambridge, 1995)

———— *The Rise of Western Christendom: Triumph and Diversity, AD 200–1000* (Oxford, 2003)

Browning, Robert: *Justinian and Theodora* (London, 1971)

Bulliet, Richard W.: *Conversion to Islam in the Medieval Period: An Essay in Quantitive History* (Cambridge, Mass., 1979)

Burton, John: *The Collection of the Qur'an* (Cambridge, 1977)

— Review of *The History of al-Tabari, Vol. VI* (*Bulletin of the School of Oriental and African Studies* 53, 1990)

— 'Rewriting the Timetable of Early Islam' (*Journal of the American Oriental Society* 115, 1995)

Busse, Heribert: 'Omar's Image as the Conqueror of Jerusalem' (*Jerusalem Studies in Arabic and Islam* 8, 1986)

— 'Antioch and its Prophet Habib al-Najjar' (*Jerusalem Studies in Arabic and Islam* 24, 2000)

Byrskog, Samuel: *Story as History, History as Story: The Gospel Tradition in the Context of Ancient Oral History* (Leiden, 2002)

Calder, Norman: *Studies in Early Muslim Jurisprudence* (Oxford, 1993)

Cambridge Ancient History, Vol. 14: Late Antiquity: Empire and Successors, AD 425–600, ed. Averil Cameron, Bryan Ward-Perkins and Michael Whitby (Cambridge, 2000)

Cambridge History of Iran, Vol. 3. The Seleucid, Parthian and Sassanian Periods, ed. Ehsan Yarshater (Cambridge, 1983)

Cameron, Averil: *Procopius and the Sixth Century* (Berkeley, 1985)

— *The Mediterranean World in Late Antiquity, AD 395–600* (London, 1993)

— (ed.): *The Byzantine and Early Islamic Near East III: States, Resources and Armies* (Princeton, 1995)

Cameron, Averil and Conrad, Lawrence I. (eds): *The Byzantine and Early Islamic Near East: Problems in the Literary Source Material* (Princeton, 1992)

Carleton Paget, James: *Jews, Christians and Jewish Christians in Antiquity* (Cambridge, 2010)

Christensen, A: *Le Règne de Kawadh I et le Communisme Mazdakite* (Copenhagen, 1925)

— *L'Iran sous les Sassanides* (Copenhagen, 1944)

Cohen, Mark R.: 'What Was the Pact of 'Umar? A Literary-Historical Study' (*Jerusalem Studies in Arabic and Islam* 23, 1999)

Cohen, Shaye J. D.: *The Beginnings of Jewishness: Boundaries, Varieties, Uncertainties* (Berkeley and Los Angeles, 1999)

Conrad, Lawrence I.: 'Al-Azdi's History of the Arab Conquests in Bilad-al-Sham: Some Historiographical Observations' (*Bilad al-Sham Proceedings* 1, 1985)

— 'Abraha and Muhammad: Some Observations Apropos of Chronology and Literary "topoi" in the Early Arabic Historical Tradition' (*Bulletin of the School of Oriental and African Studies* 50, 1987)

— 'Theophanes and the Arabic Historical Tradition: Some Indications of

Intercultural Transmission' (*Byzantinische Forschungen* 15, 1988)

—— 'Historical Evidence and the Archaeology of Early Islam', in *Quest for Understanding: Arabic and Islamic Studies in Memory of Malcolm H. Kerr* (Beirut, 1991)

—— 'The Conquest of Arwad: A Source Critical Study in the Historiography of the Early Medieval Near East', in Cameron and Conrad

—— 'Epidemic Disease in Central Syria in the Late Sixth Century: Some New Insights from the Verse of Hassan ibn Thabit' (*Byzantine and Modern Greek Studies* 18, 1994)

Cook, Michael: *Early Muslim Dogma* (Cambridge, 1981)

—— *Muhammed* (Oxford, 1983)

—— 'Eschatology and the Dating of Traditions' (*Princeton Papers in Near Eastern Studies* 1, 1992)

—— 'The Opponents of the Writing of Tradition in Early Islam' (*Arabica* 44, 1997)

—— *The Koran: A Very Short Introduction* (Oxford, 2000)

—— *Commanding Right and Forbidding Wrong in Islamic Thought* (Cambridge, 2000)

—— *Studies in the Origins of Early Islamic Culture and Tradition* (Aldershot, 2004)

Costa, Paolo M.: *Studies in Arabian Architecture* (Aldershot, 1994)

Croke, Brian and Crow, James: 'Procopius and Dara' (*Journal of Roman Studies* 73, 1983)

Crone, Patricia: *Slaves on Horses: The Evolution of the Islamic Polity* (Cambridge, 1980)

—— *Meccan Trade and the Rise of Islam* (Oxford, 1987a)

—— *Roman, Provincial and Islamic Law: The Origins of the Islamic Patronate* (Cambridge, 1987b)

—— 'Kavad's Heresy and Mazdak's Revolt' (*Iran* 29, 1991)

—— 'Serjeant and Meccan Trade' (*Arabica* 39, 1992)

—— 'The First-Century Concept of *Higra*' (*Arabica* 41, 1994)

—— *From Kavad to al-Ghazali: Religion, Law and Political Thought in the Near East, c. 60–c. 1100* (Aldershot, 2005a)

—— 'How did the Quranic Pagans Make a Living?' (*Bulletin of the School of Oriental and African Studies* 68, 2005b)

—— 'Quraysh and the Roman Army: Making Sense of the Meccan Leather Trade' (*Bulletin of the School of Oriental and African Studies* 70, 2007)

—— *From Arabian Tribes to Islamic Empire: Army, State and Society in the Near East c. 600–850* (Aldershot, 2008)

—— 'The Religion of the Qur'anic Pagans: God and the Lesser Deities' (*Arabica* 57, 2010)

Crone, Patricia and Cook, Michael: *Hagarism: The Making of the Islamic World*

(Cambridge, 1977)

Crone, Patricia and Hinds, Martin: *God's Caliph: Religious Authority in the First Centuries of Islam* (Cambridge, 1986)

Crown, Alan D. (ed.): *The Samaritans* (Tübingen, 1989)

Crown, Alan D., Pummer, Reinhard and Tal, Abraham (eds): *A Companion to Samaritan Studies* (Tübingen, 1993)

Czeglédy, Károly: 'Bahram Cobin and the Persian Apocalyptic Literature' (*Acta Orientalia Hungarica* 8, 1958)

Dabrowa, E. (ed.): *The Roman and Byzantine Army in the East* (Krakow, 1994)

Dagron, Gilbert: *Constantinople Imaginaire* (Paris, 1984)

Dagron, Gilbert and Déroche, Vincent: 'Juifs et Chrétiens dans l'Orient du VIIe Siècle' (*Travaux et Mémoires* 11, 1991)

Daryaee, Touraj: 'National History or Keyanid History? The Nature of Sasanid Zoroastrian Historiography' (*Iranian Studies* 28, 1995)

—— 'Apocalypse Now: Zoroastrian Reflection on the Early Islamic Centuries' (*Medieval Encounters* 4, 1998)

—— 'Memory and History: The Construction of the Past in Late Antique Persia' (*Name-ye Iran-e Bastan* 1–2, 2001–2)

—— *Sasanian Persia: The Rise and Fall of an Empire* (London, 2009)

Dauphin, C.: *La Palestine Byzance* (3 vols) (Oxford, 1998)

De Blois, François: 'The "Sabians" [sâbi'ûn] in Pre-Islamic Arabia' (*Acta Orientalia* 56, 1995)

—— 'Nasrani (*Nazoraios*) and *hanif* (*ethnikos*): Studies on the Religious Vocabulary of Christianity and Islam' (*Bulletin of the School of Oriental and African Studies* 65, 2002)

De Jong, Albert: 'Sub Specie Maiestatis: Reflections on Sasanian Court Rituals', in *Zoroastrian Rituals in Context*, ed. Michael Stausberg (Leiden, 2004)

De Maigret, Alessandro: *Arabia Felix*, trans. Rebecca Thompson (London, 2002)

De Prémare, Alfred-Louis: *Aux Origines du Coran: Questions d'Hier, Approches d'Aujourd'hui* (Paris, 2007)

Dennett, D. C.: *Conversion and the Poll-Tax in Early Islam* (Cambridge, Mass., 1950)

Dignas, Beate and Winter, Engelbert: *Rome and Persia in Late Antiquity* (Cambridge, 2007)

Dixon, 'Abd al-Ameer 'Abd: *The Umayyad Caliphate: 65–86/684–705* (London, 1971)

Dols, Michael: *The Black Death in the Middle East* (Princeton, 1977)

Donner, Fred M.: 'Mecca's Food Supplies and Muhammad's Boycott' (*Journal of the Economic and Social History of the Orient* 20, 1977)

—— *The Early Islamic Conquests* (Princeton, 1981)

—— 'Sources of Islamic Conceptions of War', in *Just War and Jihad*, ed. J. M. Kelsay and J. T. Johnson (New York, 1991)

—— *Narratives of Islamic Origins: The Beginnings of Islamic Historical Writing* (Princeton, 1998)

—— Review of *The Idea of Idolatry and the Emergence of Islam: From Polemic to History*, by G. R. Hawting (*Journal of the American Oriental Society* 121, 2001)

—— *Muhammad and the Believers at the Origins of Islam* (Cambridge, Mass., 2010)

Donner, Herbert: *The Mosaic Map of Madaba* (Kampen, 1992)

Downey, Glanville: *Constantinople in the Age of Justinian* (Norman, 1960)

—— *Ancient Antioch* (Princeton, 1963)

Drake, H. A.: *Constantine and the Bishops: The Politics of Intolerance* (Baltimore, 2000)

Drijvers, H. J. W.: 'Jews and Christians at Edessa' (*Journal of Jewish Studies* 36, 1985)

Duffy, John: 'Byzantine Medicine in the Sixth and Seventh Centuries: Aspects of Teaching and Practice' (*Dumbarton Oaks Papers* 38, 1984)

Duri, A. A.: *The Rise of Historical Writing Among the Arabs*, trans. Lawrence I. Conrad (Princeton, 1983)

Durliat, Jean: 'La Peste du VIe siècle: Pour un nouvel examen des sources byzantines', in *Hommes et richesses dans l'empire Byzantin*, ed. V. Kravari, C. Morrison and J. Lefort (2 vols) (Paris, 1989–91)

Ehrman, Bart: *The Orthodox Corruption of Scripture: The Effect of Early Christological Controversies on the Text of the New Testament* (Oxford, 1993)

—— *Lost Christianities: The Battles for Scripture and the Faiths We Never Knew* (Oxford, 2003)

Elad, Amikam: 'Why Did 'Abd al-Malik Build the Dome of the Rock? A Reexamination of the Muslim Sources', in Raby and Johns

—— 'The Southern Golan in the Early Muslim Period: The Significance of Two Newly Discovered Milestones of 'Abd al-Malik' (*Der Islam* 76, 1999)

El Cheikh, Nadia Maria: *Byzantium Viewed by the Arabs* (Cambridge, Mass., 2004)

Encyclopaedia of Islam, ed. P. J. Bearman, Th. Bianquis, C. E. Bosworth, E. van Donzel and W. P. Heinrichs *et al.* (2nd edn) (Leiden, 1960–2005)

Encyclopedia Iranica, ed. Ehsan Yarshater (London and New York, 1996–)

Eph'al, I.: '"Ishmael" and "Arab(s)": A Transformation of Ethnological Terms' (*Journal of Near Eastern Studies* 35, 1976)

Esmonde Cleary, A. S.: *The Ending of Roman Britain* (London, 1989)

Ettinghausen, Richard: *Arab Painting* (Geneva, 1962)

Evans, J. A. S.: *The Age of Justinian: The Circumstances of Imperial Power* (London, 1996)

Farrokh, Kaveh: *Sassanian Elite Cavalry, AD 224–642* (Oxford, 2005)

—— *Shadows in the Desert: Ancient Persia at War* (Oxford, 2007)

Flood, Finbarr Barry: *The Great Mosque of Damascus: Studies on the Makings of an Umayyad Visual Culture* (Leiden, 2001)

Flusin, Bernard: 'L'Esplanade du Temple à l'arrivée des Arabes, d'après deux récits byzantins', in Raby and Johns.

Fonrobert, Charlotte Elisheva and Jaffee, Martin S. (eds): *The Cambridge Companion to the Talmud and Rabbinic Literature* (Cambridge, 2007)

Forsyth, George H. and Weitzmann, Kurt: *The Monastery of Saint Catherine at Mount Sinai* (Ann Arbor, 1974)

Foss, Clive: 'The Persians in Asia Minor and the End of Antiquity' (*English Historical Review* 90, 1975)

—— *Ephesus after Antiquity: A Late Antique, Byzantine and Turkish City* (Cambridge, 1979)

Fowden, Garth: 'Constantine's Porphyry Column: the Earliest Literary Allusion' (*Journal of Roman Studies* 81, 1991)

—— *Empire to Commonwealth: Consequences of Monotheism in Late Antiquity* (Princeton, 1993)

Frankfurter, David T. M.: 'Stylites and *Phallobates*: Pillar Religions in Late Antique Syria' (*Vigiliae Christianae* 44, 1990)

French, D. H. and Lightfoot, C. S. (eds): *The Eastern Frontier of the Roman Empire* (2 vols) (Oxford, 1989)

Friedman, Richard Elliott: *Who Wrote the Bible?* (New York, 1987)

Frye, Richard N.: *The Golden Age of Persia: The Arabs in the East* (London, 1975)

—— *The History of Ancient Iran* (Munich, 1984)

Gabriel, Richard A.: *Muhammad: Islam's First Great General* (Norman, 2007)

Gager, John G.: 'Did Jewish Christians See the Rise of Islam?', in Becker and Reed

Garnsey, p. D. A. and Whittaker, C. R. (eds): *Imperialism in the Ancient World* (Cambridge, 1978)

Gaspar, C.: 'The King of Kings and the Holy Men: Royal Authority and Sacred Power in the Early Byzantine World', in *Monotheistic Kingship: The Medieval Variants*, ed. Aziz Al-Azmeh and Janos M. Bak (Budapest, 2004)

Gaube, Heinz: 'Mazdak: Historical Reality or Invention?' (*Studia Iranica* 11, 1982)

Ghirshman, R.: *Les Chionites-Hephthalites* (Cairo, 1948)

—— *Persian Art: The Parthian and Sasanian Dynasties* (London, 1962)

—— *Persia: From the Origins to Alexander*, trans. Stuart Gilbert and James Emmons (London, 1964)

Gibbon, Edward: *The History of the Decline and Fall of the Roman Empire* (3 vols) (London, 1994)

Gilliot, Claude: 'Muhammad, le Coran et les "Contraintes de l'Histoire"', in Wild

Gnoli, Gherardo: *Zoroaster's Time and Homeland: A Study on the Origins of Mazdeism and Related Problems* (Naples, 1980)

——— *The Idea of Iran: An Essay on its Origin* (Rome, 1989)

Goldziher, Ignaz: *Muslim Studies*, trans. Barber and Stern (2 vols) (London, 1967–71)

——— *Introduction to Islamic Theology and Law*, trans. Andras Hamori and Ruth Hamori (Princeton, 1981)

Gonen, Rivka: *Contested Holiness: Jewish, Muslim and Christian Perspectives on the Temple Mount in Jerusalem* (Jersey City, 2003)

Goodblatt, David M.: *Elements of Ancient Jewish Nationalism* (Cambridge, 2006)

Grabar, Oleg: *The Formation of Islamic Art* (New Haven, 1973)

——— *The Dome of the Rock* (Cambridge, Mass., 2006)

Graf, David F.: *Rome and the Arabian Frontier: From the Nabataeans to the Saracens* (Aldershot, 1997)

Graf, D. F. and O'Connor, M.: 'The Origin of the Term Saracen and the Rawwafa Inscriptions' (*Byzantine Studies* 4, 1977)

Green, Tamara M.:*The City of the Moon God: ReligiousTraditions of Harran* (Leiden, 1992)

Gregory, Timothy E.: *A History of Byzantium* (Oxford, 2005)

Grierson, Philip: 'The Monetary Reforms of 'Abd al-Malik' (*Journal of the Economic and Social History of the Orient* 3, 1960)

Griffith, S. H.: '"Syriacisms" in the Arabic Qur'an: Who Were "Those who said that Allah is third of three, according to *al-Ma'idah* 73"?', in *A Word Fitly Spoken: Studies in Mediaeval Exegesis of the Hebrew Bible and the Qur'an*, ed. Meir M. Bar-Asher, Simon Hopkins, Sarah Stroumsa and Bruno Chiesa (Jerusalem, 2007)

——— 'Christian Lord and the Arabic Qur'an: The "Companions of the Cave" in *Surat al-Kahf* and in Syriac Christian Tradition', in Reynolds Grohmann, A.: 'Aperçu de papyrologie arabe' (*Études de Papyrologie* 1, 1932)

——— *Arabic Papyri from Hirbet el-Mird* (Louvain, 1963)

Gruen, Erich S.: *Culture and National Identity in Republican Rome* (Ithaca, 1992)

Grunebaum, G. E. von: *Classical Islam: A History, 600 AD to 1258 AD*, trans. Katherine Wilson (New Brunswick, 2005)

Guidi, M.: 'Mazdak', in *Encyclopaedia of Islam*

Guilland, Rodolphe: 'L'Expédition de Maslama contre Constantinople' (*Études Byzantines* 1, 1959)

Gutas, Dimitri: *Greek Thought, Arabic Culture* (London, 1998)

Gyselen, Rika: *The Four Generals of the Sasanian Empire: Some Sigillographic Evidence*(Rome, 2001)

Haas, Christopher: *Alexandria in Late Antiquity: Topography and Social Conflict*

(Baltimore, 1997)

Hakim, Avraham: 'Conflicting Images of Lawgivers: The Caliph and the Prophet', in Berg 2003

Haldon, J. F.: *Byzantium in the Seventh Century: The Transformation of a Culture* (Cambridge, 1990)

Haldon J. F. and Kennedy, H.: 'The Arab–Byzantine Frontier in the Eighth and Ninth Centuries: Military Organisation and Society in the Borderlands' (*Zbornik Radova* 19, 1980)

Hallaq, Wael B.: 'Was the Gate of Ijtihad Closed?' (*International Journal of Middle East Studies* 16, 1984)

Hardy, Edward R.: 'The Egyptian Policy of Justinian' (*Dumbarton Oaks Papers* 22, 1968)

Harris, Anthea: *Byzantium, Britain and the West: The Archaeology of Cultural Identity, AD 400–650* (Stroud, 2003)

Harvey, Susan Ashbrook and Hunter, David G. (eds): *The Oxford Handbook of Early Christian Studies* (Oxford, 2008)

Hawting, G. R.: 'The Disappearance and Rediscovery of Zamzam and the "Well of the Ka'ba"' (*Bulletin of the School of Oriental and African Studies* 43, 1980)

—— 'The Origins of the Muslim Sanctuary at Mecca', in Juynboll

—— Review of *Die Widerentdeckung des Propheten Muhammad*, by G. Lüling (*Journal of Semitic Studies* 27, 1982b)

—— Review of *The Early Islamic Conquests*, by Fred M. Donner (*Bulletin of the School of Oriental and African Studies* 47, 1984)

—— 'Al-Hudaybiya and the Conquest of Mecca: A Reconsideration of the Tradition about the Muslim Takeover of the Sanctuary' (*Jerusalem Studies in Arabic and Islam* 8, 1986)

—— 'The "Sacred Offices" of Mecca from Jahiliyya to Islam' (*Jerusalem Studies in Arabic and Islam* 13, 1990)

—— 'The *Hajj* in the Second Civil War', in *Golden Roads: Migration, Pilgrimage and Travel in Mediaeval and Modern Islam*, ed. Ian Richard Netton (Richmond, 1993)

—— *The Idea of Idolatry and the Emergence of Islam* (Cambridge, 1999)

—— *The First Dynasty of Islam: The Umayyad Caliphate, AD 661–750* (Abingdon, 2000)

Hawting, G. R. and Sharee, Abdul-Kader A.: *Approaches to the Qur'an* (London and New York, 1993)

Heather, Peter: *Empires and Barbarians: Migration, Development and the Birth of Europe* (London, 2009)

Heck, Gene W.: '"Arabia without Spices": An Alternate Hypothesis: The Issue of "Makkan Trade and the Rise of Islam"' (*Journal of the American Oriental Society* 123, 2003)

Herrmann, G.: *The Iranian Revival* (London, 1977)

Hirschfeld, Yizhar: *A Guide to Antiquity Sites in Tiberias*, trans. Edward Levin and Inna Pommerantiz (Jerusalem, 1992a)

—— *The Judean Desert Monasteries in the Byzantine Period* (New Haven, 1992b)

Hopkins, Keith: 'Christian Number and its Implications' (*Journal of Early Christian Studies* 6, 1998)

Horn, Cornelia: 'Intersections: The Reception History of the *Protoevangelium of James* in Sources from the Christian East and in the *Qur'an*' (*Apocrypha* 17, 2006)

—— 'Mary between Bible and Qur'ān: Soundings into the Transmission and Reception History of the *Protoevangelium of James* on the Basis of Selected Literary Sources in Coptic and Copto-Arabic and of Art Historical Evidence Pertaining to Egypt' (*Islam and Muslim–Christian Relations* 18, 2007)

Howard-Johnston, James: *East Rome, Sasanian Persia and the End of Antiquity* (Aldershot, 2006)

—— *Witnesses to a World in Crisis: Historians and Histories of the Middle East in the Seventh Century* (Oxford, 2010)

Hoyland, Robert G.: 'Sebeos, the Jews and the Rise of Islam', in *Medieval and Modern Perspectives on Muslim–Jewish Relations*, ed. Ronald L. Nettler (Luxembourg, 1995)

—— *Seeing Islam as Others Saw It: A Survey and Evaluation of Christian, Jewish and Zoroastrian Writings on Early Islam* (Princeton, 1997)

—— 'Earliest Christian Writings on Muhammad', in Motzki 2000

—— *Arabia and the Arabs: From the Bronze Age to the Coming of Islam* (London, 2001)

—— 'New Documentary Texts and the Early Islamic State' (*Bulletin of the School of Oriental and African Studies* 69, 2006)

Huff, Dietrich: 'The Functional Layout of the Fire Sanctuary at Takht-i Sulaiman', in Kennet and Luft

Humphreys, R. Stephen: *Mu'awiya ibn Abi Sufyan: From Arabia to Empire* (Oxford, 2006)

Huyse, P.: 'La Revendications de Territoires Achéménides par les Sassanides: Une Réalité Historique?' (*Studia Iranica Cahier* 25, 2002)

Ibn Warraq (ed.): *The Origins of the Koran: Classic Essays on Islam's Holy Book* (New York, 1998)

—— (ed.): *The Quest for the Historical Muhammad* (New York, 2000)

—— (ed.): *What the Koran Really Says: Language, Text, and Commentary* (New York, 2002)

Irwin, Robert: *For Lust of Knowing: The Orientalists and Their Enemies* (London, 2006)

Isaac, Benjamin: *The Limits of Empire: The Roman Army in the East* (Oxford, 1990)

Janin, R.: *Constantinople Byzantine: Développement urbain et répertoire topographique*

(Paris, 1950)

Jansen, Hans: *De Historische Mohammed: De Verhalen uit Medina* (Amsterdam, 2007)

Jeffrey, Arthur: *The Foreign Vocabulary of the Qur'an* (Leiden, 1937)

—— *The Foreign Vocabulary of the Qur'an* (Baroda, 1938)

Jenkins, Philip: *The Lost History of Christianity* (New York, 2008)

—— *Jesus Wars: How Four Patriarchs, Three Queens, and Two Emperors Decided What Christians Would Believe for the Next 1,500 Years* (New York, 2010)

Johns, Jeremy (ed.): *Bayt al-Maqdis: Jerusalem and Early Islam* (Oxford, 1999)

—— 'Archaeology and the History of Early Islam: The First Seventy Years' (*Journal of the Economic and Social History of the Orient* 46, 2003)

Jones, A. H. M.: *The Later Roman Empire 284–602* (3 vols) (Oxford, 1964)

Jones, Alan: *Early Arabic Poetry* (2 vols) (Oxford, 1996)

—— 'The Dotting of a Script and the Dating of an Era: The Strange Neglect of PERF 558' (*Islamic Culture* 72, 1998)

Juynboll, G. H. A.: *Studies on the First Century of Islamic Society* (Carbondale and Edwardsville, 1982)

Kaegi, Walter Emil: *Byzantium and the Decline of Rome* (Princeton, 1968)

—— 'Initial Byzantine Reactions to the Arab Conquest' (*Church History* 38, 1969)

—— *Byzantium and the Early Islamic Conquests* (Cambridge, 1992)

—— *Heraclius: Emperor of Byzantium* (Cambridge, 2003)

Kaldellis, Anthony: 'The Literature of Plague and the Anxieties of Piety in Sixth-Century Byzantium', in *Piety and Plague: From Byzantium to the Baroque*, ed. Franco Mormando and Thomas Worcester (Kirskville, 2007)

—— *The Christian Parthenon: Classicism and Pilgrimage in Byzantine Athens* (Cambridge, 2009)

Kalisch, Muhammad S.: 'Islamische Theologie ohne historischen Muhammad – Anmerkungen zu den Herausforderungen der historisch-kritischen Methode für das islamische Denken' (http://www.unimuenster.de/imperia)

Kalmin, Richard: 'Christians and Heretics in Rabbinic Literature of Late Antiquity' (*Harvard Theological Review* 87, 1994)

—— *The Sage in Jewish Society of Late Antiquity* (London, 1999)

—— *Jewish Babylonia between Persia and Roman Palestine* (Oxford, 2006)

Karsh, Efraim: *Islamic Imperialism: A History* (New Haven, 2006)

Kellens, Jean: *Essays on Zarathustra and Zoroastrianism*, trans. Prods Oktor Skjaervo (Costa Mesa, 2000)

Kelly, Christopher: *Ruling the Later Roman Empire* (Cambridge, Mass., 2004)

Kennedy, Hugh: 'From *Polis* to *Madina*: Urban Change in Late Antique and Early Islamic Syria' (*Past and Present* 106, 1985)

―――― *The Prophet and the Age of the Caliphates: The Islamic Near East From the Sixth to the Eleventh Century* (London, 1986)

―――― *The Armies of the Caliphs: Military and Society in the Early Islamic State* (London, 2001)

―――― *The Byzantine and Early Islamic Near East* (Aldershot, 2006)

―――― *The Great Arab Conquests: How the Spread of Islam Changed the World We Live in* (London, 2007)

Kennet, Derek and Luft, Paul: *Current Research in Sasanian Archaeology, Art and History* (Oxford, 2008)

Keys, D.: *Catastrophe: An Investigation into the Modern World* (London, 1999)

Kiani, Mohammad Yusuf: *Parthian Sites in Hyrcania:The Gurgan Plain* (Berlin, 1982)

King, G. R. D. and Cameron, Averil (eds): *The Byzantine and Early Islamic Near East: Land Use and Settlement Patterns* (Princeton, 1994)

Kister, M. J.: "You Shall Only Set out for Three Mosques": A Study of an Early Tradition' (*Le Muséon* 82, 1969)

―――― 'Maqam Ibrahim: A Stone with an Inscription' (*Le Museon* 84, 1971)

―――― *Studies in Jahiliyya and Early Islam* (London, 1980)

―――― 'Social and Religious Concepts of Authority in Islam' (*Jerusalem Studies in Arabic and Islam* 18, 1994)

Klijn, A. F. J.: *Jewish-Christian Gospel Tradition* (Leiden, 1992)

Klijn, A. F. J. and Reinink, G. J.: *Patristic Evidence for Jewish-Christian Sects* (Leiden, 1973)

Laga, Carl: 'Judaism and Jews in Maximus Confessor's Works: Theoretical Controversy and Practical Attitude' (*Byzantioslavica* 51, 1990)

Lammens, Henri: *Études sur le Règne du Calife Omaiyade Mo'awia Ier* (Paris, 1908)

―――― *Fatima et les Filles de Mahomet* (Rome, 1912)

―――― *La Mecque à la Veille de l'Hégire* (Beirut, 1924)

Leaman, Oliver (ed.): *The Qur'an: An Encyclopedia* (London, 2006)

Leites, Adrien: 'Sira and the Question of Tradition', in Motzki 2000

Lester, Toby: 'What is the Koran?' (*Atlantic Monthly*, January 1999)

Levene, Dan: " . . . and by the Name of Jesus . . . ": An Unpublished Magic Bowl in Jewish Aramaic' (*Jewish Studies Quarterly* 6, 1999)

Lieu, Samuel N. C: *Manicheism in the Later Roman Empire and Medieval China* (Tübingen, 1992)

Lings, Martin: *Muhammad: His Life Based on the Earliest Sources* (London, 1983)

Little, Lester K.: *Plague and the End of Antiquity: The Pandemic of 541–750* (Cambridge, 2007)

Lüling, Günter: *A Challenge to Islam for Reformation: The Rediscovery and Reliable*

Reconstruction of a Comprehensive Pre-Islamic Christian Hymnal Hidden in the Koran under Earliest Islamic Reinterpretations (Delhi, 2003)

Luttwak, Edward N.: *The Grand Strategy of the Byzantine Empire* (Cambridge, Mass., 2009)

Luxenberg, Christoph: *The Syro-Aramaic Reading of the Koran: A Contribution to the Decoding of the Language of the Koran* (Berlin, 2007)

Maas, Michael: *John Lydus and the Roman Past: Antiquarianism and Politics in the Age of Justinian* (London, 1992)

—— *The Cambridge Companion to the Age of Justinian* (Cambridge, 2005)

MacCulloch, Diarmaid: *A History of Christianity* (London, 2009)

MacMullen, Ramsay: *Christianity and Paganism in the Fourth to Eighth Centuries* (New Haven, 1997)

Mango, Cyril: *Byzantium: The Empire of New Rome* (London, 1980)

—— *Studies on Constantinople* (Aldershot, 1993)

—— *Le Développement urbain de Constantinople (IV–VII Siècles)* (Paris, 2004)

Manzoor, Pervez S.: 'Method against Truth: Orientalism and Qur'anic Studies' (*Muslim World Book Review* 7, 1987)

Margoliouth, J. P: *Supplement to the Thesaurus Syriacus of R. Payne Smith, S.T.P.* (Oxford, 1927)

Markus, R. A.: *The End of Ancient Christianity* (Cambridge, 1990)

Marsham, Andrew: *Rituals of Islamic Monarchy: Accession and Succession in the First Muslim Empire* (Edinburgh, 2009)

Mason, Steve: 'Jews, Judeans, Judaizing, Judaism: Problems of Categorization in Ancient History' (*Journal for the Study of Judaism* 38, 2007)

Mathisen, Ralph W.: '*Peregrini, Barbari*, and *Cives Romani*: Concepts of Citizenship and the Legal Identity of Barbarians in the Later Roman Empire' (*American Historical Review* 111, 2006)

Mathisen, Ralph W. and Sivan, Hagith S.: *Shifting Frontiers in Late Antiquity* (Aldershot, 1996)

Matthews, John: *The Roman Empire of Ammianus* (London, 1989)

McAuliffe, Jane Dammen (ed.): *Encyclopaedia of the Qur'an* (5 vols) (Leiden, 2001-6)

—— (ed.): *The Cambridge Companion to the Qur'an* (Cambridge, 2006)

McCormick, Michael: *Eternal Victory: Triumphal Rulership in Late Antiquity, Byzantium, and the Early Medieval West* (Cambridge, 1986)

—— 'Bateaux de vie, bateaux de mort: Maladie, commerce, transports annonaires et le passage économique du Bas-Empire au Moyen Âge', in *Morfologie Socialie Culturali in Europa fra Tarda Antichita e Alto Medioevo*, ed. Centro Italiano di Studi Sull'Alto Medioevo (Spoleto, 1998)

—— *Origins of the European Economy: Communications and Commerce, AD 300–900* (Cambridge, 2001)

Meyers, Eric M (ed.): *Galilee Through the Centuries: Confluence of Cultures* (Winona Lake, 1999)

Milik, J. T.: 'Inscriptions Grecques et Nabatéennes de Rawwfah' (*Bulletin of the Institute of Archaeology* 10, 1971)

Millar, Fergus: 'Hagar, Ishmael, Josephus and the Origins of Islam' (*Journal of Jewish Studies* 44, 1993)

Minorsky, V.: *Iranica* (Hartford, 1964)

Misaka, T. (ed.): *Monarchies and Socio-Religious Traditions in the Ancient Near East* (Wiesbaden, 1984)

Moorhead, John: *Theodoric in Italy* (Oxford, 1973)

Morimoto, Kosei: *The Fiscal Administration of Egypt in the Early Islamic Period* (Dohosha, 1981)

Morony, Michael G.: *Iraq after the Muslim Conquest* (Princeton, 1984)

—— "For Whom Does the Writer Write?": The First Bubonic Plague Pandemic According to Syriac Sources', in Little

Mottahedeh, Roy Parviz and al-Sayyid, Ridwan: 'The Idea of the *Jihad* in Islam before the Crusades', in *The Crusades from the Perspective of Byzantium and the Muslim World*, ed. Angeliki E. Laiou and Roy Parviz Mottahedeh (Washington, 2001)

Motzki, Harald: 'The Prophet and the Cat: On Dating Malik's *Muwatta* and Legal Traditions' (*Jerusalem Studies in Arabic and Islam* 22, 1998)

—— (ed.): *The Biography of Muhammad: The Issue of the Sources* (Leiden, 2000)

—— *The Origins of Islamic Jurisprudence: Meccan Fiqh before the Classical Schools*, trans. Marion H. Katz (Leiden, 2002)

—— (ed.): *Hadith: Origins and Developments* (Trowbridge, 2008)

Mourad, Suleiman A.: 'From Hellenism to Christianity and Islam: The Origin of the Palm Tree Story Concerning Mary and Jesus in the Gospel of Pseudo-Matthew and the Qur'an' (*Oriens Christianus* 86, 2002)

Myers, Eric M. (ed.): *Galilee through the Centuries: Confluence of Cultures* (Winona Lake, 1999)

Nebes, Norbert: 'The Martyrs of Najran and the End of the Himyar: On the Political History of South Arabia in the Early Sixth Century', in Neuwirth, Sinai and Marx

Nees, Lawrence: *Early Medieval Art* (Oxford, 2002)

Neusner, Jacob: *A History of the Jews in Babylonia* (5 vols) (Leiden, 1960–70)

—— *Talmudic Judaism in Sasanian Babylonia: Essays and Studies* (Leiden, 1976)

—— *Israel's Politics in Sasanian Iran: Jewish Self-Government in Talmudic Times* (Lanham, 1986)

──── *Judaism, Christianity, and Zoroastrianism in Talmudic Babylonia* (Lanham, 1986)

──── *In the Aftermath of Catastrophe: Founding Judaism, 70 to 640* (Montreal, 2009)

Neuwirth, Angelika: 'Qur'an and History – a Disputed Relationship: Some Reflections on Qur'anic History and History in the Qur'an' (*Journal of Qur'anic Studies* 5, 2003)

Neuwirth, Angelika, Sinai, Nicolai and Marx, Michael (eds): *The Qur'an in Context: Historical and Literary Investigations into the Qur'anic Milieu* (Leiden, 2010)

Nevo, Yehuda D.: 'Towards a Prehistory of Islam' (*Jerusalem Studies in Arabic and Islam* 17, 1994)

Nevo, Yehuda D. and Koren, Judith: *Crossroads to Islam: The Origins of the Arab Religion and the Arab State* (New York, 2003)

Newby, Gordon Darnell: *The Making of the Last Prophet: A Reconstruction of the Earliest Biography of Muhammad* (Columbia, 1989)

Noth, Albrecht: 'Abgrenzungsprobleme zwischen Muslimen und Nicht-Muslimen: Die "Bedingungen 'Umars (*as-surut al-'umariyya*)" unter einem anderen Aspekt gelesen' (*Jerusalem Studies in Arabic and Islam* 9, 1987)

──── *The Early Arabic Historical Tradition*, trans. Michael Bonner (Princeton, 1994)

O'Donnell, James: 'Late Antiquity: Before and After' (*Transactions of the American Philological Association* 134, 2004)

──── *The Ruin of the Roman Empire: A New History* (New York, 2008)

Ohlig, Karl-Heinz and Puin, Gerd-R.: *The Hidden Origins of Islam: New Research into its Early History* (New York, 2010)

The Oracle of Baalbek: in Alexander, Paul J.: *The Oracle of Baalbek: The Tiburtine Sibyl in Greek Dress* (Washington D. C., 1967)

Ory, S.: 'Aspects religieux des textes épigraphiques du début de l'Islam' (*Revue du Monde Musulman et de la Méditerranée* 58, 1990)

Padwick, C.: *Muslim Devotions* (London, 1961)

Palmer, Andrew; Brock, Sebastian P.; Hoyland, Robert G.: *The Seventh Century in the West-Syrian Chronicles* (Liverpool, 1993)

Parker, Philips: *The Empire Stops Here: A Journey along the Frontiers of the Roman World* (London, 2009)

Parker, S. T.: *Romans and Saracens: A History of the Arabian Frontier* (Winona Lake, 1986)

Parkes, James: *The Conflict of the Church and Synagogue: A Study in the Origins of Anti-Semitism* (London, 1934)

Parsons, Peter: *City of the Sharp-Nosed Fish: Greek Lives in Roman Egypt* (London, 2007)

Patai, Raphael: *Ignaz Goldziher and His Oriental Diary: A Translation and Psychological Portrait* (Detroit, 1987)

Pazdernik, C.: 'Our Most Pious Consort Given us by God: Dissident Reactions to the Partnership of Justinian and Theodora, AD 525-548' (*Classical Antiquity* 13, 1994)

Peters, F. E.: 'Who Built the Dome of the Rock?' (*Graeco Arabica* 1, 1982)

—— 'The Commerce of Mecca before Islam', in *A Way Prepared: Essays on Islamic Culture in Honor of Richard Bayly Winder* (New York and London, 1988)

—— 'The Quest of the Historical Muhammad' (*International Journal of Middle East Studies* 23, 1991)

—— *Muhammad and the Origins of Islam* (New York, 1994a)

—— *The Hajj: the Muslim Pilgrimage to Mecca and the Holy Places* (Princeton, 1994b)

—— *The Arabs and Arabia on the Eve of Islam* (Aldershot, 1999)

Petersen, Erling Ladewig: '*Ali and Mu'awiya in Early Arabic Tradition: Studies on the Genesis and Growth of Islamic Historical Writing until the End of the Ninth Century* (Copenhagen, 1964)

Philonenko, Marc: 'Une Tradition essénienne dans le Coran' (*Revue de l'Histoire des Religions* 170, 1966)

Pigulevskaja, Nina: *Les Villes de l'état Iranien aux Époques Parthe et Sassanide* (Paris, 1963)

Pines, Shlomo: 'The Jewish Christians of the Early Centuries of Christianity According to a New Source' (*Proceedings of the Israel Academy of Sciences and Humanities* 2, 1968)

Potter, David S.: *The Roman Empire at Bay, AD 180-395* (London, 2004)

Pourshariati, Parvaneh: 'Local Histories of Khurasan and the Pattern of Arab Settlement' (*Studia Iranica* 27, 1998)

—— *Decline and Fall of the Sasanian Empire: The Sasanian–Parthian Confederacy and the Arab Conquest of Iran* (London, 2008)

Prémare, Alfred-Louis de: 'Abd al-Malik b. Marwan and the Process of the Qur'an's Composition', in Ohlig and Puin

Pummer, Reinhard: *Early Christian Authors on Samaritans and Samaritanism* (Tübingen, 2002)

Rabbat, Nasser: 'The Meaning of the Umayyad Dome of the Rock' (*Muqarnas* 6, 1989)

Raby, Julian and Johns, Jeremy (eds): *Bayt Al-Maqdis: 'Abd al-Malik's Jerusalem* (Oxford, 1992)

Rahman, Fazlur: *Islamic Methodology in History* (Karachi, 1965)

—— *Major Themes of the Qur'an* (Chicago, 1980)

—— 'Some Recent Books on the Qur'an by Western Authors' (*Journal of Religion* 61, 1984)

Ramadan, Tariq: *The Messenger: The Meanings of the Life of Muhammad* (Oxford, 2007)

Rautman, Marcus: *Daily Life in the Byzantine Empire* (Westport, 2006)

Regnier, A.: 'Quelques Énigmes littéraires de l'Inspiration coranique' (*Le Muséon* 52, 1939)

Reinink, Gerrit J.: 'Die Enstehung der syrischen Alexanderlegende als politisch-religiöse Propagandaschrift für Herkleios' Kirchenpolitik', in *After Chalcedon: Studies in Theology and Church History*, ed. C. Laga, J. A. Munitiz and L. Van Rompay (Leuven, 1985)

—— 'The Beginnings of Syriac Apologetic Literature in Response to Islam' (*Oriens Christianus* 77, 1993)

—— 'Heraclius, the New Alexander: Apocalyptic Prophecies', in Reinink and Stolte

Reinink, Gerrit J. and Stolte, Bernard H.: *The Reign of Heraclius (610–641): Crisis and Confrontation* (Leuven, 2002)

Rekavandi, Hamid Omrani, Sauer, Eberhard, Wilkinson, Tony and Nokandeh, Jebrael: 'The Enigma of the Red Snake: Revealing One of the World's Greatest Frontier Walls' (*Current World Archaeology* 27, 2008)

Reynolds, Gabriel Said (ed.): *The Qur'an in its Historical Context* (Abingdon, 2008)

Rippin, Andrew: 'Literary Analysis of *Qur'an, Tafsir* and *Sira*: The Methodologies of John Wansbrough', in *Approaches to Islam in Religious Studies*, ed. Richard C. Martin (Tucson, 1985)

—— (ed.): *Approaches to the History of the Interpretation of the Qur'an* (Oxford, 1988)

—— *Muslims, Their Religious Beliefs and Practices* (London, 1991)

—— 'Muhammad in the Qur'an: Reading Scripture in the 21st Century', in Motzki 2000

—— *The Qur'an and its Interpretative Tradition* (Aldershot, 2001)

—— (ed.): *The Blackwell Companion to the Qur'an* (Oxford, 2009)

Robinson, Chase F.: *Islamic Historiography* (Cambridge, 2003)

—— 'The Conquest of Khuzistan: A Historiographical Reassessment' (*Bulletin of the School of Oriental and African Studies* 67, 2004)

—— *Abd al-Malik* (Oxford, 2005)

Rodinson, Maxime: *Mohammed*, trans. Anne Carter (New York, 1971)

Rogerson, Barnaby: *The Prophet Muhammad: A Biography* (London, 2003)

Rosen, William: *Justinian's Flea: Plague, Empire, and the Birth of Europe* (New York, 2007)

Rosen-Ayalon, Myriam: *The Early Islamic Monuments of Al-Haram Al-Sharif: An Iconographic Study* (Jerusalem, 1989)

Rostovzeff, M. I.: *The Social and Economic History of the Roman Empire* (Oxford, 1957)

Rouwhorst, Gerard: 'Jewish Liturgical Traditions in Early Syriac Christianity' (*Vigiliae Christianae* 51, 1997)

Roziewicz, M.: 'Graeco-Islamic Elements at Kom el Dikka in the Light of New

Discoveries: Remarks on Early Mediaeval Alexandria' (*Graeco Arabica* 1, 1982)

Rubin, Uri: 'The "Constitution of Medina": Some Notes' (*Studia Islamica* 62, 1985)

—— 'Hanifiyya and Ka'ba. An Inquiry into the Arabian Pre-Islamic Background of Din Ibrahim' (*Jerusalem Studies in Arabic and Islam* 13, 1990)

—— *The Eye of the Beholder: The Life of Muhammad as Viewed by the Early Muslims* (Princeton, 1995)

—— (ed.): *The Life of Muhammad* (Aldershot, 1998)

Rubin, Zeev: 'The Mediterranean and the Dilemma of the Roman Empire in Late Antiquity' (*Mediterranean Historical Review* 1, 1986)

—— 'The Reforms of Khusro Anushirwan', in Cameron 1995

Ruether, Rosemary Radford: 'Judaism and Christianity: Two Fourth-Century Religions' (*Sciences Religieuses/Studies in Religion* 2, 1972)

Russell, James C.: *The Germanization of Early Medieval Christianity: A Sociohistorical Approach to Religious Transformation* (Oxford, 1994)

Russell, Josiah C.: 'That Earlier Plague' (*Demography* 5, 1968)

Rutgers, L. V.: 'Archaeological Evidence for the Interaction of Jews and Non-Jews in Antiquity' (*American Journal of Archeology* 96, 1992)

Ryckmans, G.: 'Dhu 'l-Shara', in *Encyclopaedia of Islam*

Saadi, Abdul-Massih: 'The Letter of John of Sedreh: A New Perspective on Nascent Islam' (*Karmo* 1, 1999)

Sachot, Maurice: 'Comment le Christianisme est-il devenu religio?' (*Revues des Sciences Religieuses* 59, 1985)

Saleh, Walid: 'In Search of a Comprehensible Qur'an: A Survey of Some Recent Scholarly Works' (*Royal Institute for Inter-Faith Studies* 5, 2003)

—— 'The Etymological Fallacy and Quranic Studies: Muhammad, Paradise and Late Antiquity' (http://www.safarmer.com/Indo-Eurasian/Walid_Saleh.pdf)

Sand, Shlomo: *The Invention of the Jewish People* (London, 2009)

Sarris, Peter: *Economy and Society in the Age of Justinian* (Cambridge, 2006)

Schacht, Joseph: 'A Reevaluation of Islamic Tradition' (*Journal of the Royal Asiatic Society of Great Britain and Ireland*, 1949)

—— *The Origins of Muhammadan Jurisprudence* (Oxford, 1950)

—— 'Classicisme, Traditionalisme et Ankylose dans la Loi Religieuse de l'Islam', in *Classicisme et Déclin Culturel dans l'Histoire de l'Islam*, ed. Robert Brunschvig and Gustave E. von Grunebaum (Paris, 1977)

Schäfer, Peter: *Jesus in the Talmud* (Princeton, 2007)

Schwartz, Seth: *Imperialism and Jewish Society from 200 BCE to 640 CE* (Princeton, 2001)

Scott, Roger D.: 'Malalas, the Secret History, and Justinian's Propaganda' (*Dumbarton*

Oaks Papers 39, 1985)

Segal, Alan F.: *Rebecca's Children: Judaism and Christianity in the Roman World* (Cambridge, Mass., 1986)

Segal, J. B.: 'Mesopotamian Communities from Julian to the Rise of Islam' (*Proceedings of the British Academy* 41, 1955)

—— *Edessa and Harran* (London, 1963)

—— *Edessa 'the Blessed City'* (Oxford, 1970)

Sells, Michael: *Approaching the Qur'an: The Early Revelations* (Ashland, 1999)

Serjeant, R. B.: 'The *Sunnah Jami'ah*, Pacts with the Yathrib Jews, and the *Tahrim* of Yathrib: Analysis and Translation of the Documents Comprised in the So-called "Constitution of Medina"' (*Bulletin of the School of Oriental and African Studies* 41, 1978)

—— 'Meccan Trade and the Rise of Islam: Misconceptions and Flawed Polemics' (*Journal of the American Oriental Society* 110, 1990)

Shahid, Irfan: *The Martyrs of Najran: New Documents* (Brussels, 1971)

—— *Rome and the Arabs: A Prolegomenon to the Study of Byzantium and the Arabs* (Washington, 1984)

—— *Byzantium and the Semitic Orient before the Rise of Islam* (London, 1988)

—— *Byzantium and the Arabs in the Fifth Century* (Washington, 1989)

—— *Byzantium and the Arabs in the Sixth Century* (2 vols) (Washington, 1995)

Shaki, Mansour: 'The Cosmogonical and Cosmological Teachings of Mazdak', in *Papers in Honour of Professor Mary Boyce* (*Acta Iranica* 24, 1985)

Shani, Raya: 'The Iconography of the Dome of the Rock' (*Jerusalem Studies in Arabic and Islam* 23, 1999)

Sharon, Moshe: *Black Banners from the East: The Establishment of the Abbasid State* (Jerusalem, 1983)

—— (ed.): *Pillars of Smoke and Fire: The Holy Land in History and Thought* (Johannesburg, 1988)

Shoufani, Elias: *Al-Riddah and the Muslim Conquest of Arabia* (Toronto, 1973)

Simon, Marcel: *Verus Israel: A Study of the Relations between Christians and Jews in the Roman Empire (133–425)*, trans. H. McKeating (Oxford, 1986)

Simon, Róbert: *Ignác Goldziher: His Life and Scholarship as Reflected in his Works and Correspondence* (Leiden, 1986)

Sivan, Hagith: 'From Byzantine to Persian Jerusalem: Jewish Perspectives and Jewish/ Christian Polemics' (*Greek, Roman and Byzantine Studies* 41, 2000)

—— *Palestine in Late Antiquity* (Oxford, 2008)

Sivers, Peter von: 'The Islamic Origins Debate Goes Public' (http://www. blackwellpublishing.com/pdf/compass/hico_058.pdf)

Sizgorich, Thomas: 'Narrative and Community in Islamic Late Antiquity' (*Past and Present* 185, 2004)

—— "Do Prophets Come with a Sword?" Conquest, Empire and Historical Narrative in the Early Islamic World' (*American Historical Review* 112, 2007)

—— *Violence and Belief in Late Antiquity: Militant Devotion in Christianity and Islam* (Philadelphia, 2009)

Skarsaune, Oskar and Hvalvik, Reidar (eds): *Jewish Believers in Jesus: The Early Centuries* (Peabody, 2007)

Skjærvø, P. O.: 'Azdaha: In Old and Middle Iranian', in *Encyclopedia Iranica*

Sourdel, D.: *Les Cultes du Hauran* (Paris, 1952)

Stathakopolous, Dionysius: 'The Justinianic Plague Revisited' (*Byzantine and Modern Greek Studies* 24, 2000)

—— *Famine and Pestilence in the Late Roman and Early Byzantine Empire: A Systematic Survey of Subsistence Crises and Epidemics* (Aldershot, 2004)

Stemberger, Günter: *Jews and Christians in the Holy Land: Palestine in the Fourth Century*, trans. R. Tuschling (Edinburgh, 2000)

Stetkevych, Suzanne Pinckney: *The Poetics of Islamic Legitimacy: Myth, Gender, and Ceremony in the Classical Arabic Ode* (Bloomington, 2002)

Stoneman, Richard: *Alexander the Great: A Life in Legend* (New Haven, 2008)

Stroumsa, Guy: 'Old Wines and New Bottles: On Patristic Soteriology and Rabbinic Judaism', in *The Origins and Diversity of Axial Age Civilizations*, ed. S. N. Eisenstadt (Albany, 1986a)

—— "Seal of the Prophets": The Nature of a Manichaean Metaphor' (*Jerusm Studies in Arabic and Islam* 7, 1986b)

—— 'The Body of Truth and its Measures: New Testament Canonization in Context', in *Festschrift Kurt Rudolph*, ed. H. Preissler and H. Seiwert (Marburg, 1995)

Stroumsa, Rachel: *People and Identities in Nessana* (Ph.D. thesis, Duke University, 2008)

Strugnell, John: 'Notes on the Text and Transmission of the Apocryphal Psalms 151, 154 (= Syr. II) and 155 (= Syr. III)' (*Harvard Theological Review* 59, 1966)

Taylor, Joan E.: *Christians and the Holy Places: The Myth of Jewish–Christian Origins* (Oxford, 1993)

Taylor, Miriam S.: *Anti-Judaism and Early Christian Identity: A Critique of the Scholarly Consensus* (Leiden, 1995)

Teall, John L.: 'The Barbarians in Justinian's Armies' (*Speculum* 40, 1965)

Teixidor, Javier: *The Pagan God: Popular Religion in the Greco-Roman Near East* (Princeton, 1977)

Thieme, P.: 'The Concept of Mitra in Aryan Belief', in *Mithraic Studies: Proceedings of the First International Congress of Mithraic Studies*, vol. 1 (Manchester, 1975)

Torrey, Charles Cutler: *The Jewish Foundation of Islam* (New York, 1933)

Traina, Giusto: *428 AD: An Ordinary Year at the End of the Roman Empire*, trans. Allan Cameron (Princeton, 2009)

Trimingham, J. Spencer: *Christianity among the Arabs in Pre-Islamic Times* (London, 1979)

Van Bekkum, Wout Jac: 'Jewish Messianic Expectations in the Age of Heraclius', in Reinink and Stolte

Van Bladel, Kevin: 'The *Alexander Legend* in the Qur'an 18:83-102', in Reynolds

Van Ess, J.: 'Abd al-Malik and the Dome of the Rock: An Analysis of Some Texts', in Raby and Johns

Wansbrough, John: *Quranic Studies: Sources and Methods of Scriptural Interpretation* (Oxford, 1977)

—— *The Sectarian Milieu: Content and Composition of Islamic Salvation History* (Oxford, 1978)

—— *Res Ipsa Loquitur: History and Mimesis* (Jerusalem, 1987)

Ward-Perkins, Brian: *The Fall of Rome and the End of Civilization* (Oxford, 2005)

Watt, William Montgomery: *Muhammad at Mecca* (Oxford, 1953)

—— *Muhammad at Medina* (Oxford, 1956)

—— *Islamic Creeds: A Selection* (Edinburgh, 1994)

Watts, E.: *City and School in Late Antique Athens and Alexandria* (Berkeley, 2006)

Weinberger, Leon J.: *Jewish Hymnography: A Literary History* (London, 1998)

Weitzman, M. P.: *The Syriac Version of the Old Testament: An Introduction* (Cambridge, 1999)

Welles, C. B.: 'The Discovery of Serapis and the Foundation of Alexandria' (*Historia* 11, 1962)

Wellhausen, J.: *The Arab Kingdom and its Fall*, trans. M. G. Weir (Calcutta, 1927)

Wheeler, Brannon M.: 'Imagining the Sasanian Capture of Jerusalem' (*Orientalia Christiana Periodica* 57, 1991)

—— *Moses in the Quran and Islamic Exegesis* (Chippenham, 2002)

Whitby, M.: 'The Persian King at War', in Dabrowa

—— 'Recruitment in Roman Armies from Justinian to Heraclius (*ca.* 565-615)', in Cameron 1995

Whittow, Mark: *The Making of Orthodox Byzantium, 600–1025* (Basingstoke, 1996)

Wickham, Chris: *The Inheritance of Rome: A History of Europe from 400 to 1000* (London, 2009)

Wiechmann, Ingrid and Grupe, Gisela: 'Detection of *Yersinia Pestis* DNA in Two Early Medieval Skeletal Finds from Aschheim (Upper Bavaria, 6th Century AD)' (*American Journal of Physical Anthropology* 126, 2005)

Wiesehöfer, Josef: *Ancient Persia*, trans. Azizeh Azodi (London, 2001)

Wild, Stefan (ed.): *The Qur'an as Text* (Leiden, 1996)

Wilken, Robert L.: *The Land Called Holy: Palestine in Christian History and Thought* (New Haven, 1992)

Wilson, A. N.: *God's Funeral* (London, 1999)

Wolfram, Herwig: *History of the Goths*, trans. Thomas J. Dunlap (Berkeley, 1988)

Yahya, Farhia: 'The Life of 'Abdullah Ibn al-Mubarak: The Scholar of the East and the Scholar of the West' (http://fajr.files.wordpress.com/2010/08/biography-abdullah-ibn-almubarak.pdf)

Yarshater, Ehsan: 'Mazdakism', in *Cambridge History of Iran*

───── 'The Persian Presence in the Islamic World', in *The Persian Presence in the Islamic World*, ed. Richard G. Hovannisian and Georges Sabagh (Cambridge, 1998)

Young, William G.: *Patriarch, Shah and Caliph: A Study of the Relationships of the Church of the East with the Sassanid Empire and the Early Caliphates up to 820 AD* (Rawalpindi, 1974)

Zaehner, R. C.: *The Dawn and Twilight of Zoroastrianism* (London, 1961)

지도 목록

찾아보기

이슬람제국의 탄생

1판 1쇄 2015년 4월 15일

지은이 | 톰 홀랜드
옮긴이 | 이순호

편집 | 천현주, 박진경
마케팅 | 김연일, 이혜지, 노효선
디자인 | 석운디자인
조판 | 글빛
종이 | 세종페이퍼

펴낸곳 | (주)도서출판 **책과함께**
　　　　주소 (121-896) 서울시 마포구 월드컵로 50 5층
　　　　전화 (02) 335-1982~3
　　　　팩스 (02) 335-1316
　　　　전자우편 prpub@hanmail.net
　　　　블로그 blog.naver.com/prpub
　　　　등록 2003년 4월 3일 제25100-2003-392호

ISBN 979-11-86293-17-1 (03900)

이 도서의 국립중앙도서관 출판시도서목록(CIP)은
서지정보유통지원시스템 홈페이지(http://seoji.nl.go.kr)와
국가자료공동목록시스템(http://www.nl.go.kr/kolisnet)에서 이용하실 수 있습니다.
(CIP제어번호 : CIP2015010218)